江苏省社会科学院专家文集

转轨转型与科学发展

顾松年 著

凤凰出版传媒集团 凤凰出版社

图书在版编目（ＣＩＰ）数据

转轨转型与科学发展 / 顾松年著. -- 南京 ： 凤凰
出版社， 2011.9
（江苏省社会科学院专家文集）
ISBN 978-7-5506-0857-3

Ⅰ．①转… Ⅱ．①顾… Ⅲ．①区域经济发展－研究－
江苏省 Ⅳ．①F127.53

中国版本图书馆CIP数据核字(2011)第199530号

书　　名	转轨转型与科学发展
著　　者	顾松年
责任编辑	韩凤冉
出版发行	凤凰出版传媒集团
	凤凰出版社(原江苏古籍出版社)
	南京市中央路165号　邮编 210009
	发行部电话025—83223462
集团网址	凤凰出版传媒网　http://www.ppm.cn
照　　排	南京凯建图文制作有限公司
印　　刷	江苏凤凰通达印刷有限公司
	南京市六合区冶山镇　邮编:211523
开　　本	880×1230毫米　1/32
印　　张	19.75
字　　数	550千字
版　　次	2011年9月第1版　2011年9月第1次印刷
标准书号	ISBN 978-7-5506-0857-3
定　　价	70.00元

(本书凡印装错误可向承印厂调换,电话:025-57572508)

江苏省社会科学院专家文集

总　序

2010 年,我们迎来了江苏省社会科学院建院 30 周年!

30 年来,在江苏省委、省政府的领导下,在社会各界的大力支持下,我们社科院各项事业不断发展,尤其是科研队伍不断壮大,科研成果不断增加、积累,学术影响和地位不断扩大、提升。据不完全统计,建院 30 年,我院研究人员牵头主持国家社会科学基金课题共 63 项,牵头主持江苏省社会科学基金课题共 208 项,共发表学术论文 14100 多篇,出版学术著作 900 多部,共有 246 项成果获得省部级哲学社会科学优秀成果奖和国家、江苏省精神文明建设"五个一工程"奖。这些成果来之不易,是全院广大科研人员勤劳智慧之结晶。

30 年不断发展创新的科研过程,形成了我院一大批学者、专家和学科带头人,特别是那些荣获国家"有突出贡献的中青年专家"、国务院"政府特殊津贴"享受者和江苏省"有突出贡献的中青年专家"称号的教授、研究员,他们为我院科研事业发展做出了突出贡献。因此,在庆祝建院 30 周年之际,我们决定为我院享有以上三类专家称号的教授、研究员出版个人文集,作为江苏省社会科学院专家文集隆重推出,委托凤凰出版社出版,每位专家 1 本,每本 40 万字左右,主要汇集已公开发表的学术论文。以后,我们还将为我院上述三类专家称号的新获得者(已出专家文集者不重复出)和学科带头人出版专家文集。

首次列入出版专家文集的这 21 位专家,涵盖了我院经济学、社会学、马克思主义研究与政治学、文学、历史学、哲学等多种学科,他们在各自的工作岗位辛勤耕耘,在各自的学科领域长期探索,形成了丰富的成果,积累了宝贵的经验,创新了研究方法,走出了一条各具特色的成功的科学研究之路,在全国和江苏省享有较高的知名度,受到社会的广泛称赞和好评。这是我院事业兴旺发达、科研持续发展的一笔宝贵的精神财富,值得全院同志特别是青年科研人员学习借鉴。如今,这些专家,他们中有些年事已高,却依然忙于笔耕;更有不少年富力强者,他们任务重,压力大,积极作为,发挥着学术带头人的作用。

江泽民同志强调社会科学的认识世界、传承文明、创新理论、咨政育人、服务社会等功能作用,强调以科学的理论武装人。胡锦涛为总书记的党中央倡行科学发展观,强调党和国家的各项工作都要以人为本。我们社会科学工作者要深入学习领会中央领导同志的这些重大战略思想,努力把这些重大战略思想贯彻落实到自己的科研实践中去。在我院事业发展的最近十多年的时间里,我们继承发扬我院已有的解放思想、实事求是、重视实际调查和科研团队协作等优良传统与作风,与时俱进,进行一系列新的开拓创新。最近十多年来,我们坚持理论研究和应用研究相结合,贴近现实,贴近决策,努力创建一流的地方社会科学院。我们陆续推出了江苏经济形势分析会、重点课题研究、江苏经济社会形势分析与预测蓝皮书、《咨询要报》、江苏研究报告、江苏研究丛书、院学术文库和青年学者文库、比较优势学科基地建设、研究员论坛、《江苏通史》、《历代江苏名人辞典》、《江苏历代名人传记丛书》等重大科研工程项目与活动,有效调动了全院科研人员的积极性和创造性,科研成果增长加快,成果质量不断提高,社会影响不断扩大,使我们的科研工作让领导满意、学界认同、社会欢迎。这些重要的开拓创新与努力及其形成的成果为我院事业以后的发展打下了深厚扎实的基础。

当前,我国正处在深化改革开放与发展的关键时期,江苏也正处于建设更高水平的全面小康社会进而率先基本实现现代化的关键时期,有大量的理论与实践问题亟待我们社科工作者去研究探索。我们社科院的同志要戒骄戒躁,踏实前进,不断创新,多出成果,多出精品力作,通过多出成果,多出精品力作,而多出人才,多出专家、名家甚至大家。不仅深入研究江苏,而且要重视研究全国性、普遍性的问题,还要有世界眼光,博采众长,兼收并蓄,加强学理性,突出重点,搞好协作攻关,努力提升工作水平,进一步彰显我院的特长与优势,为国家和江苏省的社会主义现代化建设做出更大的贡献。

今天正是 30 年前江苏省政府批复江苏省哲学社会科学研究所扩建为江苏省社会科学院的日子,仅以上述所言为专家文集总序。

江苏省社会科学院院长、党委书记、教授

宋林飞

2010 年 6 月 3 日

作者小传

顾松年,1924 年 10 月生,江苏无锡人,大学学历,中共党员,江苏省社会科学院研究员。曾从事新闻工作近二十年,1978 年起致力于经济学研究。本院建院后任经济研究所所长多年,并长期兼职江苏省经济学会工作,曾先后担任该学会秘书长、副会长,现为该学会顾问。1993 年 10 月起享受国务院颁发的政府特殊津贴。注重现实经济问题研究,倡导在跟踪实践与超前研究中创新经济理论。本人研究涉及领域较宽,而以市场经济改革理论研究和城市—区域经济研究为主。在职期间,主持和完成国家和省级重点课题多项,先后主持并参与撰写《明星城市南通之路》、《开放型区域经济中心——无锡》、《苏南模式研究》、《江苏经济十年纵论》、《宏观经济分层调控研究》等编著多部。截至 1996 年止,有《宏观经济分层调控研究》等六项成果分别获得部省级一、二、三等奖。1990 年离休后,离而不休,继续撰写和发表论著。

目 录

第二编　速度　结构　质量　效益

第三编　从乡镇企业兴起到苏南模式区域化演进

第四编　加快城镇化进程与化解"三农"难题相结合

第五编　突破行政"壁垒"推进都市圈、城市带区域化整合

前　言

一

这本就教于读者的文集,收入作者从党的十一届三中全会以来从事经济学研究的部分论著,计71篇,极少数题目小有改动,文字内容一仍原貌。全部文稿,按内容分别列入"市场、市场机制和市场化改革"、"速度　结构　质量　效益"、"从乡镇企业兴起到苏南模式区域化演进"、"加快城镇化进程与化解'三农'难题相结合"、"突破行政壁垒　推进都市圈、城市带区域化整合"、"统筹协调　转轨转型　又好又快　科学发展"等六个分篇组合。把这六个组合文章的科研思维贯穿起来,可大体这样表述:从理论与实践的结合上,探索在我国社会主义条件下,坚持以市场化改革为动力,谋求在"速度、结构、质量、效益相统一"下的经济良性化发展,提高城镇化健康发展的水平,变行政"壁垒"的"块块"经济为城乡一体的区域经济,运用"统筹协调"的根本方法,深化体制转轨、经济转型,走全面、协调、可持续的科学发展道路。基于以上的编纂思路,也就有了对这本集子"主题词"的命名,即"体制转轨　经济转型　走科学发展道路"。

我的科研究工作本着以马克思主义经济学基本原理为指导,吸收西方经济学可借鉴的理论,结合中国国情和具体实践,注重于从理论与实践的结合上研究和回答现实经济生活中提出的问题。平时研究涉及的领域较宽,包括宏观经济、城市—区域经济、发展战略、商品流通、乡镇企业等,但重点有二:其一,市场经济改革理论研究。从 1979 年 4 月参加全国第二次价值规律问题学术讨论会时撰写《在统一计划指导下充分发挥市场的作用》一文①开始,注重于商品经济及其规律性的研究,一直联系我国国情对在社会主义条件下发展市场经济进行理性探研。在上述 1979 年的那篇文章和 1981 年写的另一篇文章里②曾先后提出并反复论证"随着经济管理体制的全面改革",计划与市场从现实的"板块结合"走向前景的"渗透结合"的必然性。在我国经历着计划经济排斥市场——计划经济为主、市场调节为辅——有计划的商品经济——市场调节为主——社会主义市场经济这样一个历史逻辑演进过程中,通过真理标准问题讨论,打破了教条主义的思想枷锁,使我市场化改革理念创新尚能与时俱进。其二,城市—区域经济研究。江苏大中城市多,在传统管理体制下,市县关系不顺,行政壁垒森严,导致重复建设和产业结构趋同。这一情况,引发我从上世纪八十年代初开始即对中心城市、城镇体系建设和城乡经济协调发展等问题展开研究。1982 年 2 月,江苏省委召开第二次城市工作会议,我撰写的《发挥城市在地区经济中的作用》(以省社科院经济所署名),被作为"会议材料之 38"印发。省委在会上部署城市工作所提出"以城市为中心,小城镇为纽带,广大农村为基础,建立城乡经济、科技网络,实现城乡经济协调发展"的方针,让我更开阔了对城市—区域问题的研究思路,坚持跟踪实践进行研究,随着改革的深入和经济建设的发展,这方面的研究续有拓展和深化。

　　以上对我从事经济学研究主要路程的简述,大体上反映了这本集子所收论文得以形成的背景以及这一文集编纂思路的由来。

---

　　① 收入社会主义经济中价值规律问题选编:《社会主义经济中计划与市场的关系》(上),中国社会科学出版社出版,1980 年 1 月。

　　② 《加强对市场调节的计划指导,搞好地区综合平衡》,收入《论综合平衡》,中国财政经济出版社,1981 年 12 月,见该书第 375 页。

二

作为江苏社会科学院这个地方研究机构的经济专业研究人员，我始终认为，理当在面向全国的大局下立足江苏，把重点放在江苏经济发展的实践和理论问题的研究上。我的体会，立足江苏与面向全国，必须结合，也完全可以结合。面向全国，就能胸怀全局，从理论高度把握江苏实践中的新情况、新问题，力所能及地为江苏经济社会发展提供咨询服务；同时，也能打开视野，借助江苏超前发展的具体实践，为全国建立社会主义市场经济体系、加快现代化建设探索路子。

改革开放以来，江苏经济从多方面呈现出在全国超前发展的实践优势。诸如：乡镇企业发展一马当先、农村经济结构的转型发展、县（市）域经济的强劲崛起、昆山从自费开发区兴建开始很快发展提升为国家级经济技术开发园区、传统工业向现代工业转型以及以大中城市为依托的区域经济的发展……都走在全国前面。以江苏的超前实践为依托而进行的现实经济研究选题，往往能在全国具有一定程度的前沿性研究价值。从江苏超前发展的具体实践中提出选题进行研究，只要做到立足江苏与面向全国结合得好，其作用不只是提供先行一步的"新鲜经验"，而是在阐明实践的基础上，通过理论上的升华，进入与我国基本国情相联系的规律性问题研究的层次，这就有可能在为全国建立社会主义市场经济体制、加快现代化建设作探研时提出某些领域相对前沿性的学术研究课题。

举例而言，在我们这样一个大国，地方特别是省级这个层次理应在执行国家宏观经济决策中起着承上启下的十分重要的作用。可是，从跟踪实践研究中发现，地方抓经济积极性很高，而无序化行为也很明显。当时，不仅地方不重视宏观管理，连学术界也有一种"宏观调控是中央的事，地方不用管宏观调控"的论调。由此，我在1986年《宏观经济调控分层化区域化与地方计划管理的合理化》一文①中提出对此问题的思考："在我国，为什么下面的经济活动会按一个模式套，很容易'一哄而起'、'一窝蜂'？又为什么上面落实一项政策，往往是'一刀切'、'一律化'？一个重要的原因，就是地方缺乏主动调节经济的明确职责和相应功能"。上世纪九十年代初，我和沈立人共同主编出版的《宏观经济分层调控研究》一书②，就是在江苏实践中发现问题，又面向全国思考提出，因而列入国家项目的一项成果。这项课题研究，作为面向全国理论创新和立足江苏为地方咨询服务相统一的具体体现，最后还运用最终成果这一专著的理论框架和对策思路，联系江苏实践，由我执笔，单独形成一件专送省政府的《关于建立省级经济调控体系的研究报告》③。此件于 1991 年 10 月 24 日作为提供江苏省人民政府的政策性建议送出，得到当时陈焕友省长的重视，批转省计委，要求从操作层面上研究转化或吸收。

又如：我对苏南经济发展实践长期跟踪研究，曾完成一批论著，这个过程正是促使我积累并深化对在我国体制转轨、经济转型进程中创新开拓既立足我国基本国情又有其自身区域特征的苏南之路的理性认

　　①　刊于《江苏经济探讨》1986 年 9 期、10 期，收入桂世镛主编《论中国宏观经济管理》一书，中国经济出版社，1987 年版。见本文集第六编。
　　②　《宏观经济分层调控研究》，江苏人民出版社，1992 年版，34 万字。
　　③　报告分十个部分：(1) 谁在建立省级经济综合调控体系的探索上超前突破，谁就能在实现省区经济稳定发展上赢得主动；(2) 建立省级调控体系，必须紧紧抓住促进市场和市场体系发育成长的这一环节；(3) 改革计划体制与计划方法，完善与发挥市场机制作用相适合的省区计划功能；(4) 大力加强作为计划调控左右手的金融、财政的宏观调控功能；(5) 深化企业机制改革，健全省区经济调控体系的微观基础；(6) 实施经济管理部门的职能转换，在规范专业管理的基础上强化综合管理；(7) 理顺省级管理与市、县管理的关系，合理发挥大中城市与县(市)在省区经济调控中的作用；(8) 协调条块关系，建立和健全省区调控体系中的纵横协调机制；(9) 把分配、消费引入省区调控体系主体的视野，改善分配格局，引导合理消费；(10) 综合治理，排除非经济因素对实施省区经济综合调控的干扰。

识的过程。2009 年,我亦是把面向全国理论创新和立足江苏为地方服务统一起来探研,完成了一篇向建国 60 周年献礼的论文《奋进 60 年:从苏南之路看中国模式》,区别于有些国际人士看数据、凭表象对中国模式的泛泛热议,此文以理论为指导,以实践为依据,从苏南之路与中国模式的本质联系上,既对苏南之路形成的基本经验及其在中国模式崛起中的历史贡献作理性概括,又着重从经济学角度就构建具有中国特色大国模式的规律性把握作探索,并以谋求加快中华民族的伟大复兴的战略视野,对我国直面国内国际大势,继续奋进,促使中国模式完善化的问题提出自己看法。此文 11000 字,在《现代经济探讨》2009 年第 12 期发表后,人大复印报刊资料 F13《社会主义经济理论与实践》2010 年 04 期全文复印登载;国务院发展研究中心"国研网"于 2010 年 1 月 7 日分上下两篇全文转登。

三

我一贯认为,现实经济问题研究大有可为。改革开放以来,经济生活中不断出现新情况、新问题,迫切要求经济理论研究,作出理性阐述和科学回答,在这样的客观形势面前,加强现实经济问题研究,经济学人义不容辞。现实经济问题研究要求跟踪实践,跟踪实践必须着眼于指导实践,指导实践重在发扬以理论为先导、理论和实践相结合的科研工作者的优势,既善于发现和支持新事物,热情地为改革发展中出现的新事物鼓与呼,同时又善于揭示、阐明阻碍改革发展前进的新矛盾,并为破解矛盾作探研。

在这本集子里,不少文章是针对现实生活中显现的发展矛盾或体制弊端而提出研讨的。诸如:上世纪八十年代初的乡镇企业研究,在对其突破传统计划经济体制框架的急先锋作用等积极效应作了充分肯定的同时,剖析指出根源于传统体制缺陷、过于强调乡镇企业"集体为主"和企业布局"小、散、乱"以及产品产业结构低水平重复等等弊端问题;1988 年在揭示县、乡、村各谋自己行政区划内的小城镇建设带来的不良效应,研究提出在合理发展大中城市的同时,引导小城镇分层梯度发展问题;进入上世纪九十年代,从强化苏锡常整体优势出发,针对三大市区与其外包三县"同域分治"的弊端,提出和论证了破除行政壁垒下三市客观存在"围城"之困的出路问题;基于城乡藩篱、市县分割矛盾的深化,1998 年提出打开大市场、大区域的视野,引导城乡一体化从局限于行政区划内向以中心城市为依托的经济区域扩展延伸的问题;2000年,从合理配置全省科技资源、使之高效率用于高新技术产业化出发,提出坚持靠市场化改革的办法,从根本上解决科技与经济"两张皮"的问题;进入新世纪后,又多次撰文提出以城乡一体化改革的区域推进,解决都市"圈"域内"行政壁垒"的体制矛盾,搞好城市(镇)群的有机整合问题。对这些等等问题从理性上进行阐述,还都从思路上或路径选择上提出积极的主张和建议。有些重要问题,还跟踪调查,与时俱进,持续研究。在上世纪对苏南模式研究的基础上,近几年先后五论"苏南模式的创新演进",提出和探索了跳出就农村研究农村模式的局限性,扩展研究协调城乡发展的新的苏南区域发展模式的设想等。

从全国看,或从地方看,经济社会都是一片不断向前蓬勃发展的好势头,这是有目共睹的。但成功的同时,也不乏由于受传统发展思路的影响,应对失误、决策不当,因而伴随着这样那样的不足和矛盾。在体制转轨、经济转型处于攻坚阶段,城乡之间、地区之间经济社会发展不平衡的矛盾,以及社会利益关系更趋复杂化的矛盾,更会给各级政府统筹各方面利益的工作带来难度。在这样的情况下,经济科研工作者大忌迎合世俗,跟风"炒作",大忌只求论著有出路,强迫自己看地方领导眼色行事,而是应当坚持遵循真理,不失科研良心,既为符合经济社会的科学发展方向的新事物热情地鼓与呼,又能超越实践、发现和提出实际工作尚未注意的新问题、新矛盾,并积极提供对策建议。我认为,这一类的研究及其成果,就不只是急政府领导之所想,而且是急政府领导暂时未想及而需要想及的事,做到这一步,我认为,就现实经济问题研究而言,可以称之为既跟踪实践又超前研究。

上世纪八十年代中期,我曾对自己从事现实经济问题研究的工作体会概括了四句话："面向实践、跟踪实践、阐明实践、指导实践。"面向实践是前提、是条件,指导实践是结果、是归宿。跟踪实践不是跟在实际工作后面,搞一般的总结、宣传,而是从理论高度对实践中的成功和失败,在经过规律性思维的基础上进行科学阐述,以超越实践一步,揭示矛盾,指出方向,推动实践继续前进。所以,后来我又把上面四句话,进一步概括为"跟踪实践,超前研究"。我自己认为,坚持跟踪实践与超前研究的统一,是作为科研工作者追求理论与实践的深度结合、有效提升科研水平的一种自觉表现。

　　肤浅之论,不知当否,尚望读者、同行专家不吝指正。

顾松年

2010 年 9 月

第 一 编

市场、市场机制和市场化改革

社会主义统一市场与多种流通渠道

一

列宁指出:"哪里有社会分工和商品生产,哪里就有'市场'。""市场不过是商品经济中社会分工的表现,因而它也像分工一样能够无止境地发展。"①在我国经济发展的现阶段,要大力发展商品经济和社会化大生产,就必然要相应的扩大商品交换,发展社会主义市场。也就是要从多方面疏通和开辟商品流通渠道,把社会主义市场搞活。不如此,就不能适应我国社会主义商品经济发展的需要。

正是从这点出发,党中央明确提出和实行计划调节与市场调节相结合的方针,充分利用市场的作用。实践表明:这条路子走对了。这两三年,特别是去年以来,我们江苏市场调节越搞越活,围绕着搞活经济的需要,不但消费日用品,而且生产资料也进入市场,购销形式多样,原来流通渠道单一化的那种状况已有了很大改变:

一、物资以灵活的形式进入流通。物资部门跳出单纯计划调拨的圈子,提出分配与经营相结合而以经营为主的方针,主动面向市场。他们同生产部门的供销经理部等物资机构配合起来,在省内外沟通供销渠道,发展供销关系,组成协作网,扩大协作面。在物资供应上,根据物资的不同情况,灵活采用凭票供应、择优供应、配套供应、门市供应等多

---

① 《论所谓市场问题》,《列宁全集》第 1 卷,第 83、85 页。

种形式,促进物资流通。

二、产需直接挂钩、产供销衔接的形式多样化。工业部门设立自销门市部、展销门市部;手工业部门陆续恢复前店后坊的传统经营方式;有些工业品,由商店向工厂直接进货;鲜活商品,由社队在城镇设点供应。有些行业成立产供销"一条龙"的专业公司;有些农村社队开始农工商"一体化"的试点。

三、农副业土产品的贸易货栈和小商品批发市场陆续恢复和建立。特别是贸易货栈,许多地方都搞得很活跃。常州、无锡、镇江等市和徐州、盐城等地区去年上半年就普遍采用贸易货栈这种形式,积极开展农副土产品、干鲜果品、日用杂品的代购、代储、代销的业务。

四、地区之间互通有无的物资交流会、商品展销会增多起来。在这些交流会上,交易活跃,购销两旺,恢复了一些中断多年的传统供销渠道,建立了新的购销关系,使许多多年积压的呆滞物资和商品打开了销路。不少企业利用广告的形式,促进了购销业务。

五、直接为人民生活服务的"小自由"有所扩大。除农村集镇外,城市里也纷纷设立集市贸易;个体商贩和个体修理服务行业,它们作为公有制经济的附属和补充,也日益活跃在城镇的街头巷尾。

一句话,单一化渠道的流通开始为多样化渠道的流通所代替,市场的作用扩大了。

生产决定流通,流通也反作用于生产。"当市场扩大,即交换范围扩大时,生产的规模也就增大,生产也就分得更细。"①事实上正是如此。流通这一环节一抓就灵。凡是注意发挥市场调节作用,抓生产先从流通这一环抓起的地区和生产单位,总的情况都是:供销渠道扩大了,原材料来源多了,生产任务足了,生产发展的步子大了,经济效果也好了。去年是国民经济调整的第一年,按国家下达的计划指标,江苏主要计划产品产值要比上一年实绩降低4.6%,因此,多数企业任务不足,生产上不去。苏州、南通等地区,发挥市场调节作用,扩大供销渠

① 《马克思恩格斯选集》第2卷,第102页。

道,主动"找食吃",全年增长速度达百分之二十以上。各地学习苏州、南通做法,抓流通,促生产,全省全年工业总产值达 384.7 亿多元,比上年增产 13.3%。按省计委的统计,全省通过发挥市场调节作用实现的工业产值,约占总产值的 40%。流通搞活了,生产上去了,财政收入也就显著增加。无锡市去年按国家原下达工业生产计划,只能完成上缴利润指标的 73.5%;经过从多方面开辟渠道,搞活了流通,搞活了生产,使工业生产实绩比国家计划超过 33.08%,从而带动了利润指标的胜利完成。

更重要的,搞活流通,扩大市场作用的结果,触动了"官工"化、"官商"化的经营方式,暴露了现行经济管理体制的一系列矛盾,并直接带来了某些产销关系和生产能力的调整。流通渠道多了,流通环节少了,产销双方自然地衔接得紧了,促使了一大批企业的产品转到与需要对路的方面来。去年以来,出现了与调整国民经济比例关系相合拍的变化:原来紧销、短缺的某些轻工市场产品显著增多,而仓库里某些积压滞销的商品逐步减少。江苏去年重工业生产增长 7.7%,而轻工业增长 9.6%,某些产品的生产与社会需要脱节的状况已有所改善。这正是和搞活多渠道的流通,扩大市场的作用分不开的。

由此可见,沟通和扩大流通渠道,扩大市场的作用,方向是对头的,成效是明显的。应该说,现在不是搞过头,而还只是开始。

但是,在新形势下出现了新矛盾。工商矛盾、农商矛盾、商商矛盾都增多起来。其中最突出的是工商矛盾。早在前年第三季度开始,由于商业部门限于资金而压缩收购工业品,工业品库存一时增多,工商之间的争吵声就不断传来。去年以来,有些工业部门开始对部分工业品实行自销,双方矛盾有增无减。一方说"你们破坏社会主义统一市场";一方说"你们独家经营,垄断市场"。

怎样看新形势下的新矛盾?透过工商、农商关系的现象,可以看到:这里所反映的问题,是我国现阶段需要一个什么样的社会主义市场,应该怎样看待社会主义市场的统一性和商品渠道多样化关系的问题。

二

　　社会主义的统一市场,是在社会主义公有制基础上建立起来的、为社会需要服务的市场;是在统一计划和统一政策的约束下,为满足社会需要而服务的市场;是与生产发展和经济结构相适应的,在全国范围内广泛扩展商品交换的市场。与解放前既受官僚买办、资本主义势力控制,又为封建势力割据的旧市场相区别,这是崭新的社会主义市场。

　　应当说,新中国成立后,特别是三大改造完成以后,我国的社会主义新型市场就已逐步形成。但是,这个已经形成的社会主义市场不是一成不变的。它有一个在实践中如何不断完善和发展的问题。正如毛泽东同志指出的:"我们的社会主义制度还需要有一个继续建立和巩固的过程。""在各经济部门中的生产和交换的相互关系,还在按照社会主义的原则逐步建立,逐步找寻比较适当的形式。"①

　　马克思主义认为,生产、分配、交换和消费是社会再生产过程的有机联系的统一体。从生产和交换的关系看,生产是起决定作用的。"产品的交换形式是和生产的形式相适应"②。它的"交换的深度、广度和方式都是由生产的发展和结构决定的。"③在我国要建立一个什么样的社会主义市场,也就不能不由我国生产的形式、生产的发展和结构的特点所决定。我国的社会主义经济是在半封建、半殖民地的基础上建设起来的,社会分工很不发达,生产社会化程度不高,生产力水平低。特别是在农村,手工操作和畜力耕作的比重相当大,农业劳动生产率很低。另一方面,我国是一个大国,幅员辽阔,人口众多,人民消费量大,需要又是多种多样。而各个地区技术经济水平高低不一,发展很不平衡。这就不能不允许我国所有制形式和经营形式的多样化。与这些情

　　① 《毛泽东选集》第5卷,第374～375页。
　　② 《马克思恩格斯全集》第4卷,第117页。
　　③ 《马克思恩格斯选集》第2卷,第102页。

况相适应,我国的社会主义市场就必须围绕在全国范围内大力扩展各个地区、各个部门、各个企业、各个方面的商品交换,促进商品经济和社会化大生产发展的这一要求,在复杂多样的形式中得到发展和完善。

这就是说,我们的市场是社会主义的统一市场,但对这个"统一",不能简单地理解为所有制形式的统一,理解为商业部门"独家经营"、"独占市场"的统一,理解为凭一本计划本子组织全国商品流转的统一。这个统一,只能体现在坚持社会主义道路的统一方向上,体现在有国家计划指导的在全国范围内货畅其流的统一流通上,体现在组织各方面力量共同为满足社会需要服务的统一目的上。只有这样的统一市场,才是既保持社会主义性质的,又适合我国实际情况的。

新中国初期的"一五"期间,我国的社会主义市场曾经是搞得很活的。在与资本主义势力斗争以及利用、限制、改造资本主义工商业的过程中,我们迅速发展壮大了国营商业和供销社商业,在全国范围内大力组织城乡物资交流,扩展商品流转,有力地促进了生产,繁荣了经济。但在后来相当长的一段时间里,由于"左"的思想指导和小生产习惯势力的影响,不仅背离生产关系必须与生产力的发展水平相适应的原理,片面强调提高公有化程度,过早地否定小商小贩的历史作用,搞由国营商业、供销社"一统天下"的市场;而且背离社会化大生产是生产过程与流通过程相统一的原理,人为地缩小流通,不光是生产资料被排斥于流通领域之外,即使是生活资料也有相当部分进不了市场,形成了统购包销范围的过大过宽和市场管理的过于死板,结果是,从阻碍流通开始,阻碍了商品经济和社会化生产的发展。

说到统购统销,我认为,对这个问题要作历史的具体的分析。统购统销,在1956年三大改造以前,没有疑问,是完全必要的,也是完全正确的。那时候,资本主义工商业还有一定力量与国营经济争夺市场,而我们整个国家的经济又是那么个水平,好多东西必须采取分配的办法,必须采取行政的手段。实践证明,这样做,对于国家掌握粮食、棉纱、棉布和其他主要工农业产品,对于促进私营工商业接受社会主义改造,对于打击投机倒把,对于供应市场、稳定物价,都起了巨大的积极作用。

对有些重要的产品和物资来说,这些办法在今后一段时间里,还必须坚持。问题是在三大改造以后,应当不应当不加区别地一直沿用原来的那些行政方法,要不要根据形势的发展加以改进? 应当说,作切合实际的改进,是必要的。

其实,这个问题,陈云同志在 1956 年党的"八大"上的一次发言中就提出来了。他指出:我国的市场必须"是一种适应我国情况和人民需要的社会主义市场"。他主张改变对商品流通过于集中的管理,改变由商业部门独家包销的办法,实行"大计划,小自由"。但是,陈云同志的主张没有为人们所理解。长期以来,不仅一直沿用统购包销和为保证统购包销而采取的一套管理办法,而且还扩大了某些统购包销的范围,把有些原来不属于统销包销的商品也扩大了进去,加上商业体制从片面观点出发的盲目集中,就不能不使经济生活中出现一系列的问题:

一、由于统购包销商品不必要的扩大,连许多日用百货,也是工厂按国家计划生产,商业部门按生产计划收购,生产什么,收购什么,生产多少,收购多少,工业企业不愁产品销不了,这就助长了工业企业不顾需要,片面追求产值的盲目生产,以致产品质量下降,花色规格品种减少,货不对路的问题尖锐。商业部门不断收购进来许多"有问题的商品",造成大量商品积压,残损变质,国家受到很大损失。

二、由于国营商业独家经营包不了面广量大、品种繁多的小商品和土特产品,相反中断了某些手工业和产区传统的供销渠道,加上某些地区画地为牢、封建割据的土政策的限制,把统一市场分割成"块块市场",阻塞了流道,妨碍了某些商品的合理流转。一方面,手工业生产、小商品生产的原材料来源减少了;一方面某些产区物资销路缩小了。山区的山货土产,只有供销社一家收购,收购不了的就只能让它烂在山上。

三、由于用行政管理代替经济手段,行政区划代替经济区域,不仅统死了集体商业、个体经营的积极性,而且使流通环节增多,使商业经营官商化,服务态度和经营质量下降,商品流通速度延缓,商品流转费用增加。江苏省商业供销社系统每百元商品流转额,1957 年能实现销售利润 7.23 元,资金只要 95 天就能周转一次;1978 年只能实现销售利润 3.45 元,资金要 153 天才周转一次"。

现在,人们清算了林彪、"四人帮"的极"左"路线,解放思想,冲破"生产资料不是商品"、"工不经商"等许多框框,在公有制经济占绝对优势的条件下,允许多种经济成分存在,采取多种经营形式,发展多渠道流通,开始结束了多年物资不流通、渠道单一化、国营商业"独家经营"的局面。显然,这绝不会破坏社会主义统一市场,而正好是这个统一市场在实践中走向发展的表现;是符合从我国实际出发,改革市场体制、购销体制,搞活社会主义统一市场的要求的。

三

发展多渠道流通,搞活社会主义统一市场,这就要在管理体制的改革中注意把社会主义市场的统一性与灵活性结合起来。两者不能偏废。既不能只强调统一性,而排斥灵活性;也不能只要求流通渠道的多样化,而忽视社会主义市场的统一性。

根据江苏一些地方的实践,统一性与灵活性相结合的我国社会主义市场必须具有这样一些特点:

第一,就经济成分来说,既有主体,又有辅助。以国营商业和供销社商业为主体,以集体商业为助手,以个体商业和个体服务行业为补充,在保证公有制经济占绝对优势的前提下,让多种经济成分在共同为社会需要服务中,相互配合,各得其所。

第二,就管理方法来说,统而不死,活而不乱。就是说,既坚持国家统一的商品生产计划和流通计划,又允许在国家计划指导和统一政策规定下的"小自由",特别是产值不大、品种繁多的商品,规定在一定范围内视市场变化而自由生产和自由交换,包括自由议价。

第三,就购销形式来说,区别商品,灵活多样。有关国计民生的物资和商品,继续统购包销。凡花色品种繁多、市场需要变化大的商品,包括一部分一、二类物资,采取经销、代销、自销等形式,逐步缩小统购统销的范围。至于与人民日常生活关系密切的小商品和修旧业务,则宜摆摊设点,分散经营,并鼓励走街串巷,服务上门。

社会主义市场,既有统一性,又有灵活性,这两者是辩证的统一。有了统一性,才能使多种渠道在统一计划指导和统一政策约束之下很好地发挥作用,结成千丝万缕、四通八达的流通网;有了灵活性,才能使流通渠道多样化,使千万种商品在全国范围内顺畅流通,形成日益繁荣的统一市场。总之,必须把统一性与灵活性结合起来,把统一市场与多种渠道统一起来。只有这样的社会主义市场,才能够很好地协调产销之间包括地区之间、部门之间、企业之间的商品交换关系,很好地协调各方面经济利益关系;才能把商品流转搞畅,把国民经济搞活。也只有这样的市场,它才能成为国民经济各部门所共同需要的市场。

目前在发展多渠道流通,搞活社会主义市场问题上之所以会出现工商等部门之间的较大分歧,原因就在于还没有真正做到社会主义市场的统一性与灵活性的统一。当然,对此需要具体分析。从客观上说,出现工商等部门之间某些方面的不协调,这是我国经济管理体制上计划调节与市场调节相互排斥的模式阻碍着市场调节的反映,是在流通环节上的某些局部改革与尚未全盘改革的现行经济管理体制之间不相适应的反映。大家知道,我国经济管理体制是 50 年代初从苏联学来的。这种体制的主要缺陷是过于强调中央的集权领导,过于强调集中的计划和行政的管理方法。反映在市场管理上,也就是强调统一性,而排斥灵活性。三十年来,尽管体制上几经改革,但改来改去,只是在条条与块块权力的划分上兜圈子,基本上没有脱出原来的模式。在这种模式的体制没有作全盘彻底改革之前,现在要广辟多种流通渠道,充分发挥市场调节的作用,就必然会在计划管理、价格体系、利润分成制度等许多方面都受到现行体制的约束与牵制,甚至每前进一步都会遇到阻力。但另一方面也需要看到,目前在运用市场调节、发展多渠道流通中确也存在着某些盲目性和消极作用,而人们对此还没有引起足够的注意加以防止和克服。例如,某些部门或单位,离开国家计划的指导,竞相生产热销货;不按照计划向国营商业部门交售产品,不适当地扩大产品自销范围，与国营商业争利争市场；有些产品价格"浮动"幅度太大，形成了自由波动，甚至减少平价商品，扩大议价商品范围，以至增大工厂生产成本，影响人民生活。这些又都是只强调灵活性，而忽视统一性的表现，是从另一片面来理解社会主义市场的反映。同样是与搞活社会主义市场的要求不相容的。

面对这些情况，我们就要在坚持扩大利用市场作用的实践中进一步探索把统一性与灵活性统一起来的途径。必须看到，把市场"统"得过死那一套做法，已经与多年来形成的"官工"化、"官商"化的经营方式交织在一起，许多人已经习以为常，不花点冲劲是冲不破的。同时，市场体制的改革也不可能离开整个经济管理体制的全盘改革而孤立地进行。而目前体制改革还处于小改小革阶段，有些方面的制度、办法，明知不合理，也还不能匆忙革掉。这就不能不增加问题的复杂性，不能不招致有关部门在同一问题上的意见分歧。在这种情况下，有关部门如何共同做到把解放思想、打破框框与按照社会主义经济的客观规律办事统一起来，就极为重要。解放思想，打破框框，并不是蛮干一阵，乱来一气，而是要在实践中闯出一条遵循客观经济规律办事的路子来。当然，要发展多渠道流通，充分发挥市场的作用，就必须强调利用价值规律。但是，在社会主义条件下客观存在并支配着社会主义经济发展的客观经济规律，不是互相割裂的个别规律，而是包括相互联系、相互作用的各个规律在内的完整的经济规律体系。要搞活社会主义市场，既要重视利用价值规律，又要遵循国民经济有计划按比例发展规律和其他经济规律，特别是要遵循在社会主义经济规律体系中居主导地位、起决定作用的社会主义基本经济规律。具体说来，不管是工业、商业部门，还是计划、财政、银行、税收等部门，都要从国民经济的全局出发，统筹考虑国家、集体和劳动者个人三者的利益，从不同岗位上，共同保证社会再生产过程的顺畅进行，在发展社会生产的基础上，不断改善人民生活；都要懂得如何把社会主义生产的目的与手段统一起来，把社会生产与社会需要统一起来，把积累与消费统一起来，把满足劳动者的个人需要与公共需要统一起来，把价值的生产和使用价值的生产统一起来，使自己的行动合乎客观经济规律首先是社会主义基本经济规律的要求。只有这样,各个部门才能在坚持社会主义市场的统一性与灵活性相统一的问题上,有共同的语言和一致的行动;才能对搞活社会主义市场共同负责,既防止片面强调统一性而排斥灵活性,又防止离开统一性而片面追求灵活性。

　　总的说来,发展多渠道流通,搞活社会主义统一市场,当前的发展趋势是好的。只要我们各个经济部门都能从我国的实际出发,同心同德,群策群力,面对新情况,研究新问题,在实践中努力探索并走上按照社会主义经济规律的要求办事的科学轨道,把社会主义市场的统一性和灵活性统一起来,那么,进一步搞活社会主义商品流通,搞活国民经济的"血液循环系统",以适应国民经济的调整、改革、整顿、提高的需要,加速四个现代化的进程,这是完全可以实现的。

(原载《群众论丛》1980 年第 4 期)

试论运用市场和市场调节

　　贯彻计划经济为主、市场调节为辅的原则,既要切实加强计划管理,又要在国家计划的统一领导下,善于运用市场,借助市场机制和价值规律,正确发挥市场调节的作用。根据近几年学术界存在的争论和实际经济生活中遇到的矛盾,我们感到,这里有个问题值得研究和讨论,这就是:运用市场和市场调节有什么联系和区别?

　　哪里有社会分工和商品生产,哪里就有市场。在我国社会主义现阶段,既然还必须大力发展社会分工和商品生产,就必然会有市场范围的扩展和市场作用的扩大。因此,实行计划经济就一定要注意运用市场。在这个问题上,我们有过教训,也取得了一些经验。在"左"的思想指导下,我们在计划管理上曾经长期削弱甚至排斥市场的作用。党的十一届三中全会以后,我们清理了"左"的指导思想,采取一系列搞活经济的政策,对经济管理体制作了初步改革,在实行计划经济的同时,显著扩大了对市场的运用。

　　江苏省这几年在扩大运用市场方面就有许多变化。例如,物资部门跳出单一计划分配的圈子,大力组织物资协作,开设物资商场和生产资料交易市场,兴办物资信托服务,增设经营网点,改善物资供应。工业部门按照规定设立产品自销门市部,与商业部门联购联销,使一部分产品直接进入市场,实行产销见面;不仅集体所有制企业而且国营企业,都重视根据市场需要,在产品质量和品种上下工夫。城乡普遍开放农贸市场和集市贸易,各地贸易货栈、小商品市场相继恢复与建立。计划在长期规划和年度计划的制订过程中也注意到市场供求的变化,并适应生产部门运用市场的新情况,在产供销的衔接上做了大量工作,等等。正是通过这几年市场的扩大运用,使我省原来以物资串换为主要形式的物资协作向多种形式的经济技术协作发展提高,每年协进大量煤炭等缺口物资,弥补了计划分配的不足。集体所有制企业包括社队企业扩大了生产门路,开发和增产了一大批计划不到的市场急需产品。一大批机械加工厂,主动向市场要任务,及时调整产品方向,变任务"吃不饱"为"吃不了"。各种各样的鲜活农副产品和多年不见面的土特产品源源上市。1977 年至 1981 年这五年同 1972 年至 1976 年这五年比较,全省社会商品零售总额的年递增速度从 9.8% 提高到 12.9%,吃穿用商品供应货源全面增多,市场产销两旺,城乡经济空前繁荣。

我们从现实经济生活中看到的,不只是运用市场的明显效果,还有运用市场的丰富内容和多样化形式。而在以往一段时间里,许多同志包括我们自己在内,却往往把这一切都归结为"市场调节",并没有注意去研究运用市场和市场调节的区别和联系。

对什么是市场调节,理论界长期以来就存在不同解释。简单说来,有"窄派"、"宽派"之分。窄派认为,市场调节就是按市场供求的变化和价值的涨落调节生产和流通。宽派认为,市场调节包括:利用价值规律的一定调节作用,利用与价值有关的各种经济杠杆的积极作用和利用流通对生产的反作用等等。

在对运用市场机制的解释上,也存在宽窄之别。一种意见认为,运用市场机制包括:给企业以相对独立的商品生产者的地位;扩大个人选择消费品、劳务项目和工作岗位的自由;通过市场,建立和发展各企业、地区和部门之间的分工协作关系;有一个反映价值规律要求和客观情况变化的比较灵活的价值体系;允许竞争等等。这种解释所包括的范围就很宽。而另一种意见认为,运用市场机制的作用,主要是指运用市场上的供给和需求、价值和价格、费用和利润、销售和储存、竞争和联合以及市场的实现形式等的相互作用。这种解释的范围就要窄一些。

不同的理解还可以举出许多。仅从以上这些不同的说法就可以看出,在近几年国内的许多理论文章中没有明确对运用市场、运用市场机制和运用市场调节这些概念作区分,有些文章则把这些实际上既有联系又有区别的概念当作同一个概念在使用。这种情况往往使我们在研究社会主义经济中计划和市场关系问题上,产生一些不必要的分歧和争论,同时也影响我们在实际经济工作中对计划经济与市场调节关系的处理。

我们认为,在计划经济和市场的关系这样一个层次上使用的市场概念,是个广义的概念。它和"市场是商品交换或进行买卖关系的场所"这样一个狭义的空间概念不同,也和我们现在所说的市场调节的市场概念不完全一样。作为广义的市场,是从总体上看的交换,即各种商品交换关系的总和。马克思说:"'交换'是生产以及由生产决定的分配一方和消费一方之间的媒介要素"①。广义的市场,实质上是一种通过商品的供求关系表现出来的社会生产和社会需要之间的经济联系。从这个意义上说,社会中心或国家运用市场起码包括以下几个方面的内容:

第一,运用市场信息,即通过搜集和分析市场供求的变化、价格的涨落、竞争的消长和企业的盈亏等情况,为制订、校正和调整计划提供依据。市场,作为联系生产和消费的纽带,它能灵敏地、如实地反映社会需要的变化,暴露供给和需求之间的矛盾。运用市场的这些信息反馈进行科学预测,可以使计划更好地反映社会需要的实际,把企业的生产经营活动引到产需衔接、产品适销对路的轨道上去。至于社会中心要完善计划机制的功能,也需要充分运用市场信息。可见,运用市场信息是运用市场的一个重要方面,也是它的前提和条件。

第二,运用市场机制,借助于拥有相对独立的经营管理机动权和经济利益的经济组织(如公司、企业),通过体现在各种经济政策中的价格、税收、信贷、工资和奖金等经济杠杆的作用,形成一种调节的系统和功能。运用市场机制的基本条件,首先是要保证企业具有相对独立商

---

① 《马克思恩格斯选集》第 2 卷,第 101 页。

品生产者的生产经营权和经济利益;其次是要能够自觉地根据市场上的供求关系、不同的实现形式、价格涨落、竞争的状况和生产经营者的盈利情况,运用不同的经济杠杆。但必须看到,在实行计划经济的条件下,市场机制的作用有它的特点:首先,它不是仅仅以市场调节这种自发的形式出发,它的作用形式是多种多样的;其次,它的作用的性质和地位受社会主义经济中诸经济规律的共同制约,它不可能离开计划机制独立地成为全社会主要的调节功能或全社会调节机制的基础;再次,它的作用的范围是有限制的。根据这些特点,我们认为,从国家和企业的关系上看,运用市场机制的目的是为了引导和影响企业,使它们的生产和经营,合乎国家计划的要求。从国家计划本身来看,运用市场机制有助于增强制订计划的科学性,有利于促进和保证国家计划的实现。所以,运用市场机制是运用市场的实质内容或基本方面。

第三,运用市场调节,即让企业和个体经营户在一定范围内,进行自由生产和流通,以补充有计划生产和流通的不足。具体地说,就是对这部分产品,企业生产什么、生产多少,不是由社会计划或国家计划调节,而是由企业根据市场供求变化引起的价格的涨落决定,由市场来调节,由价值规律自发地起调节作用。在社会主义计划经济的条件下,这是运用市场的次要的但又是不可缺少的一个方面。

不难看出,这三者是互相联系的。这里需要特别指出,即使是表现为自由生产和自由交换的市场调节,在社会主义计划经济的条件下,也是和整个市场的运用不可分割的。

毋庸置疑,在我国以国营经济为主导的社会主义公有制经济早已占据绝对优势的地位,有必要也有可能实行计划经济,坚持在国家计划的统一领导下加强计划管理。在这个条件下,我们的市场,根本区别于盲目竞争和无政府状态下的资本主义市场,从总体上说,它是有计划的社会主义统一市场。因此,运用市场的三个方面,不管是运用市场信息、运用市场机制,还是运用市场调节,都是完善社会主义经济运行体系,强化其调节功能所需要的。进一层说,市场调节之所以能与运用市场相联系,能为计划经济服务,归根到底,是由于它们都是在社会主义条件下价值规律发生作用的表现形式和结果。在社会主义基本经济规律发挥主导作用的条件下,价值规律可以在促进社会生产按比例发展上,起到与国民经济有计划按比例发展规律相一致的作用。市场调节,虽然是作为价值规律自发起作用的一种形式,但在我们的社会里,不可能不受到国家统一的政策、法令所制约,其盲目性终究是可以得到限制的。从这个意义上来说,运用市场和发挥市场调节的作用,都是我们坚持社会主义计划经济的方向,自觉按照社会主义经济中诸规律办事的表现。

在搞清楚运用市场同市场调节相联系的同时,还必须指出它们之间的区别:

一、从运用市场与市场调节两个概念的内涵和外延看。运用市场概念的内涵少、外延宽,我们知道,概念的内涵的多少与概念外延的宽窄成反比关系。运用市场概念的外延包括运用市场信息、市场机制和市场调节,即整个流通对生产的反作用和价值规律对计划经济发生的整个作用,它同市场调节概念之间的关系是相容关系中的从属关系。

二、从运用市场和市场调节在计划经济体系中的作用范围看。市场调节只能是在社会中心划出部分产品的一定范围内起作用。而运用市场的作用则不仅体现在这一定范围内的自由生产和自由流通的辅助部分,而且还渗透到有计划的生产和流通的主体部分中去,即无论是实行指令性计划还是指导性计划都必须注意运用市场。

三、从运用市场同市场调节背后的经济规律起作用的形式看。市场调节是社会中心有控制地让价值规律自发地起调节作用,而运用市场则是社会中心自觉地利用价值规律以及货币流通规律、供求规律等为有计划的生产和流通服务,为社会再生产的实现服务。

运用市场同市场调节的区别可能还不止这些。我们举出以上几点旨在说明:运用市场同市场调节是应该区别开来,也是可以区别开来的。

弄清楚运用市场同市场调节的联系和区别,在理论上和实践上都具有重要的意义,我们不赞同那种人为地缩小运用市场的外延,从而把运用市场等同于市场调节的观点;同样,也不赞同那种人为地扩大市场调节的外延,从而把市场调节等同于运用市场的观点。这两种观点在理论上都是混淆运用市场同市场调节的区别和联系,在实际经济生活中都有可能带来思想上和行动上的某些混乱。

在以往一段时期里,我们在计划管理上除排斥市场调节外,也忽视市场信息、市场机制的运用,这同在理论上把整个市场运用混同于市场调节,都看成是价值规律的自发作用有关。结果,管理上统得过多、管得过死,在某些方面人为地分割了社会生产与社会需要的联系。这几年来,我们重视和加强了对市场的运用,取得了显著成效。但同时也出现了另一些倾向性的问题。比如某些行业盲目布点,某些项目重复建设,某些物资难买,某些产品难卖,某些紧缺产品过多地流入非计划渠道,某些超计划产品严重积压,集中表现为削弱和妨害国家计划的现象有所滋长。出现这些问题,从根本上说,是由于我们有些体制改革的措施不配套,管理工作没有相应跟上。但就运用市场而言,也就是由于没有完整地弄清楚运用市场同市场调节的联系和区别,对应当充分运用的市场信息、市场机制运用不够;对市场调节,除有些方面仍然存在卡得过死、活得不够的情况以外,在有些方面则是活动范围过宽,以致脱离了计划的指导和约束。

因此,当前对两种倾向都必须注意防止:既不能把整个市场运用都看成仅仅是由价值规律自发起作用的市场调节,把加强计划管理同运用市场对立起来,以致又回到排斥市场作用的老路上去;也不能把在计划经济中的市场调节等同于整个市场运用,过分地夸大市场调节的作用,扩大市场调节的范围,以致影响和削弱计划管理,使市场调节偏离统一计划的轨道。

目前对计划调节和市场调节的范围划分有不同认识。有些同志认为,把由价值规律自发起调节作用的划为市场调节,而把自觉利用价值规律归入计划调节的范畴,这样会削弱市场调节的地位和作用,不利于搞活经济。他们担心:规定市场调节只能在国家允许的范围内实行,使地方和企业活动的天地变小了,会束缚它们的手脚,影响它们的积极性。产生这些想法的一个重要原因,就是由于没有完整地认识运用市场同市场调节的联系和区别。其实,严格规定市场调节的范围,把自觉运用价值规律和经济杠杆的作用划入计划调节的范围,强调发挥指导性计划的作用,并提出实行指令性计划和指导性计划都要经常研究市场供求状况的变化,自觉利用价值规律和经济杠杆。所有这一切,无论是从国家对宏观经济的组织和指导来看,还是从地方和企业对微观经济的经营和管理来看,都是对运用市场包括运用市场调节提出了新的更高的要求。因此,绝不是某些外国经济学家所评论的那样,我们在理论上"后退"了,在政策上"收"了。恰恰表明:我们在计划管理和市场运用关系的认识上深化了,前进了,在计划经济与市场调节关系的处理上更加明确了,开始具体化了。

现实经济生活表明,弄清运用市场与市场调节的联系和区别,有利于我们正确划分在计划管理上实行指令性计划、指导性计划和市场调节各自的范围和界限,从而建立起既有利于充分运用市场信息、市场机制,又有利于正确运用市场调节,符合我国实际情况的计划管理体制。

根据在社会主义计划经济条件下运用市场与运用市场调节的联系和区别,我们就不难看到:实行指令性计划、指导性计划和不作计划安排的市场调节,有它们相同的地方,也有不同的地方。相同的地方就在于它们三者都必须服从国家统一计划的要求,在国家计划的指导和约束下运用市场、发挥价值规律的作用。不同点在于它们在计划管理中的位置不同,因而就使企业的生产和经营受计划控制的程度不同,企业运用市场、利用价值规律的机动权大小和形式不同。实行指令性计划是计划经济的主要、基本的形式。国家只有依靠指令性计划的实施,直接支配重要企业和重要产品的生产和流通,才能在稳定大局、保持宏观经济平稳的条件下有效地运用市场,也才能有效地带动和制约实行指导性计划和实行市场调节的那些经济活动。显然,由国家通过指令性计划,直接支配的这些企业,运有市场的机动权就要小些。指导性计划与指令性计划是互相配合的,都是有计划的生产和流通的组成部分,同属我国国民经济的主体。但指导性计划主要是运用市场机制、经济杠杆来保证其实现的,给企业运用市场的机动权就大些。至于不作计划安排的市场调节,运用市场、利用价值规律的机动权就更大,也更为灵活。

　　计划管理的这三种形式,从运用市场、利用价值规律机动权大小的角度看,其不同主要表现在以下两方面:第一,落实供产销运的途径和措施不同。国家对下达指令性计划的企业,供产销运活动都通过计划渠道、计划措施加以衔接;对实行指导性计划的企业和产品,国家只计划供产销运的一头或两头;对实行市场调节的产品,除某些重要原材料由国家划出一部分计划帮助解决供应以外,供产销运一般由企业或个体户自找渠道落实;第二,价格受国家控制的程度不同。实行指令性计划的商品一律执行国家计划价格;实行指导性计划的产品,其价格可在国家规定的幅度内上下浮动,或由买卖双方协议定价;实行市场调节的产品,一般可以随行就市,价格自由涨落。

　　由此可见,正确划分指令性计划、指导性计划和不作计划的市场调节的范围,同弄清运用市场和运用市场调节的联系和区别,是互相联系着的。换句话说,解决这三者的划分问题,是实行科学的计划管理的内容,同时也是全面、有效地运用市场,即既充分运用市场信息、市场机制,又正确运用市场调节所要求的。

　　要使计划管理的这三种不同形式,在我国社会主义经济的运行体系中各得其所、协调配合,当然还需要从多方面做好一系列的工作,除了要切实加强综合平衡,使计划管理工作跟上外,特别需要研究解决如何运用好价格、税收、信贷等经济杠杆的问题,切实改进商业工作,疏通、扩大和增加流通渠道的问题,克服市场预测薄弱的问题,等等。而所有这些问题的解决,显然也是同重视社会主义市场的有效运用这个问题紧密相关的。

　　归结我们的认识,就是:弄清楚在实行计划经济条件下运用市场与市场调节的联系和区别,不只是一个抽象的理论问题,而且是涉及以计划经济为主、市场调节为辅这一重要原则在现实经济生活中如何进一步具体化的实践问题。

　　　　　　　　(原载《江海学刊》1983 年第 2 期,和钟永一合作)

培育和建设与全国统一市场
相联结的区域市场

　　与不同地区社会分工、商品生产发达程度不同的情况相联系,市场的区域化发展是个客观趋势。从现行体制的现实出发,由地方来办市场以催化区域市场的发育,是顺理成章的。但是,地方办市场一定要办成与全国统一市场相贯通的区域市场,而不能办成块块结构的地方市场。区域市场,不是局限在区域内组织商品交换,而必须是凭借商品自身内在的渗透力,通过发展区域内外市场的双向贯串和交错网络,全方位地扩展商品交换。马克思说过:"商品交换是在共同体的尽头,在它们与别的共同体或其成员接触的地方开始的。但是物一旦对外成为商品,由于反作用,它们在共同体内部也成为商品。"[①]只有发展了同区域外市场的商品交换,才能使之反作用于区域内的市场,促进区域市场的发育。从这个意义上说,没有和全国统一市场的贯串和网络,就不会有真正的区域市场,而只能是立足于自我交换的小商品经济的初级市场。

　　江苏在组织跨地区横向经济技术协作同时,各地普遍兴办各类专业市场,使有形的交易市场与远距离购销的无形市场相互依托,使区域性市场和市场体系得以逐步发育,这个路子是走得对的。但是,从现状看,江苏的区域市场,即使在苏南,也还是内涵不丰富、竞争不充分、体系不健全、秩序不规范的市场,这固然同社会分工和商品生产的发达程度以及资源的紧缺有关,但更主要的是受体制因素的制约。现行的财

---

　　① 《资本论》第 1 卷,第 106 页。

政包干、外贸承包等体制强化了同区域市场发育逆向而行的分割格局。从全省来看,由于阻碍了区域市场的发育,因而阻碍了和市场发育相联系的企业制度、宏观调控机制的配套改革,也就障碍了省区经济的最优化发展。

因此,无论从深化改革还是从经济发展看,都需要在建设区域市场上有突破。对省区决策部门和调控主体来说,现行体制对市场的封锁力越强,就越需要有突破这种封锁力、建设同统一市场相贯通的区域市场的主动性和能动性。这种主动性和能动性就表现在能够跳出块块体制的束缚,坚决为按照社会化大生产的要求和商品的自然流向组织流通开路。

首先,需要依托大中城市,办好若干层次较高的商品批发市场和各种要素市场。现代城市是在发展社会化大生产和商品经济基础上形成的多功能的区域经济中心,就其性质来说,首先是商品流通中心;多功能,就是围绕发挥商品流通功能而把交通运输、邮电通讯、金融信贷、科学教育、信息情报、经济管理等功能组合来起的综合功能,依托这样的中心城市办市场,才能通过城市功能配套的组织系统,发展面向区域的横向经济联系,全方位地开拓流通渠道,提高市场吞吐能力;依托这样的中心城市办市场,才能利用城市多功能的现代基础设施,建立与面向区域相适应的交易市场的多功能服务体系,增强其对区内外供销企业的吸引力;依托这样的城市办市场,才能借助城市在内外开放中的优势,扩大市场在区内外、国内外的覆盖面,成为层次较高、有著名度的现代市场。更重要的,以中心城市为依托,有利于和城市第三产业的发展相互推动,以消费品市场、生产资料市场的发展,带动金融、科技、信息、运输、劳务等市场的发育,并使之相互催化,促使市场体系走向完善。一句话,依托中心城市建设层次较高、功能较全的区域市场,有利于以其在横向经济联系中较强的吸引力和辐射力,突破条块体制上的封锁力。

其次,需要在全省范围内,分区域规划、建设城乡一体化的市场网络。即:以依托于大中城市建设起来的层次较高、功能较强的大型市场为枢纽,在一定的纵向协调下,按照商品流转方向,横向联结一定区域内的层次不等的中小城市市场,形成区域性的市场网络体系。随着县区经济的崛起,江苏许多县级城镇近几年办中心、建商场,纷纷发展各种专业市场,从各个地方来说,这是反映了商品经济发展的需要。但从全局看,缺乏在一定范围内依据城市规模、性质和功能的不同,多层次、分区域的市场布局,在现行体制下就很难避免不办成行政色彩浓的块块市场。因此,只有以层次高、功能全的大型市场为枢纽,把地方市场纵横联结、交叉网络起来,才能突破体制上的障碍,变各地的市场分割为贯通,变渠道阻滞为畅通。

再次,需要把培育、建设区域市场同建立新的宏观调控机制结合起来,相互推动。建设区域市场,不只是各别市场自身的事情,而是一个涉及宏观调控的问题。强调建设区域市场必须与统一市场相衔接,强调区域市场必须以大中城市为依托,从宏观的角度看,这是促使各类市场能组合成为国家调控下的市场体系的需要。在一个省来说,应当由省级调控部门按照加强调控地区经济的要求,来规划、指导和推动这方面的工作。例如,根据经济发展的内在联系,组织多层次、分区域的市场网络体系,这项工作本来就属于规划、建设省内经济区的工作范围。大家都知道,全国许多省区前几年为建设各种经济区曾热火了一阵子;但由于体制上的障碍,都是"步履维艰",江苏的几个省内经济区也不例外。其实,推进经济区的工作,就应当从规划、建设区域性的市场网络以催化市场体系的发育入手。形不成纵横贯通、运转自如的市场网络体系,经济区的建设就不会有任何实际成效。此外,健全市场的监督管理系统,治理混乱,整顿秩序,加强市场法制建设,保护公平竞争,也应当列为建立新的宏观调控机制的重要内容,组织有关职能部门切实搞好。

(原载《城乡经济》1990 年第 4 期,和沈立人合作)

培育大市场:社会主义市场经济
走向成熟的关键

    当前,在继续深化市场经济理论研究的同时,迫切需要深入探索如何按照市场经济的要求促进大市场顺利发育的问题。所谓大市场,区别于条块分割下的封闭半封闭市场,是指遵循市场经济规律和原则,以像南京这样一类中心城市为依托,统一开放、平等竞争的大区域市场和全国统一市场。抓住培育这样的大市场,就抓住了促使发展中的社会主义市场经济走向成熟的关键。

按市场经济原则衡量市场发育度
认定培育大市场的迫切性

    改革以来,伴随着靠市场启动和导向的地方工业和乡镇企业的快速发展,江苏逐步扩大市场调节的活动范围,推动了市场发育。目前,全省建设了各类常设市场 4300 多个,不仅市场个数大大增多,而且相当一批市场规模有所扩大,各类要素市场相继形成;加上省内外购销和国内外经贸渠道的拓展,市场调节越搞越活,有力地支撑了江苏"供销两头"在外的加工工业和城乡经济的蓬勃发展,全省工业生产领域里指令性计划部分已不足 10%,在流通领域里也大部分实行市场调节。

    从市场调节在经济运行中所占的比重看,江苏成功地走出了市场调节为主之路,表明了市场发育的大趋势是好的。

    但市场的发育不是仅仅以市场调节比重的大小来衡量的。只有把握了建立社会主义市场经济的改革方向,衡量市场发育度才有全面客观的依据。

社会主义市场经济是在公有制基础上以市场为本位的现代发达的商品经济。现代市场经济较之于一般商品经济,其与市场联系更广泛更深透,对市场要求也更高。现代市场经济走向成熟,根本条件就是要有突破城界、省界、国界的统一开放的大市场的充分发育,在这过程中实现市场主体成熟化,市场体系网络化,市场竞争平等化,市场价格形成合理化,市场信息传递灵敏化,市场法则健全化,集中起来说,即市场机制完善化。实现了在大市场条件下市场机制的完善化,就能在宏观协调下促使市场有效作用于社会资源的合理配置,体现社会主义市场经济成熟化。

按上述标志衡量江苏、南京的市场发育现状,不难看到:

——各类企业特别是在国民经济中占主导地位的国营大中型企业作为市场主体没有真正到位,它们还处于对政府与市场的双向依赖之中,严格而言,基本上还没有从政府保护的"怀抱"里解脱出来走上市场。

——商品市场发育不平衡,不同职能的要素市场发育更不相协调,金融市场滞后,劳务市场受阻,科技市场交易渠道狭窄,房地产市场萌发不久,产权市场尚未起步。

——价格放开步子加大,双轨价差有所缩小,但价格行政决策往往反映不了供求关系,差价体系仍然混乱,价格由市场决定的机制远未形成。

——除比价关系的扭曲影响信号失真外,统一开放、内外开通的信息市场联网建设迟缓,远不能适应灵活、准确、迅速反映市场供需变化的要求。

——生产经营者平等竞争的环境不良,既有部门垄断,又有非规范化的政策倾斜,不同所有制的企业不能在一个起跑线上按等价交换原则展开平等竞争。

——市场法规建设明显滞后,市场交易、经济合同以及税收征管等法规不全或是执行走样,缺乏有效消除市场缺陷的规范化管理。

情况表明:江苏虽然以发挥市场调节手段的优势,推进了市场开拓和建设,但还远离社会主义市场经济的要求。在江苏,由财政包干体制以及城乡工业分开管理等体制所决定,市场开拓和建设基本上是在条块各按系统、市县自成体系下进行的。即使在同一城域内,也还是各按行政层次划分办市场的范围。从一市一县看,交易市场"五花八门",市场开拓和建设很有生气;从大区域视角看,则是条块分割、市县分割的地方市场制约着统一开放、平等竞争的大市场的发育和市场机制的完善。

大市场发育滞后与市场机制的不良是互为因果的。如前所述,江苏市场一系列机制性矛盾的存在,是影响到大市场发育的动因,也是统一开放、平等竞争的大区域市场发展受阻的必然反映。总的说来,都是按照市场经济原则进行市场取向改革的力度不足甚至受到某种扭曲的结果。

可见,促进大市场发育成长和与之相联系的市场机制的完善化,是江苏市场经济走向成熟的关键,是今后深化市场取向改革的重心。特别要看到,在体制尚未根本转轨的条件下,江苏以市场调节为主之路向前开拓得越是快速,在条块分割制约下,大市场发育不足带来的机制性矛盾将会越加明显和尖锐;反过来说,催化大市场的发育将越见迫切。

推进城乡一体的市场取向改革
促使区域性大市场顺利发育

培育大市场必须依靠政府的行政推动,在统筹协调城乡的市场取向改革中,处理好发挥市、县、乡以及部门开拓市场的积极性与建设统一开放、平等竞争的大市场的关系,超越条块,走出分割办市场的误区。

其一,在城乡体制综合改革的条件下,强化大中城市促进大市场发育的功能作用。

市场与城市总是不相分离的。建立在现代市场经济基础上联结一定区域经济的现代大中城市,是区域市场体系和多渠道流通的枢纽点和交汇点。从大中城市作为流通中心的意义上讲,它本身就是一个大市场。在地方包干的财政体制与现行行政管理体制下,按行政系统办市场的状况却是与强化大中城市流通中心的功能优势、催化大市场发育逆向而行的。不改变这一状况,不强化大中城市的流通中心功能,跨越条块、内外通开的大市场发育势必困难重重。

看来,改革这一状态的途径是从推进城乡、市县一体的改革入手来突破条块分割。改革进展到今天,不能再停留在城市与县区分别各抓本身体制综合改革的阶段了,这已适应不了形势的发展,必须推进有利于城乡市场通开、城乡开发开放接轨、城乡经济一体的城乡体制统筹改革。城乡经济发展一体化的问题提出多年,进展不大,症结在于城乡改革没有一体化。目前既然明确了市场经济取向改革的方向,围绕催化大市场发育的要求,实行城乡改革一体化已是时候了。通过城乡一体的市场取向改革和综合配套改革,要促使市县财政负担、市县行政管理、城镇体系建设的协调化和合理化,在强化和发挥大中城市流通中心功能的条件下,推进城乡市场通开和内外市场对接,推进以大中城市为依托的、以小城镇为枢纽的、既统一开放又相互联结的各类市场的区域化和网络化。

其二,适应现代化、社会化、商品化生产的发展,开拓超越块块、省市县联合建设大型批发市场的新路。

大市场是大区域范围内现代化大生产和商品货币关系发展的产物。催化大市场发育,就要顺应现代化大生产的客观规律,依托大中城市的聚集、扩散功能,发展与社会化大生产相适应的集约化大流通。这就必须走出按行政系统、行政层次办经济的老路,走出背离商品合理流转、要素自由流动的要求,条块分割办市场的误区。在目前强调市场建设的形势下,江苏已作出在南京、徐州、苏锡常重点发展跨区域大型市场的规划,并已有了实际启动,这是完全必要的。但值得提出的是,现办、拟办的大型市场仍是按行政层次分列为省级、市属。即使在南京这个省会城市里也是泾渭分明,各有归属,这实际上是分散了南京作为中心城市的功能优势,对此不加改善,不利于以南京为中心的区域性大市场的发育成长。与按行政序列分头办市场同时存在的另一表现,就是至今仍然坚守着物资、商业、外贸"鼎足而立",以"自我服务"为特征的封闭式流通体制,同样必须在市场经济取向改革中拆除壁垒,加以突破。否则,培育大市场必将事倍功半,甚至徒劳无功。

市场建设上的误区是与生产结构上的误区相伴而来的。江苏地方市场分割化,正是农村工业"村村冒烟"带来城乡工业同构化的结果。在经济发达的苏南地区目前出现的开发区、工业小区建设热,应该说,同"村村冒烟"式的工业分散化的布局比,是一大进步;但仍然没有突破"块块为主"的布局模式。它必然导致要素流动空间狭窄化和与之相联系的地方市场分割凝固化。因此,应当根据社会化大生产、大市场的要求,在强化大中城市功能的条件下,城乡生产结构、城乡流通结构一起抓,大力发展商物贸、科工贸、农商贸等各种跨行政隶属关系、跨所有制形式的经济联合体,并合理发挥不受条块约束的非公有制经济成分的作用,在突破生产布局分散化的同时,突破市场建设分割化。

其三,企业转换经营机制与政府转变职能同时并进,理顺政府、企业与市场的关系。

企业经营机制亟待加速转换,这不仅为搞活大中型企业本身所需要,而且是催化大市场发育的客观要求。只有国营生产企业、流通企业以至企业化的金融机构都走上市场,发挥其在横向联合、市场交易中的主体作用,才能沟通信息,搞活购销,增强交易市场凝聚力并扩大其覆盖面,增强市场功能并实现内外市场接轨,从而使相互分割的小市场走向统一开放的大市场。要走上这一步,政府及其职能部门就要坚决按"政府调节市场"的要求实施间接调控,放开对企业的过多行政干预,放手让"市场引导企业",从根本上消除微观经济活动实行市场调节为主而政府管理部门仍然沿袭着传统计划经济一套为主而引起的矛盾和摩擦,以政府转变职能支撑企业转换经营机制,把企业真正推向市场。

政府要恰当地运用行政力量推动"政府调节市场、市场引导企业"新机制的形成,关键是要在把握改革、开放与发展相互联系的基础上,全面推动市场取向的城乡配套改革。例如:推动省级综合部门加强对城乡的统筹协调功能和建立各个专业管理部门的协同机制,使建设大市场与促进城乡流通产业发展和地区工业结构合理化相互配合;推动有关部门深化财政体制改革,相应完善市管县和城乡工业管理体制,调整利益关系格局,变市县摩擦为市县协调;推动职能部门把建设金融市场、科技市场、信息市场、劳动市场和房地产市场等要素市场同加快城乡第三产业发展结合起来,并协调三次产业的发展,推动工商行政管理部门和税收征管部门按市场经济原则对城乡不同所有制企业一视同仁,依法管理,公平税负,为之创造平等竞争的环境,使主渠道与多渠道、主力军与生力军在市场竞争和与国际市场接轨中各展所长、相互促进;推动有关部门加强市场法规建设,经济手段与法规管理相互配合,把培育建设市场和建立规范化市场秩序结合起来。

(原载《江苏经济探讨》1992 年第 8 期)

市场机制在资源配置中
基础性作用新论

当前,有必要从市场体系、市场机制的相互联系上深入探索市场规律,加速培育和发展市场体系,充分有效地发挥市场在资源配置中的基础作用。

从宏观视角上把握市场体系和
市场机制的整体概念

对于培育和发展市场体系,发挥市场机制作用,必须有正确的观念,要在弄清市场体系、市场机制整体概念的基础上有一个明确的总体思路,然后才能从多方面据以作出有效努力。

首先,对于市场这个概念,应当从市场体系的整体构造上加以完整把握:

——市场属于流通,而流通包括商品、要素流通和货币资本流通。

——市场,不只是指交易场所,而是指商品、劳务和生产要素交换关系的总和,是发生在社会总产品再生产与流通过程中的商品货币行为的体系。

——现代市场经济下的市场,是不受条块分割的统一开放的大市场,它按现代市场经济的通行原则公平竞争、有序运作,并和国际市场接轨。

——从现代市场经济作为高度社会化、市场化的现代形态的发达商品经济的定义出发,市场体系必须在商品和各种要素市场化的条件下,使有职能分工的各类市场形成彼此联结、纵横贯通的完备化的网络结构。

其次,市场机制,与上述市场、市场体系相联系,这也是一个整体概念。它是作用于社会再生产全过程,既管商品运动,又管资本运动,不受省界、国界限制的,由供求关系、价格变化、竞争作用相互影响而带动社会资源流动和配置的作用机制的综合表现。

把握了这样的市场体系、市场机制的整体概念,我们就会有培育和发展市场体系,发挥市场机制在资源配置中基础作用的总体战略思路,而在市场培育和建设中也就能避免误区,不走盲区,开拓前进。

这些年来,各地商品交易市场发展很快很猛,但也出现了办市场一哄而起的盲区和人为造市场的误区。比如,许多地方基本上是按行政系统、行政区划、行政层次办市场,结果城乡通开、跨越条块的大型骨干市场没有得到应有发展。有的是圈地为场,有场无市;有些是商业物资部门自办"市场",充其量是原有批发经营业务的扩展,而无招商进场、集中交易的实际功能。相当多的市场管理不规范,运作无秩序;有些地方把社会各方办市场与社会各方管市场混为一谈,以至管理多头,政出多门;出现了集"竞赛主持者"、"公正裁判员"和"参赛运动员"三者于一身的情况,扭曲了公平竞争的原则。特别是把培育市场局限于建设商品交易市场,而在要素市场方面,包括金融市场、劳动力市场、信息市场、房地产市场等,一方面发展极不平衡,一方面立法严重滞后。所有这些,总的表明:在培育发展市场问题上,过去人们的视野不宽,思路不明,对市场体系总体构造的谋划不足。

这里提出的问题是:当前传统的计划经济体制正在向着社会主义市场经济体制转轨过渡,政府有必要对培育、发展市场更好地担负起总体谋划和具体引导的职能。不能局限于抓有形市场的建设,而是要着眼于促进市场商品货币关系的全面发展;不是只抓商品市场,而是还要培育各类要素市场,并使之配套协调发展;不是对市场放任不管,而是要规范其行为,监管其运作。

在资金融通与商品交换的相互
配合下优化资源配置

市场体系和市场机制相互联系,密不可分。发挥市场机制在资源配置中的基础作用必须依托于市场体系的正常运作;而市场体系的发育及其完备又必须以市场机制的完善化为条件。这样,市场体系和市场机制相互作用,商品流通、货币资本流通相互适应,才能求得社会再生产的顺畅循环。

1993年第三季度,货币投放紧缩,工业企业产销量率连续下降,产成品资金占用增多,产品特别是生产资料库存上升。如江苏9月份冶金行业钢材库存比6月份末上升10倍多。企业产品产销率的下降,又使"三角债"卷土重来,资金困境加剧。

从现象上看,这是资金紧张带来了市场销售和商品实现的问题。而从社会总产品的再生产和流通过程看,不单是个市场销售问题,而是涉及商品市场、金融市场的运作秩序问题,涉及在健全市场体系条件下有效发挥市场机制配置资源作用的问题。

在1992年以来的一段时期间,金融界利率大战,金融机构违章拆借,融资投向混乱,货币体外循环,银行支付危机。通过国家加强金融宏观调控,金融混乱得到扭转,今天出现的市场销售问题其实正是前阶段金融混乱引发的商品生产和商品交换失常的问题在金融紧缩的新情况下的显露。这同1988年到1990年间商品市场混乱引发金融市场失序、而金融紧缩又影响销售疲软的情况是一样的。既不是孤立的金融混乱,又不是局限在商品市场的销售危机,而是资金运动失序与商品运动失序互为因果,致使再生产过程中资源配置失序在流通领域里的突出反映。

当前,我们的经济正从一度过热转上持续、快速、健康发展。这中间,有资金的问题,又有市场销售的问题,既非单纯的资金问题,也非单纯的销售问题。总的来说,它是在商品交换市场与资金融通市场相互配合下,如何使企业供销小循环与社会再生产过程的大循环相衔接、相协调的问题。解决这个问题。必须靠深化改革,特别是要靠推动市场体系总体构造的改革,促进商品运动与货币资金运动相互适应和顺畅进行,使市场机制在流通过程也在生产过程中有效发挥配置资源的基础性作用。

从产品销售角度上讲的市场在江苏是个老问题,而以金融市场为枢纽的市场体系的培育和发展问题,则是在市场化改革下需要着力加以突破的一个新问题。计划经济体制下以实物平衡为主的直接宏观调控已开始转向以价值平衡为主的间接宏观调控,相应的,资金在资源配置中的重要位置日益凸现出来。目前我国正在走向市场经济转轨,新旧体制的摩擦不小,资金运行管理比起商品供销管理来,更形艰难。江苏市场调节比重大,预算外资金比重大,这方面的矛盾更加尖锐。因此,更有必要从促进社会经济良性循环的要求出发,更加着力于培育金融市场,促进社会资金的合理流转和配置。如果不是这样,单就销售抓市场,不把抓市场与抓资金配合起来,实现不了社会资金的优化配置,那就走不上社会经济的良性循环,而只会加深经济发展的矛盾,加重其困境。

通过配套改革实现市场机制与宏观调控机制的对接

从上述市场体系、市场机制的总体概念出发,发挥市场机制的作用要与健全市场体系相联系,而且也必须与新的宏观控机制的建立相对接。

有效途径就是要抓住五大改革的时机,按照市场主体、市场体系、调控系统配套构造的要求,使体制改革的整体推进与重点突破相结合。要防止和缓解各项改革之间相互脱节和摩擦,要增强各项改革彼此之间的衔接和协调,并与行政体制改革、法制规范建设相配合。

——"两转"联动,促进微观经济基础与宏观管理改革的相互协调。"两转",即企业转换经营机制和政府转变职能,这"两转"直接关系到市场经济微观基础的构造和符合社会主义市场经济要求的宏观调控机制的建立。"两转"必须联动,才能使多元化市场主体全面到位,使各类企业对市场信息导向、对宏观调控措施具有灵敏的适应性和应变力;也才能建立起在市场经济条件下有效的宏观调控机制。

——"三种手段"配合运用,促进以间接管理为主的宏观调控与市场机制作用相互协调。三种手段,即经济手段、法律手段和行政手段。区别于依托行政手段运作的传统计划经济体制下的直接调控,走向市场经济的宏观调控必须遵循市场经济规律,实行以经济手段为主、配合运用法律手段和行政手段的间接调控。坚持实现三种手段协调运用的目标,才能在推进金融、财政、投资、外贸、国有资产管理等体制改革中加强统筹,既重点突破,又整体推进,使之与建立既合乎市场规律又具有综合协调功能的高效运转的宏观管理体制相一致。

——两套体系建设跟上,促进市场体系完备化、市场机制完善化与建立公平有序的竞争环境相互协调。两套体系建设,即宏观经济政策体系建设和法规规范体系建设。政策与法规之所以称为体系,是指有职能分工又相互衔接、相互制约的政策或法规组合在一个有机体系里。宏观经济政策体系,包括财税政策、金融货币政策、投资政策、产业政策、分配政策等,它们都应与改革的方向相一致,有利于形成市场公平竞争,有利于国内外经济接轨,有利于产业结构的优化调整。那些与改革方向、产业规划、国际惯例不符甚至有冲突的规定和做法,要筛选和清理。法规体系既要与经济政策体系相互协调,又要有各项法规之间的相互联结。现在国家已先后出台了诸如《反不正当竞争法》、《经济合同法》、《证券管理办法》等重要法规,这是十分必要的;但迫切需要按照市场主体、市场体系、调控系统相互联结的要求,从经济主体法规、市场体系法规和国家行为法规三个方面,把应该建立还未建立的法规逐步建立起来,形成完备的法规体系,与经济政策体系相互配合,促进市场发育,监管市场运行,为市场主体创造公平有序的竞争环境,为建立走向市场经济的宏观调控机制服务。

(原载《江苏经济探讨》1994 年第 6 期)

走好市场配置资源的关键性一步

——关于运用资本经营的我见

资本经营或称资本运营,被越来越强调地提了出来,成为理论探索和实践开拓的一大热点。在江苏,资本经营近年来已在逐步启动。这一动向合乎在我国建立社会主义市场经济体制、走上国民经济持续快速健康发展的大趋势。必须因势利导,积极推进。

在今天体制转轨阶段,实施资本经营有其客观的必然性,也有其不容忽视的复杂性。江苏资本经营虽已有良好开端,而且进一步启动的潜力很大,但也存在一些不足和矛盾,特别是思想观念的转变很不适应。情况表明,资本经营要抓好,认识飞跃少不了。就是说,要弄清资本经营和与之相联系的资产经营、生产经营等概念,从理性认识开始,转变与实施资本经营不相适应的思想观念。

——资本经营的目的在于增值,通俗的说法,就是在资产的价值运动中"把钱用活"、"以钱生钱"。要确立资本增值观念,一切与此不相符合的认识误区都必须改变。

资本在运动中增值,这是市场经济的根本特征。在传统的计划经济时代,靠财政拨款建工厂,企业只要埋头抓生产,可以远离市场,对"每个毛孔都滴着血和肮脏"的资本,更是唯恐避之不及。改革开放以来,人们思想解放了,企业从生产型向生产经营型转轨,而现在实施资本经营则进一步要求企业向资本经营型转轨。只有这样来理解资本经营,观点上有了新突破,才能有"以钱生钱"的经营方式的相应转变。

在现实生活中,不少企业仍然跳不出单一的实物形态经营,他们只怕筹不到款,维持不了生产,而不在乎资金呆滞和沉淀。这样的企业进行了股份制改造,争取到股票上网发行,资金募集到手,就算完事大吉,不想再去增资扩资,连续筹资,连续扩张,造就资本扩张的机制。也有些效益好的企业,满足于"不欠外债",有余钱存入银行,不去寻找新的有利的投资机会。这两种企业表现不同,但都反映了缺乏"把钱用活"、"以钱生钱"的资本经营观念。不加改变,就根本不会有资本经营水平的提高。

——资本经营的成功要靠资本的"流动"。资本增值只有通过价值形态的资本流动,启动了实物形态的资产重组,才能实现。因此确立资本、资产流动观念十分重要,凡与此逆向而行的思想观念和行为都是与资本经营格格不入的。

从社会再生产过程看,资本流动就是资本不断变形及其循环的过程。资本通过货币资本、生产资本、商品资本三种形态在空间上并存和时间上继起,进行循环往复的运动。在这过程中,价值形态的资本在循环中增值,实物形态的资产(包括增量和存量)在变换中重组,相互启动和统一。从这个意义上说,资本经营是结构调整的"发动机"。

当前结构调整着重要解决"小而全"、"大而全"、不合理重复建设的问题。可是,一些地方和企业在条块分割的传统轨道上相沿成习,抓结构调整、搞企业集团,仍然把资产配置局限在条条块块内,以"自我配套"为满足,用一道道"围墙"束缚自己资产流动重组的手脚。这样,必然远离结构优化的目标。

显然,要通过资本经营推动结构调整,就必须从资本流动启动资产重组的理性认识上解放思想,更新观念,在结构调整中以资本为纽带,打破条条块块的分割。

——资本经营,对国有企业来说,意味着一场"经营革命",它要求彻底向市场经济转轨,树立现代企业的经营观念,进行经营战略、经营方式的更新,改变那种既想找市场更想找政府的双向依赖的观念和行为。

资本经营是现代企业的经营战略和高级经营方式,实施这一经营方式必须以建立现代企业制度为基础,加快公司制改造的步伐,在产权明晰、划清国有资产所有者(及其代理人)与拥有法人财产权的资产经营主体的权责利的条件下,转换企业经营机制,并特别需要造就善于把实物形态的产品经营、资产经营和价值形态的资本经营结合起来的企业家和经理人才。这里面固然有企业改制以及资本经营的操作性问题,但首先是要在转变经营机制中实行开放式的经营战略,义无反顾地面向市场,依靠市场,自觉讲求资产配置最优化、资本增值最大化。

如果按照目前某些国有企业领导层的精神状况,即既想进入市场又不想放弃依赖"市长",只想守住维持生产经营的"摊子",那显然是与资本经营的要求不相适应的。在今天激烈的市场竞争下,这样的企业很难走出生产经营的困境,即使迫于形势,口头上也会大谈"资本经营",但最终只能徒具形式。

——资本经营是按市场经济要求跨出市场配置资源的关键性一步,要走好这一步,必须树立要素全面市场化进而全面资本化的观念,进行资本市场的全方位开拓和运用。把资本经营狭隘地理解为利用证券化资本市场,也是认识上不全面的反映。

资本经营与资本市场形影不离,相伴而行,搞资本经营,必须在全面理解资本经营的基础上对资本市场全面开拓和运用。为面向全社会资本经营服务的资本市场,必须广泛运用股票市场、债券市场、基金市场等等形式,发展包括产权交易市场在内的整个资本市场体系,并需要有市场中介组织和符合中国国情的投资银行提供中介服务。要以资本市场为重点,加快发展各种要素市场,拓宽直接融资的比重和渠道。这样,才能全面启动资本经营,既适应于整体上搞活国营经济的需要,又有利于鼓励和吸纳自然人的投资,真正发挥资本市场对全社会资产增量和资产存量配置的调优作用。

现在提到资本经营,人们还往往只想到搞证券、做期货或者搞房地产,姑不论有没有可能走上泡沫经济的危险,就从发挥资本经营的正面效应而言,也是亟待加以探讨的。当前,我们面临的搞活国有经济、搞好结构调整的任务集中而繁重,搞资本经营如果仅限于一两种形式,那是肯定不足以启动结构调整的全局过关。因此,必须用资本市场的全方位开拓运用以启动资本经营为指导思想,统一政府有关职能部门包括金融机构的认识和行为,切勿从各自局部利益出发,各取所好,互不配合。

——资本经营是现代市场经济的高级运作方式,应用得好,它将成为加快经济体制转轨的一大突破口,并促使经济增长方式的根本转变。搞资本经营,对各级政府部门来说,不是担子轻了,而是要求更高了,它要求确立统筹谋划全社会资本营运的观点,以改革为动力,在协调各方面矛盾中成功地应用它。

由于我国正处于经济体制新旧转轨的进程中,实施资本经营尚存在着多方面的制度性障碍。无论从微观企业还是从宏观层面看,要通过市场、营运资本、以优化配置资产,还有一系列从操作方法以至政策掌握上的难题,需要在实践中探索解决。例如,如何把政府的社会经济管理职能和国有资产所有者职能分开,把国有资产的行政管理职能与国有资本的营运职能分开,在加强国有资产行政管理的同时放活国有资本运营,推进大型企业集团的建立;如何既坚决打破条条块块的分割,又不搞行政上的"拉郎配"和简单化的"归大堆",而是发挥中心城市的作用,实行以资本为纽带,通过市场进行,以促进区域经济布局和产业结构的合理调整;资本营运的政策性操作设计,要面对全社会各类投资主体,除了立足于搞活国有经济这一块外,又如何有效鼓励、支持自然人参与运作;对资本市场的培育和全方位的开拓运用,又如何改变一些部门各自为政或孤军作战的状况,调动国资、体改、计划、金融、保险等各方面的力量,形成合力。这些都大有学问,大有文章要做。

很明显,资本经营首先不是操作性的具体实务,更不是一声号令开步走的事情。特别是对政府部门来说,既不宜观望等待,也不只限于一般发动,而必须从把握资本经营的内涵和深化认识、解放思想入手,然后进行统筹安排,总体设计。这样,才能通过抓资本经营这一环,启动"两个根本转变",收到资产重组、结构调整的最佳实效。

（本文题目原为："资本经营需要认识上的新飞跃",原载《江苏经济学通讯》1997 年第 15 期。）

借"入世"倒逼改革　靠改革顺应"入世"

一

关于我国加入世贸组织的问题,最近已成为广泛关注、议论四起的热点,主流的意见是:"入世"势之所趋,机遇与挑战并存,要迎接挑战,抓住机遇。我总的赞同这样的意见。但我觉得,只看到"入世"是势之所趋还不够一些,这多少带有点"无奈面对"的心态。"入世"是我国坚持改革开放的内在要求,是我国面对经济全球化大潮,实行高层次更大开放的必由之路,"入世"是挑战,但更有机遇。更有机遇,首先是促使我国加快建立和完善社会主义市场经济体制的机遇。也就是说,迎接"入世",不是"无奈面对",而是要以战略进攻姿态去积极应对。

应对"入世",当然要力求务实,要因地区、因产业、因企业制宜,拿出周详具体措施;但如果瞻前顾后,眼光放远一些考虑,首先,得有能够总揽全局、启动和协调各方面具体措施实施的战略性对策。按照当前我国我省经济运行的质量和秩序看,"入世"带来的冲击将主要或者首先集中在我们现行的经济机制上。应对"入世",迎接挑战,抓住机遇,要把住总枢纽,它就是市场化改革的深层整体推进。

世贸组织是随着经济全球化演变越来越明显、各个国家和地区经济联系越来越密切、彼此经贸活动的依存度越来越提高的趋势建立和发展起来的。世贸组织的所有基本原则,包括非歧视原则、市场开放原则、公平贸易原则、透明度原则等,都是适应这一趋势,要求在国际经济交流和合作中按照市场经济共同属性共同遵守游戏规则的体现。"入世"就要以完善市场经济机制为基础,遵循世贸组织的这些基本原则和规则。这样,"入世"对我国对外经贸活动的种种限制和冲击,很大程度上表现为我国能不能在完善市场经济机制、在更大范围内发挥市场机制对资源配置的基础作用条件下,尽快与国际经贸通行的游戏规则和惯例接轨。因此,要从根本上减少"入世"对我国的冲击,最大的应对举措就是深层整体推进市场化改革,完善市场经济机制。换个角度讲,只有从改革开放和经济发展的全局意义和战略高度上认定"入世"与我国在社会主义条件下实现市场经济改革目标的一致性,善于乘"入世"之势,利用"入世"带来的更大开放的国际经济环境,借力实行市场化改革的深层推进,那才是在迎接"入世"的严峻挑战中抓住了"入世"带来的最佳机遇。

二

　　20 多年来,我国在社会主义条件下推进市场取向改革取得了举世瞩目的巨大进展和显著成就。但是,这个进展和成就,是相对于过去排斥市场机制而实行高度集中的计划经济传统体制而说的。要按照市场经济的普遍要求,与世贸经济运行规则接轨,让市场机制不仅在国内而且在国际的资源配置中发挥基础性作用,则还有不小的一段距离。

　　当前,市场化改革即使在国内也还远不适应于新形势下经济发展的客观要求,这方面的矛盾早在一些省区有所显现。联系江苏的情况而言,90 年代后期,改革推动经济发展的能量,比之于 80 年代,相形弱化。在国内买方市场基本形成、国际竞争趋于激烈的新形势下,出现了经济增幅连续七年下滑。近几年由于大力实施了扩大内需方针,虽然还保持较快的经济增长,但从总体上看,经济顺畅运行的景气不足,对供需失调、设备闲置、工人下岗以及农民收入增长减缓等矛盾的解决并不理想。如果不加及时扭转,势将对社会经济发展的持续力产生负面影响。据中国科学院不久前第二次发布我国 31 个省、自治区和直辖市可持续发展能力排定座次的报告称①,前 5 名为上海、北京、天津、广东、江苏,同第一次排序相同,江苏保持第 5,尚属差强人意,但北京与上海、天津与北京之间,差距比第一次有缩小,而江苏同广东的差距却在扩大,另外,近些年江苏工业的发展和实力,同广东、上海、山东相比,无论是生产总量、经济效益或企业亏损等,也都渐见逊色②。说得直接一点,江苏以往曾长时期保持的全国"高地优势"和先发优势,面临着逐步减弱以至丧失的危机。出现这一严峻态势,症结何在? 透过经济运行中种种实际矛盾的分析,不能不指出:体制性的转轨滞迟的现状与新形势下市场化运作的客观要求不相适应,乃是主要的,在旧体制下沿袭而来的资源配置的行政方式没有根本改变,市场机制作用迟迟不能按改革目标到位,许多地方长期背离社会化大生产和专业化方向搞低水平重复建设积累起来的结构性矛盾根治不力,相反,在市场约束力增强的新形势下更形深化,这就不能不阻碍经济的正常运行,以至招致经济发展持续力的减弱。

由此可见,市场化改革向深层推进,即使没有即将"入世"带来的冲击,就从国内而言,在今天国际市场国内化、国内市场国际化的开放形势下,也已到了刻不容缓的地步。现在把根治结构性矛盾、提高江苏经济运行质量和水平,同抓住机遇加快"入世"后机制接轨的进程统一起来看,加大市场化改革力度、加快体制转轨,岂非更有着紧迫的现实意义和重要的战略意义的事情!

三

如何抓住"入世"机遇,加大市场化改革力度,加快体制转轨进程? 看来还得从观念创新开始,作好战略性谋划。

---

①　参见《中国改革报》2000 年 3 月 2 日。
②　参见《现代经济探讨》2000 年第 2 期,所载《江苏、上海、山东、广东四省市工业经济运行情况比较分析》一文。

在深化改革问题上,江苏现实生活中似乎有一种逻辑混乱。一方面提出江苏要在全国率先建立社会主义市场经济体制框架,一方面又有意无意地强调:江苏作为一个省区,改革受全国改革进程和宏观环境的限制。实际上,在我们这样一个幅员大、经济发展的地区差异大的国家里,不管是经济发展还是体制改革,在中央给定的政策范围内,各个省区都有发挥自身比较优势,进行自主选择和创新的空间。80年代,江苏在乡镇企业发展上,就有着顺应全国改革大环境,发挥地区优势,超前用活市场调节和引入市场机制的成功实践。今天,沿海某些省区经济发展势头所以会得到增强,同样由于改革向着有利于发挥地区优势的环节上重点倾斜、超前突破而后带动地区经济综合优势形成的结果。如果说,广东有一些不可比因素的话,那么,政策环境包括区位优势都和江苏基本相同的浙江,又为什么能后来居上,乡镇工业增加值从1997年起超越了长期雄居全国榜首的江苏? 同样是在市场化改革的推进上,从其省情出发自主创新获得成功所致。

从沿海看江苏,江苏要加大市场化改革力度;从"入世"看江苏,江苏更要做好市场化改革的文章。具体说,就是要进一步强化市场经济观念,弱化行政干预的传统手段,在切实搞好国企改革的同时,促进以金融为重点、信息为纽带的市场体系的发育和完善,在各方面配套协调改革下,建立和健全能与国际惯例接轨的企业经营机制和政府运作机制。

为了准备"入世",除了要按不同产业以至企业有区别地研究具体对策方案外,特别要对加快市场化改革做好战略性谋划,进而才能以市场化改革的深层整体推进,启动和协调各方面具体应对措施的顺利实施和取得成效。情况很清楚:如果不能加快市场体系的发育完善,强化不了市场导向作用,规范不了地方政府行为,那就势难使供需失调的产品结构,低级重复的产业结构,分割趋同的城乡空间结构在战略性调整上有突破性的进展;如果不能加快国企改革和各类经济主体市场化的进程,特别是一些垄断性的大企业和产业如果还迟迟迈不开创新竞争主体、转换经营机制的步子、适应不了国内的市场竞争,那就更谈不上走出国门,在竞争更为激烈的国际市场上应付裕如;如果各级政府不能真正走上政企分开,仍然沿用依靠行政权力管理企业、配置资源,那就必然会继续延缓市场的发育和规范,约束企业作为市场主体的活力及其技术创新、管理创新的手脚,缩短不了与世贸组织渐进自由化规则的距离。

以上只是列举数端而言。应对"入世"要统筹考虑,市场化改革要深层突破和整体推进。江苏要重振雄风,就必须把"入世"逼使改革深层整体推进的这个最大机遇抓住。要从改革与"入世"的联系上全面把握,着眼于建立社会主义市场经济体制的改革大目标,着力于完善与国际惯例接轨的市场经济机制,以市场化改革的深层整体推进顺应"入世"后规模更大、层次更高的对外开放,从而不仅在国内市场而且在国际市场,大幅度地提高竞争能力和运用市场配置资源的能力,不断创新和拓展经济发展的空间。

归结本文所述,无非两句话:借"入世"来倒逼改革,靠改革来顺应"入世"。

(原载《江苏经济学通讯》2000 年第 6～7 期、省委《江苏通讯》2000 年第 11 期。)

苏南:以整体改革的"率先" 求经济发展的"超前"

这里的"率先",系指在构建社会主义市场经济体制基本框架的整体改革中实现"率先"。

苏南,"金三角"的心脏部分,紧靠上海——浦东;苏南,中国乡镇企业异军突起的发祥地,乡镇企业已是三分天下有其二;苏南,依靠乡镇企业灵活经营的机制优势,早就开通了市场调节为主的成功之路。无论从经济发展的速度看,还是从市场经济取向改革的成效看,苏南多年来一向展现了"率先"向前的先行者的雄风。

目前,我国正在进入建立社会主义市场经济体制改革整体推进的新阶段。江苏已提出用 5 年左右时间初步建立社会主义市场经济体制基本框架,苏南更应珍视 80 年代率先开拓市场调节之路的好势头,发挥其独特优势乘势而上,在江苏建立社会主义市场经济新体制基本框架的改革中继续走在前面。以整体改革的"率先",保持经济发展的"超前"。

把握实现"率先"的目标

提出苏南率先建立社会主义市场经济体制基本框架,绝不意味着苏南可以离开全国体制改革的总体战略和宏观环境,孤立地推进自身改革;而是说,苏南应当善于抓住全国体制改革进入整体推进新阶段的时机,加大改革力度,加快体制转轨,克服体制弊端,率先形成市场经济的运行机制。

进一层说，实现"率先"，重在机制建设，其标志不是单看微观经济的市场化行为，也不只是看高速增长于一时，而是看能否服从于和适应于国家宏观调控，联结全国统一市场，并以市、县政府职能转变为条件，在城市——农村的区域范围内，充分有效地发挥市场机制对社会资源配置的基础性作用，带来地区市场经济的良性运行和产业结构的优化和经济效益的提高。

按照这样的衡量标志实现"率先"，就得率先在以下环节上全面推进深化改革：

——**全面构建市场经济的微观基础。**在苏南，不仅国有大中型企业要推进产权制度改革，建立现代企业制度，作为市场主体要真正到位，而且乡镇企业也要通过明晰产权关系，消除其与市场经济不尽适应的固有缺陷，并防止和克服向"小全民"、"二国营"的某些变形，使经营机制走向完善，为它们，包括个体私营、三资企业在内，创造平等竞争的环境。

——**建立完备的市场体系，健全市场机制。**要突破条块分割，建设和发展区域化、网络化的商品市场，并着重发展金融等要素市场。加快各种市场中介组织的发展，使之为市场主体提供各种服务，保证市场正常运行，促进价格机制、供求机制、竞争机制的全面完善。

——**规范在发展市场经济中的政府干预。**主要是加快各级政府机构的职能转换，理顺政府与企业的关系，善于通过政策体现政府意向，通过经济手段引导企业行为，通过法规克服市场无序、保护公平竞争。改善目前行政层次越高，对经济的导向力和调控力反而越弱的状况，增强地方政府根据中央宏观调控的要求对地区经济活动的调节功能。

理顺"率先"的思路

"率先"既要求有新的发展思路，又要求有新的改革思路。特别是需要有改革与发展相互结合的战略思路。

正同全国全省的情况一样，苏南各级政府在缺乏风险机制的传统体制下,一直沿袭着以高投入求高产值的粗放经营型的老路。改革以来,这一状况仍然没有多大转变,在宏观环境松松紧紧的情况下摆脱困境的主动权不大。受这种传统的发展思路所支配,往往容易满足于数量增长、产值翻番于一时,意识不了经济健康发展和良性循环对加强宏观调控力度的迫切性。常常是发展不断升温,改革呈现冷化。

应当肯定,苏南经济高速发展得力于改革,在 80 年代前期比较明显。这不仅表现在搞活微观经济,超前走上市场调节之路上,而且还表现在各级政府善于利用改革开放的机遇,以政策上的开明支持和鼓励乡镇企业施展其自主灵活经营的机制优势,并促进城市企业也较早地面向市场,实行"转轨变型",由此增强了生机和活力。

苏南人创造的举国瞩目的"苏南模式"便是重要例证。

苏南模式,是经济发展模式,但也是体制改革模式,从发展与改革相联系的视角考察,可以看到,它是靠市场调节超前发展乡镇企业,并由此带动苏南农村商品经济全面大开拓的模式,它是在农业联产承包责任制全面推行的条件下大大加快农业剩余劳动力非农化转移步伐,并由此启动了农村分工分业大发展的模式;它也是在农村经济综合发展中加强了同大中城市的横向经济联系,并由此促进了城乡市场经济因素大增长的模式。归结起来说,它是以大改革为大发展开路的模式,它的成功之道,就是以农村改革为契机,以市场取向改革为动力,以改革释放农村生产力。

苏南走出了成功之路,这是可贵的,不足的是,80 年代后期,相对于经济高速增长的发展势头,相对于前期单项突破的改革势头,市场取向的配套性改革弱化了。尤其是,政府职能的转变跟不上城乡微观经济的市场化步子。这一滞后状况,在市级比县(市)级表现得更为明显,适应于传统的计划经济体制下的政府职能及其管理方式,已越来越不适应于有效发挥市场调节机制作用的需要。引用苏南同志自己的话来说,叫做:"经济活动以市场调节为主,政府机构以集中型的行政计划管理为主。"随着市场经济活动的趋向活跃,这两者间的摩擦和冲突趋于显化,从宏观层次上看,它明显制约着市场经济的良性运行。

看来,必须从发展与改革的相互协调上确立新的战略思路。在发展上,从速度型、粗放型的经济发展思路转向效益型、科技型、集约型的发展思路;在改革上,从停留在单项突破的改革思想转向整体推进与重点突破相结合的改革思路。这样,把实现整个地区经济的良性运行同加速市场化改革的整体配套统一起来,才能在新的形势下以改革上的"率先"来支撑发展上的超前。

"率先"促进大市场的发育

要在建立社会主义市场经济体制基本框架上实现"率先",以改革"率先"支撑发展超前,关键在于培育大市场,在促进大市场发育上有新突破。

大市场,是相对于条块分割下的封闭半封闭格局的市场而讲的,它指的是遵循现代市场经济的规律与原则形成以中心城市为依托,突破县界、市界、省界、国界而形成的统一开放、公平竞争的市场。苏南经济的超前发展,在很大程度上是靠了市场启动、市场导向、市场开发,率先开通了市场调节为主之路而实现的。多年来,市场建设有很快发展,特别是发展了一批年交易额超亿元的专业市场和综合市场,其中常熟招商市场、吴江东方丝绸市场、苏州轻工贸易中心、苏州物资交易市场等的交易额已分别在 15 亿元以上;同时,要素市场也渐次发展。但是,受现行财政体制、行政体制的制约,也受一些大中城市流通基础设施的限制,目前基本上处于分割性市场和区域性市场并存的状态,从一市一县看,交易市场"五花八门",市场建设热火朝天;从大区域视角看,则是市、县各按行政系统重复建设的分割性的市场制约着统一开放的大市场发育。显然,没有大市场的充分发展,就不会有商品流通高效化,市场体系完备化,信息导向灵敏化;也就不会有市场经济运行良性化。这样,促成不了资产存量的优化调整,改变不了小而散的组合结构、低而重的产品结构,扭转不了结构劣化、效益低下的趋势。

可见,出路是在政府职能转变和机构改革的条件下,善于借助外在环境,促进无行政级别、无疆界的大市场的发育。

　　——以今年出台的五大改革为动力,推进企业建立竞争性的经营机制,进一步发展跨地区、跨部门、跨所有制的横向联合,突破按行政系统办经济的壁垒。

　　——坚持以浦东开发为龙头,进一步密切苏南这个"龙脖子"与浦东"龙头"的联结,特别是要借助"龙头"的作用,发展金融等要素市场与上海的联网,加速内外市场的接轨。

　　——依托苏州、无锡、常州等大中城市,在发展城乡企业之间专业化协作的基础上,按照优势互补、平等互利的原则,强化市县之间以及市市、县县之间的联合协作,统筹建设市县联办、城乡通开的大型骨干商品批发市场和各类区域性网络化的要素市场。

重在城乡改革"率先"一体化

　　实现"率先"的过程应是地区经济内生机制成长的过程。从苏南地区经济运行的现状和矛盾看,其根本途径就是推进城乡体制改革,在此条件下,消除城乡摩擦,强化优势互补,促进融合发展,从这个意义上说,实现"率先",就是率先走出城乡改革协调化的新路。

　　苏南城乡,各有优势,也各有弱点。

　　在"苏南模式"的作用下,县(市)区经济大发展,全地区十二县(市)全部进入全国农村综合实力百强县之列,其中包括百强首县的无锡县;但在现行体制和一系列制度屏障下,乡乡村村各自为战,乡镇工业竞相分散发展,小城镇建设也各自局限在行政块块内攀比发展,规模聚集效益明显不足,过量侵吞耕地,加上生产环境日益恶化,这个地区内伴随着历史贡献,同时也蔓延了"农村病"。

　　在苏南,苏、锡、常三大"明星"城市矗立其上,以名优特产品为龙头的外向化、科技型企业集团大量涌现。全国不少改革试点项目在这里实施;列为全国第一批综合改革城市的常州市,最近又被确定为全国新一轮的综合配套改革试点城市之一,要"争取五年内在全国率先建立社会主义市场经济体制基本框架和运行机制"。这些,反映苏南城市的优势所在。但和周围农村经济综合发展的势头相比，某些环节上的改革相对滞后，经济活力特别是国有大中型企业的活力相对不足，城市对农村的辐射功能相对萎缩。表现在三大市区在全市国民生产总值中所占比重逐年下降，"城市病"也很严峻。

客观形势迫切要求城乡协调改革，通过面向大区域的城乡通开的大市场的发育成长，缓解城乡病态，促使城乡优势互补。目前苏南大批县升级为县级市，走上了新兴城市加速发展的新阶段，但迫切需要在公平竞争的市场条件下，加以必要的规划引导，避免地区城市从"三胞胎"转向"多胞胎"的不良演变，形成合理的大中小城市规模结构和有机组合的城镇体系。这个问题只有通过城乡统筹下的协调改革才能解决。同样，农村经济中出现的深层次矛盾，也不是像以前那样局限于农村改革所能解决的。作为"苏南模式"的主体乡村集体企业，在市场竞争中面临着个体私营经济、国有企业新的严峻挑战，又遇到社会负担的沉重压力，新形势下出现新矛盾，必须通过城乡协调的财税体制、社会保障体系等配套改革，通过统筹理顺城乡多元化微观主体的利益关系，来加以解决。随着城乡企业在市场经济条件下走向大型化、集团化和外向化，出现了跨地区的经济技术协作和联合的高层次发展的趋势，这又势必要求投资管理、资金融通、商贸经营以及市场建设方面进行城乡融为一体的制度创新；包括粮食在内的农副产品价格和经营的放开后，农民呼唤着城乡通开的市场中介组织的发展，为他们提供多方面的咨询和服务；农村工业大发展后，农村富裕劳动力的进一步移转，又亟待在城乡一体的市场取向改革中突破"就地转移"的限制，加速形成覆盖城乡的劳动力市场等等。

归结起来说，市场体系要完善，城市功能要升格，苏南模式要再造，以汇成实现"率先"的区域合力。这是一篇大文章，当然，省里要从组织协调、政策引导上提供必要条件，但归根结底，要靠苏南人自己，下深功夫，做好这篇大文章。

（原载《江南论坛》1994 年第 6 期，题目有改动。）

为私营经济提供宽松环境要在
体制创新上下深功夫

赴苏锡常调查,接触到一个共同性问题,就是如何为私营个体经济的发展提供宽松环境。市里关于发展私营个体经济的文件,以及有关部门的总结材料,都把这个宽松环境的问题摆在重要位置,做了大量工作,但大家同时承认,这方面的工作还有不少的差距。在具体调查中,我们发现,差距背后是阻力,阻力后面有矛盾,如何克服矛盾,值得关注,值得研究。

一、这个环境,那个环境,
公平竞争环境乃核心

关于优化私营个体经济发展环境,从苏锡常三市的实践及其成效看,有多方面的内容,这可从不同角度来看:

——从创业角度看,既有为私营个体经济提供创业场地、改善交通设施等的硬环境,更有放宽准入门槛、简化办证手续、减少审批环节等的软环境;

——从经营角度看,主要是市场环境,即使之既有利于企业从外部环境输入必要的生产要素,又有利于把企业生产制作的产品或劳务输向外部环境。细分起来,有投融资环境、信息环境、技术环境、劳动力环境以及资本经营环境等。

——从发展角度看,除了舆论环境、法制环境外,主要在政策环境上应是鼓励扶持而不是排斥限制,在管理环境上应是服务到位而不是关卡林立,能为之提供拓宽发展空间的有利条件。

　　以上这些环境总的就是通常所指的为私营个体经济的生存与发展提供的宽松外部环境。这些环境涉及上下左右多方面关系,有相当的复杂性,要全面优化这些外部环境,并不是容易事,它既需要各级政府总揽全局、统筹考虑,并大力倡导、组织实施,又需要各部门、各口子分工合作、具体落实。目前各市政府贯彻全省私营个体经济工作会议精神的力度都比较大,都从本地实际出发,制定颁发了一系列具体政策和实施措施。贯彻的情况,虽然好的是主流,但也还有许多不落实的地方。大体说来,在放宽私营个体经济融资渠道方面,在放宽注册资金限制和生产经营范围限制方面,在放宽企业设立登记的前置审批方面,仍然存在着一道又一道难以跨越的"坎"。

　　反映比较集中的仍然是"贷款难"问题。尽管文件上要求银行加强对私营个体工商户的信贷支持力度,可实际工作中私营个体工商户仍然不能同国有企业、三资企业那样容易得到贷款。一些私营企业主对此颇有怨气,他们说,我们并不奢求得到比国有企业、三资企业更优惠的贷款条件,只是希望能够同样享受国民待遇。

　　在生存、发展环境上,私营个体工商户还遇到来自"条块"管理的多种隐性关卡的困扰。这主要反映在对私营个体户设立登记、办照办证的前置审批以及日常的监督管理中。这涉及工商、税收、金融、土地、物价、公安、劳动、保险、环保、供电、质监、民政、卫生、防疫等一系列方方面面的管理部门。往往是这个部门放行了,却又被另外一些这部门那部门以他们的所谓审批标准卡住了。条块、多头管卡,是属于公有、非公有各类企业的共同困扰;但对私营个体企业的管卡力度则更为"特殊"一些,以致被一些业主看做是争吃他们的"唐僧肉"。一些私营个体工商户对这方面不公平待遇的感受特别深些。这是说明什么问题呢?常州工商联的一份材料上,对此有几句话的概括,叫做:"体制矛盾多,管理欠规范;信息不畅通,服务不到位;条块不衔接,管理有缺位。"随着私营个体企业的大量增多,这方面存在的问题正在愈益凸现出来,随之,要求解决问题的呼声也正在愈益强烈起来。

　　由此可见,为私营个体企业急切盼望的生存发展的所谓宽松环境,其实质乃是如何让私营个体企业能够尽快改变被"另眼相看、另册相列、另类相待"的那种环境待遇,真正作为我国国民经济的重要组成部分之一,获得公平竞争的环境待遇。我们认为,这就是私营个体经济外部环境问题的核心所在。

二、放宽也好,服务也好,
　　环境问题后面是体制

　　放宽私营个体企业生产经营环境之所以还存在不足,是体制转轨进程中传统管理方式转换滞迟的反映。我们感到,应当以此作为研究问题的切入口,深入分析原因,探寻解决问题的方向和途径。

　　在实行传统的计划经济体制的时代,不仅以计划指令性那一套排斥市场、代替市场,而且一向由政府及其职能部门以出资者的身份,依靠行政命令,直接管理企业,参与企业经营。在新旧体制双轨并存的条件下,政府及其职能部门长期沿袭的这种传统管理的观念及其行为方式的转变一直没有突破性进展。因此,尽管中央对发展私营个体经济的决策思想越来越明确,可下面的思想观念和管理方式的转变却明显跟不上形势的发展。在苏南,更由于受苏南模式"集体偏好"的影响,长期以来迟迟没有理顺政府部门与私营个体企业的关系。上世纪 80 年代以来,政府部门在对待发展私营个体经济的态度上,先后出现了三个不同时期的演变:

　　一是限制排斥时期。当私营个体企业已在温州等一些地方蓬勃兴起时,在苏南依然是"限制排斥"新办私营个体企业,对已有的私营企业则基本上"转制"为集体企业,给戴上"红帽子"。

　　二是听任自生自灭时期。党的"十五大"明确了非公有制经济是社会主义市场经济的重要组成部分,非公有制经济包括私营个体经济由作为公有经济的"补充"改变为"共同发展",其合法地位已经得到了充分肯定。这以后,苏南开始改变对私营个体经济的歧视和限制的态度,但也没有给以积极扶持,用苏南同志自己的话来说,叫做:"听任自生自灭。"

三是支持与管卡并存时期。近几年,私营个体经济的发展在全国很多地方蓬勃发展,形成气候,苏南一些政府部门如工商行政和税收部门加强了支持私营个体经济发展的工作力度;但同时又出现了上述那种"齐抓共管"、多头插手的局面。

根据各市反映的情况看,政府部门权力管理加剧了私营个体经济的不平等待遇和不利生存的外部环境,总的表现为:留难多、方便少,查处多、保护少,要费多、优惠少,除了在降低准入门槛、合理税收负担方面的政策落实不够外,主要是行政前置审批上标准过高、要求过严、手续过繁。有些部门收费居然可以"机动灵活",按规定标准上下浮动,至于有些法律法规尚无明文规定的事,往往是一推、二拖、三扯皮,管卡的随意性更大。特别是一些发展势头好、名气稍大的企业,还要常常接待各种"骚扰",搞年检,拉广告,派报纸,求赞助,对这些,私营个体业主说"既得罪不起,又开销不起"。就私营个体企业主的感受来说,所谓分口管理、"齐抓共管",就是抬高门槛,变相限制;就是八方伸手,变相要钱。

这样看来,为发展私营个体企业创造宽松环境,还涉及一个如何改善管理环境问题,也就是如何促使行政管理的体制转轨、机制创新尽快到位的问题。这个问题带有全社会性,国有集体企业也有类似遭遇,而在私营个体企业方面的矛盾更尖锐些、更突出些,所以私营业主称之为"吃唐僧肉"。在苏州听反映,目前苏州全市涉及对各类企业需要经有关行政部门办理的各种审批、审核、核准、备案等行政前置审批项目多达 1500 多项,起码可以砍掉一半以上。

有必要从调查入手,通过综合研究,推进行政部门所谓归口管理的制度改革和机制创新,实行依法管理。这是协调政府与各类企业关系的共同需要,更是为私营个体经济发展创造规范化管理环境的迫切要求。

三、治本着眼,治标入手,
市场经济规律不可违

透过私营个体经济外部环境不良的现象,可以看到,这方面的问题决不是孤立地就私营个体经济发展本身就可以解决好的。一方面,私营个体经济的发展已融入国民经济全局,需要在产业结构优化上统筹考虑;另一方面,私营个体经济外部环境不良,在相当程度上也是公有非公有各类企业面临的共同问题。因此,私营个体经济外部环境问题的解决,既要立足现实,治标入手,更要面向全局,治本着眼。而无论是治本还是治标,都必须按市场经济规律办事,并以激发区域经济活力为标志。

下面就调查中引发思考的几个问题,谈谈看法,以引起领导和有关方面关注。

(一)在创造私营个体经济宽松环境上,该不该要处理好"放宽"与"放活"的关系问题? 目前各市在"放宽"两字上都已下了工夫,这无疑是必要的。但我们认为,放宽必须有明确的目的性。放宽,是针对过去私营个体企业的发展在传统体制下被束缚了手脚而言的,对这些方面的各种框框都应当在"放宽"中冲破,从最大程度上激发其活力。所以,"放宽"一定要和"放活"结合,并且要以"放活"作为"放宽"的衡量标准。而所谓"放活",就是把市场经济的活力放开。私营个体经济的最大特性,就在于同市场经济有天然联系。它有内在的利益驱动力、灵活的市场应变力和强劲的规模扩张力,这些都来自它与市场经济的不可分割性。放宽,如果达不到放活的要求,只能是为放宽而放宽,或者使"放宽"停留在"放宽、放宽、再放宽"的口号上,或者走进了同周围地区竞比政策优惠的误区;必然会忽视多部门配合对优化环境的重要性,看不到审批经济中关卡重重和"八方伸手"的那些无序化行为的危害性,其结果,必然冲击和抵消了政策优惠的应有效应。

(二)在创造私营个体经济宽松环境上,要不要注重于运用市场的支撑力量? 私营个体经济是靠市场的力量开拓性创业的经济。市场是没有行政区划的,因此私营个体户也是跨区域流动的。市场和市场体系发育得越充分的地方,越具备公平竞争的市场环境,市场的辐射带动力越强,不仅能留住原有私营个体户,还会吸引周围地区那些正在寻找企业外迁、资金外投出路的私营个体户的源源进入。温州的私营个体经济就是通过大办市场带动发展起来的。其实,苏南也有一些地方走了这样的路,使得私营个体经济迅速兴起。吴江的盛泽镇最近两年办了丝绸纺织业为主的私营企业 700 多家,总资产 61 亿元以上,其中资产超过亿元企业有 30 家之多,这些企业去年完成的产值每月超亿元。私营工商户中 70% 是本地,30% 来自浙江、上海、福建、广东、四川等地。私营企业办得这样红火,主要原因之一就是那里有以东方丝绸市场以及相应的比较完备的市场体系为依托,以此吸引了本地以及包括温州人在内的外地私营企业主纷纷前来落户创业。

(三)在创造私营个体经济宽松环境上,能不能统筹考虑面广量大的新办企业与一部分成长型企业的合理要求?目前各地新办私营个体企业正在纷纷涌现,首先要为这类企业营造相宜环境。但不能单从多办企业、多收税金考虑,营造环境不能满足于方便办照登记、新开多少私营企业。江苏私营个体经济的发展,明显比不上广东、浙江等省,除了数量上差距外,突出表现在质态的差距上,规模过小、档次过低、科技型企业过少。因此在营造环境上要多注意培植成长型企业的要求。不促进私营企业的巩固提高,很可能到一定时候会出现一面大量登记新办、一面大量注销停办的现象。同时,私营企业发展到一定阶段,资本组织形式必须逐步向股份制过渡,否则,也会停滞发展以至发生生存危机。由此着眼,营造外部环境更要坚持"放宽"与"放活"相统一的标准。对那些瞄准"有名气"的私营企业设关卡、借名多索取的部门行为要坚决治理,要重点扶持成长型企业在加速积累、自我扩张的基础上做大做强,促进它们上规模、上水平、上档次。

以上问题总的表明:要立足于改革开放和发展的全局,从市场经济规律性上多加研究,以拓宽为发展私营个体经济创造宽松环境的思路。

四、制度创新,体制理顺,
落实平等待遇最要紧

为私营个体企业创造宽松外部环境,总的要求在进一步解放思想、拓宽战略思想的条件下,坚持体制改革的整体推进,以制度创新为动

力,使放宽、放活的具体对策措施落到实处。

这里着重提三个方面对策建议:

第一,从组合多元化所有制结构的整体优势出发,统筹加强为各类企业特别是包括私营个体企业在内的中小企业营造公平竞争外部环境的工作力度。

这就是说,要把创造宽松环境、扶持私营个体企业发展,作为加快体制转轨、迎接加入世贸组织挑战的重要一环来抓。现在各市有关方面都已加深了对私营个体经济在国民经济中地位、作用的认识,鼓励私营个体经济参与国有企业改革、参与产业结构调整。常州的同志告诉我们,正在酝酿采取“一体两翼”的战略思路,即:以国有企业为“体”、以三资企业和私营个体企业为“翼”,营造多元化所有制结构的整体优势,我们感到这是跟上国内外大势的战略性选择。显然,实施这样的战略思路,必然要求我们为私营个体企业落实“国民待遇”,必然要求我们统筹构建能使各类企业公平竞争、共同发展的外部环境。这样去做的话,多元化市场主体良性运行所需要的大环境得到了优化,为私营个体企业生存发展创造公平竞争的外部环境也就有了保障。

第二,结合行政管理体制改革,促进各管理部门围绕营造公平竞争大环境的目标,形成为私营个体经济服务的联动机制。

(1) 突出服务,构建全方位的综合服务体系。据了解,目前涉及管理私营个体经济的部门和单位有 20 多个之多。正因为缺乏综合服务功能的组织机构协调,以致形成多头分散、“群龙吸水”的无序化局面。要针对私营个体经济生存、发展的“瓶颈”制约,强化金融服务,实行统一的信用评估标准和贷款发放办法,促使私营个体经济在金融信贷上享有与国有、集体、外资企业同等待遇。在用地、用电上也应一视同仁。在产权交易、股票发行上市、技术创新、管理咨询、人才培训等方面,要督促中介机构为之提供公正服务。在理顺工商管理、乡镇企业管理的体制关系的基础上,把私营个体企业列为中小型企业服务体系的对象,加强多功能服务。

(2) 推进改革,促使各行政管理部门从权力管理走向依法管理。

要加快行政管理体制改革,清理和克服从传统体制沿袭下来靠行政权力管卡企业的行为方式和惯性力量,走上依法行政。实行制度创新,废除部门垄断,杜绝凭手中权力,乱定价、乱收费、乱罚款、乱摊派。要大幅度地减少行政审批项目,向"审批经济"开刀。对一些法律规定的收费项目,实行公示规范收费。简化登记办照手续,提高办事效率。昆山等一些县市实行"工商管理,抄告相关,同步审批,限时办结"的制度,收到成效,值得推广。但从治本着眼,还要进一步从体制创新入手,促使权力管理向依法管理转变,建立多部门为私营个体经济服务的联动机制,围绕为私营个体经济落实平等待遇、保障公平竞争的目标,统一步调,形成合力。

第三,配合行政部门转变职能,组织、健全行业协会(商会)组织,充分发挥它们作为政府与企业的桥梁和纽带的作用。

组建和健全行业协会,要走出把行业协会当作政府附属物的误区,割断政府与它们的联结,纠正部门看为"附庸"、企业眼里"无用"的现状,把它们办成名副其实的企业自治组织。这项工作目前已到了非抓不可的时候了。一方面,随着私营个体企业大量发展,客观上迫切需要由熟悉同行企业情况、在同行具有利益共同性的同业协会切实承担起企业需要它们承担而政府不宜再承担的职能,包括代表行业向政府部门反映优化外部环境方面的矛盾、要求和建议,维护企业的合法权益等;另一方面,这也有利于促进政府职能转变,走上依法行政的路子。要赋予行业协会自我管理、自我协调的必要职能,例如:评税协税的职能,同行议价职能,配合与协助政府检查、净化市场的职能,行业信息发布和统计分析职能等,以适应强化它们应有的桥梁和纽带作用的需要。

(原载《江苏经济学通讯》2001 年第 18 期)

突破体制瓶颈三探

——为江苏在入世后保持和增强经济增长持续力而作

江苏今年可望继续实现经济稳定增长,当前需要及早谋划的是:在我国跨入以入世为标志的对外开放新阶段后,如何以新的思路和应对措施,保持明年以及明年以后江苏经济增长的长远持续力,以便在实现富民强省、在全国率先现代化的战略目标下稳步前进。按我的认识,我们再也不能单从近期着眼,满足于依靠政策因素支撑下形成的短暂优势,满足于当年经济总量增幅维持比全国平均水平高二三个百分点,而是必须着眼于面对入世后对我国的现实冲击波,着力于深化市场经济改革,加快江苏经济与世贸组织规则和国际经济机制接轨的进程。只要能按顺应入世的标准超前一步突破经济增长中现存的各种体制"瓶颈",在与国际经济机制接轨上取得突破性进展,我相信,江苏定能在国内国际竞争中赢得主动,入世后的冲击就能转化为促进经济持续增长的推动力。

应对入世不仅要有规则意识、接轨意识,而且要有接轨的时间意识、紧迫意识。全部实现我国入世的承诺虽然有五年过渡期,但相对于我国深化改革的复杂性,这五年时间并不长,要使江苏经济发展和现代化建设在全国保持领先位置,就必须率先动作,步步抓紧。以往,江苏经济快速增长的成就,曾得益于以市场化改革的率先突破;今天,面对入世冲击波,更应在深化改革、突破体制瓶颈上超前动作、大力作为。

需要突破的体制瓶颈有多方面。应当从影响与国际经济机制接轨的关键性障碍上多下力气。现在都在议论入世后将受到冲击的首先是政府,从体制转轨的角度讲,也就是从传统体制框架下沿袭而来的政府管理体制和资源配置的行政方式将首当其冲。下面就从突破这方面的体制障碍和机制瓶颈,试从二、三侧面作探索。

探索一:突破跨地区结构调整的体制瓶颈

入世后国内外的市场竞争势必更形激烈,我们必须对经济结构尽快作出更有成效的调整。江苏结构调整进行多年,年年有一定成效,但主要表现在产品产业结构上,涉及生产力空间布局的跨越城乡、跨越地区的结构调整则进展并不理想。其瓶颈障碍就在体制机制上。

且不谈对城乡、地区趋同的工业结构的调整,这方面矛盾早就显露,并已有较多议论。这里着重讲讲农业生产结构的调整。应当说,江苏农业结构调整多年来倡导推进各地发展特色产业方面是做了大量工作的。先是在全省按六大自然区域统筹建立特色产业带,继而按不同地区的作物优势规划发展十五个主导产业,最近又按苏南、苏中、苏北不同的综合优势分别提出三大板块农业结构调整市场导向的指导意见,这些,对发展具有区域优势的特色产业,调优农业生产结构,无疑是必要的,也是合理的。问题是这些规划设想的实施,必须打破城乡、地区分割,利用市场机制、依靠市场力量才能顺利推进。这是因为只有面向城乡一体化的大区域,才能通过跨地区的要素流动和资产重组,实现既与城乡销售市场相对接,又能使按规划指导所进行的生产布局的空间配置和产业结构调整得以落实,特别是农业产业链的延伸和农业剩余劳动力的转移更少不了城市的配合。而目前结构调整却只是各按行政区"块自为战",仍然没有真正跳出就县域(农区)抓县域(农区)的传统路子。其调整很大程度上只能在本地区的农产品、种植业的结构上有所作为。这些年来,我们农业结构调来调去,农产品受流通明显制约以及其他地区性、结构性过剩的矛盾并没有得到应有的缓解,卖难的问题仍然存在,价格仍然低迷,因而也就难以收到结构调整以促进农民增收的预期成效,我认为,其原因就是同结构调整仍然局限在县域(农区)内封闭半封闭地进行这一情况分不开的。换句话说,这就是目前结构调整客观存在着障碍城乡联动、区域协调的体制机制瓶颈的反映。

农业结构调整应当以农民和农业企业为主体。当然,在当前体制转轨阶段,政府还必须实施强有力的指导、推动和支持,但这方面的工作都要合乎市场经济规律,有利于打开小生产走向大市场的通道,有利于拓宽生产要素跨越城乡、跨越地区自由流动、优化组合的渠道。实践表明,要使农业结构调整解决农产品地区性、结构性过剩的矛盾,并取得促使农民增收的成效,那就不仅要求在农区内形成农业生产的合理布局,按市场多样化需要组织农业,而且还要以大区域的视野,根据发展农业产业化经营的要求,加强与城市产业的联结,开拓以城市为依托的大市场。只有借助外部城乡通开的大市场、大流通,使农产品的供给结构与需求结构对接,才能在内部有效加快农业剩余劳动力的非农化转移和农业劳动生产率的提高。所以,这个调整决不是孤立地抓农业生产结构本身所能完成的,也不是局限于县域(农区)内的自我调整能解决得了的。而必须通过农业产业化链条的连接和延伸,发展跨地区的生产社会化、专业化分工和联合,使农业生产结构调整和城乡产业结构的全方位调整相互推动。其实,走上这一步,不只是调优农业生产结构的需要,而且,有利于统筹解决城乡工业产业结构趋同和城乡劳动就业结构失衡的问题,有利于依靠城市产业转移、技术扩散,加速培植农产品深加工、精加工的规模化龙头企业,有利于农村工业结构的调优,有利于第三产业特别是服务业的发展,有利于城乡二元经济结构一元化改造进程的加快,收一箭数雕之功。

可见,进行农业结构的有效调整,一要跳出单纯就农业搞调整的局限性,二要打破固守县域行政块块自我调整的封闭性,通过深化改革突破阻碍城乡联动、区域协调的体制瓶颈。当然,这不是单靠县域(农区)自身所能解决的事,城市亦得转换观念,主动参与,协同县(市),推进改革深化和体制创新。

探索二：突破城乡经济一体化的体制瓶颈

"农业已成为入世后面临冲击的第一波"。我认为，这一点仅有省级有关部门和学者们的注意还不够，应当引起城市的广泛关注。就是说，城市特别是大中城市要从当前全力抓城市自身建设和提高综合竞争力中腾出一定力量支持和配合县域经济应对入世挑战、突破体制瓶颈、加快机制创新，特别是市管县的大中城市更应如此。

多年来，随着市场化改革的推进，城市和农村里作为市场主体的工商企业经营者一直在发展着跨越城乡、市县的各种形式的横向经济联合和协作。但是，目前城乡市场的通开、城乡工业的分工与协作、城乡劳动就业的统筹等方面的进展都不很理想，相应的，城乡、县市间要素流动和再组合的广度、深度也就远远不够。从根本上说，就因为存在着多方面的体制瓶颈和机制障碍，无论从农业应对入世后的冲击波出发，还是为城市自身提升其在周围区域经济内的辐射力和集聚力以增强其综合竞争力考虑，都亟待通过深化改革和体制创新加以突破。

江苏早在 80 年代初期，就全面实行了由市领导周围县的管理体制，但是，即使在这种市管县范围内，也还沿袭着传统体制框架下纵向管理的运作机制和以行政手段为主的资源配置方式；在按照市场经济要求和比较优势原则推进市县（市）间生产力合理化布局和发展生产专业化分工和协作，以消除市域内的重复建设、结构趋同方面，同样进展甚微。今天，如果再不尽快改变这一状况，势难解决得了工农产品地区性和结构性过剩的矛盾，农业固然难以应对入世后的冲击，城市企业同样会走不出产品积压和市场过度竞争的困境，当然也就谈不上增强城市综合竞争力。

加速城市化并不单纯为了"造城"本身，按照区域经济的观点，建设城市特别是大中城市，必须着眼于增强城市与周围农村的经济联结，促进城乡经济的互补和交融。当然，城市是国家和地区的标志性容貌，城市建设的规模扩大和档次提升，有利于改善居住环境和提高居民生活质量,是广大市民所高兴的事;同时,它直接关系到优化投资环境,有利于扩大招商引资和扩大开放。但是,如果缺乏这种城乡经济交融发展的统一考虑,单纯致力于城市的自身建设,甚至城市与城市相互攀比、竞相追求城市规模的外延扩张和豪华设施的升档建设,那就谈不上对城乡一体化的推进,促进农业结构调整和农民增收;相反,还会出现新的城乡差别。去年,我曾提出:在刚刚告别了80年代开始小城镇建设(特别是在苏南)"星罗棋布"、"千镇一面"的弯路之后,要防止进入竞相发展大城市、特大城市的误区。也许目前下结论还言之过早,但不能不及早呼吁:给大搞城市豪华设施热降点温,而为推进城乡经济一体化添把劲!

　　为城乡经济一体化添把劲,必须明确树立城乡一体化区域发展和大中小城镇区域化整合的战略思路,包括:城乡之间的生产流通一体、交通基础建设一体、工业管理一体、要素市场一体、产学研联合一体、城乡投资环境一体等。在这些"一体"的背后,目前都存在着机制障碍和体制瓶颈的问题,亟待推进城乡一体的改革创新,加以突破,显然,这需要城乡、市县联动和配合,但是,大中城市特别是三大城市圈的中心城市要起主导作用。按照市场经济内在要求营造城乡经济联动和交融的大市场和大环境,推进在较大的区域范围内的城乡经济一体化的进程,是城市与区域经济相互依托、协调发展的客观要求;而联系当前迎接入世后挑战的现实形势看,这实际上正是区域性中心城市借助市场经济机制作用,促进大中小城市区域化整合,把正在组建的城市圈能真正有机"圈"起来,从而实现以区域经济综合实力大增强为基础的城市综合竞争力大提高的紧迫需要。

探索三:突破营造公平竞争环境的体制瓶颈

　　入世后,政府对企业的经济和政策支持以及其他一切非市场关系,都将按WTO法律规定,受到严格监督和控制,以保证各类企业之间的平等竞争。这就要求各地政府必须彻底打破靠政策优惠"加码"来招商引资的传统行为,而代之以为内资企业、外资企业以及其他不同所有制企业营造公平竞争的市场环境。营造了公平竞争的市场环境,外资企业不再享受内资企业享受不到的超国民待遇,国有企业也不能享受私营企业享受不到的政策优惠;外资企业按国际通行规则进入我国,我国的各类企业也都靠遵守规则进入外国。这正是扩大对内对外开放的一大机遇和有力推动:对内有利于打破城乡分割、地区封锁,推进区域合作;对外有利于增强我国企业按统一的国际规则参与国际竞争,发展跨国经营。

营造公平竞争的市场环境问题的背后同样存在着明显的体制瓶颈。其主要表现:一些地方、部门受本身利益驱动,惯于运用行政权力实施与市场经济条件下公平竞争原则背道而驰而且往往随意性很大的"审批"管理。国内各类企业都有这方面遭遇的苦楚,而以私营企业的感受最深。

譬如说,人们对私营企业"贷款难"问题早有议论,但总难解决。一些私营企业主在这件事情上有怨气,但怨气不止于贷款难本身,他们说:我们并不奢求得到比国有企业、三资企业更优惠的贷款条件,只是希望能同样享受到国民待遇。他们这种呼吁同样是对一些政府职能部门非规范、非法制的权力管理而言的。这方面涉及的部门颇广,除工商、税收、金融而外,还有物价、土地、公安、劳动、保险、环保、供电、质监、民政、卫生、文化、防疫等部门。说是"齐抓共管",其实这里面就有各按各的标准多头管卡的无序化行为。多头管卡就有多道门槛,带来多路收费。这些给私营企业主的感受就是"八方伸手","群龙吸水"。而一些起步早、发展快、名气大的私营企业,还要经常接待各种"骚扰",搞年检、拉广告、销报刊、求赞助,对这些,私营企业主说是"既开罪又得,又开销不起"。

私营企业这里提出的要解决"国民待遇"问题,是各类企业的共同要求,对政府来说,也就是要按国民待遇原则营造为各类企业需要的公平竞争环境。这说明为各类企业落实国民待遇、提供公平竞争环境问题,即使没有入世也应当按照市场经济体制改革的方向尽快推进解决;

现在要求与 WTO 原则全面接轨,解决这问题就更见紧迫。当然,真正要走上这一步,很不轻松。需要从多方面做工作,例如:要全面清理不符合世贸原则的地方性经济法规、规章,要坚持深化行政审批制度改革,要彻底整治市场经济秩序等,但这些工作绝不是就事论事抓得好的,必须从体制上机制上寻根究底,通过采取针对性举措,深化配套改革,通过解决利益关系矛盾,理顺体制,促使管理部门从权力管理向依法行政转变,才能有效地突破体制机制瓶颈,落实国民待遇的原则,营造城乡通开、内外接轨的平等竞争的市场环境。

突破类似以上列举的各种体制瓶颈,大多得通到按世贸规则转变政府管理机制及其行为方式的问题上。总的就是要加快各级政府职能转变、实行政企分开,处理好政府与市场、政府与企业的关系,在这个前提下,实现政府职能部门从权力行政、管卡企业向依法行政、服务企业根本转变,各级政府从对资源的直接配置向通过规范化的公平竞争的统一市场、运用市场力量配置资源根本转变。这个问题谈论了多年,而现在则已到了必须采取倒计时的日程,加紧推进解决的时候了。我在前年曾写过一篇文章,题目就是"借入世倒逼改革　靠改革顺应入世",现在这一篇的用意仍然不外乎此,就是让我们在即将面临入世后冲击波的时候,进一步采取借入世倒逼改革的行动,以便在应对入世后的现实挑战中更有把握赢得入世后的潜在机遇。

(原载《现代经济探讨》2002 年第 1 期)

循着市场化改革的足迹继续开拓前进

——《江苏农村工业五十年》导论

新中国成立五十年,江苏经济的大变化,可以从各个领域,各个侧面去纪述、去总结、去体会,而江苏农村工业的变化之大,则是最引人瞩目的巨大变化之一。

讲江苏农村工业变化巨大,毫不意味着江苏城市工业的变化有所逊色,而是说,在本来只是种粮植棉的田野里勃勃成长壮大起来的农村工业,现已能够同城市工业相提并论,城乡工业两支大军并肩作战,大大加快了江苏地区工业化的进程,共同把江苏现代化事业的历史车轮更快更好地推向前进。

回顾江苏农村工业的变化,必须围绕江苏农村工业这半个世纪的成功实践,不仅讲透农村工业发展的辉煌成就和卓越贡献,而且循其前进的足迹,探索规律,把握其继续前进的方向,预测其新的发展前景。

农民办工业的伟大创造力

江苏的农村工业,有其一定的历史发展起点,有其艰难曲折的过程,也有其异军突起、迅猛发展的内在因素和背景环境。

江苏农业开发早,作为农村工业的基础——手工业同样有着悠久的历史。但在解放初期,国民党政府遗留下来的既然是一个凋敝的农村,以农业的副业形态存在的手工业也就同样只能处于衰败之中。新中国成立后,在党的领导下,手工业伴随着农业的恢复发展而获得新生。但是,受传统观念的束缚,也由城市——工业、农村——农业的城乡传统分工格局所决定,独立形态的工业企业和手工业厂(社)一般都办在城市或向集镇集中,留在农村里的只是作为副业的手工业作坊。在江苏农村,从零散的小手工业到走出农民办工业的新路,并成长成今天工业经济"半壁江山"的农村工业,经过了一个从少到多、从小到大、从弱到强的艰难创业历程。

农村工业的这一发展过程,现在回过头来看,更会加深对它来之不易的认识。这个过程,是克服各种"左"的思想束缚和干扰的过程;是在农村始终抓住发展生产力这个主题,顺应民意,振兴农村,使农民脱贫致富的过程;同时,也是冲破传统体制框框、包括城市——工业、农村——农业的传统城乡分工格局的过程。

江苏有悠久的历史文化传统,有优越的自然、经济条件,江苏地处沿海,又有长江和沪宁铁路东西贯通,水陆交通便捷,集镇密集,中等城市较多,并紧靠中国最大的工商业大城市、最大的综合性大工业基地——上海。这里历来是闻名中外的"鱼米之乡"和商贾云集之地,商品经济相对发达。这些表明:江苏客观上具有超前孕育和发展农村工业的优势和环境条件。更重要的,江苏特别是苏南一带,人均土地很少,大量的农业剩余劳动力迫切需要向非土地经营转移,很容易迸发出发展农村工业强盛的内在动力。可在事实上,江苏的农村工业并不是一帆风顺地发展起来的。在公社化运动中,社队工业兴起,但随即在调整中纷纷"下马"。"文革"期间,在"左"的路线下,只能非公开、半公开地办厂。直到党的十一届三中全会以后,乡镇工业才真正迅猛发展起来,但还是经过同社会上对乡镇企业非议、责难、反对的种种观点展开反复争论以后,才使乡镇企业在国民经济中确立了应有的战略地位。人们承认乡镇企业的发展是历史的必然,于是,人的主观认识与发展乡镇企业客观上的优越环境和有利条件相结合,"人多劳多地少的压力,农民致富的动力,大中城市的经济辐射力,国家优惠政策的支撑力,各级政府的推动力以及企业自身的经营活力",形成巨大合力,江苏农村工业的发展步子就越跨越大。以全省乡镇工业实现的总产值计(新口径),1998 年达到 8449.48 亿元,比 1978 年增长 133.31 倍,平均年递增幅度 27.71%。这样,乡镇工业就以其久盛不衰的快速发展势头,有力地支撑了江苏经济的发展跨上一个又一个新台阶。特别是改革开放以来,江苏连续超额完成了三个五年计划,1992 年提前 8 年实现了全省国内生产总值翻两番,1993 年提前 7 年实现人均国民生产总值翻两番,使江苏的经济发展多年来走在全国前列。

乡镇企业的大发展,在 50 年江苏农村工业的历史记载中写下了最辉煌的篇章,并为人们誉之为江苏经济发展高效率的"加速器"。乡镇企业,是江苏农民的骄傲!

开创了中国特色的工业化新路

江苏以乡镇企业蓬勃兴起为契机的农村工业大发展,具有全国性的战略意义。

乡镇企业的兴起,不是其自身孤立发展的事情,它的成长和发展,直接地、广泛地作用于促进农村资源配置格局以至城乡经济结构的巨大演变。可以从多方面概括其实际作用,诸如:就地吸收和消化农业剩余劳动力,提高农业劳动生产率的作用;突破种植业为主的单一产业结构,催化农村多行业经济综合发展的作用;以工补农、以工建农,稳定发展农业的作用;激活商品经济,促进城乡市场发育的作用;增加出口创汇商品,充当对外经贸生力军的作用;同城市大工业协作配套,并肩推进地区工业化的作用;带动小城镇建设,促进城乡经济一体化的作用;促使农民脱贫致富,带动农村兴旺繁荣的作用;增加国家税收,增强国家综合经济实力的作用,这些实际作用在现实生活中早已显现,并达成共识。

需要强调的是,在全国超前兴起的江苏乡镇企业,在加快我国市场取向改革进程中作出了重要的历史贡献。由于乡镇企业包括其前身社队企业,从诞生、成长到壮大,一直和市场直接打交道,因而在我国市场取向改革的进程中,客观上起到了当时城市大工业不可能做到的突破传统计划经济体制的旧框框的急先锋作用,从农村向城市,以率先搞活市场调节的行为,开启了中国市场经济的"闸门",充当了在社会主义条件下发展市场经济的开拓者和先行者的角色!

在运用市场化方式创办农村工业的实践中,江苏乡镇企业成功地走出一条有中国特色的加速工业化进程的新路。这条新路,符合中国劳动力大量剩余而又绝大部分封闭在农村的基本国情,使我国避免走西方国家剩余劳动力大量集结城市的老路,有利于加快消除我国反差强烈的二元经济结构,缩短实现我国工业化和城乡经济一体化的进程。

我国十二亿多人口,八九亿在农村,长时期来,在不允许农村人口大量流入城市的政策规定和户籍管理的限制下,众多人口只能挤在有限的土地上靠手工操作搞饭吃,这就是我国农业劳动生产率低下、农村贫困落后的社会根源,也成为我国社会主义现代化建设中的最大难题。正是乡镇企业,走出了这条农村就地办工业的新路,为封闭在土地经营上的大量剩余劳动力找到了土地经营以外广阔的物化途径,创造出远比土地经营丰富得多的物质产品。由此,引发了农村行业大分工、农民大分化,促进了农村多行业经济的综合发展;打破了农村——农业、城市——工业的传统分工格局,带动了从农村到城市商品经济、市场经济因素的大增长;发展了城乡经济技术协作和管理经验的交流,弱化了二元经济结构。实践充分证明了:哪个地区只要能尊重农民意愿,坚定地支持农民办工业的创举,哪个地区就能凭借乡镇企业的商品经济、市场经济的开拓力,广辟大量农业剩余劳动力的物化途径,大幅度地提高和发展农村生产力,并为二元经济走向城乡一体化提供生产力的保证,在发展地区经济上争得先机、赢得主动。所以说,发展以乡镇企业为代表的农村工业,在我国有其客观必然性,它符合我国社会主义初级阶段的基本国情,符合广大农民群众的根本利益,符合市场经济的客观规律,符合在改革开放的条件下加快我国现代化建设步伐的需要。为什么乡镇企业在苏南一些县(市)发源并超前发展后,就能以"星火燎原"之势,迅速延伸为全省性、全国性的"异军突起",其根本道理就在于此。

中国建设社会主义的主题是发展生产力,而发展生产力的"最大希望"在农村。回顾 50 年特别是改革开放以来江苏农村工业的发展历程,最重要的意义就在于将进一步深化对这一点的认识。

在市场取向改革新突破中再创辉煌

时代在前进,改革在深化。江苏农村工业在改革的条件下获得发展;面向新世纪,江苏的农村工业必将以深化改革为动力再创新的辉煌。

今天,农村工业面临着我国卖方市场向买方市场的转变,面临着国家宏观调控的完善及其力度的加强,又面临着经济全球化带来市场竞争形势复杂多变的国际环境;对江苏农村工业,特别是对曾以快速发展的奇迹累累显示强大生命力的乡镇企业来说,面对的是如何变挑战为机遇的严峻考验。大家知道,乡镇企业迅猛发展于我国改革初期、新旧体制并存的历史时期,既具有与市场取向改革相一致的灵活机制,又明显带有传统体制的"胎里病",加上各级政府在很大程度上沿袭着传统体制下的一套行为方式,反映在乡镇办企业的布局上,就是封闭在社区范围内,"小而全"、"小而散"、"小而低"企业遍地开花,造成低水平的重复建设;反映在乡镇企业的经济增长上,就是凭借短缺经济下市场的拉动,基本上沿着"总量取胜"的粗放型的惯性轨道,实现急剧扩张;反映在对待多种所有制企业的关系上,就是形成"集体为主"的思维定势,以至偏爱集体、排斥个私。这些,劣化了资源配置,加深了结构性矛盾,造成原来充满活力的企业经营机制的蜕变和退化,同经济增长的外部环境的变化明显不相适应,合乎逻辑地会使乡镇企业的生产经营遇到前所未有的困境。其中,最主要就是:受市场约束的影响,原来一哄而起、低水平重复建设下的商品供给普遍过剩,乡镇企业的销、供、产循环严重受阻;原来在发展乡镇企业上熟练运用的以高投入换取高速度的经济增长方式已难以为继;单靠政策优惠、银行贷款搞扩张,在市场化改革逐步深入的条件下,也已变得"此路不通"。很明显,要争取乡镇企业再创辉煌的前景,就只有以坚持和深化市场取向改革为条件,加快"两个根本性转变"的进程。

值得高兴的是,江苏各地乡镇企业这几年已大力推进了以明晰产权为内容的多种形式的企业制度改革,除抓好大中型乡镇企业的改制、改组外,采取兼并、租赁、出售等多种方式,放开搞活小企业,包括一大批小微亏企业成为"公转私"企业。同时,还放手并支持新的个体、私营企业的发展。这个过程中,各地重视了技术创新和组织创新,推进了产业结构调整,涌现数以千计的大中型企业和乡镇企业集团,"船小好掉头"与"船大乘风浪"的优势互补,相应提高了它们在国内外市场的开拓力和竞争力。

毋庸讳言,面对新世纪,乡镇企业理所当然还需要在深化产权制度改革、再造自身经营机制优势上进一步求实效。再从宏观角度考虑,江苏在继续推进农村工业化的进程中,在坚持市场取向改革上有更多新的文章要做,更有一些深层的难点需要在新的实践中突破。譬如,关于以市场为取向,在搞活企业这个市场主体的条件下,推进结构优化的问题。结构调整,不只是产品、产业结构的调整,还要使之同技术结构、企业组织结构、地区空间结构以及所有制结构的调整相结合,进而在产业结构升级中实现供给结构与需求结构的对接,实现整体结构优化。单靠政府推动,容易受行政条件的局限,往往会事倍而功半,甚至徒劳无功,因而,必须以企业为主体,在市场导向下,真正实行资产的"跨地区、跨行业、跨所有制"的流动和重组。又如,关于以市场为取向,走资本多元化之路,让企业能从民间、社会获取自主投入的资本补充的问题。这就需要加快改变农村政经合一、以政代经的职能错位状况,进一步促使投资主体从政府到企业、民间的换位,同时探索构造区域性投融资体制改革,发展能使包括个体私营企业在内的各类农村工业企业公平进入的资本市场,使融资渠道的扩展与企业技术创新、新品开发、产业升级的需要相适应。又如,关于以市场为取向,促进乡镇企业集团的规范化建设的问题。就是说,政府要同企业集团"脱钩",纠正行政力量渗入集团组织的现象,而且,要解决组建集团按行政系统"拉郎配"、"归大堆"的倾向,使集团真正走上以资本为纽带的市场化轨道,启动其按市场需要加强技术改造与技术创新的内在动力,提高在国内外市场的竞争力。再如,关于以市场为取向,创造条件,进一步推进农村工业与城市工业的优势互补和共同提高的问题。从深层看,这涉及理顺行政区划与经济区域的关系,走上城乡工业一体化管理的问题,并和众多小城镇的合理布局、功能分工以及区域城镇体系协调建设的问题联系在一起,需要进行深化改革的理论创新,还需要突破具体操作上的难点,解决这方面的问题也许要有一个过程,但从建设社会主义市场经济体制的大趋势看,问题迟早要得到解决。其实,上面提出的有关乡镇企业深化市场取向改革的问题,都只有在同城市工业企业的深化改革联动推进中,才能最终解决。我们相信,这个问题的解决之时,就是江苏农村工业走上质的新飞跃,跳出县(市)域"篱笆墙",实现大区域范围内以消除二元经济结构为标志的城乡经济一体化之日!

　　(本文为吴群主编《江苏农村工业 50 年》一书所写的"导论",该书由江苏人民出版社 1999 年 9 月出版发行,题目为作者所加。)

第 二 编

速度 结构 质量 效益

扩大内需必须紧紧围绕结构调整进行

1999年,我们要坚持扩大内需的战略方针。这一点,中央和省的经济工作会议上都已提得很明确。而要有效扩大内需,就必须同优化经济结构更加紧密地结合起来,特别要促进供给结构与消费需求结构的相互衔接。从当前经济运行的状态考察,与其说扩大内需、启动消费有较大难度,不如明确地说,难点主要在于如何通过结构调整促进有效供给与有效需求的对接上。因为消费之难以启动,很大程度上是结构调整力度不足、致使供需矛盾协调不力的反映。

一、从提高经济运行质量的视角,认清以结构
调整求得有效扩大需求的紧迫性

从多年来包括1998年的经济运行状况看,江苏各地强调经济增长速度的观念较强,而谋求结构优化的观念不足,或者说,对解决结构性矛盾的问题虽已引起上下关注,但对其严峻性、紧迫性的认识还有待于深化。这就是要:

——把当前的结构调整看作宏观调控的重点。客观形势(国际国内)越来越要求我们把调控眼光从总量调控转向结构调整。目前经济运行中存在多重矛盾,而集中表现为商品销售不畅——资金周转困难、经济效益滑坡——停工停厂、设备闲置和工人下岗增多——居民即期消费减弱——市场平淡、销售不畅难以改变的不良循环。这主要不是通货紧缩,而首先是供求结构性矛盾在市场约束增强的情况下越来越

突出的反映。因此,只有抓住结构调整,才能通过优化资源配置,开发高、精和适销产品,缓解和摆脱市场约束,使供需矛盾转化为供需对接,并进而缓解工人下岗、效益下滑等困难,促进经济运行良性化。抓结构调整,可以说,牵住"牛鼻子",一举而数得。

　　——把当前的结构调整看作抓住产业结构升级最好机遇的急需。江苏产品结构性过剩当前的突出表现就是:在大路产品、低档产品、粗加工产品大量充斥市场的同时,有些市场适销、旺销产品的生产能力并不足,特别是技术含量高、附加值高的产品开发落后于有些兄弟省市,甚至还得依赖进口。改变买方市场下产品结构性矛盾,就是通过结构调整,一是解决大而全、小而全、低水平重复生产的问题,二是促进产业升级。从江苏工业化的发展进程来看,在结构调整中有必要也有可能把技术升档、产业升级作为核心环节,紧紧抓住,这样,才能以增量资产的合理投向促进存量资产的流动和重组,有效解决重复生产、结构趋同的"老大难"问题,把伪、劣、低、粗产品挤出市场。因此,技术进步、产业升级是当前结构调整的核心;反过来说,结构调整是抓住江苏加快技术进步、产业升级最好机遇所迫切要求,由此入手,有利于突破低水平重复的难点,带动整个产业结构合理化、高度化。

　　——把当前的结构调整作为有效实现"两个根本性转变"的切实途径。结构调整在我省已进行了多年,虽有成效,但很大程度只是新旧体制双轨并存下的适应性调整;现在的结构调整是从提高区域经济整体运行质量着眼的战略性调整,必须在推进体制根本性转变的条件下,同加快经济增长方式的根本性转变相配合,以突破地区、城乡、市县分割,实现区域性结构的优化。今年我省市县普遍降低经济增长指标,正是反映了经济增长指导思想有了调整,这给转变经济增长方式、调优产业结构提供了回旋余地。在这样的时机下,顺应潮流,加强结构调整的力度,就能以改革为动力,实现经济增长方式的切实转变,有效地向结构调整要效益、要速度,在结构的优化中求得速度和效益的统一。

二、从生产与销售相统一的视角,在结构调整中 着力于促进有效供给与有效需求的相互衔接

这是由目前的买方市场大量表现为结构性过剩的情况决定的。正因为如此,结构调整,不只是要求优化供给,而是要把优化供给同扩大内需结合起来。1998 年的实践表明,扩大内需应从投资与消费两个方面加大双向启动的力度。当然,从提高经济运行质量的要求统筹考虑,需全面做到:优化结构与扩大内需相结合,优化结构与提高对外开放水平相结合,优化结构与搞畅市场流通相结合。但从内需市场看,启动消费,在目前是一大难点,也是蕴藏着巨大潜力之所在。因此,特别要在促进供给结构与消费需求结构的衔接上多做文章。

加强供给结构调整力度,要以市场为导向,在压缩和淘汰结构性过剩产品和伪劣产品的同时,采取有关鼓励供给优化的政策,通过体制创新和技术创新,通过降低生产成本和提高产品质量和效用,大力开发能启动需求、增加和创造新需求的供给。

消费需求方面,更要多方面做工作。包括:调整消费政策,引导居民转变消费方式,拓宽消费领域,促进新的消费热点的形成;在满足大多数消费者需求的同时,开发不同档次的消费品;增加银行消费信贷,支持住宅、汽车等高档商品进入个人消费领域;大力开拓农村市场,开发为农业机械化和现代化需要的价廉、质优、适用的农机产品,生产和供应农村适销对路的日用品和耐用消费品等;还要加快住宅商品化和建立统一的社会保险体系的进程,促使潜在消费转化为现实消费。

供给与需求不能割裂开来抓,而是要求联动推进。一方面调节供给,增加有效供给,发挥供给对需求的能动作用;另一方面,引导消费,开发消费,增强市场销售对供给的导向功能,这两方面相互呼应,联动推进,促进生产——销售——生产的良性循环。做到这一点,就得要求政府推动与市场导向相结合,而且更多地要靠运用市场手段。随着市场经济改革的发展,市场机制作用程度越来越提高,再靠下指标、派任

务那一套已很难见效,甚至反而会扭曲结构调整的行为;特别是要引导
消费、开拓新的消费领域,那就更不是单靠行政推动所能奏效。为此,
要进一步搞畅大流通,强化城市作为流通中心的功能,开拓农村市场,
不仅让货畅其流,而且使产品供应对路,以充分发挥市场对促进供给与
消费需求相对接的中介作用;更要切实促进资本、信息等要素市场的发
育成长,为资本经营、资产重组、供需对接创造必要的市场环境。要加
强市场调查分析,并积极创造条件,开拓适应江苏迫切需要的信息资
源,抓好现代信息技术的运用,逐步做到以高效有序的信息流,为指导
生产、优化供给,为引导和启动消费、扩大有效需求,进而从宏观上调节
供需矛盾,促进供需对接,提供依据和服务。

三、从区域化经济协调发展的视角,重视发挥
　　大中小城市(镇)在结构调整中的带动作用

　　新一轮的结构调整,不应局限于产品、产业结构,而必须是包括产
品结构、产业内部和外部结构、地区和行业结构、企业组织结构以及所
有制结构在内的全方位的结构调整。这是因为这些方面的结构调整是
相互联系、有机结合的。从现实情况看,产品、产业等的结构调整已进
行多年,对产品结构调整与所有制结构调整相结合的问题也已引起关
注,但地区空间结构的调整还没有真正提到议事日程上来,并已成为推
进全方位结构调整中的一个薄弱环节。由此引申开来,就是结构调整
还必须和城市化的合理推进包括引导小城镇建设相结合。按照建立社
会主义市场经济体制的改革方向,我们要在宏观调控下发挥市场对资
源配置的基础性作用。结构的优化调整,一方面必须落实到各个地区
去进行,另一方面又不可能按各级行政区在"各自为战"的状态下分散
完成;唯一的途径就是要以大中城市为依托,以小城镇为纽带,以市场
为导向,通过跨地区、跨部门、跨所有制的资产流动和组合,推进地区协
调、城乡一体的统筹调整才能实现。这就必须大力强化和发挥作为地
区先进生产力的代表——城市的功能作用。因此,不论是大中城市建

设,还是小城镇建设,都要注意同推进产业结构包括地区空间结构的调整相配合。就是说,都不宜脱离产业在城镇的聚集水平及其对人口、资本、资源和市场的聚集功能,孤立地去追求过于超前的规模扩张和过于豪华的设施建设,而必须着眼于有效增强城市和小城镇联结城乡、对周围地区聚集和辐射的功能作用。只有这样,大中城市才能通过市场导向,充分发挥其对地区空间结构调整的依托和带动作用,而小城镇也才能在优化产业空间布局结构中发挥应有的纽带作用,从而促进各类企业和不同产业在专业化协作和横向联合中合理配置资源,并实现分层次地技术进步和产业提升,促进江苏整体素质的提高。在江苏,大量处于"小、低、散"结构状态中的乡镇企业的结构调整,特别要注意及此。

解决这个问题,要长远与当前相结合,采取切实措施。一是要按照产业结构调整同城镇体系建设结合起来的要求加以统筹考虑,特别要在全省生产力布局总体规划和产业政策的指导下,推进产业地区结构合理化;二是要在城乡(市县)协调管理的条件下,加强对小城镇建设的指导,改变小城镇分块分散、局限于乡镇(村)社区封闭性而又单纯追求超前豪华性的那种建设模式,转为合理聚集产业、优化产业结构、节约土地资源,走上小城镇合理分布和功能提升的小城镇建设新路子;三是要进一步培育和发展以大中城市为依托、以小城镇为纽带的城乡通开、有序竞争的大市场,由此增强市场在区域范围内对资源配置的基础性作用,同时也借以强化大流通的功能,促使生产与消费的相互对接和联结,促使结构调整同启动城乡市场、扩大消费需求有效地结合起来。

(《宏观经济观察》1999 年第 2 期,江苏省社科院《咨询要报》1999年第 6 期。)

关键在于强有力的宏观协调

——再论扩大内需与结构调整相结合

关于扩大内需为什么要同结构调整结合，我在《扩大内需必须紧紧围绕结构调整进行》一文里作了初步阐述。我认为，扩大内需与调整结构，两者都有丰富的内涵，要研究两者的有效结合，就必须全面把握其内涵，相应的，对两者的结合点作多角度的探析和综合研究。本文就此再陈浅见。

两者的"结合点"何在？

扩大内需，笼统而言，是扩大投资需求和扩大消费需求，双管齐下。细分一下，它就包含：继续采取积极的财政政策，增强投资需求；调整消费政策，启动银行信贷消费；开发和增加多档次的适销对路商品，培育新的消费热点；加大对城乡市场特别是农村市场的开发力度，扩展消费领域；改革投融资体制，启动和引导民间资本等。

同样，调整结构，也不只是单一的产品结构调整或工业结构调整。今天的结构调整，同市场经济改革的大趋势相适应，应当是全方位的经济结构调整。它包括：① 产品结构调整；② 工业结构调整；③ 农村产业结构调整；④ 流通贸易结构调整；⑤ 一、二、三次产业之间结构调整；⑥ 企业组织结构调整；⑦ 所有制结构调整；⑧ 技术结构调整；⑨ 投资结构调整；⑩ 劳动就业结构和人才素质结构调整；⑪ 资源空间配置结构调整；⑫ 收入分配结构调整等。

所以,扩大内需和结构调整的结合有它的系统性、复杂性。它决不是单纯的行政推动所能奏效的,更不是一般号召或一纸命令所能办到的,而是必须在正确的指导思想下,具体研究其有效结合的实现途径。

提出要弄清这两者的结合点在哪里,这是一种研究思路。

既然两者内涵都很宽广,其结合点显然不只是一个、二个,而是客观存在着多方位的结合点或结合部。比如说:

——从扩大投资需求与产业结构升级的结合而言,其结合点是技术创新、技术进步;

——从增加财政投入和信贷投入与一、二、三次产业协调发展的结合而言,其结合点就是社会资金的合理投向和资源的合理配置;

——从提高农民收入、开发农村市场与调整、提升农村产业结构的结合而言,其结合点当是小城镇建设的分层有序推进;

——从开拓消费领域、培植新的消费热点与增加有效供给、消化闲置生产能力的结合而言,其结合点则是产业政策、消费政策以及城乡就业政策的联动配合;

——从扩大城乡市场、国内市场和国际市场商品销售与调整供给结构、缓解工业结构性矛盾的结合而言,其结合点应是大中小各类企业的经营机制活力及其国内外市场竞争力的增强;

——从增加城镇基础设施建设投资、带动关联产业发展与促进跨地区的资本流动、资产重组的结合而言,其结合点又是包括资本市场在内的城乡通开的区域性大市场的纵深发展。

应当说,扩大内需与调整结构相结合的研究,深入到对两者结合点的探索,是必要的,有益的,但是,这一探索还不能走到这一步就止。一系列的"结合点",既不可"眉毛胡子一把抓",也不能"猴子掰玉米棒",抓一个丢一个,抓抓丢丢,而必须着眼于宏观经济的全局,加强统筹协调。

要把诸多"结合点"协调好

要加强扩大内需与结构调整相结合的宏观协调,主要要区别不同地区、不同发展阶段的不同情况,分清轻重缓急,从抓住若干关键性的"结合点"入手,进而促进诸多"结合点"的交叉联动、相互配合,使之共同作用于经济增长动力的增强和经济运行质量的提高。从体制转轨、经济转型的现阶段现实出发,总的说来,要有几个"超前转变",或者说几个"加快转变"。

一是发展思路的加快转变。

地区经济的发展思路问题是个老问题,总的趋势是在逐步转变,从"总量取胜"转到结构优化与增速提升并重。但转变进程迟缓,远未转变到位,还需要进一步打开思路。从当前的市场情况看,要进一步解决条块分割、就生产抓生产、就流通抓流通的局限性。其实,这方面的矛盾在大量微观企业生产经营景气低沉中早有反映。随着买方市场的出现,这些年各类企业生产经营都受到越来越大的市场约束,经济运行中的结构性矛盾显露无遗并逐步深化。日益严峻的客观形势,紧急呼唤着传统发展思路的彻底转变。不管是地方、部门还是企业,都必须充分估计到沿袭以往发展思路上偏重数量扩张、轻视供需对接所带来不良效应的严峻性,彻底转到生产——销售——生产环环相扣、良性循环条件下求发展的思路上来。只有这样,才能认定加强结构调整特别是供给结构调整与消费需求结构调整联动推进的紧迫性,才能下决心去抓扩大内需与结构调整的结合。没有这个率先转变,加强不了对扩大内需与结构调整相结合的宏观协调,扩大内需必然游离于结构调整之外,所谓扩大内需与结构调整相结合,提得再多,喊得再响,也只能停留在口号上。

二是资源配置方式的加快转变。

就是说,要从行政配置资源的老路上走出来,实行以市场配置资源为主。这是同传统发展思路相联系的一个问题。经济发展奉行总量取胜的传统思路,与依靠行政系统、借助行政力量配置资源的传统方式是相互为用的。沿用这种资源配置行政化方式,必然有意无意削弱或排斥市场机制的作用,这样也就更难突破条块分割、市县分割、城乡分割的限制,实现跨越行政区划的资源流动和资产重组。为什么长期以来的结构调整,在较大程度上停留在新旧体制双轨并存的适应性调整,而推不开为提高区域经济运行质量所迫切需要的城乡通开的战略性调整? 资源配置方式转换滞后是一个根本性的原因。从这个意义上说,实现以扩大内需与结构调整相结合为目标,加强宏观协调,就得依靠于从根本上走出资源配置以行政方式为主的老路,而坚持在宏观调控下充分发挥市场对资源配置的基础性作用。反过来说,资源配置方式不加快转换,扩大内需与结构调整相结合的宏观协调就缺乏应有的基础性机制的依托。

三是体制、机制的加快转变。

资源配置方式转变滞后,归根结底,是以打破地区、部门分割为特征的城乡通开的区域化大市场培育发展不足的反映。因此,要实现扩大内需与调整结构相结合,不管从抓哪一个"结合点"看,都必须依靠深化改革,克服体制障碍,发挥市场机制作用,以顺利推进跨地区的要素流动和资产重组为条件。例如,目前正在出现一阵新的小城镇建设热,好像小城镇建设是一个"一抓就灵"的经济增长点,其实,搞好小城镇建设,就要以深化改革为动力,按照市场经济要求,打破现行乡镇社区以至市县分割的体制束缚,打破自我封闭的乡乡镇镇自我建设的模式,才能统筹规划和合理安排好小城镇空间布局,按照小城镇的不同性质,把握好城镇功能建设与设施建设的关系,合理确定建设资金的投向。这样,才能有效加强对小城镇建设与乡镇企业空间结构调整以及农村劳动力结构调整相结合的宏观指导和协调,从而做到既吸引乡镇企业和非农化劳动力向小城镇集中,带动小城镇二、三次产业的发展,又促进农村经济繁荣和农民收入的增加与农民生活方式的改变,拓展消费领域,提升农村消费水平。反过来说,如果缺乏体制改革的配合,小城镇建设必然跳不出社区封闭性建设的局限性和乡乡村村造"皇城"的误区,就有可能重走脱离产业和人口聚集水平,片面追求超前又超前的豪华设施建设的弯路,这样的小城镇建设就必然起不了对拓展农村消费领域与提升农村产业结构相互推动的"结合点"作用,相反只会加重农村农民的负担。

　　由此可见,扩大内需与调整结构相结合,不是一个单纯的发展问题,而是一个在宏观经济与微观经济相配合下经济运行质量如何有效提高的问题。所以必须以改革为动力,以转变发展思路和经济增长方式为条件,以结构调整为中心,在不放松对外开放的同时,立足于扩大国内需求,着力于推进国民经济的顺利运行和良性循环,使之持续、快速、健康地向前发展。

　　　　　　　　　　　　　　(原载《江苏经济学通讯》1999 年第 9～10 期)

需要特别关注优化供给结构与
扩大消费需求的结合

探析和解决当前经济运行面临的矛盾,不能把供给问题与需求问题两者割裂开来,我认为,从提高经济运行质量着眼,缓解矛盾的关键在于调整和优化结构,如果这个论断成立的话,那就必须在结构调整中把供给与消费的问题联系起来,因为优化供给结构是调优结构的题中应有之义,而启动消费则又是优化供给结构的有力依托。

调优结构是关键

当前经济增长中非良性运行表现在多方面,主要是:市场销售全面疲软;产成品库存不断增多;企业普遍开工不足;物价指数持续走低。表面上看,这些主要是反映了消费需求不旺的问题,但从深层看,则要通到长期沿袭传统的经济发展老路、逐步积累起来的结构性矛盾上。

谁都知道,传统的经济发展老路,是在短缺经济时代走出来的,其指导思想是:以高投入求高速度,大搞短、平、快项目,凭总量增长取胜;其不良效应是:重复布局、重复引进、重复建设、结构劣化,形成"小而散"的空间结构,"小而全"的企业组织结构、"小而低"的技术结构;其最大弊端是:低档产品的生产能力越搞越过剩,而高科技含量、高附加值产品开发滞后,供给结构与需求结构脱节。

在卖方市场下,"萝卜快了不洗泥",低劣产品也大有人买,这些结构性矛盾在很大程度被"热销"所掩盖;然而,在买方市场下,经济增长从供给约束一变而为需求约束,经济运行中的种种非良性现象就充分显露出来了。所以,这些非良性现象,总的都是结构性矛盾的反映。

要改变经济运行中的阻滞现象和不良循环,从治本的角度言,就要抓好结构调整,从解决供给这一矛盾的主导方面入手,协调供求关系,从根本上增强经济增长的启动力。

落脚到启动消费上

当然,矛盾的复杂性并不单纯来自生产领域的结构劣化,更不能把矛盾的成因简单归结为买方市场的出现,同体制转轨、经济转型的现实相联系,消费领域里也出现了完全不同于改革初始阶段的一系列新情况、新变化。而供给结构的劣化,正是同消费领域里的新情况、新变化的交错出现相互关联的。

其一,随着人们收入水平的逐步提高与收入档次的逐步拉开,消费领域出现了从生存需求为主的格局向生存需求、享受需求、发展需求并存的格局转变,相应的,以往"排浪式"的集中型消费向按需择优下的多层次消费转变。

其二,随着"一部分人先富起来"政策的实施,特别是转轨时期"创收"、经商活动中权钱交易等失范、无序现象的增多,某些"大款"、"公款"的豪华消费与腐败消费,制造了消费领域繁华景气急剧上升的假象,给高档商品以至豪华宾馆、大型商场的一哄而上,过猛发展,提供了错误的信息导向。

其三,随着经济转型过程中某些改革措施的相继出台以及下岗工人的不断增多,大量工薪阶层的支出预期提高、收入预期降低,大大淡化了人们的消费意愿。

其四,随着人们消费心理的走向成熟以及物价的持续下跌和通货紧缩迹象的出现,更使消费者强化了买涨不买落的消费心理,投资者选不准投资项目,银行有钱贷不出去,这也直接、间接地影响到最终消费需求的启动,市场欲振乏力。

　　显然,消费领域里的新情况、新变化表明:消费市场不振加剧了供给过剩,成为经济运行良性化的突出障碍,消费亟待进一步启动,但启动消费绝不是就消费论消费所能办到的。

力求生产与消费良性循环

　　要缓解经济运行中的矛盾,必须从经济全局出发,在加强对改革与发展统筹协调的条件下,坚持以市场为取向,多方面采取措施,力促结构优化和产业提升,以有效供给把消费者潜在的消费欲望激发出来,让消费的启动反过来影响生产,促进供给与消费相互衔接,进入良性循环。

　　1. 以买方市场给生产领域带来需求约束的加强为契机,善于利用优胜劣汰的市场机制作用,在结构调整中促进企业科技进步、产业升级,这样,把淘汰过剩生产能力同产品换代、供给创新协调起来。

　　2. 立足于从整体上搞活江苏经济,深化国有、集体企业产权制度改革,抓大、活中、放小,并大力支持个私经济发展,带动所有制结构调整;切实减少税费、减轻企业和农民负担,这样,把提高消费者收入预期、稳定其支出预期同促进就业、再就业面的扩大协调起来。

　　3. 在继续贯彻扩大内需的各项政策中,以提高最终消费率为出发点和落脚点,通过财政政策与金融政策的配合,以财政投资的扩大启动社会、民间投资,为中小企业拓宽融资渠道,银行则支持企业技改和产业升级,并开拓信贷消费,这样,把扩大投资需求同启动消费需求协调起来。

　　4. 强化流通作为衔接生产与消费的纽带作用,进一步搞畅流通,开拓农村市场,并促进资本、信息等要素市场的有序发展,促进资本经营、资产重组的有序进行,这样,把调控供求矛盾同发挥市场对资源配置的基础作用协调起来。

　　5. 对各级政府来说,主要是积极转变职能、实行政企分开,坚持以"两个根本性转变"为要求,抓经济工作以抓结构调整为主旋律,针对生产、分配、流通、消费领域的新矛盾，统筹采取和实施相互配套的政策体系，为实现全社会资源优化配置提供必要的市场环境和政策环境，这样，把促进社会经济的良性运行同坚持和深化市场取向改革协调起来。

（原载《江苏经济学通讯》1999 年第 15～16 期）

以市场为取向促使投资与
消费协调增长

扩大内需提出的课题

江苏上半年经济运行的态势表明：扩大内需拉动经济增幅回升的效应已有显现；同时也提示我们：扩大内需必须坚持市场经济改革取向，在促进投资与消费双向启动并协调增长上做深文章。

江苏今年头几个月经济保持了稳定增长的基本态势，一季度国内生产总值与去年同期相比，增长 10.4％，1 至 5 月工业增加值比去年同期增长 11％；非公有制经济增幅超过 20％，同时，国有、集体企业呈回升之势，大中型工业扭转了负增长局面，工业产销率有所提升。总的看，经济运行的态势是好的，很明显，它是贯彻实施"扩大内需"方针取得积极成效的反映。

扩大内需启动经济增长的实践告诉我们：扩大内需要求投资启动与消费启动并进。实际上，扩大投资带动经济回升的势头在去年就已有反映，但从投资扩张与刺激消费相互启动而言，并不理想，这在今年上半年更见明显。江苏社会消费品零售总额与去年同期比较，2 月份增长 12％为最高，3 月份 10％，4 月份 7.3％，5 月份 8.8％，基本上逐月下降，1 至 5 月平均增长 7.6％，同 11％的工业增幅并不相称，而且，这个增长率主要是城市市场拉动的，农村消费市场更见偏淡。最终消费欲振乏力，必然最终影响扩大内需启动经济增长的成效，特别是难以全面启动社会投资。全省一季度集体、个体投资仍处于负增长状态。扩大财政投资,使重工业增长得以加快,但对包括集体、个体在内的农村工业的带动效应不强。1—5 月份农村工业同比增长 10％,比去年有好转,但增幅大大低于非公有制经济。工业经济效益虽有恢复性好转,但企业两极分化倾向加剧,反映在全省工业增幅出现起伏,一季度工业增加值增幅曾达 13.4％,4 月、5 月增幅都相对下滑。

看来,最终消费启动乏力的问题得进一步引起关注。这一状况不及时改变,很有可能给更多企业以至整个经济运行带来困难,影响到今后经济的平稳运行和持续增长。所以扩大内需中如何使投资与消费两者协调增长,相互启动,这显然是值得探讨的课题。

把握经济增长的环境变化

促使投资、消费的协调启动,必须正视当前经济增长因素的变化,对人们组织经济增长的思路和方式所提出的直接挑战。

大体说来,随着改革开放的纵深推进,我国经济增长的机制环境发生了如下完全不同于 80 年代以至 90 年代前期环境因素的变化:

——买方市场形成,企业生产经营面临了从主要受资源约束转向主要受市场约束的环境变化。在以往卖方市场下,只要争取到资源,产品生产出来,就能打开销路,就能扩大生产规模。现在,只有适销对路的优势产品才有竞争优势,才能赢得市场;相反,产品在市场上少人问津,就要造成压库减效,工厂停产,工人下岗。单靠政策和贷款搞扩张,在市场约束下已是"此路不通"。

——短缺经济宣告结束,销售市场面临着从"萝卜快了不洗泥"转向质次价高产品被驱逐出市场的环境变化。"小、散、粗、低"布局下重复建设带来的结构性弊端暴露无遗。新的市场环境对曾经与短缺经济相辅相成的粗放型经济增长方式提出了无情挑战。不仅工业企业,商贸业的传统经营也面临着严峻考验。

——人们消费心理走向成熟,消费领域出现了从"排浪式"、集中型消费需求转向按需择优购买并且消费档次明显拉开的多层次消费需求的环境变化。这个变化,同某些改革措施出台使人们收入预期降低、支出预期提高、带来的消费意向改变相联系,同社会上豪华消费、腐败消费与工薪消费、温饱消费的分层分档明显相联系,消费需求结构愈形复杂多变,相形之下,商品供给结构调整就显得十分滞迟。

　　——分配原则与生产要素市场化结合,分配政策出现了从按劳分配"一统天下"向按劳动分配与按生产要素分配相结合的环境变化。居民收入分配档次急剧拉开,而且,随着转轨时期"创收"、"经商"中权钱交易等失落、无序现象的增多,暴富人群与低收入人群收益反差悬殊,这使消费结构更趋复杂化,同时,还不利于经济环境以至社会环境的稳定。

　　——全球化趋势日见明朗,参与国际竞争出现了从一般优势商品可以进入贸易阵地、向以抢占科学前沿阵地为支撑的更高层次贸易争夺战的趋势发展。特别是 WTO 正在向我们走近,形势迫使我们再也不能单纯以吸纳外资的数量增长为满足,而必须着眼于用知识经济提升国际竞争力,善于应对国际资本对民族经济的巨大冲击;并提高随时抵御国际金融风险的能力。

　　面对这些围绕经济增长出现的环境变化,该如何去启动经济的持续适度快速增长? 这就需要从企业经营机制、资源配置方式以至宏观调控行为等方面都按照市场取向作出相应的调整。

以市场为取向求新突破

　　从改革与发展相联系的视角看,经济增长的环境变化,是市场经济规律越来越作用于社会生产、分配、交换、消费诸环节的反映。我国改革开放的 20 年,总的说来,就是在社会主义条件下,坚持市场取向改革,促进城乡市场经济因素不断增长,市场机制作用不断增强和扩展的过程。当然,这中间也伴随着体制转轨、经济转型进程中产生的某些利益冲突、机制扭曲的矛盾。特别是,由体制改革整体推进的进程所决定,受传统计划经济下长期形成的单纯追求数量扩张的习惯势力和经济增长方式转换相对滞迟所制约,至今,人们的主观行为与客观环境之间还难以得到协调和磨合。

扩大投资与刺激消费的双向启动,从客观上要求人们深化对现阶段经济增长环境变化的认识,及时采取顺应市场取向的行为来加以推进,而目前的现实情况是,在环境变化面前,有顺应市场取向的行为,但也有背离市场取向的行为。所谓顺应市场取向,就企业行为来说,就是经常研究市场信息,调整产品结构,注重技术进步和技术创新,推进产业升级。就政府行为来说,就是根据市场需要的动态变化,把扩大内需与结构调整结合起来,使扩大投资在优化供给结构上产生积极效应,让投资启动和消费启动能够相互补充、相互作用。今年以来经济的平稳回升,正是对这种以市场为取向促进投资、消费双向启动行为的回报。而所谓逆反市场取向,则是沿袭行政手段有余,运用市场化方式不足,以致弱化和扭曲了市场机制作用。譬如,扩大投资主要集中在公共设施上,对优化供给、刺激消费缺乏足够的政策支撑,结果是最终消费仍然难以有力启动,消费与投资形成不了相互补充、相互拉动的循环效应,这样,必然影响到经济运行的整体质量,弱化对经济全面增长的拉动力。从上半年的情况看,城乡居民特别是农民的消费倾向所以回升乏力、社会消费品零售总额增幅明显低于工业增幅,在很大程度上是由于扩大投资缺乏消费品生产结构调整的有力配合。而消费依然不振,当然也就不足以引发企业投资、民间投资的冲动。

现在一年时间过半,要促进下半年经济"长势"旺盛,仅仅按照任务指标抓抓进度是不够的,而是要针对当前顺市场取向行为与背离市场取向行为交叉并存的现实,把握经济运行市场化的演变方向,围绕促进投资、消费的双向启动,多做转化工作。要善于抓住顺应市场取向的先进苗头和典型,大力加以提倡;同时,及时发现和制止背离市场取向的不规范行为,以有效引导各级基层和企业坚持以市场为取向,在深化改革上有新突破。

政府要发挥主导作用

以市场为取向,促进投资、消费相互启动,当然需要企业和各个方面的共同努力,但是,政府要在这方面起主导作用。

1. 以市场为镜子,通过积极优化供给协调投资与消费。在买方市场条件下,滞销、积压产品增多,既然是长期以来低水平重复建设形成的结构性矛盾的显露,就应当以此为鉴,从揭矛盾、查原因入手,下力气促进矛盾转化。一方面,增加基础设施建设投资,要避免新的重复建设和资源的低效配置;另一方面,对基础设施建设投入要和对工业技改投放统筹兼顾,以一定的工业投入支持有市场前途的优势产品的生产,特别要通过技术改造促进企业根据市场需要转换产品方向,开发新品,提高竞争力,调优供给结构,以优良的市场供给刺激消费需求,并以新的消费需求带动民间投资。

2. 以市场为纽带,通过提升流通产业整体功能协调投资与消费。流通系统作为沟通生产与消费良性循环的中间环节,正在从封闭走向开放,但也同时出现了同生产领域里类似情况,商业业态趋同化,布局无序,竞争过度,这必然阻碍流通业的发展提高,影响消费需求的实现,迫切需要按现代市场经济的要求,加强流通产业的整体改造,促进其结构提升,让流通业能承担起组织大流通的任务,形成城乡通开、内外交流、竞争有序的市场体系,搞畅从投资、生产到销售、消费的循环通道。

3. 以市场为导向,通过跨地区资产流动与重组协调投资与消费。目前企业之间跨地区、跨行业、跨所有制的联合在各地已有不同程度展开,昆山等地已成功地开拓了企业外向配套的大市场。这符合江苏工业特点,是拉动面广量大的中小企业提升产业素质的有效途径。但现在只是起步,还需要以市场为取向积极推进。应当从整体上搞活大中小型企业着眼,把城乡企业改制落脚到搞活以市场为导向的经营机制上,对“小而全”、“小而散”的各类企业调整改造,形成城乡一体的专业化分工与协作的工业体系;同时,打破地域限制,在理顺行政区划与经济区域关系上取得新的突破,从而在区域合作、对外开放的新台阶上,借助立体大交通,有序推进市场化、城镇化、现代化和经济国际化,并使之有机结合起来。

4. 以市场为基础,通过加强完善宏观调控协调投资与消费。从国民经济的全局出发,从调整分配关系入手,提高农民和城市低收入群体的收入水平,同时进一步做好下岗人员再就业工作,统筹协调好体制转轨、经济转型过程中各种利益关系的矛盾;在国家的宏观调控下发挥市场配置资源的基础性作用,利用和引导好市场的供求、竞争和价格三大机制,在用好财政性投资的同时,鼓励和启动市场性投资,优化组合社会资源,提高资源配置效益,促使供给结构与消费需求结构的对接,实现社会再生产过程的良性循环。

(原载《江苏经济探讨》1999 年第 9 期)

加快富民进程与推进结构调整

　　富民是强国强省之本,是强国强省的出发点和落脚点;富民又必须以强国为依托,与强国强省相联系。这样来看富民,就不难理解,实现富民这个战略目标,必须立足全局,从国民经济的各个领域、各个方面联动推进。再从当前来看,不论是工业产品还是农业产品,都面临地区性、结构性过剩的矛盾和市场开拓的困境;同时,入世又给我们带来结构调整机遇和挑战交叉并存的复杂环境。在这样的形势下,富民工程的实施,一定要紧扣结构调整这一主线,使加快富民进程与推进结构调整紧密结合起来。

抓住结构调整这条主线
贯穿于推进富民的全过程

　　对经济结构进行战略性调整,是我国"十五"计划的核心任务。《中华人民共和国国民经济和社会发展第十个五年计划纲要》提出:要"积极主动、全方位地对经济结构进行战略性调整。""把调整产业结构与调整所有制结构、地区结构、城乡结构结合起来。坚持在发展中推进经济结构调整,在经济结构调整中保持快速发展。"这是总揽经济发展全局的指导方针,应该也作为我们实施富民战略的指导方针。我们必须按这一指导方针,在实施富民战略中全方位地推进结构调整,在全方位结构调整中加快实现富民的进程。实施富民工程与经济结构战略性调整的结合,在我们江苏来说,就是富民与强省不可分割的体现,也就是按照江苏经济良性运行的内在要求,通过经济结构的战略性调整,促使经济的持续快速稳定发展,为推进富民进程增强物质基础。其实,对当前经济结构战略性调整的迫切而深刻的意义,朱镕基总理在 2000 年 3 月关于"十五"计划纲要的报告中讲得再明白不过了,他指出:"我国经济已到了不调整就不能发展的时候。""按原有结构和粗放增长方式发展经济,不仅产品没有市场,资源、环境也难以承受。"这是立足全国作出的正确论断,也符合江苏实际。当然,江苏这几年对结构调整是下了工夫,也已作出了相应成效;但其成效还只是主要表现在产品产业结构上,距离全方位推进战略性结构调整的要求还远远不够。不仅工业品,包括农产品,由于地区性、结构性过剩的矛盾设有缓解,不少产品"卖难"的问题仍较突出,销售价格低迷,企业开工不足,直接影响到城乡劳动就业,连以往大量吸纳农业剩余劳动力的乡镇企业对劳动力的吸纳力也大为减弱。显然,不解决这方面的矛盾,减少不了下岗失业,消化不了农业剩余劳动力,提高不了城乡居民的收入,富民目标就难以实现。有关资料表明:江苏 2000 年城镇居民人均可支配收入只及到广东的 70％,农村居民人均纯收入只相当于浙江的 85％,而在岗职工平均年工资也只在广东的 74.5％。这里面固然有多方面原因,但结构性矛盾相对突出是个重要因素。

近些年来,江苏各市县都在把加快城市化进程作为实施富民战略的一项重要内容来抓,这是正确选择。可是,城市化的本质是资源在地理空间上的集聚,是与经济结构调整相伴而来的集聚经济和规模经济的发展。就是说,城市化进程的加快,不是光凭城市自身建设摊子的不断扩大和基础设施建设的升档就能实现的,它必须依靠城市与其周围区域在人口和要素流动的条件下,在生产力空间配置合理化基础上实现人口和产业集聚度以及相应而来的资源配置效率和效益的提高。这就必然要求尽快突破由市县各按行政块块封闭或半封闭地自我调整结构、自我配置资源的传统方式,转变为市县联动,实行跨地区、全方位推进结构调整的市场化方式。推进城市化,如果不能同市县联动、城乡一体的跨地区结构调整相配合,如果不能在区域化资源配置和产业集聚进程中加快实现城市集聚经济和规模经济的发展和升级,以致增强不了城市对周围地区经济的辐射、扩散和带动功能,发生不了对农业剩余劳动力广为吸纳消化的作用,甚至连城市自身下岗职工再就业的门路也扩大不了,那么,即使是把城市建设搞得再红火、城市形象搞得再精美、城市规模搞得再宏大,也不会有加快富民进程的应有效应。

　　无论从哪方面看,实现富民战略目标都得要求经济结构的全方位调整。只有促使包括工业、农业、商贸服务业的产业结构、国有经济的布局结构、企业的组织结构和所有制结构、地区结构、城乡结构实行联动、协调调整,改变重复建设、结构趋同造成大量无效供给的状况,缓解和消除产品地区性、结构性过剩的矛盾,促进资源优化配置和产业集聚,才能有效增强城市与区域经济良性运行和协调发展的整体素质及其在内外市场的综合竞争力,从而从多方面形成能促使城乡居民增加收入的新亮点,加快实现富民的进程。

以观念更新带动机制创新
使结构调整与富民对接

　　富民是各级政府的为政之本,而结构调整虽以企业、农民为主体,但居于调控主体位置的政府应起主导作用。特别是要使结构调整贯穿于实施富民工程的全过程,实现经济结构的全方位调整与加快富民进程相对接,这就更需要各级政府正确发挥经济职能作用。从这样的要求出发,如何通过观念更新与机制创新,切实转变政府职能,实行与市场化改革相一致的管理制度和行为方式,应是亟待探索解决的一项课题。

　　其一,促使从满足于完成当年经济增幅指标的眼前政绩观念转变为以求得经济持续发展为任务的长远与当前相统一的政绩观点。提出这问题,不是一般的反对政府领导人的政绩观念,而是不主张那种"为官一任"的短期追求。追求短期政绩,必然带来短期行为,就不容易摆脱靠行政命令办事的行为惯性,不管是抓结构调整还是抓富民工程,很自然地会沿用下指标、压任务、保进度的那一套,弄得不好,就会产生虚夸数据、水分统计,收不到富民的实效。因此,必须从更高的思想境界、从确保经济社会可持续发展的高度确立与全局挂钩的政绩观。只有这样,才会坚决摆脱那些短期追求的惯性行为,在瞻前顾后、全盘谋划下,采取合乎市场经济规律的行为方式,致力于推进与实施富民战略相对接的全方位结构调整,从而在经济良性运行、持续增长中多方面造就富民的启动点和新亮点,加快富民进程。这样,岂非是万民受惠的最佳政绩!

其二,促使从按行政块块进行适应性的结构调整思路转变为面向大区域进行战略性的结构调整思路。实践表明:结构调整突破不了行政区域,实行"块自为战",往往容易单从维护本地利益出发,走入保护落后的误区,充其量只能在本地范围内从产品产业结构调整上有所作为,既缓解不了本地某些工农业产品地区性、结构性过剩的矛盾,更促进不了企业规模化程度和市场竞争力的提高。而现在的结构调整是要求跨城乡、跨地区的全方位调整,实行产品产业结构同所有制结构、地区结构、城乡结构以至劳动力结构等的联动、协调调整,显然,只有按这个要求转变调整思路,根据生产力布局合理配置和生产力水平提高的要求,在较大的区域范围内推进经济结构各个环节、各个方面的整体协调,才能促使供给结构和需求结构走向对接,进而增强企业和产业的生机和活力,农村增加农民收入,城市创造更多的就业机会,让大多数人民得到实惠。

其三,促使从政策依赖和行政推动为主的政府行为转变为着重运用市场机制和经济手段的政府行为。这不只是适应结构调整中实现各种资源在企业间、地区间、城乡间合理流动和重新配置的需要,也是在我国入世后国际资本流动性进一步提高、亟待市场经济机制内外接轨的迫切要求。曾经在较长一段时期里,不少地区就是因为强化行政推动有余、运用市场机制不足,在一些决策相继失误下出现严重的地区重复建设、城乡结构趋同,以致供需结构脱节,造成大量的无效供给和资源浪费。在入世后国内外市场竞争加剧的新形势下,过度依赖行政手段和政策优惠已难以为继。必须加紧促进城乡通开、内外接轨的开放型市场体系走向成熟,大力促进资本市场、信息市场、技术市场走向完善。比如说,我国实施积极财政政策,实践证明行之有效,对地方来说,要继续积极借助这一政策,进一步启动内需。但财政政策对扩大内需的支撑是不可能无限止的。扩大内需,归根究底,要以老百姓口袋里的钱为基础。由此着眼,就要适时调整重政策、轻市场的思想和行为,在促进开放型市场体系发育成长的条件下,更多地运用市场机制作用,围绕扩大内需推进全方位结构调整,在结构调整中搞活企业、集聚产业、拓宽就业门路、增加城乡居民收入。这样,不仅可以使扩大内需具有稳固的基础,而且还将造就内需持续扩张的良性循环机制,真正实现结构调整与富民工程的有机结合。

其四,促使从各自为政、分兵把口的部门管理转变为以民为本、服务当先的协同管理。实现这一转变,政府各个职能部门才能以富民目标为统率,强化服务职能,主动配合并积极参与全方位结构调整,促使结构调整的每一步进展都能从不同方面取得促进大多数人民走向富裕的实效。也就是说,要通过这个转变,促使各个职能部门把自身利益与全局利益挂钩,大家都能结合自身职能工作,从不同方面,主动参与,共同做好结构调整与富民工程相"对接"的这篇大文章。例如:促进结构调整与创造就业岗位相结合,以增加下岗工人再就业的机会;促进结构调整与健全城乡一体的劳动力市场相结合,为农业剩余劳动力尽可能开大一些"城门";促进结构调整与发展资本市场相结合,在扩大资产跨地区流动的条件下推进企业集团化和高新技术产业化;促进结构调整与推进产学研联合相结合,加快技术创新和产业结构升级;促进结构调整与营造内外一体、平等竞争的市场环境相结合,使包括私营企业在内的各类企业都能增强生存发展的活力;这些等等,都有利于促成城市与区域经济整体素质和市场竞争力的提高,直接间接地作用于为大多数人民培植和开发增加收入、走向富裕的"动力源",因而,也特别需要各个职能部门通过制度创新,职能转变,服务到位,协同参与,共同推进。

(原载《江苏经济学通讯》2002 年第 1~2 期)

缓解高增长与低就业的矛盾
拓宽江苏经济持续增长之路

　　2002 年江苏经济高开高走,呈现继续快速增长势头。但经济发展中也还有一些深层次的难点问题,需要从保证 2003 年以至更长时期内江苏经济持续增长着眼,多加关注。经济快速增长而就业压力加大就是其中之一,江苏经济增长明显高于全国平均水平,这个矛盾似乎更形突出。在学习"十六大"报告基础上,我深感必须按照江泽民同志在报告中所强调的,从"就业是民生之本"着眼,谋求"实行促进就业的长期战略和政策",以便逐步缓解高增长与低就业的矛盾,更好地开拓江苏经济的持续增长之路。

一、对经济增长快而就业压力大的分析

　　据有关部门统计,2002 年全省城镇需要就业的劳动力将达 80 万人,而能够提供的较为稳定的就业岗位只有 30 万个左右,供求矛盾相当突出。这一情况不是近年才出现的。"九五"时期,江苏全省经济年均增长 11.2%,而全社会从业人员却递减 0.8%;2001 年经济增长 10.2%,全社会从业人员仅微增 0.4%。如果把年代再推前几年看,情况更为明显(见下表)。

江苏经济增长与就业增长情况比较

	1985 年	1990 年	1995 年	2000 年	2001 年	平均增长（%）	
						1981—2001 年	1996—2001 年
国内生产总值（亿元·当年价）	651.82	1416.50	5155.25	8582.73	9511.91	12.7	11.0
年末从业人数（万人）	3262.97	3569.13	3649.69	3504.87	3519.11	1.1	—0.6

以上数据引自《江苏统计年鉴》2002 年版第 27 页。

通常说来，就业机会的扩展与就业率的提高，在资源合理配置、经济良性运行的条件下，直接依赖于经济增长。经济增长快，对劳动力的需求大，就业率必然提高。为什么我们会出现经济增长快而就业压力反而增大的情况呢？对此应作客观分析。目前，我国正处于体制转轨、经济转型的关键时期。传统体制已经瓦解，而新体制的建立还远没有到位；随着国有经济的战略性调整和国有企业制度改革，城市里下岗人数剧增，失业压力加大。同时，我国入世虽逐步显现了积极效应，但由于我们企业国际竞争力差，另一方面，受关税下调和非关税壁垒减弱刺激的影响，产品进口增幅超过出口增幅，这又加剧了某些产品生产能力的过剩，不景气企业增多，就自然使得劳动就业机会有减无增。

可以看到，高增长与低就业矛盾之所以突出，在现阶段有着某些难以避免的因素。再说，不能增加就业的经济增长，或者说，一方面存在大量失业，一方面经济快速增长，这在西方国家并不是稀罕的事情。但是，我们是社会主义国家，是以"三个代表"统率经济全局的国家。如果我们把这一矛盾推之于客观，那就会心安理得，放松主观努力。且不说这一矛盾不利于社会稳定，姑就经济论经济，也绝不能允许高增长、低就业的状况长期延续并发展下去。

问题很明显：失业多，意味着劳动力资源剩余多，意味着劳动与资本结合得不好。经济增长快而就业压力增大，其实质是个资源不能优化配置与高效利用的问题,也就是经济运行质量不高的反映。这个矛盾不能尽快缓解,迟早会带来对经济持续增长的严重制约。问题的严峻性,并非言之过早,实际上已经逐步显现:

——就业形势严峻,低收入群体收入增速降低,居民收入差距扩大,不仅直接弱化其消费能力,而且必然影响人们的收入预期,影响消费倾向。这已从江苏物价持续走软上有所反映。2002年第1—6月份同比又下降0.7%,工业品出厂价格跌幅在3.3%,除有一定的货币因素外,就同消费需求相对不足直接有关。

——就业形势严峻,社会有效需求不足,企业营销不振,产品增量越多,企业效益越差。2001年以来,全省工业企业效益主要指标增幅逐步回落。到2002年6月末止,规模以上工业企业的亏损面为21.2%,国有控股工业企业的亏损面38.6%,比上年末分别高出2个百分点和6个百分点。

——就业形势严峻,居民消费倾向弱化,企业面临产品难销和债务链难解困境,导致销供产循环不良和资金周转不灵。全省规模以上企业"二项资金"逐月增加,2002年6月末增加到2530亿元,比2月份的2165亿元上升15%,占到规模以上企业销售收入的57.2%和流动资金的40.3%。

所有这些说明:不及时缓解高增长与低就业的矛盾,必然会由微观基础的不稳影响到宏观经济的走势,延续下去,就会导致高增长难以为继,甚至转化为低增长、负增长。特别要提及,根据第五次人口普查资料测试,江苏从2002年开始进入劳动力高增长期,2005年将达到高峰期,"十五"期间全省累计新增劳动力240万人以上,其中城镇73.5万人,农村166.9万人。企业下岗失业人员再就业矛盾同城乡新增劳动力就业矛盾交织在一起,这样,就业形势将更为严峻。

二、对缓解高增长与低就业矛盾的对策思考

高增长与低就业的矛盾无容回避,必须积极探求缓解矛盾的出路。

根据党的"十六大"精神,从江苏的实际出发,观念创新要上新境界,机制创新要有新突破,多管齐下,走出经济增长与扩大就业相协调的新路。由于事关全局,涉及经济社会的方方面面,极为复杂,一下子说不周全,只能就主要方面概括提些看法。

其一,缓解高增长与低就业的矛盾,必须从新的境界高度创新经济发展的思路。江苏要解决好经济增长与就业的矛盾,就要把工作建立在确立"就业是民生之本"和"实行促进就业的长期战略和政策"这样的思想境界以及相应的战略和政策基础上。我国人口众多,劳动力资源丰富。扩大就业、充分就业,使占绝大多数的居民得有收入稳定而持续增加的机制保障,那就开启了内需市场无尽源泉的"闸门",再通过包括劳动力在内资源配置的优化、使用效率的提高,从而实现经济的持续快速增长。放开眼界,高瞻远瞩,就要坚决把经济增长与劳动就业相协调的问题放在优先考虑的战略位置上,并实施以促进就业为核心的经济增长政策,保证在经济增长中逐步实现扩大就业和充分就业。确立这样的发展思路和经济增长政策,才能做到同从传统体制沿袭下来的那种重速度、轻效益以及"见物不见人"的经济发展思路和经济增长方式宣告决裂。

其二,着眼于整个国民经济资源优化配置的全局,依靠深化改革的新动力,把推进战略性结构调整作为缓解高增长与低就业矛盾的根本途径。当前形势下的结构调整,已不只是单靠下指标、定任务的行政化方式、求得一时一地产品适销对路的适应性结构调整,而是必须以企业为主体、以市场为导向、以科技为动力,全方位协调推进产业产品结构、产业技术结构、劳动力与人才结构、多元化所有制结构、产业间再生产结构以及生产力空间布局结构等的战略性结构调整,以实现资源的优化配置和高效利用,在这个过程中促使经济快速增长与扩大劳动就业相统一。而要进行这样的结构调整,就要按照市场经济有序运行的客观要求,通过深化改革,协调上下左右利益关系,在此条件下,拆掉从传统体制沿袭至今的部门间、地方间的行政"篱笆墙",以求得在较大区域范围内在宏观调控下充分发挥市场对资源配置的基础性作用。这就是说,只有坚持推进市场化改革,依靠制度创新、机制创新突破了那些阻碍跨部门、跨地区要素流动和资产重组并影响区域经济良性运行的各种体制瓶颈,才能促使与缓解高增长、低就业矛盾相适应的战略性、全方位结构调整的顺利进行。

其三,对各级政府来说,围绕解决高增长、低就业的矛盾,要以深化改革为动力,统筹谋划,加强协调。要在"统"字上做文章,在"协"字上求成效。譬如:要以国有经济的战略性调整推进国有企业深化改革,促使企业在转换经营机制基础上提高核心竞争力,同时,放活培强面广量大的中小企业,促使大中小企业协同创造更多的就业岗位;要借助积极财政政策,使搞基础设施建设和重点建设项目产生最佳效益,也要引导社会资金投向,促进产业结构升级,特别要关注和扭转更新改造投资比重连年下降的趋势,加快传统产业的改造提高;要认真应对入世后的新矛盾,加快与国际接轨进程,提高对外开放水平,又要放活对内开放,为包括私营企业在内的各类企业营造公平竞争的市场环境;要抓好要素市场这个薄弱环节,促进产权市场的发育成长,并加快现代服务业的发展;要改变劳动力市场发育滞后的现状,在解决城市下岗人员再就业的同时,为统筹城乡就业创造条件;还有,在城市建设中,在谋划城市美化、亮化和投资环境优化的时候,要特别注意多为城乡失业人员就业、创业留下必不可少的空间余地,不要让大拆大建造就新的弱势群体;等等。统筹协调好这些方方面面的工作,关键就在于各级政府观念创新先导、职能转变先行。按市场经济的要求,弱化行政方式,强化经济手段,既用好经济综合部门的"综合"职能,提高政府总揽全局、精心谋划的水平,又推进专业管理部门实行依法行政,彻底改变相互分割、"多头"管理的无序化状况,变行政化关卡为服务型管理,这样,促使方方面面的工作在同一目标下又"统"又"协",从而环环相扣,相互对接,形成合力。

（此件为参加《2002年秋季江苏经济形势分析会》而作,收入该次分析会于2002年11月22日印发的会议文集。）

再造江苏经济的"高地"优势

　　江苏以其综合经济实力不断增强的客观基础和地处东部对外开放前沿阵地的区位优势,以其早在1993年就提前基本实现了我国现代化建设三步走战略步骤第二步目标的现实条件,在1994年正式确定在全国率先一步于本世纪末全省全面实现小康,到2010年全省基本实现现代化的战略目标,这一宏伟目标经过省的有关方面的反复测算和论证,应该说它的提出是有客观依据;同时,围绕这个目标,省委省政府确立了"科教兴省"、"经济国际化"、"区域共同发展"以及后来强调提出的"可持续发展"战略,并已在全省积极组织实施中。这里,笔者不想对这个战略目标本身作评论,仅根据当前国内外环境的新变化,联系江苏经济运行中显露的深层矛盾,疏理一下实现这一战略目标的战略思路,看看这方面要不要和怎么样有所新突破的问题。

经济增长势头弱化呼唤战略调整

　　经济发展战略的理论和实践都告诉我们:战略研究并不是在发展战略包括战略目标、战略措施一经确立就宣告终了,它还得跟踪战略实施的具体实践,对围绕战略目标为轴心的社会经济运行态势作定期评析和研究。这样做,便于在必要时,或者据以调整目标,或者相应调整思路。如果说,战略目标体现社会经济运行的方向,那么,经济运行的现实态势体现实现战略目标的基础。对经济运行态势的演变作跟踪研究,以把握前进趋势,其重要性不言而喻。

　　近些年,江苏经济总的说继续保持稳定增长的态势。但在经济运行中出现了一些新情况、新矛盾,相对于九十年代前期而言,经济增长势头明显有所减弱,大家知道,这里面有外在环境发生变化的实际因素,概括起来说,是:

　　——市场供求关系出现了完全不同于八十年代以至九十年代前期的变化。卖方市场转变为买方市场,商品短缺转变为商品普遍剩余。

　　——国内区域经济格局发生了完全不同于八十年代以至九十年代前期的变化。中西部地区利用地方资源优势大力发展加工工业;同时,广货、沪货北上、西进,在中西部地区的苏货市场明显变狭变小。江苏工业的供销"两头在外",在国内市场变为供销"两头挤压"。

　　——国际环境遇到了完全不同于八十年代以至九十年代前期的变化。世界经济全球化、知识化进程加快,国际竞争空前激烈,进入国际市场的"门槛"抬高了,大大增加了我国产品出口的难度,又促使国内市场国际化竞争态势的出现。

　　这些变化,从国内来看,它反映我国按照改革目标走向现代市场经济的历史性进步;在国际上则是随着对外开放度的逐步提高,中国经济开始融入世界经济,相应的带来了江苏经济与世界经济既相互依存又相互竞争的程度提高。可是,长时期以来,即使在改革开放的条件下,江苏经济基本上沿袭以外延扩张为主的粗放型经济增长方式,特别是适应于以往短缺经济时代的商品短缺,地方办工业一向奉行以数量增长取胜的传统思路,重复布点、重复建设、重复引进,加上追求小而全、大而全的企业组织结构,招致产业结构趋同化、低度化的状态越演越烈。目前许多企业产品销售不振、销供产循环不良,说到底,是国内外市场约束增强的新情况下,江苏经济这种固有结构性矛盾的日趋尖锐的必然结果。

　　国内外环境的变化,向江苏经济发展的传统思路提出了严峻挑战。在以往买方市场下,不问市场需求,以高投资、高负债求高速度的路子固然早已"此路不通",过去以量态快速扩张为标志的粗放型经济增长之路也已经走到尽头,而在现有结构层次上去开拓内外市场也将越来越显得难以为继。种种情况表明:江苏要保持为实现现代化战略目标所需要的经济运行质量和经济增长幅度,就得进一步统筹谋划,进行战略思路调整和转换。

战略制高点:再造"高地"优势

前已提到,江苏已经明确的"科教兴省"、"经济国际化"、"区域共同发展"和"可持续发展"战略,是"率先"一步基本实现现代化战略目标的配套战略,现在需要补充研讨的是:根据国内外环境变化,适应远近结合的需要,如何从战略的总体思路上谋求经济良性运行,保持和增强持续增长的强劲势头。

研讨这个问题,需要先回顾反思一下以往江苏经济所以能快速发展的制胜之道到底何在。

纵观江苏经济的发展历程,可以发现有不少超前现象:改革开放前,江苏利用、改造老企业,用"母鸡孵蛋"的办法,"繁殖"发展以集镇所有制形式为主的地方中小型工业企业,起步就很早;八十年代初,苏、锡、常、通等中等城市发育成长很快,相继被誉为全国几个有数的"明星"城市;作为乡镇企业的前身,我国社队企业又是在江苏率先崛起;凭借改革的东风,江苏以"物资串换"起步,跨地区经济技术协作活动蓬勃开展,一直在全国领先;江苏对外开放的发展势头也很快很猛,到八十年代中期,从"草根工业"起家的乡镇工业企业就开始从国内市场向国际市场快速延伸开拓,成长为江苏外向型经济中的一支生力军……这些,毋庸置疑,都曾在江苏经济增长势头久盛不衰的历史进程中起着有力的支撑、推动作用。

然而,看到这一步还不够。往深层看,江苏经济快速发展的这些超前现象都是江苏在我国地区经济不平衡发展中占有高位"梯度差"应有的作用和效应。江苏地处沿海经济发达地区,相对于中西部地区,在历史上农业开发早,商品经济相对活跃,又是我国民族工业发祥地之一。建国后,地方工业发展快、实力强,科技力量雄厚,门类众多的产品进入中西部市场都极具吸引力。这些就是由生产技术上的"梯度差"形成的由高地向低地扩散辐射的高位"落差"优势——我在这里把它简单称之为"高地"优势。

在我国,由经济发展不平衡规律所决定,在发达地区与欠发达、不发达地区之间,客观存在着生产力结构的多层次性和二元经济结构的差异性,反映在地区经济分层梯度发展中的生产技术上,即这种"落差"的明显存在。在地区经济发展中,虽然不能排斥有的后进地区会出现跳跃式的后来居上,但总体上不可能改变梯度推进的基本趋势。所以,应当在地区间生产力的横向运行中,善于利用这种"落差",又造就新的"落差",以推动新的生产力的横向运动,如此不断循环往复,促使多层次生产力的不同地区发挥各自优势,共同振兴经济。

江苏在这方面曾占有很强的优势,然而,今天的情况有所改变,江苏经济增速势头之所以趋缓,从国内因素言,很大程度上就是在南方以及中西部地区地方工业迅速崛起的新情况下,江苏原有"落差"上的"高地"优势相对弱化的反映。因此,江苏要启动经济新的持续快速增长,就必须面对全国,再造生产技术上的"高地"优势,这是总体战略思路上的必要选择。

在再造"高地"中"四大战略"联动实施

如上所述,所谓再造"高地"优势,实际上是以产业结构的超前提升在我国东——中——西部经济发展梯度推进的循环往复的生产力运动中,不断争取主动的一种战略性决策思路。确立这种战略思路的过程,也是解放思想、观念创新的过程。它有利于我们扩大视野,彻底转变以往长期沿袭的依靠总量取胜的传统发展思路,进一步树立面向新世纪、加快现代化建设步伐的观点;进一步树立利用地处沿海对外开放前沿阵地的区位优势、呼应浦东开发开放、加快推进江苏与世界经济接轨的观念;进一步树立主动迎接知识经济走来的挑战,顺应把未来经济增长依托于知识的传播创新和产业化的国际潮流的观念。我认为,确立这种战略思路,才能同江苏地处沿海经济发达地区、经济发展历来走在全国前面的位置相称,才能真正不辜负邓小平同志对江苏的经济要保持快于全国平均水平的嘱咐,才能提高江苏经济运行水平和增长质量,为率先基本实现现代化的战略目标提供基础。

所以,再造"高地"战略可以同江苏已有的四大战略并行不悖,而且从上述含义看,它还是四大战略实施的支撑点、启动点,并促使四大战略在这一战略思路上实现联动推进。试看:

再造"高地"优势,既然是要保持江苏对中西部地区生产技术上的高位落差,因而它首先是依靠科技创新推进产业结构高度化的战略思路。推进它的实施,必须也必然要改变数量增长为主的发展模式,把增长方式的转变落脚到在产业结构的战略性调整和高新技术产业化的推进上来,落脚到加强科学管理、提高劳动者素质上来,落脚到提高产品技术含量、产品附加值率和市场占有率上来。这里的核心问题就是科技创新、科技进步、科技领先。离开这一点,就谈不上再造地区发展梯度差中的"高地"优势。由此可见,"再造高地"优势,必须以科教兴省战略为后盾,如果说两者有什么不同的话,那就是再造"高地"的着眼点更高、提升产业结构的着力点更明,因而也就必然会不断启动科教兴省战略的联动实施。

再造"高地"优势,看来是面向国内而言的,但它恰恰是在经济全球化日趋明显、国际竞争日趋激烈,而国内市场竞争日趋国际化的大背景下提出的。着眼于再造"高地",必然是和着力于扩大开放、提高对外开放水平的工作相互联系的。一方面,将已经或正在失去优势的资源加工型的传统产业向中西部地区转移,扩展同中西部地区的经济技术协作与联合,同时也为自身新兴产业留出发展空间;另一方面,提高对外开放水平,无论是招商引资、对外贸易,还是办好开发区,都必须同寻求发展高新技术产业、提升产业结构层次、加快与国际经济接轨的新突破结合起来。这就是说,突出再造高地优势的战略思路,以科技创新、产业升级增强对中西部地区经济的拉动力的进程,也必须是造就地处对外开放前沿阵地的江苏加快经济国际化的进程。

再造"高地"优势,实质上是对地区经济非均衡发展规律的自觉运用。非均衡发展不仅存在于东中西部地区之间,也存在于省内不同地区之间。再造江苏高地优势,显然不是城乡平均使用力量,一哄而起,也不是个个地方再造"高地"。而是必须先从省内经济相对发达的苏南以及代表现有生产力先进水平的城市开始。先要再造苏南的"高地"优势,以拉紧省内南、中、北地区梯度发展的经济链条;先要再造若干城市的"高地"优势,以强化城市对周围地区经济的拉动力,从而,推动南、中、北之间和城乡之间的区域共同发展,就能水到渠成。再造"高地"优势同区域共同发展战略之间能够相互衔接,也就不难想见了。

再造"高地"优势,绝不是作用于一时的权宜之计,它讲求经济梯度发展的地区之间,以要素流动、能量替换为内容的生产力横向运动循环往复、持续进行,这必然要求在知识创新、科技创新的条件下,推进区域间包括区域内资源配置、产业布局和经济结构的合理化,实现地区经济和人口、资源、环境的相互协调,体现经济社会发展的永续性。所以,再造"高地"的战略思路和经济社会的可持续发展战略也是一致的。

从以上意义上来说,在宏观上统筹协调的条件下,再造"高地"优势作为战略总体思路看待,它应是四大战略的核心,将启动科教兴省、经济国际化、区域共同发展和可持续发展四大战略的联动实施,并走向丰富和完善。

围绕再造"高地"优势加快配套改革

再造"高地"优势,必须结合贯彻党的"十五大"精神包括十五届四中全会"关于国有企业改革和发展若干重大问题的决定",围绕率先基本实现现代化的目标,从提高江苏经济运行质量和在国内外市场开拓力和竞争力的全局出发,在配套改革和宏观协调的配合下,作为一项宏大的系统工程来抓。

一、再造江苏"高地"优势,必须面向世界,以技术创新为先导。要进一步扩大对外开放,提高利用外资水平,积极引进技术,招商引资要与省内调整结构、产业升级紧密结合,技术引进要与消化、吸收和创新紧密结合;要着力搞好各类高新技术密集开发区,缩短与国际先进技术水平的差距;在此基础上,不断优化进出口商品结构,提升江苏参与国际分工的层次,增强江苏产品在国际市场的竞争力,自然地,也增强在国内市场的开拓力。

二、再造江苏"高地"优势,必须以企业为主体,调动企业技术开发、创新的积极性。要发挥国有企业的技术创新的主力军作用,把从战略上调整国有经济布局,推进国有企业改革同改组、改造、加强管理相结合,促使转变经营机制同科技进步相结合;同时,大力支持、培植民营科技型企业的发展。加快建立以企业为主体的技术创新体系。促进企业强化技术开发力量,特别是大型企业要建立技术开发中心,研究开发有自主知识产权的主导产品,增加技术储备,搞好技术人才培训。同时,推行产学研结合,促进科技成果向现实生产力转化;组织重大技术难题的联合攻关,加快"专、精、特、新"产品的开发与投产。

三、再造江苏"高地"优势,必须加快全要素市场化进程,发挥市场对资源配置的基础性机制作用。要健全商品市场,加快培育、发展要素市场,建立、完善有利于商品、资金、技术、劳动力合理流动的统一开放、竞争有序的市场体系,清除城乡分割、市场封锁的行政性壁垒,特别是城镇密集的苏南地区、要通过发展提高以大城市为依托的"龙头"市场和中小城镇为枢纽的"卫星"市场,形成城乡通开、市县一体的各类商品要素的网络化市场体系,为抢占科技前沿阵地的产业、企业跨地区配置资源、推进技术创新和产业升级、组合"高地"优势服务。

四、再造江苏"高地"优势,必须正确发挥政府的职能作用,营造有利于以技术创新为突破口、推进结构调整、产业升级的社会经济环境。要在实行政企分开的条件下,改革凭借行政力量配置资源的传统方法,运用市场机制,引导企业在市场拉动下自主开发、创新技术;同时,围绕技术创新,对城乡合作、扩大开放、调整结构加强宏观协调,实施政策推动和法规约束。搞好配套改革,除加快国有企业的战略性调整和改组的进程外,要推进投融资体制改革,建立高新技术产业的风险投资机制,引导和调动社会资源投入到技术创新、高新技术产业化中去;要深化科技体制改革,促进科技人员进入产业竞争的前沿,在技术创新中贡献聪明才智。

（原载《江苏经济》1999 年第 33 期,《江苏经济学通讯》1999 年第22 期。）

从根本上解决科技与经济脱节的问题

在苏州、无锡等地调查,我们了解到,发展高新技术产业正在逐步上路,渐入佳境,但是难点也不少。苏、锡的同志都谈到,关键是体制、机制问题,其中一个核心问题就是如何以市场化改革为动力,真正从根本上解决好科技与经济的脱节问题。

从根本上解决科技与经济"两张皮"的问题

朱镕基总理在 1999 年举行的全国技术创新大会上明确指出:"加强技术创新,关键是要进一步深化改革,建立有利于加速科技进步和创新的体制和机制。特别要积极推进科技、教育体制和经济体制的配套改革,从根本上解决科技教育与经济脱节的问题。"

技术创新、发展高新科技要以企业为主体,但是它不只是企业、产业或经济部门的事;当然也并非是科教部门的力量所包办得了的。要讲科教力量,江苏并不弱。在很多场合,我们经常提及江苏科教力量的优势,例如,全省普通高校数、在校学生数,都是位居全国省、市、自治区第一;南京大学等一批高校的基础研究居于国内领先地位,拥有科学院院士 46 人、工程院院士 33 人;全省共有各类专业技术人员 198.6 万人,平均每万人口中拥有 275 人;从事科技活动人员 43 万人,其中科学家和工程师 20 万人,总体科技实力位居全国第三;全省已有科学研究开发机构 2152 个,其中政府部门所属独立研究与开发机构 383 个,高等院校所属科研机构 369 个,等等。实践越来越清楚地表明:要把全省雄厚的科技资源配置好、利用好,高效率地用于高科技发展及其产业化,就离不开科技与经济的一体化配合。

近些年来,各级政府和有关部门贯彻执行省的科教兴省战略,按照"经济建设依靠科学技术、科学技术面向经济建设"的方针,在走上科技与经济的结合上,已经做了大量工作。科技部门在科技体制改革中,逐步推进科技成果转化和科研机构企业化,参与地方技术创新;一些大中型企业引进人才,纷纷设立科研开发中心;经济部门大力推进产学研联合,像苏、锡等地的产学研联合活动已经跨越本地区,形成外向扩展的态势。在科研机构逐步面向市场和经济部门科技计划项目逐步按市场方式运行的同时,全省科技市场获得发育成长,特别是由政府"搭桥",举办多种形式、多种层次的技术交易会、展示会,促进了一大批科技成果的转化。一些市在加强高新技术产业开发园区工作的同时,先后进行高新技术创业服务中心的建设,1998 年全省已建 15 家高新技术服务中心。全省以沿江地区为主涌现了一批高新技术企业,1999 年统计,经省科委认定的高新技术企业累计 962 家。情况表明:科技与经济脱节的状况已有一定程度的改善,在全省工业和农业增长中科技贡献份额分别由 1980 年的 25.2% 和 36.5% 上升为 1999 年的 39.5% 和 51.4%。

但是,技术创新能力特别是发展高科技、实现产业化的状况,同江苏拥有的雄厚科技实力很不相称,同江苏产业结构调整和提升的紧迫要求也很不适应。其主要表现:一是技术进步特别是企业自主创新能力偏低。1998 年的数据是,江苏 2000 多家大中型工业企业中还有 60% 以上的企业没有设技术开发机构;17 个重点企业集团 91% 的新产品、新工艺不具有自主知识产权。深圳则不同,91.7% 的研发机构由企业所办;高新技术产品的产值中拥有自主知识产权的比重已达 50%;二是高新技术产业化的发展步子滞缓。1998 年江苏高新技术产业增加值占工业增加值的比重只有 13.8%,这个比重上海是 15.5%,广东是 20.8%,深圳是 33.4%;三是民营科技企业的总体水平不高。其企业数虽然逐年增加,但是高新科技企业销售收入不足 10 亿元,不及深圳华为集团的 1/10；像北京的方正、联想、紫光、同方，深圳的华为、中兴等那样有能力参与国际竞争的大型民营高新技术企业，江苏一个没有。

必须正视由此延缓了江苏科技优势向产业优势转化的不良效应。就科技机构来说，科技活动的方向性不明，仍然有大量的科技成果与需求脱节，"货不对路"，科技优势不能及时充分转化为现实生产力；就企业来说，对先进技术的消化吸收能力不高，再创新能力更显薄弱。虽然当前国际先进技术扩散环境相对宽松，一些著名跨国公司抢滩苏、锡地带，如电子信息产业制造业发展了一批高新技术的合资企业，但是难以改变充其量只能掌握一些外围技术而掌握不了核心技术的被动局面，发挥不了"借梯上楼"、加快发展高新产业的应有效应。

这就足以说明：必须正确估计发展高新技术产业的成就和不足，从不足中揭示矛盾，去探寻进一步解决科技与经济脱节问题的途径。

突破条块，实行技术创新机制的区域整合

科技与经济的脱节，也就是常说的科技与经济"两张皮"的关系尚未理顺，这既有部门之间工作、矛盾如何切实协调解决的问题，更有如何在全省建立起以技术创新为目标、科技和经济一体化又高效率的运作机制的问题。

复杂的情况是，科技与经济本身都不是单一部门，科技部门就包括科研院所、高等院校，科研机构还分国家、省级、市县属，经济部门更是广泛涉及多部门、多行业、多层次以及多种所有制的多类企事业。多部门工作交叉，还加上地方分割（有的同志直截地指出是"诸侯色彩"）使"两张皮"的矛盾更难缓解。目前仍然是：彼此交流不多、认识不一；相互配合协调不足，利益摩擦有余。特别是在体制转轨的现阶段，政府部门的管理还没有完全从彼此自成体系的行政管理框架下跳出来，其行为方式往往同市场经济的要求逆向而行。甚至搞产学研联合的活动，也是各按系统各搞一套，缺乏真正的跨部门的机制对接和整合。因此，

科技与经济的协同运作,不只是一般号召或下达若干文件所能解决的,而是必须以市场化配套改革为条件,在科技与经济多部门跨越条块分割并实行体制磨合的基础上,整体组合而成符合市场经济要求的区域技术创新体系。从发展高科技、实现产业化的要求着眼,这个创新体系要以企业为主体,科技与经济部门联动,全社会共同参与并多方协同,整合成能充分应用新知识、开发并提供新技术、新工艺、新产品、新服务以及促使走上产业化的整体运作机制。

这种技术创新运作机制的形成,大体说来,应当包含如下方面的具体目标:

——能支持不同所有制(特别是国有大中型)的生产企业和服务企业作为技术创新主体,在市场导向下,形成开发高新技术的动力机制;

——能启动科研院所、高等院校面向企业、面向市场,在技术创新体系中作为技术创新的源头和后盾,支撑企业消化、吸收引进项目核心技术,在此基础上,形成具有自主知识产权再创新的协同机制;

——能推进资本市场、科技产权交易市场、信息市场等的发育成长和规范运作,既适应技术创新成果商品化、产业化的需要,又适应企业自主创新、开发新品的需要,形成科技资源市场化的配置机制;

——能配套实施各项向发展高新技术及产业化合理倾斜的金融、人才等政策,使风险投资资金高效运作、科技人才各尽其能,形成扶持、激励技术创新的催化机制。

总的说来,建立这种技术创新体系,它应该是在政府的领导下,以推进科技与经济有机结合为条件,以企业为主体、由社会多部门共同参与和相互配合,实现由企业自主创新的动力机制、科技研发面向企业的协同机制、科技资源市场化的配置机制、配套政策的催化机制等系统整合的一项系统工程。苏州新区的领导同志在同我们交谈中从实践体会出发,强调提出:发展高新技术及其产业化,一定要促使官(政府)、产、学、研、金(融)、(中)介、市(场)等七个方面的有机配合和协调联动。我们认为,建设这样的系统工程,就能在全省范围内由官、产、学、研、金、介、市七方,围绕技术创新的共同目标而协同运作,并产生应有的综合效应。

　　要建立这种系统整合的区域技术创新体系及其运行机制，目前江苏即使在苏南地区也还存在不少薄弱环节。企业，特别是拥有雄厚技术力量的国有大中型企业，改革尚待深化，作为创新主体尚未到位，创新动力仍然不足；科研院所也大多处在向经营开发型转轨的过程中，加上科技市场、资本市场、信息市场以及中介体系远未发育健全，因此，当前科技与经济脱节的问题也远没有得到解决。无锡市经委技术处的同志分析这方面的矛盾时说："一方面，科技资源的重点在高等院校、科研院所，可仍然多数独立于企业之外，其大量成果远离市场；另一方面，工业企业技术人员比例偏低，尤其是适应自主型科研开发需要的技术骨干力量不足，同时，技术信息和市场型科技成果短缺，这样，在科技资源配置不当的情况下，不能不带来科技成果的供需脱节。"特别值得注意的是，目前全省已经建立了一批中介服务性的研发机构、工程研究中心、博士后工作站等，但是彼此分工有余、协调不足，阻碍社会科技资源配置市场化程度的提高和产、学、研机制的对接，这些，归根结底反映了：推进科研与经济及其多部门之间的协同运作，还要进一步加强整合力度，才能在机制对接下形成合力。

"孵化器"的启示：构建服务于
技术创新的大环境

　　怎样解决好科技与经济脱节的问题？看来各级政府要进一步顺应社会主义市场经济的改革方向，积极创造条件，为建立区域技术创新体系并促其卓有成效的运作，构建必需的宏观管理环境和强化多方面服务功能。当然，这个问题的解决需要有一个过程，但是推进技术创新、发展高新技术及其产业化却是时机紧迫、时不我待，因此，必须面对现实，切实作为。

　　可喜的是，从调查接触的情况来看，苏南各市政府已经为此作出了许多积极的探索。他们不是单纯地眼睛向上，而是不观望、不等待，从自身条件出发,从优化本地的科技与经济相结合的"小环境"入手,"孵化"高新技术,培植高新技术成果转化的"基地"及其产业化的"载体"。

这里,以苏州高新技术创业服务中心创办科技企业"孵化器"作为实例,作一简略剖析。

科技"孵化器"在我国一般称为高新技术创业服务中心,国际上科技"孵化器"在20世纪50年代在美国首先出现,目前已经在全世界大量发展。我国于1987年在武汉成立第一个科技孵化器,至今全国已超过100家,我省则于1994年在苏州新区最早创建科技孵化器。

苏州高新技术创业服务中心的宗旨很明确:通过政府组织推动,集中一定的区域资源,包括配备必要的共享设施,创造适合于和有利于技术创新的局部优化的"小环境"。这个"小环境",其实就是以促进创新创业为目的,集中和整合各项服务功能,实行多功能的综合服务。据该创业中心介绍,各种服务功能共有七八十种之多,它们彼此配套、相互联动,其产生的功能及效应,可以概括如下:

一是成为吸纳创新人才的"强磁场"。他们面向全国并走出国门,通过多方联系,招才引智,建立"博士后工作站"和"留学人员工作站",并提供工作、生活的基础服务,为高层次人才创新创业大开方便之门。

二是成为孵化创新项目的"生物圈"。他们着眼于促使科研项目"破壳而出"的"孵化"成效,对孵化大楼进行智能化改造,搞畅信息通道,提供孵化活动需要的共享设施,并落实各项政策优惠。

三是成为转化科技成果的"反应炉"。他们积极推进企业运行机制的创新,提高企业内在活力,同时同全国许多高等院校、科研院所广泛联系,利用其独特的机制优势,发挥研究单位与企业之间的桥梁作用,致力于提高科技成果转化的成功率。

四是成为发展高新技术产业化的"加速器"。他们强化对进驻企业研发生产的多功能服务,包括投融资服务、进出口服务、市场营销服务、管理创新服务、人才聚集服务,为科技企业的研发生产注入动力和活力,加速研发高新技术以及产业化的发展进程。

可以认为,这样的创业中心,以"官"为主导,基本上实现官、产、学、研、金、介、市的协调组合,形成科技与经济的有机结合的小环境。正因为如此,科技开发、成果转化、高新技术产业化都有良好效应。从 1994年建立以来,孵化场地面积扩展到近 5 万平方米,吸引了包括近 100 名博士、200 多名留学人员在内的 3000 多名科技人员,孵化企业中有 46家高新技术企业,现已成为全国十大创业中心之一。进驻企业累计达300 多家,开发高科技项目 450 余项,"毕业"企业 60 余家,累计创造经济效益 60 亿元,企业成活率 93%。

创业中心的成效及其经验给我们以很好的启示。从全省宏观角度来考虑,我们有必要也有可能通过上下、条块协同,把像创业中心这样的"小环境"放大营造为在全省范围内发展高新技术产业所迫切需要的"大环境"。

所谓扩大改造为高新技术产业的"大环境",并不只是指若干"小环境"的总和。固然,需要根据各地的条件,合理布局,像苏州创业中心那样,优化更多的"小环境",但是,由各地一哄而起,孤立地各搞各的"小环境",并不能成为创新的大环境,相反,还会带来负面效应。当前体制仍然处于转轨阶段,行政管理系统各按条块运作,不能不给小环境的创新带来很多制约,例如,苏州新区的创业中心是运作得比较好的一个,但是也还存在不足,特别是科技成果的孵化与资本市场的结合、扶持高新技术产业发展的功能还很弱。究其原因,除了主观上的因素外,说到底,还是同尚未在全省范围内形成科技与经济协调配合的运作机制,因而带来宏观环境上的实际矛盾分不开的。据苏州新区的同志反映,新区政府的管理已经走上"小政府、大服务"的模式,但是除新区以外,由于政府职能转变尚未到位,所以不仅科技部门与经济部门之间配合不够,而且包括某些经济部门之间,有些以"条"为主,有些以"块"为主,仍然单从各自的责权利出发,从四面八方伸手新区,下达任务,包括索取各种名目的费用,不仅对新区包括创业中心的优化小环境的努力支持不力,相反还多有干扰,不能不由此加深科技多部门与经济多部门之间的相互脱节、相互隔阂,不能不延误或阻碍高新技术的开发与产业化。因此,解决这方面的矛盾,只有推进宏观管理体制包括经济体制、科技体制、教育体制以及行政管理体制的整体配套改革;只有在加强综合协调力度的条件下,放大应用像苏州创业中心那样优化小环境的经验,以改革为动力,营造高新技术开发与产业化的区域大环境,这样,才能使优化的小环境在良好的区域大环境的协调配合下顺畅运作并走向完善,进而带来推进全省高新技术产业化的整体效应。

强化综合协调的力度,正确发挥政府职能

按照以上认识,我们对促进我省科技与经济的有机结合,提出如下建议:

第一,以建立和完善全省统一协调的区域技术创新体系为目标,进一步统一科技与经济各方面的认识和步调。

为了建立技术创新体系,开展服务于发展高新技术产业的产、学、研联合,从中央到省里,已经出台和实施了一系列政策、条例,以至采取了一定的举措,现在的问题是:要从江苏全省出发,考虑如何在江苏区域内突出政府对发展高新技术产业起引导、指导、扶持以致协调的主导性作用,使各方面形成合力。不仅在各地建立创业中心、高新园区以及高新技术火炬带等,而且在省、市、县,都要形成产、学、研、金以及中介、市场之间协调互动的运作机制。为此,在科技、经济多部门之间,统一思想、形成共识,促使大家围绕建立全省区域化技术创新体系的共同目标,自觉协调工作步调,变分割、交叉为分工、合作,以便建立起相互协调配合的运作机制。

第二,切实抓好企业与科研机构的市场化改革,为密切产、学、研的联合扫除体制障碍。

企业只有真正成为市场主体,才会在感受生存、发展压力的同时,感受创新压力,真正成为创新主体。因此,要通过深化改革,促进企业特别是国有大中型企业按照现代企业制度的要求,进行规范化的改组改造,进一步转换经营机制,增强其面向市场、研发技术含量高的新产品的动力和活力;同时,推进各类技术开发型科技机构(除国家直接掌

握的事业单位外)在体制改革中通过转为企业或进入企业等方式,向企业化转制,使之与原部门脱钩,包括近些年在有关部门扶持下建立起来的工程研究中心、技术研发中心等,都同经营型企业一样,走上市场化运作的轨道,这样,推进科技与经济两大部门之间各种形式的产、学、研联合活动向纵深发展,促使创业中心、工程研究中心等都能越办越有活力,越办越有成效,靠市场化运作机制激活并配置好社会科技资源,从而在全省范围内实现科技开发——成果转化——企业孵化——产业成长——科技再开发的良性循环。

第三,组织有关综合经济部门和社会力量,强化为高新科技开发及其产业化所需要的中介服务功能。

在协调好科技多部门和经济多部门技术创新工作的基础上,从投融资、进出口、市场营销、技术产权交易、信息网络、人才聚集等方面,提高全方位、多功能配套服务的效率和质量,就像上述苏州市创业中心那样,在全省范围内产生类似项目孵化的"生物圈"、成果转化的"反应炉"、高新技术产业化的"加速器"以及人才吸纳的"强磁场"等整体效应。要特别加强投融资这一薄弱环节的工作,增大创新创业风险投资资金规模,建立合乎规范的风险资金多层次、网络化运作机制。在全省促成行政推动、政策激励和市场导向的相互结合,化解条块分割的矛盾,消除各种关卡阻力,使之转化为官、产、学、研、金、介、市协同运作的联动效应。

第四,强化全省统一协调的权威性机构,从组织上促进科技与经济的有机结合。

这是保证以上举措落到实处并取得应有成效的组织措施,是我们建议中的一项核心建议。对目前科技与经济脱节的矛盾,从科技、经济各自的部门工作角度看,似乎不很突出,因为科技、经济部门都按各自分工在努力推进产、学、研的联合,如科技部门以高科技开发区、高新园区以及火炬带等为依托,开展高新技术创业服务中心的活动已有一定成效;经济部门有步骤地组织建设以"一站两中心"(博士后工作站、工程研究中心、企业技术中心)为核心的技术创新主导体系,以企业为主体、以产学研联合为龙头的技术创新支撑体系，以及以城市为依托、面向中小型企业的技术创新社会服务体系，也已经出现较好的势头。但是，从促使科技与经济联动运作和有机结合的角度看，从营造全省技术创新的区域大环境的角度看，就显得分工分家有余而协调联动不足了。加上经济方面多部门的运作也是各自为政，这就难免阻碍全省科技资源的合理流动和高效配置，难免延缓江苏科技优势向产业优势的转化。这里面的许多现实矛盾，只有通过建立和强化全省性的统筹指挥和协调系统，才能切实解决。

为此，我们建议重建省的技术创新领导小组及其办事机构。从对科技多部门、经济多部门的产、学、研联合活动和高新技术产业的发展能实施全省统一组织协调的需要出发，这一组织机构可以突破同国家级同类机构对口的组织框架，计委、经贸委和科技厅、教育厅以及若干大专院校都作为成员单位参加。

需要研究明确这个组织机构应该有什么样的实际职权，这可以有两种选择：① 赋以组织、指挥和协调的实权，由省长亲自任组长，对重大举措的实施，像聂帅抓"两弹一星"那样，统一指挥，统一调度；② 赋以统筹协调的职责，由成员单位轮流主持，定期开会，在相互沟通、达成共识的条件下，讨论决策重大事宜，分头协同实施，但是也要有一位副省长分管并任组长。可能后一种设想可行性大一些；不过，要真正促进科技与经济的有机结合，在现行体制条件下，恐怕还是要按前一种设想建立实权性的权威指挥系统才行。不管是哪一种选择，都要力求做到：能够围绕发展高新技术产业化的要求，促成科技与经济部门目标对接、规划互通、信息交流，促成彼此运作机制的磨合，这样，在高效率发挥"官"的主导作用下，营造官、产、学、研、金、中、市协调配合的大气候，形成推进江苏高新技术产业化的整合力。

（原载《江苏经济》2000 年第 11 期，收入《高新技术：江苏经济发展的增长极》一书，原用题目为："关于科技与经济有机结合的若干思考和建议"，中央编译出版社 2000 年 12 月。）

转变经济增长方式：
江苏经济运行良性化的关键所在

　　随着国家宏观调控及改革措施的顺利实施,1995 年上半年的江苏经济呈现平稳运行的态势,应当冷静分析经济运行的特点,揭示运行中存在的矛盾和问题,把握其走向,进一步采取针对性措施,以增大宏观调控的积极效应,促进江苏经济更好地走上良性循环和协调发展。

总体态势呈现平衡运行

　　在 1994 年经济快速增长的高水平上,1995 年上半年全国国内生产总值比去年同期增长 10.3％,比去年 11.8％的增长速度回落 1.5 个百分点。江苏经济运行的总体特征同样是在高位上平衡运行。上半年全省完成国内生产总值 2346 亿元,按可比价值计算,同比增长 15％,比去年 18.5％的增速回落 3.5 个百分点。其中:第一产业增加值 304亿元,增长 8.6％;第二产业增加值 1329 亿元,增长 18.4％;第三产业增加值 713 亿元,增长 11.6％。

　　情况表明:经济运行态势正按照国家宏观调控的目标,向着协调平衡的方向发展:其一,对通货膨胀的控制已有较好效应,全国商品零售物价涨幅从去年年底的 23.2％逐步下降到 6 月份的 16.0％,回落 7.2个百分点。江苏 1—6 月份全省零售物价指数平均为 117.4,涨幅也比去年低 6.2 个百分点。其二,市场供需状况有所改善。供需偏紧的主要农副产品,粮、油、肉、糖等,基本保持供求平衡。生产资料市场,从供过于求逐步趋向供求平衡,作为农业生产升温的反映,化肥等农业生产资料销售活跃,据一季度的资料,江苏全省户均生产性支出达 514.70元,比去年同期增加 90.6%。其三,固定资产投资规模适度增长。去年固定资产投资回落过大而部分领域投资增量较小的情况得到扭转,投资结构有所改善。全省上半年固定资产投资完成额 230.44 亿元,比去年同期增长 34.1%,其中第一产业投资完成额同比增长 64.6%,第二产业增长 21.4%,第三产业增长 43.1%。农业、能源、原材料工业等基础产业的投资都增长较大。其四,财政金融形势基本稳定。财政收入基本同步,金融机构各类存款有较多增加,6 月末城乡居民储蓄金额达 1636.61 亿元,比年初增加 283.61 亿元,国债购买踊跃。贷款规模及结构控制较好,各专业银行备付率高于国家要求,营运资金较前充裕。

不稳定因素客观存在

在肯定经济运行呈现良好态势的同时,必须指出当前还存在困扰经济良性运行的矛盾和问题。其主要方面如下:

(一)物价徘徊在高价位上,涨幅回落的基础尚不稳固。一方面,上半年物价涨幅的回落,只是在去年高涨幅基础上的回落。各地加强行政管制,包括采取财政性价格补贴措施,而这种措施是难以持久的;另一方面,新涨价因素不断,如各地服务性项目时有调价,它们直接间接地推动物价水平上抬,而且,由于宏观经济运行中某些深层次矛盾的存在,物价上涨的内动力仍然较强。如果没有强有力的措施,物价出现反弹,全年物价涨幅控制在 15% 的目标就很难完成。

(二)企业亏损居高不下,特别是国有企业走不出低效困境。上半年,江苏国有企业生产增幅虽有提高,但受资金和市场的双重约束,其增幅低于全省平均增长速度 11 个百分点,其经济效益更是未见好转,以致亏损加大。1—5 月份,全省乡及乡以上独立核算国有工业企业实现利润 6.96 亿元,比去年同期下降 13.7%,产品销售成本提高

32.25%,亏损企业亏损额达 14.42 亿元,比去年同期增长 23.9%。在这过程中,企业产成品资金加大,流动资金短缺;相互拖欠严重,企业资金运作更形艰难。不仅产品滞销的企业陷入停产困境,就连一些市场适销、产品畅销的企业的正常生产也受到影响。

(三)流通环节过多,市场无序化行为严重。一些商品由于流转环节上费用的层层加码,到销售市场时价格成倍地上翻,以龙虾为例,从出水到消费者手里,经过七道环节,加上市场中间人的好处费、运输过路费、路途损耗费等,最后销售价比出水时收购价要翻 2~3 番。有些工业品价格的进销差率高得惊人,南京有些商城面料进销差率竟有高达 200%以上的。短斤缺两现象普遍,假冒伪劣产品充斥市场,市场秩序混乱,使流通环节变形,使生产的价值难以体现,影响到生产结构、流通结构与消费结构的相互对接。

困扰经济正常运行的不稳定因素,还有:(1)农业生产稳定增长的基础不牢,有些县(市)粮棉种植、多种经济和乡镇企业的关系摆得不够恰当,农业生产资料涨幅较高,农产品市场价与国家收购价差距较大,生猪生产波动因素上升等,都对保持农业稳定增长不利。(2)投资结构调整力度不足。全省上半年基本建设投资完成额比去年同期增长 46.0%,而同期更新改造投资完成额仅增长 4.5%。(3)社会收入分配差距扩大。企业亏损影响到一部分职工减收和待业增加。

阻碍经济良性运行的"病源"

显然,要使江苏经济运行态势进一步走向良性化,一是要宏观经济调控力度得当,二是要逐步缓解各种困扰经济运行的不稳定因素,并使两者交叉作用和相互配合。

下半年,以至在较长时期内,国家仍然将坚持适度从紧的宏观调控政策。7 月 1 日银行再次调高贷款利率的举措,向社会发出了继续执行适度从紧的货币政策的信号。这个宏观决策是针对上半年货币供应量增加仍然偏大、通货膨胀形势仍然严峻的情况作出的。特别是联系我国产生通货膨胀、影响经济良性运行的"病根"尚未消除的背景而看，这个决策选择完全正确。

　　长时期来，阻碍经济良性运行的病根，主要表现为固定资产投资缺乏有效约束和消费基金超越劳动生产率的提高而过猛增长。而此病症之源，实际上是从传统体制框架上沿袭而来的总量取胜、速度攀比、急于求成的指导思想。由此引发的经济运行中的不稳定因素，在宏观调控弱化的条件下得到发展，而在紧缩的宏观环境下就会显露化和尖锐化。

　　从社会再生产过程看，经济运行的不稳定因素，总的都是生产过程和流通过程协调不够的反映。而从体制的角度看，都是在商品要素市场化与宏观调控完善化配合不足下出现的。当前，资金紧缺与销售不畅是工商企业生产经营上的两大难点。其实，就流通过程而言，这两者是二而为一的。总的都是商品流通、货币资本流通不适应于资源自由流动和合理组合的要求的问题。而就生产领域而言，这两者又是总量扩张促使结构性矛盾深化的结果。在宏观经济调控不能按市场经济改革的客观要求强化职能、完善手段的情况下，微观主体循环不良与宏观经济运行不畅，必然相互制约、相互影响。

　　因此，应当顺应国家宏观调控的目标，积极治理经济运行中的不稳定因素，在继续实行适度从紧的货币政策的条件下实现经济"软着陆"。从上半年的态势看，下半年江苏经济走向这一目标的前景是好的。但必须针对病根，强化流通改革，整顿流通秩序，同时，改善宏观调控，使宏观调控适应于市场经济改革的客观要求，在借助流通功能，力求缓解结构性矛盾上，产生明显的积极效应。

关键是转变经济增长方式

　　国家宏观调控集中在中央，地方服从全国，但地方可以根据国家宏观调控的目标和政策取向，从本地区情况出发，在推进市场化改革和行使政府经济职能上发挥主动性，探索经济运行良性化的最佳途径。特别是,在一定的总量控制下,采取正确方式,促进结构调整和结构优化,提高经济增长质量,应当说,地方政府还是大有活动余地的。

这里的一个关键性问题,就是如何尽快转变经济增长方式。江苏经济增长势头好,但从总体上看,仍还没有实现由外延的粗放式增长方式向内涵的集约式增长方式的转变。投资扩张快,技术进步慢,重复建设加剧,规模效益不足,总的是投入多、产出低。省统计局的资料表明:1993年江苏省全部独立核算工业企业总产值中,资金贡献率占54.46%,劳动力贡献率占8.14%,而技术进步贡献率仅占37.40%,低于先进国家技术贡献份额20～30个百分点,特别是外延扩张的经济增长方式带来了产业结构劣化状态的凝固化,生产结构难以随着需求结构、要素结构、贸易结构的变化而相应变化。其结果,企业行为无序化与市场行为无序化相互刺激,使经济的总量扩张加剧结构失衡,并往往伴随着高通货膨胀的出现。

可见,转变经济增长方式已刻不容缓。这有利于治理总量扩张,启动结构调整,从而克服经济运行的不稳定因素,使之走向良性化的轨道。

转变经济增长方式,首先要转变发展思路。忽视一、二、三次产业协调发展的客观要求,偏重于以产值为标志的外延型工业化,追求总量取胜——这是传统体制框架下的发展思路。在发展工业化进程中处理好速度与效益、总量与结构的关系,以内涵发展为主,实现持续稳定的增长,同时,按照现代化演进的基本顺序,推进三次产业结构的合理化、新型化、高度化,不断提高经济整体素质——这是经济发展现阶段,适应于社会主义市场经济要求的发展新思路。要尽快推进发展思路的新旧转变。

同时,转变经济增长方式,必须以改革的整体推进为条件,克服经济增长方式转变中的体制障碍。要在推进企业制度创新,重构市场经济微观基础的同时,加快商品要素的全面市场化和统一、开放、竞争、有序的大市场发育的进程,实现政企分开、转变政府职能,在完善宏观调控下强化大市场的流通功能,有效发挥其优化资源配置的基础性作用。

　　归结起来说,要以深化改革为动力,实行从发展思路到经济增长方式的转变,治本治标结合,综合治理从微观到宏观经济运行中的不稳定因素,在经济循环良性化的条件下实现稳定、持续、快速的经济增长。

　　(本文题目原为"江苏经济运行的总体态势及其良性化走向",原载《江苏物资》1995 年第 17 期。)

从发展思路上启动增长方式的转变

关注粗放经营的负面效应

江苏经济的增长状况,已有不少专文分析。在肯定江苏多年保持快速增长良好势头的同时,需要十分关注经济增长的粗放型特征及其带来的负面效应。诸如:广铺新摊子而资产利用不足;资金投入猛增而产出率下降;产值增长快而其中技术贡献份额不大;工业规模扩张而第三次产业发展滞后。特别是近期阶段周期波动加剧,表现为经济增幅起落甚于全国。这些,都是粗放型增长方式下生产要素组合效应不良、利用效率不高的典型特征,从宏观的大视角看,从经济——自然的复合大系统看,已从一些深层次上反映出负面效应:

——产品生产重量轻质,企业缺乏对市场需求变化的灵敏反应,不仅在国际市场竞争中优势不足,而且其产品的国内市场也出现萎缩,有些产品正从东北、西北等地被挤出市场,企业滞销积压产品增多,资金紧缺状况加剧,陷于销供产不良循环的困境;

——地区产业发展同构化,低水平重复建设之势难抑,长线产品压不下,瓶颈制约边缓解边加剧,产业结构在扭曲中失衡,地区经济运行的良性循环失却相应的结构依托;

——经济的高速增长以资金的高投入、资源的高消耗为代价,不仅加大社会成本,而且影响以至破坏生态环境,经济效益、生态效益两下降,社会再生产循环和自然再生产循环不相协调,直接损害未来的可持续发展。

　　情况表明：经济增长方式的根本转变刻不容缓。再也不能自我陶醉在总量的快速增长上，无视粗放型增长方式的负面效应。

转变增长方式难在体制上

　　应当承认，粗放型经济增长方式的确有点像难以驯服的"野马"，它到处奔腾，着实难转。它在第一、第二产业中常见，在第三产业的发展上也颇流行；在城市建设中比较突出，在开发区、小集镇、旅游城的兴建上也并不少见；在发达地区早有表现，在后进地区的建设上也争相效尤。

　　不能认为，转变粗放型经济增长方式，只是发达地区和大中城市的事。今天，面对现代市场经济下国内外激烈竞争的态势，不同产业、不同地区，都有必要从生产要素的优化组合和高效利用着眼，从自身的发展水平和具体条件出发，从不同的起点上开拓集约经营之路，都得力求用等量的要素投入获取尽可能多的产出，从而提高自己的生存力和竞争力。当然，发达地区和大中城市要率先着力于粗放型经济增长方式的转变。

　　同时，也不能认为，粗放型经济增长方式所以难转，是由于劳动力就业压力大、劳动者素质低等，我认为，不排斥有这些实际因素，但主要的，通到两个原因上：

　　其一，通到体制转轨处于攻坚阶段的艰难上。

　　在体制转轨阶段，国有企业转机建制、成为市场主体和投资主体难，目前很多还是只负盈、不负亏；提高市场的发育度难，市场秩序尚待规范，市场体系不完备，市场机制受扭曲；政企分开难，投资主体仍是政府，而政府只管投资项目的决策和完成，不问建成后的回报率和收益率；政府职能转变难，地方政府还得主要依靠行政手段管经济；行政区划与经济区域的关系理顺难，结构调整仍然局限于分块实施，阻碍跨地区横向联合的综合协调。这些不加突破，经济增长方式的根本转变就难以有相应的体制支撑。

其二,通到与体制因素相联系的发展思路及其行为方式转变的艰难上。

发展思路的转变,在省里已越来越明确,但由于传统体制框架下形成的传统发展模式和指导思想的影响,实施新的发展思路显得相当艰难。例如,在目前的体制格局下,总量取胜的传统思路还居主导地位,很容易离开产业结构总体优化的客观要求,形成若干偏好行为:偏好发展第二产业,偏好中小企业散点布局、重复建设,偏好分块建设星罗棋布的小城镇和彼此职能分工不明、产业结构趋同的中小城市。这些不加转变,就不能不弱化经济增长方式根本转变的启动力。

用改革思路调整发展思路

看来,启动经济增长方式的根本转变,需要用改革的思路调整发展思路,实施促进“两个转变”相互交融的新战略,在此条件下,使政府行为方式与社会主义市场经济的要求相适应。

“两个转变”相交融,就是围绕经济增长方式的转变推进体制转变,以体制的转变为依托,支撑经济增长方式的转变。为此,要打破就发展抓发展的思维定势和惯性轨道,进一步强化改革意识。目前经济发展中的深层矛盾和难题较多,要为“九五”计划和 2010 年远景规划的实施开好头、起好步,对各级政府的压力相当沉重,这完全可以理解,但是,要在经济发展上开个好局,就得要求在深化改革上有新的突破。目前来看,对前者强调多,对后者关注少,这不能不说是长期就发展抓发展的惯性轨道突破不足的反映。因此,用改革思路调整发展思路,实施“两个转变”的交融战略,乃是为有效启动经济增长方式由粗放型向集约型转变创造思想前提的必要选择。

有了启动经济增长方式转变的思想前提,就应当在构造经济增长方式根本转变所必要的微观基础、市场条件和宏观环境上多下工夫。比如说:

　　——加大国有大中型企业的改革力度。理顺政府与企业的关系，建立权责明确的国有资产管理、监督、营运体系，推进国有资产优化配置，更新投资方式，使企业真正成为市场主体和投资主体，转换企业经营机制，在重构社会主义条件下市场经济的微观基础上，把"两个转变"结合好。

　　——推进商品、要素市场化的机制建设。培育和发育统一开放、竞争有序的大市场，整顿市场秩序，增强市场功能，全方位扩展江苏产品流向国内外市场的网络化渠道，创造要素合理流动和优化组合的市场条件，在发挥市场对资源配置的基础性作用上，把"两个转变"结合好。

　　——促使各级政府由行政管理型向宏观调控型的职能转变。全面推进部门管理、地区管理的体制改革，变多头分散为条块协调，变城乡分家为区域合作，在强化对全省经济、社会、环境的宏观管理和综合协调上，把"两个转变"结合好。

　　　　　　　　　　　　　　　　　（原载《江南论坛》1996 年第 3 期）

试论经济增长方式、资源配置
方式与政府行为方式的联动转变

党的十四届五中全会以后,经济体制和经济增长方式的两个"根本转变"问题成为社会广泛关注的热点。联系热点议难点、透过难点析疑点,我认为,把握发展是核心、改革乃动力的关系,并从当前体制转轨的现实出发,必须探求经济增长方式和资源配置方式、政府行为方式三者转变的联动效应。

着眼点:生产要素优化组合和高效使用

经济增长方式从粗放经营向集约经营转变,就微观层次言,它解决的是企业扩大再生产靠外延的扩展还是靠内涵的发展问题;而就宏观整体言,则是涉及国民经济运行质量的问题、效益和效率的问题。从本质上看,经济增长方式的转变,着眼于生产要素的优化组合和高效使用,而落脚到经济增长的高质量和高效益。从全国看,也从江苏看,经济增长方式的转变已势不容缓。

早在八十年代初,我国就已提出围绕提高经济效益走经济建设新路子的问题。学术界关于正确处理速度与效益的关系、选择我国经济发展模式问题的讨论也早在那个时候前后就已热烈展开。在江苏,八十年代中期,省委、省政府在多次组织发展战略研讨的基础上,明确提出了"科技兴省、外向开拓、优化结构、集约经营"的总体战略思路,特别是其中有针对性地突出"集约经营",正是体现了转变经济增长方式的要求。多年来,江苏在实施这一战略中经济增长质量有一定提高,以全部独立核算工业企业全员劳动生产率为例,1979 年到 1993 年 15 年内平均每年增长 12.4%,但从经济运行的效率和效益来考察,经济增长的粗放型特征远未根本改变。试看其主要表现:

——经济增幅高而不稳。从 1980 年到 1993 年,国内生产总值以高于全国 2.8 个百分点的速度递增,而起伏波动的强度却大于全国,1989 年经济增幅下滑那年,全国平均增幅 4.4%,而江苏更低,只有 2.2%;1992 年增幅上升,全国平均 13.4%,而江苏更高,达到 26.8%。1988 年到 1992 年间的经济波动幅度(峰顶和谷底的差距),全国为 9.3%,而江苏高达 24.6%。

——产值增长快而技术进步慢。1993 年江苏全部独立核算工业企业总产值增速为 20.75%,而资金年平均增速为 22.60%;劳动力增速为 3.83%,技术进步增速为 7.76%。在总产值增长中,资金贡献率占 54.46%,劳动力贡献率占 8.14%,技术进步贡献率仅占 37.4%,低于先进国家技术贡献份额 20~30 个百分点。

——资金投入高而产出低。1994 年江苏经济增加值率(总投入额中增加值的比率)从 1987 年的 31.37%降低到 28.6%。每元固定资产投资提供的国内生产总值为 3.05 元,比 1990 年降低 19.9%。1994 年工业经济效益综合指数为 101.6,低于上海、广东、山东、浙江;在 6 个分项指标中,产品销售率、资金利税率、成本费用利润率和增加值率等 4 个指标都低于全国平均水平。

——工业摊子大而资产利用不足。1993 年全省乡及乡以上工业企业 45554 个,从 1979 年到这一年的工业总产值平均年增长 20%左右。可是工业企业产成品严重积压,"三角债"越拖越重,资金占用规模过大。国有独立核算工业企业定额流动资金周转天数,从 1980 年的 89.64 天延长到 1993 年的 185.05 天。停工停产增多,全省现有工业资产约有 20%~30%闲置。

——第二产业超前发展而产业倾斜失度。在三次产业中,以工业为主体的第二产业超前发展,农业投入占全省社会固定资产投入的比重,由 1991 年的 3.3％降为 1994 年的 1.9％。在人口增多、耕地减少的情况下,农业发展相对落后,粮食由宽松性平衡转为紧张性平衡。加工工业依靠供销"两头在外"的市场开拓加速发展,而基础产业发展滞后,交通运输、邮电通讯、供水供气等缺口加大,加工工业能力相形过剩。第三产业发展不足,特别是为生产要素市场化、高新技术产业化服务的新兴第三产业发展滞后。

这些,都是粗放经营型增长方式下生产要素不能高效使用的一些典型特征,也是与传统计划经济体制相适应的传统的经济发展模式转换不足、经济运行不良的反映。情况表明,转变经济增长方式、提高经济运行质量在江苏不是新问题。

但是,转变经济增长方式在今天强调提出,则又有着新的宏观背景和新的迫切意义:

其一,江苏已进入工业化中期的发展阶段。如果说,在工业化初期阶段,发展工业有必要或者也只能从发展粗放型企业起步,以外延扩大再生产为主;那么,到今天完全有条件凭借已经形成的工业体系和经济实力,及时转向集约型经营方式和内涵型发展道路。

其二,世界新技术革命兴起,带来产业结构新型化的大趋势。江苏不在转变粗放型增长方式上下工夫,不加大内涵扩大再生产的比重,不加快技术进步,就会失去与国际上新型化产业结构接轨的机遇,影响经济国际化进程。

其三,国内市场也出现了激烈竞争的态势。在全国 483 个畅销商品中,江苏占的比重不但低于上海、广东,还低于山东。如仍满足于数量不注重质量,江苏产品有从东北、西北等地被进一步挤出市场的危险。

其四,还有更要者,党的十四届五中全会提出的跨世纪远景目标规定,到 2000 年,在我国人口将比 1980 年增长 3 亿左右的情况下,实现人均国民生产总值比 1980 年翻两番。用人均概念来提战略目标,更容易看到我国与发达国家的差距。这一形势迫使江苏也要在人均水平上比高低,更要求那种片面追求产值增长、满足于总量取胜的传统发展思路及其相应的增长方式及早转变。

着力点:推进资源配置以市场方式为主

面对社会主义市场经济条件下搞现代化建设的大局,要实现经济增长方式的根本转变,就要从资源优化配置、要素高效使用的深层次上,研探适应性的体制安排,推进经济体制从传统的计划经济体制向社会主义市场经济体制的根本转变。

粗放型的经济增长方式,与传统的计划经济体制下通过行政方式配置资源相适应;而集约型的增长方式,则必然要求在社会主义市场经济条件下发挥市场机制作用来配置社会资源。所以,经济增长方式的转变与经济体制的转变密不可分,总的说,两者必须同时进行、相互启动。而从目前体制转变的现实情况看,经济增长方式的转变在较大程度上依赖于体制的转变。

实践表明:粗放型经济增长方式所以迟迟难以发生实质性转变,除了有经济发展阶段和我国劳动力丰裕的客观因素外,从主观条件上说,是由于体制没有根本转变。其核心标志即改革尚未走到能启用与转变经济增长方式相适应的新的资源配置方式这一点,尚未促使资源配置从行政方式为主转向市场方式为主。

在市场和市场体系充分发育的基础上,使市场在国家的宏观调控下发挥资源配置的基础性作用,是建立社会主义市场经济体制的核心内容,也是在社会主义市场经济条件下实现经济增长方式根本转变的前提条件。改革以来,江苏超前突破计划经济体制下行政配置资源的传统方法,成功地开拓了一条市场调节之路,带来了以乡镇企业为代表的非国有经济的蓬勃发展。但是,过去放开了的市场调节这一块,不管已经扩展得有多大,用经济体制根本转变的目标来衡量,它还只是传统体制外的改革,市场还没有在整体配套改革的条件下形成有效配置资源的整体性功能,相反,在体制双轨运作的条件下,传统的行政配置资源的方式仍然起着作用,并制约着经济增长方式的实质性转变。

——与传统的行政配置资源的方式相联系,投资的主要推动者依然是政府,而不是企业。而政府,一般都以投资决策的实施作为自身任务的终结,很少过问投资项目投产营运的实效。相应的,由政府投资安排建设项目的国有企业,当它制度创新滞后,尚未真正成长为市场主体和投资主体的时候,也就往往是只抓生产、不善经营;或者,在允许企业对政府与市场双向依赖的双轨体制下,必然是只负盈、不负亏。既然如此,对这类国有企业来说,必然缺乏转变经济增长方式、推进技术进步应有的内在动力;而且也必然阻碍着存量资产的合理流动和重新组合。

——与传统的行政配置资源的方式相联系,市场的培育、建设局限于行政条块,而难以走上跨越条块的大市场之路。各市县基本上仍是按行政系统、分行政层次办市场,忽视以大中城市为依托。即使是在大城市附近的县(市)城,也和大城市各守行政区划,彼此各办市场。甚至办在一个城市里的专业市场,也还要按行政层次分一下省级、市属。直接为商品物资流通、货币资本融通服务的第三产业,同样是分市分县自成体系,泾渭分明。近些年来,江苏的市场流通、第三产业发展很快,特别是从一市一县看,商贸经营和市场建设都很有生气,但从城市——区域一体化的视角看,却是区域性大市场被行政条块办的地方性市场所分割。这种市场分割化与资源配置行政化、工业布局散点化互为因果、相互推动,对经济增长方式转变的制约力量更强。

——与传统的行政配置资源的方式相联系,宏观调控较多地借重行政手段,而新机制的建设滞后。偏重行政手段,就难以推进行政手段与经济手段、法律手段的有机结合,就必然弱化社会主义市场经济条件下对国民经济运行的宏观调控和综合协调。对国有经济,行政干预有余,而对企业经营机制转换的推动力不足;对非国有经济,放开了自主经营,而依法监管相形薄弱。这样,国有企业的生产经营上缺乏追求技术进步、提高效率与效益的内在动力,难以盘活资产存量;非国有经济则在无序竞争下缺乏应有的自我约束机制,难以改变小、低、散的企业组织结构格局。特别是在对多头分散的条块管理综合协调不力的情况下,势必弱化以至扭曲资源配置中的市场机制作用,延缓江苏经济向集约型增长方式转变的进程。

启动点：发展新思路下的政府行为方式

不论是转变经济增长方式，还是转变资源配置方式，从正确发挥政府经济职能的视角看，都关联到政府行为合理化的问题。这里的政府行为，指的是领导者在发挥政府经济职能中所取的行为方式，包括经济决策方式、组织实施方式、综合协调方式等。

首先，政府行为方式与一定的经济体制相联系。

在传统的计划经济体制下，政府行为方式排斥市场机制，与实施行政配置资源相适应，主要依靠纵向贯通的行政命令直接管理经济。而在社会主义市场经济体制下，政府行为方式突破封闭型条块，与推进资源配置市场化相适应，开拓信息化天地，主要通过综合运用宏观经济政策和各种经济杠杆以及法规体系，从宏观上进行导向、监管、协调、服务，间接管理经济。

可见，政府行为方式有一个伴随着体制的整体转变而相应转变的问题。转变的根本途径是转变政府职能，在政企职责分开的条件下实施间接管理为主的政府行为方式。

近些年来，江苏重视推进政府职能转变，目前部门管理正在转向行业管理，企业自主权有了明显扩大。但是，受资源配置方式转变滞后和企业制度创新滞后的制约，政府职能转变也是滞后于客观需要。特别是在计划、财政、金融配套改革基础上的综合调控机制建设不足，远远适应不了资源配置市场化的要求。

为此，必须在体制改革的整体推进中着力推进政企分开，推进政府职能转变，以与依靠市场机制配置资源相适应的政府行为方式，启动经济增长方式转变。

其次，政府行为方式由一定的经济发展思路所支配。

粗放型经济增长方式难转，有人形容为难以驯服的"野马"。其实，能不能驯服这匹"野马"，取决于有没有善于驯马的"好手"。这个好手，要有善于协调高速度增长与低质量运行的矛盾的领导调控艺术,更要有讲求集约经营、重视内涵发展以求经济整体素质有效提高的战略思路。

在较长时期里,江苏曾走了一条集体经济为主、中小企业为主、加工工业为主这样"三个为主"的工业发展之路。"三个为主"曾以其高速扩张的效应在江苏的工业化前期和乡镇企业蓬勃发展阶段产生了重大的历史作用,但今天需要加以关注的是,在历史上为传统的经济发展模式服务的"三个为主"具有与当前"两个根本转变"明显不相适应的一些主要特征:其一,它立足于粗放经营、外延扩张,以产值指标衡量发展速度;其二,它离开一、二、三次产业协调发展的客观要求,偏好于发展低水平上重复布点的加工工业;其三,它忽视城市现代工业的科技进步,满足于组织化程度低的"小而粗"企业的散点扩张;其四,它依托于"块块为主",在与地方利益紧密结合下强化了行政方式为主的资源配置格局。应当肯定,从调动地方办经济的积极性的视角看,"三个为主"是成功的;但从发展现代市场经济的视角看,"三个为主"的内涵必须有所扬弃,有所改造,有所扩展。今天,应当从社会主义市场经济条件下搞现代化建设的大局出发,从完善和优化包括所有制结构、企业组织结构、空间结构在内的产业结构的整体出发,从三次产业协调发展的客观要求,立足于调动能促进城市——区域一体化发展的地方积极性,倡导和实施市场配置资源为主、技术进步为主、集约经营为主的新的发展思路。

从上述意义上来说,政府行为方式的转变,必须由发展思路的转变来带动。大体说来,至少下面一些思路的转变,对江苏是必要的,也是至为迫切的:

——从总量取胜的思路向质量取胜的思路转变。也就是说,从以铺摊子为手段,追求粗放的总量增长,满足于向速度要效益,转变为以技术进步为动力,在提高经济整体素质的基础上,向效益要速度。目前看来,这个转变已是形势所迫。靠粗放经营的总量增长,固然有一定的"速度型效益",但粗放经营会招致管理愈益粗放,在市场竞争激烈、企业资金紧缺、生产成本上升、亏损企业日增的情况下,"速度型效益"正在缩小以至消失;再不尽快转变,在国内外市场竞争中将愈益被动。

——从分块布局的思路向区域协调的思路转变。不仅省里要注重区域共同发展,而且市县也要进一步打破块自为战、自成体系的习惯势力,善自推进多种形式的市县、县乡经济联合。目前在有些地方出现城市工厂办下乡、乡镇企业办进城,并在倡导实施跨越市界、县界,联合组合大集团、建设大市场、办好大开发区,都是符合区域化发展的思路,有利于改变小而低、小而散的分块布局格局,有利于发展规模经济和集约经营。应提高对这一思路转换的自觉性。

——从以乡促城的思路向城乡一体的思路转变。江苏有乡镇企业的独特优势,它们善于搞市场调节,超前形成资源的市场配置机制,因而,以乡镇企业为主体的县(市)域经济的发展势头一直很猛,特别是在苏南,县(市)域经济增长速度曾在较长一段时间里超过城市,客观上形成"农村包围城市"的态势。但从科技进步和市场发育的规律性看,从推进农村现代化的意义上看,还是要强化和发挥中心城市的组织协调功能和"城市带动农村"的主导作用,在城市——区域一体化下带动城乡经济向不同层次的集约型方向演进。如果没有以强功能的大中城市为依托,县镇办工业固然难以摆脱粗放型的局限,即使发展第三产业也只能是低水平上的重复布局,实现不了档次升格。上面提到的那些"大"组合的举措,也得有以城市为中心进行合理布局;不然的话,同样会步履维艰,甚至重走局限在行政块块内的老路。

经济增长方式的转变必须以资源配置方式的转变来支撑。而这两方面的转变,都是由政府行为方式包括支配其行为方式的发展思路的转变来启动。归结我的认识,即经济增长方式、资源配置方式、政府行为方式,在社会主义市场经济条件下,乃是相互制约、相互贯通的,必须"三转"联动,才能取得最佳效应。

(原载《江海学刊》1996 年第 3 期)

谋求经济增长方式的根本转变
造就支撑"两个率先"的最佳效应

转变经济增长方式"走在全国前面",这是温家宝总理在全国人大三次会议上对江苏提出要四个"走在全国前面"的要求之一。我认为,研究江苏经济增长方式转变问题有必要以此为指导思想,谋求经济增长方式在全国的超前转变,以造就能支撑"两个率先"顺利实现的最佳效应。这里,就此讲几点探讨性看法。

统一认识:以加快经济增长方式的
根本性转变自加压力

江苏经济增长方式转变得怎么样了? 对这个问题,上下认识并不一致。显然,统一认识,是促使增长方式加快、有效、根本转变的前提。

《光明日报》在去年7月19日发表了一篇题为"增长并不等于发展——管窥江苏的经济增长方式"的通讯报道,引起了我省上下震动,其中也有不以为然的看法。尽管报道里有不够客观的提法,也有分析不够全面的地方,但依我看,还是要肯定它起着积极的警示作用:促进我们加快经济增长方式的转变,是件好事。

我国经济增长处于"三高两低"状态,高投资、高消耗、高污染和低效益、低质量的粗放式增长难以遏制,低水平重复建设造成能力过剩、设施闲置,投资效益严重流失。在这样的粗放式增长下,近年出现煤荒、电荒、油荒的困境,到了资源难以支撑、环境难以承载的地步。江苏来说，也许比全国有些地方的情况好一点，但同样远没有实现粗放式增长格局的根本改观。特别是和经济持续快速增长的势头相比，传统经济增长方式的转变，相对滞后。据省发展改革委对"十五"计划执行情况所作的中期评估，同"九五"时期相比，江苏 GDP 每增长一个百分点所用的资金投入、能源消耗、用地数量，都有明显增加。这就表明：江苏同样面临着经济高增长与高投资、高消耗、高污染、低质量、低效益"三高两低"并存的严峻情况。

　　经济增长方式的根本转变，就是要从以"三高两低"实现高增长转变到主要提高全要素生产率来实现经济增长的轨道上来，这里面还包含着发展从"不可持续"向"可持续"转变的要求。显然，不按照这样的要求去谋求增长方式的根本转变，势将加剧"两个率先"与转变滞后的增长方式不相匹配的矛盾，扭转不了要素投入数量越多而要素利用效果越差的状况，资源瓶颈、环境制约加大以及效益流失、成本高昂，竞争力难以提高，就会拖住"两个率先"的后腿。事情很清楚，江苏要顺利实现"两个率先"这个目标，实现经济增长方式的根本性转变也得"率先"一步走在前面。江苏的一些投入产出效益指标，在沿海经济发达的省市中，目前还只是位居中间的状态。而且，在当今时代，"两个率先"不只是面向全国的事情，更要有全球思维。2005 年已是中国加入世贸组织的后过渡期，随着各种市场的相继开放，跨国公司大举压境，我国企业进一步面临国际竞争国内化、国内竞争国际化的双重压力。据 2003 年的统计，我国消耗的原煤、铁矿石、钢材和水泥，分别占全球消耗总量的 31％、30％、27％和 40％，而创造出的 GDP 却不足全球的 4％。如果我们只是满足于某些指标的有所进步，不去积极谋求增长方式的根本转变，那就永难改变得了粗放型增长造就了的"三高两低"的劣势！在知识经济的当今时代，不能加快粗放型增长方式的根本转变，怎能增强对内对外的竞争力，又怎能在激烈的内外竞争中顺利实现"两个率先"！

　　客观地整体认识经济增长方式转变滞后于发展的现状，防止自我麻痹，增强忧患意识，加快江苏经济增长方式的根本性转变，必须由此开始。

寻找突破:对增长方式难转的制约
因素深层剖析

江苏提出经济增长方式的转变问题,可以追溯得比较早。比较引起社会广泛注意的,是省委、省政府在 1987 年 8 月举行的"江苏省经济和社会发展战略研讨会"的时候,那时已在"科技兴省、外向开拓、优化结构、集约经营"的总体发展战略思路中,强调了"集约经营"的问题,并明确提到要"从数量增长型经济向质量效益型经济转变"。但在实际工作中没有真正落实。1996 年,党的十四届五中全会在审议通过的关于"九五"计划的建议中提出了两个具有全局意义的"根本性转变":一是经济体制从传统的计划经济体制向社会主义市场经济体制转变,二是经济增长方式从粗放型向集约型转变。这以后,伴随着当时社会上出现的关于转变增长方式问题的论证热和舆论热,我省在引起对体制转变问题重视的同时,促使转变增长方式的这项工作被提上议事日程,并有所进展。但是,如上所述,相对于长期强劲的经济高增长势头,增长方式的转变,仍然显得相当滞后。

这个过程表明,江苏在经济增长方式的转变上,醒得早,动得慢,转得难。我相信:经济部门特别是综合经济部门的同志,在这一点上都会有比较深的感受。面对经济增长方式难转,积极的态度只有正视现实,认真剖析,找到病根,对症下药,来加大推进转变的力度。

何以难转? 如果跳出就增长方式本身而论增长方式转变的局限性,打开宏观视野看,不难发现:其主要制约因素有三:

一是与传统经济增长方式紧相联系的传统发展思路的创新滞后所形成的制约。说明一下,坚持传统发展思路与坚持发展是硬道理,这两者不是一回事。坚持实施抓住机遇、加快发展的战略思路,这是江苏区域超前发展的根本,应当肯定。问题是沿袭传统思路,发展经济总量偏好,偏离了速度与效益、数量与质量相统一的科学轨道,则是发展思路的误区。上世纪八十年代前后乡镇企业蓬勃发展,从下而上"速度热"

持续不衰,导致分散布点、外延扩张的粗放式增长盛行。进入全方位对外开放、大力发展外向型经济时期,不论是招商引资还是外贸加工,规模经营、产业集聚的程度逐步提高,经济增长的质量和效益有相应改善,但从一城一市的发展安排看,仍然没有离开大干快上、速度取胜的老路。应当指出,过去对地方干部实施"GDP唯一"的政绩考核方式,在这方面起了助推作用。直到贯彻落实科学发展观以后,情况才开始较有明显改变。显然,现在已到了真正"告别"传统发展思路、彻底摆脱速度取胜、总量偏好的惯性思维的时候了。

二是直接作用于扭转资源配置失调、投入产出效益低下的结构调整的进展滞后所形成的制约。江苏一向注重发挥地方办经济的积极性,加速经济发展特别是加工工业的发展,这对形成江苏优势产业、开拓有江苏特色的工业化道路曾起了重大的历史作用。但是,在长期沿袭粗放型经济增长方式下,结构性投资失衡矛盾的积累,伴随而来的是结构性供需矛盾的深化,以致促成了"三高两低"不良效应有增无减。多年来,江苏虽然一直重视推进结构调整,各个县(市)域内早期形成的散点布局、遍地开花的格局也的确大有改变,不过,从有效转化投资结构性矛盾和供需结构性矛盾的要求看,从有效促成区域资源配置整体优化的要求看,结构调整的进展及其效应仍然并不理想。到目前来看,某些重化工业的过度投资,促使能源、资源的瓶颈制约被人为加剧,相形之下,用高新技术改造传统工业的步子不快,深加工、精加工发展不足,而第三产业特别是现代服务业的发展,相对于以工业为主的第二产业的快速增长,则明显滞后。特别是,地区之间即使例如同一都市圈内的苏锡常三市之间,低水平重复建设形成的同构化现象也仍然严重,彼此缺乏必要的分工合作,招致过度竞争突出。有些地区,经济高速增长势头强劲,而粗放式经营、粗放式开发改变不力,导致农业的发展空间已到了极限,这里又有一个在集约利用土地资源基础上协调好第一产业与第二产业的发展问题。这些,既是粗放式增长方式长期积累下来的不良后果,也是未能在结构调整中对某些失序的区域产业布局和资源配置格局作出有效改善的反映。

三是有效支撑经济增长方式转变的体制机制的转轨滞后所形成的制约。如上所述,在传统增长方式下形成的某些资源配置劣化的状态,之所以未能通过结构调整加以有效转变,正是由于至今仍然沿袭行政手段为主的资源配置方式,加上行政壁垒下产业结构分"块"布局难变,因而,使得结构调整难以紧紧结合资源配置优化的要求顺利进展,也阻碍着今天加快"走出一条科技含量高、经济效益好、资源消耗低、环境污染少、人力资源优势得到充分发挥的新型工业化"新路。由此也就不难看到,粗放式增长方式难转,从根子上说,正是我国转型过渡期改革攻坚不足的突出表现。这里面有客观因素,例如,按行政区划下达的财政指标,对市县政府的压力不轻,也确是事实;但是,面对来自体制机制转轨滞后的难点和矛盾,如果过于强调客观,那就会在"难转"面前自我原谅,取因循守旧或观望等待的消极态度,反而加大增长方式的难转程度,为经济社会发展带来更大的负面效应。积极的态度,只能是面对体制转轨阶段的实际,从"难转"的制约因素的剖视中看准突破口,通过改革攻坚闯新路。

统筹谋划:让发展思路、体制机制与增长方式联动转变

对转变经济增长方式,有关方面提出的具体意见并不少,诸如:强化科技支撑、提升结构层次、发展循环经济、建设节约型社会,这些等等,都是正确的,也是必要的;但如要使这些举措真正落到实处并产生转变经济增长方式的综合成效,就必须从落实科学发展观的高度,针对导致经济增长方式难转的深层因素,强化综合谋划,以思路创新与改革攻坚统领全局,通过体制转轨、制度建设的新突破,实施多部门、多环节的协同配合、联动并进:

其一,以科学发展观为指导,从上而下统一对加快经济增长方式根本转变的认识,更新发展理念。粗放式经济增长方式的形成及其转变的艰巨性,既然有着较深的历史渊源,那就值得从弄清历史与现状入手,认真总结一下经验教训。去年 12 月 7 日,新华社杭州分社发了一

篇《正视经济高增长的负效应》的报导,讲到浙江省委一位主要领导前曾坦言:"'浙江既有要素紧缺这类'成长中的烦恼',更有粗放经营这类'发展中的误区'。"其后,浙江省统计局作出一份《浙江增长过程中的代价分析》的专题报告,直观地印证了省里决策层的这种担忧,同时第一次全方位展示了浙江高增长过程中存在的负效应。这篇报导引用了大量实际材料,其中所列小标题,如"'快速列车',引发忧患探讨","耕地锐减,当代人不能牺牲子孙的利益","……"等,实话直说,颇能发人省思。江苏经济增长方式转变的问题,现在也已引起省里领导的高度重视,梁保华省长还亲自给经济学会出了这方面的调研题目。我们的高增长的负面效应在哪里? 又有哪些误区? 经济增长,应当是"快字当头","速度为先",还是"以好求快","又好又快"? 我认为,不是可以放松发展,但绝不能把经济增长的质量和效益放在次要位置上,使"好"服从"快"。正如温家宝总理在政府工作报告中反复强调的,不能"片面追求"、"盲目攀比"经济增长速度。对此,应当按照科学发展观探讨清楚,这是统一认识、切实推进增长方式根本转变的一项很实在的工作,值得一做。

其二,在科学发展观的指导下,围绕全面突破增长方式转变的体制瓶颈,推进体制机制创新。1996 年,中央关于加快"两个根本转变"提法的本身就表明了增长方式转变与经济体制转变是密不可分的。已有的实践表明,增长方式难转,不只存在着经济体制的瓶颈制约,而且需要按照科学发展观的理念,实施"五个统筹",以改革为动力,围绕增长方式转变的要求,重点抓住结构调整,把它作为一条主线贯穿增长方式转变的全过程,条块配合,城乡一体,从经济社会全面、协调和可持续发展的多方面,去转化制约因素。

譬如说,要克服产业结构调整和优化资源配置滞后所形成的对增长方式转变的制约因素,就要在思路创新的条件下,通过市场化的深层改革,在启动结构调整的进程中,放开各类市场主体活力,催化以信息化为核心特征的大市场、大流通的发育成长,强化市场配置资源的基础性作用;要打破"三高两低"粗放式增长的体制机制瓶颈,大幅度提高集约经营程度,不仅在工业领域,要以市场为导向,优化产业布局和资源配置,促进产业聚集、产业链接,包括用新技术改造传统工业,而且,在对外开放中,也要改变像"拣到篮里都是菜"那样的粗放式招商引资方式,实行专题性招商、产业链招商,促进开发区之间发展产业链接和经济联合;在这过程中,还得要求财政、金融制度创新,从经济增长的各个环节上,如资金投入、土地利用、资源的节约使用和循环使用、生态的保护和建设等等,用好经济杠杆的功能作用,联动调节,促成速度、结构、质量和效益相统一,从根本上改变结构性过度投资、结构性供需失衡的状态;不只如此,结构调整的有效推进,还需要科技部门体制创新的配合,才能强化产、学、研联合的制度建设,从而在科技创新的支撑下,加快走上新型工业化的路子;至于推进三次产业结构的合理化,则又需要打破城乡割据、部门分割的体制障碍,遵循产业结构的演进规律,统筹进行调整。有许多"难转"的矛盾,都通在体制机制的深层制约上,因而,只有实施改革攻坚来突破。其中包括:在加快政府职能转变的条件下,强化以人为本的服务型政府职能作用,包括建立统筹协调的政府综合决策的科学机制,实行公共资源管理制度改革,创新官员政绩考核方式,并以行政管理制度创新,撤除行政区划藩篱,变市县(市)间的过度竞争为合作竞争,促使江苏区域综合竞争力的有效提高。

　　归结起来说,江苏做好加快经济增长方式转变的文章,就是要坚持和落实科学发展观,围绕加快经济增长方式的根本转变,发展理念创新先行,体制机制创新紧跟,在这个过程中,变条块分割为条块协同,使各个环节的相关举措互动配合,从突破政府部门的某些传统思维和惯性行为的束缚上,从解除造成经济增长方式难转的各种体制机制因素的制约上,都能形成合力。这样,既促使经济系统尽快走上速度、结构、质量、效益相统一的良性循环,又在不破坏自然生态环境的条件下、更在促使经济系统与自然系统和谐运行的条件下,实现经济增长,从而,以经济增长方式的根本转变,提升江苏坚持以人为本、全面协调可持续发展的能力和水平。

(原载《江苏经济学通讯》2005 年第 5～6 期)

实现速度和结构、质量、效益
相统一需要下深功夫

——兼谈整顿规范城市房地产市场秩序

实现速度和结构、质量、效益相统一,是党的"十六大"总结的建设社会主义的一条宝贵经验,也是全面建设小康社会、加快推进社会主义现代化的内在要求。在当前加强和改善宏观调控中,处理好速度与结构、质量、效益的关系,对于促进经济运行良性化和保持经济持续较快发展,有着特别重要的现实意义。

现阶段,在我国买方市场基本形成的条件下,某些产品相对过剩,消费者的需求重点一般已经由对量的增多转移到对质的提高上来。而我们在以往传统体制和卖方市场下长期相沿成习的粗放型经济增长方式还远未转变。高投资、高消耗、高污染和低效益、低质量的所谓"三高两低"现象明显存在,低水平重复建设依然突出,招致某些过度投资领域里生产能力过剩,加剧了商品市场结构性的供需失衡,投资效益流失和资源浪费损失严重,使我国本来并不充裕的能源、土地等资源供给更形紧缺,在很大程度上成为经济持续快速增长的瓶颈制约。正是这样,中央在当前加强和完善宏观调控中,强调着力推进结构调整,加快经济增长方式的转变,在总量控制的同时,促进产业结构的协调化和高度化,提高生产的质量和效益,扭转"三高两低"状况,这样,求得在速度、结构、质量、效益的统一下,有效地改善供给并使之与需求相对接,以节约求增产,以效益求速度,实现经济运行的良性化,保持可持续的较快发展。

　　可见,加强和改善宏观调控,就是要求我们把经济运行的质量和效应摆在首位,力求速度、结构、质量、效益相统一,促使我国经济保持良性运行和持续较快发展。从这个意义上说,实现速度、结构、质量、效益相统一,既是保证我国经济建设走在快速、稳定、持续发展的科学轨道上的指导思想,同时也应看做是取得宏观调控积极成效的一项重要的标志。然而,实践表明:要实现速度和结构、质量、效益相统一,保持经济的良性化运行,不是件简单易行的事情,必须下深功夫才能走上这一步。

　　早在改革初期,这个问题在学术界已引起议论。那时虽还没有"速度、结构、质量、效益相统一"的完整提法,但也已经提到"速度、比例、效果或效益的统一"。我在《从宏观决策上讲求经济效果,推动国民经济的进一步调整》一文(《群众论丛》1981年第2期)内有段论述,针对当时经济生活中"高指标、高速度成为抓生产的出发点和归宿"的现象,指出:"偏离社会主义生产目的,为高指标、高速度而生产,以致搞乱比例关系,造成社会生产与社会需要脱节,这是我们宏观经济效果差的根本原因。"这"不仅直接影响每个具体项目的投资效果",从宏观视角看,还"造成社会劳动的更大浪费"。在另一篇文章里(《有计划的商品经济及其运行机制与调节体系》,《江苏经济探讨》1986年第1期),我进一步"从社会主义经济运行的角度考察",又一次论述了关于实现经济发展"速度、比例、效益"相统一,"走上整个国民经济的良性循环"问题。这些已是二十年以前的事了。

　　今天,随着市场化改革的逐步深化,经济发展不断跨上新台阶,实现速度、结构、质量、效益相统一的问题,更见紧迫。虽然速度与结构、质量、效益相脱节的具体形态与改革初期不尽相同,但其对经济运行良性化的冲突和障碍仍然很明显,甚至某些方面的矛盾更为深化。这里有诸多错综复杂的因素,简单说来,涉及加强和改善国家宏观调控的问题,涉及正确发挥中央和地方两个积极性并使之相互配合和协调的问题,也涉及各级地方政府提高统筹能力,服务职能到位,有效整顿和规范各类市场秩序,营造公开、公平、公正的市场竞争环境,在宏观调控下更大程度地发挥市场在资源配置中基础性作用的问题。往深层看,关

键是依法规范我国体制转轨过程中多元化利益主体行为以及统筹协调
条条块块、方方面面利益关系的机制创新和制度建设相对滞后。我在
上世纪八十年代后期曾以"利益主体多元化与利益关系协调化"为题论
及这个问题(《江苏经济探讨》1988年第12期)。在体制转轨、经济转
型的现阶段,各方面的利益矛盾越来越显得错综复杂,迫切要求我们谋
求解决。不然的话,矛盾还将继续深化,速度、结构、质量、效益的统一
无从实现,走上经济运行良性化以及建设全面小康社会、加快现代化建
设进程,都将由此受阻。

　　不妨对这些年来一路上涨、而近年在中央出台一系列宏观调控措
施后涨势回落并趋缓的城市房价问题稍作透视,也许对加深对这个问
题的认识不无启示。

　　城市里特别是大城市,房价连年疯涨,人们早就感受到这里面的
"不正常"。房价过快上涨,并不是由单个力量推动的。开发商、销售商
相互勾结,联手抬价;在"谁买房谁赚钱"的那股热风鼓吹下,炒家大肆
活跃,队伍越来越大,"泡沫"需求迅速膨胀;多数媒体也与开发商站在
一起,参与劲吹"泡泡";还有一些专家、学者,收受开发商的"特聘"与
"资助",借助于舆论阵地,一再论证房价上涨"大有空间和余地",推波
助澜,"刺激内需"。这些,就是没有走上法制化、规范化的多元化利益
主体,在相当程度上扭曲了房地产市场秩序的必然反映,由此,不能不
搞乱经济发展的速度、结构、质量、效益间的关系,以致产生与宏观经济
运行良性化逆向而行的负面效应。在这样的情况下,中央把稳定房价
列为我国宏观调控的着力点之一,出台一系列有力措施,现已初显成
效,但问题尚未完全解决,稳定今后房价的任务仍很繁重。

　　这次调控房价的实践表明:在中央采取正确的调控措施的条件下,
凡是地方政府能主动积极贯彻执行的,那里房价的调控效应必然很快
显现。问题是,有些地方政府,在房价一路上涨的那段日子里,出于拉动
GDP上升的动机,放宽地皮供应,支持野蛮拆迁,出台贷款优惠,放任售
房定价,客观上纵容炒房和支撑了房价上涨,更谈不到采取有力措施依
法规范房地产市场秩序。看来,这样一些城市的政府部门在这次落实对

稳定房价的宏观调控措施中,即使不成为阻力,也不可能是积极者。

这就告诉我们:稳定房价,对地方政府来说,绝不能单纯看重于住房建设对拉动 GDP 快速增长的短期效应,而是必须坚持为大多数人民谋福利,按照宏观管理的要求,依法执政。当务之急,要从体制创新、制度建设入手,切实整顿好房地产市场秩序。必须坚决打击和依法处理各种违法违规行为,规范开发、交易、中介以及管理等各个环节的主体行为,建立相应的多元化利益协调机制,并实施公正的舆论导向和监督。经过这样的切实努力,才能有效增加中低价位普通商品房和经济适用房的供应,而合理制止那些明显脱离当地群众收入水平、超高标准的豪华房的大建大造,调节好住房的结构性供需矛盾,包括讲究质量,节约资源,降低成本,稳定房价,从而在较大范围内实现"居者有其屋"、"居者优其屋"。

由房产市场运行再回到整个国民经济的运行来探析,可以看到:按照国家加强和改善宏观调控的要求,实现速度、结构、质量、效益的统一,地方政府起主导作用。这个问题的解决,显然不是用一纸命令、几条措施就能办得了的,而是必须是一个通过制度创新、统筹协调各方面利益矛盾的机制建设的过程。在这个过程中,各级政府要坚持推进改革攻坚,并且把政府自身的机制创新和制度建设作为整个体制改革攻坚的重点,以改革为动力,实施正确导向和有效推动。要以科学发展观来端正政绩观,以正确政绩观去落实科学发展观,从根本上转变追求粗放型经济增长的惯性思维和行为方式。由此开始,上下配合,左右协同,切实强化政府的服务职能,推进统一开放、竞争有序的现代市场体系的发育和健全,同时,综合运用经济手段、法律手段和行政手段,公开、公平、公正,统筹协调方方面面多元化利益主体的利益关系,把贯彻实施中央宏观调控措施与发挥市场配置资源的基础性作用有效地结合起来,这样,随着经济发展中速度、结构、质量、效益相统一的内在机制的形成,就能持续保持经济的良性化运行;这样,我们在建设全面小康社会、加快现代化建设大道上的步子,就将越走越稳,越走越快。

(原载《江苏经济学通讯》2005 年第 7～8 期)

服务业的发展重在比重与
水平的协同提升

  江苏产业结构正处在转型升级期,信息产业经过多年持续快速发展,已成长为全省一大支柱产业。如今,在深入贯彻落实科学发展观的新的起点上,在认定从根本上转变发展方式、真正走上又好又快的科学发展的前进方向下,如何借助信息化的"活化剂"作用,以发展现代服务业、促进发展方式的根本转变为切入点,加快产业结构转型升级的进程,以提高江苏综合竞争力,是一项值得深入研讨的重要课题。

  江苏服务业的发展自1996年以来开始加快,特别是近些年来,江苏各地顺应大势,抓住机遇,各从自身优势出发,着力发展现代服务业,获得良好的突破性进展。例如:南京市在传统服务业提档升级的同时,新兴服务业明显展现发展活力,特别是软件业已成为最具活力的增长极,其销售额近两年以每年50%以上的速度递增,2007年上半年全市服务业增加值占GDP比重达到48.5%。苏州市发展现代服务业尤其是发展生产服务业,包括建设各类专业物流园区,发展电子商务、数字通讯、软件开发、系统集成,兴建科技创业园区和发展企业研发中心、设计中心、技术中心、检测中心,为制造业发展提供多元化的信息服务和技术服务,2006年服务业增加值1105亿元,占到全市服务业总量的35%。无锡市重点抓好无锡工业设计园、新丰金属物流等一批规模大、业态新、辐射效应强的服务业重点项目,引进易初爱莲、百安居等5个外资连锁超市,13个外资连锁超市门店,并建成锡港CEPA服务业合作中心,较早呈现服务业集聚化发展的良好态势;近年,又全速挺进服务外包业,全市今年前 8 个月新增服务外包企业 103 家,其中包括引进全球 100 强企业 3 家,取得服务外包业务总额近 4 亿美元,现服务外包的主体构架粗具雏形,无锡市区以及江阴已被省政府认定为"江苏省国际服务外包市"。南通市根据现代制造业对生产服务业的强烈需求,近三年来投资近 20 亿元,倾力打造大港口,沿江万吨级以上泊位总数达到 35 座,2006 年沿江 8 大港区集装箱吞吐量近 30 万标箱、货物吞吐量达到 7000 万吨,由此促进了临港工业的发展,使临港工业占工业经济的份额接近 50%。徐州市建设区域性物流中心,以沿东陇海线产业带开发为依托,在东陇海沿线布点建设淮海综合物流园区和徐州经济开发区、邳州、新沂三大物流中心,充分发挥铁路、公路、水运、航空、管道"五通汇流"的优势,加快推进传统运输、仓储等企业向现代物流企业转型,向第三方物流发展,同时,以连云港港口为依托,支持宏康、丸全外运等现代物流企业拓展业务。综观全省,服务业总体规模不断加大。根据有关数据分析,"十五"期间服务业增加值年均增长 12.7%,2005年全省服务业对经济增长的贡献率比"九五"末期上升了 5.1 个百分点,而 2006 年则是江苏服务业近 10 年来发展最好的一年,服务业增加值为 7817 亿元,增长速度为 15.5%,在这一年,我国服务业增速高于GDP 增速的只有江苏和浙江。江苏长期以来主要依靠第二产业为主带动经济增长的局面得到改变,开始呈现以第二产业、服务业共同带动经济发展的产业格局①。

　　需要关注研究的是,江苏服务业的总量及其比重虽在快速提升,但由于从传统体制沿袭而来的发展思路不是轻易所能改变的,特别是传统的发展方式的惯性力量很难克服,致使发展现代服务业的制约因素仍然很多,这不只表现为各地的发展很不平衡,而且服务业的发展环境以及服务业内部结构都还很不完善。大城市的服务业向高端挺进与低端服务市场的无序、过度竞争同时并存,传统服务业的改造转型迟缓,对照已处于高级阶段起点的城市化水平以及发达的制造业的情况,服

---

　　①　参见江苏省统计局:《江苏城市化和服务业互动发展研究》。

务业的发展水平还明显滞后,相对处于低级阶段,以服务业特别是现代服务业为增长点,支撑发展方式转变、带动优化现代产业体系发展的功能作用不强。

依我认识,如何从对服务业发展实践的回顾反思中探求又好又快发展现代服务业,还大有文章要做。"回顾反思",就要进一步以科学发展观为导向,在肯定成功实践的同时,客观分析薄弱环节、深入揭示内在矛盾,展开对科学发展服务业的规律性探求。当然,这是一个需要下工夫系统分析研究的课题,我这里仅就手头掌握的资料,经过一定的综合分析,发表一些粗线条的见解。

——立足于推进科学发展的全局,扩大发展现代服务业的战略视野,把加快服务业的提档升级与促进经济发展方式的根本转变对接起来。

当前深入贯彻落实科学发展观的新形势,对服务业发展思路提出了更高的明确要求。发展服务业,不只是提高服务业的比重,更要着眼于提高服务业的水平,就是说,服务业的发展必须适应于加快转变经济发展方式的要求,使之能促进经济增长"由主要依靠第二产业带动向依靠第一、第二、第三产业协同带动转变"[1],使之在坚持又好又快地科学发展的全局中,能够发挥作为产业结构转型升级的战略支点的应有作用。提出这一要求,对全国有很强的针对性和指导性,也完全符合江苏服务业的整体服务水平依然不尽如人意的实际。为什么相对于发达的制造业,生产性服务的有效供给明显不足? 而另一方面,又为什么还有大量制造业企业保持着传统发展方式下自搞供销以及自设研发中心的格局仍然难以改变? 这种资源分布散乱、沉淀成本巨大、社会效率低下的现实情况提示我们:除了粗放型增长方式的制造业企业转型不快外,服务业的发展也是过于看重以总量为基础的"比重"指标,而忽略或者淡化了提升水平、增强功能的战略性要求。这告诉我们:加快服务业发展必须进一步创新发展理念,从促进经济发展方式转变和产业结构转

---

① 《中国共产党第十七次全国代表大会文件汇编》第 22 页。

型升级的全局性要求上,拓宽发展服务业的战略眼光,使发展服务业与发展制造业一起,从单纯注重数量增长中解放出来,转向注重于比重与水平的协同提升。更明确地说,只有科学发展的理念真正到位,才能狠下工夫,促使那些已不可能再有多大发展前景的制造业和低端服务业实现转型,促使现代服务业的发展能够配合和支撑经济发展方式的根本转变,从而,有效地促进新型工业化和高效农业规模化步子的加快,助推第一、第二、第三产业的协调发展,支撑经济整体竞争力的增强。有例为证:无锡市所以能向服务外包全速挺进,用市领导的话说,就是"供水危机的爆发"给"敲响的警钟",市委在全市响亮地提出:领导干部首先要"冲破 GDP 束缚",决策者观念一转变,至少 500 家小化工、小电镀、小五金等"五小企业"被迅速关闭,由此一着,促成了"腾笼换鸟",现代服务业跨开大步,以近期的数量增长,换取了推进发展方式转变、产业结构转型的长远效应①。

——运用统筹兼顾的根本方法,围绕发挥现代服务业在促进产业结构优化升级中战略支点作用的要求,把提升服务业的水平与增加服务业在三次产业中的比重协调起来。

这就是说,要从发展现代产业体系的全局上,摆正现代服务业的应有位置,统筹协调好现代服务业与新型工业化以及现代农业的发展,促使产业结构优化升级,包括完善服务业内部结构。从江苏看来,主要涉及以下一些关系:一是统筹处理服务业增长与工业增长之间的关系,要使服务业的发展坚持为走科学含量高、经济效益好、资源消耗低、环境污染少、人力资源优势得到充分发挥的中国特色新型工业化道路服务,在这要求下实行工业与服务业之间有序分工、互动发展,形成二、三产业两个轮子一起带动经济发展的产业格局;二是统筹处理传统服务业与新兴服务业的关系,既重点发展新兴行业,又要关注和利用传统服务业的现实优势,推进运用现代新型业态和组织方式改组改造传统服务业,使之与新兴行业合作共赢;三是统筹处理高端的生产性服务业与低

---

① 王运宝:《无锡服务业"新政"》,安徽《决策》杂志 2007 年第 11 期。

端服务市场的关系,要根据面广量大的制造业对高端生产性服务业的需求,着力促进服务业的发展向高端挺进,但也要针对目前高端的生产性服务业供给不足与低端服务市场过度竞争同时并存的情况,对一些制造和商贸企业自营的物流和营销、售后服务实施必要的规范管理,制止其不正当竞争行为,提高其服务效能;其四是统筹处理生产型服务业与消费型服务业的关系,要重点发展现代物流业、金融保险业、信息服务业、科技服务业等生产性服务业,与此同时,通过发展制度完备、规范管理下的代理、经纪等中介业,大力培育规范有序的生产性服务业要素市场,带动消费需求型服务业的发展及其服务水平的提高。

——坚持以改革创新为动力,着力于以体制创新破解障碍现代服务业发展的制度性矛盾,把发挥服务业在优化产业结构全局中的战略支点作用与整合社会资源结合起来。

江苏服务业的发展中客观上显现了某些矛盾,主要表现为既有有关方面一哄而起、分散兴办低端服务企业的现象,又有一些地方对兴办服务业准入的“门槛”过高、控制过严以及某些垄断行业管理体制改革滞后、阻碍新办服务项目进入的情况,这些都是传统发展思路下办经济的惯性行为的反映,都是与市场机制不完备、政府职能不到位相联系的。因此,需要把深化改革放在突出位置,在进一步推进市场化、产业化和社会化的条件下,实行三个“转变”:一是实行服务行业的资源配置由政府为主向市场为主转变。要加快垄断行业管理体制改革,放宽准入领域,降低准入条件,使外资更多地参与现代服务业的发展;在推进服务业国有经济布局的战略性调整,使国有服务业企业真正成为市场竞争主体的同时,鼓励非国有经济在更广泛的领域参与服务业发展。二是实行应该由社会化经营的服务领域从政府办向企业办的转变。包括制造工业企业所需服务业务由自办自给转向由社会服务业提供,也就是将其核心竞争力以外的附属服务剥离成社会化的专业服务,以使企业集中力量狠抓核心竞争力。三是实行后勤服务、配套服务由机关、部队以及企事业单位的自我服务向由社会服务的转变。鼓励各种所有制经济兴办面向政府机构和企事业单位的后勤服务。此外,随同社会化大生产的发展和专业化分工的深化,应该在区域合理布局下,以大中城市为依托,以市场为导向,促进服务业的发展既向高端挺进,培育越来越多的有国际竞争力、有信用、有知名品牌、有集聚效益和规模效益的大企业,又实行区域一体化的集聚发展,形成区域性、层次性鲜明的服务业新格局。

(原载《江苏经济学通讯》2007 年第 11～12 期,题目有改动,原题为《拓宽战略眼光 把提升服务业的比重与水平统一起来》。)

发展理念创新到哪一步
发展方式就转变到哪一步

　　改革开放以来,江苏顺应国际国内大势,在坚持发展这个硬道理、谋求区域经济超前发展的长期实践中,从本省的实际出发,较早提出并开始进行转换粗放增长模式、走上集约发展新路的探索。特别是近些年来,伴随着科学发展观的贯彻落实、发展理念的创新,江苏各地都在转变经济增长方式和经济发展方式上提高了自觉性,并进行了新的有益实践。无论从经济增长方式和发展方式转变能够取得突破性进展看,或者从深化经济发展方式转变的进一步探索看,都告诉我们:发展理念创新到哪一步,发展方式就转变到哪一步,也就是说:加快转变经济发展方式,必须坚持深化理念创新,促使思路转换先行。联系一年多来应对国际金融危机的冲击和挑战的实践看,这一问题更见重要。

粗放增长方式难转表明了理念创新必须先行

　　在江苏,提出经济增长方式问题的时间可以追溯得较早。1987 年8 月省委、省政府举办的"江苏省经济和社会发展战略研讨会"曾对江苏经济的总体发展战略思路概括了八句话:"立足江苏、外向开拓、积极改革、优化结构、科技领先、集约经营、南北优势互补、城乡共同繁荣",已经提到推进"集约经营"问题,并明确要求"从数量增长型经济向质量效益型经济转变"。上世纪八十年代中期,江苏在经济快速超前增长的过程中,屡屡显现资本系数过高而质量、效益、成本等指标下滑的粗放增长现象,并招致经济增长起伏振幅加大的情况。当时,学术界对此议论已经较多,在省的领导层里也开始引起关注,因而把以集约发展代替粗放增长的意愿引入了省的整体发展战略的思路。问题是这一战略意愿代替不了当时从上而下、方兴未艾的追逐快速超前增长的现实思路,"集约经营"的提出难以化为实际行动。1996年,党的十四届五中全会在审议通过的关于"九五"计划的建议中提出了两个具有全局意义的"根本性转变"后,又引发了省里有关方面对转变增长方式问题的论证热和舆论热,但在实际工作中仍然遏制不了传统发展思路下的粗放增长热。

江苏的这一历程告诉我们:经济发展方式的转变,不是一纸文件、一句口号、一声号召所能奏效的。发展方式之所以难转,客观上存在着多方面的制约因素。如果跳出就增长方式本身而论增长方式转变的局限性,打开宏观视野看,不难发现:其主要制约因素有三:

一是受到直接作用于扭转资源配置失调、投入产出效益低下的结构调整的进展滞后所形成的制约。江苏一向注重发挥地方办经济的积极性,加速经济发展特别是加工工业的发展,这对形成江苏优势产业、开拓有江苏特色的工业化道路曾起了重大的历史作用。但是,在长期沿袭粗放型经济增长方式下,结构性投资失衡矛盾的积累,伴随而来的是结构性供需矛盾的深化,以致促成了"三高两低"(高投资、高消耗、高污染和低效益、低质量)不良效应有增无减。长时期来,江苏虽然一直重视推进结构调整,各个县(市)域内早期形成的散点布局、遍地开花的格局也的确大有改变,不过,从有效转化投资结构性矛盾和供需结构性矛盾的要求看,从有效促成区域资源配置整体优化的要求看,结构调整的进展及其效应仍然很不理想。某些重化工业的过度投资,促使能源、资源的瓶颈制约被人为加剧,相形之下,用高新技术改造传统工业的步子不快,深加工、精加工发展不足,而第三产业特别是现代服务业的发展,相对于以工业为主的第二产业的快速增长,则明显滞后。特别是,地区之间即使例如同一都市圈内的苏锡常三市之间,低水平重复建设形成的同构化现象也仍然严重,彼此缺乏必要的分工合作,招致过度竞争突出。有些地区,经济高速增长势头强劲,而粗放式经营、粗放式开发改变不力,导致农业的发展空间已到了极限,这里又有一个在集约利用土地资源基础上协调好第一产业与第二产业的发展问题。这些,既是粗放式增长方式长期积累下来的不良后果,也是未能在结构调整中对某些失序的区域产业布局和资源配置格局作出有效改善的反映。

二是受到有效支撑经济增长方式转变的体制机制的转轨滞后所形成的制约。如上所述,在传统增长方式下形成的某些资源配置劣化的状态,之所以未能通过结构调整加以有效转变,正是源于至今仍然沿袭行政手段为主的资源配置方式,加上行政壁垒下产业结构分"块"布局难变,因而,使得结构调整难以紧紧结合资源配置优化的要求顺利进展,也阻碍着加快"走出一条科技含量高、经济效益好、资源消耗低、环境污染少、人力资源优势得到充分发挥的新型工业化"新路。由此也就不难看到,粗放式增长方式难转,从根子上说,正是我国转型过渡期改革攻坚不足的突出表现。这里面有客观因素,例如,按行政区划下达的财政指标,对市县政府的压力不轻,也确是事实;但是,面对来自体制机制转轨滞后的难点和矛盾,如果过于强调客观,那就会在"难转"面前自我原谅,取因循守旧或观望等待的消极态度,反而加大增长方式的难转程度,为经济社会发展带来更大的负面效应。积极的态度,只能是面对体制转轨阶段的实际,从"难转"的制约因素的剖视中看准突破口,通过改革攻坚闯新路。

三是更重要的因素,即受到与传统经济增长方式紧相联系的传统发展思路的创新滞后所形成的制约。说明一下,坚持传统发展思路与坚持发展是硬道理,这两者不是一回事。坚持实施抓住机遇、加快发展的战略思路,这是江苏区域超前发展的根本,应当肯定。问题是沿袭传统发展思路,发展经济总量偏好,偏离了速度与效益、数量与质量相统一和资源环境与发展相协调以及人与自然相和谐的科学轨道,则是发展思路的误区。上世纪八十年代前后乡镇企业蓬勃发展,从下而上"速度热"持续不衰,导致分散布点、外延扩张的粗放式增长盛行。进入全方位对外开放、大力发展外向型经济时期,不论是招商引资还是外贸加工,规模经营、产业集聚的程度逐步提高,经济增长的质量和效益有相应改善,但从一城一市的发展安排看,仍然没有离开大干快上、速度取胜的老路。情况很明显,以追求总量取胜、不惜牺牲效益求速度的传统发展思路抓结构调整,结构调整永远不会到位;同样,这种传统发展思路不转换,当然也不可能坚决按照改变粗放增长方式的要求去狠抓体制机制的攻革。

可见,经济发展方式转变,不只是方式本身的转变。它需要在统筹谋划下,理念转换、结构转型、体制转轨的"三转"联动,其中,理念转换起统领作用,理念转换必须"转"在前面,坚持以理念转换先行。

联系破解发展中的矛盾不断深化理念创新

江苏的实践表明:发展理念创新不是可以一次完成的,必须跟踪实践,抓住矛盾,坚持理念创新,启动思路转换,才能推进包括增长方式在内的经济发展方式的转变,并使之逐步深化。经济发展方式转变在实践探索与理念创新相互作用下逐步推进的这样一个过程在江苏表现得比较明显。

——在狠抓发展不动摇的同时着力进行解决发展中新矛盾的实践探索,逐步推动在发展中摆正速度和效益关系的思路觉醒。

党的十一届三中全会后,在江苏,从苏南到苏北,从上而下以邓小平关于"发展是硬道理"的理论为指导,思想行动总是不离发展这个主题,在不同时期都是理直气壮地抢抓机遇、争取加快发展。就在这个过程中,江苏也一次又一次地超前遇到阻碍经济良性运行和持续发展的新情况、新矛盾,这就势所必然逼使各级政府面对现实,比较早地推进一系列旨在克服矛盾、求得持续发展的理性探索和创新行动。例如,在苏锡常一带,随着乡镇企业的高速发展,企业"小而全"、"低而劣"、"散而乱"以及城乡工业块块分割、结构趋同的结构性缺陷所导致的工业经济低质运行、粗放增长的矛盾日益凸现,特别是到了上世纪九十年代中期,我国告别"短缺经济",出现了从卖方市场向买方市场的转变,苏锡常乡镇企业产品销售萎缩、增幅明显回落,在这样的经营困境下,引发了这些地区发展思路的创新和产业结构的调整。1994 年前后,各县(市)通过对乡镇企业实施产权制度的大面积改革改制,使原来"乡办乡有、村办村有"的乡镇企业转换为股份化企业或私营企业,相应的,乡镇企业的"老板"由原来实际上由乡镇政府担当转换为由产权所有者的代表或私营企业主自主负责,这样,面广量大的乡镇企业得以在市场导向下,突破原来适应于粗放增长的结构和布局的约束,纷纷离村跨乡,向周边大中城市开发建设的各类工业园区集聚,在开创城乡工业联动发展并走向产业集聚新局面的同时,为企业从粗放经营向规模经营、集约经营转变创造了条件。正是由于在以上过程中实践探索与思路创新相结合,各级政府对原来重速度轻效益、只求总量增长的行为方式带来负面效应的严峻性逐步惊觉和醒悟,经济发展的思路相应拓宽。正是在这个实践探索、思路创新的基础上,后来科学发展观一提出,江苏各地能够比较快地接受,并从这个理念高度理解经济增长方式转变的要求和内涵,弄清超前发展、率先发展必须与转变发展方式统一起来的道理。

——借粗放增长积累形成不良后果的实例敲响警钟,促进长期形成追求总量绩效的惯性思维的转变。

对粗放增长方式及其路径所产生的弊端,各地其实早已一再听到来自各方的善意批评和积极建议,但在发展以总量取胜的惯性思维及其行为方式下,迟迟缺乏坚决加以转变的实际行动。随着粗放增长的矛盾长期积累形成的不良后果的显现,严峻的事实从反面深刻教育了人,情况就有了很大改变。举例说,工业高污染的问题由来已久,但"快"字当头的决策思路占着上风时,任何建言都会在那种"先污染、后治理,天下通行"的论调下被搁置不理。2007 年 5 月太湖蓝藻集中暴发,一场由以损害生态环境为代价换取高速发展行为长期积累而来的水危机给人们敲响了"警钟"! 太湖周围各市县(市),感受重大压力,尤其是离太湖最近、一向靠太湖获取饮用水的无锡市首当其冲。全市干部从市委、市政府领导开始,尝到了以环境为代价来发展的苦果,自然而然引发了对发展思路的反思,市委书记杨卫泽深有感慨地说:"牺牲环境换取经济的发展,结果是自取灭亡。"他响亮地提出:领导干部首先要"冲破GDP束缚"! 市里雷厉风行,展开环保治污的战斗,不仅迅速治理蓝藻、改善湖体水质,而且以壮士断腕的决心,从排除污染源上下工夫,就在发生水危机的当年,至少500家小化工、小电镀、小五金等"五小企业"被迅速关闭。由此一着,促成了"腾笼换鸟",换来了现代服务业跨开大步,以近期的数量增长,换取了推进发展方式转变、产业结构转型的长远效应①。苏南太湖地区现已展开控源、截污、引流、清淤、修复的综合整治。在苏北,也有类似实例:连云港市域内的灌云县招商引资重量不求质,开发建设的化工园区污染严重,被媒体曝光,不仅灌云由此接受教训,立即整改,让重污染的化工企业撤走了,同时提高了以后招商引资的门槛;而且,县里的这一事件促进了市里领导层的理念创新,提出全市上下,坚持转变发展方式,坚决不走先污染、再治理的弯路。

　　——以又好又快的发展新指向的提出为契机,深化从快字当头到好字优先的理念创新。

　　2007年召开的省党代会对经济发展的提法从过去的"又快又好"置换为"又好又快",进一步凸现了江苏走向科学发展的新指向。过去,尽管也有"好"的要求,但"快"字在先,往往会让人产生"又快又好"和以"快"取胜的传统发展思路"一脉相承"的错觉。即使对已经有了转向科学发展的意识的市县(市)来说,只要一对照"又快又好"的口号,也很容易动摇其思路转换的决心。而"又好又快"新指向的明确提出,则意味着对以"快"取胜的传统发展思路的坚决摒弃,就会对转换传统发展思路产生实际的引领作用。例如,苏州市的领导同志通过反思伴随粗放增长方式产生的弊端,早在2005年就在发展思路上强调"好"字当头、好中求快,从重增长速度转向重发展质量,并针对全市GDP构成中第二产业增加值占比65.7%,第二产业中重工业占比66.7%的情况,还

---

① 王运宝:《无锡服务业"新政"》,安徽《决策》杂志2007年第11期。

明确提出要以产业"轻化"纠正产业"偏重"。省里"又好又快"的新指向提出后,在 2007 年省里召开的苏南工作会议上,"向优化发展转型"很快成为苏南各市的共识。特别是在近年全省开展的深入学习实践科学发展观活动中,通过深化思想解放,又进一步促进了各级干部发展理念提升。2008 年前几个月,无锡市工业增加值出现下降趋势,有媒体记者就此向市里领导提问,回答是:"这恰恰是无锡这座百年工商名城转型的一个良好开端。""无锡的产业结构'太重太低',随着土地供应趋紧,环境压力加大,制造业成本提高,'两头在外'的低端制造业已走到尽头,必须走中间(制造环节)剥离、两头(研发、销售)延伸的路子。"这段话进一步表明:像无锡这样一些城市发展理念一提升,把产业结构调高、调优、调轻的决策思路一打开,就使得经济增长方式转变的谋求和制造业的战略升级以至城市经济的战略转型结合了起来。

应对当前复杂环境需要发展理念再创新

　　形势在发展,外部环境在演变。在由美国次贷危机引发了国际金融海啸的冲击下,我国以往长期快速发展中积累的深层矛盾进一步显现,加深了内外矛盾交叉的复杂性,使地处对外开放前沿、外向度较高的江苏各地,在转变发展方式上经受着门槛加高、倒逼加紧的更大压力。所好的,江苏经济多年来已形成超前发展的坚实基础,在科学发展观导向下,近年开始向投资、出口、消费协调推动的增长格局转变,2009 年前几个月消费与投资都保持了一定的增幅,这大大增强了各级政府应对金融危机的底气,促使他们充满信心,共克时艰,向着争取"在应对金融危机中率先复苏"的目标奋力爬坡。

　　从这里,不能不看到:应对当前内外交困的复杂环境,对各级干部是面临着发展理念再创新、提升驾驭复杂局面应对能力的一场新的更大考验。立足当前,当然必须狠抓保增长这项首要任务的落实,而着眼长远,从内外统筹、远近兼顾的视角看,还要坚持从快字当头到好字优先的思路转换,摆正首要任务与科学之道的位置,在保增长的同时谋求我们自身矛盾的解决,在破除自身缺陷的过程中乘势向优化发展转型升级,在提升科学发展水平下既保得当前经济增长又增添可持续发展的后劲。

客观而论,苏南的一些先发地区经济发展走在前面,粗放增长负面效应积累起来的矛盾暴露在先,在科学发展观的导向下,发展理念相对超前转换,已经看清了传统发展方式到今天确已难以为继。即使如此,也还要在应对金融危机这场新的更大考验中坚持理念再创新。而在一些经济后发地区,本来对转变发展方式还没有从全局意义上加以理解和接受,有些干部用落后地区急于发展为理由作自我原谅,以"因地制宜"为借口,要求对那里降低转变发展方式的客观标准,在这种后发地区的"特殊论"心态下,也就更不会在首要任务面前践行好字优先的科学之道,坚定推进发展方式的转变,去科学谋划解近忧与谋长远的统一,而是必然表现为投资依然是其谋划的重点,外需依然优先考虑,GDP 增速依然第一,而民生相对放后:这就表明理念创新更为迫急。

越是在加大力度保增长的时候,越是要重视理念再创新、思路再拓宽,坚持发展方式转变,提高发展质量。江苏保增长任务十分繁重,要在应对金融危机中力争率先复苏,为全国保增长多作贡献,就不能不在理念再创新、思路再拓宽上有更高的要求。反过来说,只有理念再创新、思路再拓宽,才能加强内外、远近的科学统筹,直面现实矛盾,分析、解决矛盾,提高科学应对、主动驾驭复杂局面的能力,危中寻"机",化"危"为"机",既为眼前保增长作出最大贡献,又为今后江苏经济长期健康和可持续发展拓宽新路。

就此话题稍作展开,提出设想和建言,大体有下:

其一,发展理念再创新,需要进一步结合经济发展中的正反两方面的经验,推进学习实践科学发展观再深化。

学习实践科学发展观,在任何时候都不能停留在口头表述上,而必须在科学发展观导向下落实到抓发展的行动中,在当前应对危机保增长的情况下更必须如此。为什么目前有些地方干部对转变经济发展方式发生思想摇摆,甚至感到在保增长的氛围下强调转变发展方式"不合时宜"？这是科学发展观没有在思想上扎根、以致把科学发展观看成"管远不管近"的思想误区的反映。解决"口号与行动"这种"两张皮"的问题，必须靠学习实践科学发展观的再深化。如上所述，江苏有些市县这方面已有成功实践，即在总结经济发展中正面经验的同时，具体揭示经济发展中的深层矛盾，包括抓住典型事件，深刻剖析过去追求粗放型经济增长造成的严重危害性，借以彻底破除思想深处总量偏好的惯性思维和习惯势力，从而创新理念，打开应对危机、执行保增长任务的思路。例如，通过认真反思，清醒认识到过去"以环境换经济增长"所积累下的深重"后遗症"，就会痛定思痛，深刻接受教训，执行"环保优先"方针，就像无锡市那样坚决清理污染企业，并致力于"生态修复"，认真归还环境"欠账"，在今天应对危机、保增长时也就必然会自觉堵截污染、高耗项目入境。再如，面对金融危机下出口额下滑、引资萎缩的变化，如能从客观分析过去过度依赖外需外资造成内外互动不足、影响国内经济失衡的缺陷，深刻理解用扩大国内需求特别是消费需求来拉动经济增长的这一必然选择，就会真正致力于帮助解决中小企业困难，稳定、扩大就业，并注重落实各项强农惠农政策，提升偏低的农村消费率。

其二，发展理念再创新，需要深化对金融危机形势的认识，开阔化"危"为"机"的应对思路。

应对金融危机保增长，许多市县纷纷提出要争取化"危"为"机"的前景，值得多加鼓励。但思想境界还有待提高，应当在科学发展观导向下，深化对金融危机下的形势认识，充分理解"化危为机"的实质性内涵。金融危机的冲击，使我们遇到内外交叉的困境，呈现了经济下滑的严峻性；但危机中往往蕴藏着多重机遇，例如：国内来说，国家出台许多新政策、新措施，这是地方用好用足这些政策、措施，开拓、培植新的经济增长点的机遇；对外而言，深陷金融危机的西方发达国家，急于摆脱实体经济的发展困境，已有向我们出售高端技术、先进设备的意向，这是我们借助国外先进技术装备调优产业产品结构的机遇。但是，这还不是"化危为机"的深层涵义所在。如能把立足当前和着眼长远统一起来，就不难看到，金融危机对正处于经济转型升级的我国带来一种倒逼机制,它逼迫我们按照科学发展观的理念加紧开拓发展新思路、转变发展新模式。抓住这个"机",让我们以转变经济发展方式为突破口,乘势加快调整产业结构步伐,提高自主创新能力,可以在经济转型升级中大大提升我们的国际竞争力。很明显,从金融危机中抓到这样一个"华丽转身"的"机",其意义就不是单求眼前增加多少投资、争取到若干项目、提升 GDP 几个百分比所能比拟的了。以这样的思想境界看问题,才能从中国经济和国际经济两个大局的联系上,提升我们内外统筹、远近兼顾的科学发展理念,增强从危机之下赢得我国经济无限转机的信心,从而做到:保增长的任务再繁重也不失去转变发展方式的方向,在推进经济转型升级中既保得当前增长又增强了长远后劲。

其三,发展理念再创新,需要坚持以深化改革为动力,使之植根于和落实到总揽全局、科学统筹的实际行动中去。

转变经济发展方式也好,调整产业结构也好,都不是孤立进行所能奏效的。这需要地方政府善于在化"危"为"机"的目标和思路下,强化综合统筹,把各个方面、各个领域的力量组织协调起来,切实做到操作层面上各项实际措施的互动协调实施。走上这一步,关键是克服各种体制机制障碍,这就必须在发展理念再创新下,着力推进深化改革,包括加快行政管理体制创新,转变行政手段为主的资源配置方式,解决好政府行政推动与发挥市场机制作用的关系问题。推进这些方面工作的落实,离不开政府的角色定位,离不开各级领导人员政绩观的端正和行为方式的创新。这些年来,各地干部虽已注意学习实践科学发展观和树立正确政绩观,但应对这次国际金融危机的实践表明,还有必要通过创新干部政绩考核机制,促使长期奉行的以总量取胜的赶超型政绩追求的倾向得到根除,进一步解决端正领导干部政绩观的问题。正如最近召开的中央经济工作会议所指出,要"以完善政绩考核机制为抓手,增强加快经济发展方式转变的自觉性和主动性"。据 2009 年 1 月 19日《人民日报》透露,江苏省早在那时召开的组织部长会议上,就有把在应对国际金融危机中提高领导科学发展的能力,善于化"危"为"机"的表现纳入干部考察内容的设想,这是颇有针对性的创新之举,可望根据这次中央经济工作会议精神抓紧研究实施。以此引导地方领导人员在发展理念再创新下开阔思路,提高总揽全局、科学统筹和驾驭复杂局面的能力,促使在经济发展方式转变上取得实质性进展,切实推进经济结构调整,这不仅对做好新一年经济工作有着迫切的现实需要,而且对不断增强江苏经济发展的协调性和可持续性具有深远的战略意义。

　　(收入王霞林主编《加快发展方式转变　推进经济转型升级》一书,南京大学出版社 2010 年 6 月。)

第 三 编

从乡镇企业兴起到苏南模式区域化演进

第三编

从乡镇企业兴盛到苏南
模式及现代化资源

社队企业问题研究

社队企业，作为我国建设发达的农业、富庶的农村的强有力的杠杆，作为我国四个现代化建设的一支重要力量，它正以引人注目的姿态，蓬勃兴起和苗壮成长在我国社会主义农村。在五十年代末，社队企业在我国国民经济中还谈不上占多大地位；到今天，全国已办各种社队企业 150 多万个，平均每个公社 30 多个。1978 年全国社队企业总产量 490 亿元，社队企业总收入占到人民公社三级经济总收入的29.7％，它在整个国民经济中已占有一定比重。

江苏省是社队企业发展较快的省份之一。1978 年全省社队企业总产值达到 62 亿元，其中社队工业产值为 54 亿元，社队企业总产值占全省工农业总产值的十分之一以上，相当于全省农业总产值的一半。社队工业产值约为全省工业产值的六分之一。

无论从全国看，还是从江苏看，社队企业在我国农村迅速发展的事实，促使我们不能不对发展社队企业的问题进行一番认真的研究。为什么社队企业发展得这样快？其理论根据和现实根据何在？它有些什么特点、长处和短处？它的发展有什么规律性的东西？本文将着重联系江苏实际，作初步探讨。

（一）

我国人民公社社队企业的发展过程清楚地表明：发展社队企业，远不止是社队企业本身的问题,它是涉及加快农业发展的步伐,涉及改善农业结构以至加快我国社会主义四个现代化进程的问题。

所谓社队企业,指的是社会主义集体经济——人民公社三级所有的、与农业有着血缘关系的各种企业。它包括各个行业:农业、林业、牧业、副业、渔业、工业、交通运输业、商业等。在明确社队企业这一概念的基础上,可以看到,社队企业的发展过程,必然是农林牧副渔五业并举,农工商综合发展的过程;也必然是大力兴办农村工业,在农村实行农业和工业的结合的过程。就前一种过程来说,就是从发展多种经营开始,促进农业经济结构合理化,逐步走上专业化和协作的道路。就后一种过程来说,则是在农村大力举办农业以外的企业,特别是发展工业企业,使贫困落后的农村尽快建设成用先进技术装备起来的、与城市差别越来越小的社会主义新农村。当然,这两种过程是一致的,是互相联系、不可分割的。但从目前已办的社队企业看,大量的、主要的是社队办的农村工业企业。因此,对前一种结合,主要只能从发展趋势来研究,这里着重就后一种情况作分析。

大家知道,我们的革命导师从来就重视农业和工业的结合。恩格斯多次主张在农村举办农业以外的企业。在著名的《共产党宣言》中,马克思、恩格斯认为:"把农业和工业结合起来,促使城乡之间的对立逐步消灭",是取得政权的无产阶级尽可能快地增加生产力的总量的可以采取的措施之一。这种结合,有它的客观必然性。马克思在《资本论》第二卷中,论述了劳动时间与农业生产时间的不一致,成为农业和其他行业结合的自然基础。马克思指出:"生产时间和劳动时间的差别,在农业上特别显著。"[①]"在这里可以看到,生产期间和劳动期间的不一致(后者仅仅是前者的一部分)怎样成为农业和农村副业相结合的自然基础;另一方面,农村副业又怎样成为当初以商人身份挤进去的资本家的据点。"他同时指出林业、畜牧业的生产时间也是较长的,而"在大部分

---

① 《资本论》第 2 卷,第 268 页。

真正的工业部门,采矿业,运输业等等,生产是均衡地进行的"①。把不同的工种的生产结合起来,可使一年里的劳动相对地平均起来,劳动过程连续起来,协调起来,很明显,这一劳动过程连续性的本身就是一种劳动生产力。

在资本主义社会,资本主义生产方式撕断了"农业和手工业的原始的家庭纽带,也就是把两者的早期未发展的形式联结在一起的那种纽带"。"同时为一种新的更高级的综合,即农业和工业在它们对立发展的形式的基础上的联合创造了物质前提"②。但是这种更高级的综合,"……在自己的发展中受到现今的资本主义生产方式的阻碍"③。而在建立了社会主义制度,在农民合作化和大规模经营农业的条件下,兴办农业以外企业,使农业和工业相结合,才有广阔发展的前景。在《法德农民问题》一文中,恩格斯指出:在农民结合起来,进行大规模经营条件下,要给多余劳力找到工作,可以"给这些农民以资金和可能性去从事副业"。"他们的经济地位都会有所改善,并且这同时会保证总的社会领导机构有必要的威信逐渐把农民合作社转变为更高级的形式,使整个合作社及其个别社员的权利和义务跟整个社会其它部分的权利和义务处于平等的地位"④。他在 1829 年写的《马尔克》一文中又指出:"经营大农业和采用农业机器,换句话说,就是使目前在耕种自己土地的大部分小农的农业劳动变为多余。要使这些被排挤出农业的人不致没有工作,或不会被迫集结城市,必须使他们在农村从事工业劳动,而这只有大规模利用蒸汽或水力来经营时,才能对他们有利。"⑤

马克思、恩格斯关于个体农民合作起来,在大规模经营农业的同时,经营农业以外的企业,避开资本主义使农民破产,集结城市等弊病,

① 《资本论》第 2 卷,第 269 页。
② 《资本论》第 1 卷,第 551～552 页。
③ 《马克思恩格斯全集》第 20 卷,第 322 页。
④ 《马克思恩格斯全集》第 22 卷,第 581 页。
⑤ 《马克思恩格斯全集》第 19 卷,第 369 页。

而走上农业与工业逐步结合的道路的珍贵启示,是我们社会主义国家
兴办社队企业的理论先导。

列宁领导下的十月革命的胜利,建立了第一个社会主义国家,无产
阶级取得了统治权力。列宁在 1921 年就提出了:"支援为农业服务并
帮助农业发展的小工业,支援它,在一定程度上甚至供给它以国家的原
料。把原料留着,而不加工,是罪大恶极的行为。"[1]1919 年联共(布)第
八次代表大会根据列宁的提议通过了一项指示,由国家向农民合作组
织的工业生产提供广泛的财政上和组织上的帮助。20 年代后期,苏联
提出农业和工业应在组织上逐步联合起来的问题,提出国营工业企业、
国营农场同周围的集体农庄建立直接经济联系,合办以国营企业为领
导的联合管理处,建立共同的农产品加工厂等。但是这项工作操之过
急,脱离了当时工业、农业发展的水平和国家投资的可能,发展工业生
产没有围绕着发展农业的需要,工作中出了一些问题。1938 年苏联人
民委员会做出了《关于集体农庄非法组织与农业生产无关的工业企业
的决议》,1939 年又做出了《关于批准苏联农业人民委员会部和苏联财
政人民委员会部〈关于农业生产无关的工业企业由集体农庄移交地方
国营和合作社组织的办法〉指示的决议》。这样,虽然纠正了集体农庄
在兴办农业以外企业中存在的一些问题,但也由此限制甚至取消了农
业企业的工业生产。从此,直到 50 年代,再没有大张旗鼓地提倡农业
企业发展工业生产。南斯拉夫、罗马尼亚等国家,则遵循马克思主义关
于农业与工业的结合的理论,农工商一体化的企业越来越多,也越办
越好。

我国兴办农村工业,发展社队企业前后已有二十年。这个实践过
程进一步说明了马克思主义关于集体化后的农村举办农业以外的企
业,发展农村工业,实行工业和农业的结合的一系列论述的正确性。

早在 1958 年,人民公社建立之初,党中央和毛泽东同志就指出人
民公社要搞工农兵学商、农林牧副渔。兴办社队企业当然是题中应有

---

[1]　《列宁全集》第 32 卷,第 357 页。

之义。从此开始,社队企业在中国广大农村蓬勃兴起。国民经济困难时期,由于农业基础大为削弱,刚刚发展起来的社队企业基本停办。以后,随着国民经济的恢复和发展,由于发展农业生产和农业机械化的需要,社队企业又有所发展。林彪、"四人帮"的极"左"路线给社队企业戴上了"资本主义"的帽子,社队企业只能在我国农村"合理不合法"地存在着,缓步地发展着。1970年周恩来同志主持召开的北方农业会议以后,才在较多地区出现了发展社队企业的高潮。粉碎"四人帮"后,党中央多次强调社队企业要有一个大发展,社队企业进入了新的发展时期。

与全国社队企业几经曲折之后转为蓬勃发展的情况相一致,我们江苏的社队企业也经历了起、落、慢、快四个阶段。

以无锡县的情况为例:

1958年起,社队企业迅速兴办起来,1960年统计,全县社办工业总产值2637万元。

三年困难时期,社队企业大部分下马,1965年统计,全县社队工业仅留下二十个单位,年产值269万元。

1965年到1970年,社队企业缓慢发展,到1970年总产值达到3866万元。

1970年北方农业会议后,社队企业进入迅速发展时期。到1978年的八年中,年产值增加十一倍多,从3800万元迅速上升到4亿元。

由此可见,社队企业首先是农村工业的兴起,绝不是主观意志的产物。它是农林牧副渔五业兴旺,农工商综合发展的重要一环,是把我国农村尽快建设成为用先进技术装备起来的,与城市差别越来越小的社会主义新农村的需要。它合乎马克思主义关于在农村举办农业以外企业,发展农村工业的理论,也合乎我国建设四个现代化的实际。

(二)

适合本国特点的革命道路只能由本国人民自己来寻找、创造和决定。适合本国特点的经济发展的道路也只能由本国人民来寻找、创造和决定。社队企业这一个为加强农业基础、加速农业现代化所需要的形式,正是我们党和人民特别是六亿农民从我国实际出发寻找、创造和决定的。

毛泽东同志在 1957 年曾经指出:"要使全体干部和全体人民经常想到我国是一个社会主义的大国,但又是一个经济落后的穷国。"①我国底子薄,特别是农业这个基础太差,这就是我们大力兴办社队企业的出发点。江苏许多社队的实践告诉人们,在国家拿不出更大的力量支援农业,而农业本身又没有多少积累的情况下,要迅速把农业搞上去,并快一些实现农业现代化,只有借助于社队企业的作用。不管是加快农田基本建设还是发展农业机械化;不管是壮大人民公社的经济实力,还是保证社员有一个较高的分配水平,都非得发展社队企业不可。

先以事实为证。江苏无锡县前洲公社,是全县社队企业办得早,发展水平较高的一个公社。这个公社十分之九的耕地都是低洼田,全公社有五十多个小圩,只要日雨百毫米,就会一片汪洋。但是限于财力,公社只能搞点小修小补。1966 年到 1970 年,连续六年粮食产量原地徘徊,亩产量反而低了百来斤。1970 年,这个公社搞了一个根治水害的十年规划,算一下,要一、两千万元资金。这一年全公社的积累总共只有 36 万元。按这个积累率,两千万元得花五十年时间。干部和群众急于摆脱灾害、低产和贫困,就从自力更生造砖制瓦起,逐步办起了七十多个社队企业,用社队企业的积累,七年里就筹集了两千多万元。就用这笔钱在全公社新开总长 122 公里的河道 85 条,新建能通行手扶拖拉机的桥梁 255 座,把五十一个小圩连成为一个大圩,使防洪线从原来的 93 公里缩短到 19 公里,添置了四千多台、二十四种包括拖拉机、脱粒机等在内的农业机械,大大提高了排涝抗洪能力和农业机械化水平,农业科学技术得到更好推广,粮食产量由连年徘徊变为逐年上升。从1971 年以来,全公社粮食产量平均每年增长 6.7%,1978 年粮食总产4500 万斤,比 1970 年增长百分之五十以上。

---

①　《毛泽东选集》第 5 卷,第 399～400 页。

前洲公社是江苏农村围绕农业办企业，办好企业促农业的一个缩影。到 1978 年末，这个公社所在的无锡县办了近两千个社队企业，能够生产机械、轻纺、化工、电子、建材等两千四百多种产品，社队工业产值占全县工业总产值的 64.9%。从 1971 年起的八年中，全县用于农田基本建设和农业机械化的投资为 10000300 万元，其中一亿元是由社队工业利润提供的。全县利用这些投资共完成水利工程两亿一千多万土石方，新建机电排灌站一千五百多座，地下渠道三千公里。全县农业机械总马力达到 297000 马力，比 1970 年增长两点八倍。每马力担负耕地面积从 10.2 亩降至 2.59 亩，基本上实现了排灌、耕耙、脱粒、植保、粮饲加工的机械化以及插秧、收割、车船运输的部分机械化。工业支援农业，机械装备农业，工业带动副业，副业促进农业，工副业以农业为基础，并为这个基础服务，使一批农业科学技术成果得以推广，全县农业生产面貌发生了显著的变化。粮食生产突破了多年徘徊的局面，而稳步前进。1970 年的前六年与后六年比较，粮食总产从每年递增 1.2%，一变而为每年递增 6.3%，商品粮率从每年递减 1.2%，一变而为每年递增 7.1%，社员分配总收入从每年递增 1.2%（按人口平均有所下降），一变而为每年递增 5.7%。社员集体分配收入由 1970 年的 75 元 8 角增加到 1978 年的 124 元 4 角。社队企业的发展，还改变了原来人民公社"三级所有，两级没有"的状况，全县公社大队两级经济已占到三级经济的 70.86%。

再说，社队企业的发展，是尽快把农业搞上去，并逐步实现农业现代化的客观需要。它是关系到我国的现代化该建立在什么样的一个农业基础上的问题。

有些同志不同意从普遍的规律上来认识发展社队企业与加快农业发展、实现农业现代化有着必然的客观联系。他们提出疑问：把农业搞上去，并向农业现代化进军，为什么不能依靠农业本身的大量积累，而非要借助社队企业的力量不可？为什么不能通过调整工农产品比价，缩小"剪刀差"，增加国家支援等办法，促使农业增加本身积累？我们认为，使农业从本身取得更多积累这个看法完全正确。但我们也认为，兴办社队企业并不排斥从农业本身增加积累,恰巧是促进农业从本身增加积累,而且是比较现实的办法。

　　研究这个问题,仍然要联系到我国底子薄,财力小,向现代化大生产发展的起点低这个现状和特点。大家知道,与经济发达的国家比,我国工业的发展水平很低,而农业方面的差距则更大。到目前,我国仍然是百分之八十的人口辛辛苦苦搞饭吃,我国许多劳动部门仍然是手工操作或半手工操作,我国按人口平均收入和劳动生产率算仍然处于世界贫穷落后的国家之列。所有这些落后状态,基本上是我国农业基础差,农村经济落后的反映。因此,能不能比较快地实现我国四个现代化,改变以上落后状态,在很大程度上取决于能不能尽快把农业搞上去,改变农村的落后状态。毫无疑问,国家应当采取大力扶持农业生产的措施。根据党的十一届三中全会的决议,国家现已大幅度地提高农副产品收购价格和减免部分农村税收,1979年农村社队和农民可因此多收入七十多亿元。国家还增加了对农业的投资。1979年,国家预算内农业投资额占基建投资总额的比重已从上年的10.7%上升到14%,加上其他农业事业费等资金,总数为174亿元。所有这些,按国家当前财力来说,已是尽了最大努力所作的安排。但是,就是这样,还远远不能适应加强农业这个基础,加快农业发展的要求。由于工业的发展水平和国家财力的限制,农副产品收购价短期内不可能再有较大幅度的提高。"剪刀差"问题也不可能在短时期内得到根本解决。用于农业的投资虽然每年要有安排,但摊到八亿农民头上,按已经大大增加了的1979年的预算,也不过每人二十多元。必须充分看到,我国农业家底确实很薄。据国家有关部门在二十三个省、市、区2163个生产队的调查,1977年人民公社三级固定资产一共为733亿元,平均每个农业劳动力为283元。美国每个农业劳动力的生产性资产达41000元,比我们多140倍!我国农业家底是如此之薄,离开农业现代化的要求是如此之远,因此,加快我国农业现代化的步伐,光靠国家对农业的投资,是远远不够的。

　　显然,必须两条腿走路。一条腿是国家从增加投资等方面的大力扶持;一条腿就是发展社队企业,发展以农业为中心的农、副、工、商综合经营,以促使人民公社增强自力更生的经济实力。1971 年以来,无锡县社队工业利润用于农业的金额达一亿四千八百多万元,按全县八十万农民计算,每人每年受益二十多元。据江苏 1978 年统计,全省社队企业已办七万两千个,当年纯利润 9.6 亿元,用于支援农业机械化、农田水利基本建设的为 2.43 亿元,相当于当年国家给农业的投资和农村事业费的 70％。全年工资开支九点四亿,其中转队分配工资为 5.4亿,平均每个农业人口为十元六角。事实证明:两条腿走路,比一条腿走路快得多。

　　当然,我们必须从农业内部进行调整,努力提高农业劳动生产率,以增加农业本身的积累。比如,通过进一步落实政策,改变作物布局,改善农业经济结构。但是,这方面的措施也可以需要同发展社队企业结合起来,以加速其进程。今后,农村里只要统筹安排做到有重点、按比例、全面协调地发展包括工业企业在内的各行各业的社队企业,就可以促进农业内部的进一步分工,促进农业经济结构合理化,促进科学技术包括生态系统的研究在农业生产上的应用,从而使农业劳动生产率大大提高。

　　围绕发展农业的需要,发展社队企业,把我国相当薄弱的农业基础,尽快地大大加强起来,是发展国民经济的需要,也是发展我国大工业的需要。斯大林曾多次论述过工农业的关系,多次强调发展工业必须从加强农业基础开始。他明确地说过:"如果让农业仍然处在技术十分落后的状态中,如果不保证工业有农业基础,不改善农业,不使农业跟上工业,那么能不能把工业向前推进呢? 不,不能。"现在我们就应当这样来看问题。为了大大加强农业这个基础,使农业的发展跟上实现四个现代化的要求,为了使我国国民经济的主要薄弱环节农业经济的落后状况得到尽快改变,就必须发展社队企业。

（三）

社队企业的兴起和发展,也是我国人民面对我国人口众多的现实,为利用农村有三亿劳动力的优势,克服我国耕地较少、农村劳动生产率低的劣势,趋利避害的一个创造。它将有利于使我们的新长征更好地走上自己应走的道路,使我国经济结构趋向合理,工农业生产力的发展能够尽快地提高到一个新的高度。

我国人口众多,占世界第一位,人口的百分之八十在农村。土地面积很大,但由于自然和历史的原因,耕地较少,仅十五亿亩,平均每个人口大约两亩,远远低于美国的每人 14.5 亩,苏联的 12.5 亩,法国的5.3亩,罗马尼亚的 7.3 亩。由于两千多年的封建统治,一百多年半封建半殖民地的统治,使我国经济落后,底子薄弱,使我国生产力的结构极不协调,生产力的三个要素——劳动力、劳动对象和劳动工具极不平衡,严重妨害了我国生产力的发展。这种不协调的状况,在我国广大农村表现得特别突出。我国农村,约有三亿劳动力,从数量上说,这是当今世界上无与伦比的大军。但是使用的劳动工具主要还是两千多年前已经开始使用而稍有改进的手工工具。而劳动对象,主要就是这十五亿亩耕地以及播种在上面的各种种子。众多的劳动力,受到狭窄的劳动对象和落后的劳动工具的严重束缚。几千年来的封建统治造成的这种自给自足、半封闭式循环的生产力结构,很少积累,很难吸收先进科学技术,使我国农村生产力发展缓慢。两千年后的今天,某些体现农业劳动生产率的经济指标,在两千年前的西汉时期就曾达到过。据 1977 年统计,全国农村人口平均收入仅六十元。全国农村基本上只能维持简单再生产。这一矛盾在我们江苏表现得也很突出。

再以无锡县为例。建国初期,占地九百六十平方公里的无锡县有二十四万左右劳动力。那时候,城市逐年向农村招工。而农村人口增长还没有现在快。每年自然增长的劳动力与被招工进城的数字差不多。因此,一直到 1957 年,农业劳动力没有多少增加。在大跃进中,大批劳动力进城,到1960年无锡农村的劳动力减少到十八万人。由于农业这个薄弱的基础承担不了城市人口发展过快给予的过大负担,城市不得不在调整中把大批新工人下放回乡,致使调整后无锡县的农业劳动力重又回到二十四万。从此以后,无锡县的劳动力基本上进不了城,逐步增加到现在,农业劳动力已达五十万人,比建国初期增加一倍,劳动力占人口的比例,从三分之一上升到百分之五十,平均每个劳动力担负的耕地从三亩多下降到一亩多。

无锡县的广大干部和群众是有干劲的。他们为了解决田少人多的矛盾,在有限的土地上精耕细作努力提高粮食单位面积产量,到后来甚至扩种了百分之百的双三制。这样,粮食是增产了,但是,几十万劳动力集中在一起,主要依靠旧式农具,搞单一的粮食种植,从经济效果上考察,这里就出现了两个极不正常的现象:

一是生产费用不断增加。特别是在扩种三熟制后,随着种子、化肥、农药使用的大量增加,生产费用的上升更为明显。全县农业生产费用占农业收入的百分比:1965年为30.6%,1970年为38.3%,1977年为62.6%,全部扩种双三制后与没有种双三制时比较,生产费用增加两倍半,平均每增产一斤粮食要花一角零八厘。

二是劳动生产率反而下降。从1956年农业社会主义改造完成到1970年这十四年间,粮食亩产由六百五十斤提高到一千零九十斤,平均每年递增3.5%,但平均每个劳动力生产的粮食却由两千五百斤下降到一千九百多斤,平均每年递减1.5%。

为什么会出现这样的现象?除了工农业产品比价剪刀差的存在,科学种田水平不高等因素外,就是因为劳动力、劳动工具,劳动对象不相协调。几十万劳动力集中在不到一千平方公里的土地上,主要使用旧式农具,主要种植粮食,不能发掘和利用各种自然资源,不能开辟新的生产途径,物化劳动的利用程度低,劳动物化的程度更低,这就直接阻碍着生产力的发展与生产水平的提高。

撇开生产关系的因素不谈,现代社会生产力的发展,不能不是生产力结构发生变化的过程:手工工具被先进的机器装备所代替,劳动对象向工业、向农业以外的其他行业扩展,社会物质资源被广泛发掘和利用,使广大的农业人口向工业和其他行业大量转移,使劳动力、劳动工具和劳动对象协调地结合,从而创造出前所未有的生产力。发达的资本主义国家都经过了这种生产力结构的变化,只是由于资本主义制度的腐朽,在这个变化过程中造成广大农村的破产,造成了广大农民流离失所的痛苦,造成了生产布局的极不合理。它虽然改变了封建社会简单再生产的局面,生产力有巨大的发展。但是,并不能消除资本主义社会生产社会化和生产资料私人占有的矛盾,人剥削人,人压迫人的现象依然存在。在我们社会里,实现了生产资料公有制,能够容许生产力以旧社会所没有的速度迅速发展,但是,怎样发挥社会主义制度的优越性,促使生产力结构发生变化,利用我们现有劳动力多的优势更好地来发展生产力,这却是必须认真研究和解决的重要课题。

发展社队企业的经验,为解决这个课题,提供了一个重要的途径。无锡县现有五十万劳动力中,有十万劳动力从事工业生产,有五、六万劳动力从事养猪等副业生产。一大批产后的手工工具为社队企业和城市工业生产的各种农业机械所代替,机耕面积已从 1965 年占耕地面积的 0.63%,上升到现在的 90% 左右,农业机械作业量已占全年农田总用工量的 55% 左右;社队企业的家底,从无到有,现已拥有价值一亿元的固定资产和八千万元流动资金,大量的地方资源,包括建筑石、石英石、石灰石、陶土等以及城市工业的边角资料,被用来作为加工对象,生产出为农业、为人民生活、为大工业、为出口需要的数以千计的产品。在农副工商综合发展的过程中,原来过剩的劳动力大军,开始用上机械化和半机械化等比较先进的劳动工具,作用于比以前远为广泛的劳动对象,一步一步地向生产的广度和深度进军。每个农业劳动力生产的粮食从 1970 年的一千九百九十多斤提高到 1978 年的 3283 斤。社队企业的工业劳动生产率从 1970 年的 1430 元,上升到 1978 年的 4300元。就是说,劳动力多的优势在无锡县开始得到了正确利用,提高劳动的物化程度有了一个良好开端。

实现我国的四个现代化,最艰巨的任务,是要从我国的特点出发,推进农业的现代化。而要实现农业现代化,在很大程度上取决于用什么办法解决在农业现代化中解放出来的大量劳动力的出路问题。我国现有的三亿农业劳动力,在若干年中,至少将有两亿经过农业现代化从农业中解放出来。在我国农业劳动力不可能大量涌入城市的条件下,就一定要为他们在农村就地开辟劳动物化的各种途径。改变目前农村生产力的结构,充分发挥劳动力多的优势,以推进四个现代化的进程。否则,这批必将从农业劳动中分离出来的巨大劳动力就将成为我国建设中的巨大浪费和国家负担不起的经济包袱,将使农业现代化所提高的劳动生产率化为乌有。

我们在上面提到,为了解决农业劳动力的出路问题,马克思、恩格斯和列宁早就为我们指出过一条在农村办工业的道路。他们所指出的,从小农经济向大工业经济转移的思想,在农村办农业以外企业的思想,对我国有着深刻的现实意义。我们正是通过办社队企业,为农业现代化所解放出来的劳动力找到了一条宽广的出路,这既不要化国家多少投资,而又可避免生产力极不合理的布局。通过社队企业等中间环节,发展小城镇,使亿万多余的农业劳动力顺利地转移到农业以外的战线,使我国亿万农业劳动力得到物化的广阔天地。"劳动与劳动对象结合在一起。劳动物化了,而对象被加工了"①。巨大劳动的物化,必然产生巨大的积累,而积累又使工具得到进一步改善,工具的改善又使更多的劳动力得到解放,使自然界更多的部分成为我们的劳动对象。而源源不断从农业中解放出来的劳动力,与各种劳动对象,与越来越多的先进和比较先进的劳动工具协调地结合起来,就将打破几千年来半封闭的循环式的生产力结构,使生产力逐步发展。我国农村经济结构极不合理的状况将得到改变,八亿农民将成为我国生产力中一种极为活跃的因素,创造出极为强大的生产力来。我国的四个现代化,将根据中国自己的特点,走上中国式的道路,趋利避害,快速前进。

① 《资本论》第 1 卷,第 205 页。

（四）

要研究社队企业之所以能在我国农村广泛兴起，并在国民经济中逐步成长为一支重要力量，还必须从对它内在因素的剖析中找答案。根据二十年来社队企业的发展情况，可以看出，社队企业有着大型企业、城市大工业所不能替代的某些长处和优点。从生产经营等某些方面来看，社队企业是适合当前我国生产力发展的性质的，也对今后大工业的改革有着某些参考作用。

现在看来，社队企业具有三个比较明显、比较本质的特点。

首先，社队企业是集体所有的企业。社办社有，队办队有。社队企业与本社队以外的任何国营和集体的企业或个人发生经济往来时都实行等价交换。任何单位，任何个人都无权向其平调。社队企业是集体所有的企业，虽然公有化程度还不高，但是它和人民公社社队一样，是社会主义性质的企业，决不是什么资本主义的黑窝。社队企业的公有化程度是适合现在的生产力发展水平的。与国营企业、城镇集体企业一样，是我们社会主义经济的组成部分。

第二，社队企业与农业有着血缘关系。它的所有者是经营农业的农村人民公社（在林、牧区是林、牧业人民公社）。它的资金由社队供给，它的人员是本社本队的社员，社队企业除个别商业企业外一般都办在本社本队。农业是整个国民经济的基础，农村农业更是社队企业的基础。社队企业发展了，可以推动农业发展，农村富裕。但只有社队的农、林、牧业发展了，社队企业才能有更多的人力来充实队伍，才有更多的农林牧产品来做原料，才能更好地承担起国家给人民公社的光荣职责。

第三，社队企业是小型的工、商、副等各种企业。较多的是工业企业，也开始搞些商业企业，搞些本社队主要经营的种植、养殖以外的其他种植、养殖等各种副业企业。社队企业的规模一般较小，职工人数少、资金少。江苏全省社队企业七万多个，平均每个企业职工人数在五十人以下，固定资产加流动资金不到五万元，年产值不足十万元。

"集、农、小"是社队企业的基本特点,抓住了这三个特点,就比较容易认识社队企业与国营企业、城镇集体企业的联系与区分。正是这三个基本特点,决定了社队企业一方面与国营企业一样,都是社会主义性质的企业;一方面有着大型企业所不可能具备的某些优越性,能起到补大工业不足的积极作用,在某些方面还有着城镇集体企业所不具备的特长,同时也存在着某些本身的弱点。

下面,着重从生产和经营方面,来看社队企业的优点和长处:

(一)产销直接见面,对市场需要反应灵敏,对消费变化的适应性大。

马克思指出:"没有生产,就没有消费,但是,没有消费,也就没有生产,因为如果这样,生产就没有目的。消费从两方面生产着生产:

(1)因为只是在消费中产品才成为现实的产品……

(2)因为消费创造出新的生产的需要……"①。

社队企业因为集体所有,自负盈亏,而国家直接计划外的产品又占多数,所以它的产品销售情况如何,直接影响到企业的生产。为了发展生产,取得企业的经济利益,它一定要努力使自己的产品适应社会消费和市场的需要。同时,因为它的生产经营规模小,"船小掉头快",容易根据市场消费需要的变化,灵活地调换品种,改进规格。在一定程度上,产量能多能少,产品可大可小,时间可急可缓,定型的和不定型的生产,大批量的和小批量甚至单个的生产,常年性的和一次性的生产,都能干。社队企业的同志说:"农业上种子要年年选,我们社队企业的产品品种要经常翻。""用户需要什么,我们就生产什么。"无锡县洛社公社灯泡厂,开始生产普通电珠,以后了解到民用灯泡紧张,就转产复制民用灯泡;前几年有一电器厂生产汽车灯缺灯泡配套,他们就生产汽车灯泡。后来市场进口的日野汽车灯泡缺货,他们又生产日野车灯泡。现在这个厂可以生产六个品种,四十多种规格的各种灯泡,办厂十一年,年产值增长了五十倍。正是由于能够灵活适应市场需要这一点,使社队企业的生产起到了补充计划安排不足的作用,同时也使自己在适应

----

① 《马克思恩格斯选集》第2卷,第94页。

市场需要、为用户服务中获得了迅速发展。

（二）受农业生产水平的制约小，受行政层次的束缚少，生产经营上的独立自主权相对说比较大。

"超越于劳动者个人需要的农业劳动生产率是一切社会的基础"。没有农业劳动生产率的大幅度提高，城市工业就不可能从农村源源不断地获得扩大再生产所需要的劳动力的补充和生活资料的消费。相对说来，亦工亦农的社队企业在这方面的限制就要小得多。社队企业的人员，多数是农忙务农，农闲务工。一般说来，一年中九个月务工，三个月务农。大忙时，只留少数人员坚持关键性的岗位，绝大多数人投入大忙。这样既保证了农业生产时间劳动力的需要，保证了农业这个基础的巩固，又使农村劳动力的劳动时间有连续性，避免了某些地方出现过的挂牌劳动现象。1965 年全省社队企业人数极少，到 1978 年全省社队企业劳动力达到三百二十五万人，超过了全省全民所有制职工总人数。显然，城市企业要这样大幅度增加职工是不可能的。亦工亦农的社员增多了，而农业劳动生产率却在提高，农业这个基础就会更为稳固。

社队企业是人民公社集体所有企业，能在社队统筹安排下合理使用土地；同时不需要像当前城市工厂征用土地时所免不了的那些麻烦与困难，该用的则用，比较方便。

在使用积累，扩大再生产方面，社队企业没有城市工业企业那样多的行政层次和繁琐手续。在城市企业添置一台设备，打了报告要经过多层多头领导部门的审批，往往要辗转几个月，盖章十几个。社队企业则不同，不论是购置设备，还是转产，只要社队决定了，就立即动手，一般不拖延时日。

（三）企业的兴衰成败与劳动者的经济利益结合得比较密切，经济动力大。

社队企业都是独立核算，自负盈亏的。这就必然促使从领导到工人都自觉关心企业的经营成果。江苏省对务工社员多数采取"厂评等级、队记工分，厂队结算，回队分配"的办法。少数采用发工资、交积累的办法，大部分企业都实行"几定几奖"。根据统计，一般务工社员收入比务农社员多百分之十五到二十，老弱病残没有技术的副业社员也能接近于务农社员的收入。但是他们的企业不是"铁饭碗"，办得不好就会停产，就会减少他们经济收入。因此，他们关心本企业的兴衰成败，一般说来，吃苦精神好，干劲比较大。

社队企业既是独立核算单位，又是社队所有的企业，为了保证社队增产社员增收，社队企业以企业利润的一部分补贴农业。同时由于务工社员是用厂队结算、回队分配这一类办法计酬的，因此生产队每年能从社队企业中获得一笔转队工资。无锡县 1978 年社员每人平均分配 124 元，其中工业补贴 11 元，转队工资 54 元，两者一共 65 元，占社员分配收入的一半以上。这样，务农的社员的经济利益也同社队企业的经营成果挂上了钩，使务农社员也能主动关心社队企业的生产，督促务工社员搞好生产。

（四）因陋就简上马快，投资省，积累率高，扩大再生产的步子大。

社队企业几乎个个都是艰苦奋斗、因陋就简地搞起来的。开始办厂时，社员自己凑些钱，或者从农业微薄积累中提取极少量资金，靠简单的工具起家，也不讲究厂房。他们不要宿舍，不要讲究的生活设施，不要预付工资，生产性投资很节约，生活性投资更节省。因而只有少量资金，就能很快上马。上马以后再积极创造条件，更新设备，翻盖必要的厂房，使产品升级换代，逐步提高生产水平。

社队企业生产费用省，亦工亦农的务工社员劳动报酬低；加上产销对路，资金周转快，因而利润相当高，无锡县社队企业近三年的产值利润率都在 23％ 上下，超过全省国营企业产值利润率 11％ 的一倍。1978 年的统计，全省社队企业每百元固定资产和流动资产创造税收和利润为三十六元一角，而国营工业为二十三元四角。社队企业的利润率高，积累就多，加上自主权较大，可以拿出较多的资金搞扩大再生产。1978 年全省社队企业固定资产已达到十六亿元，流动资金约为十四亿元。不少社队的社队企业固定资产十倍、几十倍地迅速增长。

归结以上几点，对市场的适应性大，经营管理的自主权大，经济上的动力大，扩大再生产的步子大，总的是反映了社队企业具有现在城市大工业所不能具备的某些特长和优点,是它们在今天条件下具有强大生命力的内因所在。即使在经过调整、改革、整顿、提高以后,社队企业与农村经济结合紧密、亦工亦农社员劳动报酬较低等长处仍然存在,因此,社队企业是同我国农村生产社会化的程度和整个生产水平相适应的,有着与国营企业、城市集体企业等一起协调发展的广阔前途。

当然,社队企业也有短处和缺陷。从江苏的情况看,主要有两个:

(一)技术设备比大工业落后,管理水平、技术水平低。有相当多的社队企业,限于财力和技术基础,只能先用些大工业淘汰下来的某些设备。从业人员来自农村,缺少大机器生产的锻炼,缺乏经营农业以外的工、商业的经验。由于现行管理体制的限制,国家不会分配大学生、中专生或其他在职技术人员去社队企业,因此社队企业技术力量薄弱。据1978年统计,江苏省全民工业每人占有固定资产为八千多元,而社队工业每人占有固定资产不到一千元,江苏省全民工业企业单位全员劳动生产率为一万六千多元,而社队工业,比较发达的无锡县仅为四千多元,由于设备技术较差,某些产品的原材料和能源消耗较多。

(二)产、供、销过程中有相当程度的盲目性。在国家计划影响较少的情况下,社队企业容易重复办厂,小而全地布点。扩大再生产中也存在着相当大的盲目性。这几年曾经一再出现一窝蜂地发展某些行业某些产品,比如在全省范围内刮过的"塑料风",在某些地区发生的"螺丝风"、"锉刀风"等。因此,在总的能补国家计划不足的同时,也会在某些方面加剧经济的不平衡。

此外,由于社队企业资金较少,社队的经济实力有限,因而投资较大的"资本密集型"工业和引进先进技术的大企业一般办不起来。

(五)

正确认识社队企业在我国四个现代化中的作用,正确认识社队企业的特点、长处和短处,是为了把握社队企业的发展规律,便于对它们进行适合其性质、特点的切实有效地组织和领导,把它们纳入正确和健康发展地轨道，使它们在四个现代化的建设中发挥更大的作用。

社队企业在前几年的迅速发展中存在一些问题，在某些地方出现某种程度的重复布点、乱搞基建、盲目发展的现象。对此，应当从两方面来看：一方面，它是暴露了社队企业本身的缺陷；另一方面，它们也是从一个侧面反映了我国国民经济比例关系严重失调，反映了我们生产、建设、流通、分配中还没有完全消除的混乱现象，反映了经济管理体制上的问题。因此，社队企业发展中出现了这样或那样的问题，并不奇怪。对这方面的问题，应当从整个国民经济协调发展的全局来考察，来研究，应当在整个国民经济的调整、整顿、改革、提高的过程中，全盘考虑，统筹解决。

有人说：前几年社队企业的发展是"乱中取胜"。我们认为，在林彪"四人帮"的破坏干扰下，不少工厂停产减产，搞乱了供销的平衡，搞乱了比例关系，这个"乱"固然为社队企业的发展提供了某些有利的条件；但社队企业的发展，归根结底，不是取决于这个"乱"，而是决定于它们本身能适应社会的客观需要。社队企业所以能在前些年"乱"的情况下蓬勃发展，就因为它们生产了许多"短线"、"缺门"产品，适应了社会经济的需要；就因为它们正好从某些方面补充了国家计划的不足，在一定程度上缓和了比例失调的情况。我们必须对这点有足够的认识。1979年，是国民经济三年调整的第一年，在这一年里，社队企业不但多数站住了脚，而且在调整中继续前进。全省社队企业总产值比上年增长7％。1979年7月，国务院发出了《关于发展社队企业若干问题的规定（试行草案）》。这是我国发展社队企业的第一个章程，对今后社队企业的健康发展有着重要的指导意义。在党中央的正确领导下，只要认真做好工作，社队企业将更好地适应社会的客观需要，与整个国民经济的发展相协调。

怎样使社队企业健康发展，以更好地发挥其积极作用？我们认为，下面一些问题值得引起重视。

（一）关于社队企业合理布局问题。

合理布局问题，不能孤立地从社队企业本身来看。必须统筹解决国营企业、城镇集体企业与社队企业——在经济战线上的主力军、地方军和游击队如何协同作战的问题。这三方面企业在经营范围上应各有侧重，应根据当地资源条件和可以掌握到的原料、材料和燃料，根据社会需要，根据各地发展社队企业的具体条件，并从有利于搞好国民经济的调整和综合平衡出发，统一布局，使之各得其所。

为此，各省、地、县各级作出从实际出发的长期和近期规划，进行有计划的布点，这就很有必要，当前的重点是搞好调整。社队企业的调整，应同农业内部比例关系的调整，附近城市或协作城市工业的调整，配合起来，共同考虑。凡是不利于加强农业这个基础的亏损企业，会加剧工业部门比例失调的企业，产供销有问题的企业，都应及时转产。有些重复布点的产品，可以分别情况，采取社队、社社、队队以及县社联办等形式加以解决。应当按照专业化协作的原则，对如何把有条件的社队工业企业逐步纳入整个工业部门的专业化协作网中去，作出规划和设想。对各种副业企业的发展，也应与农业多种经营的发展以至专业化的分工，统一安排。目前社队企业中副业企业比重太小，规划时要引起足够注意，但规划要因地制宜，切合实际，而规划的实施，主要要靠实事求是的引导，不能滥用行政手段。

合理布局中的主要矛盾是如何积极解决劳动力多、劳动对象不足的问题。有些同志认为，城市待业人员多，而劳动对象不足，目前主要发展城市集体所有制企业，社队企业的发展可以放一放。我们认为，发展城市集体所有制企业与发展社队企业并不矛盾。社队企业与农业关系密切，可以也应当在"农"字上多做文章。当然，人口应当有计划严格控制，但对现有劳动力的安排，我们并不悲观。社队企业有广阔的土地面积，有着丰富的劳动对象，靠山吃山，靠水吃水，特别是手工业、种植业、养殖业、农副产品加工业、农用工业、建材工业、建筑业、运输业，以及外贸产品的加工，都大有文章可做。我们八亿农民并不笨，有些技术密集的工业产品也可以充分发挥八亿农民中尖子的作用，让有条件的社队企业搞。安装在毛主席纪念堂的火焰报警器是社队企业的产品，全国第一批塑料电镀成品是社队企业的产品，全国第一台化纤染色用的高温高压锅是社队企业的产品：社队企业不可小看。因此，对社队企业布点时,要从社队的资源情况、技术条件、供销渠道等多方面来考虑。要在经营范围上大致划分,当然,划得过严也并不好。

一般说来,社队企业应当以发展农副产品加工为主。但也要看到,农副产品加工方面,现有的老企业不少,它们技术、设备等条件都较社队企业好,因此,应当首先保证对城市现有加工工业的原料供应。然后在增产的基础上对增产部分的农副产品实行分成,或全部归社队企业。在调整中,有些农副产品的加工应根据经济合理的原则,有步骤地下放给社队搞。这样才能既保证城市工业对原料的需要,又调动社队和社队企业的积极性。

(二)关于尽量依靠经济手段管理的问题。

社队企业不是国家叫办什么才办什么的,也不是国家计划一个企业才产生一个企业的。它是根据国家需要和市场需要,根据社队自己的条件,能办什么就办什么的。就是说,大多数社队企业都是从计划外生产开始的。以后随着生产的发展和提高,部分产品会直接纳入国家计划,但这方面的比例不一定大。根据苏州地区近两年统计,社队企业的工业产品中,直接计划部分占20%,间接计划部分占20%,自产自销部分占60%。现在看来,把社队企业的产供销全部纳入国家计划既无可能也无必要。他们的生产和经营,应当主要由市场杠杆来加以调节。如果勉强把社队企业的生产和经营都直接纳入国家计划,只会使社队企业躺在国家计划上睡觉而失去它本身的强大动力。

当然,我们不能对社队企业的生产经营放任不管。但主要是要用国家计划指导和影响它们,尽量依靠经济方法加以管理,充分利用信贷、价格、税收等各种经济杠杆给以有效地引导。这个工作要求很细致,它涉及国家税制、价格体系等一系列的改革。国家对社队企业笼统地实行低税免税政策并不好,对于社队企业盲目生产的长线产品应当征收较高的税收,而且在开办初期就应征税;而对生产短线产品的企业就应予以免税,时间可超过三年。这样,可以用税收杠杆促使社队企业避长线补短线。对于蚕茧,有些社队往往把较多的好茧留给自己所办的企业用,对此也应有所规定,比如可以确定分成,在分成额内的一般收税,在分成额外超用的收重税。社队企业发展很不平衡,因此对后进地区发展国家和市场所需要的产品而原料、技术有保证的,就应从信贷方面多给以扶持。对社队企业的产品价格、原料价格的规定不能过死,但也不能放任自流;对自销产品的浮动价格不但要规定最高价格,也要规定最低价格,防止大涨大落,这样才能保证活而不乱,管而不死。

我们认为,社队企业是在国家计划指导下充分利用市场调节作用的企业。因此,应当主要通过指导性计划来影响它们,特别要利用各种经济杠杆、经济手段,促使它们的发展服从国民经济协调发展的需要。

(三)关于抓好流通工作促进生产的问题。

社队企业的发展问题,很大程度上是开辟多种流通渠道,促使产供销衔接的问题。而流通环节在农村经济中却是薄弱的一环。受重农抑商的影响,流通渠道不畅通已经成为农村经济发展的极大障碍。随着社队企业的发展,搞活流通工作已成为当务之急。可以在农工商一体化的原则下,采用三个办法:一是各级社队企业管理部门设立供销经理部。江苏全省七十五个县市已有六十六个县市建立了社队企业供销机构,有些公社也已经成立。实践证明:抓好这项工作可以把满天飞的单个采购员组织起来,事半功倍地帮助社队企业沟通供销渠道,避免和减少盲目购销和物资流转中的严重浪费;可以使社队企业有关人员掌握经济信息和市场动向,逐步耳聪目明,提高按经济规律办事的本领,改进产销工作;也有利于改变社队企业管理部门"空军司令"的状况,便于对社队企业进行实际的指导。二是公社办一些商业企业,合理开展农工副企业产品的批发和零售,并由此创造条件,逐步发展农工商综合经营,这既可补充国营商业和城市集体商业的不足,又可促使社队各业兴旺,活跃农村经济。三是大力开展物资交流活动。如物资展销会、交流会、选样订货会等,这些活动在江苏各地举办均较多,效果都很好。1979 年 9 月在昆山县举办的苏州地区地方工业市场产品选样订货会议上,工业销出总额为两千五百多万元,商业购进总额达两千四百多万元,社队企业占销出总额的 80%。这些活动使社队企业发展了商路,熟悉了行情,对改进生产经营很有好处。

（四）关于提高经营管理和技术水平问题。

社队企业吃苦精神好，非生产开支省，这是好的。但往往管理不善，不讲文明生产，不讲严格经济核算和财务管理；也容易追求小而全的自给自足，生产技术水平较低。因而很有必要通过整顿，健全必要的管理制度。社队企业能不能搞上去，关键就在于它的产品有没有竞争的能力。而要使产品具有竞争能力，就不仅要求它小而活，而且要能小而专、小而精。有些地方办好社队企业的重要经验就是逐步专业化。差不多办得较好的企业都是小而专的工厂。比如无锡县藕塘公社的缝纫机制造专用工具生产，常熟县的花边生产，吴县的和服带生产等等。要在社队企业中大力提倡创名牌、赶名牌。要通过整顿，使社队企业在提高产品质量，降低消耗，增加品种，创造名牌上取得成效。这是关系到社队企业能否在调整中继续发展的重要一环。要支持社队企业向大工业、向科研部门很好地学习科学技术。可派出人员进行培训，或聘请退休工人和技术人员做顾问，作指导；可与科研部门合作试制新产品，向大工业引进技术。有些县分配部分大专院校毕业生到社队企业局去，作技术指导，这很有必要建议国家在研究体制改革中予以考虑。

社队企业的发展涉及面很广，需要研究的问题很多。比如，怎样在办好社队企业的基础上向农工商综合经营的方向发展，这很值得深入研究。对此，本文只能一般提到，以后将专文论述。总而言之，办好社队企业，发展农工商一体化，不只是社队企业主管部门的事，而需要计划、财政、金融、物价、商业、交通运输以及城市工业部门各个方面的支持和配合。只要上下左右，各个方面，都从加快社会主义四个现代化的建设着眼，在调整中按照社会主义基本经济规律的要求和其他社会主义经济客观规律的要求办事，那我们就一定能从我国的实际出发，进一步办好社队企业，把它们的生产和经营纳入整个国民经济按比例协调发展的轨道上去，使它们发挥越来越大的积极作用。

（与李宗金合作，原载院刊《理论研究》1980 年第 26 期，收入江苏省社科院经济所：《江苏社队企业经济文选》，1981 年 8 月。）

促进乡镇企业继续前进必须
把握好深化改革的方向

在我国"异军突起"的乡镇企业,经受了治理整顿的考验,正在呈现出新的发展势头。面对这一形势,很需要冷静思考:如何使乡镇企业避免再次滑入扩张、紧缩的不良循环,长期持续地阔步前进?

《中共中央关于制定国民经济和社会发展十条规划和"八五"计划的建议》再一次明确指明了深化经济体制改革的基本方向,即:"按照发展社会主义有计划商品经济的要求,建立计划经济与市场调节相结合的经济运行机制。"

要使乡镇企业继续阔步前进,根本之道就是要把握好这个方向,在推进深化改革中改善其运行机制,使之同建立计划经济与市场调节相结合的社会主义有计划商品经济的运行机制相统一。

发挥乡镇企业优势需要相协调的宏观环境

党的十一届三中全会以后,我国的乡镇企业进入了大发展时期。依靠市场调节灵活经营的乡镇企业始终以明显高于城市大中型企业的速度迅猛发展着。江苏省苏锡常地区乡镇企业的发展速度有几年曾连年达到 40％以上。据 1990 年的统计,乡镇企业总产值 9500 亿元,已占到全国社会总产值的 25％,全国农村社会总产值的 60％。其中工业总产值 7000 亿元,占全国工业总产值的比重从 1980 年的 6.2％上升到 33.5％。

实践表明:发展乡镇企业是实现我国农业和农村现代化的必经之路,是加速我国工业化的必经之路,也是增强我国经济实力、稳定政治社会的必由之路。一句话,乡镇企业在我国有着生长、生存和发展的客观基础,是我国国情的必然。

实践同时表明:乡镇企业的发展在我国有着必然性,但必然变为现实是需要有一定的条件的,其条件就是要有与发挥乡镇企业优势相协调的宏观环境。

所谓乡镇企业的优势,简单说来,就是在一定政策的激励和指导下,能发挥市场调节的灵活机制作用,即表现为对市场的较强适应力,对商品经济的较强开拓力。

所谓相协调的宏观环境,按照我国的基本国情,就是要在总体上形成计划经济与市场调节相结合的与发展社会主义商品经济相适应的经济管理体制和经济运行机制。

乡镇企业萌生于五十年代,衰落于六十年代,再生于七十年代,腾飞于八十年代,为什么乡镇企业的发展会有这样的曲折过程?这里有认识上的原因:在以往"左"的指导思想影响下,人们把搞商品经济视同资本主义,对依靠市场调节发展乡镇企业一直是"理不直,气不壮"。当然,更有体制上的原因。以排斥市场机制作用为特征的传统体制限制着乡镇企业的发展。这一状况直到十一届三中全会以后才有改变。

为什么我国乡镇企业的发源地,不在中部、西部,而在商品经济起步早的东部沿海地区?为什么江苏等商品经济发达地区乡镇企业的发展一直在全国保持着领先的态势?主要原因也就是这些地区突破传统的经济体制的束缚起步早,能"超前"开拓市场调节的门路。

治理整顿两年多来,乡镇企业同城市大中型企业处于货币紧缩、市场疲软的同一环境,但是,乡镇企业转身灵活,产品结构调整快,因而,增速滑坡迟于大中型企业,滑坡幅度小于大中型企业,经济复苏早于大中型企业。1990年全国乡及乡以上工业总产值比上年增长6%,而乡镇企业的增长幅度在12%左右。这里的主要原因仍然在于乡镇企业能发挥市场调节的灵活应变机制,呈现了面向国内外市场的强大开拓力。

　　总的说来,乡镇企业多年保持了快速发展的势头,但不同时期、不同地区增幅的高低、起伏大有悬殊,其中有经济社会的多方面原因,但主要源自于乡镇企业市场调节的灵活机制与宏观环境的协调性上的差异。不论是评价对乡镇企业的功过,还是探求乡镇企业健康发展的途径,都必须把这两者联系起来作考察,才能有正确结论。从乡镇企业出世的那天起,社会上就出现对它"糟"和"好"的不同看法的争论。而且,这种争论随着宏观环境的变化时有冷热起伏:每当国民经济发展顺境的时候,对乡镇企业推崇备至的声音上升;而当国民经济的发展处于逆境时候,对乡镇企业的怀疑、非议、责难之声便纷至沓来。重要原因就是孤立地评价乡镇企业的优势或弱点,没有同客观上要求理顺体制关系、为乡镇企业提供相应的宏观环境这点结合起来考察。在今天客观形势迫切要求推进体制深化改革的情况下,更需要从这两者的相互协调上去全面考察和客观评价乡镇企业的发展及其运行机制,只有这样,才能从中正确把握其继续开拓前进的方向。

在服从宏观调控条件下发挥乡镇企业优势

　　就乡镇企业而言,必须坚定地从发展有计划的商品经济的宏观全局着眼,完善其依靠市场调节灵活经营的运行机制,使之同计划经济与市场调节相结合的整个国民经济的运行机制相适应。

　　区别于传统体制下的国营大中型企业,乡镇企业是亿万农民在治穷致富的强烈愿望下自力兴办起来的企业,没有"大锅饭"可吃,没有"铁饭碗"可端,自主经营,自负盈亏;与此相应,内在地生长一种依托市场、自我开拓的灵活应变的经营机制,其中包括优胜劣汰的竞争机制,自负盈亏的风险机制,多劳多得的分配机制;同时,也内在地产生出一种"千方百计,千山万水,千言万语,千辛万苦"的创业精神,这些,集中表现为商品经济的强盛开拓力。正是凭着这股开拓力,乡镇企业开发非农经营,创办农村工业,在农村形成了市场导向、农工相辅、多业结构、综合发展的新格局,拓宽了就地消化农业剩余劳动力、自力建设小城镇的新路子,促进了农村社会化、专业化、商品化生产的大发展,打开了由自给半自给经济向较大规模商品经济转化、由传统农业向现代农业转化的新天地。

然而,不能不指出:乡镇企业利用市场调节、自主经营的灵活机制,固然有开拓商品经济、激活区域经济的积极一面,但在生产经营上也有偏离宏观经济全局利益的盲目性的一面。乡镇企业由其追求自身利益的局限性所决定,多年来一直走着一条以数量扩张、外延扩大、布局分散、重复建设的非理性发展路子,多数企业没有及时走上科学决策、规范管理、既能自我激励又能自我约束的效益型的经营轨道,以致它们在冲击宏观经济的同时,也加剧了自身生产经营上的一系列矛盾:超高速增长大大扩大了能源、原材料的缺口,迫使向灰市场高价搜求的行为升级,招致生产成本不断上升;资金短缺促使负债经营普遍化,促成了“债务链”的恶性发展;数量扩张机制影响利益分配机制的扭曲,奖金、回扣制度混乱催化了消费膨胀和财源流失;短期行为派生短期决策,助长了核算不严、报表不实、家底不清、盈亏不真的财务混乱的状况。总起来说,就是高投入与低产出的矛盾在乡镇企业经济中逐步发展,一大批企业从“负债经营”发展到“资不抵债”、“利不抵息”的地步,其结果是脆化了企业的物质基础,深化了企业的虚浮病态。这方面的矛盾,在经济过热的环境下为虚假繁荣所掩盖,在治理整顿中出现市场疲软的环境下,就立即显化无遗。

由于今天乡镇企业的总体规模已非昔比,在农村经济中三分天下有其二,在全国城乡工业中也已三分天下有其一(江苏的乡镇工业已占有“半壁江山”)。以这样的规模,乡镇企业对国民经济的积极作用大为增强,而其生产经营上的消极东西也会更加明显作用于农村经济和城乡经济的运行。在农村内部,乡镇企业支撑农业稳定发展的积极作用扭不过在工农比较利益悬殊下农村经济发展日益向农村工业倾斜的势头,以致出现了工业发展过热与农业连年徘徊的明显反差,农村出现了农业与工业之间不相协调的矛盾。同时,城乡分割下的分散布局和重复建设又引发了多种工业原料的争夺战,深化了城乡工业之间的摩擦,从全社会看,招致产业结构错位,劣化了资源配置。

应当承认,乡镇企业发展过热化中出现的某些盲目性是在我国宏观管理弱化、经济过热化的环境下突出起来的。但是,乡镇企业超高速发展的过热行为与其利用市场调节的固有局限性一结合,势必反过来又作用于整个经济,从而加剧经济过热,并进一步引发生产、建设、流通、分配领域的混乱,这不利于国民经济持续、稳定、协调发展,也不利于乡镇企业自身的健康发展。

十年高速发展与两年治理整顿的正反两面经验,为乡镇企业健康发展、继续前进提出了方向,这就是:要在深化改革中健全包括激励机制、约束机制、积累机制、发展机制、决策机制在内的经营机制,增强对宏观调控的适应能力,提高对外部环境某些不确定因素干扰的自调节、自组织能力,从而做到:在计划导向下更好地发挥市场调节作用。

乡镇企业只有认定了这一方向,才会在健全自身经营机制上肯下工夫,积极开拓内涵发展、集约经营的效益型新路,而不至于在宏观环境稍有宽松时就要走数量扩张的过热化老路。

实施有利于发挥乡镇企业优势的宏观管理

就国家宏观调控层和各级政府来说,就要把治理整顿同深化改革结合起来,坚持总量适度控制,着重调整产业结构,同时,加大改革分量,推进配套改革,从总体上建立起计划经济与市场调节相结合的经济运行机制,使整个国民经济摆脱扩张—紧缩—再扩张的不良循环,实现有计划按比例发展的良性循环,从根本上为乡镇企业的继续开拓前进创造相应的宏观经济环境。

为乡镇企业创造良好的宏观环境必须与完善对乡镇企业的宏观管理相配合。十年发展的经验表明:对乡镇企业不能"放开不管";治理整顿的实践又告诉我们:管理乡镇企业不能"一卡了事"。而是必须从不同地区、不同产业、不同企业的不同情况出发,实行"积极扶持,合理规划、正确引导、加强管理"的方针。实施这个方针不能孤立进行，要同完善整个宏观经济调控的机制和手段结合起来。这里的"积极扶持，合理规划，正确引导"必须是实施合乎宏观经济调控总目标的"扶持"、"规划"和"引导"；这里的加强管理又只能是加强与"积极扶持、合理规划、正确引导"相配合的"管理"。总之，对乡镇企业的发展必须在强化宏观经济管理功能的条件下，采取间接管理与直接管理相结合而以间接管理为主的手段，才能进行合理有效的扶持、规划、引导和管理。

乡镇企业发展的地区性较强。对乡镇企业实施合理、有效的管理，固然不能脱离全国统一的宏观调控体系的运转轨道，但又必须依托于省区和中心城市进行。因此，当务之急，应当按照设立中央和省区两级经济调控体系的改革框架，加紧探索省区（市）实施能保持并增强乡镇企业市场调节的灵活机制的宏观调控的有效途径。这是体制改革中的一个薄弱环节，也是一个难点，需要有步骤地推进。但对省区来说，应采取积极态度，围绕加强综合调控功能，采取可行的改革措施，而不应被动等待。比如说：

第一，从国民经济全局出发，对省区多行业、多层次的城乡经济统一规划，统筹管理，包括推进城乡一体的深化改革。要在同全国产业政策相衔接的前提下，制定和实施城乡通开的地区产业政策。要根据国民经济各方面、各部门有机联系的客观要求，理顺管理体制，对乡镇企业实施综合管理和行业管理相结合的管理形式，协调好工业与农业、城市工业与农村工业等方面的关系。需要根据乡镇企业的发展主要靠市场调节特点，制定和实施为乡镇企业疏理计划外供销渠道的必要政策，开其正道而堵其邪路。在税收上，既要纠正对乡镇企业滥开减免税口子的做法，又要区别其社会负担重于城市企业的情况，使能合理税负。

第二，发挥和强化中心城市的作用，打破乡镇企业布局块块化的封闭模式。需要创造条件，对现行财政包干、工业管理、投资管理以至行政管理等体制进行配套改革，从根本上解决条块分割、城乡分割的矛盾。在推进中心城市功能建设、强化大中城市作为区域流通中心作用的条件下，培育和建设城乡通开的各类市场网络，促进生产要素在较大的区域范围内的合理流动和城乡生产专业化分工的发展,推动企业组织结构的调整和企业集团的发展和提高;以此为纽带,带动生产布局和空间结构的调整,缓解地区间、城乡间的结构性矛盾。

第三,加强国民经济的综合计划管理,强化省区调节经济运行的整体功能。这首先需求强化计委的综合职能,使之能在改进国民经济综合平衡制度的基础上加强对市场调节活动的计划指导和宏观协调。在计划部门牵头下,组织有关部门共同搞好综合财政、综合信贷、综合物资、综合劳动工资等综合计划,加强对预算内外、计划内外的资金和物资以及社会劳动力统筹调节的科学决策;同时,建立部门协同机制,切实改变部门之间分兵把口、政出多门,以致各种调控手段互不协调、经济杠杆逆向调节的无序化状态,保障产业政策的实施。

（原载《中国乡镇企业理论与实践》1991 年第 1～2 期合刊）

从科学把握"苏南模式"
这个研究对象入手

——《苏南模式研究》开宗明义第一章

开宗明义第一篇,需要先弄清楚"苏南模式"这个研究对象,对此提出一些总的概念,作为下面深层剖析的入门向导。

苏南模式的内涵

什么是苏南模式?现有表述不一。我们认为,要弄清苏南模式的涵义,对它作出科学表述,必须从总体上把握苏南农村经济发展的客观基础及其主要特点。

苏南模式的双重涵义

苏南,通常指江苏省长江以南地区。但我们研究的"苏南模式"的地区范围,则指江苏南部的苏州、无锡、常州三市按市领导周围县的体制所管辖的十二个县(包括四个市属市)的农村,这十二个县(市),即苏州市所辖六个县(市):太仓县、昆山县、吴县、吴江县、常熟市、张家港市;无锡市所辖三县(市):无锡县、宜兴市、江阴市;常州市所辖三县:武进县、金坛县、溧阳县。

苏南模式就孕育形成在这样一个地区的农村里。这里的农村在发展专业化、社会化、商品化的生产基础上改革产业结构,出现了多层次、多行业、多形式经济全面综合发展这样一种基本格局。所谓多层次,即种植业层次、大农业层次、农村多行业层次;所谓多行业,即农业、工业、商业、建筑业、交通运输业、服务业等各业;所谓多形式,即乡办企业、村办企业、组办企业、户办企业、联合办企业等多种经济形式。

由此可以认为:"苏南模式"即苏南农村这种多层次、多行业、多形式经济全面综合发展的模式,这就是苏南模式的基本涵义。

但是,对苏南模式涵义仅作这样表述,还没有抓住苏南模式的个性,不足以深入揭示其内含要素的作用机制。按照系统论的观点,按照事物的整体与其组成要素之间,整体与其外部环境之间相互联系、相互作用、相互制约的观点,不能不同时指出乡镇企业的发展在苏南农村经济发展中有其特殊的主体位置和突出的启动作用。

试看下列反映苏南乡镇企业的发展情况及其在农村经济中地位变化的统计表:

1986 年农村社会总产值构成(%)

合　计	农　业	工　业	建筑业	运输业	商业粮食业
100	16.89	71.19	7.68	2.00	2.22

乡镇企业已在苏南农村经济中居主体位置,成长为推动农村专业化、社会化、商品化生产的中坚力量。很明显,苏南农村多层次、多行业、多形式经济全面综合发展格局形成的历史过程,就是乡镇企业在苏南率先兴起,并对那里的商品经济不断起着激活、催化、启动作用,带动和推动农村分工分业和产业结构改革的过程。可以说,没有乡镇企业特别是乡村工业的蓬勃兴起,就没有苏南模式的形成。从这个意义上说,苏南模式也就是以乡镇企业的兴办带动苏南农村商品经济全面发展的模式。

如果把前面提到的苏南模式的基本涵义——苏南农村多层次、多行业、多经济形式的全面综合发展模式作为苏南模式的第一涵义,那么,在这里着重指出的以乡镇企业的兴办带动苏南农村商品经济全面发展的模式就是苏南模式的第二涵义。

苏南农村乡村工业企业总产值　　　单位:亿元

城市 年份	苏　州	无　锡	常　州	总　计
1978 年	10.42	10.96	4.55	25.93
1979 年	14.07	14.39	5.52	33.98
1980 年	21.72	21.69	8.55	51.96
1981 年	26.01	25.67	10.20	61.88
1982 年	28.15	27.24	11.55	66.94
1983 年	35.37	33.92	14.23	83.52
1984 年	52.96	51.77	20.16	124.89
1985 年	89.69	86.44	34.07	210.20
1986 年	117.45	113.23	39.58	270.26
1986 年比 1978 年增长(倍)	10.27	9.33	7.70	9.42

1980 年起按 1980 年不变价计算。

资料来源:《江苏乡镇企业统计资料》。

这就是苏南模式的双重涵义。

苏南模式的这两重涵义,当然有区别,有矛盾,但只要把握住两者的内在联系,矛盾可以在研究过程中加以统一。以研究苏南农村经济的全面综合发展为着眼点,以研究苏南乡镇企业的发展为着力点,在把握乡镇企业与周围环境的相互联系的基础上,可以把乡镇企业发展的扩展研究同农村经济全面发展的深化研究结合起来,这样就能比较全面地认识苏南模式的特点及其运行机制。

苏南模式的主要特点

从苏南模式双重涵义的相互联系上考察,不难发现,苏南模式具有以下主要特点:

一、在农业稳定高产的基础上就地转移剩余劳动力,全面发展农

村商品化生产。

　　这一带是著名的鱼米之乡,相对于苏北和江苏以西地区,农业劳动生产率较高。早在本世纪二十年代,无锡一带农村就重视优良品种的引进,并逐步采用戽水机和豆并施肥,生产技术上有了突破,使正常年景的粮食亩产能在 450～900 斤之间。以无锡县为例,每一农业劳动力平均年产粮食 1260～1680 斤,处于当时全国的领先地位。正是在这样的条件下,苏南农村较早就有劳动力从粮食种植上转移出来,从事经济作物的栽培,以至转向手工业和外出做工、经商和贩运等。建国以来,这里农民组织起来发展集体经济,加上水利设施的大大发展,农业更是长期稳定高产,农民比较早地解决了温饱问题。到七十年代后期,苏、锡、常粮食总产量比建国初期增长两倍以上,但由于这期间农村劳动力激增八倍左右,以致每个劳动力平均提供的粮食也不过 2200 斤左右。在我国人口政策的限制下,农村人口不能随便进城,大量劳动力只能被封闭在少量的土地上搞单一的种植业,这必然阻碍劳动生产率的提高和人民生活的富裕,像无锡县建国时每个劳动力平均担负耕地三亩多,到了七十年代末已减少到一亩多,农业劳动力大量剩余。农业的继续前进迫切要求剩余劳动力的转移,于是,依靠了农业上的原始积累,利用了农业上的简陋设备和农村提供的土地,在"围绕农业办工业、办好工业促农业"这样一种指导思想下办起一批又一批的社队工厂,苏南农村在新的历史条件下出现了农业剩余劳动的大量就地转移,并由此开创了以农业为基础、全面发展商品化生产的新局面。

　　二、乡村工业作为农村经济的主体,带动并支撑着农村分工分业的大发展。

　　苏南农村工业以社队办为主,萌生发育于五十年代中后期,六十年代一度萎缩,七十年代重新起步,八十年代蓬勃发展,到今天已具有相当规模和水平,并形成了自己的一些特点。

　　(一)乡乡村村都办工业,工业企业密集。1986 年,工业企业从1978 年的 1.65 万个发展到 3.05 万个,平均每个乡(镇)有工厂 77.12个。这一年苏南乡镇工业总产值 283 亿元。即这个地区以占全国

0.17％的土地、1％的人口,创造了占全国 10％的乡镇工业产值,成为我国乡镇工业企业密度最高的地区。

（二）以工业原材料为对象的加工工业为主,行业门类比较齐全。凡是城市里传统产业,如机械、建材制品、金属制品、塑料制品、化学工业以及纺织工业等,在苏南乡镇企业中都有。在苏南,有些县像吴江、太仓县,农副产品资源丰富,农副产品加工相对来说比较发达,但从整个苏南地区工业产业结构看,工业性加工工业为主导性产业。

（三）企业以小型为主,但也有相当数量的一批小而专、小而精的企业。在上百个工农业产值超亿元的乡里,差不多每个村都发展有现代技术装备和管理水平的骨干工厂。

苏南已出现农村工业化的雏形。1986 年乡镇工业产值在农村社会总产值中已占有 71％以上的比重。在苏南城乡工业总产值中,乡镇工业占了"半壁江山"（1986 年占整个工业总产值的 50.01％）。就在这个农村工业化的过程中,与上述乡镇企业的特点相联系,苏南农村与外地发展着日益频繁的加工、订货、销售、协作业务,本地区农民之间劳力交换、商品交换也日益扩展,相应的,农村非农经营门路越来越宽,剩余劳动力的转移有了更多去向,自然而然地开创了农、林、牧、副、渔多种经营与工、商、建、运、服综合发展的新局面。

三、依托大中城市开拓内外市场,搞活横向经济联系。

苏、锡、常都是长江三角洲的"明星"城市,有较强的经济辐射能力,特别是靠近我国最大工商城市上海。这里乡镇企业的发展,借助附近大中城市的产品和物质技术扩散,发展与城市企业的专业化协作;得力于以城市为中心的交通、通讯和流通网络,不断增强产品开发能力和竞争实力,扩大了产品的市场覆盖率。乡镇企业基本上都是"计划外"生产,自产自销,还要自找原料材料,靠的是物资协作,求诸于市场调节。1985 年无锡县乡镇企业从市场协作购进的生产资料占全县消耗量的比例:钢材为 98％,煤炭为 90％,木材为 91.7％,水泥为 100％。起初是以物物串换为主要形式的物资协作,以后就向着物资、技术、资金、人才"四位一体"的跨地区经济技术协作发展,由此带动了物资市场、资金市场的萌生和人才的流动。

近几年,在乡镇工业广泛蓬勃发展的条件下,苏南涌现了一大批以城市大中型骨干企业为依托、以名优产品为核心的城乡企业群体,扩大了名优产品的批量生产,还带动了乡镇企业生产技术水平的提高。苏州的香雪海电冰箱、无锡的菊花牌电扇、常州的金狮牌自行车等等,都是通过城乡企业联合,实现了产品产量的成倍提高,产品质量的显著改进,才得以扩大国内市场的覆盖率,并打进了国际市场。市场机制作用在苏南农村不断扩展,也促进了多种经营和农副产品加工的发展和提高,增强了扩大农副产品出口的物质基础。吴江、太仓等许多县增产大批出口农副产品,开发创汇农业,向着按贸工农为序组合产业结构的方向发展。苏南的乡镇企业在提高产品在国内市场覆盖率的同时,已成长为对外贸易的一支生力军。

四、在集体经济的基础上坚持共同富裕,协调多方面经济利益关系。

苏南农村同全国各地一样,全面推行了农业联产承包责任制,形成了户为基础、统分结合的集体和家庭双层经营的格局。不过,由于这里生产力水平相对较高,集体经济基础比较坚实,因此,"统"(统一种植布局、统一栽培措施、统一植保、统一水利灌溉、统一制种配种等)的程度相对说来也就比较高一些。与农业上地区性合作 经济为主体并实行双层经营的情况相适应,乡镇企业以乡村集体办为主,形成乡办、村办、组办、户办、联户办多层次经济综合发展的格局。1985 年,苏、锡、常三市乡村办企业完成总收入 195.55 亿元,在整个乡镇企业总收入中占94.2%。这充分表明了集体办为主的特点。村以下企业和专业户也在不断发展,当然,同经济实力强、信息灵、技术精的乡村工业比较,家庭工业户竞争力相对较弱,因而发展步子相对较慢。近年苏南农村联户企业日益增多,特别是第三产业的联户办企业明显增多,显示出分散、粗放的家庭经营走向集约经营、规模经济、专业生产的客观趋势。

苏南的乡村地区性合作经济组织首先保证国家上缴税金任务完成,同时按照允许一部分先富起来但又不失去共同富裕目标的原则,采取"以工补农"、"以工建农"的形式,协调农副工之间的经济利益,由此,不仅使农业和粮食生产稳定发展,而且促进了农副工的综合发展和乡、村、组、户、联的多层次经济的开发。

五、依靠集体所有制经济组织,加强乡村范围内管理经济的功能。

这主要表现在对乡镇企业的管理上。苏南乡镇企业是在旧的管理体制下兴办的社队企业演变过来的。原社队范围内的地区合作经济组织的领导干部直接参与办企业的经营决策,为基层企业的发展指方向、定项目,甚至通过行政系统,帮助疏理各方面的关系,开拓供销渠道,网罗技术、管理人才;另一方面,从乡村范围内稳定发展农业、富裕全体农民出发,统一掌握乡村办企业的分配,安排"以工补农"、"以工建农"资金的使用。在实行政社分开、建立乡村政府后,基本上还沿袭这种管理形式。这是苏南模式在管理体制上的一个特点。这种由乡村领导干部直接参与经营决策的形式,同苏南模式的形成和发展不可分割。

把上述主要特点联系起来,从苏南农村的总体上考察,可以对"苏南模式"作出如下表述:

以农业为基础,以大中城市为依托,利用市场和市场机制,与农业上的所有制结构和经营方式相适应,兴办以集体为主体的乡镇企业,以农村工业化推动农村分工分业发展和产业结构改革,多行业的内向组合与多渠道的外向开发相结合,促进农村全面繁荣和农民共同富裕。

这就是苏南模式的内涵,也就是需要总体上加以把握的苏南模式这个研究对象。

对苏南模式的历史考察

苏南模式是商品经济发展的产物。它的形成,是在苏南农村的客观经济条件下超前发展商品经济,使传统的经济发展模式比较早地受到冲击并逐步解体的结果;它的形成,也显示了这一带农村在改革开放条件下超前出现向有计划商品经济转换这样一种客观趋势。

苏南农村的传统模式及其解体

在我国传统经济体制的约束下,苏南地区的农村同全国农村一样,长时期来按封闭型的农村经济发展模式行事。这一传统模式,简单说来,有四个主要特征:一是产业结构是以种植业为主的单一结构,在"以粮为纲"的思想指导下,实际上是以粮食种植为主;二是产品购销活动纳入国家计划轨道,基本上排斥市场机制的作用;三是实行由国营商业供销部门组织工业品和农用物资下乡和农副产品进城,城乡之间不存在生产要素的自由流动;四是大量劳动力被封闭在少量土地上搞饭吃,很难吸收先进科学技术。总的一句话,就是这种传统模式严重地约束着生产专业化、商品化、社会化和现代化的发展。

但是,在苏南农村里客观存在着一种较强的商品经济的开拓性,它不断地冲击着传统的经济模式,为新的模式——苏南模式的形成拓宽了途径。

这需要从苏南农村的区域特征说起。

大家知道,苏、锡、常所在地区长江三角洲,是我国有名的"金三角"。对"金三角"的自然、地理条件,有人曾提出过"四得"之说:气候温和——得天独厚;水系水网——得水独富;土地肥沃——得土独肥;旅游点多——得景独秀。这些都是事实,但更为重要的是,这里具有大力发展商品经济的客观经济社会条件,并由此形成苏南农村的一系列区域性特征:

(一)地理环境优越,有交通方便,运输畅通的条件。这里临江近海,处于太湖水系水网地区,而且有沪宁铁路贯穿东西,大运河沟通南北,水陆交通都很发达,并具有外联海港、内通腹地的环境优势。建国以来,交通运输设施在量和质上都有巨大发展。

(二)商品生产起步早,有联结区内外纵横交错的流通渠道。这里历来是闻名中外的"鱼米之乡"和商贾云集之地。历史上的四大米市之一无锡就在这个地区。早在明朝的时候苏南手工纺织业兴起,远远走在全国前面。刺绣、花边、织袜等家庭手工业有比较悠久的历史,碾米、榨油、酿造、陶瓷、砖瓦等集镇加工业很早就比较发达。作为商品开发早的结果,人们的商品意识强,经营门路广,通商渠道多。

(三)人口密度高而土地、矿产资源少,有外向开拓的客观要求。由于人均土地少,外出做工、经商、贩运的人历来就很多;由于矿产资源少,除了农副产品加工外,发展工业必然要依靠横向经济联系,发展"供销两头在外"的工业性加工业。

(四)集镇密布,有大中城市作为发展商品经济的依托。农村里差不多间隔六、七里就有一个集镇,形成以苏、锡、常三城市为中心的呈放射状分布的城镇群,有利于城乡经济联结。还有一条,这里农村的大部分地区紧靠全国最大工商城市上海。

(五)农村经济以集体所有制为主,有较强的农业集体经济实力。在全面推行农业联产承包责任制的过程中,这里的农村比较顺利地转上了统分结合、双轨经营的新体制,在坚持集体经营为主的条件下,形成乡、村、组、户、联户办的多样化所有制结构,比较适应多层次开发商品经济、发展社会生产力的客观要求。

所有这些具有苏南农村个性的区域性特征,集中到一点,即商品经济的开拓性强。这一点,正是超前突破农村传统发展模式,促使苏南模式逐步形成的内在因素。

苏南模式商品经济的开拓性

为了弄清苏南模式形成的实际原因,首先需要对其自身内含的商品经济开拓性作基本分析。

第一,在发展社会分工和商品交换的条件下,这里容易激发起商品经济的细胞活力,开辟劳动力与生产资料结合的途径,从而打破封闭式的劳动力结构。

在我国经济体制改革之前,甚至早在五十年代,苏南一带农村里就已表露出在农村就地开辟劳动物化的途径、开发商品经济的冲动,即依靠当时集体农业的力量,开始举办当时被称为"社队企业"的开拓性经营。党的十一届三中全会以后,在全国多数地区商品经济意识的觉醒比较滞后的情况下,这里的农村进一步表现了开拓商品经济的生机和活力。苏南乡镇企业在全国超前兴起,而无锡县、江阴县乡镇企业又在苏南超前发展,成为我国有名的"乡镇企业之乡"。就在这个过程中,一批又一批的剩余劳动力从农业中分离出来,与比较先进的机械化半机械化工具相结合,作用于比土地经营远为广泛的劳动对象,创造出比单纯土地经营远为丰富的物质财富。到 1985 年止,在苏南农村务工劳动力已占总劳动力的 40% 左右,使农村商品率从 20%～30% 很快提高到 80%～90%。

第二,在大中城市有较强经济辐射作用的条件下,这里容易走上外向开拓的经济技术协作之路,在较大区域范围内进行资源的重新组合,从而打破封闭式的城乡、地区界限。

无锡县调查材料表明:乡镇企业在开展跨地区横向经济联合方面,比城市企业有更大的活力和主动性。据 1983 年的调查[①],无锡县在与外地建立的六百多个经济技术协作项目中,属于同无锡市的协作项目占 32%,属于同上海市的协作项目占 40.35%。也就是说,70% 以上的是冲破了县的行政区划,同县外企业进行的协作项目。

需要指出,靠近大中城市,是开发繁荣农村经济的有利客观条件,但能否有效利用这一有利条件,还得取决于农村自身开发商品经济内在动力的大小,取决于农村微观经济组织对城市辐射吸收功能的强弱。苏南农村在发展跨地区经济技术协作活动中,大多乡镇企业表现出对城市经济技术辐射有较强的吸收功能。根据对江苏省乡镇企业吸收功能强、中、弱的分类调查和分析[②],在乡村两级工业企业中,吸收力强的县占 25.3%,吸收力中等的县占 31.8%,吸收力弱的县占 42.9%。吸收力强的县基本上都在苏南,而吸收力弱的县都不在苏南。

---

① 原载《上海经济区的前进有赖于经济技术协作网络的纵深发展》,《上海经济科学》1984 年第 7 期。

② 引自《江苏经济探讨》1986 年增刊:《浅析城市产品扩散与乡村吸收能力》。

如果以农村人口人均占有乡镇工业产值数作为各市县乡镇工业发展水平和吸收能力的衡量指标,江苏省 63 个县(市)乡镇工业对城市扩散产品的吸收能力按不同地区分类的情况如下表:

江苏省各地乡镇工业吸收能力分析

吸收能力	人均占有乡镇工业产值	县数	占%	苏南	苏中	苏北
强	1000 元以上	7	11.00	6	1	
较强	500～1000 元	9	14.29	4	5	
中等	200～500 元	20	31.75	2	15	3
弱	100～200 元	10	15.87		3	7
很弱	100 元以下	17	26.98			17
合计		63	100.00	12	24	27

注:① "苏南"指苏锡常三市,"苏中"包括宁镇扬通四市。
　　② 根据 1984 年乡镇企业统计资料计算。

通过发展全方位的横向经济联系,苏南农村打破了封闭式的城乡、地区界限的束缚,在比较大的区域范围里进行生产诸要素的合理流动和重新组合,创造了新的生产力,这是苏南农村商品经济开发性的又一表现。

第三,在以集体经济为主的多种所有制形式并存的条件下,这里容易利用集体经济的力量协调农村不同人群的经济利益关系,促进产业结构改革,从而打破封闭式的单一化经济格局。

苏南农村商品经济的开拓性,在历史上主要表现为农副产品商品率的提高和手工业生产的超前开发。从五十年代开始,苏南农村集体经济在发展生产的基础上,一向实行高积累、低分配的政策,因此社队两级都有较强的经济实力。根据原苏州地区八个县(市)的统计资料,全地区农村在自 1957 年到 1979 年的二十二年里,集体每年提留额(包括公积金和公益金两项)由 2000 万元增长到 2.15 亿元,增长 9.1 倍。

七十年代初,拥有万元之数存款的生产队,在苏南已不在少数。从这个时候开始,苏南农村商品经济的开拓性,转为较多地表现在农村工业的兴办上。社队用集体积累,加上从土地、劳力、厂房、设备方面提供条件,促使农村工业很快走上发展高潮。

苏南农村用农业的原始积累办工业,渡过了"以农养工"的时期;然后又用工业利润支持农业,开始了"以工建农"的阶段。在价格等因素下,农业比较效益降低,农民从事种植业的积极性受到影响。通过"以工补农"、"以工建农"的形式,不仅直接调节务工和务农人员间的经济收入,大大提高了农民的分配水平,有效地稳定了务农、种粮的思想,而且通过种粮实行"效益补贴"、补助农田基本建设等渠道,增加农业投入,积累了农业发展的后劲;另一方面,工业的发展自然地向第三产业的发展提出了迫切要求,促进了农村分工分业,工农并举,贸工农结合,工、商、建、运、服综合发展,围绕农村工业化,推进了产业结构的改革,进一步显示了商品经济的蓬勃生机。

苏南模式的形成:内因和外因的交互作用

苏南模式的形成,内在的原因是主要的,但是,内在因素离不开外在环境的配合,诸如:市场条件、市场依托和宏观管理等。对商品经济来说,市场条件是最根本的。在完善的宏观管理下,市场依托中心城市而运行,为商品经济的发展提供必不可少的载体。

在过去统得过多、管得过死的传统计划管理体制下,基本上排斥市场机制的作用,使苏南农村内在的商品经济的开拓性"无用武之地"。特别是在农业生产领域,只有统一性,没有灵活性。正因为如此,五十年代末期,只是在非农经营的社队工业的发展上显示了一下商品经济的开拓性,也正因为如此,起步不久的社队工业到六十年代初的调整时期又萎缩了下去。

"十年动乱"为苏南农村商品经济的开发提供了时机。"文革"期间,城市里许多工厂"停产闹革命",一些产品供销渠道和协作关系被打乱了,一些机械设备和人民生活消费品的生产受到影响而萎缩,市场上供应紧缺。正是在这样的时机下,苏南大批社队工厂应运而生,大量接受"来料加工"任务,大力开发市场紧缺产品,市场需要什么,就生产什么,很快,生产腾飞。以无锡县为例,到1978年为止的八年间,社队工业年总产值增长了十一倍。苏南乡镇企业在这期间的飞跃发展,曾被称为"乱中取胜"。应当说,是"十年动乱"为苏南农村施展商品经济的开拓能力提供了机遇:这里的乡镇企业走在全国前面,以面向市场、按需生产的开拓性经营取胜。

　　党的十一届三中全会以后,我国实行改革、开放、搞活的总方针,逐步进行体制改革,乡镇企业可以"堂而皇之"地公开利用市场调节、市场导向进行商品性的开发经营了。特别是随着农业联产承包责任制的全面推行,大大调动了农民的积极性。大批农业剩余劳动力摆脱了在传统体制下只能滞留在土地经营上的束缚,"离土不离乡",就地进工厂。在这样的条件下,内因与外因相互作用,苏南模式逐步孕育成型。

　　综观这个期间苏南农村经济的发展状况,作为苏南模式形成的基本标志,大体上有二:

　　(一)乡镇企业依靠市场和开拓市场的生机和活力不断增强。

　　——在党的十一届三中全会以后,乡村企业先于城市企业超前运用市场调节,超前开拓物资协作和商品流通渠道,乡镇企业生产的增长速度,大大超过城镇企业,每年以百分之几十的产值递增率超前发展。

　　——在1980年开始的国民经济调整时期,基建项目大为压缩,机械设备限制生产。乡村企业"抢先掉头",从市场需要出发,先于城镇工业转换产品方向,结果没有在调整中下马,而是在调整中超前。1983年苏、锡、常乡村企业工业总产值159亿元,比1979年增长一倍以上。

　　——在1984年中央四号文件进一步肯定了乡镇企业的地位、作用以来,这里的乡镇企业进一步运用市场搞全方位开放,在开发国内市场的同时,超前发展出口创汇产品的生产,苏、锡、常乡镇企业的生产又是连续三年,每年以递增50%左右的速度增长。

　　(二)依靠市场开拓商品经济的机制由乡镇企业扩及农业和其他非农经营,使整个农村开发商品经济的整体功能大为增强。这又有以下一些具体表现：

（1）加快了农村非农化进程，在全国超前解决了农业剩余劳动力向非农经营的转移问题；

（2）出现了农村分工分业的超前发展，在全省全国较早地初步建立起农前、农中、农后的系列化服务体系；

（3）促进了一大批农副产品、工业品专业市场的建立，超前出现劳动力的自由流动和资金短期拆借市场；

（4）创建以工补农、以工建农的制度，在全国超前提出适时适度组织规模农业的任务并开始实践；

（5）超前涌现有乡镇企业广泛参加的城乡企业群体，促使农村经济逐步走上同城市经济一体化发展的新路；

（6）带动了小城镇超前建设，出现一批具有带动周围乡村"两个文明"一起抓的多功能小城镇。

由此可见，苏南模式的形成，应当说是苏南农村开拓商品经济的内在原因同外在环境相互配合、相互作用的结果，是乡镇企业的异军突起推动着整个农村向大规模商品经济转化的结果，是农村专业化、商品化、社会化生产发展的结果。

当然，苏南模式形成的时间可以追溯到十一届三中全会之前，追溯到七十年代。但在那个时候，其基本特征是"围绕农业办工业、办好工业促农业"，农村工业企业的生产经营以"三就地"为主，商品经济的开拓能力不强，农副工综合经营的程度不高，所以只能说是苏南模式的"胚胎"和雏形。苏南农村经济发展的现实模式的出现是在十一届三中全会以后。

苏南模式的客观评价

怎样看待苏南模式，正确评价其优劣？这需要有正确评价的标准。苏南模式是我国社会主义初级阶段地区性农村经济发展多种模式之一，如何评价其优劣，首先得看它在促进本地区生产力发展方面所起作用大小如何;同时,从全国角度衡量,又得看它对我国社会主义条件下有计划商品经济的总模式的适应程度和作用程度如何。

苏南模式在区域经济中的贡献

根据我们对苏南模式双重涵义的认识,苏南模式的历史贡献就在于以乡镇企业的蓬勃发展,带动农村经济的全面振兴。在这里,有必要首先从各个侧面概括一下乡镇企业在带动苏南农村经济全面发展中的实际作用。

(一) 农村剩余劳动力的吸收、消化作用。在苏南农村,由于乡镇企业的兴办,到 1986 年止,已有 336 万剩余劳动力由耕地经营转入非耕地经营,占到农村劳动力总人数的 65%,有的乡村已达到 80% 以上。乡镇企业就地吸纳劳动力作用之大,在农村地少人多而城市日形膨胀的苏南地区已看得十分清楚。

(二) 农村多业经济结构的组合作用。乡镇企业首先是农村工业的兴起,使现代化工业生产方式迅速向农村渗透,从而有力地促进了农村的非农化经营和分工分业的发展,出现了农、工、商、建、运、服的多元化结构和综合经营的新格局。乡镇企业发展越快的地方,综合经营的程度越高。家庭承包责任制的全面推行,大大释放了多余劳动力,又加快了这一进程。

(三) 以工补农、以工建农的调节作用。在现行价格体系和目前农业技术水平的条件下,种植业的经济收益大大低于工业。乡镇企业补农建农资金调节了务工务农人员的利益矛盾,支撑了农业的稳定发展。以苏州市为例,在 1978—1985 年期间,全市乡镇工业补农建农资金达 5.51 亿元,占乡镇企业全部纯利润的 19.5%。没有这笔资金的补助,不仅粮食、棉花,而且包括生猪、蔬菜等大多数农副产品的生产都难以稳定。

(四) 建立现代化农业的依托作用。一方面,乡镇工业中发展了一批直接为农业提供机械设备和建筑材料的农用工业和为农副产品增值服务的加工工业;另一方面,乡镇企业的发展,还为农业现代化积累资金,促进农业的专业化、社会化、商品化和集约化,为形成适度规模经营、建设现代化农业准备必要的物质条件。

(五)同城市大工业的协作配套作用。由于乡镇工业要在供产销上广辟门路,因而随着乡镇工业的大量发展,必然会突破城乡、地区分割,在专业化分工基础上发展与城市工业的配套服务和协作的关系。据苏州市统计,全市乡镇企业中有 40%以上都是直接为城市大工业配套服务的。近几年,苏、锡、常一带已涌现了大批城乡通开的企业群体和多种形式的联合体。这既有利于乡镇企业接受国家计划指导,提高企业素质,也有利于促进城乡工业布局和企业组织结构、产业结构的合理化。

(六)科研成果转化为生产力的媒介作用。从苏南的情况看,乡镇企业大部分都同大中城市的科研教育单位开展了多种形式的技术协作,利用本身生产经营上自主权比较大的优势,接受科研单位、大专院校科研成果的应用试验和试生产,由此大大扩展了乡镇企业新产品开发的门路和效率,同时也使科研成果及时转化为生产力,迅速取得经济、社会效益。

(七)城乡市场和地区网络化经济的联结作用。蓬勃兴起的乡镇工业,一方面向市场大量提供商品,一方面又从城乡市场大量购进生产资料和生活消费品,形成城市工业品下乡和农村也有工业品进城的双向流动;由于农村分工分业的迅速发展,在农村各业之间的商品交换也大为扩展。城乡商品流通的总量不断扩大,加上乡镇工业与城市间经济技术协作关系的广泛建立,促进了城乡经济网络化活动的逐步发展。

(八)开发出口创汇商品、发展对外贸易的生力军作用。对内对外开放的乡镇企业和城市企业一起,开发了越来越多的出口创汇商品。在乡镇工业中能生产出口创汇产品的企业,苏州市占到 52%,无锡占到 50%,常州占到 40%。苏州市乡镇企业外贸产品收购额占全市收购总额的比重,已从前几年的 6%~7%迅速提高到 1986 年的16.8%;张家港市乡镇企业外贸收购额所占比重高达 3/4 以上。同年,无锡市乡镇企业外贸收购额达 2.74 亿元,占到全市外贸收购额总额的 18%

左右。

（九）小城镇建设的支撑作用。商品经济发达的地区,很大一部分乡镇企业分布在原有集镇周围,或者集聚形成新的中心集镇,使一大批原来的初级商品集散地升格为工、商、建、运、服配套的农村经济中心。在乡镇企业经济力量的支持下,小城镇建设加快,呈现出一片繁荣景象。

（十）富国富民的加速作用。乡镇企业的发展,大大提高了农村和农民的收入水平,苏南农民从乡镇企业中得到的工资收入约占农民家庭人均经济纯收入的 60% 以上;另一方面,乡镇企业增加了对国家的贡献。1985 年,苏锡常三市乡村两级工业企业缴纳国家的税收达 13.4 亿元,比 1978 年增长近七倍,占到三市财政收入的 32%。

十大作用,不是就乡镇企业的发展而论乡镇企业,而是反映了以乡镇企业为主体的苏南模式的作用。它们总的表明:乡镇企业的发展以及苏南模式的形成是同正在走上有计划的商品经济发展轨道的整个国民经济的发展紧密联结在一起的。透过十大作用,可以看到,苏南模式带来了农村专业化、商品化、社会化的大发展,造就了农村经济的全面繁荣,而且还起着激活整个苏南地区经济的重要作用。

苏南模式对旧体制的超前突破作用

苏南模式的作用,从国民经济的宏观全局考察,不只是造就了苏南农村经济总量的超前翻番,不只是带来了一部分农民眼前的超前富裕,也不只是超前推动了苏南城乡工业的一体化发展,更重要的是:在它的超前运行中产生了对我国旧的传统经济体制的超前突破作用。

在我国,地区经济发展呈现着明显的不平衡性和多层次性。苏南处于我国商品经济起步较早的沿海地区,加上其他一些独特的客观经济条件,在这个地区孕育形成的苏南模式,合乎逻辑地会具有超前开拓商品经济的特性,同时,也合乎逻辑地会带来对传统体制的某些超前突破。

一方面,苏南模式的形成,对农村单一计划调节体制的突破起了直接作用。

在我国,农业联产承包责任制的普遍推行,符合我国社会主义初级阶段生产力的发展水平,因而,获得了举世公认的成功。但在苏南这块土地上,远在推行农业联产承包责任制以前,也就是在苏南模式的孕育形成过程中,就逐步突破了在体制上对发展社会生产力的某些束缚,率全国之先,开始了从以手工工具为主的传统生产方式为基础的自给半自给经济向以现代化机器生产方式为基础的商品经济的转变。

如前所述,先是在五十年代后期,后是在七十年代,苏南农村就已在传统体制的"隙缝"中寻找发展商品经济的空间,有限度地利用市场机制,采取承接城市企业"来料加工"以及"物资串换"等形式,开发社队企业的商品性生产。开始,由于囿于传统旧体制的约束,发展农村工业奉行了"就地取材、就地生产、就地销售"的"三就地"方针。这实质上是一种自我封闭的自给半自给经济的反映,与发展较大规模的商品经济是格格不入的。不久,这个地区在其内含的商品经济开拓性的作用下,很快就突破了"三就地"的框框,发展农村工业立足市场、面向全国,与全国各地广泛建立经济协作关系,与城市科研单位、大专院校广泛建立技术协作关系,大大拓宽了供产销渠道,以大流通促进了大生产。而且,随着生产的不断向前发展,这种商品经济的开拓力不断增强。在"左"的思想指导下,发展社队企业曾长期被指责为"挖社会主义墙脚",戴上"搞资本主义复辟"的帽子;即使是到了十一届三中全会以后,苏南乡镇企业的发展还不乏受到多方指导。然而,乡镇企业还是"异军突起",苏南模式终于孕育成形。

五十年代以来,苏南的社队企业经历了起、落、慢、快的几个发展阶段,除反映了事物发展的曲折性外,正好显示了这一地区农村对商品经济的巨大开发力和对旧体制的巨大冲击力。试以无锡县为例:

1958年起,社队企业迅速兴办起来,1960年统计,全县社办工业总产值达2637万元。

三年困难时期,社队企业大部下马,1965年统计,全县社队工业仅留下20个企业,年产值269万元。

1965年到1970年,社队企业缓慢发展,1970年总产值3866万元。同1960年比较,增长不大。十年中,年递增3.9%。

1970年以后,社队企业进入迅猛发展时期,到1978年的八年中,年产值增长十一倍多,上升到4亿元。年递增率达到36.4%。

十一届三中全会以后,与农业联产承包责任制的普遍实行相互推动,乡镇企业的发展势头有增无减。1986年企业数4756个,总产值43.74亿元。八年间产值又增长十倍上下,年递增率继续保持35%左右。

很清楚,没有对单一计划调节旧体制的突破,就不可能有以市场调节为主要手段的乡镇企业的异军突起和蓬勃发展;就不可能有苏南农村多层次、多行业商品经济全面发展新格局的出现。

另一方面,苏南模式的形成,对于城市封闭型传统体制的突破还起着间接的推动作用。

在苏南,乡镇企业突破了"三就地"的框框,在同城市企业发展横向经济联系中,以其超前运行的机制首先启动了苏南城市企业的"转轨变型",使一向只知道计划依赖的全民企业也重视了市场依赖。改革初期,江苏工业部门在总结发挥市场调节作用的经验时,曾概括了"六个突破":突破生产资料不是商品的框框,突破地区行业界限的框框,突破所有制区别的框框,突破工不经商的框框,突破社会主义企业不搞竞争的框框,突破军工企业不搞民品生产的框框,总起来说,就是突破条块分割的封闭型体制的框框,按发展有计划商品经济的要求"转机变型"。所有这些"突破"就是在乡镇企业率先突破旧体制的经济行为的影响下出现的。

城市体制改革以增强企业活力为核心。1986年,无锡市城市工业企业在推进体制改革的实践中,曾出现了下乡"学习乡镇企业热"。一部分大中型国营厂的厂长们,专门下乡考察市管县范围内无锡、江阴、宜兴等县的乡镇企业。通过实地考察,城市企业家们心悦诚服地承认同乡镇企业客观存在着多方面的差距。概括来说,一是商品经济观念和市场竞争的意识不如乡镇企业强;二是搞信息、跑供销、开拓市场的本领不如乡镇企业大;三是打破条块分割,发展横向经济联合和技术协作的门路不如乡镇企业多。乡镇企业的许多经验正在为城市企业所借鉴。苏南模式的超前运行在推动以增强大中型企业活力、完善经营机制为核心的城市体制改革方面所起的实际作用,显然更应受到重视。

苏南模式的成功和不足

苏南模式孕育于七十年代,成形于十一届三中全会以后我国经济体制和发展战略两个模式转换的阶段。这两个模式的转换,立足于我国社会主义初级阶段的实际,统一于建设有中国特色的社会主义的总目标。因此,评价像苏南模式这样一种地区性农村经济发展模式,客观地对待其功过优劣,绝不能局限于地区本身,而必须把握社会主义初级阶段的理论,以是否有利于建设有中国特色的社会主义,使我国经济走上有计划商品经济的发展轨道为评价标准。

具体说来,可以从这样三个层次上把握评价标准:

1. 就本地区而言,是否在促进生产关系与生产力水平相适应的条件下迅速发展社会生产力;

2. 就全国而言,是否为建设有中国特色的社会主义提供经验,拓宽思路;

3. 就发展趋势而言,是否按发展有计划商品经济的客观要求,把经济发展模式转换与经济体制模式转换统一起来。

按以上三条评价标准衡量,苏南模式基本上都作出了满意的回答。

苏南模式首先带来了苏南农村社会生产力的巨大发展,从 1976 年到 1986 年的 11 年间,苏、锡、常三市农村农副工总产值增长八倍以上,在农副业产值增长 133％的同时,乡村工业产值猛增十七倍以上。以无锡县为例,从 1949 年到 1970 年的 21 年间,工农业总产值年平均递增只有 3.2％,其中农业增长速度 2.2％。乡村工业迅速发展起来后,从 1970 年到 1987 年间,工农业总产值年递增率为 15.1％;从 1978 年到 1985 年间,工农业总产值年递增率进一步提高到24.8％。1986 年无锡县工农业总产值达到 57.7 亿元,已高于 1949 年江苏全省(54.3 亿元)的水平。到 1986 年底统计,苏、锡、常三市乡村工业固定资产(原值)已达 89.8 亿元,比 1970 年增加了十倍以上。

苏南模式的更大作用,我们在前一节里已有涉及,就是促进了我国旧体制的解体和新体制的转换,在这个过程中开拓了建设有中国特色的社会主义农村的新路子,并促进城乡发展战略相互衔接。这可以从三个方面作出概括:

第一,苏南模式开拓了一条就地消化农业剩余劳动力,发挥我国农村劳动力资源丰富的优势,实现农村产业结构合理化的新路。

如何使大量农业剩余劳动力合理转移,这是我国农业现代化进程中必须解决的一大难题。长期以来搞单一种植业,而且以粮食为主,这是使 80% 人口局限在小块土地上,农业剩余劳动力过多的状况难以改变的重要原因。正是苏南模式,率先打开了多余劳动力就地从事工业劳动之门,把解决剩余劳动力出路同改变农村传统产业结构结合起来,把推进农村工业化同发挥农村劳动力资源丰富的优势结合起来。这不只对苏南农村产业结构的调整与改革、农村经济的全面开发繁荣作出了贡献,而且对影响全国农村剩余劳动力的转移具有重大意义。据统计,从 1949 年到 1984 年的 36 年间,我国城市就业增加了一亿人,其中转化农村的劳动力只占五六千人;而全国乡镇企业在近 6 年的时间里差不多就已吸收了这么多的劳动力。

第二,苏南模式开拓了一条免于工业过于集中、城市人口过于膨胀,实现工业和城市布局均衡化的新路。

在我国,与农村生产专业化、社会化、商品化程度低的情况相联系,一方面乡镇人口过于分散,城镇化的进程很慢;另一方面部分大中城市过于膨胀,城市病日趋严重。正是苏南模式,通过放手发展乡镇企业,使多余的劳动力不致盲目地"集结城市",而是"离土不离乡",就地就近向小城镇集中,避免了工业向大中城市集中的老路,将大大有利于促进工业和城市布局趋向合理化。这条路子显然也是与我国的基本国情相符合的。

第三,苏南模式还开拓了一条冲破地区、部门界限,推进城乡经济协调发展，加速我国现代化建设的新路。

　　长期以来，我国实行统得过多、管得过死的经济体制。工业企业不是归地方所有，就是属于部门管辖，相互分割，严重束缚了商品经济的发展。正是苏南模式，突破了城乡、条块分割，超前发展了城乡企业之间的横向经济联系。乡镇企业为城市工业协作配套，城市企业向农村进行产品扩散、资金扩散、设备扩散、管理经验扩散。在这个基础上，苏南较早就涌现了大量的以拳头产品为中心，以骨干企业为核心的企业群体和企业集团。这条路子在我国同样有着普遍意义，正因如此，目前城乡企业群体化、集团化的趋势已在向全国扩展。

　　总之，立足农村，立足本地，面向全国，为建设有中国特色的社会主义开拓新路，这就是苏南模式作出的重要的历史贡献。这一点，已日益在现实生活中显露出来，并正在为日益增多的人们所承认。

　　毋庸讳言，苏南模式的现实形态并不完善。上面指出：苏南模式的形成，是内因与外因交互作用的结果。从外因作用于内因的角度看，经济体制改革是苏南模式从雏形模式发育到现实模式的根本条件。但是，目前毕竟还处于经济体制新旧模式的转换阶段，各方面的经济关系远没有理顺；同时，地方经济发展战略的指导思想也还没有完全跳出传统的框框，即基本上沿袭着以工农业生产为主体的，以产值指标衡量发展速度的数量型的模式，离开了三次产业平衡发展的客观要求，习惯地走以高投入、高积累求高产值的老路，而所有这些，都影响到苏南模式的合理化及其运行机制的完善化。

　　当然，外因通过内因起作用。从内因分析，苏南模式的最大长处是集体为主，在集体经济基础上，比较容易协调农村多方面的经济利益关系；而最大缺陷则是在集体为主的所有制基础上，不易摆脱旧体制的束缚。表现在乡镇企业的管理上，政企不分，乡村政权直接参与企业经营决策，官办色彩较浓，不利于企业自主经营。特别是在当前新旧体制转换、双轨运行机制的摩擦甚烈的情况下，企业生产经营上遇到的困难不得不借助行政权势来加以解决，使企业摇摆于行政依赖和市场依赖的两难之中。

在江苏省举办的一次研讨会上,有人比较了苏南模式与温州模式的运行机制,侧重对乡镇企业的生产经营作了如下几点分析:一、苏南模式企业目标多元化,不仅追求经济利益,而且要求非经济利益的目标,不如温州乡镇企业利益目标单一化,比较容易避免非经济行为的产生;二、苏南乡镇企业依附于乡村政府,管理块块化,不容易在较大的区域内实施统一的产业政策,不如温州乡镇企业可以主要靠市场引导,自主调整产业方向;三、苏南乡镇企业由乡村多层次组织管理的制度所决定,要素聚集受限制,人员也难以向集镇自由转移,城镇化落后于工业化,不如温州乡镇企业比较容易向城镇集中;四、苏南乡镇企业信息机制不健全,流通渠道不畅通,容易造成产品滞销和生产要素的闲置,不如温州乡镇企业务工与经商相结合,依靠市场开发,产销较易协调[1]。

这个分析有一定根据。

四个"不如",一个根源,即财产关系不清,政企职责不分。

当然,这一缺陷是可以通过体制模式、战略模式的转换加以解决的。

目前的问题在于:绝不能为苏南模式的成功而自我陶醉。既要对苏南模式的成功之处充分肯定;又要对其不足之处客观评论,要从有计划商品经济的客观要求出发,对现实形态的苏南模式的运行机制进行深层分析;进而探索其走向理想化的目标模式以及通过自我改革、完善其运行机制的途径和对策。

(此文为南京出版社1990年6月出版《苏南模式研究》一书由作者执笔的"概论"。)

---

[1] 参见《苏南模式研讨会观点综述》,《江苏经济探讨》1987年12月份增刊。

经济发展模式研究和苏南模式

一

最近学术界围绕发展乡镇企业问题进行经济模式的研究,是既有学术意义又有实践意义的事情,很有必要把它推向前进。

有些同志不赞成提乡镇企业发展模式,认为模式的提法有排他性,强调模式会助长不顾地区的特点、条件去照搬模式。因而,有人主张提经济格局,也有人主张提发展路子。我认为,经济模式是对已有实践经验的概括,是对经济运行机制的原则规定和理论假设,是在一定条件下新的实践加以遵循的规范。经济实践是人类能动地改造自然、建设文明的创造性活动。它是具体的、丰富的,而且是不断发展的。从这个意义上说,"经济发展模式"比之于"经济发展格局",有更深刻实在的内容;比之于"经济发展路子",更具有动态的特征。不同地区经济模式,绝不是一律化的,也不可能是凝固不变的。明确了经济模式的含义,把握了模式研究的目的性,经济模式研究就会有推动经济实践、指导经济实践的实际作用。

大家知道,乡镇企业在其蓬勃发展中日益显示了自身的生命力,在我国现代化建设中表现了明显的重要作用。实践足以表明:在我国农村正处于逐步摆脱自然经济基础、向较大规模商品经济转化的条件下,乡镇企业的兴衰进退,直接关系到我国现代化建设进程的直曲快慢。近几年来,乡镇企业以其在全国普遍兴起的大量事实逐步消除了对它们曾经指责多于鼓励的一些同志的疑虑,现已引起人们广泛关注和支持。

为什么乡镇企业有不可抑制的发展势头,并能从一部分超前发展地区向全国各地扩展?乡镇企业在不同地区的发展有没有不同特点?该如何因势利导,充分发挥其作用?这里面的规律性联系,只能从不同地区的具体实践中去寻找,既然如此,从不同地区乡镇企业的实践以及与之有关的经济实践出发,进行模式比较研究,就显得十分必要和非常适时了。

人们首先注意到苏南一带乡镇企业发展及其产生的影响,前些年来早就有同志在研究其"模式"的形成和特点。不久前,又有些同志专门对温州经验作了许多有益的探索,引起很多人对"温州模式"的浓厚兴趣。最近,报刊上又相继出现"晋江模式"、"珠江模式"、"烟台模式"、"阜阳模式"等。这些模式的提出,使人耳目一新,视野大开。

在我们这样一个大国里,不同地区自然、社会、经济条件的差异性很大,经济发展明显不平衡,国民经济各部门、各方面的发展都不可能采用一个模式,这是合乎逻辑的结论。即使乡镇企业起步早、发展快的江苏来说,南北西东的发展也很不平衡。按 1985 年统计,苏州、无锡、常州三市的乡村工业产值 210.2 亿元,占全省乡村工业总产值 356.95 亿元的 59%;南京、镇江、扬州、南通四市的产值 113.38 亿元,占全省 31.7%;北部徐州、淮阴、连云港四市只有产值 33.34 亿元,仅占9.3%。在这些不同地区,城市工业的辐射能力强弱不同,农村商品经济的发达程度以及工业企业素质大不一样,经济发展模式也必然因地而异。实现生活就是如此。在苏北,也有诸如"耿车模式"、"海安模式"。说明"苏南模式"在江苏都不是全省通行的,遑论全国。

乡镇企业依不同地区的客观经济社会条件而发展,不同地区乡镇企业的发展必须有不同模式出现。因此,乡镇企业发展模式的研究属于地区性经济模式研究,它同全局性的经济模式研究有区别。但另一方面,不同地区乡镇企业的发展总要受到全国宏观经济的制约和影响,这方面的模式研究又必然同全局性的经济模式研究相联系,为全局性经济发展服务。

　　基于这样的认识,我认为,摆在面前的任务是:按照我国社会主义经济发展的总目标和体制改革的大方向,对不同地区发展乡镇企业的模式作具体分析和正确评价,并揭示其薄弱环节,把握其发展趋势,探索其走向完善、提高的合理化途径。同时,在研究不同经济发展模式特性的基础上,概括出在我国条件下经济发展模式的共性,充实到我国体制改革的总体设计中去,以推进有中国特色的社会主义建设的顺利进行。

　　这就是经济发展模式研究的根本宗旨和意义所在。

二

　　该怎么看待各类经济模式? 我想,既不能停留于概念之争,也不能就事论事。需要明确经济发展模式合理化的客观依据和具体内容,然后通过实际分析,作出正确评价。

　　社会主义的最高原则就是在一定的新的生产关系下高速度发展生产力。因此,经济发展模式研究的基本依据,必须是在生产力和生产关系共同作用的条件下社会生产的顺利发展。经济发展模式研究的具体内容,就应当是社会再生产过程各个环节相互衔接以及多种所有制具体形式相互配置的状况。

　　下面试析一下为多方关注的苏南模式。

　　苏南乡镇企业起源于五十年代,重新起步于七十年代,迅猛发展于八十年代。这里的乡镇企业包括种养业、建筑业、运输业、商业、服务业各类企业,而以工业企业为主体。1995 年,苏、锡、常三市的乡村工业产值 210.2 亿元,占三市乡镇企业产值的 94.5%。目前这三个市乡村工业产值已经超过城市工业,占到全省乡村工业总产值的 60%,成为整个地区经济发展中的中坚力量。

　　综观苏南乡镇企业再生产和扩大再生产的过程,可以看到这样几个特点:

　　在生产方面,苏南的乡镇企业的发展,使原来沉淀在农业上大量剩余劳动力在向工业生产和其他非耕地经营转移过程中,与各种生产资料结合起来,开拓了劳动物化的多种途径,转化为巨大的现实生产力。苏南的乡镇企业特别是工业企业已发展得相当密集,现已有乡村办的工业企业 38296 个,产值 246.4 亿元,平均每个乡(镇)有工厂 66 个。苏南出现 93 个工农业产值亿元乡,这些地方的乡镇工业产值在工农业产值中所占的比例分别都在 90% 以上。1985 年统计,苏、锡、常乡村工业固定资产原值已达 50 亿元以上,比 1978 年增加了五倍。这里的乡镇企业以小型企业为主,但并不都是设备简陋的粗放型小厂,相当多的企业已发展为小而精的专业工厂,特别是工农业产值亿元乡和千万元村里,差不多乡乡村村都发展了有相当现代管理水平、现代技术装备的骨干工厂。可以说,这些地方从本身有利条件出发,把原来沉淀在农业上的大量劳动力呼唤出来,使之同其他生产要素相结合,形成了巨大的工业生产能力,开始出现了农村工业化的雏形。

　　在交换和流通方面,乡镇企业面向市场,利用市场调节,它们对市场反应灵敏,自主经营决策,供销衔接,协调生产。商业部门不包销他们产品,他们立足于自产自销。不少乡镇企业产品开发能力很强,产品的市场覆盖率很大。举个小例子:太仓县乡镇企业电视机塑料壳的生产能力就占到全国市场需要量的 1/4。另一方面,基本上没有计划分配的物资,靠的是物资协作,求诸于市场调节。1985 年无锡县乡镇企业从市场协进的钢材在全部消耗量中占到 98%,煤炭占 90%,木材占91.7%,水泥为 100%。在江苏,物资协作的这条路子,就是苏、锡、常一带的乡镇企业首先冲出来的。而且物资协作很快就向着物资、技术、资金、人才"四位一体"的跨地区经济技术协作发展,由此带动了资金市场、技术市场的萌生和人才的流动,形成了多渠道、多层次流通网络和资金循环的格局。

　　在分配方面,乡镇企业主要是乡村办企业,在农业承包责任制的启示下,把"包"字引进厂,普遍推广了无锡县堰桥乡"一包三改"经验,以实行经营承包责任制为核心,改企业干部任命制为选聘制,改工人录用制为合同制,改固定工资制为浮动工资制。根据责、权、利相统一和国家、集体、劳动者利益相统一的原则，还相应的进行了其他方面的改革。承包形式采取以厂长为代表的集体承包，承包的内容则从产值、利润等逐步向包含产品质量、物质消耗、安全生产等方面发展，承包期由一年延长为两年、五年。企业内部承包指标层层分解落实。这样，使工人劳动所得同劳动成果联系起来，使干部权利同自主经营、自负盈亏、自我发展的责任结合起来，企业管理水平和经济效益都有提高。以全员劳动生产率为例，苏、锡、常乡镇企业比苏北乡镇企业高出一倍以上。

在所有制结构方面，苏南乡镇企业包括乡办、村办、组办、户办、联户办多种经济形式，但以乡村办为主。1985 年苏、锡、常三市乡村办企业完成总收入 195.55 亿元，在整个乡镇企业总收入中占 94.2％。集体所有制比重大，这是和苏南农村集体经济基础较强的情况相适应的。另一方面，村以下企业和专业户的发展也不在少数。只是在集体所有制的乡村企业实力强、信息灵、技术精的条件下，家庭工业竞争力相对较弱，因而发展步子相对较慢。近年联户办企业逐步增加，特别是第三产业方面的联合体显著增多。不能认为这是苏南集体企业抑制了个体经济发展，而恰好是商品经济发达地区分散、粗放的家庭经营必然要求走向集约经营、规模经营，而专业化生产必然要求社会化服务与之相适应的这一规律性趋势的反映。

上面总的表明了：善于利用地区优势和有利条件，组合生产要素，促使再生产过程的各个环节相互协调，并促使各种经济形式在与生产力发展相适应的条件下合理配置，这是苏南乡镇企业发展的成功之道。

三

但是，乡镇企业的发展，绝不是孤立的事。在农村，它们同农村经济综合发展的全局相联系；在一个地区，它们又同城乡经济协调发展的宏观要求相联系。因此，模式的考察，绝不能局限于乡镇企业本身，必须从它们同整个农村、整个地区经济的联系上，考察其循环机制的形成以及对社会生产力发展的实际作用。

一、苏南乡镇企业的前身——早期的社队企业,是在农村大量剩余劳动力亟待转移的巨大压力下,靠了农业的原始积累,利用农业上的简陋设备和农村提供的土地,并在"围绕农业办工业、办好工业促农业"这样的指导思想下兴办起来的;而乡镇企业一经兴办并获得迅猛发展以后,却从多方面支持和推动着农村经济的全面振兴:(1)推进了农业剩余劳动力的转移。苏南的多数县、乡农村务工人员已占总劳力的三分之一以上。无锡市乡镇工业的从业人员达 66.47 万人,相当于农村劳动力总数的 40%。(2)支持了农业基础设施建设。1978—1985 年间,通过各种形式以乡镇企业利润收入的一部分,大约有 30%以上,转化为农田基本建设、购置农业机械等方面的资金。(3)促进了农副工各业的专业化分工和综合发展。苏州市农村 1985 年工、商、建、运、服的劳动力占总劳动力的比例,从 1978 年的 51.9%上升到 1985 年的78.6%。(4)保证了社员分配收入的大幅度提高。乡镇企业支付给务工社员的工资,在苏南一带已构成农民生活的主要来源。1985 年无锡市区职工人均工资收入 1113 元,而农村劳动力的平均收入为 1166 元,反而超过城市职工 53 元。(5)带动了小城镇的兴旺发达。乡村工业向集镇集中,商、运、建、服业以集镇为依托,各类小城镇的聚集能力和对周围农村的综合服务功能大为增强,苏南有些发展快的小城镇建成区面积比六十年代扩大十倍以上。(6)支持了农业向适度规模经营转化。在乡镇企业"以工补农"、"以工建农"的条件下,苏、锡、常地区已办起粮食专业户一万多个,合作农场数十个,土地经营规模二三十亩到五六十亩不等。一个利用农业机械和先进农业技术耕作二十来亩田的劳力收入已赶上或超过务工社员水平。

二、乡镇工业是在大中城市通过设备输出、技术转移、产品脱壳、来料加工以及合作经营等各种形式向农村进行较大规模的物质技术扩散的条件下,迅速发展起来的。然而,城市工业和乡村工业的关系,并不是仅由一方对另一方支持的片面关系。当乡镇企业特别是工业企业,在生产经营上逐步显示出对城市工业技术辐射能力具有相应的接受功能时,乡镇工业便日益成为城市工业扩大自身再生产规模、发展社会生产力的有益伙伴。城乡工业企业之间大大发展了横向经济联系,出现了一大批以名优产品为核心、以城市大中型企业为骨干的企业群体和经济联合体。常州组成的企业群体 37 个,参加企业 303 个,其中乡镇工业企业 158 个,占一半还多。企业群体促进了城乡企业之间生产要素的合理组合和功能互补,大大扩大了名优新产品的批量生产,增强了产品的市场竞争能力。如苏州的香雪海电冰箱,无锡的菊花牌电扇,常州的金狮自行车,都是通过城乡企业的联合,实现了产品产量的成倍提高,产品质量的显著改进,由此大大扩大了市场覆盖率,甚至打进了国际市场的。

过去被看做将由城市工业独立承担的我国工业化的任务,在乡镇工业兴起的条件下,已为实践表明,将由城市工业和乡村工业并肩承担。

试以无锡为例,该市三县一郊的乡镇工业的发展近几年逐步加快,城乡工业的比例发生了明显变化:

	城市工业产值 占城乡工业总产值%	乡村工业产值 占城乡工业总产值%
1978 年	78.50	21.50
1980 年	70.61	29.39
1984 年	59.29	40.71
1985 年	49.89	50.11

农村拥有劳动资源优势、自然资源优势以及发展工业的其他优势,通过乡镇工业接收能力同城市工业的辐射能力的相应增强,其结果势将大大加快整个我国工业化的进程。**从这个视角看,苏南乡镇企业发展的模式研究已越出了农村经济发展的范围,具有在一区域范围内探求城乡经济协调发展合理模式的实际意义。**

四

在目前新旧体制的转换阶段,在改革开放中出现的任何新事物、新经验,都只能是处于动态的变革之中,都不可能是完善的。因此,模式研究不能满足于对现有实践经验的概括,而应当在对其规律性研究的基础上,进而探索其合理化的前进方向。

如前所述,不论是从农村来说,还是从一个地区来说,围绕发展乡镇企业实践进行经济发展的模式研究,都必须以在一定的生产关系下促进生产力高速发展为基本评价标准。放到今天建设有中国特色的社会主义的这个历史大背景下来说,这一基本评价标准也就是要符合在公有制基础上有计划的商品经济的总模式,要符合坚持改革和开放的总要求。以此为依据,从乡镇企业的本身看,从农村经济综合发展的角度来看,从城乡工业一体化发展的取向看,从宏观经济管理的全局看,不难看到,苏南发展乡镇企业实践的基本方向是正确的,但薄弱环节也不少,亟待完善、提高。

仅就主要方面讲几点看法:

其一,对于临近大城市,现有乡镇企业已经相当密集的苏南地区来说,发展乡镇企业不能满足于容纳劳动力,以外延扩大再生产为主,不能一味地铺摊子,散厂点;而应当转为内涵扩大再生产为主,逐步向智力技术密集型经济发展,提高集约化程度。现在有些地方的乡镇企业提出"三上、两创、一提高"(上技术、上管理、上水平,产品创优、出口创汇、提高经济效益)的方针,无疑是正确的。随着商品经济的迅速发展,市场竞争激化,今天已远非往日"皇帝女儿不愁嫁"的时代,加上在体制新旧转换阶段许多经济关系没有理顺,一些地方已出现了一批经营不景气甚至濒临倒闭的工厂,如何靠优势产品增强竞争力,开发国内以至国际市场,特别是对于经济发达地区的乡镇企业已越来越显得重要。很显然,乡村企业只有发扬自主权大的优势,进一步增强对市场的应变能力,注视市场信息,研究经营战略,引进先进技术和适用技术,以技术开发求产品开发,以产品开发求市场开发,才能开拓其更加广阔的发展前景。

其二,对于在农村已经形成多行业结构,而集体为主的乡村工业已占压倒优势的苏南地区来说,应当利用工业优势,促进多种经济形式的合理配置和多种行业的协调发展。上面讲到,苏南一带在农业集体经济一向比较稳定的条件下,乡镇企业特别是工业企业以乡办村办为主是合理的。但正由于这样,也在一定程度上忽视了对家庭经济的支持,户办、联户办企业发展不快。同时,在苏南农业内部的林牧渔业产值这几年虽有提高,但 1985 年所占农业总产值的比重仍然只有 27.1%;同时在农村社会总产值中商、建、运、服等业的产值比重也还偏低,只有13.5%。这同苏南商品经济发达、客观上亟待商品流通和第三产业跟上的要求很不相称。因此,应当坚持实行"以工补农"、"以工建农"的同时,实行"以工扶商"、"以工促务",即支持第三产业和农业服务体系的进一步发展,包括利用工业发达的优势,不仅为家庭农场,而且为家庭工业提供技术装备。这样,乡村工业特别是一批骨干企业就可以把农村多种形式、多种行业的企业有效地组合在自己周围,相互支持,协调发展;就可以在共同富裕的目标下为一部分人先富裕起来创造条件,更广泛的调动农村各方面的积极性,促进专业化、社会化、商品化生产的深化发展,使产业结构、所有制结构合理配置,实现农村经济的全面高涨。

其三,对于乡镇企业活力大、市场调节稿得活的苏南地区来说,更重要的,需要在继续搞活企业的条件下,通过进一步发展多渠道、多层次、多形式的横向经济联合,扩展商品流通,促进社会主义市场体系的发育和完善。苏南发展乡镇企业和农村经济,并不是像温州那样,直接组织专业市场和发展民间信贷,而是主要通过发展城乡企业群体或横向经济联系的其他形式,到区外省外去开拓多种市场的。正由于这样,发展乡镇企业的积极作用,就不限于促进本地区社会生产力的发展,而是能通过生产要素的合理流动和优化组织,推进生产力在更大的空间范围内的合理布局。但这一功能的实现,离不开地区乃至国家对市场机制利用的调控功能的加强。在现阶段经济生活中,往往是按经济规律决策和按"领导意志"指挥并存以至相互摩擦,部门的行政管理和行业的规划协调并存以至相互摩擦,在此情况下,乡镇企业的发展,城乡企业群体的组建以至小城镇的发展建设中,都难免出现一定的无序性和盲目性。因此,必须建立有计划利用市场和各类市场体系的机制和手段。把乡镇企业的发展和城乡经济的发展逐步纳入实行以间接控制为主的宏观管理轨道,真正实现计划和市场的结合。

　　通过对苏南乡镇企业和城乡经济发展实践的多层次考察和综合分析,下面对苏南模式的合理化轮廓作几点表述,作为本文的归结:

　　1. 以农业为基础,以农村剩余劳动力的转移为启动力,举办以工业为主体的乡镇企业,促进农村分工分业和商品经济的发展,并在农村工业化过程中促进三次产业的协调发展,以农、林、牧、副、渔、工、商、建、运、服的综合经营和多业结构带动农村经济的全面振兴;

　　2. 以共同富裕为目标,以集体经济为主体,在农村各业中发展多种经济形式的各类企业,在集体经济内部推行经营承包责任制,承认人们在分配方面的合理差别,在务农务工人员中鼓励一部分人先富裕起来,调动各方面的积极性,利用各种自然、社会、经济资源,广开深度开发和综合利用的各种门路。

　　3. 以市场调节为主要手段,以外向开发为主要途径,面向国内外市场,靠市场导向,借助市场体系的发育和完善,发展多渠道的横向经济联系,组织供销衔接,协调生产,形成工业为主的各类企业外循环的运行机制。

　　4. 以大中城市为依托,以现代化为前景,在同城市工业既竞争又联合中,吸收城市扩散下乡的物质技术装备,有条件的引进、消化国内国外先进技术,推进农村工业和其他各业向小城镇集中,由劳动密集型向技术密集型发展演变,提高集约化经营程度,提高规模效益。

　　5. 以接受间接控制为主的宏观经济管理为前提,以总揽城乡经济发展的全局为着眼点,突破市县、乡镇分治等传统格局,促进管理制度以及领导机制的变革,组织城乡企业群体,发展城乡经济、科技、文化网络,实现城乡经济社会事业的协调发展。

　　苏南模式在我国的经济发展中有一定的超前性,目前对很多地区并不适用。但从发展的观点看,它有着普遍意义。如果同其他地区的不同模式作比较研究,即按本文开头所论述的宗旨去做,那就不仅将大大深化人们对发展乡镇企业本身的规律性认识,而且将在探索我国农村经济的发展战略和城乡经济体制的协调改革,探索建设有中国特色的社会主义道路方面,取得有益的成果。

（成稿于 1986 年 10 月 15 日,原载《江苏经济探讨》1987 年第 4 期。）

论苏南模式的完善化

苏南模式在国内著名、为海外瞩目,在当前改革深化、经济转型而市场竞争变得空前激烈的新情况下,发生了一场苏南模式何去何从的争论。对苏南模式,提出要反思者有之,提出要扬弃者有之,提出要改造者有之。我认为,提出这些意见,其动机是积极的。其实,不只是苏南模式,包括温州模式、珠海模式等其他我国农村经济发展模式,都是处于新旧体制转换历史阶段的模式。我在 1987 年开始先后形成的有关苏南模式的论著中,就曾强调提出,苏南模式是处于动态变革中的模式,因此,必须不断探索其在体制转轨、经济转型中的前进方向,促其在改革中逐步走向完善。

苏南模式不应是凝固不变的,
要加强对它的动态研究

苏南模式是在改革初期,在传统的计划经济体制之外放开一块让市场调节的制度环境下,走出了在我国具有典型意义的农村经济迅速发展之路的一种模式。对苏南模式的具体内涵,描述不一,但它是以乡镇企业的大发展带动了农村剩余劳动力的大转移,并确立了乡镇企业在农村多行业经济综合发展中特殊的主体位置和突出的启动作用为基本特征,对此多数认同。显然,它不是就发展论发展的模式,而是以改革为动力的经济发展模式。苏南模式既然孕育形成于我国体制新旧转轨阶段,它的不完善性是题中应有之义。它的孕育成长依靠改革的推

动力,它的完善化进程也离不开改革的推进。

不把握这一点,苏南模式的研究就会走上误区。

应当提到,"经济模式"从 50 年代出现在国外的社会主义经济研究著作中,对它有不同的定义,但总的说,都着眼于探索社会主义经济运动的规律性,强调"经济理论详细说明抽象规律发生作用和以一定方式彼此联系的条件"①。我国经济模式的研究开始于改革初期,主要是指"经济体制模式"。以后在研究农村经济中提出的模式则是指的"经济运行模式",而且侧重于实践经验的总结。我认为,在我国进行经济模式研究应当把经济理论假设同实践经验概括统一起来,对一定体制安排下我国或一定地区经济运行系统,用科学抽象的方法来说明其运行过程及其机制特征,作出以实践为依据的抽象和概括,提出合乎规律性的原则规定和理论假设。

毋庸讳言,我们对苏南模式的研究远未达到这样的境界,很大程度上只是在现有经验总结基础上对现实形态作出的研究。我在《苏南模式研究》一书中,虽然注意到在把握改革大背景下对苏南模式的现实形态及其走向完善的目标模式作了有区别的分析、探索,但在该书写作后,联系体制轨转进程中出现的新矛盾对此作继续深入的研究就很不够。

多年来,人们对苏南模式的成功宣传得不少,相对而言,对它的不足和矛盾的分析研究则不多。在较长时期里,苏南的有些地方领导爱听肯定的意见,不大听得进对问题的分析和评论,对以"苏南模式"为名的实践经验总结辩证看待不足,以至陷入了某种绝对化、凝固化的思维定式。面对今天乡镇企业的经营困难,因为思想准备不足,就难免产生困惑,以致用消极抵触情绪理解"反思"、"扬弃"和"改造",似乎苏南模式已走到了尽头似的。应当说,对苏南模式曲意护短也好,消极否定也好,过犹不及,都不可取。为什么会有此认识上的偏差? 理论研究不足,是个重要原因。

---

① 参阅《社会主义经济模式问题论著选辑》,人民出版社,1983 年版。

　　需要再次强调:苏南模式与我国体制改革和经济社会进步的进程相联系,它是处于动态演变中的一种模式。对它的研究必须继续深入。要联系我国社会主义初级阶段的基本国情,联系体制改革不断深化并整体推进的具体实践,把苏南模式放在"两个根本转变"的视野下,强化对处于动态演变中的苏南模式的规律性研究,从而才能揭示其长期发展的经济运行机制的内在本质所在,并把握其走向。

单从发展速度上评析苏南模式,
还是从改革与发展的联系上把握?

　　苏南模式是以制造了惊人的"苏南速度"而引起研究的。而以后的研究过程表明:对苏南模式本质特征的把握,着眼于发展速度是远远不够的,必须同改革联系起来才能做到。

　　因为这个"苏南速度"是由乡镇企业的大发展引发的,所以,人们的注意力就很自然地集中在乡镇企业上,并在较长时期里把苏南模式等同于"苏南乡镇企业发展模式"。当然,苏南模式的研究确是同乡镇企业的发展不可分割的。正是乡镇企业的快速发展,带动了苏南农村经济的快速发展,并支撑了整个江苏经济的快速发展,其历史功绩有口皆碑,已无须多加论证。但是,乡镇企业的快速发展绝不是孤立的,它是市场取向改革为它提供了广阔的市场空间,并打开了接受城市辐射通道而形成的;同时,它又是在改革的推动下充分利用植根于农业、农村的各种有利条件的结果。例如,农业家庭承包制改革把相当大的一批劳动力从土地上解放出来,为种植业为主的农村单一化产业结构向多行业综合发展的产业结构转换提供了客观基础;农村坚强的党政领导和集体经济组织按照改革要求,加以积极推动、支持和引导,包括:筹集资金、参与决策,帮助打通市场调节、市场开拓的各个环节,在社区内部调节农工利益、稳定农业生产等。苏南的实践越来越表明:"苏南速度"虽是乡镇企业的大发展启动的,但它却是在改革的大环境下出现的,是苏南农村经济改革的积极效应在经济发展上的反映。因此,苏南模式的研究不能就发展论发展,特别不能局限和停留在对乡镇企业的数量增长上,而是要从改革与发展的联系着眼,把研究扩展到农村经济综合发展的层面上来。

从改革与发展的联系看,苏南乡镇企业的优势在于具有比较适应于市场调节的经营机制,苏南农村经济快速发展的主要途径,也在于适应改革的市场取向,促进了乡镇企业运用市场关系发展生产的机制优势的形成。乡镇企业从利用传统体制外的市场空间起家,依靠市场、开拓市场、运用市场,进而突破传统体制框框的束缚,既加快了农村从自给半自给经济向商品经济的转化,又影响和带动了传统体制下的城市工业企业"转轨变型",面向市场。这样,乡镇企业充当了传统体制下大搞市场调节的急先锋,促进城乡市场经济因素的大增长,后来就被大家公认为中国市场经济闸门的开启者和在社会主义条件下实行市场经济改革的先行者。苏南之所以成为全国乡镇企业的发源地,并创造了举世瞩目的"苏南速度",撇开社会历史条件和区位优势不谈,根本的体制因素就在这里。

据此,我认为通过改革促使市场对社会资源配置机制的成长,乃苏南模式的活力之源,也是苏南经济运行机制的本质特征。以此作为研究苏南模式的基本线索,就能既充分肯定——从七十年代后期开始,在体制新旧转轨的条件下,适应在农村发展社会化、商品化、市场化生产的客观要求,走出了以乡镇企业超前启动苏南农业剩余劳动转移和多行业经济综合发展的成功之路;又能恰当地评判——由于计划经济传统体制框架作用的影响,苏南农村改革相对于城市综合改革和整个改革的整体推进,出现了某些迟后以至停滞,新的机制优势弱化,固有体制的弊端显化,例如:在产业结构和所有制结构方面,在培育城乡通开的统一市场体系方面,以及在促使社区管理与区域发展、宏观调控的对接方面,都没有一直沿着市场经济改革的方向,保持并继续发扬苏南模式初期的那种敢闯、敢创的精神。

苏南模式前进的必然要求:
市场主体到位和政府职能到位

　　苏南模式的发展完善绝不是回避矛盾、掩盖矛盾所能得来的,而必须正视矛盾、分析矛盾、解决矛盾才能实现。在苏南模式孕育成长阶段,在乡镇企业的蓬勃兴起带动农村多行业综合发展的进程中,随着实践经验的不断丰富,就曾逐步解决了例如农村农副工发展不相协调、务工与务农人员间收益冲突等等矛盾。不解决这些矛盾,就不会有苏南模式的成功。但是,另一些矛盾的解决不够,在新形势下矛盾显化了,深化了。其中对市场经济改革的整体推进起着主导作用的矛盾,就是苏南模式微观主体——企业的经营机制及其调控主体——政府的经济职能,没有明确定位和真正到位。相反,在双轨体制的摩擦下,发生了某些政府行为的扭曲和企业机制的僵化、退化。

　　如上所述,苏南模式既然是以集体为主的乡镇企业带动农村经济综合发展的模式,乡镇企业作为苏南模式微观基础的主要组成部分,必须首先成为适应于市场经济要求、名副其实的市场主体,定位在自主经营、自负盈亏上。而政府作为地区经济的管理协调主体,也就必须在政企分开的条件下,定位在根据国家宏观政策进行战略导向和间接管理上。

　　实际情况是:集体为主的乡村企业,乡办乡有、村办村有,都是由党政干部决策、乡镇领导推动兴办的。明显的政企不分,模糊的产权关系,两者相互制约,政府职能转换不能到位,必然使企业作为市场主体的发育受阻。

　　改革初期,乡镇政府支持、推动乡镇企业运用市场手段,按市场导向,自购原料,自产自销。那时,乡镇政府同乡镇企业站在一起,冲击传统的计划体制,使乡镇企业形成了与市场取向改革大体一致的自主灵活的经营机制优势。正是凭借这一优势,乡镇企业表现了商品经济、市场经济的强大开拓力,促进了农村生产力的大发展,创造了誉满中外的

"苏南速度"。

　　随着改革从体制外向体制内的扩展磨合,随着城乡通开的市场体系的逐步发育,更随着国家宏观调控的逐步加强,不仅城市国有企业制度创新滞后的矛盾日益显现,而且农村乡镇企业由产权关系模糊派生的许多矛盾也渐次深化。由于财产所有者缺位,经营者和政府决策人都是负盈不负亏。许多乡镇企业不仅制度创新不足,相反管理上出现"小全民"、"二国有"现象,经营机制退化,企业内部核算不严、报表不实、家底不清、盈亏不真,财务管理混乱,灰色成本上升。一些人浑水摸鱼,化公为私,侵吞集体资产,以至出现了所谓"穷庙富方丈"的现象。近些年来,市场供求格局变化,我国已在总体上告别"短缺",形成买方市场;而苏南奉行超越自身承受能力的"负债经营"、过度投入的行为,在缺乏风险约束机制下,长期得不到扭转,由乡镇政府决策拍板并筹资的许多项目宣告失败,导致乡镇和企业负债率的不断上升。这就是被人们惊呼"苏南模式危机"的由来。

　　苏南模式不仅要转危为安,还要开拓前进。这里的关键就在于推进市场主体到位和政府职能到位。两者是一个问题的两个方面,需要在产权制度改革和政企职责分开的进程中,联动解决。

苏南模式怎样才能有质的飞跃?
立足区域发展,突破社区经济

　　苏南模式是孕育于体制转轨阶段的不完善形态,经济发展的政府推动又一般立足于本乡本村,带有"块块经济"的色彩,这就需要研究如何促使其在城乡市场通开、经济协调发展的区域化改革进程中继续演变,实现质的飞跃。

　　大家看到,同七十年代乡镇企业只是主要为城市工业"拾遗补缺"的"小"、"低"、"散"企业时代相比,今天的乡镇企业已不能同日而语了。不仅从个体规模到总体规模都大为扩大,而且产业档次明显提高。特别是随着外向开拓、科技进步步子的加快,乡镇企业的发展以工业小区为依托,同小城镇建设相结合,以往"乡乡布点,村村点火"星罗棋布的局面有了较大改变,逐步跨进企业规模化和集团化、开发成片化、空间结构合理化的新阶段;与此同时,苏南除市区以外的十二个县,在县域三次产业综合发展的基础上,全部升格为县级市,在加强城镇建设的同时,都注意到推进城乡经济一体化的进程,从而出现了城乡之间商品、要素双向、交叉流动的新格局。与乡镇企业的发展提高相适应,苏南模式的总体质态也有一定的良好变化。

在肯定这些可喜变化的同时,不能不指出:已有变化较大程度上仍然是局限于乡村社区或者县(市)行政区划内的,苏南模式原有的社区经济形态没有根本改变。在苏南,集体为主,主要是指乡村企业占有极大比重,它们一般都是在乡村社区内实现投资并为本社区创造劳动就业而举办的,在产权关系模糊的情况下,基本上实行以乡村社区内的传统行政管理体制。这种管理体制作为苏南模式的一大特征,如前所述,在推动乡镇企业和农村经济的发展中曾起过重大的历史作用;但同时也带来乡镇企业以至小城镇商贸发展的某些社区封闭性,强化了依托乡村行政权力办经济的格局。这种格局不能不制约和弱化乡镇企业和农村其他产业外向市场开拓的活力,使"横联"活动难以跨越社区的地缘组织。

为什么乡镇企业难以从根本上走出"块自为战"、重复建设的盲区?为什么乡镇企业集团大多只是局限在乡域或者县域范围内?为什么苏南三大市区与周围县(市)经济上的地区分割难以彻底打破?在很大程度上与摆脱不了社区经济的封闭性有关。

按这一思维线索探索下去,苏南模式的出路在于朝着社会主义市场经济改革的方向继续演变。要以推进区域经济市场化为条件,把促使苏南模式的改造完善的过程同推进城乡改革同步协调、城乡市场统一开放、城乡经济融合发展的过程紧紧联系起来。要在这过程中,不仅淡化把苏南模式等同于苏南乡镇企业发展模式的观念,不仅跳出苏南乡镇社区模式的局限性,探寻苏南农村经济综合发展模式完善化的途径,而且,进一步打开视野,促进苏南农村经济发展模式向苏南城乡经济交融的区域化模式演进。

从"初级阶段"理论上拓展思路，促进苏南模式走向完善

苏南模式，是符合我国社会主义初级阶段基本国情、合乎建设有中国特色的社会主义改革目标的经济发展模式；应当也是从苏南地区实际出发，由乡镇企业的发展加速启动起来的多行业农村经济与城市经济相互依存、联动发展的区域经济模式①。这就是，绝不能撇开城市经济，孤立地去构造农村经济模式。应当根据党的"十五大"指明的"在社会主义条件下经历一个相当长的初级阶段，去实现工业化和经济的社会化、市场化、现代化的大目标"和"各地要从实际出发，发展各具特色的经济，加快老工业基地的改造，发挥中心城市的作用，进一步引导形成跨地区的经济区和重点产业带"②的战略性思路，根据对苏南模式现实形态及其包含的实际矛盾的客观分析，提出苏南目标模式的选择。我曾在《苏南模式研究》第十章提出过主张，"把发展和完善城乡一体化区域经济体系及其运行机制作为完善苏南模式的基本方向"③。作为一家之言，可供进一步动态研究参考。

这里面需要研究解决的问题尚多，譬如说：

——认定方向与立足现实相结合，从当前入手。要合理推进乡镇企业产权制度改革。要从总体上搞活苏南区域经济着眼，把这一改革

---

① 作者在《苏南模式的双重涵义及区域特性》一文（《经济学周报》1987年11月8日）中，对苏南模式曾作如下描述：以农业为基础，以大中城市为依托，以市场调节为主要手段，兴办以集体为主的乡镇企业，加快农村工业化，推进农村的分工分业和产业结构改革，带动农村经济的全面发展，并通过横向经济联系，促进城乡经济的网络化和一体化。

② 《中国共产党第十五次全国代表大会文件汇编》，人民出版社出版，第15、28页。

③ 《苏南模式研究》，第118页。

落脚到企业经营机制的改善上,再造乡镇企业的机制创新优势;同时促进乡镇政府在政企分开的条件下实施有利于区域经济发展的战略引导和政策推动。

　　——在发展专业化、社会化生产基础上,用市场化方式,推进城乡和地区联合。以市场为导向,以资金为纽带,突破社区,突破县域,发展城乡(市县)一体的包括三次产业在内的多种形式的经济联合体,并把调整产业结构与调整所有制结构结合起来。实现多种形式所有制、大中小型企业的优化配置。

　　——在城乡改革一体化的条件下,实施城乡工业的统一协调管理。随着农业向充分集约化、规模化、市场化转化,随着农业产业化经营水平的大幅度提高,通过改革,实行有利于乡镇工业和城市工业协调发展的管理体制。不论城乡和地区,不论所有制形式,都是社会主义市场经济的微观组织,要实施一视同仁的统一政策。

　　苏南模式的重构或再造,最根本的,要进一步解放思想,转换观点,拓宽思路,一切从国情、区情出发,一切从坚持社会主义条件下推进区域经济市场化出发。就所有制结构而言,必须大力推进公有制实现形式的多样化改革,并使之同多种形式的非公有制经济协调发展。绝不能把集体为主曲解为"集体唯一",排斥个体,抑制私营。在苏南放手发展个私经济,不会削弱公有经济的主导作用,相反,只会激活国有和集体经济,有利于深化整个苏南地区的市场经济改革。如果眼光不是局限于农村,而是扩展到城市和乡村的整个区域,那么,这个问题就更不用担心了。同时,也绝不能把苏南模式看作"唯我独优",温州模式、珠江模式和苏南模式一样,都是孕育成长在中国这块土地上。按社会主义初级阶段理论看,它们显然也各有长处,未尝不可以以人之长、补己之短,以资拓宽苏南模式完善化探索的思路。

　　"把社会主义同市场经济结合起来,这是个伟大创造"。放眼看前景,我们有条件争取这个伟大创造率先在苏南城乡实现。

(原载《中国农村经济》1998 年 10 月)

对"苏南模式"再认识三题

"苏南模式"≠苏南乡镇企业发展

苏南乡镇企业的大发展造就了"苏南模式";然而,"苏南模式"并不能简单化地等同于苏南乡镇企业的发展。

"苏南模式"的研究在 80 年代前期就已开始,至今 10 多年,人们对"苏南模式"内涵的表述仍然不尽一致。但是,苏南农村在改革前期新旧体制双轨并存的历史条件下,乡镇企业(主要是乡村集体工业企业)靠市场调节而"异军突起",带动了农业剩余劳动力的大转移,催化了农村分工分业的大发展,促进了农村产业结构的大变革,对这样一个历史进程和基本特征,则多数都认同。"苏南模式"正是对这样的时代背景下苏南农村经济综合发展的一条成功之路的概括。既然如此,它的意义就远不止于发展乡镇企业本身,而在于:它是在我们这样一个农业大国里通过乡镇企业的大发展,走出大规模转移农业剩余劳动力的新路的体现;它是在我国传统体制外放开一大块让乡镇企业运用市场化经营方式起家和发展,带动农村加快专业化、商品化、社会化进程,走出促进市场经济发育的新路的体现;它也是以农业为基础,以大中城市为依托,发展工业为主的乡镇企业,使农村工业化与城镇化相互推动,走出城乡一体化的地区经济快速发展的新路的体现。

"苏南模式"与苏南乡镇企业发展的关系,可以说,后者是主体,前者是整体。两者有联系,但也有区别。

有联系:因为"苏南模式"是从乡镇企业在苏南蓬勃兴起,由此催化、激活了那里的商品经济、市场经济而后形成的。从这个意义上说,没有乡村企业特别是乡村集体工业的蓬勃大发展,就没有"苏南模式"。

有区别:则因为在苏南整个农村经济运行中,乡镇企业的发展不是孤立的现象,而是涉及方方面面的关系:开始是农工副三者的关系,以后演变为农、林、牧、副、渔和工、商、建、运、服、旅(游)、房(产)多行业,也就是反映为今天的农村三次产业协同发展的关系;集体所有制企业与其他所有制形式企业的关系;不仅乡镇企业内部而且整个农村社会生产、分配、流通与消费诸环节的关系;农村、小城镇与区域内大中小城市的关系;企业与政府,包括与乡、镇、村等各级干部的关系。

只看到联系,看不到区别,把两者混为一谈,就理论研讨来说,就会各讲各的"模式",话讲不到一处去,讨论不容易深入。

从现实生活中看,单从乡镇企业的发展论模式,就会只见树木,不见森林,发现不了诸多关系相互制约、相互作用所表现出来的多重矛盾及其发展演变的趋势。

比如说,当乡镇企业发展顺利时,即在发展速度快时,就会"一好遮百丑",只从乡镇企业快速发展上论优势,忽视体制双轨并存阶段孕育形成的"苏南模式"先天不足的毛病,听不进别人的评论意见,容易对"苏南模式"的看法过于理想化,以至陷于对"苏南模式"内涵凝固化的思维定式。另一方面,也就不容易从模式的完善或创新的角度去全面评价乡镇企业的优势与不足,相反,会夸大优势,走入误区。

再比如说,当乡镇企业发展有曲折,增长幅度降低时,又会影响到对"苏南模式"的客观评价,甚至否定研究"苏南模式"的必要。反过来说,也就不能从"苏南模式"完善化研究的视野去全面分析乡镇企业增幅降低的内在机制和外在环境上的多重因素,不容易下决心从强化改革力度和加快发展速度的相互联系上去正确把握和采取对策。

我总的认为,"苏南模式"研究同苏南乡镇企业研究这两者之间不能因为有联系就画上等号,认识这一点,才能更好地联系乡镇企业的发展实践去研究"苏南模式"内涵的完善和创新,从而促进苏南乡镇企业再造新机制,再上新台阶。

苏南模式不断演进的必然逻辑

苏南模式的形成和演进都离不开体制改革的大环境。

苏南模式孕育形成于我国改革初期、新旧体制并存的历史时期,既具有对市场取向改革的适应性,又带有明显的传统体制的"胎里病"。随着改革的深入展开和体制的逐步转轨,苏南模式在其实践中,必然会不断显现矛盾和不断解决矛盾,从而逐步走向完善,这就是苏南模式演进的必然逻辑。

苏南模式的主体——乡镇企业,无论从量态还是质态上,都没有停止过发展演变。80年代以来,苏南乡镇企业走向规模化、集团化和外向化的演变就很明显①。技术装备面貌更是巨变,乡镇企业总体上已从70年代手工工具、原始技术阶段演变成中级技术为基础逐步引进高新技术的阶段。可以说,今天苏南乡镇企业同城市工业相比,已毫不逊色。苏南乡镇企业具备了十分强大的大发展的物质技术基础。

那么,为什么发展势头久盛不衰的苏南乡镇企业今天遇到了前所未有的困难和矛盾?

显然,从乡镇企业本身孤立地去探讨就不够了,而必须从苏南模式——苏南农村经济发展的整体上,从改革与发展的联系上,对其内在的、外在的因素作综合考察。

苏南模式作为苏南农村经济运行系统的总体概括,它的生命力不只反映在兴办多大规模、多高水平的乡镇企业上,而主要表现为围绕发展农村生产力这个中心,从苏南的区情出发,按照我国建立社会主义市场经济体制的改革大目标,最大限度地把改革与发展协调起来。

_____

① 以苏南乡村集体工业企业的规模变化为例:单个企业的职工人数变化不大,平均70人上下;但平均固定资产原值数额变化十分明显,1985年为17.68万元,1996年为305.61万元,而1978年按原苏州地区的统计,只有8.6万元

从这个视角看,苏南模式在以改革为动力,不断弱化和根除传统体制下带来的"胎里毛病",就显得相当滞后。特别是90年代以来,当国家按市场化改革目标取消了对乡镇企业的优惠政策,而硬化了对包括乡镇企业在内的各类企业的宏观调控政策时,当国有企业逐步搞活,外资企业大量增多,个体私营经济迅速发展,市场竞争强手林立时,当我国出现卖方市场向买方市场的转变,以至直接威胁到习惯在短缺经济下搞"短平快"项目的乡镇企业的生存和发展时,苏南围绕发挥乡镇企业机制优势而展开的改革力度仍然相对不足。结果是,苏南乡镇企业产品销售市场萎缩,发展速度放慢,经济效益滑坡,资产负债率上升,使相当多的一批企业正常的生产经营发生困难。

目前,苏南各地都已看到了问题的症结所在,都在针对苏南模式运行和乡镇企业发展中显露的矛盾,普遍加大体制改革的力度。突出表现在:从我国社会主义初级阶段的最大国情出发,以企业产权制度改革为重点,推进所有制结构调整,原来由于固守"集体为主"的框框束缚发展个体私有经济手脚的状况已得到根本改变。以此为突破口,苏南乡镇企业将以改革为动力,顺利走上与市场经济机制相融合的第二次创业的坦途,苏南模式也必将在微观主体改革到位、政府职能转变到位的条件下,跨出社区经济,进一步打破城乡分割和条块分割,顺应社会主义市场经济的客观要求,重振苏南农村经济快速发展的雄风。

苏南模式的新内涵及其苏南特色

现在需要研究——根据苏南模式新发展的实践,应该赋予苏南模式以什么样新的内涵。

再一次强调:苏南模式发展必须是同一定历史时期体制改革的总体进程相联系、相一致的。苏南模式的创新、改造和完善,必须以邓小平的社会主义初级阶段理论为指导。在这个问题上,我历来认为,绝不能把苏南模式看作"唯我独优",温州模式、珠江模式等,和苏南模式一样,都是孕育形成在我们中国的这块大地上。它们各有长处,未尝不可以人之长,补己之短,来拓宽苏南模式完善化探索的思路。

　　根据一些同志在这方面的已有探索,吸收温州、珠江模式的长处,苏南模式的新发展是否大体上包含这样一些新内涵。

　　——从所有制结构单一化发展为集体经济、混合经济、外资企业、个体私营企业多种所有制经济的共同发展。

　　——从靠市场调节方式搞供销发展为内外两套资源配置全面运用市场化方式。

　　——从立足社区办经济发展为以加快大中小城镇体系建设和地区经济市场化进程为条件,实现大区域范围内的城乡经济一体化。

　　——从由集体经济组织调节按劳分配为主的分配方式发展为按劳分配为主和按要素分配相结合的分配方式。

　　作这样的探索是有益的,但还只是比较表层,这主要反映在对我国市场经济取向改革下农村经济发展模式的共性表述有余,而苏南模式的特性研究不足。

　　生成在苏南农村的苏南模式,其发展演进即使会带有与其他农村模式的某些趋同,但不可能完全抹杀苏南这块土地上的固有特色。

　　撇开苏南乡镇企业规模发展和产业结构层次提升上的特性且不论,我认为,拥有强大的集体经济实力是苏南农村可宝贵的最大优势,对此必须加大关注。苏南模式要新发展,对原有内涵当然要有所扬弃,但必须扬其体制之优势,弃其体制之弊端。我们加强改革力度,固然要打破把"集体为主"凝固化的思维定式,走出把"集体为主"没有根据地引申为"集体唯一"的误区,以利于合理形成多元化的所有制结构;但绝不能认为可以削弱、瓦解集体经济基础,恰巧相反,正是要在发展非集体经济的同时,更好地发挥现有集体经济强大的优势。在双轨体制下沿袭保留下来的苏南模式运作中的体制缺陷,诸如产权不明晰、政企不分、社区封闭等等,阻碍跨地区、跨行业、跨所有制的资产流动和资本营运,也就自然影响到集体经济这一优势的充分发挥。这些,正是深化改革需要着力解决的问题。按照建立社会主义市场经济体制改革的方向,只要既抓住乡镇企业产权制度改革这个突破口,从苏南的实际出发,实行"抓大、活中、放小",又推进政企分开、政府职能转变等一系列的配套改革,包括搞好集体资产营运体系建设,严格集体资产的监督管理,确保集体资产在依法经营管理中保值增值,我相信:一定可以把打破"集体唯一"的框框、发展非集体经济同充分发挥苏南集体经济的固有优势统一起来,一定可以在增强苏南农村集体经济的控制力的同时促进多种所有制经济的共同发展,一定可以在苏南农村建立起符合我国社会主义初级阶段客观要求的充满生机和活力又富有效率和效益的经济运行机制,同时充分发挥集体经济的优势及其主导作用,体现苏南模式在新的条件下"集体为主"的苏南特色。

（原载《江苏经济探讨》1998 年第 8 期。）

苏南模式的争论和不同模式观

——兼谈农村模式研究向区域模式研究拓展延伸

"终结论"引起新争论

苏南模式问题,最近又见争论四起。

我想,有争论是好事,它可以促使人们更好地思考:在苏南模式以至其他地区经济发展模式的研究中,该如何加强科学性,增强其对实践的指导性。

对苏南模式,过去尽管也是贬褒不一,但比较起来,还是对它肯定、推崇的声音多些;现在来说,倒不是对它已有的历史功绩有太多异议,争论的焦点集中在苏南模式还有没有指导、推动实践的作用上。

争论重又热烈起来是从"苏南模式的历史终结"的观点引发的。但在此前,报刊上已不乏诸如"苏南无模式"、苏南只能"以温州模式为基本选择"这样一类看法出现。这类观点认为:"以集体为主",作为苏南模式的基本内涵,在制度创新的实践中,已演变为多种所有制经济共同发展的多元所有制结构,而且实际上已向发展私营个体经济倾斜,因此,苏南模式已告历史终结。

江苏有不少同志对此不表赞同,认为苏南模式不是凝固不变的,它随改革、发展实践的发展而不断创新和完善,已经并正在继续克服其内在缺陷和矛盾,因此,应该继续发挥其指导和推动实践的作用。我就是持这种观点者之一①。

最近又有一种看法,虽然基本上也属于上述创新完善的观点,但比较高估已有的创新成效,认为苏南模式已走向"新跳跃",对形成的"新特征"也有似乎过于完美的表述。

苏南模式从提出这个概念开始,至今已十七八年,为什么今天对苏南模式的评价仍然如此大相径庭? 仔细想来,恐怕同苏南模式的研究对象、研究宗旨或者说研究的指导思想,长期来一直没有形成共识不无关系。

且看三种不同的模式观

据我接触苏南模式的研究情况所了解,有关方面对苏南模式研究对象的定位一开始就不相一致,并且至今未有完全改变。

一种研究,把苏南模式等同于苏南以集体为主乡镇企业快速发展的经验结晶;

另一种研究,把苏南模式看成是苏南乡镇企业和农村经济社会全面发展的成功之路,对此作出企图在相当时期长远起指导作用的理性概念;

还有一种研究,把苏南模式作为对苏南现阶段在乡镇企业发展带动下和受城市经济辐射下,农村经济转轨变型、综合发展的全貌进行规律性研究,而得出一种动态概念。

以上,姑称之为苏南模式研究中的三种模式观。

关于第一种模式观。开始研究苏南模式,大多数人是持这种模式观。事实上,苏南模式的提出,也正是从乡镇企业发展在苏南突破并获得成功而来的。上世纪八十年代初,乡镇企业创造了在全国遥遥领先的"苏南速度",苏南模式和"苏南速度"一起,引起人们的瞩目和兴趣。

---

① 见《苏南模式:是已经历史终结,还是在创新演进?》,《江南论坛》2000 年第 12 期。

于是，合乎逻辑地把苏南集体为主的乡镇企业看作苏南模式的研究对象。这种模式观看重的就是集体乡镇企业的"苏南速度"，既然今天苏南乡镇企业"痛失全国领先地位"而又在企业改制中打破了"集体为主"的所有制结构格局，那么，被认为苏南模式已经"历史终结"似乎也就是顺理成章的事。

再说关于第二种、第三种的模式观。

这两种有其相同处。乡镇企业在农村蓬勃兴起，带动了农业剩余劳动力的大转移，引发了农村产业结构、工农关系、城乡关系等一系列的大变革。这就很快打破了以集体乡镇企业为对象的局限性，把研究视野扩展为农村经济的整体。

但这两种也有不同处：

第二种模式观比较关注从经济与社会的协调发展上总结经验，问题是走上了苏南模式研究"一次完成"的误区，所总结概括的苏南成功之路，撇开了其形成于新旧体制双轨并存下的种种体制缺陷和社会弊端，理想化色彩较浓，以致脱离今天新形势下的实践。

第三种模式观强调苏南模式的动态性。主张从体制转轨、经济转型的动态变化角度研究，得出了苏南模式需要随改革与发展进程的推动而不断完善的结论。这种模式观必然拒绝"历史终结"，主张"创新演进"。

苏南模式研究该以什么为宗旨

模式观不一致，对苏南模式功过是否的评论，当然就各有所指，永远讲不到一起去。但仅仅指出苏南模式观的分歧，还没有真正触及对苏南模式争论的焦点所在。在不同模式观的背后，还潜藏着某些更深层的问题。

首先要弄清该从什么出发来评价苏南模式的功过是非。能以坚持苏南模式的"成功论"来宣扬或印证地方官员的政绩吗？当然不能。能把当前农村在体制转轨过程中出现的种种不良倾向以至腐败行为等都罗列出来,把它们统统算在苏南模式的"账"上,用来证明其"终结论"吗? 当然也不妥。能以苏南模式的"终结论"来"扬温抑苏",论证苏南"只能以温州模式为基本选择",来与社会上的私有化思潮相互呼应吗? 那更该反对。

　　进一步分析起来,这个问题又是同苏南模式研究的宗旨和指导思想的问题密不可分的。

　　我在八十年代末曾提出:苏南模式作为农村经济发展模式研究,必须立足于多种模式的比较。我们既要从不同地区的实践出发,揭示其本质,把握各个模式的具体特性;又要通过多种模式的比较研究,揭示其共同特性,从而把握我国整个农村经济运行规律性的全貌。实现这样一步飞跃,是农村经济发展模式比较研究的最终目的,也是苏南模式研究的最大理论意义之所在[①]。我始终认定:苏南模式同其他不同地区模式一样,必须摆在我国体制转轨、经济转型的大背景下,看作建设有中国特色的社会主义这条道路在苏南以及其他不同地区怎么样具体走法去研究,从而各自找出既符合市场经济规律、又符合区情特点以最佳发挥各自比较优势的农村经济发展的成功之路。从这个意义上讲,苏南模式的成败,就不是单凭某一时期生产发展速度的快慢来衡量的,也不是以罗列现实生活中出现了一些阴暗面的东西为依据而可骤下结论的,更不是单纯由哪一种所有制形式的取舍所决定的;而必须根据该地区生产力与生产关系相互作用所产生的综合效应客观评价,必须对改革与发展相互推动下地区经济运行的基本趋势作出综合判断。这样,才符合苏南模式研究的宗旨,才不至于轻言或轻信"苏南只能以温州模式为基本选择",而坚持从苏南区情出发,推进苏模式的创新演进。

　　事实上,某些离开苏南模式研究宗旨的一些言论,已经在一定程度上产生不良效应。例如:在苏南模式研究中过分看重乡镇企业的"苏南速度",其后果是冲淡了苏南同志的改革意识,导致忽视改革滞迟带来的潜在危机。特别是对地方干部来说,把苏南模式同政绩挂钩,必然促

---

　① 见《苏南模式研究》引言,南京出版社 1990 年 6 月版。

使他们只爱听对苏南模式成功的赞扬,听不进对苏南模式缺陷的评论,以致导致某个时期把苏南实践经验的概括推到完美化、理想化的地步,阻碍了通过对苏南模式的反思以明确前进方向的积极探索。至于那些把什么问题都算到苏南模式"账"上去的议论,以及单从所有制形式上评判苏南模式的总体成败的看法,都会影响到研究苏南模式创新演进的积极性,不利于农村经济地区性模式研究的开展。

模式研究本身也要创新

对有兴趣于苏南模式的研究者来说,要从不同意见中去发现和克服苏南模式研究中的缺陷,通过研究创新去推进模式创新。这里,就又有一个讲究苏南模式研究的科学方法问题。

我认为,苏南模式研究一定要以实践为依据,解决好跟踪实践与超越实践、阐明实践与指导实践的关系。要坚持跟踪实践,按照在社会主义条件下推进市场化改革的目标和市场经济规律,研究回答实践中不断提出的问题,使苏南模式的研究成果能超前一步,指导和推进实践的不断前进。而苏南模式的研究者,也就要在这个进程中,不断拓宽视野,更新观念,实现研究本身的创新。

苏南模式研究过去根据实践发展的需要,把苏南乡镇企业发展模式研究拓展为苏南农村经济发展模式研究,事实证明是必要的,也是正确的,但我感到根据国内外的大势,今天有必要把模式研究从苏南农村经济的视野,进一步拓展延伸为苏南城乡一体的区域经济的新视野。

实践的发展,已越来越显现出就农村论模式的新的局限性。在按行政区分层管理的传统体制下,所谓苏南模式实际上是被分割在块块经济范围内分块运作的。这个"块",不只是市县,而且细分到乡(镇)村社区。苏南在较长一段时期里,小城镇建设一哄而起,中心镇发育不足,连大中城市的发展也受到县(市)域的"围墙"挤压;而所谓"城乡经济一体化"也只能局限在县(市)行政区里,缺乏在区域范围内真正城乡一体化的突破,这些等等,已经阻碍了资产要素跨越城乡的自由流动和重组,延缓了产业结构调整的区域推进,加剧了政府推动与市场化运作的矛盾。固然说,是同市场化改革进展和政府职能转变的迟缓有关,但也是同缺乏苏南区域化发展战略的整体导向分不开的。所以,把苏南农村经济模式研究拓展为苏南区域协调发展模式的研究,正是实践新发展所提出的新要求。

　　我在 1986 年开始研究苏南模式时,就曾强调提出苏南农村经济发展模式要"同苏南城乡经济协调发展的宏观要求联系起来研究"。在以后多篇文章中又先后多次对此作进一步阐述。如果说,在那些时候,这只是作为一个基本趋向提出酝酿的话,那么,今天随着体制转轨、经济转型进程的推进,一方面城乡分块管理的矛盾进一步显现,另一方面市县经济本身的发展也越来越要求突破"块自为战"、加强市场化运作;可以认为,把苏南乡镇企业为主体的农村经济发展模式研究拓展延伸为苏南城乡一体的区域经济发展模式研究,时机已大体成熟。

　　从区域覆盖的范围看,苏南城乡一体化的区域经济模式研究同苏南区域经济发展战略研究,其实是二而一的关系,两者可以分工又可以联合。我认为,如能走上这一步,苏南模式的研究视野将比温州模式更宽广,其符合时代要求的内涵也将更丰富;苏南模式研究将以其新的成果充实丰富到苏南区域经济发展战略的研究之中去,由此也将更好地提升其研究的层次和水平,适应客观形势发展的需要。

　　(原载《江苏经济学通讯》2001 年第 13～14 期,《中国农村经济》2002 年第 8 期。)

苏南模式:是已经历史终结，
还是在创新演进？

　　近年来,在江苏省内对苏南模式研究趋冷的同时,报刊上对苏南模式另有一种观点鲜明的议论,有的说"苏南模式已过渡到'苏南无模式'"①。有的则以"苏南模式的历史终结"为题撰文②。撇开同温州模式比长论短,仅就这类文章中有关苏南模式优势弱化的某些具体分析而论,笔者大多赞同,并认为基本符合事实,我尤其认为,有这类对苏南模式的评论是件大好事,可以呼唤省内主张淡化苏南模式研究的一些同志再思考、再探索的激情和兴趣。

　　面对苏南模式历史终结的论断,我再次深思地区经济模式研究的由来。我从来认为,苏南模式,同温州等其他模式一样,是对某地区特定的时空条件下经济运行过程的特点和全貌的概括,它与那里的历史、文化、地理条件有关,更与一定历史阶段国家政策特别是体制安排相联系、相一致。苏南模式是在传统计划经济体制框架下孕育而在新旧体制双轨摩擦时期形成的,在当时条件下某些成功的机制显然不可能同深化改革的市场经济新体制相对接。因此,苏南模式必然会随着体制改革的进展和深化,不断暴露并克服其与新体制摩擦和撞击的缺陷,使经济运行的某些环节得以调整和改善。这就是苏南模式的动态演进。除非改革中止或者体制回归,苏南模式不会停止演进,出现历史终结。

----

①　《走温州的道路是一个基本选择》,《经济学信息报》2000 年 3 月 10 日。
②　《苏南模式的历史终结》,《金三角》2000 年第 8 期。

苏南模式作为我国社会主义初级阶段地区性农村经济发展的多种模式之一，它的最大成功之处，就在于从苏南生产力发展的现实出发，由农业剩余劳动力大量转移的迫切需要所驱动，在我国率先冲破旧体制的束缚，运用市场的方式，大办农村工业，促进了农村专业化、社会化、商品化的大发展，造就农村经济的振兴和繁荣，而且激活了整个苏南地区经济。苏南模式的成功，不只作用于苏南，而且在当时更起着对我国传统计划经济体制的超前突破作用，其最大的历史贡献是为我国开拓了一条就地消化和大量转移农村剩余劳动力，在农村迅速成长起一支从事工业的产业大军，同城市工人队伍并肩联手，加速推进工业化、加速建设现代化的新路。当然，温州、珠江等其他模式都有其自己的成功和贡献，同时，也都随着体制改革的展开和深化而不断暴露和克服其某些弱点，不断进行着动态的演变。从探索地区和我国经济持续发展、快速通向现代化新路的需要出发，任何模式包括苏南模式都不会宣布"终结"。

苏南模式来自实践，但对它作出的理论概括以及对其特征的表述，则有着人的主观认识的作用在内。客观而论，苏南模式研究中，人们的视角和认识并不完全一致，或者说，存在一些误区。可以指出的至少有三：一是苏南模式研究的理性高度不够，较多地把苏南模式庸俗化地看作"苏南经验"；二是往往把苏南模式研究简单化地等同于苏南乡镇企业的研究，而不是从农村以至区域经济运行过程全貌的层面去观察和把握；三是用静止的观点看待苏南模式，把在旧体制双轨并存阶段形成的过渡型苏南模式的某些特征加以理想化和凝固化。

现在来看九十年代中期以前实践中的苏南模式，可以毫不费劲地指出其多方面的缺陷：

——过于强调"集体为主"，特别是在实践中倍加推崇的"为主"被推到"唯一"的地步，以致在实际工作中长期排斥个体私有企业的发展，对已有的个私企业也得给戴上集体的"红帽子"；

——从人民公社框架脱胎而来的乡办乡有、村办村有的集体企业，财产关系模糊、产权界定不清，社区政府直接参与企业经营决策，政企不分甚于国有企业,虽然有利于当时在社区范围内协调工农利益矛盾,支撑农业的稳定发展,但却制约了企业活力,加重了企业的社会负担,特别是强化了以乡村社区为范围的"块块经济",无法在较大区域内实施统一的产业政策,使企业布局"小、散、乱"和产品产业结构低水平重复的弊端变本加厉;

——社区办企业的必然逻辑,依靠乡镇企业的"贡献"搞起来的小城镇建设也只能局限在本社区内进行,分散化、无序化布局的小城镇阻碍了中心镇、小城市的发育成长,而"块自为战"的结果,使苏南地区大中城市也增添了无形的"围墙"压力,影响到城乡经济的优势互补和协调发展。

在改革不断推向深入和城乡经济不断发展的进程中,这些缺陷逐步暴露和解决,包括有些曾被作为苏南模式的基本特征,已经或者即将退出苏南模式的内涵——如果仅就这些而论,确可称之为历史的终结。而更重要的方面,苏南模式出现了由制度创新而启动的符合市场经济要求和具有区域性特点的积极演进。

经过一段时间的改革滞迟以后,苏南制度创新围绕乡镇集体企业产权制度改革而全面展开。近几年来,苏南模式的"集体"偏好已被彻底打破,结束了过去单一所有制的结构和形式,除了个私企业大量涌现外,乡镇集体企业向产权主体多元化方向发展。乡镇集体企业实行多种形式的产权制度改革,包括股份有限公司、有限责任公司、股份合作制企业、拍卖转让企业以及摘掉"红帽子"的私营企业等形式。2000年9月份统计,苏、锡、常三市乡镇集体企业的改制面,已分别达到95.6%、87.5%和97.7%。这一改革,启动了乡镇企业所有制结构的改变,引发了组织结构、规模结构、投资结构以至技术结构都发生变化。通过改制,明晰了产权关系,建立了税利分流机制,使社区政府既摆掉了对企业的无限责任,也迫使政府不得不改变直接干预企业并向企业无度索取等行为,政企分开迈出了可喜的一步,也为打破社区分割、调整城乡结构创造了条件。目前苏南各市(县)域的小城镇建设已普遍由乡乡村村"造城"转向重点建设主城区和中心镇。

苏南有一大批在市场竞争的风浪中磨炼成长的乡镇企业家,他们具有市场经济的头脑和应对市场竞争的才能,在制度改革中获得自主经营的权力之后,绝不会继续挤在以中低档产品过度竞争的老路上死不回头,而必然会紧跟国内外大势,自我调整,积极创新,使企业走向新的层次。在这几年面上企业全面推开改制改组的过程中,苏南涌现一批利用资本市场和资本经营,把企业搞大搞强,使之提升为与高新技术对接的产品技术含量高、市场竞争能力强的乡镇大企业和企业集团。令人耳目一新的突出典型就是在全国股票市场上出现由江阴8家上市公司组成了独特的"江阴板块",其平均净资产收益率明显高于沪深两地上市公司的平均水平。这8家上市公司中有7家是以乡镇企业为主体组成的。江阴就是以发展壮大上市公司的"江阴板块"为突破口,面向全国资本市场,通过资本经营,跨越城乡、地区界限,集聚了20亿元资金,联合和带动了区内外一大批企业的全面发展;而且,由此优化了较大区域内的资源配置,提升了产业结构的档次,造就出精纺呢绒的阳光牌、溴化锂制冷机的双良牌、磷酸盐的澄星牌、塑料包装膜的申达牌等十个省级品牌。更值得关注的:这一变革,使局限于以农村工业为主体的苏南模式,不仅突破了"社区经济"的封闭性,而且进城出境,走向城乡一体化,为开拓发展符合现代市场经济要求的开放型区域经济闯出了路子。这大大丰富和发展了苏南模式的内涵,提示了推进苏南模式创新演进的方向。

苏南的经济、科技、文化都具有一定的比较优势,完全有条件实现苏南模式适应现代市场经济的创新演进。当然,苏南模式的演进目前还处于转折阶段。乡镇企业面上的改制发展不平衡,有些还在进行二次改制;改制后的集体资产的管理和运营体系远未建立完善,尚有不少工作要做;乡镇政府退出微观主体,还需要在推进政企分开的前提下规范政府行为方式;产业结构的调整既要结合农业产业化的发展,又要与城市的结构调整配合,而城乡工业分割管理的体制一时尚难打破;小城镇建设要跨越乡镇、县域,还要有区域城市群体的统筹规划来协调,等等。但是,苏南模式演进的基本走势大体可见端倪,即:坚持建立社会主义市场经济体制和建设现代化的目标,以制度创新和技术创新为推动力,以产权明晰、政企分开为条件,全面激发多元化产权主体的企业活力,充分发挥市场机制在资源配置中的基础作用,使乡镇企业向小城镇和工业小区集中,并突破社区分割和地区界限,发展全方位的专业化协作、经济联合以及对外开放,提升产品技术含量和产业结构档次,在较大的区域范围内,推进三次产业协调化、城乡经济一体化、地区经济国际化。

以上的认识当然是初步的、探索性的。我这里只是说明:苏南模式同任何地区经济模式一样,正在随着实践的发展而演进。我们的任务主要在于跟踪它的演变,继续进行对它的动态研究,深化对它的认识,促进它在不断创新中走向完善。

（原载《江南论坛》2000 年第 12 期）

向区域经济模式拓展延伸

——再论"苏南模式"的创新演进

对"苏南模式"的议论由一个时期的沉寂到再次升温,是件好事。这正说明了:如何在客观评价"苏南模式"历史功绩的同时,科学看待其内在缺陷,推动其创新演进,是值得经济界、学术界以及各级领导共同关注的问题。我在《苏南模式:是已经历史终结,还是在创新演进?》一文[①]的基础上,再略陈浅见。

一、从不同"模式观"谈起

对"苏南模式",过去尽管也是贬褒不一,但比较起来,还是对它肯定、推崇的声音多些;现在来说,主要不是对它的历史功绩有异议,争论的焦点集中在今后"苏南模式"还有没有指导、推动实践的积极作用上,用明确的语言说,就是"苏南模式"是否过时失效,是否可以宣告"历史终结"。

为什么会有此争论?我感到,对什么是"苏南模式"的内涵,对"苏南模式"这个研究对象怎么定位,其实一直没有真正统一过。直到现在,人们心目中的"苏南模式",似乎还各有所属,区别一下,主要有三,不妨称之为三种"模式观":

一种模式观,把"苏南模式"等同于苏南以集体为主的乡镇企业快速发展的经验结晶;

---

①　原载《中外企业》2000 年第 6 期、《江南论坛》2000 年第 12 期。

另一种模式观,把"苏南模式"看成是对苏南乡镇企业和农村经济社会全面发展的成功之路,对此作出似乎可以长远起作用的理性概括;

再一种模式观,把"苏南模式"作为对苏南现阶段在乡镇企业发展的带动下和受城市经济的辐射下,农村经济转轨变型、综合发展的全貌进行规律性研究,而得出的动态概念。

三种不同模式观下的"苏南模式",虽然都是来自实践,但它们作用于实践的时空范围相应不同。第一种模式观,局限于集体为主乡镇企业的发展经验,看重的是"苏南速度",在苏南"痛失全国领先地位"而又在企业改制中打破了"集体为主"的格局后,这样的"苏南模式"就自然而然走到了"终结";第二种模式观,用静止的眼光看待苏南成功之路,略去了其形成于双轨并存体制下的种种体制缺陷和社会弊端,理想化的色彩较浓,所以脱离今天的现实;第三种模式观,从体制转轨、经济转型的动态变化角度研究,得出了"苏南模式"需要随改革和发展进程的推进而走向完善化的结论。

根据以上分析,我认为,从不同模式观争论,话说不到一起,难以起到相互启发的效应。积极的办法是:通过不同模式观的比较,先对"苏南模式"这个研究对象有个正确定位;然后,运用科学方法,把握我国体制转轨、经济转型的总趋势,立足苏南实践,探索推进"苏南模式"的创新演进的方向和路径,使不断创新演进的"苏南模式"研究继续发挥推动苏南实践的积极作用。

二、苏南乡镇企业痛失全国领先地位　不等于"苏南模式"的终结

我开始研究"苏南模式"时就认定:"苏南模式"是在我国体制转轨的大背景下,由乡镇(社队)企业的蓬勃兴起所催化和带动而形成的苏南农村经济发展模式①。它以大量农业剩余劳动力的非农化转移为动

---

① 参见《经济发展模式研究和苏南模式》,原载《江苏经济探讨》1987年第4期。

力,以集体农业的积累和周边大中城市的经济辐射为条件,以冲破传统体制束缚、运用市场调节大办农村工业为途径,取得了远远超越于乡镇企业自身发展成效的区域推进效应以至在全国的示范效应——不仅带动农村专业化、社会化、商品化的发展和单一化农业结构的转换,造就了农村经济的综合发展和兴旺繁荣,而且激活了整个苏南地区的城乡经济,为我国加速农村工业化、建设现代化开拓了一条新路。

对这样的"苏南模式"进行研究,既不应局限于乡镇企业发展的实践,又不能静止地以研究苏南某个历史阶段农村经济发展的实践为任务,而必须联系体制转轨、经济转型的背景,立足苏南,面向全国,环顾世界,以实践为依据,从微观主体与宏观经济的相互联结上,既总结成功之道,又指出存在不足,既揭示矛盾,又提示方向。

从实践上看,"苏南模式"孕育于计划经济的传统体制框架内而形成于新旧体制双轨并存又相互摩擦时期,因而,它在一开始就明显带有旧体制的"胎里病",随着改革的不断推进和城乡经济的不断发展,在运行机制上逐步暴露出种种缺陷和弊端,从而也迫使其不断进行某些自我改革和调整。20多年来,在务工与务农的收入分配上,在乡镇工业企业的上规模、上水平、发展集约经营上,在农村工业与城市工业的协作联合上,在乡镇企业带动小城镇建设上,以及从面向国内市场到同时走向国际市场、发展外向型经济上,都有一定成效的开拓进展,初步展现了"苏南模式"动态演进的客观趋势。

毋庸讳言,由于种种因素,例如:受上下左右政企职责不分的政府行为所决定,受各级政府把"苏南模式"同政绩挂钩因而重发展、轻改革的指导思想的局限,也受"苏南模式"研究本身创新不足的影响,"苏南模式"在市场化改革不断推进的大环境下仍然固守"集体为主"甚至"集体唯一"的所有制安排,企业制度改革迟迟迈不开步子。相反,许多企业的经营管理向"小全民"、"二国有"蜕变,早期灵活经营的机制转向弱化,利益分配制度扭曲,财务管理混乱,出现了所谓"穷庙富方丈"的现象等。同时,外部环境又发生了国际市场竞争激烈、国内由卖方市场转为买方市场的变化。这样,苏南乡镇企业增长速度明显减缓,企业资产负债率居高不下,亏损面不断扩大。以至走到苏南乡镇企业在全国"痛失领先地位"的地步,这也就不足为奇了。

但是,苏南乡镇企业"痛失领先地位"不等于"苏南模式"的"历史终结",而恰巧表明了:顺应国内外大势,"苏南模式"要在反思中创新,在加紧创新中演进。

三、改革在深化,体制在创新,"苏南模式"在演进

20世纪90年代中后期,苏南人在重重矛盾面前看清了前进方向,思想大解放,按照市场化改革和经济国际化的要求,终于跨出了体制创新、技术创新的大步。在新的实践中,"苏南模式"发生了一系列的演变。

例如:在工业布局上从星罗棋布的分散化格局转向以小城镇和工业园区为依托相对集中和成片化发展;在产业层次上从劳动密集型为主逐步向以技术创新为手段、发展高新技术产品和深加工产品的技术密集型提升;在企业规模上从小型为主向在专业化协作基础上大型化、集团化发展;在市场化经营上从依托国内市场搞营销转为扩大外贸进出口、扩大对外引资,参与国际竞争。

更大的演变则是原来落后于形势的企业产权制度改革和所有制结构调整有了突破性进展。按苏、锡、常三市2000年的统计,乡镇集体企业的改制面分别在90%以上,结束了原来固守不变的说法上"集体为主"、现实中"集体唯一"的单一公有制格局,不仅戴上集体"红帽子"的私有企业纷纷摘帽,还私有的本来面目,而且新办大批私营企业,呈现产权主体、投资主体多元化的趋势,并向着以股份制、股份合作制形式的集体企业、三资企业和私有企业多种所有制结构形式相互竞争、共同发展的现代工业体系演进。特别值得一提的就是部分企业在按现代企业制度向股份制公司转制的基础上,实行以发行上市股票为重点的资本经营。像无锡市的乡镇企业中,从1996年起就先后出现一批独立上市、买壳上市、搭车上市企业,包括江阴的8家上市公司在证券市场中

形成概念独特的"江阴板块",标志着一批原来依附于乡镇政府的苏南乡镇集体企业通过制度创新,已成为真正的市场主体,冲破社区经济的封闭性,自由驰骋于市场经济的广阔天地。由于乡镇企业的产权制度创新,一向直接干预乡镇企业生产经营的乡镇政府不得不相应转变职能,调整其行为方式,而且势将由此突破社区经济的约束,加快农村产业结构的全方位调整以及一、二、三次产业一起上、城乡经济一体化的进程。尽管某些积极变化目前尚未在整个苏南地区形成大气候,但毕竟已从这里进一步展现出"苏南模式"创新演进的前景。

显然,"苏南模式"的创新演变还不能令人满意,还要立足苏南农村经济发展以至苏南城乡经济一体化发展的全局,通过客观分析,在揭示矛盾、解决矛盾中继续推进。譬如说,乡镇企业在产权制度改革中操作不规范,让一大批"穷庙"里的"富方丈"以七折八扣的方式占有企业资产,这是不是人为地削弱了社区集体所有的基础,就值得研究。还有,如何对已经从企业退出的一大笔集体公有资本实施规范化管理和营运,确保其保值和增值,也是亟待解决的问题。如按我国加入世贸组织的要求衡量,在体制、技术两个创新上,需要解决的问题更多。

四、坚持来自实践而又推动实践前进

综观"苏南模式"的形成及其动态演进的过程,可以得出几点基本认识:

其一,"苏南模式"研究一定要以实践为依据,坚持跟踪研究。不能满足于对已有实践经验的概括,而过早打上研究的句号。应当不断跟踪实践,按照在社会主义条件下推进市场化改革的目标和市场经济规律,把握其合理化的前进方向。我在 1987 年 10 月"苏南模式"研究会上,曾以"'苏南模式'的成功之路及其前进方向"为题,作小结性发言时讲过:"从发展的观点看,'苏南模式'永远处于动态变革之中。但从发展的阶段性来说,还是可以有一个到达一定阶段的目标模式的。这个阶段的来到,就是实现新旧经济体制根本转变,使新体制在我国取得统治地位的时候。"我现在仍然这样认识。我们的任务就在于坚持跟踪实践,研究"苏南模式"怎样朝着这样的方向动态演进。

其二,要使"苏南模式"研究取得最佳效应,必须坚持科学态度,既合理阐明实践,又正确指导实践。把"苏南模式"以前发展阶段曾经成功而现在跟不上时代发展"过时了"的部分经验同"苏南模式"的整体优势混为一谈,断言它为"历史终结",这固然是一误区;而把局部经验扩大为全貌,用主观理想的东西加诸于实践,在阐明实践时提出过于完美的概念,其结果,迎合了苏南部分干部把苏南模式的成功与政府政绩挂钩的需要,冲淡其对"苏南模式"在双轨体制下"先天不足"的危机意识,促成其对"苏南模式"认识凝固化的思维定式,这样,不利于"苏南模式"在揭示矛盾、克服缺陷中创新演进,同样是对实践的误导。

其三,"苏南模式"不断创新演进的过程,应该说就是以体制创新、技术创新为动力,对苏南这块土地上的实践经验,不断地有所抛弃、有所保留、有所发扬、有所提高的过程。在这个进程中,随着时代的前进,无疑要不断借鉴运用区外、省外、国外各种有用于我的创新成果,当然也包括吸收其他地区模式的合理东西。在当前所有制结构调整上,"苏南模式"引入了温州模式大力发展私营个体经济的"因子",但是,这不等于"苏南模式"从根本上改弦易辙,不等于苏南只能"以温州模式为基本选择"。即使在产权主体多元化、投资民营化、城乡市场通开等的市场化格局上,各种模式将会逐步趋同,但"苏南模式"的创新演进还是要与苏南区情相结合,在产业结构、技术层次、经济国际化水平以及城乡经济整合方式等方面,仍然会带有某些自己的区域特征。因此不能说,今天对"苏南模式"的研究已经没有实际意义。

其四,基于以上认识,我认为"苏南模式"研究终将延伸拓展为苏南城乡经济协调发展模式研究。我在 1986 年首次研究"苏南模式"的那篇论文中,曾强调提出苏南农村经济发展模式要"同苏南城乡经济协调发展的宏观要求联系起来研究"。在以后多篇文章中又多次提及。如果说,在那些时候,这只是作为一个基本趋向提出酝酿的话,那么,今天随着体制转轨、经济转轨型进程的推进,市县经济已逐步突破"块自为战"的局限走向市场化运作,就可以说,把苏南乡镇企业为主体的农村经济发展模式研究扩展为苏南城乡一体的区域经济发展模式研究的时机已大体成熟。如能走上这一步,"苏南模式"的研究视野将比温州模式更宽广,其符合时代要求的内涵也将更丰富。从这个视角看问题,苏南城乡一体的区域经济模式研究同苏南区域经济发展战略研究,两者可以既分工又联合。为此,我建议省委、省政府对此加以关注,省的战略研究和决策部门要积极倡导和支持。没有这一条,所谓苏南区域经济模式研究只能流于泛论和空谈,不会有指导实践的任何意义。

（原载《现代经济探讨》2001 年第 7 期,人大复印资料 F22《乡镇企业·民营经济》2001 年第 10 期全文刊载。）

从城乡经济协同转型中
再创苏南领先优势

——三论苏南模式的创新演进

　　目前,中国正处于从传统的计划经济体制向社会主义市场经济体制加紧转轨的阶段。我国加入世贸组织后,对外开放的新形势正在迫使我们进一步按照深化改革的要求,加紧体制转轨的进程,以促进能与国际经济接轨的国家整体竞争力的尽快形成。要走上这一步,地方经济如何从根本上摆脱传统体制框架的束缚,在加快机制创新、经济转型中顺利整合城乡一体的区域经济的综合竞争力,是一个既重要又迫切的课题。区域经济作为存在于一定地区内的国民经济的综合体,是国家宏观经济的基础。我国宏观经济转轨进程中发生的各种复杂矛盾,无一不是在区域经济运行中首先显现。关注和研究区域经济的转轨进程,特别是选择在这方面曾作过超前研究、有可能超前推进机制创新和体制转轨、在全国超前理顺行政区划与区域整合矛盾的地区作解剖,弄清其遇到矛盾的实质,探明其理顺矛盾的思路,找出其解决矛盾的办法,无疑是为推进全国经济体制的根本转轨、顺应以入世为标志的对外开放新阶段所迫切需要的。从这个宏观视野出发,我认为,苏南模式的孕育诞生地——苏锡常地区是值得引起关注和研究的一个典型地区。苏南模式在争论中孕育形成,又在争论中创新演进。争论多是推进改革创新的题中应有之义,正是从这里折射出区域经济转轨的复杂性和艰难性,同时也正表明了对它研究关注的重要性。为此,我在两论"苏南模式的创前演进"①的基础上,经过再思考,形成本文。

苏南模式区域化演进问题的提出

在苏南模式研究上,一直存在某些不相一致的看法,其中有一个重要原因是由于彼此模式观的不同。对此②不同的模式观可以大体归纳为三,用概括的语言表述,一是以集体为主的乡镇企业模式观,二是乡镇企业与农村经济社会全面协调发展的模式观,三是随改革和发展进程而动态演变的农村经济模式观。目前苏南模式既然已经打破了乡镇企业集体为主的所有制结构格局,第一种模式观合乎逻辑地可以宣告终结;按照第二种模式观③看待的苏南模式,远离体制转轨阶段苏南经济社会发展的现实,也就失去了对实践的指导意义。我持第三种模式观。八十年代初,乡镇企业以"惊人"的"苏南速度"引起人们广泛瞩目,一批学者由此展开了以乡镇企业为对象的苏南模式研究。此后不久,有些学者以苏南乡镇企业促进农村产业大分工和小城镇大发展的实践为依据,从局限于就乡镇企业论模式拓展为就农村经济整体论模式。但由于市县行政壁垒的存在,由于城市工业与乡镇工业的分割管理,苏南模式在实践中不断显现出市县、城乡经济摩擦有余、协作不足的矛盾,因而即使就农村经济整体论模式也还有进一步扩展研究视野的必要。我在 1986 年提出,苏南农村经济发展模式的研究要"同城乡经济协调发展的宏观要求相联系"。以后我又对此作过多次阐述,并明确主

---

① 《苏南模式:是已经历史终结,还是在创新演进?》,原载《江南论坛》2000年第 12 期;《向区域经济模式拓展延伸——再论苏南模式的创新演进》,《现代经济探讨》2001 年第 7 期。

② 见《苏南模式的争论和不同模式观》,《江苏经济学通讯》2001 年第 13～14 期。

③ 这一模式观对苏南模式有种代表性表述,即:以集体经济为主,以乡镇工业为主,以市场调节为主;坚持经济与社会、物质文明与精神文明协调发展;走共同富裕道路。

张："应当把建立城乡一体化区域经济体系及其运行机制作为完善苏南模式的基本方向。"[①]如果说，以前还只是对此提出酝酿的话，那么，今天根据苏南经济实践的新发展和我国入世后加快体制转轨、经济转型进程的需要，就完全有必要继续扩展视野，从城市与农村、市区与县城的相互联结上，把苏南模式研究从立足于农村经济的综合发展进一步扩展延伸为总揽城乡经济的区域化发展。我在《再论苏南模式的创新演进》[②]一文中明确阐述了这个看法，并认为苏南模式区域化研究的条件已经成熟。

有人认为，苏南经济的协调发展问题没有必要再做苏南模式延伸研究的文章，完全可以通过区域经济发展战略研究来求解。孤立起来看，这话并不错。但我们的研究不能割断今天与过去的联系，从对过去实践既总结成功又研究不足以更好地把握未来、指导新的实践的这个角度看，苏南模式的延伸研究则有着区域发展战略研究的不可替代性。当然，这两者的研究可以并行不悖、成果互补，但在原来苏南模式基础上延伸研究，则有利于客观把握苏南模式演进的来龙去脉，有利于揭示苏南城乡经济协调发展的规律性和提高人们的自觉性，有利于促使苏南顺应率先基本实现现代化的战略目标、在城乡整合中大幅度提高区域经济的整体素质和综合竞争力。在历史上，苏南模式在我国曾超前开拓了一条通过发展乡镇工业加速非农化进程、带动农村经济综合发展的成功之路，起了率先突破传统体制束缚、促进体制新旧转换的重要作用。今天，进行苏南模式的区域化延伸研究，争取在全国超前一步协调行政区与经济区关系，开拓城乡一体的机制转轨、经济转型的新路，这同样不只是作用于推进苏南本身率先基本实现现代化的新实践，而是对我国不同地区在体制转轨现阶段突破体制瓶颈、实现城乡经济的区域整合发展，也会有一定的借鉴作用和指导意义。因此，我认为，就

---

① 见《经济发展模式研究和苏南模式》第三部分，全文原载《江苏经济探讨》1987 年第 4 期；《苏南模式研究》，南京出版社 1990 年版，第 118 页。

② 同上页注 1。

苏南模式区域化演进方向、现实矛盾及其解决途径诸问题,再作探索,并非多余。

城乡经济一体区域整合发展

苏南模式是在我国经济体制改革初期、在传统体制框架外放开一块市场调节的条件下孕育成形的。在改革逐步展开的进程中,源自实践的苏南模式的内涵特征、行为主体和运行方式等都随着城乡经济的不断发展而与时演进。正由于如此,我们看待和研究苏南模式,才会从立足于乡镇企业扩展为着眼于农村经济的整体;在今天也就需要进一步拓展为总揽城乡经济的区域化发展。从这个过程中,可以看到苏南模式的一条演进脉络,这就是市场化改革推动着苏南经济从市县摩擦、城乡分割走向城乡一体、区域整合。

我认为,苏南模式今天就是要自觉地沿着这个方向创新演进。

在苏南模式的辉煌时期,同以乡镇企业为主体的县域经济相比,苏锡常市区经济发展相对缓慢。那时曾有一种舆论,叫做“农村包围城市”。从我国改革由农村开始、以农村市场化改革浪潮冲击城市、促进城市突破传统体制重围加快改革这个角度来理解,我同意这种说法。但必须加以补充:“不能满足于依靠农村来‘冲击’城市”,“应当加快城市以市场经济为取向的深化改革”,“谋求城乡经济体制改革的相互对接和协调,在此条件下,加强建设以中心城市为依托、大中小城镇合理配置的城镇体系”,充分发挥“城市引导农村”的功能作用,“变市县摩擦、城乡分割为运用市场经济方式组合起来的多层次、网络化的区域经济。”[①]我 1993 年所作的这种分析判断,对今天探索苏南模式创新演进的方向来说,没有过时。

近几年学术界以及苏南的经济工作者已经关注到苏南模式的不足

---

① 引自本人《从乡镇企业的实践看市场经济发育之路》一文,原载于《唯实》1993 年第 2 期,转载于《江苏经济年鉴》1993 年版,第 117 页。

及其缺陷,从议论苏南模式的"二次创业"到提出"完善苏南模式",进而
主张"改造苏南模式"、"创新苏南模式"等等。不足的是这种创新思路
始终未曾突破"就农村论模式"的眼界,甚至不少人仍然没有改变仅从
乡镇企业的发展来观察苏南模式的思维定式。这样,就必然出现传统
苏南模式观与苏南城乡经济新发展现实之间的巨大反差以及某种认识
上的混乱。有些学者一方面看到乡镇企业集体为主格局被突破,便宣
告苏南模式历史终结;另一方面又超越农村乡镇企业提出新的见解,认
为苏南这块"热土"上出现了许多新亮点,诸如:以苏州工业园区、苏州
新区、昆山经济开发区、吴江开发区为代表的苏南园区经济,以常熟波
司登、梦兰、隆力奇为代表的村级经济,以吴江盛泽东方丝绸、常熟招商
城为代表的民营经济,还有张家港沙钢、永钢等规模企业经济[1]。很明
显,这些的"新亮点"已不再全是就农村而论的苏南模式所能涵盖的了,
尽管这里没有提及苏南模式的概念,而是改用苏南经济、苏南地区一类
词代替,但其所论实际上还是同评价苏南模式相联系。这正好说明:对
苏南的研究已不能受乡镇企业和农村经济的局限,需要向兼容城乡的
苏南地区作延伸研究。至于与"终结论"持不同观点的学者,更是明确
地把研究苏南模式的眼光扩及苏南城乡。有些同志提出,苏南模式已
出现"新跳跃",呈现"新特征"[2],包括:混合制经济为主,外向型经济为
主,新兴产业为主,以至城镇化、城乡一体化等等。我认为,从城乡一体
的区域化发展的趋向来研究苏南模式,指出这几个"为主",完全正确。
但如果沿着原来的研究思路,仍然就农村论模式,那苏南农村就整体而
论还远没有形成这样几个"为主"的气候。这就是反映了对新苏南模式
的研究的确有个明确定位问题。不对新苏南模式覆盖范围是农村还是
城乡一体的区域作明确界定,随意提出苏南模式的"新跳跃"、"新特
征",不利于学术界就同一话题进行深入讨论,而且还会掩盖苏南城乡

① 见《苏南经济:让新亮点真正亮起来》,《经济日报》2001年9月6日。
② 见《苏南模式新跳跃》,《新华日报》2001年4月26日;《苏南模式呈现新的特征》,《新华日报》2001年6月8日。

经济区域化整合中存在的矛盾,给实际工作带来误导的不良效应。

由上可见,苏南模式区域化延伸研究,其实是我国体制转轨进程中改革从城乡分别推进走上区域一体推进,实现城乡经济发展区域整合的客观要求。苏南模式的创新演进方向,无非就是继承苏南模式改革初期突破传统体制束缚、超前运用市场机制的创新精神,顺应改革区域推进、城乡区域整合的这一客观要求,在苏南率先再创新路:城乡协同建立资源配置的市场化机制,政府在此基础上通过政策导向和综合调控,进一步推动市县(市)从相互摩擦走向区域整合,真正实现城乡经济一体化发展。联系我国体制转轨的大背景看,这正是具有中国特色的城乡协同的转型经济之路。

行政区经济:苏南模式区域化演进的障碍

苏南模式是以乡村工业的兴起促进了农村分工分业以及多行业经济综合发展而形成的。由乡办乡有、村办村有的所有制格局所决定,以工业为主的乡村企业都是在乡村社区内实现投资,并为本社区创造劳动就业、增加农民收入而举办的,与此相应,也就必然实行以乡村社区为范围封闭半封闭的行政管理体制。形成于这一体制框架下的苏南模式,实际上是由一块块在乡镇政府主导下的社区经济组合模式。指出这一点,决不是否定它的历史贡献,但也不能不看到:由于这种管理体制下的组合模式是为在乡村社区内实现资源配置并为壮大社区经济而存在的,因而,长时期来促进了块块分割、重复建设、人为平衡诸弊端的发展,并必然随着改革的深化,成为苏南城乡资源配置市场化、城乡经济一体化的机制障碍和体制瓶颈。

很明显,这种模式的成败得失,是以封闭在社区内乡镇企业的兴衰起落而转移的。反过来说,乡镇企业的兴衰起落也势必同社区政府的决策思路和管理机制密不可分。八十年代,乡镇企业蓬勃发展的势头由何而来?不只是由于乡镇企业本身市场化经营机制的活力,实际上是来自在乡镇政府主导下行政强力推动与市场强力开拓的结合。这种

"结合"，在改革初期，倒是同那时新旧体制双轨并存和相互摩擦的制度环境基本适应的，因而能有效地促使乡镇企业的迅猛发展，也能充分满足社区政府加速壮大社区经济的要求。可在以后，我国市场化改革逐步推进，外向型经济发展加快，后来又出现了卖方市场向买方市场的转变，在这过程中，社区政府行政推动的程度却是有增无减。一方面，基层干部继续直接参与企业筹资和经营决策，强化行政干预；另一方面，乡村集体企业改革停滞，以致不进则退，出现了向"小全民"、"二国有"的蜕变，在外资、内资、国有、私营企业多元化主体竞争加剧的情况下，明显弱化了原有的市场经营机制优势，而显现了乡村企业"小、散、乱"布局和重复建设、结构趋同带来资源配置效益低下的劣势。这样，原来发展势头久盛不衰、发展速度一向在全国领先的苏南乡镇企业发展速度明显下滑，由此而来的所谓"痛失领先地位"，也就不足为怪了。

需要指出，苏南模式中的社区块块经济，与传统体制下按行政系统办经济的方式一脉相承，成为苏锡常市县（市）之间以及县（市）域经济之间行政壁垒、地区分割现象进一步深化的一个缩影，现在来看，它正是在我国经济转型进程中需要加以突破的行政区经济。而乡镇企业的大发展，不仅极大地支撑了社区经济的壮大，而且强力促成了县域经济的成长，但同时却由此强化了苏锡常市区与县（市）域、城乡之间各搞自成系统的行政区经济的格局，给苏南地区市场取向改革的深化带来负面效应。反思这一历史过程，是不是可以说，苏锡常市区与县（市）域迟迟走不出自成系统、"块"自为战的惯性轨道，正是与苏南模式运行中深化了行政区经济的负面影响分不开的。八十年代以来，苏南各个县级市在适应市场化改革的潮流、强力开拓县（市）域经济的进程中，虽然已在很大程度上打破了自我封闭的束缚，不断发展着与以上海为代表的沿海大城市以至中西部地区的横向经济交往和协作联合，但同苏锡常三大市区间生产的专业化协作和联合仍然停滞不前，远没有形成苏锡常地区内县（市）域经济与相邻大中城市之间内在的有机联系。

历史和现状都表明，苏南模式的区域化演进，必须彻底打破市县（市）间、县（市）域间块自为战的行政区经济的行为方式和运行格局，要以此为突破口,从根本上克服苏南城乡一体、区域整合的深层障碍。

理顺县域经济与大中城市群的关系

　　苏南模式区域化延伸所研究的苏锡常城乡经济的区域整合,不只是要求各个县(市)域范围内城镇与农村的经济交融,而是指在苏锡常区域内实现以中心城市为依托整个城乡经济一体化的良性互动发展。这里涉及县域经济与中心城市、城镇体系与都市圈的相互关系。县域经济、中心城市、城镇体系、都市圈,从理论上容易界定;但具体到苏锡常这一地区的实践,特别是联系这个地区市县(市)经济运行没有摆脱行政区经济的体制环境和惯性轨道这个背景来看,这方面的一些关系就不怎么容易理顺。

　　大家知道,苏锡常地区是江苏经济的精华地区,又是紧靠大上海,地处以上海为中心的长江三角洲地区这个世界级大都市圈的强辐射区内。同时,她既要与苏中、苏北加强区域共同发展的经济联系,又要发展与之接壤的浙北、皖南地区的经济合作。在区域内,苏锡常三市都在雄心勃勃地向着建设特大城市的目标推进。有些县级强市也在竭力谋划城市行政级别的提升。在这样一个地区,要推进城乡一体的区域整合,就更加有其艰巨性。这个所谓区域整合,绝不是像行政区划做的事那样,只要对行政管治范围作些再规定,而是必须通过机制创新,切实推进市区与县域、城市与城市、区内与区外全方位交叉、重叠的经济网络的有机组合,才能实现。在这过程中,必然会遇到一系列深层次的体制性难题。这里试就其中两三个关键性的问题稍作议论。

　　其一,关于县域经济与中心城市的协调问题。

　　在区域一体化整合中,县域经济居基础地位,中心城市起主导作用,但不论是县域经济还是中心城市,都要以观念更新带动机制创新,彻底转变局限于行政区内的资源配置方式。就各个县级市说,要进一步从以前就生产抓生产的发展观转变为以市场为中心促生产的发展观,从立足行政区内配置资源、沿袭块块经济的惯性行为方式,转变为依托中心城市、面向区域配置资源的市场化行为方式,把县域工业包括农业和农村经济纳入与中心城市产业对接和协调的发展轨道。而就中心城市来说,要在区域一体化整合进程中发挥主导作用,应该比县级市先一步更新观念,更自觉地按市场经济规律行事。搞城市建设绝不能局限于为城市自身"造城",而必须转变为面向区域"造城",着眼于增强城市对周围地区经济的远辐射、广吸引、强带动的功能作用,使之成为城乡通开的区域流通网络的枢纽和资源配置的中心。这是如何走上城乡一体的区域整合首先要探讨明确的一个问题。

其二,关于苏锡常在都市圈建设中的功能定位问题。

苏锡常地区作为省内三大都市圈之一,这在江苏已明确决策。即:在以上海为中心沪杭宁城市群中,把苏锡常整合成依托上海、服务上海又相对独立的苏锡常都市圈。这是服从和服务于上海大都市圈的同时,合理谋求江苏经济整体素质和综合竞争力的增强而作出的理性选择,是完全必要的。值得进一步思考和探索的是:苏锡常区域内三大市区的发展定位,是延续历史上"三胞胎"的格局,在都市圈内仍然保持自成体系的"三大块"呢,还是在统一调整优化的产业结构基础上,联合周围中小城市以及中心镇,创新为内在有机组合的城市(镇)群体?依我看法,只有是后者,才有可能推进苏锡常既与大上海机制对接又与之错位发展、相对独立的这个二级都市圈的形成。这就涉及三个城市如何按照市场经济要求尽早在机制创新中实现机制对接的问题。如果单凭在现行体制下的行政推动,恐怕仍然是矛盾难解决,搞得不好,很可能会重蹈八十年代一度酝酿而终于"流产"的"以张家港为通道的苏锡常城市群体"的覆辙。这不能不引起关注和研究。

其三,关于培育苏锡常区域强功能的中心城市问题。

把问题提得尖锐一些,就是谁是这个区域里具有强功能的中心城市?是一个、两个,还是三个?从目的规划思路看,似乎是苏锡常三大中心城市并列。苏州、无锡现已解决了市区与"外包"县级市吴县、锡山"一城两市"、"同域分治"的"围墙之困",常州与武进的区划调整也势在必行。这为三大市区加强作为中心城市的功能建设提供了必要的外部环境。但是,这三个城市到底能在多大的区域范围内发挥中心作用,则需要各个城市抓住区划调整的机遇,善自决策,主动作为。就是说,要在市场化改革走向深化的条件下,大力扩展和深化同周围以至市管县地域外的城乡经济的网络化联系,趁势突破行政区经济对产业集聚、结构升级的制度障碍,扩展城市经济的外向凝聚力和辐射力,以求得在带动较大区域范围的县域经济与之互动发展中培植和增强自己作为中心城市的强功能作用。例如,无锡市就应在对外横向经济联系上有更大作为:不仅密切协同苏常,而且理当利用自身区位优势和今天越来越便捷的大交通,北跨长江,联结、带动苏北,南越省界,发展与浙北、皖南的经济交往和合作。这实际上提出这样一个问题:在如何培育区域性中心城市功能上,苏锡常都可以有两种选择,一种是守住自己的行政区划,不敢越雷池一步,听凭上级安排和行政协调;另一种是按市场经济方式行事,主动积极地扩展跨越行政区划的区域化经济联系,同兄弟城市比一比、赛一赛谁对区域经济的辐射、引联、带动功能强,让实践对能担当区域性中心城市的是一个、二个或是三个的问题,作出最有说服力的回答。这就要用创新的观点善自决择。

在区域整合的实践中探索前进

毫无疑问,同十几年前相比,苏锡常区域整合的客观条件已经好得多了。由经济全球化潮流和我国不断扩大对外开放新形势所推动,苏锡常企业同邻近的上海以及其他省市间跨地区的专业化协作和集团化联合已呈加速发展之势;加上高速公路网的联结以及城镇设施建设进展快、成效大,目前苏锡常之间诸如统一区域供水、生态环境区域治理等工程,也都提上议事日程,并通过行政协调,开始付诸实施。根据省委、省政府关于建设苏锡常都市圈的决策,省有关部门编制了苏锡常都市圈规划,现已通过专家论证,经报批后即可实施。问题是:由于行政区经济对政府行为的惯性影响远未清除,要使经济运行模式实现从城乡分割的块块化到城乡一体的区域化的根本转变,显然,除了要进行上

述有关理性研究外,在对策思路和操作方法上,还会有不少难点或争议问题必须加以讨论和解决。试举例而言之:

——苏锡常的区域化整合,需要通过在城镇体系基础上进行都市圈建设来加以推动,这里的问题是:城镇体系和都市圈的建设是否可以孤立进行,还是需要以建立对城乡资源配置的市场化机制为先导? 在统一规划下推进城镇体系和都市圈建设,这是为城乡一体的区域经济发展构筑运行载体,当然是必要的;但是,城镇体系和都市圈的建设,表面看似乎只要解决了各个城市本身以及城镇之间的协同建设问题就行,其实它是个按照市场经济要求实现城乡经济运行机制创新的问题,因而必须同其辐射所及区域范围内产业结构的调整和优化相互依托、相互推动;而区域产业结构的全方位调整和整体优化,只能在整个区域内建立和形成了城乡通开的以运用市场方式为主的资源配置机制才能实现。有了这样的机制,就能促进区域内在发展生产专业化分工基础上空间布局结构的合理化,从根本上改变市县、城乡分割下的重复建设、结构趋同的格局,促使苏锡常三大市区与周围不同发展水平的县域经济之间、大中小城市之间发展形成互为市场、优势互补、具有内在联系的区域经济"共同体",这样的过程才是构筑城乡一体的区域经济整体运行机制的过程,也才是有效建设区域化城市体系、把都市圈真正"圈"起来的过程。从这个意义上说,建立市场化资源配置机制乃是城市体系、城市圈建成的先决性条件和先导性对策。形成不了这种城乡通开的市场机制,那么,不管是建设城镇体系还是建设都市圈,都只能徒具形式,起不了为城乡一体的区域整合提供载体作用的实效。

——苏锡常的区域整合,特别要强化以现代大城市为依托的大市场的作用,值得探讨的是:市场体系的培育建设能不能不改变现有机制,延续市县分别推进的格局,还是必须在改革的区域推进下发挥现代大城市的主导作用,强化区域一体的流通功能建设、培育以现代大城市为依托的大市场? 现代大城市是其辐射所及的区域内商流、物流、资金流、信息流和人流的中心;以现代大城市为依托形成的较大区域内的大市场是各种要素流动、集聚和组合的启动与引导力量。运用市场方式打破市县块块分割和城乡行政壁垒,进行区域一体化的要素流动、资产重组,只能通过这种以现代大城市为依托的区域大市场才能实现。苏锡常地区商品经济、市场经济相对发达,可是,由于城乡经济长期运行在"块自为战"的惯性轨道上,使现代大市场的发育明显滞后于珠江三角洲甚至浙江的某些地区。其实,以苏锡常地区现有的经济综合实力以及紧靠上海的区位优势,完全有条件借助上海"三大中心"的辐射力,在这一区域实现现代大市场的超前发育和完善,例如:可以加快发展连锁经营、物流配送、电子商务,运用现代服务贸易和流通方式,更好地适应城乡企业销供产良性循环的需要;可以在促进城乡通开的包括产权市场、信息市场、科技市场、经营者市场在内的区域性要素市场体系的发育成熟上加紧作为,增强服务于城乡企业资本经营、资产重组、结构升级的功能。能不能加快这些方面的步子?看来,关键还是在于能否变苏锡常的行政壁垒为区域一体,遵循市场经济的规律性要求,以思路创新去推进机制创新。

——苏锡常的区域整合,少不了区域综合管理的机制建设,问题在于:这是需要以强化由上而下的外在推动力为主,还是应该培育苏锡常区域整合的内在启动力为主?毫无疑问,省里必须加强组织领导,诸如:作出推进苏锡常区域整合的战略决策,实行苏锡常都市圈规划实施的动态管理,进一步对行政区划进行有利于苏锡常区域整合的必要调整等。但更重要的恐怕是苏锡常自身必须在取得区域整合共识的条件下加快体制改革和机制创新。目前,苏锡常可以顺应国内外大势的要求,围绕增强区域综合竞争力的共同目标,从加紧推进企业间、产业间的城乡对接和区域联合做起。例如:在构建环上海高新技术圈中,能否以组建"苏锡常联动工程"率先走出一步?分布在苏锡常地区的国家级、省级开发区,能否先行突破行政区经济"块自为战"的老路,加紧推进优势互补的产业协作体的形成?苏锡常的流通部门,能否联合建设辐射区内外的现代区域物流中心,在发展现代大型商贸集团方面加速取得突破性进展?苏锡常的金融改革能否也超前一步,将融资渠道由主要通过银行扩展转变为与资本市场联结?能否率先拆除旅游产业的行政区藩篱,在区域一体化意义上,发展苏锡常的真正大旅游? 如此等等,显然只能以企业为主体、通过市场机制来推进,而政府就要为之营造能与国际市场接轨的、为各类企业公平竞争服务的市场环境。这一点,又涉及各级政府要在职能转变上动真格。不论从推进苏南区域整合看,还是从应对入世带来的挑战看,都必须早为之计。

以上讨论是从论述苏南模式由农村经济向区域经济拓展延伸的探讨引伸开来的。这个问题的提出和研究,不能停留在概念之争,而必须以实践为依据,把握苏南经济实实在在的发展演进过程。对实践者来说,前提是城乡共识,顺应规律,转换观念,然后才能思路更新,积极行动,付诸实践;对研究工作者来说,必须在跟踪实践中,既研究成功,总结经验,又分析失败,揭示矛盾,从而把握规律,探明方向,促使实践中主观与客观相符,以求少走弯路,加快演进。这也就是既跟踪实践又指导实践的过程,模式研究者的责任与任务岂非就在这里!

(原载《现代经济探讨》2002 年第 5 期,《江南论坛》2002 年第 5 期。)

从苏南模式的创新演进到新苏南模式的孕育成型

——四论苏南模式的创新演进

我在 2000 年底至 2002 年间,先后三论《苏南模式的创新演进》,着重探讨苏南模式的区域化演进问题。今天,经过这一年多来的继续跟踪研究,我认为:由苏南模式区域化演进的进程所昭示,提出和研究新苏南模式的时机已经到来。

关于新苏南模式的概念,早几年就有人提出,但对此理解不一。一种理解,把"模式"简单等同于"经验",认为苏南出了新鲜经验,新苏南模式研究大有可为;另一种认为,既然苏南模式已告"历史终结",就有必要根据苏南新的实践,另行研究新的苏南模式。这两种理解,都设有考虑"新"、"老"苏南模式之间的联系,大有"重起炉灶"开头来的味道。我不赞同这样的研究思路,主张从苏南模式不断创新演进的轨迹中探寻新苏南模式的来龙去脉。

一、苏南模式创新演进的轨迹及其向新苏南模式的扩展延伸

苏南模式之所以引起世人瞩目,就在于它创造了久盛不衰的"苏南速度"。这是和苏南模式的开创者——苏南人始终坚持抢抓机遇、加快发展的战略思想并始终没有停止适应加快发展需要的改革创新分不开的。而在今天,我们之所以值得关注研究新苏南模式的问题,也就在于

苏南模式在不断改革创新下已经越来越明显地呈现了向区域化模式演进的趋势。

早在八十年代开始研究苏南模式时,我就曾提出:这项研究要"同城乡经济协调发展的宏观要求相联系",并"把建立城乡一体化区域经济体系及其运行机制作为完善苏南模式的基本方向"①。在"苏南模式的创新演进"的"三论"中,对此看法则作了更直接、更明确的阐述,主张:根据苏南发展的新实践和我国入世后加快体制转轨、经济转型进程的需要,有必要继续扩展视野,从城市与农村、市区与县域的相互联结上,把苏南模式研究的着眼点从农村经济的综合发展进一步扩展延伸为总揽城乡经济的区域化发展。

苏南模式到底是怎样进行其适应加快发展需要,不断的改革创新,以至于出现了向区域化模式演进的必然趋势的呢? 回顾探索一下其演进轨迹,对研究新苏南模式问题显然是不可缺少的,也是很有意义的。

二十多年来,苏南模式从其孕育形成以来,在不同阶段表现了不同特征形态,概括起来说,大体有三:

其一,苏南模式在苏南农民率先办工业的伟大创举中自我崛起。

苏南模式是在我国传统的计划经济体制下,放开计划外"市场调节"的一块,使乡镇企业得以在苏南农村超前大发展的基础上形成的。1990 年,我对苏南模式的内涵,曾作了这样概括:"以农业为基础,以大中城市为依托,利用市场和市场机制,与农业上的所有制结构和经营方式相适应,兴办以集体为主体的乡镇企业,以农村工业化推动农村分工分业发展和产业结构改革,多行业的内向组合与多渠道的外向开发相结合,促进农村全面繁荣和农民共同富裕。"②苏南乡镇企业作为苏南模式运作的主体,在改革前只是悄然兴起,而到改革初期即以计划外的"异军"身份公然"突起",这固然是内因与外因交互作用的结果,但

---

①　见《经济发展模式研究和苏南模式》第三部分,全文原载《江苏经济探讨》1987 年第 4 期;《苏南模式研究》,南京出版社 1990 年版,第 118 页。

②　《苏南模式研究》,南京出版社,1990 年版,第 10 页。

内在因素是根本的和主要的——苏南农民迫于农村人多地少的巨大压力和大量农业富裕劳动力急于从非农化转移中找到出路的强烈动机,这种压力和动机转化为在苏南率先突破传统体制束缚和实现农民办工业的伟大创举。而苏南模式也就依托其内含的市场主体——市场调节手段活、市场经营机制活的乡镇企业的灵活运作机制而自我崛起。

其二,苏南模式在围绕发展排除制度障碍中自我突破。

发展,是苏南模式的主题。而要发展,就要促使乡镇企业通过市场的开拓和运用,突破对发展的体制障碍。这就决定了苏南模式不能不坚持发扬其超前运用市场机制的创新精神,顺应市场化改革的方向,不断改革创新。这突出地表现为"集体为主"的乡镇企业产权制度改革上的自我突破。苏南乡镇企业坚持"集体为主"的所有制结构框架,无论从其初始兴起时看,还是从其蓬勃发展时看,都是和那时双轨并存的体制条件和市场供求状态相适应的,但随着市场化改革的逐步推进,乡镇企业与所有制结构相联系的产权制度的缺陷,由此形成"乡乡冒烟"、"村村点火"以及"小、散、乱"的工业布局和企业组织结构的弊端,促使乡镇企业经营机制上以及苏南模式运行机制上矛盾的不断深化,诸如投资失误、结构劣化、资不抵债以至"穷庙富方丈"等,愈演愈烈。在这过程中,苏南不断推进了"一包三改"(实行承包经营责任制,改干部委任制为聘任制、改职工录用制为合同制、改固定工资制为滚动工资制)以及厂长承包责任制、企业内部审计制等多项制度创新,但都只是在没有触及产权制度的有限范围内的改革,不能从根本上克服矛盾。九十年代中期,我国告别"短缺经济",出现了从卖方市场向买方市场的转变,苏南模式的致命弱点在经营困境下进一步显露,招致工业生产增幅明显回落,终于,促使素有改革创新传统的乡镇企业以思想的进一步解放,突破"集体为主"的所有制框架,放手实施产权制度的大面积改革改制:大中型企业大多转制为股份合作制或有限责任公司;中小企业除转制为股份合作制、有限责任公司外,多数通过拍卖或转让,改制为私营企业。乡镇企业的"老板"就由原来实际上由乡镇政府担当转换为由产权所有者的代表或私营企业主自主负责。多元化混合所有制经济在苏南长足发展。由乡镇企业产权制度的自我突破所带动,原来乡办乡有、村办村有的"社区经济"随同突破,使农村工业结束"小、散、乱"的布局和结构状态,向城镇、园区集聚,使城乡工业从分块发展走向联动发展。

其三,苏南模式在城乡经济从封闭到开放的转型中自我超越。

一开始,对苏南模式的研究是立足于乡镇企业的发展而展开的。不几年,乡镇企业的迅猛大发展,催化了苏南农村的分工分业,打破了以种植业为主的单一化农业结构,带动了农业剩余劳动力的转移和农村小城镇建设,加快了农村从自给半自给经济向开放型、大规模的商品经济的转化。在这一形势下,原先单从乡镇企业发展着眼的苏南模式的研究思想,显得过于狭窄,这就促使苏南模式研究在跟踪实践中自我超越,把着眼点扩展延伸为苏南农村经济社会发展的整体。这之后,继以"农民办工业"这一伟大创举打破我国"城市——工业、农村——农业"这一城乡分工的传统格局之后,继乡镇企业全方位制度改革激发了多元化市场主体的活力之后,继大中城市成功兴办的园区经济增强了对产业集聚的吸纳功能之后,同时,继城乡通开的要素市场体系拓宽了各类资源自由流动的渠道之后,今天,苏南已大大加快了城乡之间从相互封闭走向相互开放的步子,顺应这个变革,不仅要跳出乡镇企业论模式,而且要跳出农村发展论模式,苏南模式到了再一次自我超越的时候——以向着城乡一体、区域协调的发展模式创新演进而呼唤着人们的关注。

苏南模式从自我崛起到自我突破又到自我超越的过程,贯穿着一条与时俱进、不断创新的演进脉络。在这过程中,苏南模式顺应社会主义现代化建设的规律性要求,从本地实际出发,以发展为主题,以改革开放为动力,不断抓住发展机遇,不断扩展发展空间,逐步走出工业化、城市化、信息化、国际化"四化"互动并进的新路,并带动城乡经济社会的协同发展。正是这样一条演进脉络,维系着苏南模式与新苏南模式的衔接,也将引导着我们对新苏南模式成熟化的探索。

二、新苏南区域发展模式的基本特征
及其成熟化的走向

　　新苏南模式,作为由农村发展模式扩展延伸而来的区域发展模式,势所必然要承接苏南模式的演进脉络,继续坚持以发展为主题、以改革为动力、与时俱进、不断创新的传统,去抢抓机遇、加快发展;而在另一方面,与立足于农村经济社会发展的传统模式相区别,它必须立足于城乡一体的整个苏南地区,更要拓宽视野,把握时代脉搏,自觉地遵循社会主义现代化建设的客观规律,总揽城乡经济社会发展全局,促进苏南整体优势的不断增强。

　　在我国,当前正在全面落实科学发展观,继续推进体制转轨、社会转型,加快全面建设小康社会和实现基本现代化的进程。新苏南模式的任务实际上就是要顺应这一大势,发扬苏南模式时期不断创新的传统,在八十年代以来苏南以城乡联手推进工业化并带动城乡经济社会协同发展而长期积累的区域优势的基础上,继续开拓前进,在全国率先走出一条城乡一体、区域统筹的协调发展之路,顺利实现"两个率先"的战略目标。

　　对这样的新苏南模式应涵盖的基本内容进行概括,大体是:——以"两个率先"为目标,实行"五个统筹",而以推进城乡一体、区域统筹为重点,顺应国内外大势,不断改革创新,全面激活多元化市场主体,促进以消除条块分割为标志的大市场的发育完善,以现代大中城市作为区域城乡经济社会发展的依托,进一步开拓工业化、城市化、信息化、国际化的"四化"互动并进之路,把振兴县(市)域经济、破解"三农"难题与强化中心城市功能建设结合起来,把提高对外开放水平、进一步办好园区经济与推进科技创新、产业集聚以及结构调优升级结合起来,把提高经济发展质量与优化配置科技、教育、文化以及人才资源结合起来,营造以信息化为核心、以高新技术产业为先导、以现代制造业为基础的产业高地,增强区域整体优势和综合竞争力,在这个过程中,协调各方面的利益关系,以求先富与共同富裕相衔接、人与自然相和谐,不断增强可持续发展能力。用更概括的语言表述,就是:"两个率先",区域统筹,坚持创新,用好市场,"四化"并进,善于"结合",营造产业高地,增强整体优势,持续发展,致富百姓。

新苏南模式是对苏南地域内经济社会系统运行过程规律性全貌的抽象。它立足现实,以苏南新的生动实践为依据,而又适当超越实践。因此,需要用科学发展观的理念为指导,把握方向,在坚持开拓创新中促其孕育成型、成熟完善。这将会有不少问题需要探索解决,特别是下面一些关系问题需要统筹协调、力谋突破:

——协调好提升中心城市的辐射带动功能与促进苏南各具特色、竞相争雄的县(市)域经济进一步发展的关系。现代城市是区域经济社会发展的主导力量。特别是在经济全球化的背景下,当今国内外竞争主要通过不同国家、不同地区的现代城市来展开,城市已成为国家和地区之间竞争的主战场。从苏南本身看,县(市)域对外开放水平的进一步提高和新型工业化道路的开拓,当然更不能不依托现代城市辐射、带动功能作用的强化。所以,推进城市现代化包括强化中心城市的功能建设这一环必须进一步抓紧,以充分发挥其面向统一市场并接轨国际市场的商流、物流、资金流、信息流的中心功能作用。在此条件下,促使县(市)域经济与现代城市的发展在企业集群、产业链接、城镇整合中相互推动。另外,从苏南情况看,小城镇特别是中心镇有较好基础,有必要注意发挥它们在双向联结中的纽带作用,即:促使它们一头密切与中心城市的经济交往与产业链接,迎接城市科技、文化扩散;一头面向农村,增强对农业剩余劳动力的接纳力,催化、支撑农村产业结构调整和现代农业建设,促进县(市)域经济市场化、工业化、城镇化水平的进一步提升。这是苏南城镇体系区域整合的要求,也是统筹苏南空间布局、促进产业结构的整体调整和优化,以及实现经济与社会协调发展的需要。

——协调好发展跨越行政区划的产业集群与拓宽立足苏南、城乡通开和面向世界、内外交流的大市场、大流通的关系。近些年,产业集群在苏南各市有长足发展,问题是分工和专业化程度不高,而且一般都各自局限于行政区划内,缺乏应有的产业链接。迫切需要借助于大市场、大流通的作用,来促进产业集群内部以及集群之间专业化分工与协作的发展,拉长其产业链,提升其竞争力。当年,苏南模式曾为乡镇企业营造了闯进市场的区域性环境和气候,使乡镇企业成为运用市场、开拓市场的先行者;顺应今天经济全球化的趋势,新苏南模式则应着力营造以信息化为核心特征的大市场、大流通的大环境,以形成畅通、高效的苏南流通经济圈,推进数字化、网络化技术的发展,为跨地区要素流动、跨地区资源配置、跨地区企业集群建立统一平台。要依托大城市,结合交通资源的整合,统筹区域布局,积极发展苏南现代服务业和新兴服务业,包括建立为现代制造业配套、服务需要的区域物流体系;要借助服务业的纵深发展,"粘结"流通环节,"焊接"流通渠道,形成纵横交错的流通网络,以城乡通开、内外交流的大流通的顺畅,增强大市场的活力。

——协调好实现经济系统的顺畅运行与促进自然系统的正常和谐的关系。这就是如何使人们经济行为既遵循人类经济社会自身运动的规律,又不能无视自然规律,在加快发展中充分考虑资源和生态环境的承载能力。要承认经济高增长与高投资、高消耗、高污染、低质量、低效益并存的严峻情况,要看到资源禀赋、生态系统不可能按粗放型增长方式实现"两个率先"的突出矛盾,更要正视导致不合理高经济增长的体制、机制因素的客观存在,坚决从体制、机制的根本性转变入手,求得经济增长方式的根本转变。除了必须解决经济系统自身走上速度、结构、质量、效益相统一的良性循环外,还要实现在不破坏自然生态环境条件下的经济增长,更要实现在促进自然系统和谐运行目标下的经济增长,像常熟等一些县级市已从企业内部、生态产业园以及整个市域的不同层面上推进循环经济的发展。这样,人与自然相和谐,生产发展、生活富裕与生态良好相统一,人们可望走在永续发展的文明大道上。

——协调好把"以人为本"落脚到以先富带动共富与体制机制转轨、经济社会转型的整体推进的关系。苏南多数市县(市)在鼓励和支撑一部人先富起来的同时，已关注到贫富差距和相当多的弱势群体的存在，从促进共富着眼采取措施、缓解矛盾。实践表明：实现从先富到共富，是一个必须由体制转轨为先导，促使经济社会方方面面协同转型的过程。譬如说，苏南模式在"集体为主"的经济基础上，实行"以工补农、以工建农"的形式，统筹调节农村务工与务农人员之间的利益矛盾，是有效的；新苏南模式既要跳出农村，又不局限于城市，既要缓解城市里下岗失业人员的矛盾，又要从城乡收入差距的实际出发，注意解决诸如城市化进程中失地农民的问题，切实做到善待农民——这中间就有个在处理先富、后富与共富之间利益关系上从行为方式到部门协同的转轨、转型问题。扩展开来说，经济增长方式从粗放型到集约型的转变，融资渠道从局限于向银行告贷到依托资本经营的转变，结构调整从市县行政壁垒、"块自为战"到彼此错位发展、优势互补的转变，政府职能从强权行政到依法行政的转变等等，都必然要求坚持以人为本，从实现共同富裕的目标出发，纵横互动、条块配合，从机制创新中转型到位。

——协调好"看得见"的政府之手与"看不见"的市场之手的关系。在苏南，不同市县的行政板块仍在制约城市圈内人才的自由流动和企业集团的跨区域组合。这涉及协调行政区经济的现实利益包括创新现存制度、完善地方党政干部的政绩考核制度、推动地方政府合力培育区域统一市场、实现从非制度性合作逐步转向制度性合作以及探索创新区域内城市合作形式等等一系列的问题。各市县（市）政府必须协同实施改革与发展的区域统筹，在此基础上通过政策导向和综合调控，谋求这些问题的有效解决，进而推动从市县（市）相互摩擦走向区域一体整合，形成两"手"合力培育区域协调发展机制，以求在苏南地区城乡经济社会的一体化发展中，实现苏南"两个率先"的目标。

最后需要强调指出：称之为"苏南模式"的这个模式，一方面，它有特定的地域概念，苏南原是特指苏、锡、常三市，而今扩大为泛指江苏长江以南五市；另一方面，苏南模式特别是今天的新苏南模式，从理论研究言，它是顺应市场经济改革要求，在宏观调控下充分发挥市场机制对资源配置的基础性作用，以城市为依托、统筹城乡的开放型区域经济社会发展模式,就是说,它不受地域空间约束。当前发展形势表明:在江苏沿江开发中,苏南已在实行跨江联合;同时,接轨大上海、融入长三角的进程也在不断推进,苏南的苏、锡、常和浙江的嘉、湖在环太湖经济圈的联合上也已跨出了可喜的步子。所以,研究新苏南模式,只要打开区域化以至全球化的眼界,就能够把实现苏南新跨越的研究同沿江开发、跨江联合与接轨大上海、融入长三角以及环太湖城市联盟的区域合作研究有机结合起来,有利于更大区域范围内经济社会的协调发展,实现多赢、共赢。这样,新苏南模式的研究就不会走向误区,而只会使研究的路子越来越宽。

(原载《现代经济探讨》2005 年第 4 期,《江南论坛》2005 年第 1 期。)

新苏南模式的研究宗旨、
内涵界定及其它

——五论苏南模式的创新演进

　　最近,报纸关注新苏南模式的研究,先后有报导和文章,其中议论引发了我新的思考。按我的看法,"苏南模式"前面冠以"新"字,既是表示与原苏南模式有区别,又是表明与原苏南模式相联系,这个"联系"就是新苏南模式乃由原苏南模式创新演进而来,为此,撰写此文,作为我"五论苏南模式的创新演进",向同行专家请教。

一、从"唱响新苏南模式"谈到研究宗旨

　　"唱响新苏南模式"提法,从《新华日报》引来(2006 年 3 月 8 日)。乍看到,觉得提法过于新颖,一时难以理解,再一想,新苏南模式问题,前几年议论苏南模式是否"历史终结"时,就已提出,但人们对此比较冷淡,至今没有"唱响",其原因何在? 回想当初讨论苏南模式,各方对研究对象定位不一,常常各有所指,我在《苏南模式的争论和不同模式观》一文中曾提到三种不同模式观[①],但当时对苏南模式讨论总的说热情

---

　　① 《江苏经济学通讯》2001 年第 13～14 期,《中国农村经济》2002 年第 8 期。文内指出,由于彼此研究对象的定位不一,对苏南模式的研究就反映了三种模式观:一种,"把苏南模式等同于苏南以集体为主的乡镇企业快速发展的经验结晶";一种,"把苏南模式看成是乡镇企业和农村经济社会全面发展的成功之路,（转下页）

还比较高,所以"唱"还是唱起来了,只不过各唱各调,缺乏应有的"合唱"效应。以此为鉴,现在要"唱响"新的苏南模式,就应当先对这个研究对象怎么定位以及持什么模式观取得共识。

其实,研究对象的不同定位也好,不同的模式观也好,实际上是反映了模式研究该以什么为宗旨或出发点的问题。从学术研究言,地区发展模式研究的宗旨应是以实践为依据,从探索地区经济社会发展规律性的角度,对发展的成功之道作出理性回答,用以指导和推动新的实践——持这样的研究宗旨,必然会以与时俱进的观点,坚持创新研究。但从过去苏南模式的研究情况看,另有一种急功近利的宗旨,即:偏重于用模式研究的成果,印证当地经济社会发展的成就,甚至和地方官员的政绩挂上钩,显然,持这种研究宗旨而研究,在顺利形势下积极性高涨,遇到曲折时就会转为冷淡。

特别是今天研究新苏南模式,乃是从农村扩展到城乡一体,涉及市县(市)关系,更要打开视野,更要排除那种与本地政绩挂钩而研究的动机,用模式研究的学术性、战略性的宗旨统一认识,让大家都能在同一话题上研讨,不致"各唱各调",这样,尽管彼此具体观点不同,也能相互启发,能以"和谐的节奏",把新苏南模式"唱响"。

二、苏南模式的演进轨迹和
新苏南模式的研究视野

本文一开头提到:新苏南模式由苏南模式创新演进而来,这就是两者的联系。如果否认这个"联系",那就不妨撇开"苏南模式","另起炉灶",研究不以苏南模式命名的新模式,这也是一种选择,关于这一点,下面再讲,这里且按我原来的思路说开来。

(接上页)对此作出企图在相当时期长远起指导作用的理性概念";还有一种,"把苏南模式作为对苏南现阶段在乡镇企业发展带动和受城市经济辐射下,农村经济转轨变型、综合发展的全貌进行规律性研究,而得出的一种动态概念"。

研究苏南模式,我在一开始就持不同于前两种的第三种模式观,简要说来,就是在我国已经展开体制改革而尚处于新旧体制双轨并存的时代背景下研究苏南乡镇企业崛起、农村经济综合发展的运行模式。那个时期,大约是上世纪八十年代到九十年代初期,苏南模式以农村工业的持续快速发展带动农村经济的综合发展和兴旺繁荣,在我国率先开创了对全国具有普遍意义的成功之路。我在 2005 年《从苏南模式的创新演进到新苏南模式的孕育成型》一文[①]中写道:当时"苏南模式之所以引起世人瞩目,就在于它创造了久盛不衰的苏南速度。这是和苏南模式的开创者——苏南人始终坚持抢抓机遇、加快发展的战略思想,并始终没有停止适应加快发展需要的改革创新分不开的。而在今天,我们之所以值得关注研究新苏南模式的问题,也就在于苏南模式在不断改革创新下已经越来越明显地呈现了向区域化模式演进的趋势"。接着,就苏南模式创新演进轨迹的特征,从三个不同阶段作出概括,即:1. 苏南模式在苏南农民率先办工业的伟大创举中自我崛起;2. 苏南模式在围绕发展排除制度障碍中自我突破;3. 苏南模式在城乡经济从封闭到开放的转型中自我超越。

我认为,苏南模式从自我崛起到自我突破又到自我超越的过程,贯穿着一条与时俱进、不断创新的演进脉络。在这过程中,苏南模式表现为:顺应社会主义现代化建设的规律性要求,从本地实际出发,以发展为主题,以改革开放为动力,不断抓住发展机遇,不断扩展发展空间,农村与城市联动,到今天已走上工业化、城市化、信息化、国际化"四化"互动并进,并带动城乡经济社会的协同发展的新路。正是这样一条演进脉络,维系着苏南模式与新苏南模式的衔接,也将引导着我们对新苏南模式的成型及其走向的探索。

用这样的视野看,今天新苏南模式之所以有研究价值,就在于沿着苏南模式创新演进的轨迹,承接其值得坚持发扬的良好传统,能把"创新演进"的文章继续做下去。

----

①　《江南论坛》2005 年第 1 期,《现代经济探讨》2005 年第 4 期。

三、新苏南模式的研究对象及其内涵界定

按照上述观点,新苏南模式就是从原苏南模式在创新演进中,突破单从苏锡常的农村发展研究的局限性,向以中心城市为核心的城市群为依托的整个苏锡常地区扩展延伸而来的,再说得简要些,也就是依托城市、统筹城乡、内外开放的苏南(是小苏南还是大苏南,另待争议)区域经济社会发展模式。

如果新苏南模式研究对象如此定位,其基本内涵的界定就需要综合考虑:

——从承接到对接,突出新苏南模式的"灵魂"或"核心"。承接,即承接原苏南模式不断创新演进的脉络,继续坚持发展是主题、改革创新为动力、抢抓机遇、加快发展的优良传统。这个传统就是苏南模式的灵魂或核心,显然,把它传承到新苏南模式,可以与目前江苏和苏南"两个率先"的目标相"对接",为改革开放的新形势下实行"两个率先"服务。

——以苏南实践为依据,抓住经济社会发展成功之路的区域特征。大体有:(1)随着城市(镇)化进程的加快,形成以苏锡等中心城市为代表的城市群优势,现已进入以都市圈为标志的城市现代化带动新农村建设的新时期;(2)在农村工业化带动农村经济综合发展的基础上,以江阴等"四小龙"为代表的县(市)域经济竞相发展,县域综合经济实力不断增强,发挥了城乡统筹发展的前沿阵地的作用;(3)以乡镇企业产权制度改革的突破性进展为契机,民资企业迅猛崛起,与国资企业、外资企业"三足鼎立",形成多元化混合所有制经济协同发展的新格局;(4)城乡工业联动发展,同时,持续引进外资外技,承接国际产业转移,在工业化、城市化、信息化、国际化"四化"互动并进的势头下,营造着以高新技术产业为先导、以现代制造业为基础的产业高地;(5)在扩大对外开放中蓬勃兴起的园区经济,在较大程度上集中着苏南工业化、城市化、信息化、国际化互动并进的最新成果,吸引了城乡多元化所有制企业竞相进入,成为产业集聚、产业链接的有效载体,带动了产业结构的

调整、优化与升级，促进了区域经济整体优势和综合竞争力的增强；
(6)早从上世纪八十年代开始，苏南各县(市)就注重经济和社会事业
的协调发展，包括人文建设、人才开发，这些年在实行"五个统筹"下，城
市基础设施建设向农村延伸，城市文明向农村辐射，现代科技向农村传
播，社会保障制度向农民覆盖，又积累了新的成功经验。

　　——联系国内外形势，把握苏南在落实科学发展观进程中的新发
展、新趋势。(1)从以县(市)为范围协调工农利益矛盾到以市为范围
协调城乡发展、缓解"三农"问题，呈现出较好的势头；(2)围绕经济与
社会统筹发展的要求，注重多部门联动配合，形成政治、文化、教育和其
它社会事业全面发展的良好氛围；(3)为实现经济发展与人口、资源、
环境相协调，普遍加强保护土地、保护资源、保护生态、保护环境等薄弱
环节，各地相继推进节约型社会、循环经济、产业生态化建设；(4)以人
为本的观念逐步深入人心，不仅城镇居民人均收入，而且农民纯收入，
都连年持续增长，为落实可持续发展与造福人民、惠及后代相统一的发
展目标而前进跨出坚定的步子；(5)苏南经济发展中政府强势推动的
色彩有所淡化，原来政企不分的乡镇政府已退出企业，市县(市)政府正
在逐步转向行政推动与运用市场相结合。

　　把以上三方面——承接原苏南模式的演进脉络，突出苏南区域特
色，把握新趋势——连贯起来加以综合思考，可以从区域经济社会协调
运行、持续发展的规律性全貌的层面上，对苏南区域经济社会发展模式
所涵盖的内容进行界定和描述。

　　新苏南模式作为区域发展模式，其内涵十分丰富，要在全面系统研
究的基础上抓住要点，表述得既确切又简要，正如原苏南模式的内涵曾
表述为"三为主、两协调、一共同"等那样，那就需要集思广益，反复讨
论。我在上述《从苏南模式的创新演进和新苏南模式的孕育成型》文
中，曾就此有所表述，并简化列了10个要点①，但仍嫌太繁，而且苏南

---

　　① "两个率先"、区域统筹、坚持创新、用好市场、"四化"并进、善于"结合"、营
造产业高地、增强整体优势、持续发展、致富百姓。

特色体现不够。现在虽然又有些新的想法,是否成熟,仍然没有把握。

新苏南模式涵盖哪些明显具有苏南区域特征的要点? 按我现在想法,是否主要有五:第一点,保持和发扬苏南模式的活力之源,即坚持以发展为主题,以改革开放和创新为动力,在科学发展观统领下,推进"两个率先";第二点,构建"四位一体"的区域发展"高地",即以中心城市为依托,以联结广大农村的县(市)域经济为基础,以城镇群和园区经济为载体,以打造高新技术为先导的现代国际制造业基地为引擎,形成超前发展的区域整体优势;第三点,经济增长质量和运行水平在转型中快速提升,即强化自主创新、科技驱动、产业集聚、集约开发以及文化支撑,加速向集约型增长方式转型、向新型工业化提升,推进产业结构优化升级、城乡资源优化配置和高效利用;第四点,以城带乡、城乡共荣,即进一步开拓工业化、城市化、信息化、经济国际化互动并进之路,城市(镇)群体(都市圈)现代化建设与社会主义新农村建设和谐推进;第五点,提高政府"五个统筹"能力,在政府推动与运用好市场(市场配置资源的基础性作用)的有机结合下,力求经济发展和人口、资源、环境总体协调,物质文明建设与精神文明建设相互支撑,把谋求生产发展、生活富裕、生态良好的永续发展与实现老百姓富裕和谐共生统一起来。

四、呼吁与建议:保持模式研究生命力

模式研究的生命力,源于坚持跟踪实践,使模式研究与时俱进,"常研常新",不失指导实践的理性价值。具体到新苏南模式而言,就是要以苏南区域发展包括区域改革的实践为依据,坚持跟踪实践,超前研究,指导和推进区域发展与改革的实践,而不是与实践相游离,带有主观臆想性。就此提两点想法:

第一点,跟踪实践,不仅跟踪新经验,而且跟踪新问题,这一点特别重要。这也就是我一贯强调的——坚持发展模式动态研究的观点。动态研究,也就是用发展的观点看问题,对研究结论,避免理想化,防止凝固化。

　　过去苏南模式研究,曾对界定的内涵,过于理想化、凝固化,新苏南模式研究不要重走这个误区。时代的车轮永不休止,发展模式的研究当然必须随同发展与时俱进。特别是我国今天仍然处于体制转轨、经济转型时期,经济社会发展中的深层次矛盾不断显现,模式研究更要强调跟踪实践、坚持动态研究,更要强调既善于发现新经验,又敢于揭示新矛盾,才能把握前进的方向,使之不断创新演进。

　　苏南经济社会发展中客观存在某些深层次矛盾,不能因为研究其成功的发展模式而加以忽略或有意回避,不说距离经济系统与自然系统相融还有多远,即使就经济系统自身来说,存在的矛盾也还不少,举其要者:(1)经济发展持续快速,但粗放型增长方式的转变才开始,向新型工业化转型的步子跨得不大,改变大手大脚耗用土地等资源,解决低水平重复建设造成能力过剩、投资效益流失等问题,任重道远;(2)对外开放步子跨得很大,外资项目源源不断,但自主创新进展不够理想,引进外资项目与推进本土创业相脱节,产业结构调整升级受阻;(3)城市化进程加快,城市建设日新月异,衡量全面小康社会的人均收入提前达标,但"平均数"掩盖下的弱势群体矛盾尖锐,特别是城乡居民收入差距扩大之势尚未得到扭转;(4)更值得关注的,体制机制的改革创新精神,比之于改革初期敢于突破传统体制束缚、超前运用市场机制的苏南模式当年来说,显得有所弱化,跟不上客观形势发展的要求,以商品为基础、以金融为龙头、以信息为纽带的城乡通开的市场网络化体系不完备、不健全,不利于发挥市场配置资源的基础性作用;都市圈的规划建设和城市(镇)群体的区域整合受制于行政区划壁垒,不利于区域城乡统筹发展和区域整体优势及其综合竞争力的增强;政府职能转变亦是相对滞后,不利于科学发展观以及正确政绩观的全面落实。

　　我的看法,如果以成功之道掩盖深层矛盾,或者简单化地与宏观层面的决策意向对接,或者只是从提法上跟着文件或口号走,那就会给研究成果蒙上"贴标签"的包装色彩,不仅会模糊了实践中的区域特色,而且会失去模式研究的科学性,缺失指导实践的理性价值,保持模式研究的生命力就无从谈起。

第二点,立足区域,跟踪实践,不仅要跟踪区域发展的实践,而且要跟踪区域的改革实践,因而也就要跟踪统筹推进发展与改革而实施的区域战略决策的实践,这就需要在市县(市)甚至统筹区域发展改革的政府领导决策层参与的条件下,使模式研究与区域发展的战略研究相对接。

过去苏南模式研究以苏锡常为范围,虽然设有统筹苏锡常的政府决策层参与,但从市县到乡镇村,对发展乡镇企业、大办农村工业、转换产业结构、繁荣农村经济,从上而下,认识一致,因之,模式研究与各级政府的发展思路能够对接,从某种程度上说,与各级领导人所看重的本地本身的政绩追求也相吻合。这样,有地方领导的积极参与和支持,就有利于模式研究的进展,增强研究成果指导实践的实用性。而现行的"大苏南",从苏锡常三地扩大为苏锡常镇宁五市,经济发展明显不平衡,人文条件差异也很大,还分别组合在两个都市圈内。要使这样区域范围内的模式研究取得成功,如果没有一个覆盖"大苏南"五市的决策层的统筹协调,也非得有统一战略决策思路的五市领导层的共同参与和协同支持不可。不然的话,以上提到的区域发展中的体制机制矛盾就很难解决。特别是新苏南模式作为苏南模式的区域化延伸研究,必然要涉及改革如何适应区域整合要求、加快区域一体化的体制转轨问题,这恰恰是全国范围内的一大改革难点,如果没有各市在统一战略决策下城乡协同转轨转型的率先创新,就推进不了市县(市)从相互摩擦走向区域整合,当然,也就无从使以区域实践为依据的新苏南模式走向完善和模式研究"常研常新"。

看来,大苏南的模式研究的设想,在目前体制条件下难以化为可行性方案,为此,我建议缩小新苏南模式研究的地域范围,也可以不以新苏南模式命名,仍然以苏锡常地区为对象,使苏锡常区域发展模式研究与苏锡常都市圈的"圈"域经济社会发展战略研究结合进行。现在有人提出研究苏州模式,地域范围从苏锡常缩小为"苏",对此我倒也赞同。或者,可以与"无锡模式"、"常州模式"一起,分别研究、对比研究。据我看法,市县地方官员对今天"大苏南"模式研究的热情远没有当年研究苏南模式那样大,甚至可以说比较冷淡,为什么?在目前体制条件下,区域范围过大,难以操作,至少是原因之一。据此,甚至不妨进一步考虑缩小地域范围,具体到研究"昆山模式"、"江阴模式"等,这样,不仅有利于使区域特征凸现起来,也能够调动地方的参与积极性,使模式研究与市(县)发展战略研究相结合,增加模式研究的实用性,而且,通过多维模式的比较研究和综合分析,就可以在把握各个模式的具体特性的基础上,进而揭示更大区域内(如大苏南甚至全江苏)经济社会发展规律性全貌的共性特征,使之与江苏的全局性战略研究相呼应,更好地为江苏"两个率先"服务,并供全国的区域发展研究作借鉴。

（原载《江苏经济学通讯》,2006 年第 11~12 期）

用改革创新观探研新苏南模式

用改革创新的观点看,新苏南模式从原苏南模式创新演进而来。在我国体制转轨、经济转型、建立社会主义市场经济体制、加快现代化建设进程的大背景下,从苏锡常这块土地上出现农村发展模式,到今天又向着城乡一体的区域发展新模式演进,这有其客观必然性。只要用改革创新的观点看问题,循着贯穿在苏南模式演进过程中的改革创新、与时俱进的演进脉络去作研究,就能看清苏南模式与新苏南模式的内在联系,而且,还将启示我们提升今天探研新苏南模式的宗旨和着眼点:不仅是苏南、江苏本身发展的要求,而且是继续为开拓延伸中国特色社会主义新路作贡献的需要,这将引导我们展开对新苏南模式的成型及其走向的科学探索。

把握和传承苏南模式的"合理内核"

探研由苏南模式创新演进而来的新苏南模式,不能不先从弄清原苏南模式创新演进的来龙去脉入手,以把握其所以能持续创新演进的"合理内核"。

从具体形态看,苏南模式已不断发生了与其起步阶段明显不同的演变,最明显的就是乡镇企业由作为集体所有制的单一化市场主体向着混合型所有制为主的多元化市场主体的调整变换,工业发展由城乡分割到城乡联动,农村经济综合发展格局则向着区域经济社会协调发展的格局提升。由此,显现了苏南模式的某些创新演进的阶段性特征,正如我在《从苏南模式的创新演进到新苏南模式的孕育成型》一文①中从三个阶段所作的概括,即:苏南模式在苏南农民率先办工业的伟大创举中自我崛起;苏南模式在围绕发展排除制度障碍中自我突破;苏南模式在城乡经济从封闭到开放的转型中自我超越。

需要强调指出的是:纵观苏南模式的创新演进,不论是具体形态上的变化,还是显现了不同的阶段性特征,其顺应我国体制转轨、经济转型的大势,坚持改革创新、促使经济运行机制循序提升的演进轨迹则始终不变。就是说,它始终不离建立社会主义市场经济体制改革的方向,始终不离抢抓机遇、加快发展这个主题,也始终不离从本地实际出发、发挥地区比较优势,并具体表现为:以改革创新为动力,放开搞活以工业为主的各类市场主体,依托以上海为主的大中城市经济辐射带动功能,抢抓机遇、加快发展,从农村到城市、从对内到对外,不断扩展发展空间,不断提升发展水平。按我的看法,这就是苏南模式的"合理内核",也是其所以能坚持改革创新、不断开拓前进的活力之源。

联系我国宏观背景,打开视野,不难看清,正是凭借这一"合理内核"的作用,苏南模式实际上是在其创新演进过程中一直起着为我国改革发展开拓新路的先行者作用:先是,超前冲破传统的计划经济体制的束缚,以农民办工业的伟大创举启动被封闭在有限农田上大量剩余劳动力的快速转移,促进了农村以种植业为主的单一产业结构的变革,开创了农村多行业经济综合发展的新路;继而,率先打破我国"城市——工业、农村——农业"城乡分工的传统格局,启动了城乡商品要素的自由流动和合理组合,开创了城乡联手、加快工业化进程的新路;其后,又在以全方位制度改革激发起乡镇企业新的活力的条件下,先一步突破城乡二元分治的传统格局,启动了多元化市场主体向城镇和开发区集聚,开创了大中城市与县域经济协同推进城乡一体化发展的新路。一句话,从苏锡常地区开始,超前开拓并不断延伸着一条完全合乎在我国这样农业大国的基础上建设有中国特色的社会主义、加快现代化建设

---

①　《现代经济探讨》2005 年第 4 期。

进程的规律性要求的新路。

由此可见,视作苏南模式演进而来的新苏南模式,理所当然要把握并传承这个"合理内核",沿着苏南模式创新演进的轨迹,继续开拓前进。这是顺应我国社会主义现代化建设的规律性要求,坚持市场经济改革方向,把这条在我国超前开拓的具有全国意义的新路继续开拓延伸下去的必然;同时,也是使之与江苏和苏南"两个率先"的战略目标相"对接",为改革开放的新形势下实行"两个率先"服务的客观要求。

新苏南模式的内涵及其区域特征

在阐明新苏南模式承接原苏南模式演进脉络并传承其"合理内核"之后,需要进一步从新苏南模式运行过程的特点和规律性全貌上探讨其新的内涵。显然,与局限于农村经济社会发展的苏南模式相区别,新苏南模式更有着与区域发展新形势相一致、符合时代要求的更丰厚的内涵。

跳出农村看区域,苏南早在成功地开拓着城乡一体的区域发展新路,特别是近些年在实践科学发展的新形势下,已明显地呈现出一系列具有自己特色的区域化发展的新亮点、新格局、新趋势。就其主要者言:(1) 随着城市(镇)化进程的加快,形成以苏锡等中心城市为代表的城市群优势,现已积累了工业反哺农业、城市支持农村的深厚实力,进入以都市圈为标志的城市现代化带动新农村建设的新时期;(2) 在农村工业化带动农村经济综合发展的基础上,以江阴等"四小龙"为代表的县(市)域经济竞相发展,县域综合经济实力不断增强,发挥了城乡统筹发展的前沿阵地的作用;(3) 以乡镇企业产权制度改革的突破性进展为契机,民资企业迅猛崛起,与国资企业、外资企业"三足鼎立",形成多元化混合所有制经济协同发展的新格局;(4) 城乡工业联动发展,同时,持续引进外资外技,承接国际产业转移,在工业化、城市化、信息化、国际化"四化"互动并进的势头下,营造着以高新技术产业为先导、以现代制造业为基础的产业高地;(5) 在扩大对外开放中蓬勃兴起的园区经济,在较大程度上集中着苏南工业化、城市化、信息化、国际化互动并进的最新成果,吸引了城乡多元化所有制企业竞相进入,成为产业集聚、产业链接的有效载体,带动了产业结构的调整、优化与升级,促进了区域经济整体优势和综合竞争力的增强;(6)早从上世纪八十年代开始,苏南就已注重经济和社会事业的协调发展,包括人文建设、人才开发,近些年在坚持以人为本和实行"五个统筹"下,城市基础设施向农村延伸,城市文明向农村辐射,现代科技向农村传播,社会保障制度向农民覆盖,又积累了新的成功经验。苏南已呈现顺利实现"两个率先"的良好势头,其中苏锡两市更是超前一步在 2005 年就达到全面小康指标。而更值得一提是,随着乡镇企业的全面改制,产权关系得以明晰,解脱了乡镇政府对企业的无限责任,也逼使政府不得不改变以往直接干预企业并向企业无度索取等行为,跨出了政企分开的步子。在这基础上,突破了乡镇企业在行政区划内自我封闭的"块块化"发展格局,企业以市场为导向,进城跨区,城乡一体,产业集聚。由此前进,只要以改革创新为动力,着力于建设城乡通开、公平竞争的市场环境,注重于发挥市场配置资源的基础性作用,必将推进各市县(市)以至都市圈范围内各级政府加快实现从原苏南模式时代的偏重"强政府"推动向政府推动与市场导向相结合的机制转型。

　　以苏南上述新的实践为依据,新苏南模式的内涵,应是既传承原苏南模式的"合理内核",保持着善抓机遇、加快发展的活力之源;又跟上时代潮流,扩展和放大着在近些年落实科学发展观进程中出现的新亮点、新格局、新趋势。具体说,就是:新苏南模式在新的实践中,以科学发展观为指导,立足于城乡一体、区域开放,继续顺应体制转轨、经济转型的大势,坚持改革创新,发展和凭借工业化、城市化、信息化、国际化"四化"互动并进的良好发展势头,进一步打破城乡二元结构,转变经济增长方式,优化区域产业结构和资源配置,进行城乡经济社会全面协调可持续发展、不断增强区域整体优势的新路的新开拓。可以认为,这就是新苏南模式既与原苏南模式演进脉络相衔接但又有其在新的实践中扩展和放大了的更丰厚的区域化发展的本质性内涵。

在对新苏南模式内涵取得一定认识的基础上,我认为,还有必要根据苏南在落实科学发展观下开拓城乡一体的区域发展之路的新实践及其基本走向,鲜明而概括地表述其具有苏南特色的一些区域特征。这需要广泛讨论,集思广益。在这里,我说几点抛砖引玉的想法:一个核心,"四位一体",两个加速"转型",两个"互动并进",三个"统一"。一个核心,即坚持科学发展观统领下以改革创新为动力,科学推进"两个率先";"四位一体",即以中心城市为依托,以县(市)域经济为基础,以城镇群和园区经济为载体,以打造现代国际制造业基地为引擎,构建面向长三角、立足大苏南的区域发展"高地";两个加速"转型",即在自主创新、科技驱动、产业集聚、集约开发以及文化支撑下,加速向集约型增长方式转型、加速向节约型社会转型,在转型中优化提升产业结构和经济运行水平,实现城乡资源合理配置和高效利用;两个"互动并进",即工业化、城市化、信息化、经济国际化互动并进,城市(镇)群体(都市圈)现代化建设与社会主义新农村建设互动并进,走上对外开放与本土经济的良性互动和城乡经济社会的和谐发展;三个"统一",即把实施"五个统筹"下的政府推动与运用好市场配置资源的基础性作用统一起来,把发挥市、县(市)积极性与增强城乡一体的区域综合竞争力统一起来,把走上生产发展、生活富裕、生态良好的永续发展与为老百姓谋福利统一起来。

模式研究的学术性与实用性的统一

从苏南模式的创新演进走向新苏南模式的孕育成型有它的必然性,但是,要实现新苏南模式的成熟化、完善化,那还要加强主观努力。这也需要以苏南模式研究为借鉴,讲求模式研究学术性与实用性相统一。

第一,成功之路的经验概括与内在矛盾的剖析揭示。发展的成功之路需要在不断发展中走向完善。任何美好的成功总是和美中不足与内在矛盾相伴而生。对成功之路的经验的概括提炼,大忌理想化,大忌凝固化。过去苏南模式的研究就有过这方面缺陷。时代的车轮永不休止,发展模式的研究必须随同发展与时俱进。特别是我国今天仍然处于体制转轨、经济转型时期,经济社会发展中的深层次矛盾在不断显现。新苏南模式的研究一定要接受苏南模式研究的教训,做到既善于发现新经验,又敢于揭示新矛盾,这样,才能不失前进的方向,有利于在新的历史起点上继续创新演进,做出苏南经济社会发展的"新"的出色文章。

第二,以实践为依据与以理论为指导。地区发展模式研究的宗旨,应是以实践为依据,从探索地区经济社会发展规律性的角度,对发展的成功之道作出理性回答,用以指导和推动新的实践。因此,必然要求既坚持以实践为依据,又坚持以理论为武器,坚持马克思主义理论,坚持毛泽东思想、邓小平理论、"三个代表"的重要思想和科学发展观为指导,遵循中央按科学理论所作的战略决策和大政方针,也包括吸收西方学说中的科学观点,把实践经验提升到必要的理性高度。但必须防止脱离实践,有意无意地追求理论上的完美,所谓用"理论"去"拔高"实践。或者简单化地与宏观层面的决策意向对接,或者只是从提法上跟着文件或口号走,那就会给研究成果蒙上"贴标签"的包装色彩,就会模糊了以实践为依据的模式研究的本质属性,失去模式研究的科学性。

第三,区域发展模式的学术研究与政府为主导的区域发展战略研究。模式研究之所以有价值,不在于文字上讲得如何头头是道,除了用作学术上进行多模式比较研究外,主要看它指导实践的实用性。而作为反映并推进区域发展实践的新苏南模式,则又必须落脚到相应的地域范围,模式内涵的基本点必然需要与政府主导下的该地区的发展战略意向相一致。具体到新苏南模式研究,就需要在苏南各市县(市)甚至统筹苏南区域发展改革的政府领导决策层的参与,在此条件下,使模式研究与区域发展的战略研究相互结合和衔接。不然的话,新苏南模式只能停留在学术讨论的阶段,就会缺失推动城乡一体、区域发展实践的应有实用价值。譬如,新苏南模式的前进,必然涉及如何适应区域整合要求、统筹理顺行政区划与经济区域的体制关系的问题,而这恰恰是全国范围内的一大改革难点，如果没有各市在统一战略决策下城乡协同转轨转型的率先创新，就推进不了市县（市）从相互摩擦走向区域整合，这样，要使以区域实践为依据的新苏南模式坚持创新演进，走向完善化，也就无从谈起。

（原载《宏观经济观察》2007 年第 1 期）

创新苏南模式与苏南模式创新

　　关于苏南模式和新苏南模式的讨论近来正在成为学术理论研究的一个新的热点。从目前新苏南模式的讨论情况看,明显的是多种研究思路并存。其中之一是,对原苏南模式创新演进轨迹作一定的历史回顾,在此基础上,以新形势下苏南发展的新实践为依据,并明确以城乡一体的苏南区域模式为研究对象,探研新苏南模式的内涵和特征。这种研究思路主要为一些曾参与原苏南模式的研究者所认同。另外一种研究思路则不与原苏南模式的历史演变相联系,直接透过"新苏南现象",对苏南顺应新形势的成功之路的新特征作出"新"的概括。当然,这也是一种可行的研究思路,但由于对新苏南模式这个研究对象的定位不明,而苏南发展中又是创新不断、亮点多多,因而,对新苏南模式内涵或特征的看法和见解,就必然是各有所指,各持己见,难免使人产生"众说纷纭、莫衷一是"的感觉。"百家争鸣",不是坏事,但最好要统一模式研究的规范化要求,至少对研究对象给以明确定位,这样,才能使研讨者把话讲到一起,使真理越辩越明。

　　如果把不同研究思路下对新苏南模式的不同观点、不同表述加以归纳分类的话,这里面大体可以区分为两类:一类,注重于研究今天苏南发展的新亮点、新演变,也就是以苏南的新实践为依据作探研;再有一类,也重视苏南新实践,但更侧重于联系在全面落实科学发展观进程中不断推出的理念导向作研究。我由此联想到无锡市在新苏南模式研究中强调提出的一种思路,值得关注,那就是主张"创新苏南模式"。对新苏南模式研究,我一直坚持上述第一种研究思路,认为新苏南模式是由原苏南模式创新演进而来的。而创新苏南模式,按我的理解,则是侧重于研究政府在实施战略创新下的引导和推动。"苏南模式创新",是把"苏南模式"作为研究客体来看待的;而"创新苏南模式",则应是侧重研究推动苏南模式创新的主体行为——地方政府的战略思路及其路径选择的创新。客体的创新演进,显然离不开作为主体的政府的推动。因此,新苏南模式的规范化研究需要把这两者统一起来,从而既深化模式研究的学术性,又增强它的实用性。

下面,我就从把这两者统一起来的角度,谈几点新苏南模式研究的看法。

第一,创新苏南模式与探研苏南模式创新演进的轨迹。

创新苏南模式,不是意味着原苏南模式的"终结",不是简单化的"以新代旧",而是沿着原模式创新演进轨迹,站在新的历史起点上按新的定位创新演进。

苏南模式孕育成型于我国体制改革初期以及新旧体制双轨并存阶段,它存在体制机制上的缺陷和局限性不可避免;可是,苏南模式能顺应我国建立社会主义市场经济体制、加快现代化建设进程的大势,始终以改革创新为动力,不断跨出与时俱进的步子。我在《从苏南模式的创新演进到新苏南模式的孕育成型》一文中,曾对苏南模式的创新演进过程,包括其成型起步阶段在内,大体上概括为三个阶段性特征,即:苏南模式在苏南农民率先办工业的伟大创举中自我崛起;苏南模式在围绕发展排除制度性障碍中自我突破;苏南模式在城乡经济从封闭到开放的转型中自我超越。

就在苏南模式从自我崛起、自我突破到自我超越的创新演进过程中,苏南发展的新实践发生了明显不同的于苏南模式初始阶段的一系列新变化。不妨列举其主要者:一、乡镇企业通过产权制度的全方位改革,打破了单一化所有制格局,在促进民资企业迅猛崛起、形成多元化所有制结构的同时,企业跳出乡村"块自为战"的分散化布局,以市场为导向,向城镇、开发区集聚,使城乡工业走向联动发展;二、在农村工业化的推动下,在统筹城乡、工农发展的基础上,县(市)域经济竞相发展、超前崛起；三、大中城市以行政区划调整为契机，借助在扩大开放中蓬勃兴起的园区经济，突破一度形成的发展滞后于周围县（市）域的"围城之困"，大大加快了城市化步伐，并进入以"都市圈"为特征的建设城市现代化的新阶段；四、市县（市）根据各自优势，持续引进外资外技，承接国际产业转移，以区园作为产业集聚、产业链接的载体，有效带动了产业结构的调整、优化与升级，营造以高新技术产业为先导、以现代制造业为基础的产业高地；五、整个苏南出现工业化、城市化、信息化、国际化"四化"互动并进的新局面，以苏锡常等中心城市为代表的城市群积累了工业反哺农业、城市支持农村的雄厚实力，城市基础设施向农村延伸，城市文明向农村辐射，现代科技向农村传播，社会保障制度向农民覆盖，以城乡统筹发展明显增强了区域经济的整体优势和综合竞争力。

用区域化的眼光看，以上种种变化，总的就是，顺应我国体制转轨、经济转型的时势，与时俱进改革创新，使苏南经济社会发展从城乡二元走向城乡协同，从行政块块化走向区域协调化。这就表明，今天创新苏南模式的起点显然不再是局限于农村经济综合发展研究阶段那样，而是以农村发展向着城乡一体、内外开放的区域发展演进提升的成功实践为新的研究起点，这也就是今天创新苏南模式的理性定位。

第二，创新苏南模式与在苏南模式创新基础上的再创新。

创新苏南模式需要沿着原苏南模式创新演进的轨迹按新的定位再创新再演进，同时，也不是承接原苏南模式的全部，而是传承有其所以能长期保持生机和活力的"合理内核"的基础上再创新。

纵观苏南模式已有的演进过程，可以看到，不论是具体形态上的变化，还是显现了不同的阶段性特征，其顺应我国体制转轨、经济转型的大势，坚持改革创新、促使经济运行机制循序提升的演进轨迹则始终不变。就是说，它始终不离建立社会主义市场经济体制改革的方向，始终不离抢抓机遇、加快发展这个主题，也始终不离从本地实际出发、发挥比较优势，并具体表现为：以改革创新为动力，放开搞活以工业为主的各类市场主体，依托以上海为主的大中城市经济辐射带动功能，抢抓机遇、加快发展,从农村到城市、从对内到对外,不断扩展发展空间,不断提升发展水平。按我的看法,这就是苏南模式的"合理内核",是其所以能坚持改革创新、长期保持在全省全国超前发展的活力之源。

正是这样的苏南模式,作出了超前开拓中国特色社会主义新路的重大贡献;也正是这样的苏南模式,在已有创新演进的基础上继续创新苏南模式,对今天苏南各市争创又好又快的科学发展、争当"两个率先"的先行军有着重大战略意义和现实意义。我认为,把握和传承苏南模式的"合理内核"应是今天在新的历史起点上创新苏南模式的前提和基础。

当然,按上述创新苏南模式的理性定位,城乡一体、内外开放的区域发展的新模式有着远比原模式更为丰富而深厚的内涵。总的说来,应是:顺应国内外大势,面向长三角、立足大苏南,以改革开放和创新为动力,建设率先走上科学发展新路的先行区。具体说来,至少涵盖如下要点:1. 放开搞活多元化所有制的各类市场主体,加速向集约型增长方式转型、向新型工业化提升,推进产业结构优化升级,着力于城乡资源合理配置和高效利用;2. 构建"四位一体"(以中心城市为依托,以联结广大农村的县(市)域经济为基础,以城镇群体和园区经济为载体,以打造现代国际制造业基地为引擎)的区域经济运行机制,整合和提升区域综合竞争力,形成区域超前发展新的"高地"优势;3. 利用工业化、城市化、信息化、国际化互动并进的良好发展势头,促使城市(镇)群体(都市圈)现代化建设与社会主义新农村建设协同推进,城乡经济社会良性互动、和谐发展;4. 提高政府"五个统筹"能力,在政府推动与运用好市场(市场配置资源的基础性作用)的有机结合下,力求经济发展和人口、资源、环境总体协调,物质文明建设与精神文明建设相互支撑,把谋求生产发展、生活富裕、生态良好的永续发展与实现老百姓富裕和谐共生统一起来。

第三,创新苏南模式与消除苏南模式曾带来的负面效应。

原苏南模式是在扬弃中创新、创新中前进的。因此,创新苏南模式,既要把握和传承原苏南模式的"合理内核",又要舍弃和根除原苏南模式固有的缺陷与弊端。这是创新苏南模式一个问题的两个方面,只有对此全面把握,才会有创新苏南模式的战略决策思路。

苏南模式客观存在体制机制上的缺陷和弊端,曾经产生而且在今天现实生活中还呈现出负面效应。其负面效应的影响,还未随同既有的改革创新所消除。毋庸讳言,苏南一些地区在长期持续快速发展过程积累了不少深层矛盾,包括土地紧张、环境污染、原生态消失等,很大程度上正是苏南模式带来后遗症负面效应的反映。创新苏南模式,不能不以科学发展观的理念对此严加审视。

不说距离经济系统与自然系统相融的要求还有多远,即使就经济系统自身来说,其内在矛盾也是不少,举其要者:1. 经济发展持续快速,但粗放型增长方式的转变才初见成效,向新型工业化转型的步子跨得不大,改变大手大脚耗用土地等资源,解决低水平重复建设造成能力过剩、投资效益流失等问题,任重道远;2. 对外开放步子跨得很大,外资项目源源不断,但自主创新进展不够理想,引进外资项目与推进本土创业相脱节,区域产业结构调整升级受阻;3. 城市化进程加快,城市建设日新月异,衡量全面小康社会的人均收入提前达标,但"平均数"掩盖下的弱势群体矛盾尖锐,特别是城乡居民收入差距扩大之势尚未得到扭转;4. 更值得关注的,体制机制的改革创新精神,比之于改革初期敢于突破传统体制束缚、超前运用市场机制的苏南模式当年来说,显得有所弱化,跟不上客观形势发展的要求,以商品为基础、以金融为龙头、以信息为纽带的城乡通开的市场网络化体系不完备、不健全,不利于发挥市场配置资源的基础性作用;都市圈的规划建设和城市群体的区域整合受制于行政区划壁垒,不利于区域城乡统筹发展和区域整体优势及其综合竞争力的进一步增强;政府职能转变亦是相对滞后,不利于科学发展观以及正确政绩观的全面落实。

深入分析原苏南模式的负面效应与现实矛盾,将促使我们更好地形成创新苏南模式的战略思路,抓住创新苏南模式的薄弱关节,从而以创新为动力,切实缓解和根除这些矛盾,有效加快创新苏南模式的进程。

第四,创新苏南模式与推进苏南模式创新的战略导向。

创新苏南模式是以实践为依据的学术性课题,同时又是以政府为主体的一项战略性决策的实施工程,需要政府在自身的思路创新、行为创新下实施科学的战略导向。

首要的一环就是政府进一步落实科学发展观,转变发展理念,创新发展思路,按照创新模式的新的目标定位,认定由局限于农村发展模式向城乡一体的区域发展模式转型的要求,统筹谋划,并采取相应的战略举措。回顾原苏南模式的创新演进过程,不难理解,它实质上乃是苏南超前突破传统体制的框架,先是促进农村从种植业为主的单一化产业结构向农村多行业产业结构创新转型,后又推动农村工业从乡乡村村块块化的自我布局向以城市(包括开发区)为依托、城乡工业互动互融的区域化布局创新转型的过程。而今天的创新苏南模式,则是站在新的历史起点上,需要继续走在我国体制转轨、经济转型的前列,先人一步推进苏南区域经济社会发展的创新转型。

我国仍然处于体制转轨、经济转型阶段,苏南也不例外。上面提到的苏南在长期快速发展中积累了一些深层矛盾,归根究底,是某些方面转轨转型迟滞的反映。譬如说,苏南一些乡镇企业发达地区,要消除土地紧张、环境污染、原生态消失等困境,就必须在协调"好"与"快"的关系上,坚决把"好"摆在更加突出的位置,彻底改变满足于总量偏好的粗放式增长的传统思路,革除办工厂"先污染后治理"等反科学的行为方式,根本转变经济增长方式,加快向新型工业化转型。不仅工业化要转型,城市化要从传统体制下不惜掠夺农业、剥夺农民,招致工农收入悬殊、城乡差距扩大的城市化老路,转向城乡统筹下以城带乡、提升农业,实现城乡和谐发展的城市化新路;经济国际化也有一个转型提升水平的问题,特别是要突破偏重于外资依赖而与提升发展本土经济脱节的旧格局,拓宽借助外资外技、向中高端产业链接、加快从"制造"到"创造"转型进程的新天地,同时,推进"引进来"与"走出去"有机结合的双向对外开放、提升苏南在国际市场中的区域综合竞争力——在政府的战略导向下,推动这些方面的转型升级,显然都是创新苏南模式所要求的。

　　加强对创新苏南模式的战略导向,对各级政府本身来说,也有一个加强政府职能转型的问题。其中的关键问题是实现政府与市场"两只手"相结合的综合协调能力的提升。创新苏南模式,推进城乡一体、内外开放的区域经济运行良性化,并促使经济的发展与社会的、文化的、科技的发展以及生态环境的改善相协调,真正走上可持续发展,这不是沿用原苏南模式时代的政府强势推动所能奏效的,而是必须在强化"五个统筹"下充分发挥市场配置资源的基础性作用。这样的客观形势,势必要求政府加快转变职能,在研究市场经济规律的基础上,创新把政府与市场"两只手"结合起来的行为方式,建立由政府机制、市场机制相互配合和协同作用的综合协调机制。相应的,要创造公平、公正的法治环境,加强、改善社会管理与公共服务;更要以社会全面进步为基础,以政治文明、精神文明为保障,有步骤地推进和谐社会建设。以这样的思路创新、机制创新为动力,推进政府职能到位,就必然能对创新苏南模式统筹提出和有效实施前瞻性的战略导向,从而在开拓苏南科学发展的率先之路上进一步赢得主动,顺利实现苏南经济社会发展的新的腾飞。

(原载《苏南发展》2007 年第 3 期)

纵论乡镇企业　放言苏南模式

乡镇企业的历史贡献

在回顾改革开放 30 年之时,不能不提到乡镇企业。看乡镇企业30 年,首先看到的就是乡镇企业作出重大的历史贡献。

乡镇企业发源于苏州、无锡、常州这一带农村,原来称作社队企业。提起它的贡献,给人最直接的印象,就是造就了"苏南速度"。由乡镇企业带来了农村工业的快速发展,在苏锡常出现以总量统计的农村工业赶超城市工业的奇迹,从上个世纪八十年代中期成为城乡工业的"半壁江山",九十年代又迅速扩展为"三分天下有其二",甚至有个时期达到"五分天下有其四"。乡镇企业了不起!

从全国视野看,乡镇企业更了不起。有一句评价的话,叫做:中国农民办工业的伟大创举! 在我们这样一个人口众多特别是 80% 以上被束缚在有限耕地上的农业大国里,乡镇企业作为提供实现农民办工业伟大创举的载体和舞台,让农民不走世界发达国家走过的被剥夺的农民盲目集结城市的老路,而开辟了一条就地消化和大量转移农村剩余劳动力,在农村迅速成长起一支从事工业的产业大军,同城市工人队伍并肩联手,加快工业化、城镇化和走向现代化建设的新路。正由于如此,乡镇企业的发展,从苏南开始,迅速演绎为全省的、全国的"异军突起"。

进一步从改革的意义上看:乡镇企业从诞生、成长到壮大,一直和市场直接打交道。特别是在改革初始阶段,乡镇企业抓住我国在传统计划经济体制下放开计划外"市场调节"一块的机遇,乘势而为,成为大搞市场调节的"急先锋",起到了当时城市大工业不可能起到的对传统计划经济体制框架的突破作用。改革初期,城市工业企业受传统体制排斥市场调节的旧观念、旧框框的束缚,迟迟迈不开走向市场的步子,恰恰是乡镇企业的市场行为,呼唤起城市企业的商品经济和市场调节意识,从旧体制、旧框框的种种束缚中解放出来,投入了市场化改革。江苏省工业部门1980年总结城市工业企业突破传统体制、开展市场调节的经验时,曾概括了"六个突破":一是突破"生产资料不能进入市场"的禁区;二是突破"工不经商"的框框;三是突破按行政区划"画地为牢"的传统;四是突破行业之间"相互分割"的界限;五是突破"军工企业不搞民品"的戒律;六是突破"全民企业不搞竞争"的约束①。这"六个突破"充分反映了在旧体制束缚下的工业部门和国有企业受乡镇企业的市场行为所启蒙,解放思想,走向市场的深刻变革。可以说,正是乡镇企业以其活跃的市场调节活动打开了中国市场经济的"闸门",为社会主义条件下发展市场经济充当了开拓者和先行者的角色。从这个意义上看乡镇企业,我在1992年曾以"从乡镇企业的实践看市场经济发育之路"为题专门撰文,从乡镇企业作为我国市场经济"闸门"的开启者谈起,对其超前开拓市场经济的轨迹进行剖析,阐述了乡镇企业对加快建立我国社会主义市场经济体制的作用②。

实践充分表明了:乡镇企业的兴起及其开拓之路合乎建设有中国特色社会主义的规律性要求。

从乡镇企业到苏南模式

讲乡镇企业,必然联系到苏南模式。

---

① 《当代江苏简史》,当代中国出版社1999年2月版,第327页。
② 《唯实》,1993年第2期。

按我的一贯认识,苏南模式是对在改革开放条件下,苏锡常农村以工业为主的乡镇企业蓬勃兴起而促成农村经济综合发展的运行过程的特征和全貌的概括。对苏南模式的内涵和具体特征,我曾作过多种表述,最早的表述见之于 1986 年 10 月写的《经济发展模式研究和苏南模式》一文[①],其要点如下:以农业为基础。以大中城市为依托,以农村剩余劳动力的转移为启动力。以市场调节为主要手段,举办以集体为主的乡镇企业,以农村工业化推动农村分工分业和商品经济发展,促进农民共同富裕。

不久,朱通华在其系统论述苏南模式的专著[②]里。把"县乡干部是实际决策人"列为苏南模式的主要特征之一,并指出:"没有县乡两级党政领导者的参与和决策","也就没有苏南模式"。这一点,完全符合苏南模式的实践。我很赞成。不过我当时对此认识还不足,在和几位同事合作形成的另一专著《苏南模式研究》[③]中没有把这点明确列为苏南模式内涵的一个特征。随着苏南模式研究深入进展,进入上世纪九十年代以后,当时省委宣传部部长王霞林亲自抓研究,这就有对苏南模式内涵特征作出的"三为主、两协调、一共同"的全面概括[④]。

我研究苏南模式不是最早,但持续时间较长,始终坚持以实践为依据,注重于理性思考。在上面提到的《经济发展模式研究和苏南模式》那篇文章里就已明确提出:不能孤立地就乡镇企业发展论模式,必须"从它们同整个农村、整个地区经济的联系上,考察其循环机制的形成以及对社会生产力发展的实际作用"。我的看法,由这样的指导思想出发,才能透过乡镇企业快速发展的现象,探寻其活力之源,把握其市场化运作的机制优势及其在农村经济中的带动效能,进入对苏南模式的

---

① 《江苏经济探讨》,1987 年第 4 期。

② 朱通华:《论"苏南模式"》,1987 年 8 月。

③ 顾松年、徐元明、严英龙、吴群:《苏南模式研究》,1990 年版。

④ "三为主、两协调、一共同":以集体经济为主、以乡镇工业为主、以市场调节为主,经济与社会、物质文明与精神文明的协调发展,走共同富裕之路。

深层研究。

实践表明:苏南模式之所以成为农村经济发展的苏南模式,不只是乡镇企业自身的发展,而是在于它充分发挥乡镇企业充沛的市场开拓力和灵活的经营机制,并加以有效引导,使之起着促进传统农业分解和转型的效能,为苏南农村带来一系列实实在在的超前变革,加快了自给半自给经济向着较大规模的商品经济转型,并使原来以粮棉为主、单一种植业的产业结构转变为以农业为基础、多行业综合发展的产业结构。对这个时期的演变略作描述:一是以农村工业企业在市场化机制下供产销活动的展开,突破"农村——农业、城市——工业"传统的城乡分工格局。城乡经济从原来彼此封闭半封闭转变为相互开放下要素双向流动,促进了城乡市场通开;二是把农业剩余劳动力从小块耕地上大量解放出来,打开办工业为主的创业门路,启动了农村专业化、社会化、商品化的大发展。农林牧渔业多种经营活跃,商建运服旅全面兴起,带来农村多行业全面综合发展的产业结构变革;三是以农村工业为后盾,适应与大中城市横向经济联系和各业兴旺的需要,小城镇建设迅速趋热,使传统计划经济体制下萎缩、衰落下去的许多小城镇获得新生,并带动原来属于农副产品集散地式的农村集镇的功能升格;四是在集体经济组织的管理框架内,包括通过乡村行政系统,利用乡镇企业上缴利润和提取的专项资金,采取"以工补农"、"以工建农"的形式和制度,协调务农与务工的利益矛盾,稳定务农人心,曾在较长一段时间里保持了种植业的持续稳定高产。

可见,苏南模式的作用在于发挥乡镇企业的机制优势,推进整个农村经济的转型与演变。推进这个进程,不只需要安排好乡镇企业自身投入与产出以及外向开拓供销渠道等关系,而且涉及工业为主导与农业为基础的关系、工业一马当先与各业兴旺的关系,更要协调好工农利益矛盾,既调动务工队伍创业积极性又稳定务农人心,处理好先富、后富、共同富的问题。实践的发展还表明了:苏南模式顺应改革和发展的要求,充分发挥并合理引导乡镇企业的市场开拓力和机制优势,使其积极效应不仅起作用于整个农村,而且扩及一定区域内的城市。继早期突破"农村——农业、城市——工业"传统的城乡分工格局,促进了城乡市场通开后,从上世纪 90 年代中后期开始,由产权制度改革打破"块块经济"的壁垒束缚所启动,乡镇企业走向大中小城市和开发园区集聚,这就使苏南模式的积极效应突破城乡二元,进一步从立足农村转向大中城市扩散放大,促进了大中城市在加快工业化、城市化进程的条件下实施以工哺农、以城带乡,超前开拓以大中城市为依托统筹城乡发展之路。

这是苏南模式创新演进的出色成效和重大功勋,也反映了乡镇企业作用的深化和延伸。

"终结论"和"演进论"之争

乡镇企业从它诞生之日起,就带来争论,而且一直没有停止过。早期的争论不用再提,主要讲讲有学者发表以"苏南模式的历史终结"为题的论文①而引发的争论。当时,我以《苏南模式:是已经历史终结,还是在创新演进?》一文②,比较早地回应这个"终结论"。

对这位学者的文章,我没有全盘否定,我在文章一开头说:"撇开同温州模式比长论短,仅就这文章中有关苏南模式优势弱化的某些具体分析而论,笔者大多赞同,并认为基本符合事实,我尤其认为,有这类对苏南模式的评论是件大好事……。"可以从我关于乡镇企业和苏南模式的所有论述中看到,我肯定乡镇企业的优势和苏南模式的成功,同时也一再对它们的缺陷和弊端作客观评论。

乡镇企业最早是从传统计划经济体制的"缝隙"中生长出来的。苏南模式孕育形成于我国新旧体制双轨并存并相互摩擦的时期。用发展与改革相协调的视角看,以乡镇企业为主体的苏南模式既有先天不足的缺陷,也有后天失调的毛病,客观存在着并不断显现出自身的局限

---

①　原载《金三角》杂志 2000 年第 8 期。
②　原载《江南论坛》2000 年第 12 期。

性。在上述这篇文章里,我指出其突出的缺陷和弊端至少有三:其一,过于强调"集体为主",特别是这个"为主"被推崇到"唯一"地步,在实际工作中长期排斥个体私营企业的发展,对已有的个私企业也得戴上集体的"红帽子";其二,从原人民公社框架脱胎而来的乡办乡有、村办村有的集体企业,财产关系模糊,产权界定不清,社区政府直接参与企业经营决策,其政企不分甚于国有企业,虽然有利于当时社区范围内协调工农利益矛盾,支撑农业的稳定发展,但却加重了企业负担,严重制约了企业活力,出现企业机制的退化,特别是由此强化了以乡村社区为范围的"块块经济",无法在较大区域内实施统一的产业政策,使企业布局"小、散、乱"和产业结构低水平重复的弊端变本加厉;其三,社区办企业的必然逻辑,依靠乡镇企业的"贡献"搞起来的小城镇建设也只能局限在本社区内进行,分散化、无序化的布局阻碍了中心镇、小城市的发育成长,而"块自为战"的结果,使苏南中心城市增添了无形的"围墙"压力,进而影响到城乡经济的优势互补和协调发展。

　　但是,当时的实践表明了:以发展为主题、以改革为动力而形成的苏南模式能顺应市场化改革的方向,靠不断改革创新,来突破对发展的各种制约和障碍,包括其中最关紧要的是在"集体为主"的乡镇企业产权制度改革上的自我突破。苏南乡镇企业坚持"集体为主"的所有制结构,无论从其初始兴起时期看,还是从其蓬勃发展时期看,都是和那个阶段双轨并存的体制条件和市场供求格局基本适应的。但随着市场化改革的逐步推进,乡镇企业与所有制结构相联系的产权制度的缺陷,以及由此形成"乡乡冒烟"、"村村点火"的工业布局和"小、散、乱"企业组织结构的弊端逐步显现。在这过程中,苏南曾不断推进过类似"一包三改"[①]等多项制度创新,虽有所成效,但由于设有触及产权制度的这个要害,未能从根本上克服矛盾。九十年代中期,我国告别"短缺经济",

---

　　① "一包三改"指:实行承包经营责任制,改干部任命制为聘任制、改职工录用制为合同制,改固定工资制为浮动工资制。

出现了从卖方市场向买方市场的转变,乡镇企业和苏南模式的致命弱点在经营困境下进一步显露,招致工业生产增幅的明显回落。在严重困境的压力下,经过进一步解放思想,苏南放手实施乡镇企业产权制度的大面积改革改制,"集体为主"所有制转身改制为产权关系明晰的多元化混合所有制经济,乡镇企业的"老板"就由原来实际上由乡镇政府担当转换为由产权所有者的代表或私营企业主自主负责。多元化混合所有制经济在苏南长足发展,多种所有制企业百舸争流,苏南模式以再造微观基础激起新的巨大活力。由乡镇企业产权制度的自我突破所带动,原来乡办乡有、村办村有的"社区经济"随同突破,农村各业首先是工业布局及其产业结构的调整跨出了大步;同时,随同乡镇企业产权关系得以明晰的变化,解脱了乡镇政府对企业的无限责任,迫使乡镇政府改变以往直接干预企业包括向企业无度索取等行为,跨出了政企分开的步子。这样,从管理制度上突破了乡镇企业封闭在行政区划内"块块化"布局发展的格局,企业得以市场为导向,进城跨区,向城镇以至大中城市园区集聚,出现了苏南工业从城乡分块发展向城乡联动发展的区域化转变。

　　显然,从苏南以集体为主的乡镇企业改制改组为多元化混合所有制的中小企业开始,"集体为主"所有制结构特征已从苏南模式的内涵中消失,基于此,我在回应"终结论"时说,仅就类似这种情况而论,可以称之为历史终结。而更重要的,实践又表明"苏南模式出现了由制度创新而启动的符合市场经济要求和具有区域化特征的积极性演进",这就谈不上是什么"历史终结"——这就是"终结论"和"演进论"的分歧所在。

"树木"与"森林"的比喻

　　回头看乡镇企业,还琢磨着一个问题:研究苏南模式要区分乡镇企业发展模式还是农村发展模式,到底意义何在?

　　我从研究苏南模式一开始就不同意把苏南模式混同于苏南乡镇企

业发展模式。直到上世纪末我还在一篇文章①中专门论及这个问题，并且列出了一个醒目的小标题：——"苏南模式"≠苏南乡镇企业发展

在这个问题上的认识，至今没有获得真正一致。经过多年讨论，多数人认同应该把苏南模式作为苏南农村经济发展模式来研究，可是，有些人口头上说是农村经济发展模式，而在写文章、作报告时，仍然在"苏南模式"帽子下只讲"乡镇企业"本身，在他们的口头上或文字表述上，"苏南模式"即"乡镇企业"的同义词。

苏南模式问题的提出和研究，从学者到官方，可以说"众口一词"，没有异议。对苏南模式的内涵则各有理解，作为学术争论，应该说是正常的。可是，老是把苏南模式和乡镇企业发展模式等同看待，研究对象不一，各唱各调，很不利于讨论和研究的深入。

我考虑，有一种情况，看问题简单化，把苏南模式只看作苏南乡镇企业发展的"经验结晶"。如果是这样，那就是"只见树木，不见森林"，全局和局部没有把握好，单凭局部变化论是否，很可能会把研究引向谬误。为什么集体所有制的乡镇企业出现了按市场化改革方向转轨变型后，有学者就以"历史终结"论模式？把苏南模式简单等同于集体所有制的乡镇企业的经验结晶，至少是一个重要因素。

另一种情况，可能和研究宗旨有关。苏南模式研究的宗旨或出发点本当是：以实践为依据，从探索农村和地区经济发展规律性的角度，对发展的成功之道作出理性回答，用以指导和推动新的实践。因之，研究苏南模式，特别是对地方领导来说，乃是立足于发展全局的一种战略思路研究。这就需要把握好对发挥乡镇企业机制优势、推动农村经济综合发展的研究与发展乡镇企业本身的研究这两者的关系。如果不是这样，而只是局限在乡镇企业本身以发展快慢论成败，"只见树木，不见森林"，那就更是有失苏南模式研究的本意和宗旨。

从我接触苏南同志中发现，除了理解问题的简单化以外，还另有宗旨，即：偏重于用模式研究的成果，印证"苏南速度"，印证当地经济发展

---

① 见《对苏南模式再认识三题》，原载《江苏经济探讨》1998年第8期。

的成就。这样看待苏南模式,除了思想方法上"只见树木、不见森林"外,与发展思路上摆脱不了"总量取胜"、"速度优先"的影响直接有关,甚至还是和地方官员政绩挂上钩的反映。这样看待苏南模式,必然只爱听苏南模式的好话,听不进论及苏南模式弊端的声音。甚至还会拒绝反思,就不会对乡镇企业和苏南模式取得全面、深化的认识,更不会从战略高度去科学推进苏南模式的创新演进。

讲到看待苏南模式上的这个分歧,又联想起一个问题,即:苏南模式研究也有不足。我的印象,上世纪九十年中后期开始,苏南模式研究即由热转冷,对某些分歧没有继续展开讨论。"模式研究本身也要创新",这是我在《苏南模式的争论和不同模式观》①一文中专门提出并加论述的。对这个问题,现在体会更深。苏南模式植根于实践。此项研究要跟踪实践、阐明实践,又要超越实践、指导实践,推动实践的不断前进。这就要求对其内涵的研究和界定,必须以实践的动态变化为依据,不要把在体制转轨阶段带有"过渡性"的企业形态看做规律性的必然,造成对其内涵特征的论断表象化或"凝固化";更不要去和宏观层面上的导向口号简单对接,或者用成功掩盖矛盾,追求模式内涵表述的"理想化"和"完美化"。

深化认识从回顾来

回顾这改革开放 30 年,我们看到苏南乡镇企业闯在建设中国特色社会主义康庄大道的前列,看到苏南模式顺应时代、创新演进,又造就了乡镇企业作用的深化和延伸;同时,回顾也是反思,反思让人清醒,能看清乡镇企业在这个历史进程中付出的代价,能经受得了从弯路中艰难转身之痛,更有信心开拓未来,取得新的更大辉煌。

在新旧体制双轨并存并相互摩擦的改革初期,在农业集体经济基础相当坚实的苏锡常农村,不管是乡镇企业的兴起,还是苏南模式的形

---

① 原载《中国农村经济》2002 年第 8 期。

成,都不可能不在所有制结构上与农业集体经济相对接,采取既依托大中城市又依托农村集体经济的发展路径,也都不可能没有乡镇干部的参与和决策,并依靠县乡政权的直接领导。但用市场化改革的眼光审视,这样制度安排下的乡镇企业和苏南模式都是很不完美的,其现实形态"只能是处于动态的变革之中"①,需要在自我完善中前进。事实就是如此,由体制缺陷所决定,乡镇企业和苏南模式只能长期沿袭传统体制下追求增长总量取胜的发展思路,和不惜资源消耗并破坏生态环境的粗放型经济增长方式。而形成于这一体制安排下的苏南模式,也只能在乡镇政府主导下运作,在实际上成为由"块块分割"的社区经济组合模式,也必然带来前面论及的种种弊端和矛盾。当然,在乡镇企业产权制度大面积改革改制,推进了苏南模式的创新变革后,这一状况现已得到改善。但乡镇企业和苏南模式已留下深重"后遗症",在今天现实生活中还显现其负面效应,这点不可不作为教训记取。

乡镇企业的"转轨变型"和苏南模式的创新演进是省、市各级政府的战略决策所推动的,而苏南模式的创新演进也功不可没。上面已初步涉及,通过对乡镇企业和苏南模式成功与不足的全面评论,可以更清楚地发现推动其在创新演进中自我开拓的轨迹和脉络,这就是:坚持发展这个"硬道理",同时,坚持以改革为动力,创新发展思路,不断在再实践中破解发展中出现的矛盾,克服障碍发展的瓶颈制约和难题,正是这样,保持了经济的长期较快发展。我认为,坚持做到这一点,正是苏南模式能够持续创新演进取得成功的根本之道,循此前进,就能把坚持发展这个硬道理和落实科学发展观统一起来,走上增强发展协调性和可持续性的科学之路。

苏南地区正在前进道路上坚持这样做。近些年,与国家宏观经济发展的大背景相联系,又受国际上金融危机冲击等因素的影响,某些原有的比较优势则在相形弱化,更加促使长期快速发展积累下的深层矛盾凸现。在面临倒逼加紧的压力下,苏锡常在思路创新下,正以深化改

---

① 见《经济发展模式研究和苏南模式》一文,《江苏经济探讨》,1987 年第 4 期。

革为动力,以转变经济发展方式为重点,调整产业结构,包括节能减排,还"环境"欠账,从多方面缓解障碍可持续发展的制约瓶颈,从快字当头向好字优先转型,以优中取胜实现又好又快发展。

从回顾中深化认识,我相信,从苏南到全省将更好地把握前进方向,科学选择最优化路径,加快经济发展方式的根本转变,走向结构转型升级、人与自然和谐的明天!

　　　　　　　　　　　　　　(原载《苏南发展》2008 年第 8 期)

第 四 编

加快城镇化进程与化解
"三农"难题相结合

第四编

助推城镇化进程与化解 "三农" 难题相结合

从行政区划转向经济区域

——"城乡一体化"进程中的一项现实课题

推进以经济区域为着眼点的城乡经济一体化,而不以行政区划内的城乡一体化为局限,这是在社会主义条件下推进市场经济改革的需要,也是我国城市化加速期的迫切要求。

根据规律,一国城市化水平达到 30% 以后,将进入城市化的加速时期。预计到 2000 年,我国城市化水平可达到 35%。在江苏特别是苏南地区,已超前呈现城市化加快的态势。实践表明:城市化进程的加快同前阶段城乡经济一体化进程相联系,但同时提出了新要求。

所谓城乡经济一体化,相对于沿袭传统的产品计划经济管理体制下的城乡藩篱而言,主要是对城乡市场统一开放、城乡产业合理分工、城乡经济相互依存和协调发展这样一种格局的概括。以城乡一体代替城乡藩篱,城市化进程才能合理推进。

城市是同经济区域联系在一起的。"十五大"报告中在谈到"促进地区经济合理布局和协调发展"时,明确提出要"发挥中心城市作用",并要求"进一步引导形成跨地区的经济区域和重点产业带"。这一目标,只有以突破行政区划界限为条件,促使经济中心城市与其周边地区生产要素的合理流动和资源的优化配置,才有可能实现。这个过程,不是局限在行政区划内的城乡一体化,而必须扩展为城市——区域相联系的"经济区域"内的城乡一体化。

随着经济体制改革的逐步展开,农村工业化和农村经济发展多元化的迅速启动,我国城乡关系已发生了积极变化:农村——农业、城市——工业这种传统的城乡产业分工解体,自给、半自给的农村经济走向开放,城乡之间商品、要素的双向交流代替了以往农产品进城、工业品下乡的单向流动。城乡之间的市场化关系已大为扩展和深化。八十年代前期,沿海省区先后实行"市管县"的新体制,这更有利于在此范围内统筹协调产业布局和城镇建设。苏南地区的农村工业突飞猛进,小城镇建设普遍加快,各县先后"撤县建市"。这样,使以往受二元结构和城乡藩篱压制的城市化潜力得以释放,城市化进程得以加快。

然而,用城市——区域的大视野看,现有城乡一体化的变化主要还局限在行政区划内。由于体制改革尚处于新旧转轨阶段,全国统一市场的发育相对滞后,条块分割的"行政壁垒"还相当坚固,按垂直的行政系统办事、按行政条块配置资源的行为方式仍在沿袭,因而经济区域内的城乡一体化进展还很不理想,城乡藩篱、市县分割的一些矛盾甚至还在继续,带来多方面的不良效应。例如:

——在资源配置块块化体制的制约下,城市之间、市县之间重复布点,重复建设,重复引进,致使地区间经济结构趋同化加剧。

——小城镇建设局限在行政区划内按乡按村自我布局,缺乏与大中城市的功能分工和经济区域的总体协调,外延铺开有余,内涵发展不足,其结果不仅浪费土地资源,削弱了小城镇的集聚效应,而且"千镇一面",影响到一定空间范围内产业结构的合理化。

——一些大中城市如苏锡常,其市区同其外包县域之间,又出现了"中心城市要腹地,周围县域要造城"的矛盾,以致走上了与市场经济要求不尽吻合的"城外造城"、"一域两市"的状态,阻碍了经济区域和重点产业带的发展。

这些矛盾的存在和发展,既影响大中城市的产业集聚及其功能提升,也会延缓县域农村专业化、市场化、工业化和现代化的步伐,最终将不利于区域城市化进程的合理推进。

目前,人们对以上客观现实还正视不足,仍局限于行政区划内来看"城乡一体化"。其实,尽管它相对于过去城乡藩篱已前进一步,但毕竟只是传统体制向市场经济转化的过渡形态,因此必须继续推进。

　　继续推进,就是要真正打开大区域、大市场、大开放的视野,从促进城市——区域内资源以市场为导向实现优化配置出发,以改革为动力,发挥中心城市的作用,引导行政区划内的城乡一体化向经济区域的城乡一体化扩展延伸,使之与我国我省进入城市化加速时期的大趋势相适应,推进江苏省内南、中、北部之间和全国范围内东、中、西部之间的区域分工合作,共同发展,走向区域一体化与经济协调化。

(原载《无锡日报》1998 年 1 月 8 日)

城乡统筹　做好富民这篇大文章

实施富民战略，促使民富目标的实现，是一项复杂的系统工程，是一篇大文章，需要好好谋篇布局，精心统筹，才能把这篇大文章做好。

最近学术界有种观点提出，把富民和民富的内涵加以区分[①]："民富是居民生活改善与提高的一种客观、自然的历史过程，而富民则是人们致力于改善和提高居民生活的主体性的一种积极行为和能动作用。"我认为这样区分好，可以促使我们更明确地以民富为目标，加强推进富民这项工作的主观努力，同时，又以民富进程的快慢来衡量富民工作成效的大小，以鞭策更加努力去推进民富。对什么是"民富"，当然需要从基本内涵上加以界定，但我认为，也不必过于复杂化，用通俗一些语言来表述，就是：让绝大多数城乡居民在"钱袋子""鼓"起来的基础上消费水平的普遍提高。认定了民富的这个目标，对从哪些方面、哪些环节上去多加努力，又如何总体推进这项以加快民富为目标的战略性"富民工程"的顺利实施，倒值得多花些功夫研究。富民是强国强省之本，而富民又必须以强国强省为依托，所以它是项与强国紧相联系、事关全局而又涉及方方面面的一项复杂工作。特别是从我国当前处于经济转型阶段的大背景看，推进民富进程受到体制、机制因素的制约，既要解决好各方面利益关系矛盾上的难点，又要突破在实施富民战略工作上的薄

---

① 引自江苏省社科院吴先满牵头的《江苏富民战略研究课题总报告》，《江苏经济学通讯》2002 年第 1～2 期。

弱环节。这就要求我们：既把握城乡全局，突破富民的难点和弱项；又通过重点突破，整体推进城乡民富。也就是说，在统筹协调下，把重点突破和通盘带动结合起来。

一、以扶持弱势群体增收为着力点， 提高大多数人的收入水平。

要关注占人口大多数的农民，特别是城乡处于严重弱势状态的人群，包括城市里下岗失业人员和贫困地区的农民。即使在相对发达地区的江苏，城乡人民收入差距也比较明显，有关研究成果表明①：江苏城乡居民收入差距、农民内部最高收入组与最低收入组收入差距以及城镇居民中最高收入组与最低收入组收入差距，近十年来都是基本呈逐年扩大趋势。处于贫困线以下的人群不是在减少，而是有所增加。要"以人为本"，就要实话实做，就要着力于解决处于严重弱势状态人群的扶贫致富的问题。另一方面，扶持弱势群体不能孤立地去做，而是要从弱势群体的困境中更好地体会提高大多数居民收入水平的重要性和紧迫性，了解问题的症结所在和体制因素，从而，更自觉地把帮扶弱势人群同促进大多数人的"民富"结合起来。除了政府"搭桥"，引导创业、增加就业外，更要从逐步纠正被扭曲了的国民收入分配格局上多加考虑。一是增加国家对农业、农村的投入，改善农业生态环境和生产条件等，增强农业持续发展能力；二是调整国家与农民关系，年初召开的中央农村工作会议上提出"多予、少取、放活"，这六个字提得好。关键是落实。真正做到了，就能促进农业持续发展，就能让农民休养生息，就能放活农民增收门路；三是运用税收等经济杠杆进行二次分配调节，并研究启动企业薪酬制度改革，以及从反腐败收入、反灰色收入等环节上，加强对收入高低悬殊过大的调节力度。

---

① 引自《江苏省居民收入差距实证描述》，作者：姜德波、陈长华，《江苏经济学通讯》2002 年第 3～4 期。

二、以转移农业剩余劳动力为突破口，
　加快城乡劳动统筹就业的步子。

农业增效增收的关键是大幅度提高农业劳动生产率。致富农民先
要减少农民，促使农业剩余劳动力离土离农村。减少农业剩余劳动力，
除了农村内部调整产业结构、提高农业产业化经营水平、推进土地使用
权合理流转等外，还要营造有利于劳动力有序流动、跨地转移的市场环
境，特别是要对传统体制下长期沿袭下来的城乡分开就业的格局加以
突破。城乡分开就业，同城乡分开管理加上城乡分开改革相联系，对此
不加突破，只能造成城乡二元结构的加剧，对城乡都不利。把农民束缚
在土地上，卡在"城门"外，永远解决不了农民增产不增收的问题，也无
助于城市化进程的加快。所以，要以城乡协同改革、协同转型为动力，
在抓城市劳动就业的同时，城乡协同消化农业剩余劳动力。根本出路
是建立城乡通开的劳动力市场，为"市场就业"创造条件。劳动保障部
"十五"规划对建设劳动力市场已提出总体要求和设想，江苏宜结合省
情实际尽快研究，率先起步。

三、以结构调整为总抓手，促使各业通过
　资源优化配置增加就业岗位。

结构调整是贯穿于经济发展全过程的主线，当然也是加快城乡民
富进程的治本之道。当前工农业产品结构性矛盾明显，农业增产不能
增效增收，同时影响到相当一部分工业企业销供产循环不良，下岗离岗
人数增多，城市就业压力越来越大，这就更制约着农业剩余劳动力的离
土进城。因此，不论从帮扶弱势群体来说，还是从促使农业剩余劳动力
的非农化转移和提高大多数人收入水平来说，扩大就业是根本措施；而
要扩大就业，结构调整是根本途径。通过进一步的结构调整，力求供给
结构与需求结构相互对接，促使产业结构升级与企业景气上升相互推

动,这样,各个地区经济稳定快速发展的持续力得到增强,创造更多的就业岗位也就有了稳固可靠的基础。江苏结构调整进行了多年,也取得了不少成效,问题是没有根本改变城乡分开、各管一方的行为方式,城乡配合和联动不足。在今天,农产品的深、精加工,龙头企业的培育成长,流通渠道的畅通,信息网络的联结,还有科研开发等,都越来越需要城市的带动;而农村经济"搞活"了,就能扩大内需、拓展工业品销售市场。总之,在城乡协同中推进产业结构的全方位调整,才能实现社会资源优化配置,缓解和消除工农业产品结构性矛盾,带动江苏经济运行质量和城乡一体的区域竞争力的提高;同时,也才能在这个过程中使企业景气得以上升、闲置设备得以利用、城市就业空间得以扩大,并实现农业高效、农村兴旺、农民增收。

四、以政府职能转变为启动力,
优化实现民富所需要的外部环境。

外部环境,主要是统一开放、有序竞争的市场环境,这离不开政府在转变职能的条件下"做好环境"的努力。现实情况表明:政府转变职能是公平竞争市场环境真正形成的关键。因此,必须通过观念创新、体制创新,从根本上解决政府职能又有错位又有缺位的问题,改变从传统体制沿袭下来而又迟迟没有改变的那种主要靠行政权力、行政方法直接管企业、管市场的行为方式,使政府部门按照市场经济要求做好环境、服务企业的职能到位。就是说,政府部门要变权力管理为依法行政,变管卡企业为服务企业,变干扰市场成长为培育规范市场,为各类企业包括农民营造公平竞争的市场环境。做到这一步,农村才可能实现"多予、少收、放活",各类企业才能在市场竞争中享受平等待遇,在规范化运行的市场竞争中优胜劣汰,增强产业竞争力和地区综合竞争力。当然,加速政府职能转变,这不只是做好富民这篇大文章的需要,而且是顺应经济全球化和我国加入世贸组织的新形势、增强江苏国际竞争力和城乡经济快速稳定增长持续力的迫切要求。正由于这一点,也就更需要把实施富民战略、加快民富进程同增强江苏经济综合竞争力的全局联在一起考虑,特别关注和尽快突破政府转变职能这一薄弱环节,从而使做好富民这篇大文章更有条件、更有把握。

(原载《东方企业家文化生活》2002 年第 9 期)

富民工程的纵深推进与
昆山之路的拓展延伸

今年是我们对昆山实施富民工程跟踪调研的第三年。去年昆山调查后，我写了一篇题为《外向带动城乡同富——我看思路创新、与时俱进的昆山之路》的体会文章。最近这次调查使我对昆山之路的认识又有了深化。昆山的经济发展多年来跑在江苏县级市的前列，不只是靠了邻近上海的区位优势，更是有着从上到下与时俱进的发展理念和战略思路。就是说，昆山能顺应国内国外大势，从自己的实践出发，在超前发展中坚持与时俱进，在与时俱进中不断思路创新，正是凭着这点，她走出了具有自己特色的昆山之路，并且在与时俱进的实践中不断开拓延伸，使自己开创的这条路子越走越宽。也正由于如此，昆山能跟上时代的车轮，目前正呈现了率先向着实现"两个率先"目标前进的良好态势。

让农民享受改革开放、经济发展的成果

昆山是在经济超前发展中针对城乡贫富差距有所扩大的新矛盾而断然决策实施富民工程的。他们立足城乡经济社会全局，提高全面建设小康社会的着眼点，以思路创新为先导，以农村为重点，实行城乡统筹，把实施富民工程和继续扩大开放、加快发展私营企业、调整经济结构、建立社会保障制度以及提高城镇化水平结合起来。两年多来，环绕推进民富目标，先后推出了一系列政策和措施，促使富民工程向纵深推

进,其受益面逐步扩展放大。

在全市居民平均收入连年上升的同时,农村出现一批人均收入低于 2000 元的贫困人群。这反映了农村还需要更多的就业、创业机会。昆山的领导意识到,矛盾不只在"农内",也是在"农外"。于是,他们不是把工作停留在单纯对农村贫困户的扶贫救济上,而是跳出农村抓农村,制定和出台了引导和支持私营个体企业向城镇集聚创业的系列化政策,促使离农就业的农民随着私营企业的发展而明显增多。2002 年统计,全市 11282 人实行非农化转移,其中 60% 左右就是由私营企业吸纳的。对城镇建设中批租土地实行"三六九"的政策补偿(每年每亩责任田补偿 300 元、自留田补偿 600 元、口粮田补偿 900元),这也是昆山在思路创新下于 2001 年率先推出的。全市已先后两年兑付 1 亿 7652 万元,第一年人均得益 894 元,第二年又人均 539元。

针对城镇化进程中无地农民增多的新情况,昆山又加大了在农村推行"低水平、全覆盖、有保障"的养老保险制度的工作力度。先是在玉山、周市、周庄、石浦 4 个镇试点。按规定:参保对象基准金为 1050 元,纯农户个人出资 40%,其余由市镇两级各半负担;属低保对象的农民个人负担 10%,其余 90% 市镇两级分担;在企业务工的农民个人负担28%,企业负担 72%。按此规定办理手续后,凡男年满 60 周岁、女年满 55 周岁的农民都可享受每人每月 100 元的基本养老金,70 周岁以上则每月 130 元,被征地农民每月再增 40 元。试行深受农民欢迎,这4 个镇到 2003 年 3 月 19 日止,实际交费人数 38682 人,占应交人数的92.7%;实际养老人数 18038 人,占应养老人数的84.46%。收到养老保险费 3252.52 万元,参保人员交纳的占其中 44.5%。在试点成功的基础上,于今年 4 月 1 日起在全市全面推行,预计到年底全市农民参保率将达 80% 以上,基金交纳率在 95% 以上,养老金按时兑付率可达100%。市镇财政为这项制度的实施每年又将支付 6000 余万元。

农民因病致病、因病返贫的问题,在昆山也引起关注,并获得逐步缓解。昆山早在 1995 年就建立农民大病风险统筹基金,但由于筹资标准低,只是杯水车薪。2002 年开始,他们根据公共财政、农村集体经济组织和个人的承受能力,着手进行农村合作医疗制度改革,使农村合作医疗的行政村覆盖率和农民参与面得以扩大。对农村低保对象,则除了提高其生活保障标准外,还增加发放医疗补助卡(每卡金额 500 元)。特别是,加大了对农村大病的风险保障力度。市级医疗补助基金到年底对全市发生大病、重病的 101 户贫困家庭进行了救助,总额 26.5 万元,户均救助额为 2640 元。全年共有 32 名大病、重病患者救助金额在万元以上,其中最高的救助额达 3.5 万元,有效地缓解了农民因病致贫、因病返贫的发生。

　　昆山超前一步实施富民工程,为农民谋利办的实事,远不止以上列举的一些。但就此已足以看到:昆山农民收益与保障远不如城市的情况已开始在改变。到 2002 年,农村人均收入低于 2000 元的 2000 户贫困户,已有 1835 户实现人均收入增加 1000 元,其中 801 户人均增收超过千元。更重要的,在完善农村增收与保障的机制创新上取得成效,例如,这两年由于城镇增加了就业岗位,带来了农村劳动力转移的相应加快,农村纯农户大量减少,使农村养老保险制度有条件探索走向与城市接轨。显然,昆山在办这些事上面充分反映了市里同志能够从"以民为本、城乡统筹"的战略高度,与时俱进,为解决"三农"问题不断进行思路创新。"以民为本、城乡统筹"的理念,是坚持富民工程纵深推进的着眼点和立足点,昆山各级干部对此态度都很鲜明,用他们自己的话来说,叫做:"要让农民享受改革开放、经济发展的成果。"与时俱进、思路创新,是机制创新的前提,也是昆山之路精神的核心所在。应当承认,昆山在致富农民方面办的实事,是同他们开放型经济超前发展,大大增强了综合经济实力,以一定的财力支撑为条件的。但是,在一定的客观条件下,发展理念、战略思路的创新起主导作用。如果没有确立以人为本、城乡统筹的发展理念,缺乏与时俱进、思路创新的精神动力,如果打不破传统体制下的思维定式和惯性行为,那样,即使地方财力再雄厚,也不可能在实施富民工程上跨开大步。

在不断突破新矛盾中拓宽昆山之路

　　昆山富民工程两年多来的实践,在民富上缩小现有城乡差距、推进城乡对接取得了进展。然而,其意义不止于此。这个过程实际上也是昆山继续发扬昆山之路的自主创新精神,在新的实践中与时俱进、开拓延伸"昆山之路"的过程。我认为,来自实践的昆山之路决不是凝固不变的。实践之树常青。在新的实践中,只要能坚持发扬昆山之路的自主创新精神,必然能使昆山之路与时俱进,不断拓展延伸。从上述实施富民工程的实践看,也从昆山多年来推进城市化以及城乡结构调整的实践看,与当年自费建设开发区时期的昆山之路相比,今天的昆山之路显然具有更新更丰厚的内涵。坚持沿着昆山之路,顺时乘势,继续开拓前进,正是今后昆山走向高水平建设小康社会,顺利实现省委、省政府对昆山充当江苏"两个率先"的"排头兵"的殷切期望的必然选择和可靠保证。

　　昆山对实现"两个率先"的要求,已初步作出具体目标任务的构想。到 2005 年在全省率先全面建成高水平的小康社会,到 2010 年率先基本实现现代化。要在建设现代化产业基地的进程中,把昆山建成一个经济发达、政治清明、文化繁荣、环境优美、人民安居乐业的现代化中等城市;在加快城乡一体化进程中,城镇居民可支配收入和农民可支配收入,到 2005 年分别达到 2000 美元和 1000 美元,到 2010 年分别达到 3000 美元和 1600 美元。提出的目标是令人鼓舞的。按现实基础,多数指标还留有较大余地。但是,不能不看到,如果考虑到国际国内的某些不确定因素,特别是考虑到本身经济社会发展中还客观存在着的一些矛盾和难题,昆山要实现"两个率先"的目标,应当说,也并非是轻而易举的。正由于这样,提出和研究如何更好地发扬昆山之路的自主创新精神,继续与时俱进,创新切合于昆山实际的经济社会发展的战略思路,让昆山之路继续拓展延伸的问题,就显得至关重要了。

　　毋庸讳言,昆山农民纯收入增长这些年虽然基本上每年保持在

6％以上,但和经济增长的速度相比,还不够快,一些乡镇的同志都直率承认"市富民还不富"的现状。从深层看,昆山确立城乡一体化的思路比较早,九十年代,以开发区为龙头,带动乡镇配套区的建设,城乡协同开发,发展外向经济,由此大大加快了城市化的进程。但是,处在我国体制转轨、经济转型的现阶段,昆山同我国我省的其他市县一样,由于各级政府沿袭按行政区划办事的行为方式,使得市场化的开放型经济与"块自为战"的本土经济难以有机融合;当前,又面临着长三角都市圈和苏锡常这个省内城市圈之间如何按市场经济规律有机融合的新课题,作为紧靠大上海的江苏对外开放"东大门"的昆山,对自身城市功能如何准确定位的问题尚在探索把握之中,表现为东向接轨的力度虽不断有所加大,而西向联结的渠道开拓尚嫌不足。这些,必然影响到昆山市域内资源的合理整合和高效利用,也会制约着昆山跨地区、多层次经济交流和合作的发展。一些乡镇的同志在和我们交谈时反映了一个值得及早关注和解决的问题,就是:这几年开发区发展快,今后可以征用开发的土地越来越少;特别是有些相邻镇的开发区又是彼此自成体系,相互协作和链接不够,这就更使"本镇经济的发展空间受到限制"。另外,如何加快开拓新型工业化道路,以信息化带动工业化,借助高新技术产业化,促进本土经济在与外向经济结合中自主发展和提升,这在昆山也还没有破题。

其实,新矛盾的显现,对经济超前发展的地区来说,不是坏事,而是好事。因为超前发展中矛盾的超前暴露,这正好让人及早警觉,促使思路创新,继续超前突破。事实也正是这样,坚持自主创新精神的昆山人,对现实生活中的矛盾和难题,已经在着手探求解决了,而且其中一部分已经有了相应对策。举例而言,由于以往历史上按行政区划各自布局的局限,农村城镇过于分散,有相当一些城镇规模过小,不仅影响到各个城镇的规模效益,而且阻碍资源流动,阻碍产业聚集,阻碍城镇化水平的提高。从解决矛盾出发,千灯镇提出设想:对过密的乡镇进行"重新洗牌",设想通过强化中心镇的建设,淡化行政区划,推进土地资源和产业资源的区域化整合。市里的领导则从更宽广的城乡一体化的视野上打开思路,根据增强城区在开放型经济中承载力的要求,在两年前采取了"1+3"组团式推进城镇化建设的决策,即把城区所在地的玉山镇加上其周边的陆家、张浦、周山三镇,纳入市城区总体规划统筹开发。目前这"1+3"地区已连成一片,商贸活动也融为一体,对促进产业聚集、增强城市功能已产生初步效应。由此打开思路后,市里就针对城镇化、开发区建设中布局统筹不足、不利于资源的有效利用和产业的合理集聚的矛盾,从城乡一体、区域发展的高度,提出推进全市片区发展的新理念,考虑以中心城区为核心,与分片培育城市副中心相结合,把全市划分为七个功能片区,以片区规划促进市域资源整合和产业发展,构造城乡联动互补的发展新格局。这是城镇化发展思路上一大创新,涉及体制转轨中包括突破行政区划、政经分开等问题,目前正在进一步探讨和论证。另外,在发展现代商贸物流服务业方面,昆山也有新谋略、新举措,由省市共同发起、由昆山经济技术开发区开发建设的江苏国际商务中心,已进入实质性运作阶段,目前正在争取省里给予有关政策的支撑下,谋划依托上海,把它办成不仅服务于昆山而且能促进江苏与国际接轨、服务江苏并辐射全国的现代商贸服务产业的功能区。

情况表明:昆山走出了世人瞩目的成功之路,而更为可贵的是,由于他们能与时俱进,不断创新战略思路,不断解决遇到的新矛盾和新问题,因而,路子越走越宽,使昆山之路不断走向成功。

思路创新:昆山之路拓展延伸的根本

如果既肯定现有成功经验,又注重于突破现实矛盾的创新思路,把这两方面贯穿起来加以思索,可以看到,昆山正在继续拓展延伸什么样的昆山之路,已是呼之欲出。昆山目前正在深入研究和提出争当江苏"两个率先"排头兵、率先基本实现现代化的战略构想和规划方案,同以思路创新为灵魂的昆山之路的拓展延伸的探讨,应当说,是相互呼应的。下面根据个人认识,对昆山之路拓展延伸的内涵要点,从探讨的角度略作概括:

——强化以深化改革为动力、加快"两个率先"进程的战略思想,拓宽率先转型、超前发展之路。昆山开放型经济多年持续快速发展的过程,就是按改革方向,在自主创新中突破传统体制的束缚、走出新路的过程。当前,不仅加入世贸组织后参与国际竞争迫切要求我们加快从机制上与国际接轨的进程,而且要在国内市场竞争中赢得主动,也必须在深化改革上争得先机。昆山根据城乡一体、区域整合的要求,已在探求对阻碍区域经济发展的现行行政体制"动手术",按"两个率先"目标,适应昆山经济持续快速发展的要求,创新行政服务体系,这正反映了昆山以体制机制创新上的超前突破来推进"两个率先"实现的战略思路。因此,从这个意义上说,昆山要继续超前发展,成为江苏"两个率先"的样板区,就必须同时成为深化改革、率先转型的先行区。

——坚持致富大多数人民、实现富民强市的战略思想,拓宽外向带动、城乡同富之路。昆山以富民总揽城乡经济全局,因而能在大力发展外向型经济取得成效的同时,敏锐发现城乡人民收入差距的矛盾,断然决策,组织实施以解决"三农"问题为突破口的富民工程;在总揽城乡经济全局下,跳出农村抓农村,本着"让农民享受改革开放、经济发展的成果"意愿,尽量使农民增加实惠,由此,带动了城乡结构调整,加速了民营经济发展,因而又支撑和促成了外向型经济向纵深发展的好势头,反过来也是为深化富民工程的实施创造更雄厚的物质基础。昆山要争创"两个率先"的佳绩,势所必然要坚持"外向带动、城乡同富"的战略思路,继续开拓前进。

——确立以城市化为主旋律、城乡统筹提升市域综合竞争力的战略思想,拓宽结构优化、产业升级以及可持续发展之路。昆山从一个小城镇基础上发展而来,随着基础设施建设的不断发展、城市建设框架的相应拉开,目前已进入城市化发展的最佳时期。在这个进程中,他们顺应时代潮流,逐步打开了城乡统筹建设、提升城市化水平和综合竞争力的战略思路。当今时代,国内外竞争主要通过不同国家、地区的现代城市来展开的。昆山要在国内外激烈竞争的环境下,应对内外挑战,赢得"两个率先"的先机,就得立足在强化城市功能建设、提升市域综合竞争力上。强化城市功能,增强综合竞争力,不只是在拉大城市框架、做大做美城市上做文章,而更是要在城乡统筹下,统筹城乡规划建设、统筹城乡产业发展、统筹城乡劳动就业、统筹城乡社会保障。我们高兴地看到,昆山领导对这些"统筹"早有谋划,已有行动。需要一提的,产业支撑是城市化发展的立足点,也是提升市域综合竞争力的根基,这里几个城乡"统筹",要以产业发展的"统筹"为贯穿,通过全方位的结构调整,加强对包括土地、人才、科技、教育等在内的资源整合,使各类资源在集约化整合中实现高效利用,促进产业集聚、产业升级。城市化的发展,即使像昆山这样的地区,也并不意味着农业地位的低落以至农业的消亡。在统筹城乡产业发展中,要促使农业与城市高新技术产业相链接,包括利用外资,办好"农"字号开发区,以城市消费市场以至国际市场为目标,推进专业化、集约化、多元化农业的开发。同时,要抓好环境保护和建设,促进经济发展与人口、资源、环境相协调,把增强可持续发展能力与提高城乡综合竞争力统一起来。

——创新外向经济与本土经济相互推动的战略思想,拓宽按照新型工业化的要求加快高新技术产业化之路。昆山抓住外资企业蓬勃发展的良好时机,早在前几年,就着手按市场化原则放活内资企业,推动和支持内资企业发展与外资企业的配套协作关系,这既为民营经济拓宽了创业门路,也带动了产业结构的调整。但是,对照"两个率先"的目标任务,昆山必须进一步打开促使外向经济的发展与本土经济的提升相互结合的思路,按照推进新型工业化的要求,借助在昆山集中布点的外资大企业和跨国公司项目优势,推动相关行业加强产、学、研联合,建立创新体系,培植和增强内资企业研发能力,用先进的信息技术改造、提升传统产业;在这个过程中,促进各类开发区之间以及区内区外的产业链接,加快推进整个昆山的高新技术产业化。昆山在最新的规划设想中,已提出按照建设现代化产业基地的方向,做大做强支柱产业和大力培育有自主知识产权的企业及其集群。循此前进,昆山将在发展外向型经济与提升本土经济相结合的战略思想引导下,按新型工业化的要求,在建设现代产业基地上取得突破性进展。

——实施在周边大中城市群中既东向依托又西向链接、开拓大市场的战略思想,拓宽借助现代商贸服务业扩展产业经济发展空间之路。昆山以紧邻大上海的得天独厚的区位优势,一贯重视依托上海发展昆山经济,在九十年代浦东开发开放之初,就提出"接轨上海"的思路,并采取相应对策。特别是在外向型经济发展中,昆山与上海间的配套协作和产业链接的发展很有成效。去年市里在推进城市化的规划设想中,明确提到:以吴淞江为中轴,西至苏州新加坡工业园,东至上海国际汽车城,在大约160多平方公里的地带内,开发建设吴淞江工业园,构筑由制造业、商贸业和物流业互动发展的工业走廊和产业动脉。这表明昆山跨地区产业链接的思路已从东向依托扩展为东向西向双向依托。而上文提到的国际商务中心的开发建设,则更反映了昆山的区域合作思路已从侧重于工业产业领域向同时注重现代商贸服务领域拓开。这是合乎市场化改革的思路创新。如能继续前进一步,既进一步依托上海,又致力于拓宽西向商贸流通渠道,积极谋求和推进面向苏锡常、面向长三角以至面向全国大区域的统一开放、公平竞争的大市场及其网络体系的发育和成长,那昆山将不仅能为本身产业经济不断拓宽发展空间,而且将使自己成为上海、苏州的"双重卫星城"和沪苏间的"双向接轨站",更好地发挥江苏"东大门"的作用,并起更大作用于整个长三角。

对昆山之路的拓展延伸,略举以上要点。我总的认为,其成功之道,就在于以战略思路的与时俱进、不断创新为主导,以改革深化、制度创新为动力,在经济超前转型中加快经济发展的步伐。如此继续前进,昆山定能从成功走向成功,使自己造就为名符其实的江苏"两个率先"的先行区和排头兵。

(原载《江苏经济学通讯》2003年第5~6期)

农业劳动力转移与加快城市化
进程互动并进

当前,我们正在以城乡统筹的决策新思路来解决"三农"问题。推进农业富余劳动力的转移,是解决我国"三农问题"的一项关键性举措,要加快其进程,并取得最大效应,也必须实行城乡统筹。苏锡常作为苏南的核心地区,经济超前发展,而其推进农业富余劳动力转移的任务也更重,更有必要以城乡统筹观来加以探索。

城乡统筹与新形势下农业富余
劳动力的转移

苏锡常,农业富余劳动力的转移多年来一直走在全国全省前面。近些年,突破了就农业抓农业、就"转移"抓"转移"的局限性,这方面出现了更好的势头。以无锡市为例,到 2002 年底止,农业劳动力转移达到了双"七十":全市 148 万农业劳动力中,从事非农业的占 70%;农民收入中,来自工业和第三产业的也超过 70%。但是,形势在发展,要求在提高。苏锡常对推进农业富余劳动力转移的成效,已不能单以减少本地农民为满足,而必须顺应国内外大势,着眼于更大区域范围内城乡劳动力资源的高效配置,谋求农业富余劳动力转移的更大效应。

当前,全国全省的许多兄弟县市都在大力推进农业富余劳动力的转移,把劳务输出、减少农民作为解决"三农"问题的一项战略措施抓。在此形势下,苏锡常地区除了要安排好城市的就业再就业外,在农业富余劳动力转移的问题上,面临着本地农民进城和外地劳务输入的"双向压力"。即使就江苏省内来看,客观形势还要求苏南增强对苏中、苏北的劳务输出以更大助力。最近一段时期里,江苏按照党的"十六大"提出全面建设小康社会、加快现代化建设的进程的奋斗目标,正在抓住新的战略机遇,积极实施新一轮的沿江开发战略,从更高层次上促进苏南、苏中、苏北三大经济区域的共同发展,为江苏实现"两个率先"提供新的动力源和增长极。沿江两岸各市纷纷打出"长江牌",都在积极谋划联动建设国际性制造业基地,加快走新型工业化的步伐,并将带动沿江城市群的大整合和大发展。这个进程,不仅会带来沿江城市工业领域竞争的加剧,而且会大大增强后发达地区劳务输出的启动力。在体制转轨、经济转型的现阶段,由于城乡二元经济结构下农业劳动力跨地区流动和非农化转移的矛盾以及某些制度和政策的局限性的客观存在,对苏锡常地区来说,要抓住沿江开发的最大机遇,主动应对这一新形势下新的挑战,善于解决农业富余劳动力转移带来的某些新的难题,显然,更自觉地围绕全面建设小康社会、加快实现现代化的总体目标,扩大战略视野,更好地以统筹城乡经济社会发展的观念和思路做好工作,乃是必然选择。

城乡经济社会统筹发展,这是党的"十六大"从战略高度,为改变城乡二元经济结构、顺利实现全面建设小康社会、加速基本实现现代化的目标,从战略决策上提出的一大创新思路。这一思路,从宏观层面看,就是要既发挥城市对农村的带动作用又发挥农村对城市的支撑作用,在全面注重发挥这"双向"作用的基础上,全面建设小康社会,加速实现现代化。从这里,我们不仅找到了解决"三农"难题的根本出路,而且也明确了在农村减少农民、致富农民必须和加快工业化、城市化进程联动推进的决策取向。所以,必须强化新形势下的城乡统筹观,把城市和农村紧密联系起来,综合研究,通盘筹划,做到:在推进工业化、城市化的进程中,促使农业富余劳动力的顺利转移,同时,以此支撑和配合工业化、城市化进程的加快,从而把解决"三农"问题的进程与解决城市化、工业化问题的进程统一起来。

城乡统筹与各个工作环节上
的城乡对接和配合

怎样在强化城乡统筹的观念下，把推动农业富余劳动力的转移同加快工业化、城市化的进程统一起来？从苏锡常的实践出发，必须强化城乡通盘谋划，从各个环节上，促进城乡各项工作相互协同、相互对接，甚至相互贯通。这里简要讲几点看法：

——关于"农外"做文章与"农内"加把劲的配合问题。"三农"问题农外抓，这个观点在苏锡常已被普遍接受，并在实施中取得经验。以推进农业富余劳动力转移、扩大劳务输出来说，已不再局限于农村做工作，而是动员了城市社会力量，从各方面支持和帮助农民非农化转移。当然这方面的文章还没有做足，如深化户籍制度改革、改变城乡分割就业制度、搞好职业介绍和技能培训服务、建立劳动力市场供求信息网络、消除进城农民与市民的身份差别和生活差别等，都要进一步推进。但是，"农内"还得要加劲、再加劲。绝不能因为强调了"农外"做文章，就放松了"农内"从调整农村产业结构、发展规模农业和农业产业化经营以及搞好土地产权制度改革等方面的工作。"农内"与"农外"各项工作，相互配合，协同推进，这样，才能适应农业富余劳动力转移的新形势，不断巩固和扩大离土农民就业和创业的成果。

——关于增加劳动力非农化转移与扩大城镇就业机会的配合问题。农业富余劳动力的转移，除了在农村向非农产业就地转岗外，就是以劳务输出的形式谋求到大中城市异地就业。这样形成的劳务输出潮，如上所述，势必使经济发达的苏锡常地区面临内部有转移和外地有输入的"双向"压力。就这一情况言，苏锡常就要特别关注本身地域内就业岗位的开发。要透析当前经济高增长没有带来相应的高就业的现象，侧重针对招致就业岗位开发力弱化的主观因素，实行高就业的经济增长模式，引导资金投向，合理支持有市场前景而就业吸纳量大的劳动密集型企业和产业以及服务业的发展。要以机制创新和必要的政策激励,深化国有企业改革,进一步办好园区经济和民营经济,从总体上提高城镇就业岗位的开发力。

——关于提高劳务输出层次与培植创业队伍的配合问题。外地向苏锡常劳务输出,并不排除苏锡常也向外地劳务输出。但苏锡常的劳动输出与省外以及苏中、苏北的有所不同,应更多地提供技能型的劳务输出,支持后发达地区的发展,并尽可能使劳务输出走出国门。这就是说,苏锡常要超前一步,致力于提高劳务输出的层次和水平。在接纳从外地的劳务输出时,也要善于发现其中的技能型人才,采取措施,鼓励、帮助和支持他们提高创业本领和自我积累能力,促进走上技能输出与资本经营结合的路子。这样做,有利于更多的劳务输出人员以定居城市为归宿,使创业行为从短期变为长期,而不致成为城市里来去匆匆的"过客"或"候鸟式"的流动;有利于造就"滚雪球"效应,巩固、扩大农业富余劳动力转移和劳务输出的积极效应。

——关于统筹城乡劳动就业与统筹城乡结构调整的配合问题。目前苏锡常已注意在统筹城乡劳动就业上作努力,但实践表明:城乡统筹就业绝不是孤立地就就业抓就业能够统筹得了的,它必须在统筹城乡发展的大思路下,着眼于城乡劳动资源的高效配置,而着力于城乡产业结构的合理调整,从而向缓解当前的结构性矛盾中去发掘就业潜力。统筹城乡劳动就业,要拆除对本地劳动就业的保护壁垒,建立开放型的劳动力市场;统筹城乡结构调整,也要打破城乡分工分家、各搞一套的界限,建立城乡优势互补下的多行业、多层次产业结构的联动整合机制,这样,尽可能地促进劳动密集型、技术密集型、智能密集型各类企业和产业与多层次的劳动力结构相互适应和相互对接。在农村产业结构调整和农业产业化经营中,城市要主动发挥辐射、带动作用,支持和帮助农副产品深度、精度加工能力的提高和龙头企业的发育壮大,发展城市与周边县(市)域之间的技术协作和产业链接。要城乡合作,帮助有条件的乡镇发展高科技农业,建设外销型农业园区,像昆山那样,城乡统一布局,把科技含量较高的外资项目引向"农"字号园区,就值得提倡。这不仅是扩大城乡就业创业机会、充分吸纳消化富余劳动力的需要,而且是从整体上优化城乡资源配置、提高区域综合竞争力所要求。

城乡统筹与优化劳动就业和技能
创业的外部环境

　　农业富余劳动力的转移,在改革开放条件下是农民越来越走向自觉的市场化行为,但它又必须在各级政府实行城乡统筹的决策思路下进行,这里,向我们提出了一个如何遵循市场经济的客观要求,使城乡统筹的政府行为与农民的市场化行为结合起来,以便真正为进城进镇农民提供公平择业、技能创业的外部环境的问题。

　　我认为,解决这个问题的关键在于坚持以市场化改革的区域推进为动力,在政府管理的思路创新下,实行政府运作方式创新。要促使各个政府部门都能以城乡统筹的思路为导向,根本转变以往就农村抓农业、就城市抓工业以及部门各自为政的行为方式,要在各个环节的“城乡统筹”中,包括统筹城乡市场体系通开、统筹城乡生产力布局、统筹城乡结构调整、统筹城乡基础设施建设、统筹城乡劳动力就业、统筹城乡社会保障以至统筹城乡国民收入分配等,彼此行为规范,运转协调,相互配合,从而推动城乡经济社会一体化发展的运作机制的形成。

　　这个过程实质上就是政府及其各个职能部门都能切实转变职能的过程。总的是必须顺应深化市场化改革的取向和市场化运作的要求,改变单纯凭借行政权势推动工作的惯性行为,促使服务型政府的职能到位。要弱化以往依靠指标推动的那种单纯行政手段,强化依法行政,进一步清理和取消那些在城乡二元经济结构下限制包括劳动力在内要素流动的政策障碍,把服务工作的重点放在为各类市场主体公平竞争、各项要素自由流动营造和优化城乡通开、高效运作的外部环境上,多方面落实好进城进镇人员的公平待遇,扩大其自主择业和技能创业的活动天地。有些市县在推进农业富余劳动力转移的过程中,各级政府都成立领导协调小组,建立并强化部门配合、齐抓共管的工作机制,这在政府职能转变的现阶段还是很有必要的,但一般还限于以农口为主,吸收劳保、教育、金融、物价以及公安等部门参加；从城乡统筹的需要考虑，似应把工业、经贸、城建等部门也组织进去，便于既加强部门配合，又实行城乡对接，保证各方面的"城乡统筹"工作配起套来、落到实处。

应当肯定，目前苏锡常各市县（市）为推进农业富余劳动力的转移，已做了大量服务工作。但如能按上面所论，强化城乡统筹观，进一步打开决策视野，那就一定能以市场经济改革为动力，从城乡经济社会互动发展的全局出发，促使服务型政府职能的全面到位，促进城乡协同，措施配套，做到：把"农外"做文章与"农内"再加劲统一起来，把农村富余劳动力非农化转移与开发城镇就业岗位对接起来，把提高劳务输出层次与培植扩大创业队伍呼应起来，把统筹城乡劳动就业与统筹城乡结构调整结合起来，从而，使从农村富余劳动力中转移出来的农民能更多地进城进镇。这样，既有利于实现减少农民、致富农民、加快共同富裕进程的目标，又有利于促进城乡资源合理、高效配置，拓宽走新型工业化的道路，提升城市化的发展水平；这样，苏锡常将更好地适应新形势的要求，为江苏实现"两个率先"作出更大贡献。

（本文题目原为"以城乡统筹观看苏锡常的农业劳动力转移"，系为苏南发展研究所于 2003 年 10 月 21—22 日在无锡举行的"苏南农村发展研讨会"提供的论文，10 月 23 日《新华日报》A2 版对该研讨会所作的报道中，概括反映了本文的核心论点。）

城乡协同推进农业剩余劳动力转移

——《新扬州现象》导论

离开现在八九年前,上世纪九十年代前期,扬州市工业规模经济的崛起,被人们热情地呼为"扬州现象",曾成为社会上以及学术界轰动一时的一个热门话题。如今,本书为读者介绍扬州的另一个新现象,说的是该市加快推进农村富裕劳动力转移的新实践、新经验、新探索的新话题。

一

扬州现象,今天指的农业富余劳动力的快速转移,上世纪九十年代指的工业规模经济的崛起,都是经济生活中出现的带有普遍意义的可喜现象。它们发生在两个不同时间段,看起来两个现象似是不相联系,但透过现象看本质,它们都是发生在以深化改革、扩大开放为动力,加快我国社会主义现代化建设的时代背景下,也都是发生在我国特别是沿海地区加快工业化、城市化,促进城乡一体化的进程中;它们都是扬州市顺应市场竞争日益激烈的国内外大势,以思路创新启动制度创新的产物,也都是扬州市立足本身实践,按照市场化改革方向,突破经济发展中的薄弱环节,开拓地区经济超前发展的新路,改变跟在先进地区后面亦步亦趋的形象取得积极效应的反映。它们是有着一定的规律性联系的两个现象。

扬州,江苏长江北岸的区域性中心城市之一,已进入工业化中期的发展阶段,但相对于苏南而言,还只是江苏省的次发达地区。上世纪九十年代以前,经济发展一向以苏南为借鉴,长期沿袭传统体制下的传统发展模式,同当时的苏南一样,走的是企业结构"小、低、散"、产业结构自成体系的老路。那时候,以工业化为主导的扬州经济,虽然年年有发展,但只是慢慢走小步。九十年代前期,扬州市领导人受邓小平同志南巡谈话的启示和鼓舞,从纵向横向比较中反思,视野扩大了,思路打开了,不再满足于踩着苏南的脚印走,而是立志另辟蹊径,"跨过长江赶苏南"。他们针对"小、低、散"的企业结构和自成体系的产业结构——工业化进程中的致命弱点,进行改组调整。坚持以市场为导向,实施名牌战略,从扶植发展产品有市场前景的企业出发,分别企业不同情况,通过"聚合"、"裂变",促使生产要素向优势企业大规模流动和集结,在出现一大批叫得响的名优新产品的同时,形成了与产品市场覆盖率相适应的规模经济,并以规模效益、结构效益带来了发展速度。由此,很快改变了扬州在当时 11 个省辖市中长期落在苏、锡、常、宁、镇等之后、位居五、六位的中游状态,1994 年开始,国内生产总值和工业总产值一跃超过镇江、常州甚至南京。

　　我国城市,特别是一些次发达和欠发达地区的城市,一般都是城市化落后于工业化,而在城乡二元经济结构下农村富余劳动力的大量存在,又是延缓工业化、阻碍城市化的关键性的瓶颈所在。扬州也不例外。长时期来,扬州一向重视推进农业富余劳动力的转移。随着工业化、城市化步伐的加快,也随着产业结构的调整,农业劳动力过剩的矛盾更加显现。1996 年 8 月,扬州市在江苏几个直辖市的行政区划调整过程中,被划出 5 个县(市)成立泰州市,区域面积和人口,以及国内生产总值等主要经济指标都大体减少了一半。这一调整,一方面在很大程度上解除了扬州原来"小马拉大车"的矛盾,使之在新市域内相对提升了作为中心城市的地位;另一方面也加大了扬州市加快工业化、城市化以增强对市域内县(市)域辐射、带动功能的压力。在这以后的几年里,扬州城市建设加快了,作为中心城市的框架拉开了,但是,城乡居民收入差距的存在,农村贫困人群的存在,对农业富余劳动力的转移,势所必然提出了更急更高的要求。就在这样的形势下,扬州市在抓紧工业化和城市化建设的同时,加强了对推进农业富余劳动力转移这项工作的力度,并很快带来了加快农业富余劳动力转移步伐的积极效应。其突出表现为农业富余劳力的转移率,即离农转移的劳动力占农业总劳动力的比率,从 1997 年的 48.83% 提高到 2001 年的 54.46%。到 2002 年为止,全市农业劳动力 162.87 万人,已有 99.48 万人离开田头,走进城镇,走出市县,走向海外。其中,从事第二产业的 51.03 万人,占农村劳动力的 31.33%,高于江苏省除苏州、无锡、常州、镇江以外的 8 个市;从事第三产业的 38.45 万人,占 23.65%,明显高于江苏的其他市。特别是沿江经济发展水平比较高的地区,像邗江、江都和仪征的农村,非农就业的比重已超过 50%,其中邗江已基本实现农业富余劳动力的转移。富余劳动力不断转移,其直接效应是增加了农民收入,扬州市农民人均纯收入 1995 年为 2390 元,逐步增加到 2001 年的 3690 元、2002 年的 3919 元,这两年农民增收的 229 元中,有 41.7% 即 95.6 元就是来自劳务输出所增加的。而由此带来的更深刻的积极效应则是:促进了农村土地流转和农业的规模经营,加速了农村城镇化的进程,推进了全市城乡经济的加快发展。1997 年以来,扬州在划小行政区划的条件下,经济总量保持稳步增长,2000 年至 2002 年的 3 年间,全市国内生产总值年均增长 9.39%,比前三年 1997 年至 1999 年的递增率高出 2.6 个百分点;这期间保持了总量超过镇江的发展态势。

二

农业富余劳动力转移的新扬州现象,有着深刻的改革内涵和重要的普遍意义。

资金稀缺,而劳动力剩余,加上城乡反差明显的二元经济结构,这是我国的基本国情。不论哪个地区,要顺利推进工业化、城市化以及在全面建设小康社会的基础上加快实现现代化,就必须从本地资源禀赋和发展阶段的实际出发,顺应市场化改革的方向,在加快农业富余劳动力转移方面,创新路子,拓宽门路。扬州农业富余劳动力的转移之所以值得称之为"扬州新现象",不只是从以上列举的反映其加速转移的实际数据上看,更是因为他们在开拓"加速转移"门路、创新"加速转移"路子上取得突破性的进展。

且看扬州在推进农业富余劳动力转移进程中全方位开拓和创新的主要特点:

——非农就业走向多元化。这主要从扬州市域内的非农就业来看,过去集中在第二产业,而且主要是乡镇工业。近些年来,越来越向多行业扩展。2001 年,市域内非农就业的农业劳动力 89.38 万人,其中:工业占 32.32%,建筑业占 24.77%,第三产业占 42.91%,除工业占的比重相对降低外,建筑业特别是第三产业都明显增加。

——跨地区转移比重加大。扬州市农业富余劳动力转移,不仅跨出本乡本镇,而且跨市跨省。据统计,扬州 2001 年转移的农村劳动力总数 101.85 万人,其中在乡镇就地转移者 47.3 万人,占 47.2%;乡镇以外转移的 54.55 万人,占 52.8%。到扬州市以外转移就业的劳动力达到 32.07 万人,占到外向转移的农村劳动力的 58.79%,其中跨省出境的为 20.6 万人,占 37.14%。这一比重高于全省平均水平 4.13 个百分点,比包括宁、镇在内的苏南地区高出 17.02 个百分点。

——技能型劳务输出各展所长。近些年来,以"扬州三把刀"为特色的这样一类技能型劳务人员,到市外、省外创业、就业,拓展了"用武"之地。在一些县市,因大批外出劳务人员在外地干起了理发、擦背等行当,当地就被称之为"理发村"、"擦背乡"等。一批懂得花卉种植和经营的科技型劳务人员,在农村种花卉,进城市搞经营,有些人在大中城市承包绿化工程,在创业中积累了资金,带出了队伍,逐步开拓了劳务输出产业化的新门路。技能型包括科技型的劳务输出的发展,并且逐步走向产业化,这又成为扬州农村劳动力跨地区、非农化转移中的一个新亮点。

——创业型劳务输出新群体迭起。劳务人员在城市或发达地区开拓创业新天地,大体形成了两种不同的创业行为,一种称为"凤还巢",

一种称为"孔雀东南飞"。前者指某些劳务人员,在外地务工经商,增长了见识,掌握了一定技能,也积累了一些创业资本,回到家乡,开工厂、办实体,并利用城市里发展起来的营销关系,建立营销网点,推销产品。后者指某些离乡进城的农民,打开了创业门路,就地安家落户,就地买房置业,有些还从家乡带出亲戚、邻居,一起投资兴办企业。

在改革开放的条件下,农业富余劳动力的转移,是农民越来越走向自觉的市场化行为。但是,没有政府的提倡、鼓励、引导以及必要的支持和组织,就不可能像扬州那样,使富余劳动力的全方位开拓转移,在短期内取得明显成效,从而形成了一定的转移规模,相反,还会出现无序化的"盲流"现象,产生冲击和破坏城乡经济的不良效应。这正是扬州市的实践所证明的。这些年来,扬州围绕促进农业富余劳动力转移的目标,下工夫提高农业劳动力转移和劳务输出的组织化程度,从发展多种性质的职业介绍服务组织、建立劳动力市场供求信息网络、依法实行对职业介绍机构的规范管理以及促进形成劳动力技能培训与发展职业介绍服务的互动机制等方面,做了一系列深入细致的工作,并积累了相当成熟的经验。这也正是今天扬州新现象所以值得称道之处。

可以认为,扬州全方位开拓农业富余劳动力转移的成功实践,为该市实现减少农民、致富农民的目标,进而全面建设小康社会、加快工业化、推进现代化走出了跨越性的一步。扬州在这方面已总结了成套经验,这是扬州今后进一步做好这项工作的良好基础,同时,对全省以至全国兄弟市县、特别是对那些农业富余劳动力多、工业化进程相对迟滞的地区,具有很好的借鉴意义。

三

新实践创造了新经验,同时,也呼唤着新探索。新经验来自战略思路、战略决策的创新,而新探索则将启动战略思路、战略决策的再创新。

当年扬州以工业发展战略的思路创新启动决策创新,从而带来了工业规模经济的超前崛起。现今农业富余劳动力的快速转移,则是扬州面对农业富余劳动力大量存在的现实压力,顺应全面建设小康社会、推进现代化建设的新形势,与推进工业化、城市化的决策相呼应,在坚决实施推进农业富余劳动力转移这一决策上取得的新的成功。值得指出,随着实践的发展,随着减少农民,致富农民成效的逐步显现,扬州在这一进程中又进一步扩展决策视野,开始以城乡统筹的决策思路指导工作,从而使近年农业富余劳动力转移的步子得以加快。

城乡经济社会统筹发展,这是党的"十六大"从战略高度,为改变城乡二元经济结构、顺利实现全面建设小康社会、加速基本实现现代化的目标而提出的一大决策思路。这一决策思路的创新,让我们找到了解决"三农"难题的根本出路,同时,也促使我们明确了在农村减少农民、致富农民必须和加快工业化、城市化进程联动推进的决策取向。

坚持城乡统筹,把城市和农村紧密联系起来,综合研究,通盘筹划,促使"三农"问题的解决与城市化、工业化问题的解决,互为条件,相互推进,这对扬州市来说,显然是适应形势新发展,进一步以思路创新启动制度创新,从而放大成功因素,克服制约因素,促进农业富余劳动力转移向纵深推进所要求的。

扬州在推进农业富余劳动力的非农化转移方面,虽然取得突破性进展,但是,全市农业富余劳动力的存量仍然较大,特别是各县(市)发展很不平衡,里下河地区的宝应、高邮,非农就业的比重远低于沿江的县(市)。从全省、全国看,许多兄弟县市也在把劳务输出作为解决"三农"问题的一项战略措施抓,这又会增大扬州今后这方面的工作难度。当前,江苏按照党的"十六大"报告提出全面建设小康社会、加快现代化建设的进程的奋斗目标,正在抓住新的战略机遇,积极实施新一轮的沿江开发战略,从更高层次上促进苏南、苏中、苏北三大经济区域的共同发展,为江苏实现"两个率先"提供新的动力源和增长极。沿江两岸各市纷纷打出"长江牌",都在积极谋划联动建设国际性制造业基地,加快走新型工业化的步伐,并将带来沿江城市群的大整合和大发展。在这个进程中,不仅沿江城市间的竞争将会加剧,而且在城乡二元经济结构下农业劳动力流动转移的矛盾以及某些制度和政策的局限性也将更形显现。这对位居江苏沿江中部的扬州市,既是机遇,又是挑战。扬州市必须围绕全面建设小康社会、加快实现现代化的总体目标,进一步打开城乡统筹的视野,在加快推进工业化、城市化的进程中,始终关注"三农"难题的解决,促使农业富余劳动力的转移向纵深推进,更好地支撑和配合工业化、城市化进程的加快,以适应沿江大开发大建设的这一新形势。

在此,我们从统筹城乡发展问题的宏观把握上,以扬州市农业富余劳动力转移的实践为依据,简略地讲几点看法。

其一,在总结提高现有经验基础上,针对制约因素和薄弱环节,进一步统筹组织城乡力量,协同推进农业剩余劳动力转移的纵深展开,提升劳务输出的层次及其产业化水平。要着重推进农地制度创新,进一步解除富余劳动力转移的制度障碍;要帮助薄弱县排除劳务输出中的实际困难,解除外出劳务人员的后顾之忧。要城乡协作,进一步完善劳务输出的中介服务网络体系,促使其在进一步拓宽技能型、创业型劳务输出的门路方面做出更大成效。要因势利导,措施加码,鼓励、帮助和支持创业型劳务人员提高创业本领和自我积累能力,促进技能输出与资本经营结合,做大做强劳务输出产业,提高其在劳务输出中的比重。这有利于使更多的劳务输出人员以定居城市为归宿,而不致成为"候鸟式"的流动,有利于造就"滚雪球"效应,巩固、扩大农业富余劳动力转移和劳务输出的成果。

其二,推进农业富余劳动力的转移,主要是要着眼于减少农民、致富农民,但从城乡统筹出发,应当同时考虑并致力于增强扬州自身城镇对农业富余劳动力的吸纳力。例如,进一步深化户籍制度改革,建立城乡统一的劳动就业保障制度,缩小并消除农民与市民的身份差别乃至生活差别,从就业、定居以及子女教育等方面,落实好进城进镇人员的公平待遇,扩大其自主择业和技能创业的天地。优化这方面环境,还有助于把劳务输出中在大城市创业有为、愿意"凤还巢"的那一类人员部分吸引回来。就是说,要同扬州自身工业化、城市化的进程相适应,同城镇扩大就业空间、优化创业环境的努力相对接,使从农村富余劳动力中转移出来的农民能更多地进城进镇。

其三,不论是向外劳务输出还是吸纳农民进城进镇,关键要落脚到坚持和着力于城乡统筹的政府行为上。要以城乡统筹的决策思路为导向,根本转变以往就农村抓农业、就城市抓工业以及部门各自为政的行为方式,实行部门协同。要结合政府职能转变,创造条件,弱化像以往那样依靠指标推动那一类的单纯行政手段,强化市场化运作机制。扬州在推进农业富余劳动力转移的过程中,市县两级都成立领导协调小组,吸收劳保、农口、教育、金融、物价以及公安等部门参加,建立并强化部门配合、齐抓共管的工作机制,很有成效。从城乡统筹的需要考虑,似宜把工业、经贸、城建等部门也组织进去,便于既加强部门配合,又实行城乡对接。要顺应市场化改革取向,结合政府职能转变,推进制度创新,更好地完善这一工作机制。做到:统筹推进城乡通开的劳动力市场的发育成长和有序运行,构筑劳务输出和统一城乡劳动就业的服务体系,更好地营造和优化能为城乡劳动力有序流动、自主择业以及就业保障提供公平服务的大环境,从而在农业富余劳动力转移纵深推进的过程中,逐步促进全市城乡劳动力资源的合理配置。

总之,同扬州作为正在抓住江苏沿江开发的战略机遇,积极提升工业化、城市化水平,乘势融入苏南发达地区的发展阶段相适应,如何进一步提高战略决策的着眼点,统筹城乡经济社会发展,既注重于提升劳务输出的层次,又致力于创新本身城镇非农就业、技能创业的制度环境,使今后农业富余劳动力转移的进程与加快建设小康社会、基本实现现代化的进程更好地协调推进,是值得深入探索的。由于本书以介绍扬州农业富余劳动力转移的新现象为任务,对此问题,只在这里稍加涉及,未能展开,我们期待着同行们和有关方面能引起关注,就此进行深入研究。

（原载《新扬州现象——农村劳动力转移的新实践、新经验、新探索》一书的《导论》,光明日报出版社,2004 年 4 月出版。）

面向区域 为城乡和谐发展"造城"

——谈谈关于理性有序地提升城市化水平的问题

一

在今年的"两会"上,新农村建设被普遍关注,成为最热门的一个话题,而议论一经深入,很自然地同城市化建设联系起来。《经济日报》有篇"两会漫笔",题目是:《把城市乡村做成一篇大文章》①,强调提出建设新农村与推进城市化必须统筹进行。现实生活告诉人们,新农村建设必须很好讨论、扎实推进,而城市化建设中也有不少问题值得关注解决。不久前,《新华日报》记者燕志华采写的《城市化,不能与周围农村脱节》一文②,题目的观点就也鲜明,文内更指出,"城市化必须和农村的发展命运紧密联系起来","城市化,……以带动区域经济的共同发展为归宿",这些,都有很强的现实针对性。联系江苏实践,从城市化与新农村建设相呼应的角度思考,我觉得,要说的话很多,这里把话题集中一下,主要强调:城市化,一定要面向区域,眼望农村,远离"造城"误区,为城乡和谐发展而科学"造城",理性有序地提升城市化水平。

改革开放以来,特别是从新世纪开始,江苏实施城市化发展战略,加快城市化进程显现良好态势。一批区域性中心城市迅速成长,在苏

① 《经济日报》2006年3月14日1版。
② 《新华日报》2006年2月27日A2版。

锡常、南京、徐州相继实施以中心城市为依托、城市群为主体的都市圈的规划建设。到 2005 年底，全省城镇人口 3700 多万人，城市化水平达到 50％，城市综合实力大大增强，并有力地带动农村的发展和区域综合竞争力的显著提高，支撑了江苏"两个率先"进程的加快。所取得的成效，人们有目共睹。

但是，我们的城镇建设中不乏令人惋惜的败笔，城市化进程客观存在着误区和弯路，带来某些突出问题和负面效应，这也毋庸讳言。有些学者提出对我省推进城市化的过程来一下反思，我看很有必要。反思，绝不意味着"否定"，而是为了更好的前进。就苏南来说，通过反思，发扬成功之道，弥补不足之处，对今后进一步推进城市化，着力提升其现代化水平，可以有科学导向的积极意义；而对苏中、苏北的一些后发展地区而言，更是有利于在加快城市化进程中全面吸取苏南地区的经验教训，取其成功之道，而避其误区与弯路，以收"事半功倍"的后发效应。

二

反思之道，贵在：联系实践，提出问题，理性思考，解决问题。反思主题，不必涉及方方面面，不妨聚焦于：怎样才能理性而有序地提高城市化水平。

这个问题，与如何衡量城市化水平问题相联系。通行的衡量标准为城镇人口比重，也就是所谓城市化率。城市化率的这个指标，用来衡量城市化进程，简单明了，其使用价值向为人们所肯定。但是，实践表明：单纯以人口城市化率来衡量城市化水平，正像单纯以 GDP 衡量经济增长速度而不能全面反映经济增长的质量和效益一样，难以反映城市化的真实水平，有着明显的局限性。不能不看到：它往往会引导人们偏离城市化的本质要求，把握不好城市的外延扩展与内涵深化的关系，忽视城市发展质量，无理性地加快城市建设，无序化地扩大城市规模，进入片面追求高城市化率的"造城"误区。在我国体制转轨、经济转型的现阶段，只要城市化决策人单纯以高城市化率为取向，必然会导致思路、行为不当，被引入误区，就会"牵一发而动全身"，由此产生一系列的不良效应，引发错综复杂的深层矛盾。

不妨略举城市化的某些误区及其不良效应：

——偏离产业集聚与人口集聚相联系的城市发展的内在要求，走进"人气造城"的误区，尽管从放开户口管理或撤乡建镇上做足文章，可是，产业集聚不足，特别是缺乏以专业化分工为基础的大工业的发展，造就不出大量就业创业机会，人进了城，而城留不住人，就无从促使人气真正兴旺起来，靠虚假的"人气"一味搞大城市规模，只能换来城市"虚弱症"，不会有城市经济循环的良性化。

——偏离生产、交换、居住、交通、科教文卫等城市多功能建设完备化的要求，热衷于"做大"、"做美"城市，精力花在宏大的"形象造城"工程上，一轮又一轮地启动大拆大建，宽车道、大广场、摩天楼、休闲城，乍看富丽堂皇，再看则是"千城一面"、缺乏个性，不说造成富有历史感和文化内涵的传统建筑湮没消失的那些败笔，也不说怎样促使大批小商铺、修旧业毫无立足之地，就说在过度的大拆大建中造成了不可估量的资源浪费，不能不令人痛心。

——偏离在一定区域内发挥城市辐射带动农村的要求，只想到借助行政区划调整，靠行政手段，多划进城郊农田，"圈"大"城墙"，在"关门造城"中，"大手笔"地扩张城市规模，相形之下，以大市场、大交通为先行的区域服务功能建设滞后，区域化带动功能弱化，做不到"以城带乡"，不仅越来越拉大城乡居民收入的差距，而且在当前粗放型经济增长方式尚未根本转变的情况下，高消耗、高排污之害不止，在一些大中城市的"城乡结合部"，垃圾乱倒，污水横流，加重农业生态环境污染，加剧农田土壤质量恶化，贻害新农村建设。

偏离产业集聚与人口集聚相联系的城市发展的内在要求，偏离生产、交换、居住、交通、科教文卫等城市多功能建设完备化的要求，偏离在一定区域内发挥城市辐射带动农村的要求，总的就是：偏离了区域城乡一体化下城市化的本质要求，反映了城市化战略思路上的有失偏颇。

三

要立足我国基本国情,更好地把握城市化的本质要求,开拓创新城市化的战略思路。我国是农业人口占多数的发展中大国,城市化水平不高,而农村经济基础更形薄弱,城乡二元结构长期"对峙";目前我国还处于体制转轨、经济转型阶段,市场机制、企业运营、政府行为尚在深化改革、相互磨合之中,在这样的历史条件下,经济发展与人口、资源、环境之间不相协调的矛盾,就在区域城乡之间集中显现,这也就是今天"三农"问题之所以显得错综复杂、建设新农村之所以显得重要和紧迫的深层原因。应当由此着眼,把握城市化的本质要求,拓宽城市化的战略思路。城市,作为一定区域内城乡之间经济、政治、文化以及对外开放的中心,作为经济与社会、人与自然和谐发展的先导力量,应当立足于统筹区域城乡发展,在实现城乡经济社会的可持续发展中最佳发挥自身的功能作用——这样的城市化功能定位,我们才能开拓一条以城带乡、以工补农、城乡互动、和谐发展的具有中国特色的社会主义城市化道路。

为此,一定要从城市化发展思路上远离造城误区、坚持科学造城,并从行为方式上突出一个"统"字,统筹协调好若干关系问题:一是坚持城市人口集聚与产业集聚相协调,从片面的"人气造城"思路中解放出来,特别是工业基础薄弱地区,强化产业集聚更要从工业突破;二是坚持城市规模扩展与提高城市对周边农村劳动力的吸纳能力以及城乡劳动就业的统一安排相协调,防止不顾失居、失岗市民和失地、失业农民的不应有增多,千万不能从"吃掉"农业、缩小农区上打主意,借土地经营城市,盲目进行城镇扩建;三是坚持城市的硬件建设与软件建设相协调,多从服务功能建设上下工夫,不要脱离大多数人的消费水平和社会承载力,无休止地大搞城市"形象"工程;四是坚持加快城市化进程与建设新农村进程相协调,停止过多兴建摩天楼群、"休闲圣地"一类的豪华奢侈工程,避免有意无意地帮富人发财、让穷人更贫,人为地拉大城乡生活水平的差距;五是坚持城市自身的服务功能的完善与其对周边农村的辐射带动功能的加强相协调,转变大中小城市不问市场导向、只讲行政手段,各自"关门造城",造成与解决"三农"问题脱节的行为;六是坚持城市经济发展与人口、资源、环境的发展相协调,迅速走出只要城镇人口比重上升,不顾人、城、市、自然和谐共生的误区。总而言之,提高城市化水平,必须立足城市,面向区域,统筹城乡,这也就是把城市"和农村的发展命运紧密联系起来",既要积累以提高现代生产力水平为基础的城市经济功能的集聚和扩散,又要增强与现代大生产紧相结合的教育、文化、科技以及伦理道德等城市文明的集聚和扩散,统筹促进城市外延扩展与内涵深化关系的相互协调。

强调提出坚持如此等等的"相协调",无非说明:提高城市化水平必须从更宽广的视野来看,就城市言,要实现人、城、市、自然和谐共生,就区域言,要实现一定区域内城市与农村和谐协调下的可持续发展。由此也可认为:只要坚持和落实科学发展观,从统筹城乡入手,全面实施"五个统筹",就不难走上理性而有序地提升城市化水平的成功之路。联系江苏省情,这里有一个正确摆正加快发展与科学发展两者的关系问题。而在这个问题的后面,又有着两个深层矛盾亟待解决:一是彻底抛弃以"快"取胜、总量优先的传统发展思路,用科学发展观去引领"两个率先";二是真正树立正确政绩观,用科学发展观去创新政绩考核制度,这样,也就可以正确把握好人口城市化率指标的单项考核和政绩指标的综合考核的关系问题。

这样看来,远离"造城"误区,为城乡和谐发展坚持科学"造城",理性而有序地提高城市化水平,归根究底,是个进一步坚持和落实科学发展观的问题。而坚持科学发展观,不是只要写在文件上,讲在口头上,而是要从思路上、行动上全面加以落实,贯穿到包括城市化进程在内的各个领域、各个环节。

(原载《名镇世界》2006 年第 3 期)

不断增强和最佳发挥城市对
农村的辐射带动作用

——评析苏南城乡统筹之路的区域特色及其走向

　　统筹城乡发展是坚持和落实科学发展观、全面实施"五个统筹"的首要一环。而要有效地实施城乡统筹发展,根据苏锡常、南京、镇江等苏南地区的实践,关键就在于地方政府根本改变工业优先、城市偏好那种"城乡二元"的惯性思维,把推进城市(镇)化以及城市现代化与解决好"三农"问题有机统一起来。这个过程,也就是 2005 年 2 月 19 日胡锦涛总书记在《省部级主要领导干部提高构建社会主义和谐社会能力专题研讨班上的讲话》中所指出的,要"充分发挥城市对农村的辐射和带动作用,充分发挥工业对农业的支持和反哺作用,逐步建立有利于改变城乡二元经济结构的体制,稳定、完善和强化对农业的支持政策,加快农业和农村经济发展,努力实现农民收入稳步增长,促进城乡良性互动、共同发展"的过程。

　　在坚持和落实科学发展观的新形势下,苏南各级政府加强城乡全面统筹的工作力度,统筹城乡发展规划,统筹城乡产业布局,统筹城乡劳动就业,统筹城乡社会保障,统筹城乡环境建设,统筹城乡财政投入,已作出了良好成效,现正在伴随着二元经济结构特征的逐步弱化,愈益明显地呈现出从城乡分割到城乡协调的历史性变革,在走上城乡良性互动与协调发展的进程中促使农民收入明显上升。2004 年的统计,全国城乡居民人均收入比为 3.2:1,江苏全省为 2.2:1,而苏南五市为 2:1,其中无锡、苏州则为 1.9:1,有些县级市如江阴已只有 1.75:1。

走出具有苏南特色的城乡统筹之路

从历史上看,苏南地区和全国其他地区一样,不仅城乡经济二元特征明显,而且沿袭传统计划经济时期的制度和管理,包括严格的户籍制度,城乡分治,城乡壁垒森严。这种二元结构的存在,一方面,导致城市在自我封闭、自我循环的环境里发展,丧失农村空间的依托和支撑,资源的系统配置受到局限,城市功能难以提升和扩散;另一方面,农村集聚的庞大剩余劳动力又无法转移,农民收入难以增加。苏南的实践告诉我们,改变这种"二元对峙"状态,需要在城乡统筹发展的视野下,坚持以改革开放为动力,在生产力发展的基础上因势利导,积极推进。

改革开放前,当地政府坚持"农业为基础,工业为主导"的指导思想,曾长年组织"工业支援农业、城市支援农村"的活动,但地方政府及其管理部门重工轻农的传统思维和惯性行为始终难以改变,现实生活中仍然处处存在着城乡"二元对峙"的现象。特别是大量剩余劳动力被封闭在有限的农田上,农业生产力发展滞后,工农生活悬殊。改革开放以后,随着市场经济体制的建立与完善,城乡交流趋向活跃,特别是随着城乡工业的迅猛发展,在此基础上城镇化进程的加快,以及对外开放势头的强劲,这一地区终于增强了对城乡"二元对峙"传统制度和习惯行为的冲击力,逐步提高了统筹城乡的自觉性,迈开了推进工农结合、城乡互动的步子。

从增强城镇功能、破解"三农"难题的视角观察,这一地区统筹城乡发展的进程大体经历着如下演变阶段:

一是以乡镇企业的率先崛起为契机,这里首先在农村内部,在集体经济组织的体制框架内,集中使用乡村企业的上缴利润加上按一定比例提取的企业利润,采取"以工补农"、"以工建农"的形式和制度,协调农工利益关系。在上世纪八十年代的较长一段时间里,这样的协调机制曾取得良好效应,突出表现为稳定了务农人心,保持了种植业的稳定高产。

　　二是随着乡镇企业制度改革的展开,也随着城市(镇)化进程的加快推进和外向型经济的蓬勃发展,从上世纪九十年代开始,苏锡常地区逐步走出了以城镇(包括高新园区)为载体的城乡工业联动发展的新路。就是说,苏锡常突破了就农村内部协调农工矛盾的局限性,开始了以城市为依托协调农工矛盾、探索建立新型城乡关系的新时期。

　　三是新世纪以来,特别是党的十六届三中全会提出实施科学发展观后,正当苏南各市相继进入工业化、城市(镇)化、外向化这"三化"互动并进、加快实现"两个率先"进程的新的发展阶段,城市(镇)功能不断增强。各市在整合城镇体系、规划建设都市圈、加速推进城市现代化进程的新的历史条件下,进一步扩展了城乡统筹的视野和思路。如果说,原来的以工促农、以城带乡主要局限于县(市)域行政区划内进行的话,那么,今天的推进农业和非农产业的协调发展,已开始在城市圈域的更大空间范围内进行新的探索。

　　正是在这样的坚持协调工农矛盾、构建新型城乡关系的探索进程之中,苏锡常等地逐步积累了具有苏南区域特色的依托现代城市、统筹城乡发展的成功之道:其一,坚持以改革开放为动力,从市场流通领域突破二元对峙入手,放开城乡资源、要素的合理流动,使城乡两大系统从相互分割转变为相互开放,并逐步走向相互交融,从而不断增强了城市对农村的辐射带动效应。其二,以县(市)域为统筹城乡发展的战略基地和前沿阵地,同时,强化和发挥现代城市(镇)特别是中心城市的主导作用,使两股力量在城乡统筹发展、开拓城乡良性互动的新路中相互协调,扭成一股劲。其三,打破就农村抓农村、就农业抓农业的局限,一切从化解"三农"问题着手,除执行"多予、少取、放活"的方针,凭借地方实力,较早就实行公共财政支农、减轻农民税负外,还以调整政策取向为抓手,发挥现代城市的产业优势和科技力量,通过统筹城乡产业空间布局和结构调整,对农村实施积极的产业带动方针,激发农村经济内在的机制活力。把这几点连贯起来说,苏南的统筹城乡之路就是:以各级政府为主体,以县(市)域为阵地,以城市为主导,在坚持改革开放的条件下,抓住发展这一主题不放,继续加快工业化、城市(镇)化、外向化的进程,依托"三化"互动并进、交叉作用下增强了的大中城市和城市(镇)群的辐射带动功能的优势,逐步化解"三农"问题,建立公平和谐的新型城乡关系。

强化以工促农、深化以城带乡的探索

苏南的这条路子还在开拓延伸中,建立新型城乡关系尚待深化探索。尽管苏南在城乡统筹中,从政策导向到产业带动上,全面启动"工业反哺农业、城市支持农村"取得了较大成效,使广大农民大大增加了实惠,但在长期存在的城乡二元结构中形成的城乡居民收入差距扩大的趋势还没有得到改变。正如苏南许多同志自己认为的那样,要按照党中央和胡锦涛总书记的要求,变城乡二元化为城乡一体化,真正实现工农良性互动、城乡共同发展,今后的任务还十分艰巨。因此,他们还在继续探索解决实现工农协调发展、城乡良性互动的深层矛盾,以深化实施城乡统筹的方略。

根据苏南已有实践,除了继续坚持"多予、少取、放活"的方针,继续加强公共财力支农以外,还需要从最佳发挥城市对农村辐射带动功能的角度,继续探索解决一些深层矛盾,这里就主要方面列举二三:

其一,关于农业在产业结构中的"小比例"与农业在城乡经济社会可持续发展中不可或缺的"大功能"的关系,也就是怎样看待发达地区农业的基础地位问题。

随着工业化、城市化、外向化的纵深展开,苏南各地农业生产总值在 GDP 中的比重以及地区农产品的自给率都明显趋向下降。从一、二、三次产业结构演进以及推进农业现代化的视角看,这本是合乎规律性的必然趋势。但在现实生活中,这一变化却促使有些干部产生错觉——把农业的"小比例"看作农业功能的弱化与农业地位的"无足轻重",以致产生以非农产业替代农业、急于实施"全盘城市化"的倾向。由此,在经济界、学术界中引发了一场"怎样认识城市化进程中农业的地位及其功能"问题的争论。争论就从工业化、城市化、外向化程度高的苏州开始。争论是有益的,终于使多数人士认清了:在我们这样一个大国,农业永远是国民经济的基础,农业的基础地位绝不能动摇。即使就城市化程度相对高的苏锡常地区而言,也不能忽视农业这一"安天下"的战略产业,尽管在城市化进程中农业的相对比例变小了,但农业仍然是经济社会可持续发展的重要一环,它所具有的社会安全功能、生态屏障功能、绿色产品基地功能以及观光旅游景点开发功能等,都是二、三产业所无从替代的。因此,一定要在统筹城乡发展中把营造城乡发展相融同保留城乡特点统一起来,而绝不能把"城乡一体化"同"乡村全盘城市化"画等号。在统一认识的基础上,苏南的一些市县(市)在统筹城乡产业布局时,都把发展农业列为统筹优化产业结构和生态环境、促成城市——区域经济社会全面协调可持续发展的重要组成部分,并明确提出发展"高效、外向、生态、观光"为主要特征的现代农业的目标定位和相应措施,切实加以实施。当然,这方面的认识还有待于深化。有些城市的新市区,原是由周边郊县扩展而来的,在改造"城中村"与改造传统农业方面,简单从事,急于求成,在"城乡一体化"的名义下,大面积地废弃城郊包括蔬菜在内的种植业基地,急于把"改造"下来的土地,扩大用于开发区的建设。在这种观念和行为下,就谈不上处理好产业结构中农业"小比例"与农业在城乡经济社会可持续发展中应有"大功能"的关系,对此,必须进一步引起关注,促其转变。

　　其二,关于加强城市支持农业发展与促进农业激发自身活力的关系,也就是如何做到"农外输血"与"农内造血"的相互配合问题。

　　"三农"问题"农外"抓,这个观点在苏南已被普遍接受并付诸实施。苏南推广粮食直补、良种补贴和农机补贴以及推进农村税费改革,都走在全国前面,特别是在2004年就已全面实行免征农业税。统筹城乡基础设施建设、统筹城乡就业、统筹城乡社会保障、统筹城乡环境建设等,都在实施中取得经验。苏南城市在吸纳农业剩余劳动力、支持农村减少农民方面,成效更为显著。以昆山为例,近些年来,全市农村劳动力进城就业创业人数每年都在万人以上,目前累计外地人口达74万人,已超过本地人口。这些,都有效促成了农民的持续增收。但需要关注的还有另一面的情况,即:苏南农民人均收入的较快增长,大部分来源是工资性收入、经营性收入,而来自真正务农所得的收入,已长期停留在多年前的水平。根据 2005 年无锡、常州、镇江的统计数据,农民人均纯收入中属于一产所得的那部分,还低于 1997 年。来自农业的收入在农民总收入中的份额下降,反映了传统农业发展的制约因素加大、农业生产效率和效益的低下,也折射出另一严峻现实——城乡统筹单靠加强"农外"推进,还是远远不够的。因此,正如无锡市负责同志所强调指出的,跳出农业抓农业,绝不意味着可以放松"农内"工作,恰恰相反,"农内"支农还得多加劲。无锡市多方推进传统农业的改造,2004 年底止,农业适度规模经营和现代都市农业规划区面积在农业总田亩数中的比例已达 44%。江阴、常熟、昆山等县级市也都是基于这样的认识,在统筹城乡发展中一方面加强公共财力支农,另一方面又动员"农外"力量,深入"农内"促农,加大用现代工业的方式改造农业的力度,促进农村产业结构调整,发展规模农业和农业产业化经营,帮助农村加快建设现代农业。当然,毋庸讳言,有一些市县(市),在做"农外"文章的同时,对如何进一步把工业反哺农业、城市支持农村的活动深化到"农内"去的问题,还谋划不足,工作薄弱。实践告诉我们:只有既做好"农外"文章,又激发"农内"活力,使"输血"与"造血"相互配合,产生复合效应,这样,才能全面而有效地化解"三农"难题,不断巩固和扩大统筹城乡发展的成效。

其三,关于立足县(市)域统筹城乡发展与面向区域统筹城乡发展的关系,也就是能否以突破行政壁垒为条件,深入推进以中心城市为依托的区域化城镇体系的建设问题。

苏南实践表明:打好统筹城乡发展这一仗,就得从县域这个实施城乡统筹发展的前沿阵地开始。但县域城乡统筹不能不向以大中城市为依托的区域城乡统筹扩展。这是借助大中城市辐射带动功能、增强工业反哺农业、城市支持农村的工作力度的客观需要;也是从区域范围内提升工业化、城市化、外向化水平,更有效地以"三化"带动农业产业化和农业现代化、从根本上化解"三农"问题的战略要求。从历史上看,这一带大中小城镇密集,但产业同构化严重,互补性弱。虽然同处于长三角都市圈内,又在实施省内二级都市圈的规划建设,近两年大交通网络化建设也开始有良好进展,但从整个区域城乡一体、工农协调的推进看,进展不大,各市城市化建设,重外延扩张、轻内涵发展,特别是区域性的产业融合、市场融合的动作还严重滞后于客观要求,城市相互之间仍然是脱节多、矛盾多。需要以坚持经济社会全面协调可持续的科学发展观为目标,以区域城乡体制改革一体化为动力,以突破行政区划局限为着力点,进一步磨合大中小城市和小城镇之间,特别是中心城市与县(市)域、主城区与郊县(区)之间的体制关系,切实推进城市(镇)体系的有机整合,打造成无障碍的名符其实的区域城乡经济社会发展一体化的"都市圈"。在整合中,应以交通等基础设施整合为条件,以市场体系整合为先导,以其他环节的整合为配合,而以产业整合为贯穿,先易后难,循序推进。目前产业整合的阻力仍然不小,比较可行的办法是选择信息、旅游、商贸等作为突破口,先行推开,然后向其他领域扩展,以求实现区域一体的结构优化升级和资源优化配置,有效增强工业反哺农业、城市支持农村的区域合力,从而,在城乡统筹的深化实施中,促使提升城市化和城市现代化水平与破解"三农"问题的有机统一。

(《现代经济探讨》2006年第6期,本文由原文《坚持提升城市化水平与解决"三农"问题的有机结合》压缩改写而成,原文约9000字,全文收入省社科联2005年"学会学术年会成果荟萃"《发展·和谐·公正》一书。)

围绕现代农业建设多路推进以工哺农

——江苏新农村建设中城乡统筹机制问题研探

江苏在实施城乡统筹已有的实践基础上,正在按照中央关于积极推进现代农业建设的精神以及省委、省政府的有关部署,进一步打开以工哺农、以城带乡、支持新农村建设的视野,在加强财政支农和公共产品支农的同时,从促进高效农业规模化入手,帮扶建设现代农业。特别是在一些向新型工业化转型起步早的城市,已频频呈现多种形式的以工哺农、以城带乡的新亮点和工农要素相互渗透、城乡资源相互融合的新景象,逐步形成以城市为主导、农村为主体、城乡互动推进现代农业的发展、为新农村建设夯实产业基础的长效机制。

打开"以工哺农"的视野——从蒋巷村说起

2007 年中央 1 号文件——《中共中央国务院关于积极发展现代农业扎实推进社会主义新农村建设的若干意见》将"积极发展现代农业"明确定位为"社会主义新农村建设的首要任务"。江苏如何落实这一首要任务,对城市来说,又该以什么思路、什么形式有效进行切合新农村建设需要的"以工哺农"活动? 调查中看到,在江苏超前实施城乡统筹的一些地方,早在这个问题上作出了最佳答案。

且从常熟市支塘镇蒋巷村的见闻说起。

蒋巷村,40 年前是一个"小雨白茫茫,大雨成汪洋"水网地区的苦地方。六七十年代里,这个村艰苦卓绝地治水改土,呵护耕地,培育良田,在村里建成高标准粮食基地的同时,成功突破村民"温饱线",实现了从"穷村落"到"农业先进村"的第一次飞跃;改革开放后,这个村继续艰苦努力,进而开拓工业强村、工业富民之路,办起了在全国叫得响的"常盛集团",所产的轻、重钢构件及轻质建材系列产品连年被评为江苏同行业唯一的名牌产品,实现了建成"工业明星村"的第二次创业;新世纪以来,这个村又用现代文明、科学发展的理念,创新思路,不但工业发展再上一层楼,以集合在常盛集团旗帜下的四个骨干企业为主,一批工业企业列队布阵,开发建设工业园区,大大增强了产业聚集效应;而且,经过通盘规划,从发挥村里各种资源优势,包括利用好每一寸的土地出发,实行农业、工业以及旅游服务业多业并举,促使各业合理配置、协调发展。全村劳动力百分之百就业,还吸收了一批外来劳动力,生产总值由 1986 年的 75 万元增长到 2005 年的 17600 万元,村民人均收入由 1986 年的 1300 元增长到 2005 年的 14600 万元。

最让人大开眼界而又深有启迪的是:这个从农业起家、靠工业发家的蒋巷村,这些年来既积极推进让全村共享发家成果的工业产业结构的优化升级,又不忘赖以起家的农业的重要性,在工业发家的基础上,着眼于促进农业的转型提升,在改造传统农业、开发大农业多功能上,下了深工夫,做出好文章。他们实施"储粮于田"的沃土工程,建立了田块方方正正、设施配套齐全的 1000 多亩生态良田——他们称之为"无公害优质粮食基地",只用 16 个农民管理,全部实行集约化经营、标准化生产、机械化耕作、生态化种植,年产粮食达到 75 万公斤,据专家对 2006 年亩产的测定是 806 公斤,开创了江苏大面水稻种植亩产最高纪录的"状元田"。另外,还有生态种养园、农民蔬菜园,并扶植养殖专业大户,全面发展多种经营,这两园与粮食基地连成一片。这里又有蒋巷人的创造:以种植水稻、蔬菜、竹子、果树等为基础,按照循环经济原理,把废弃物进行资源化再利用,实现种植业与鸡、羊、鹅、猪及水产养殖等的有机结合。生态农业、绿色农业将全村打扮成了一个独具特色的大公园,成为人们了解社会主义新农村的一个绝好窗口。由于这一着,又带动了绿色农业生态旅游开发,再加上为生活服务的村民新家园,在全村形成了协调配置的"四园一基地"(工业园、生态园,蔬菜园、康居园和粮油基地)的发展新格局,粮食生产、多种经营与工业发展以及人居休闲场所各得其所,并使发展生产、优化生态和提高生活得到较好的统一。

蒋巷村这个实例,让我们耳目一新,启迪良多。这个村,是超前走上现代高效农业规模化这一步的先行村,是在新农村建设中坚持把发展生产力作为首要任务、干出出色成绩的典型村,而且,还是既发展农村工业又成功地开发农业功能、美化田园风化、"使农村更像农村"的示范村。蒋巷村所处的苏南地区,农村工业化程度高,有些村镇工业化步子跨大了,就急于想走"全盘工业化"之路,而这个村不同,工业发家后,仍然不忘农业的基础地位与作用,能够在发展工业的同时,致力于推进传统农业向现代农业的转型提升,走上了种植业规模化、产业化、现代化的成功之路,并发展农业生态化、产品绿色化和循环经济生态链,在村里形成与生态体系相互融合的农村田园风光。在这里,我们看到了以建设现代农业为首要任务、加快建设社会主义新农村无限美好的前景。

更发人深省的,从城乡统筹的视角看,蒋巷村则给人们形象地展示了工业反哺农业、城市带动农村的具体方向和有效路径:要把建设现代农业这项作为建设新农村的首要任务落到实处并切实推进,离不开拥有现代理念和方式的城市的辐射带动功能,包括用现代物质条件装备农业,用现代科学技术改造农业,用现代产业体系提升农业,用现代经营形式推进农业,用现代农业知识培养新型农民来发展农业,概括一句话,就是借助现代城市的优势,用工业化的思路办农业,加快现代农业建设的进程。从这个角度看,正是蒋巷村的经验让我们拓宽了视野:工业反哺农业、城市带动农村,除了直接给予"三农"以外,还必须根据现代农业建设的需要,用现代理念、现代方式,邦扶农业转型升级。省委、省政府在去年部署新农村建设"十大工程"时,从江苏工业化、城市化的现实水平和新农村建设的迫切需要出发,把高效农业规模化明确列为第一项工程,就城乡统筹的角度而言,这也是对推进工业反哺农业、城市带动农村所给予的明确指向，即；通过以工支农的多种形式，帮助农村从高效农业规模化入手，大力开发大农业的产业功能，加快现代农业建设进程。

多路并进助推现代高效农业规模化

　　江苏特别是苏南地区的以工支农早有实际行动，那还是在上世纪八十年代乡镇企业在我国率先崛起的时代，在农村集体经济组织的体制框架内，集中使用乡村工业的上缴利润加上按一定比例提取的企业利润，采取"以工补农"、"以工建农"的形式和制度，协调农工利益关系，这样做，在农村有效地稳定了务农人心，曾促使以粮食为主的种植业在较长期间保持了稳定高产。而在今天，工业反哺农业的内涵已大大扩展和深化。随着以改革开放为动力，城市化、工业化进程的不断加快，城乡二元结构性矛盾凸现，"三农"问题引起了从上而下的关注，"跳出农村抓农业"逐步成为江苏各级政府在新形势下打破城乡分治的界限、协调工农矛盾的新的指导方针。特别是进入新世纪以来，在实施科学发展观的导向下，从苏南开始，全省市县（市）凭借加快工业化、城市化以及经济国际化进程中积累起来的工业优势和物质基础，普遍加强了城乡统筹的力度，积极推动工业反哺农业、城市带动农村，一方面采取直接和间接给予"三农"的举措，诸如：城市基础设施向农村延伸，城市文明向农村辐射，现代科技向农村传播，社会保障制度向农村覆盖等；一方面则用现代工业的理念和方式促进传统农业转型，开发建设现代高效农业，促进农业产出效益大幅度提高。

　　在这样的背景下，这些年来江苏各地呈现了"以工哺农"多路并进、"以城带乡"亮点四射的新景象。除了农村工业发达的乡镇特别是村级经济实力较强的地区，继承传统乡镇企业时代"以工补农"、"以工建农"形式，运用村级财力支持农业改善生产条件，发展规模化种植、产业化经营以外，围绕农业产业化、高效农业规模化的需要，以工哺农还有着"以工投农"、"以工办农"、"以工改农"、"以工兴农"等更多形式。不过，

这些形式的区分不是绝对的,彼此内容上有所交义和重合,如果从内容上及其实现路径上加以界定,那以工哺农还可列举下面几种:

一是村企结合,培育龙头企业,促进农业产业化和高效农业规模化的发展。无锡市从 2006 年初起,在全省率先部署启动"一村一品、一村一企"活动,把"一村一企"也就是村企合作作为"一村一品"的支撑点,借助企业现代化理念和一定的实力,从不同地区的资源禀赋和市场条件出发,帮助一个或几个村开发一个以上的有市场竞争力的高效特色农产品,达到"建设一个品牌,带动一个产业,富裕一方农民"。就在这一年,全市已形成六大农业特色高效产业集群,有 785 个行政村与有实力的工商企业结对合作,使全市农业亩均效益接近 2000 元,比上年增长 7% 以上。南京市浦口区把引导工业企业下乡、帮助农村发展龙头企业和规模农业作为以工业化的思维和手段改造农村、改变小农文化,建设现代农业的一着"好棋",在 2006 年 6 月 17 日举行的"以工哺农论坛暨村企共建项目签字仪式"上,20 家企业与 15 个镇、村,一举签订 45 项"共建结对"协议,其中半数以上都是一些经济园区以及农业旅游项目的开发。

二是鼓励和引导工商资本、民间资本直接投向农村,助推农业产业化经营,支持兴办现代农业基地。江阴市共有 217 位资产超亿元的企业家,有 20 家上市企业,其中阳光、海澜、华西、三房巷、法尔胜 5 家上市公司率先进军现代农业,如阳光集团在新桥、霞客、云亭等镇开发建设了较大规模的现代农业园,2006 年实现利润 7000 万元,平均每亩利润 1.5 万多元,获取的效益为普通农业的几十倍。这 5 家上市公司加上其他有一定实力的民营企业在内,全市共有 190 多家投入农业,总计投资规模 23 亿元,形成高效农业面积达到 25 万亩。工商资本投向农业的这一趋势,近几年已由苏南向苏中、苏北扩展。东台市按照"扶大、扶优、扶强"的原则:近几年在全市培植发展较具规模的龙头企业 90 个,显著提升了农副产品精深加工能力和农业产业化经营水平,其中仅国家级龙头企业富安茧丝绸公司一家 2006 年实现总产值 5 亿元,带动全镇蚕农养蚕现金收入 2.2 亿元,使 20 万蚕农人均养蚕收入 3800 元。

三是以外向引进项目开路,启动现代高效农业园区的开发建设。外向型经济发达的昆山,早在前几年就已开始引进和利用外资,促进现代农业建设。市里专门成立农业招商班子,各镇相应加强专业力量,不断派出人员到国外以及台湾地区为农业招商。随着一些建成投产项目进入收获期,特别是科技农业的发展都取得良好效益,由此吸引了外资项目纷至沓来,昆山趁势推进,在有条件的乡镇兴办现代"农"字号园区,促使科技含量较高的农业外资项目集中布点,强化其示范辐射效应。这些年来先后规划建设了国家农业综合开发现代化示范区、石浦外向农业示范区、玉山共青农业高效示范区等。这类园区除了起着外向渠道的沟通作用外,还在本土同培育、发展农产品市场相结合,开拓国内市场。这样做,扩大了现代高效农业园区的示范辐射效应,不仅为农民增加就业机会,而且拓宽了结构调整的空间,有利于促进传统农业向现代农业转型。不仅在昆山,整个苏州市按照促进现代高效农业规模化的要求,把农业综合开发与现代农业园区建设有机结合起来,有效推动了现代农业的发展。从2004年初市政府出台下发了《关于加快我市现代农业园区建设和发展的意见》起,到2006年底前后,全市已建和在建的具有一定规模的现代农业园区已有7个,昆山张大千示范区、吴中区西山农业园区、太仓现代农业园区、相城区生态农业园区、张家港常阴沙农业园区、吴江市农业科技园区、张家港市沿江外向型农业园区等,每一个园区都是以外向开发资金为启动,重点投向基础设施,努力营造良好的投资创业环境,对推动全市现代农业的发展起了示范和引路的良好作用。

江苏以工哺农、以城带乡,总的都是在城乡统筹的条件下,发挥现代城市的优势和现代工业的长处,着力于帮扶现代农业的发展。这集中表现为现代农业的先行工程——高效农业规模化在江苏逐渐成为燎原之势,并且打破行政区划界限,在不同区域内,形成各具特色的高效农业经济板块。诸如:丰县红富士苹果,铜山奶业,邳州大蒜,新沂瘦肉型猪,射阳中药材,东台西瓜,高邮鸭,泰兴银杏,海安茧丝绸,海门山羊,高淳螃蟹,溧水有机农业,江心洲葡萄,丹徒、金坛食用菌,惠山阳山水蜜桃,昆山阳澄湖大闸蟹等等,不胜枚举。还有,常州现代畜牧业集群、扬州打造"江苏寿光"……到徐州规模化高效种植以及宿迁生态农业等等开发项目,都取得突破性进展。特别值得一提的,高效水稻种植规模化迈出了可喜的一大步,如无锡市锡山区发展的高效早熟大米种植 1000 亩,每亩获利 1500 元;保健营养米种植 1500 亩,亩均利润更高达 2500—4000 元,现全区种植水稻已有 13.47 万亩,占耕地总面积的57.3%。全省计,2006 年新增高效农业面积 300 万亩,高效农业累计突破 1500 万亩,占比 20%。

"五篇文章"一起做:以工哺农的江苏特色

实施工业反哺农业、城市带动农村的方针,多路并进,加强以工支农,这是江苏省委、省政府及时作出"新农村建设十大工程"部署,并把推进高效农业规模化明确列为其中首要工程的决策指向所推动的,也是各市县(市)在多年实施城乡统筹发展取得成效基础上,把握了当前正在科学发展观的导向下走向工农协调发展、城乡良性互动的有利时机,审时度势,因势利导,抓住关键环节,切实推进新农村建设的结果。

较长时期以来,江苏从苏南开始,一直以改革开放为动力,以富民强省、实现"两个率先"为目标,统筹城乡发展,在不断提升工业化的基础上,城市化较早进入加速期,同时,超前开拓以外促内、内外互动的经济国际化之路;进入新世纪前后,基本上在全省范围内形成了以市场化为导向,工业化、城市化与经济国际化互动并进的发展势头。由于此,江苏不仅增强了以工哺农、以城带乡的财力和物质基础,而且超前具备了向农村全面传播现代理念、现代经营方式、现代科技知识,从而加快用工业思路办农业的条件。在实施科学发展观的导向下,在从上而下倡导跳出农村抓农业和城乡合力建设社会主义新农村的氛围下,在像蒋巷村、华西村这样一些典型的示范效应下,大中城市里工业化、城市化、经济国际化互动并进的发展势头就与农村里推进农业产业化、高效农业规模化的需求相结合,形成了现阶段在工业反哺农业、城市带动农村下推进现代农业建设的热潮。

以调查所得为依据,可以作出这样的看法:江苏顺应社会主义新农村建设的要求,正在依托由改革开放以来经济社会持续发展所积累形成的优势,在城乡统筹的条件下,开拓着具有自身特色的一条以工哺农、以城带乡、促进现代农业建设之路。对江苏的这条特色之路,用一句话概括,就是:在城乡统筹下"五篇文章"一起做。"五篇文章",就是依托工业化、城市化和经济国际化互动并进的"三化"优势,加大支农扶农力度,加快农业产业化、高效农业规模化的"两化"进程,促使传统农业在这"五化"的交互作用下加快向现代农业转型提升,进而实现城乡发展良性互动。

江苏超前跨出这一步,目前已有明显进展,并积累了一定经验,但需要在进一步实践的基础上,加以丰富和完善,进而形成长效机制。现着重从下面两个方面,对此略加论述:

其一,立足于城乡统筹,从上而下确立围绕现代农业建设实施工业反哺农业的指导思路。

省里有关部门以及各市县(市)在贯彻省委、省政府把高效农业规模化工程列为我省新农村建设"十大工程"之首的部署时,一方面,立足于推动传统农业向现代农业转型,倡导思路创新,探索有江苏特色的社会主义新农村建设道路,并从本地实际出发,明确发展高效农业规模化的目标和实施步骤;另一方面,立足于城乡统筹,从上而下倡导充分发挥工业化、城市化、经济国际化水平高的优势,实行以工投农、以工改农、以工建农等形式以及包括以"一村一品、一村一企"为抓手的路径创新,全面推进高效农业规模化。在这过程中,一些市县(市)针对干部中某些惑于当前种植业比重小、纯农业效益低的情况,因而把农业看作无足轻重的思想偏差,反复讲清现代农业的前景及其重要性。从我们调查了解的情况看,江苏高效农业规模化之所以能在全省较快地全面展开并取得成效,正是与各地积极实施省委、省政府部署,并在城乡统筹的思路下,明确了以工哺农、以城带乡以帮扶高效农业规模化为首要任务的目标定位,从而有效调动了支农扶农的积极性分不开的。但是,这方面的自觉程度还不高,工作进展很不平衡。一些地方对推进农业转型、开发农业功能仍然认识不足,甚至存在"搞农业永远与贫困结缘"等错误思想,具体表现为"单打一"地抓"新村建设",不加分析,不讲条件,盲目地搞所谓"居住向社区集中",企图把新农村建设搞成"没有农业,只有非农业"的所谓"新农村"。如果不及时对这些错误思想行为"纠偏",势必会模糊工业反哺农业的目标定位,干扰围绕现代农业建设推进新农村建设的航向。

其二,统筹实施规划引路,促使工业反哺农业与现代农业建设的规划对接。

早从"十五"时期开始,苏锡常等市在实施"以城带乡、以工促农、反哺农业、回报农民"的方针时,就对全市宜农产业包括特色优势产业、外向型产业的空间布局统筹考虑,制定和出台相应的规划纲要和实施意见,并划定细化了不可建设用地范围和基本农田。近年,在推进现代高效农业规模化时,又分别对全市农业区域布局进行调整和完善,着重在推进农业规模化生产、集约化经营以及打造现代农业发展载体上加强规划引导。如无锡市深化完善农村规划的一大特点,就是从最大程度发挥资源潜力、提高资源产出出发,促进农业专业化、集约化、规模化、区域化的发展,包括开发建设现代高效农业园区。实施这样的规划导向,由政府决策和领导,容易为有关各方支持,包括吸引工商资本投入,带动"以工投农",完全有利于促使现代农业建设由低到高、点面结合地有序推开。例如,按照该市规划,在锡山区所在的现代都市农业规划区内建设总面积69平方公里的重大工程"江苏省无锡现代农业开发试验区",分为江苏省无锡高科技示范园、中国农科院太湖水稻示范园等八个园区,2005年工程启动,在按照统一规划顺利推进土地流转和整合以及完成区内外基础设施建设的条件下,到2006年底,以"一区八园"进行空间布局和功能定位的建设框架就已全面拉开,并有一批开发项目相继建成投产,如由重点企业红豆集团累计投资2.8亿元兴建的红豆杉高科技产业园已形成雏形,种植面积1.2万亩的红豆杉栽培步入产业化阶段,使种植土地开始显现了高产出效应。这正是反映了对现代农业建设实施规划引路的成功之处。目前看来,要进一步提高其成效,农业规划本身需要动态跟踪、不断完善;同时,通过统筹城乡规划,尽可能明确工业反哺农业的目标和任务,加强对以工哺农的规划导向,并定期进行农业领域开发建设项目的信息发布,为农业部门与工商企业、科研院所以及有关方面对话和沟通提供条件,便于及时疏导和解决矛盾,促使以工哺农与现代农业建设的规划对接和行为磨合。这样,"五篇文章"一起做,就能充分发挥江苏以城市带动农村的优势,产生推进农业产业化、高效农业规模化发展的"集聚"效应,同时,也有利于促进工业化、城市化、经济国际化水平的进一步提升。

"统"字上下工夫探求以工哺农的长效机制

在江苏历史上,无论是当年乡镇企业在苏南率先异军崛起阶段,还是各地争相率先建成全面小康社会阶段,支农扶农之所以成效显著,都是与发挥政府强势推动的职能作用分不开的。进入新世纪以来,随着市场化改革和对外开放的纵深展开,特别是从实施城乡统筹以及当前围绕现代农业建设推进以工哺农的情况看,各地政府职能逐步向行政手段与市场导向相结合的创新转型,使政府职能作用的成效更见明显。上述以帮扶现代农业建设为首要任务、给以工哺农明确目标定位,以及对以工支农实施规划引路,这些举措,都是在城乡统筹下行政手段与市场机制相结合的有效运用,都是为促使以工哺农围绕现代农业建设进行而实施的科学引导。由此前进,从统筹城乡良性互动、协调发展出发,从促进"五篇文章"一起做统筹考虑,从"统"字上再下工夫,江苏将进一步创新形成政府引导以工哺农的长效机制。

以工哺农的长效机制,应该是若干具体机制的配套组合,初步考虑,主要有五:

(1)支农指向机制,即上面论及的"其一"——从上而下确立围绕现代农业建设实施工业反哺农业的指导思路。这是为克服以工支农中的思想偏差行为偏差,有效推进新农村建设所必需。从实际情况看,目前较多市县(市)这方面的工作还做得不够,表现在以工支农围绕现代农业建设、帮扶农村从开发农业功能上增加收益的思路还不够明晰,因而较多的只是停留在促进农民增加非农收入上,所以,这支农指向的工作需要首先加强。

(2)规划引路机制,即上面论及的"其二"——既加强现代农业建设的规划导向,也注重对以工哺农实施规划引导。这是落实"支农指向机制",引导工商资本投入,使以工支农与现代农业建设的要求相对路的需要。如工商资本下乡、助推产业开发,这是好事,但有些地方对搞观光旅游农业偏好和过热,以致挤占了种植业等高效规模农业的开发空间,这就很需要加强科学的规划导向。

(3)服务环境完善机制,即加强政府搭台做环境的力度,为以工哺农活动营造相宜的市场环境、法制环境和社会环境等。不能认为推动投资者圈了地、开了工,或为农村"牵"来了帮扶企业,就算完事,而是应当持续地完善环境服务。

(4)政策激励机制,对切实帮扶现代农业建设的支农部门和企业实施激励政策,如有些地方出台实施对农业产业化龙头企业的奖励办法,实践证明行之有效。以工哺农,不受行政区划限制,对于跨地区的支农活动,例如到苏中、苏北那些农业大县或"宜农"地区去开发建设现代高效种植业园区的单位和企业,更应加强政策激励的力度。

(5)支农力量整合机制,以求提高工业反哺农业、城市带动农村的组织化程度。需要提及,围绕现代农业建设统筹推进以工哺农,离不开各项支农资金包括粮食、农机、良种等各项补贴的合理分配和发放,离不开各项支农资源的优化配置,就是说,这绝不是工业企业、工业部门孤军奋进的事情,不仅需要城市工商、金融、科研等部门与农业部门的紧密配合以及社会力量的共同参与,而且需要加大财政转移支付的力度,并优化转移支付结构,着重缓解贫困县乡财政困难。这就要求在强化各级政府统筹服务职能的条件下,通过加强财政、金融、科技等部门与工商企业、科研院所的联系,克服条块分割,促使上下左右,围绕现代农业建设的需要,相互配合,协调动作,形成合力支农的制度和机制。

　　总之,逐步完善并组合这些方面的机制,将使政府有效地引导有关方面"五篇文章"一起做,收到推进农业产业化、高效农业规模化和农业现代化的良好效应,并使这种以工哺农、以城带乡的实际行动长期持续下去。

　　(收入王霞林主编《城乡统筹与新农村建设》一书,江苏人民出版社2008年4月版。)

城乡统筹使以城带乡的
路子越走越宽
——苏南城乡协调发展的新经验与新探索

改革开放以来,苏锡常、南京、镇江等苏南地区在加快以工业化为基础的城市化以及城市群体建设的进程中,不断增强了大中小城市对周围农村的辐射带动作用,正在伴随着二元经济结构特征的逐步弱化,愈益明显地呈现出从城乡分割到城乡协调的历史性变革,在走上城乡良性互动与协调发展的进程中促使农民收入持续增长,缓解"三农"问题取得明显成效。2004 年的统计,全国城乡居民人均收入比为3.2∶1,江苏全省为 2.2∶1,而苏南五市为 2∶1,其中无锡、苏州则为1.9∶1,有些县级市如江阴为 1.75∶1。

这一地区的实践表明:有效地实施城乡统筹发展,关键在于地方政府根本改变工业优先、城市偏好那种"城乡二元"的惯性思维,把推进城市(镇)化以及城市现代化与解决好"三农"问题有机统一起来。这个过程,也就是 2005 年 2 月 19 日胡锦涛总书记在《省部级主要领导干部提高构建社会主义和谐社会能力专题研讨班上的讲话》中所指出的,要"充分发挥城市对农村的辐射和带动作用,充分发挥工业对农业的支持和反哺作用,逐步建立有利于改变城乡二元经济结构的体制,稳定、完善和强化对农业的支持政策,加快农业和农村经济发展,努力实现农民收入稳步增长,促进城乡良性互动、共同发展"的过程。

坚持协调工农矛盾走向自觉统筹城乡发展

苏锡常地区和全国其他地区一样，不仅城乡经济二元特征明显，而且沿袭计划经济体制时期的制度和管理，包括以严格的户籍制度，城乡分治，壁垒森严。这种二元结构的存在，一方面，导致城市在自我封闭、自我循环的环境里发展，丧失农村空间的依托和支撑，资源的系统配置受到局限，城市功能难以提升和扩散；另一方面，农村庞大的剩余劳动力又难以转移，农业生产力难以提高，农民收入难以增加。苏南的实践告诉我们，改变这种"二元对峙"状态，需要在城乡统筹发展的视野下，坚持以改革开放为动力，在生产力发展的基础上因势利导，积极推进。

改革开放前，当地政府坚持"农业为基础，工业为主导"的指导思想，曾长年组织"工业支援农业、城市支援农村"的活动，但地方政府及其管理部门重工轻农的传统思维和惯性行为始终难以改变，现实生活中仍然处处存在着城乡"二元对峙"的现象。特别是大量剩余劳动力被封闭在有限的农田上，农业生产力发展滞后，工农生活悬殊。改革开放以后，随着市场经济体制的建立与完善，城乡交流趋向活跃，特别是随着城乡工业的迅猛发展，以及在此基础上城镇化进程的加快，这一地区终于增强了对城乡"二元对峙"传统制度和习惯行为的冲击力，由协调工农矛盾走到统筹城乡发展，对依托城镇功能、实施"以城带乡"、破解"三农"难题，由不自觉、半自觉走向自觉，逐步提高了自觉性。

纵观苏南地区的这一过程，大体经历着如下演变阶段：

一是以乡镇企业的率先崛起为契机，首先在农村内部，在集体经济组织的体制框架内，集中使用乡村企业的上缴利润加上按一定比例提取的企业利润，采取"以工补农"、"以工建农"的形式和制度，协调农工利益关系。在上世纪八十年代的较长一段时间里，这样的协调机制曾取得良好效应，突出表现为在农村稳定了务农人心，保持了种植业的稳定高产。

二是随着乡镇企业制度改革的展开，也随着城市（镇）化进程的加快推进和外向型经济的蓬勃发展,从上世纪九十年代开始,苏锡常地区逐步走出了以城镇(包括开发区)为载体的城乡工业联动发展的新路。就是说,苏锡常突破了就农村内部协调农工矛盾的局限性,开始了以城市为依托协调农工矛盾、探索建立新型城乡关系的新时期。

三是新世纪以来,苏南各市在整合城镇体系、规划建设都市圈、加速推进城市现代化进程的新的历史条件下,又扩展了城乡统筹的区域视野。如果说,原来的以工促农、以城带乡主要局限于县(市)域行政区划内进行的话,那么,今天的推进农业和非农产业的协调发展,已开始在城市圈域的更大空间范围内进行新的探索。

正是在这样的坚持协调工农矛盾、构建新型城乡关系的探索进程之中,苏锡常等地逐步开拓了依托现代城市、实施以城带乡、统筹城乡发展的成功之路。

实行城乡市场通开　促进城乡两大系统相融

苏南走出城乡统筹、以城带乡的成功之路,在于坚持以改革开放为动力,依托城市,首先从市场流通上突破二元对峙入手,放开城乡资源、要素的合理流动,使城乡两大系统从相互分割转变为相互开放,在不断增强城市对农村的辐射带动效应中走向相互融合。

早从上世纪六七十年代开始,苏锡常乡镇企业就是从突破传统体制、打开市场封闭而获得兴起的。伴随着乡镇企业的蓬勃发展,城乡之间原来那种农村——农业、城市——工业的传统产业分工格局,自然而然地宣告解体,反映在流通领域里,就是城乡之间商品、要素双向交叉流动的新格局代替了以往农产品进城、工业品下乡的单向流动。而地方政府则顺势应变,开明地放开城乡之间物资、资金、技术、人才等的要素流动,城乡通开的市场环境逐步形成,促使城乡之间以物质交换、要素流转、价值转移为内容的市场化关系得以展开和深化,产生了城乡商品要素市场通开与乡镇企业快速发展相互推动的良好效应。随后,由于对外开放的步子不断加快,苏南各类开发区相继兴起,则又明显加大了大中城市以园区为载体、对周围农村的辐射带动功能,加上以高速公路与铁路项目为主干、城际通道为联结的开放式、大交通网络的发展,这就进一步促进了城乡商品要素市场的不断延伸和扩展,促进了城乡两大系统相互开放的不断深化,原来封闭在各个乡乡村村的乡镇企业走向城镇集聚,城乡工业联动发展,城乡发展逐步交融。

在这过程中,从农贸市场到工业品市场再到要素市场的发育成长,始终起着先导作用。现今发展成为名符其实"招商城"的常熟招商市场就是个很有说服力的典型。这个市场始建于 1985 年 5 月,它依靠当地公路网络交汇的地理条件,实施"立足本地、面向全国、促进流通、服务城乡、致富农民"的办场方针,采取"产销直接见面、双方自由议价"的交易形式,适应了农村工业包括以针织、服装业为主的家庭工业的生产经营的需要。开业以后,场内卖方 90% 是农民生产专业户和运销专业户,其中来自本市农村的占 70%,来自张家港、江阴、昆山、吴县、吴江、太仓、宜兴、武进和上海的占 30%;随着市场规模的不断扩大和市场集聚、辐射能力的增强,很快扩展引来了全国除台湾以外 29 个省、市、自治区 800 多个市县的买主,把农贸市场地产地销的格局提升为跨县、跨市、跨省的全国性大流通。1985 年开业后的第二年开始,商品成交额即超过 100 亿元,2004 年成交额又突破 200 亿大关,达到 220 亿元。近年来,市场推进信息化建设,打造面向全球的服装服饰营销网站,促使商城经营档次的进一步提升,在拓展了对内对外流通渠道的同时,又大大增强了对农村个体户走上规模经营的带动功能,当地一大批个体经营户实现了从小店铺到大公司的飞跃,周边的古里、海虞等镇成为民营服装企业的主要集聚地。常熟全市服装服饰企业从商城开业时的 300 多家,发展到目前的 4000 多家,年生产各类服装 4.5 亿件(套),产值超过 500 亿元,占到全市工业总产值的 1/3 以上,由此提供了当地和外来 30 多万人的就业机会,并带动年产生综合经济效益达 40 多亿元。如今,常熟本地已有服装品牌 2000 多个,其中 2 只中国驰名商标,3 只中国名牌产品,加上数十只省及苏州市的名牌产品和著名商标在内,总数在全省各县(市)中名列第一。同时,商城还先后吸引了国内外 5000

多个服装服饰品牌进驻,而众多的名品、名牌效应进一步提升了商城的著名度,回过来又进一步增强了其辐射带动功能。

类似这样结合农村工业的发展和小城镇的建设而兴办城乡一体的大市场、以大市场的发育成长带动农村工业更大发展并致富农民的成功事例,在苏南远不只是常熟招商城一家。在吴江市盛泽镇,现正朝着符合现代服务业发展方向前进的中国东方丝绸市场,也是在上世纪八十年代开办的,多年来,市场交易规模不断扩大,2004年成交额达到250亿元,真丝绸出口量占全国1/6,产品远销80多个国家和地区,有力地辐射、带动了本地以至周边纺织企业的快速发展。1992年建立的丹阳眼镜城与眼镜生产基地的发展相结合,现已扩展到年交易额5亿元的规模,成为华东地区最大的眼镜集散地,和北京眼镜城、广州眼镜城并称中国三大眼镜批发市场。兴办于溧阳市区南端的苏浙皖边界市场,从1992年成立以来,经营以农副产品为主的几十种商品批发,交易额已连年上升到2005年的17亿元,发展成为跨越省际的区域性大型综合市场,辐射扩及周边县市70多个农贸市场,并带动溧阳农业产业结构调整,消化吸纳了当地大量农村剩余劳动力和下岗失业人员。另外,常州凌家塘、南京白云亭、苏州南环桥等一批规模不断扩大的农副产品批发市场,其共同特点都是一手抓流通、一手抓基地,通过发展与农产品生产基地的紧密联结,既由此不断开拓了市场货源,又带动了农业增效和农民增收。2005年,苏南5市247个商品交易市场所成交总额达3613.4亿元,占到全省同期市场总额的75.1%。

乡镇企业时代的农民"进厂不进城"的传统束缚,在苏南早已突破。随着工业化、城市化、外向化进程的加快,各市在不断集聚产业的同时,相继建立城乡通开的劳动市场和覆盖城乡的就业制度,全面取消对农村劳动力的就业限制,吸纳来自周围以至全国各地农村进城就业创业的农民不断增多。以苏州为例,在该市的暂住人口,1989年为16.97万,逐年增加到2005年已达378万,这一数量相当于户籍人口的63%。随着农民进城就业创业人数的增多,农民工资性、经营性收入已大大超过务农收入,无锡市2005年农民人均纯收入超过8000元,其中

70％是工资性、经营性收入。劳动就业的城乡通开,对农村里减少农民、致富农民起着日益明显的作用,同时也支持了加快城市化的客观需要。

强化城市(镇)功能建设
放开搞活县(市)域经济

苏南在统筹城乡发展中的又一成功之道,就是随着城市化和城市现代化进程的推进,在放开搞活县(市)域经济的同时,注意发挥现代城市特别是区域中心城市的主导作用,促使大中城市与县(市)域经济这两股力量,在开拓城乡良性互动的新路中相互协调,扭成一股劲。

县(市)域,作为我国经济社会发展和行政管理的基本单元,最接近工农业生产实践,又与大中城市有着天然的密切联系,是统筹城乡发展的前沿阵地和战略基地。在苏南,首先是苏锡常地区,以市场经济超前发育、乡镇企业异军突起为契机而振兴起来的一些县(市),像常熟、张家港、江阴等,早在上世纪八十年代中期推进主城区和小城镇建设的同时,已经提出"工农一体、城乡协调"的统筹思路,兼顾农业生产的稳定和农村工业的发展,在城乡企业联动、加快工业化的基础上,相继开创了县(市)域经济的超前腾飞之路,由此较早就积累了"反哺"和支持农业的经济实力。以2003年与2000年相比,苏南多数县级市的财政收入分别增加一倍以上。其中一些镇村的财力也逐年增强,像昆山市9个镇的财政收入2005年都超过10亿元,张家港市村级平均可用财力在2004年已达到255万元。

上世纪八十年代前后,正当县(市)域经济蓬勃向上、快速发展的那段时期里,苏锡常地区大中城市的发展相对滞后,苏、锡、常三个传统市区的经济发展曾普遍落在其"市管县"范围内各县的后面,而且"市"域经济相对于"县"域经济的发展滞后度还逐年加大。这反映了苏锡常城市化滞后于工业化,区域范围内城市化的整体水平明显不高。也就是说，就一个区域而言，苏锡常地区明显缺失具有带动农村前进的主导功能的中心城市，这不能不影响到城市（镇）群在区域范围内统筹城乡发展的综合实力和整体功能。上世纪九十年代后期开始特别是进入新世纪以后，在省委、省政府的战略决策下，这一情况当即得到改变。当时，苏南市县（市）相继实施行政区划调整。在县（市）域，为了营造城镇体系对农村腹地辐射带动的整体功能，撤并了一批布局散乱、规模偏小的乡镇，集中进行县（市）域的主城区和中心镇的建设；在苏锡常三市，通过区划调整，其周边三县撤县建区，分别并入市区，解除了提升三市城市化水平的"围城之困"。由此，苏锡常根据各自条件，加快了建设大城市和区域中心城市的步子。21 世纪后，这一地区进入整合城市（镇）体系、规划建设区域性都市圈的新时期。苏州市提出了建设现代国际名城的战略设想，把保护古城、建设新城、开发园区结合起来，积极推进主城区的功能建设。以工业园区、高新区的深度开发以及新型工业化的发展为契机，从 2003 年开始，大手笔地开拓建设平江、沧浪、金阊三个新城，丰富和提升了城市服务功能，适应了苏州核心主城区做强、做优的需要。与此同时，结合交通网络和城镇体系的规划建设，在全市范围内推进城乡工业统筹布局，实施城镇功能分区，优化城乡空间结构。在分层次办好各类开发区以及乡镇工业小区的同时，按照沿沪宁交通大轴线、沿长江岸线、沿上海周边地区、沿太湖一带，实行"四沿"产业布局，重点培育支柱产业，提高工业现代化水平。无锡市结合市域内将形成"两横一纵"（沿长江带、沿沪宁交通走廊为两横，新宜交通走廊为一纵）的"干"字形城镇发展轴的形态，统筹规划全市工业包括园区结构布局。常州市也推出了"改造老城区、建设新港区、发展新域区"的城市空间发展布局的规划设想等。很快，三市分别出现城乡工业联动发展的新局面，并由此带来市区经济发展从滞后于县（市）域转为领先于县（市）域的新变化。如无锡市 2003 年市区国民生产总值占全市国民生产总值的比例，从 1993 年的 30％左右提升到56.08％。南京市以及苏锡常三市现都列为我国大城市和特大城市，按国家统计局 2005 年 12 月 27 日公布的"中国综合实力百强城市"

榜单所排列,南京位列第 7 位,无锡居第 14 位,苏州居第 17 位,常州居第 26 位。

　　相应的,县(市)域的城镇化水平也在创新、转型中开拓提升。改革开放不久,苏锡常各县(市)小城镇第一轮大发展时,一般都是局限于行政区划内按乡按村建设,小点密布,齐头并进,缺乏城镇规模,不讲横向联结,难以在城乡流通中起到应有的桥梁、纽带作用。上世纪 90 年代后期开始,特别是在都市圈建设的规划导向下,各县级市相继动作,推进以主城区为核心的城镇体系的功能整合。像张家港从 1998 年起,就按照建设中等城市的定位目标,结合行政区划调整,对小城镇和行政村进行合理有序的撤并,而着重加强中心镇建设,逐步形成了"一城四片区"的市域城镇体系;2004 年下半年以来,进一步强化全市镇村布局规划,并以沿江开发为契机,整合张家港保税区、省级经济技术开发区、扬子江化学工业园、冶金工业园"两区两园"的产业布局,形成区港合一的综合优势,现全市 90% 的新办项目都集中在各类开发园区,使园区和城镇一起,成为吸纳各类资本的主要载体和引导城乡经济一体化发展的重要节点。昆山在进入 21 世纪以来,针对城镇建设中布局统筹不足、不利于城乡资源有效利用和城乡产业联动发展的矛盾,从城乡一体、区域发展的视野,创新对城镇体系合理布局和有序整合的新理念。根据现代化工商城市的发展定位,以总体规划为导向,通过区划调整,使全市原辖 20 个镇、1 个农场、467 个村委会和 139 个居委会,调整为 10 个镇、188 个村委会和 107 个社区居委会,镇域平均面积和平均人口从原来的44.16 平方公里、2.8 万人扩大到 92.73 平方公里、6.1 万人;同时,侧重启动做大做强核心城区的建设,并分片培育城市副中心和各展所长、各具特色的中心镇,由此大大提升了全市(县)城镇体系建设的整体水平。

　　就这样,以中心城市为主导、以县域经济为基础、以小城镇为纽带的大中小城市和小城镇相互联结、协调发展的城镇群体的基本框架,在苏锡常以至南京、镇江一带逐步形成,从而,为增强跨越行政区划、推进区域资源整合进而构造城乡互动、协调发展的空间结构和产业结构,提供了必要的载体功能。

发挥现代城市功能优势
对农村实施产业带动

　　苏南城市,作为城乡统筹的主导力量,还表现在打破就农村抓农村、就农业抓农业的局限,一切从化解"三农"问题着手,从政策导向到产业带动上,全面启动"工业反哺农业、城市支持农村"的战略举措。

　　苏南各市凭借地方实力,较早就实行"多予、少收、放活"的方针,启动公共财政支农,积极推进农村税费改革,减轻农民税负等,苏州市一马当先,无锡等四市跟上,到 2004 年已都免除了农业税。和"跳出农业抓农业"的思路转变相联系,近些年苏南各市普遍加快基础设施建设向周边农村的拓展延伸。例如,南京向郊县实行政策倾斜,全方位延伸公共产品,扩及地处南京境内也是江苏境内西南端的欠发达县之一——高淳。这个县与安徽接境,但却一直没有贯通苏皖之间的公路,人们历来有"路到高淳就断头,人到高淳就回头"之叹。这几年,宁高高速公路建成后,过去 3 小时的路程缩短为 1 小时;接着,建成了芜大公路高淳段,又打通了高淳西向交通的"口袋底",高淳一举成为安徽腹地连接苏锡常地区的交通纽带。交通对接带来流通对接,使高淳在城乡统筹发展中呈现出旺盛的后发优势,近 5 年,全县地区生产总值增长 2.3 倍,财政收入增长 4.3 倍,工业在产业构成中比重上升 10 个百分点,2004年农民人均收入增幅跃居南京各郊县之首。

　　在强化公共财政支农的同时,苏南各市以调整政策取向为抓手,利用现代城市新型工业化的产业优势和科技力量,通过统筹城乡产业空间布局和结构调整,对农村实施积极的产业带动方针,激发农村经济发展的内在活力。无锡市从"十五"时期开始,特别是近两年,切实加大"以城带乡、以工促农、反哺农业、回报农民"的城乡统筹工作力度:一方面,按照"集中、集约、集聚"的原则,打破乡镇工业一向独立于城市工业之外的"第二工业体系"的传统格局,推进全市工业城乡一体、联动发展,除了加快乡镇工业开发园区和工业集中区的规划建设以外,还制定

135家城区企业"出城入园"的三年行动规划,到目前,全市乡镇工业开发区和工业集中区的投资密度达每平方公里超过4亿元,其投资总量已占到全市的60%;另一方面,对农业发展和无锡生态湖滨型的城市建设进行统筹考虑,制定出台相应的规划纲要和实施意见,明确了发展现代都市农业的目标定位、主要形态、主导产业和空间布局,并划定细化了全市不可建设用地范围和基本农田。常州市也从统筹优化城乡资源配置出发,对全市宜农产业统筹进行布局定位,如确定沿湖泊丘陵地区,重点发展特种水产水禽养殖业,兼顾发展创汇型、外向型农业;沿丘陵山区,发挥其苏南独特的自然优势,大力发展经济林果业、食草畜禽养殖业和观光旅游业等。扬中市这几年突出农业产业化投入,大力支持龙头企业发展,培育农民经纪人队伍,通过激发农业自身活力,有效地带动了农民发家致富。

对农村实施积极的产业带动方针,在苏南各市还表现为引导工商资本和外商资本进入农村,促进农业产业化和用现代工业的方式改造传统农业,使之加速向现代农业提升。引进和利用外资兴办农业项目,昆山市起步最早。一些建成投产项目早已进入收获期,其效益良好,特别是促进了科技农业的发展。如张浦镇通过引进台湾中天的农业项目,五年来在本地区推广新品种200多个,其中如早春红玉、西莫洛托等礼品西甜瓜优良品种,亩均净效益在2500元以上。另外像香港华建公司投资的丹桂苑,台湾统一食品、大统畜产、万代发园艺、永丰余生物科技农业等一批外商投资项目陆续到昆山落户,不仅项目本身的效益好,有些还给昆山农业产业化带来很多配套发展的机会。在外资项目纷至沓来的条件下,昆山运用多年来兴办经济技术开发区的经验,在有条件的镇逐步推进现代农业园区的建设,促使科技含量较高的农业外资项目集中布点,强化其示范辐射效应。近些年先后规划建设了国家农业综合开发现代化示范区、石浦外向农业示范区、玉山共青农业高效示范区等。这类园区除了起着沟通外向渠道的作用外,还在本土同培育、发展农产品市场相结合,开拓国内市场,如2000年他们从深圳引进资金,在种养业基础好而又紧靠上海的石浦镇兴建了沪昆农副产品交易中心,按现代农业大流通的要求,采用现代交易手段,把昆山农产品辐射到上海和浙江地区。这样做,扩大了农业园区的示范辐射效应,不仅为农民增加就业机会,而且拓宽了结构调整的空间,有利于促进传统农业向现代农业发展。在常州,全市启动投入农业开发的工商资本、民间资本,到 2004 年底止总额达 13.7 亿元,现已形成各类农业专业合作经济组织 303 个,迈开了建设现代农业体系的步子。

深化推进城乡统筹　进一步破解"三农"难题

多年来,苏南各级政府在统筹城乡发展上已作出了良好成效,并积累了丰富经验。镇江市的同志有四句话,叫做"关键在发展,重点在县域,主导在城市,责任在政府",这是从总体上作了概括。从城市发挥主导作用这个侧面看,苏南统筹城乡发展的过程显现了苏南特色,这就是:以各级政府为主体,以改革开放为动力,以发展这一主题为贯穿,加快工业化、城市(镇)化以及外向化进程,在"三化"互动并进、交叉作用下,依托城市(镇)群的辐射带动功能,促使"三农"问题得以逐步化解。

当然,城乡统筹尚待深化推进,这条路子还在继续开拓创新中。尽管苏南在城乡统筹中,从政策取向到产业带动上,全面启动"工业反哺农业、城市支持农村"取得了较大成效,使广大农民大大增加了实惠,但是,在城乡二元结构中长期形成的城乡居民收入差距扩大的趋势,即使在经济发展较快的苏锡常地区也还没有得到改变。正如苏南许多同志自己认为的那样,要按照党中央和胡锦涛总书记的要求,变城乡二元化为城乡一体化,真正实现工农良性互动、城乡共同发展,今后的任务还十分艰巨。因此,他们还在继续探索解决实现工农协调发展、城乡良性互动的深层矛盾,以深化实施城乡统筹的方略。

根据苏南已有实践,除了继续坚持"多予、少取、放活"的方针,继续加强公共财力支农以外,还需要从最佳发挥城市对农村辐射带动功能的角度,继续探索解决一些深层矛盾,这里就主要方面列举二三:

其一,关于农业在产业结构中的"小比例"与农业在城乡经济社会可持续发展中不可或缺的"大功能"的关系,也就是怎样看待发达地区农业的基础地位问题。

随着工业化、城市化、外向化的纵深展开,苏南各地农业生产总值在 GDP 中的比重以及地区农产品的自给率都明显趋向下降。从一、二、三次产业结构演进以及推进农业现代化的视角看,这本是合乎规律性的必然趋势。但在现实生活中,这一变化却促使有些干部产生错觉——把农业的"小比例"看作农业功能的弱化与农业地位的"无足轻重",以致产生以非农产业替代农业和"以工废农"的倾向。由此,在经济界、学术界中引发了一场"怎样认识城市化进程中农业的地位及其功能"问题的争论。争论就从工业化、城市化、外向化程度高的苏州开始。争论是有益的,终于使多数人士认清了:在我们这样一个大国,农业永远是国民经济的基础,农业的基础地位绝不能动摇。即使就城市化程度相对高的苏锡常地区而言,也不能忽视农业这一"安天下"的战略产业,尽管在城市化进程中农业的相对比例变小了,但农业仍然是经济社会可持续发展的重要一环,它所具有的社会安全功能、生态屏障功能、绿色产品基地功能以及观光旅游景点开发功能,都是二、三产业所不可替代的。因此,一定要在统筹城乡发展中把营造城乡发展相融同保留城乡特点统一起来,而绝不能把"城乡一体化"同"乡村全盘城市化"画等号。在统一认识的基础上,苏南的一些市县(市)在统筹城乡产业布局时,都把发展农业列为统筹优化产业结构和生态环境、促成城市——区域经济社会全面协调可持续发展的重要组成部分,并明确提出发展"高效、外向、生态、观光"为主要特征的现代农业的目标定位和相应措施,切实加以实施。当然,这方面的认识还有待于深化。有些城市的新市区,原是由周边郊县扩展而来的,在改造"城中村"与改造传统农业方面,简单从事,急于求成,在"城乡一体化"的名义下,急于把"改造"下来的土地,扩大用于开发区的建设。在这种观念和行为下,就谈不上处理好产业结构中农业"小比例"与农业在城乡经济社会可持续发展中应有"大功能"的关系,对此,必须进一步引起关注,促其转变。

其二,关于加强城市支持农业发展与促进农业激发自身活力的关系,也就是如何做到"农外输血"与"农内造血"的相互配合问题。

"三农"问题"农外"抓,这个观点在苏南已被普遍接受并付诸实施。苏南推广粮食直补、良种补贴和农机补贴以及推进农村税费改革,都走在全国前面,特别是在 2004 年就已全面实行免征农业税。统筹城乡基础设施建设、统筹城乡就业、统筹城乡社会保障、统筹城乡环境建设等,都在实施中取得经验。苏南城市在吸纳农业剩余劳动力、支持农村减少农民方面,成效更为显著。以昆山市为例,近些年来,全市农村劳动力进城就业创业人数每年都在万人以上,目前累计外地人口达 74 万人,已超过本地人口。这些,都有效促成了农民的持续增收。但需要关注的还有另一面的情况,即:苏南农民人均收入的较快增长,大部分来源是工资性收入、经营性收入等,而来自真正务农所得的收入,长期处于下降趋势。近些年直到 2005 年的统计数据表明,农民人均纯收入中来自第一产业的那部分,较多的市在起伏徘徊,个别市还低于 1997 年的水平。农业收入在农民总收入中的份额下降,反映了传统农业发展的制约因素加大、农业生产效率和效益的低下,也折射出另一严峻现实——城乡统筹单靠加强"农外"推进,还是远远不够的。因此,正如无锡市负责同志所强调指出的,跳出农业抓农业,绝不意味着可以放松"农内"工作,恰恰相反,"农内"支农还得多加劲。无锡市多方推进传统农业的改造,2004 年底止,农业适度规模经营和现代都市农业规划区面积在农业总田亩数中的比例已达 44%。江阴、常熟、昆山等县级市也都是基于这样的认识,在统筹城乡发展中一方面加强公共财力支农,另一方面又动员"农外"力量,深入"农内"促农,加大用现代工业的方式改造农业的力度,促进农村产业结构调整,发展规模农业和农业产业化经营,帮助农村加快建设现代农业。当然,毋庸讳言,有一些市县(市),在做"农外"文章的同时,对如何进一步把工业反哺农业、城市支持农村的活动深化到"农内"去的工作,还考虑不足、努力不够。实践告诉我们:只有既做好"农外"文章,又激发"农内"活力,使"输血"与"造血"相互配合,产生复合效应,这样,才能全面而有效地化解"三农"难题,不断巩固和扩大统筹城乡发展的成效。

其三,关于立足县(市)域统筹城乡发展与面向区域统筹城乡发展的关系,也就是能否以突破行政壁垒为条件,深入推进以中心城市为依托的区域化城镇体系的建设问题。

苏南的实践表明:打好统筹城乡发展这一仗,就得从县域这个实施城乡统筹发展的前沿阵地开始。但县域城乡统筹不能不向以大中城市为依托的区域城乡统筹扩展。这是借助大中城市辐射带动功能、增强工业反哺农业、城市支持农村的工作力度的客观需要;也是从区域范围内提升工业化、城市化、外向化水平,更有效地以"三化"带动农业产业化和农业现代化、从根本上化解"三农"问题的战略要求。从历史上看,这一带大中小城镇密集,但产业同构化严重,互补性弱。虽然同处于长三角都市圈内,又在实施省内二级都市圈的规划建设,近两年大交通网络化建设也开始有良好进展,但从整个区域基础设施建设、区域生态环境建设看,城市相互之间仍然是脱节多、矛盾多,特别是区域性的产业融合、市场融合的动作还严重滞后于客观要求。需要以坚持经济社会全面协调可持续的科学发展观为目标,以区域城乡体制改革一体化为动力,以突破行政区划局限为着力点,进一步磨合大中小城市和小城镇之间,特别是中心城市与县(市)域、主城区与郊县(区)之间的体制关系,切实推进城市(镇)体系的有机整合,打造成无障碍的名符其实的区域城乡经济社会发展一体化的"都市圈"。在整合中,应以交通等基础设施整合为条件,以市场体系整合为先导,以其他环节的整合为配合,而以产业整合为贯穿,先易后难,循序推进,比较可行的办法是选择旅游、信息、商贸等作为突破口,先行实施,然后向其他领域扩展,进而实现区域一体的结构优化升级和资源优化配置,有效增强工业反哺农业、城市支持农村的区域合力,这样,就能在城乡统筹的深化实施中,使以城带乡的路子越走越宽,促进提升城市化和城市现代化水平与破解"三农"问题的有机统一。

(收入王霞林主编《城乡统筹与新农村建设》一书,江苏人民出版社2008年4月)

第 五 编

突破行政"壁垒"推进都市圈、城市带区域化整合

上海经济区建设的实践
及其对江苏的启示

　　1982 年 12 月经国务院批准成立的上海经济区在五年的建设实践中有很大进展,也遇到一系列尖锐矛盾。本报告根据课题要求,就江苏省作为上海经济区的组成部分,应如何适应经济区规划建设的需要,进行新的战略选择做一些探索。为了回答这个问题,先要对建设上海经济区的基本路子作些概括。由此出发,进入到江苏经济发展战略选择的设想和建议。

(一) 上海经济区的规划建设是我国经济
体制改革的一项探索性事业

　　规划建设经济区对我国来说,完全是一项崭新的工作。特别是在经济体制新旧模式转换过程中规划建设经济区,其难度更大。五年来,上海经济区是在面临建设与改革复杂多变的情况下通过不断实践探索前进的。

　　按照上海经济区的范围变化和规划内容,其规划建设的过程迄今为止可以划分为三个阶段:

　　1. 以上海和江浙的十个市为范围,重点探索发挥中心城市作用、打破条块分割的路子。

　　从 1982 年底到 1984 年底这段时间,经济区的范围包括上海,江苏的苏州、无锡、常州、南通,浙江的杭州、嘉兴、宁波、绍兴、湖州等十个市及其所管辖的 57 个县，面积 7.4 万平方公里，人口 5059 万。这个阶段的经济区实际上是由十个不同层次和不同能级的中心城市及其辐射区所构成。

具有这样特点的经济区的规划建设必然是以发挥中心城市的作用为核心，并由此去寻求改变条块分割的新路子。首先是，确立和强化上海的中心地位和作用，要求上海的经济社会发展从立足本市转向立足经济区、面向全国和环太平洋，即在对内、对外开放的基础上完善和强化自身的经济中心的功能。其次是，要求江浙两省及其几个市的经济社会发展，从封闭和半封闭转向对内对外开放，更多地依托上海的中心作用，服从经济区发展的大局，在横向联合、优势互补中发展自己。

在这个阶段中，经济区规划办公室明确提出了"统一规划、经济联合、择优发展、建制不变"和"平等、互利、逐步（实施）"的方针。首先是选择能源、交通、外贸、技术改造和水系综合治理等五个方面作为统一规划的重点；其次是在 20 几个系统、部门和行业，通过"联合会议制"等形式，推进横向经济联系，组织经济联合，以求择优发展。

2. 以沪江浙皖赣四省一市为范围，开始探索优势互补、区域分工的尝试。

1984 年 12 月，经国务院批准的经济区范围扩大为沪、江、浙、皖、赣四省一市，面积为 51.69 万平方公里，人口为 1.93 亿。由此，经济区的构成出现了两个新特点：一是经济区的范围与四省一市的行政区划统一了起来；二是经济区的经济结构和经济关系发生了较大变化：农业产品、能源和矿产资源的供给条件有所改善，经济发展的不平衡性扩大，产业结构复杂化。根据这些新的特点和新的情况，经济区的规划建设的内容和目标也起了变化。

在这个期间研究并初步形成的《上海经济区发展战略纲要》，提出了"建立具有中国特色的社会主义区域经济新体制"的目标，以及"在坚持改革的条件下，建立以劳动地域分工为基础的专业化协作和综合发展相结合的区域性经济联合体系，逐步实现区域经济一体化"的新思路。但是，相对于理论探讨而言，在这个阶段实践的步子跨得不大。

3. 福建省加入经济区，大大增强了对外开放的前沿阵地，加快发展外向型经济的要求更形迫切。

1986 年 3 月国务院批准福建省加入经济区，这样，上海经济区拥有了六个沿海对外开放城市（连云港、南通、上海、宁波、温州和福州）、两个对外经济开放区（长江三角洲和闽南三角区），一个对外经济开放特区（厦门特区）和三个沿江对外开放港口城市（南京、镇江和张家港市）。这六市、二区、一"特"、三港的格局，已成为全国范围最大、战线最长、实力最强的对外开放的前沿阵地。特别是福建籍贯的华侨和外籍华人很多，他们共有 700 多万人，旅居世界 90 多个国家，拥有资产 700 多亿美元，这是一个十分有利的条件。显然，上海经济区进入到五省一市的阶段后，加快对外开放的步伐，推进外向型经济结构的形成，促进"内联外引"体系的建立，已成为规划建设的一项重要内容。

从以上发展过程可以看出，一方面，上海经济区的规划建设在努力适应改革开放和发展商品经济的要求；另一方面，在新旧体制摩擦下，它又不得不走上同行政区划合一之路。

（二）上海经济区规划建设的理论依据和目标模式探索

姑勿论同行政区划合一的决策是否失误，上海经济区规划建设的实践，对我们探索经济区规划建设的理论基础、目标模式和基本原则来说，还是十分有益的。

1. 理论依据：有计划商品经济理论和劳动地域分工理论的共同要求。

社会主义国家的经济区建设，一向以马克思主义的劳动地域分工理论为依据，主张通过统一的区域规划，把社会生产的部门分工同地域分工结合起来，建立地域经济综合体。现在看来，仅仅依靠这个传统理论已经不够了。我国的实践已经证明，在带有浓厚自然经济色彩的产品经济条件下，通过行政区划和指令性计划是无法实现部门分工和地域分工的融合的。问题很清楚,我国处于社会主义初级阶段,生产的商品化、社会化和现代化的水平都很低,离开商品经济的充分发展去谋求劳动地域分工的合理化,仅仅是一种空想。

广泛的横向经济联系和充分发育的市场体系是实行合理地域分工的基础和前提。只有具备了这个条件,生产要素合理流动,经济存量合理调整,才能实现生产力空间配置的合理化。要具备这个条件只有发展有计划的商品经济。多层次的充分发展和功能完善的中心城市是实行合理地域分工的主体,而这个成熟主体只能是工业化和生产商品化的产物。地域分工合理化的过程,也是经济由封闭型转向开放型的过程,而只有商品经济才是面向国内市场和国际市场的开放型经济。显然,规划建设经济区只能以有计划商品经济理论和劳动地域分工理论的共同要求作为理论依据。

问题在于:我们至今尚未在理论上把握这个共同要求的基本点和规律性,更没有在实践上把握由这个共同要求所决定的运行机制。因此,还有大量问题需要研究,比如,经济区规划建设中有计划的纵向调控与自主的横向组合的关系,大区统一规划布局与区际合理分工、区内综合发展的关系,规划建设目标的时序选择与空间选择的关系,区域经济的利益驱动、利益矛盾和利益调节问题,地方政府行为的引导和转轨问题,区域经济政策的理论基础等等。只有在认识这些问题上不断深化和突破,经济区规划建设的理论依据,才能逐步成型和丰满。

2. 目标模式:经济发展目标和体制改革目标的统一,区内多层次多重目标的组合。

上海经济区是在我国实行经济发展战略和经济体制模式进行双重转换的背景下进行规划建设的。其目标也具有双重性,即:一方面,要求通过区域性的合理分工和优势互补、优势组合,走出迅速发展生产力和提高经济效益的新路;一方面,要求通过中心城市形成跨地区、跨部门的经济网络,走出条块协调、城乡一体的新路。但作为总体目标,应当是经济发展目标和体制改革目标的有机统一。

这个总体目标,具体化到整个上海经济区,它必然是由多层次、多方面目标构成的目标体系：从行政区域看，五省一市不同省市有不同的经济发展战略目标；从生产力发展水平的层次性看，区内有以我国最大工商城市上海为中心、联结长江三角洲大中城市的城市群体，有以各省区较大经济中心为依托的省级经济区以及以各区域性经济中心城市为依托的省内经济区等，由于城市的聚集和辐射能力的大小不一，各有其不同的发展和改革的目标；从地区的地理位置看，面向太平洋、拥有优越港口群的沿海开放地带和拥有丰富资源与土地广阔的内陆腹地，也依其资源优势、技术优势的不同而会对经济区的建设和改革提出不同的目标。

　　规划建设上海经济区目标是否合理，就在于能否包容并协调多层次多方面子系统的目标、组合成有机统一的目标体系。要做到这一点，就只有提出符合经济区实际的发展战略目标和体制改革目标，并使之相互配合、相互作用，从而在协调多层次、多方面经济利益关系的基础上，把有计划发展商品经济所创造的新的生产力以及生产关系的深刻变化反映并落实在空间组合上。

（三）上海经济区规划建设中
面临的一些突出问题

　　在我国经济发展和经济体制双重模式转换现阶段进行经济区的规划建设，两种体制、两种机制和两种管理方式并存所造成的种种矛盾冲突，增加了这项探索性事业的难度。它所遇到和提出的问题主要有：

　　1. 在现阶段组织协调经济还得较多依赖垂直的行政系统的条件下，经济区运行机制的建立困难重重。

　　上海经济区的规划建设是在建制不变的条件下进行的，到了二、三阶段，经济区的范围又同省市的行政区划互相一致。而近几年来，我国经济改革的扩权让利还不得不按照原来的行政系统去进行，中央实行宏观调控的主要政策措施仍然主要依靠省市等地方政府去落实，各个城市和区域的财政、信贷、投资、外贸、价格和工资等方面的权责利，都同行政层次捆得很紧。一方面,传统的体制、机制和管理方式的惯性力量很强;另一方面,新型体制模式所依靠的经济组织、杠杆和方法正在发育或发育迟缓,各方面经济关系没有理顺。在这种特定的历史条件下,经济区只靠"规划"、"组织"和"协调"等手段,就显得吸引力不大、号召力不强和权威性不够。其进入"步履维艰"的处境也是必然的。

面临这种困难,有几种选择:一是从组织上动手术改变建制。二是赋予经济区规划办公室审批投资项目、变通财政分成、掌握信贷资金、控制外汇额度等权利,以提高其吸引力和号召力。三是坚持探索建立新体制、新机制的建区初衷,准备打"持久战",创造条件,逐步扩散,不走回头路。我们认为,用改变行政建制或者依靠一个有行政权力的经济区领导机构的办法来推动经济区的规划建设都是不现实的,也是不可取的。

2. 劳动地域分工的进展缓慢,使上海的中心作用和区内城市群体的优势难以发挥。

经济区规划建设的进展和成效,在很大程度上取决于上海和沪、宁、杭城市群体以及50多个城市能否在地域分工的基础上充分发挥各自的优势,并在这个基础上形成区域的整体综合效应。五年来,由于利益刚性碰撞、市场发育不全、生产要素流动和竞争受阻等原因,经济区内各个城市和地方的产业结构趋同、城市功能分工不明的情况改变不大,劳动地域分工的状况没有多大改善,各类中心城市优势未能充分发挥。

实践提出了这样一个问题:在我国还处于社会主义初级阶段,商品的发展还没有培育起完善的市场体系和竞争机制的条件下,看来在发展有计划商品经济的进程中,采用有效的产业政策和配套改革的措施去推进劳动地域分工的发展,可能是一种选择。

3. 自上而下建立经济区与自下而上成立各种区域经济联合组织缺乏关联性,使整体规划和协调产生困难。

上海经济区成立以后,特别是近两年自下而上多种形式的区域经济联合发展很快。市管县范围内的"小经济区"与行政层次关系密切的省级经济区,跨行政区划的区域经济联合组织等的活动比较活跃。相形之下,上海经济区的规划建设进展较慢,而且同这些组织形式缺乏内在的关系。

如何使多样化的区域经济联合组织规范化,使之与上海经济区的规划建设相协调并从宏观上加以整体组合,以形成不同层次、不同类型的经济区的有机系统,是实践提出的又一个新课题。

上海经济区建立五年来的实践,只是拉开了我国综合经济区规划建设的序幕,在探索新的区域经济体制和区域发展战略上仅仅跨出了第一步。但是它的实践经验和提出的问题却是十分丰富和深刻的。

(四)上海经济区规划建设的实践 给江苏战略选择以启示

江苏省是上海经济区范围内相对独立的一个组成部分。作为经济区的组成部分,它的战略选择就必须与经济区规划建设的指导思想和战略安排相适应;作为相对独立的省区,它又必须建立与自己省情相符合的经济决策和调控体系,加强对经济的组织协调功能,以最佳组合省区范围内多方面的经济优势。特别是从后一方面来看,江苏省同上海经济区一样,必须以有计划商品经济理论和社会劳动地域分工理论为依据,以统筹协调省内多层次多重目标并保证其实现为方向。近几年来,江苏在经济发展和体制改革的实践中,在取得显著成就的同时,也出现了一系列矛盾。如果从深层上剖析,所遇到的一些突出矛盾同上面分析的上海经济区所遇到的一些突出矛盾有着许多惊人的相似之处。

从组织协调区域性多层次经济的角度看,上海经济区要把握前进方向,解决好面临的一些突出矛盾,就主要而言,需要妥善处理好若干关系问题,而这些关系问题的提出和处理,对推进江苏经济的继续前进是同样适用的。

1. 如何处理好沿海开放地带与广大腹地的关系问题。

沿海沿江开放地带是上海经济区对外开放的前沿阵地。而广大腹地地区范围大、资源丰富,具有巨大的潜在优势。上海经济区范围经过两次扩展后,对外开放的色彩更加浓厚,应该充分利用沿海沿江地带地理环境、港口条件、经济科技力量以及多年来在开拓对外经济技术合作渠道等方面优势的积累,在对外开放上大做文章。问题是如何处理好这一地区与腹地的关系。总的是要利用沿海地区与腹地之间在生产技术上的"落差",来推进生产力的横向运动,促进腹地的开发繁荣。但是,腹地的开发繁荣并不是以区内生产力"落差"的缩小或消除来实现的;恰巧相反,是要通过利用"落差",推进生产力的横向运动,然后,形成新的"落差",推动新的生产力横向运动这样不断循环往复的过程实现的。因此,如何通过建立必要的经济利益协调机制,调节沿海与腹地包括加工区与资源区、发达地区与欠发达地区之间的经济利益关系,实现腹地支持沿海地区增强对外开放能量、沿海地区支持腹地提高资源开发水平的相互推动,就非常值得研究。

在江苏,同样有个搞活沿海沿江经济开放地带与开发繁荣苏北腹地的关系问题。应该着眼于首先搞活沿海沿江,形成强大的对外开放优势,同时加强发展同腹地的横向经济联系,建立互为条件、互相推动的联动机制,从而带动全省共同繁荣。

2. 如何处理好中心城市和周围区域的关系问题。

首先是作为经济区的中心城市上海要密切与整个经济区的关系。从组合整个经济区的综合优势出发,上海必须面向区域、服务区域,在地区之间生产要素流动、能量转换和利益分享的过程中,在整个区域内特别是在长江三角洲范围内,发挥其组合规模经济、优化经济结构和协调经济运行的功能作用。建区以来,上海在这方面做出许多努力,大大促进了区域内横向经济的协作和联合活动的开展,但是,就由于上面提到的受当前双重模式的转换的制约,还没有取得实质性的突破。

联系到江苏,这方面的关系主要表现为城市与县区的关系。江苏在实行市领导周围县的管理体制的条件下,县区经济同城市经济一起,构成了推动全省经济起飞的两翼。目前在苏州、无锡市管县范围内国民经济总量中,县区已超过城市,县区经济正日益显示出不可忽视的作用。在这样的新情况下,中心城市怎么样协调与县区的关系,进一步发挥其对组织推动周围县区经济的主导作用,就很值得研究。从上海接受启示,江苏的一些大中城市,不能热衷于与县区攀比经济数量的增长,而必须在开发高技术与新兴产业上积累优势。

3. 如何协调好加强农业这个基础与发展非农化经营的关系问题。

农业在上海经济区具有不容置疑的基础地位和作用。这就在客观上决定了上海经济区的发展模式不可能是单一的城市经济模式,而只能是城乡经济一体化模式。发展社会主义大农业是上海经济区的一大战略重点。上海经济区农业虽然发达,生产水平较高,但农产品特别是粮食的人均占有水平并不高,无法满足经济区发展的整体需求。值得注意的是,现在的每个中心城市都企图在周围地区建立牢固的"农业基础",尤其是粮食基础,而每个地区则想把农业和粮食控制在"自给"水平上,甚至把农业当作是一种"包袱",尽可能地把自己的农业生产任务转嫁给其他地区。显然,这种想法是不可取的,甚至是危险的。目前这种力求农业和粮食"自给"和"外推"的势头还在发展,不可忽视。

从江苏来看,协调农业与非农业的关系同样十分迫切。特别是乡镇工业发展势头猛的苏南,这个问题更形尖锐。要在促进农业上新台阶、工业上新水平、产品进一步外向化的基础上,实现城乡各业的协调发展,并走上城乡经济一体化。

处理好以上几方面的关系,表面上看是一个如何组织区域经济协调发展的问题,实际上无一不是与深化改革有关。就是说,规划建设上海经济区,必须把建区与改革结合起来,不能相互分割,而只能互创条件,互相推动。对江苏省来说,也有个通过统筹考虑发展与改革,使发展战略思考与改革战略思考统一起来,以有效协调好多方面关系的问题。

(五)关于提出江苏经济发展总体战略指导思想的思考

发展战略研究首先要解决战略选择的整体指导思想。上海经济区规划建设实践提出的问题,对江苏发展战略选择的最大借鉴意义首先也是在指导思想上的启示,即启示我们必须从全省的整体出发,强化适应时代要求的能促使改革与发展相互适应、相互促进的全省性总体战略的研究。

江苏经济多年来一直以超前性的势头向前发展,其具体表现在按我国经济建设"三步战略步骤"超前走出了第一步。江苏八年间国民生产总值和国民收入都增加了 1.4 倍以上。

形势在发展,时代在前进。江苏经济面临着新的考验:随着内地工业的发展和提高,国内商品市场上与江苏竞争的对手正在不断增多;随着商品经济以前所未有的规模向全国范围扩展,依靠数量增长在全国超前发展的江苏某些优势正在逐步弱化;随着世界新技术革命浪潮的兴起,江苏经济技术结构低级化的矛盾正在日益显露。

所有这些,都是在国际环境发生变化、国内改革巨轮推向前进过程中出现的新问题。要解决这些问题,保持江苏经济继续以超前的势头发展下去,不是单纯依靠各个市县、各个部门自谋战略对策就能办得到的,也不是孤立地就经济发展去提出对策所能办到的。而是必须加强对江苏经济的整体战略研究,不仅确立把全省各地区、各方面的优势集中起来并配置得当,使原有优势获得质的提高,使单个优势进一步组合成综合优势的发展战略的整体指导思想;而且要确立改革与发展相互结合,通过加快、深化改革解决改革过程中出现新矛盾以有效促进发展的这样一种整体战略指导思想。一句话,确立使计划与市场的作用范围都能覆盖全社会,促进社会主义商品经济在全省健康发展的整体战略指导思想。

根据江苏地处沿海开放前沿阵地而又拥有两个开放城市、一个经济开放区以及一批能外通海洋的开放港口的优势,根据国内国际经济格局的深刻变化以及江苏"积极提高苏南、加快发展苏北"的迫切需要,根据前面论及的组织协调区域性经济的理论依据和目标模式,我们认为,江苏经济发展战略的指导思想应当是:

——利用沿海对外开放的优势,首先搞活沿海沿江地区,同时统筹考虑南北优势的合理组合,从面向国内外两个市场发展外向型经济出发,在坚持改革与发展的相互适应、相互促进的条件下,在发展社会主义有计划商品经济的过程中,突出科技进步,按照发展社会化大生产的客观规律和社会劳动地域分工的客观要求,以大中城市为依托,推进产业结构合理化和资源空间配置合理化,实现全省范围内优势的最佳组合和充分发挥,把数量增长为主的超前发展提高到效益超前的新水平,在全国超前一步实现四化。

对这一指导思想加以概括,也就是这样几句话:立足沿海,协调南北;外向开拓,科技领先;依托城市,优化结构;深化改革,率先四化。

(六)要有落实江苏经济发展战略的一系列对策体系

上面所提总体战略的指导思想,需要从全国和全经济区出发,围绕全面实现我国三步战略对江苏的要求,落实到一系列的具体对策上。这一系列的对策必须是相互联系、相互配套的一组组的对策群或对策体系。这里,就对策体系的内容从主要方面提出一些看法和建议。

1. 地区产业结构合理化的对策体系。

在与全国、全经济区产业结构发展的基本方向相一致的条件下,在搞活企业经营机制的前提下,确定地区产业结构合理化的目标和规划,并具体化为一系列产业政策。产业结构包括产品产业结构、技术结构、企业组织结构、空间结构,把这一环抓好了,就有利于把发展与改革、计划与市场、宏观管理与微观搞活结合起来。江苏要扭转生产布局分散化以及低水平上重复建设而出现的经济技术结构低级化的趋势,这方面的任务特别艰巨和繁重。需要多方面配套的对策体系:产业发展目标的战略选择;产业结构、企业组织结构调整、改造的目标和方案;关于技术引进、技术消化转移、技术开发储备、技术改造的政策;高技术产业的开发,传统产业与新兴产业的结合;地区产业政策的制定和实施;配套运用价格、财政、税收、信贷等经济杠杆进行干预和调节;支持乡镇企业与城市企业结合,推进企业集团化和规模经营;规范建设小城镇和区域性城镇体系,等等,都要统筹考虑。

2. 内外市场开发纵深化的对策体系。

利用沿海对外开放优势,扩大对外开放的广度和深度,并密切沿海沿江地区与苏北腹地的经济技术合作,离不开国内国外市场的深度开发。而国外市场的开拓,必须以国内市场化程度的提高为条件。为此,要促进与搞活企业相适应的商品市场和各类要素市场的发育和成长;促进人才、资金、技术、资源等各种生产要素,按照产业结构调整的方向合理地横向流动和重新组合;利用多口岸、多渠道组织优势拳头产品打进国际市场;发挥各类中心城市在市场流通中的枢纽作用;发展地区间、城乡间以商品流通为先导的经济网络;这些等等,要有相互配合的对策体系。

3. 宏观经济调节区域化的对策体系。

根据建立我国社会主义有计划商品经济新体制的基本框架设想,国家重点管总量平衡主要是价值量的平衡,管结构的协调,并通过深化、配套改革,形成"国家调节市场、市场引导企业"的运行机制。宏观经济管理方式的改革,当然要分层落实到一定地区,包括使新的管理手段和机制能为各个省区掌握。江苏要超前开拓这方面的改革路子,也需要有一系列对策体系。例如:围绕产业政策的实施,运用计划调节和市场调节两种形式,走出间接控制为主的新路;进行计划、投资、财政、金融、外贸等体制的配套改革,走出综合运用各种经济杠杆的新路;在企业横向经济联系中加强组织、协调和服务作用,走出条块结合、纵横协调的新路;充分发挥中心城市对地区经济的协调功能,走出城乡经济一体化的新路;等等。

这些对策并不完整,更不具体。经济发展如何与社会发展结合,经济体制改革如何与政治体制改革结合,均未涉及。因为这里所以要在一些主要方面提一提对策设想,目的不是想说明各条对策的个体,而是要着重指出对策也要配套,以产生整体效应。要集中发挥一个地区的优势,形成强大的综合优势,不管是一个经济区,还是一个省区,都必须从我国社会主义初级阶段的实际出发,按照发展有计划商品经济的客观规律,从改革与建设相互结合的角度确定发展战略的总体指导思想,并落实到相互配套能产生整体效应的对策体系上来。这就是从上海经济区规划建设实践中获得的最大启示。

（原载《江海学刊》1988 年第 6 期、《江苏经济探讨》1988 年增刊,与钟水一、任新保、严英龙合作,顾松年统稿。）

强化中心城市的枢纽作用
增强区域化城镇体系的整体功能

纵观世界各国现代化的进程,正是城市化运动带来了世界现代文明。特别是具有高规模聚集效益和强文化效应的大城市,代表了一定区域生产力的最高水平,起着城乡联结、区域发展、文化传播、社会进步的主导作用。所以列宁认为:"城市是经济、政治和人民的精神生活的中心,是前进的主要动力。"[①]江苏所以能较快地走完以农为主的路程,超前进入工业化中期的初始阶段,正是和发展了较多的大城市和"明星城市"分不开的。今后,要超前走完工业化路程,并追踪发达国家走向后工业社会,必需有若干个聚集经济效应更强的现代中心城市,包括以大中城市为枢纽、带动大中小城市协调组合起来的区域性城镇体系,在组织省区经济的最优化发展中起积极的先导作用。

从体制改革的目标看,特别是从推进宏观(中观)调控机制的改革来看,强化中心城市更有迫切的意义。中心城市由其经济、文化、科技等的中心地位和作用所决定,必然会同周围地区发展日益广泛的联系。它既是区域市场和市场体系的枢纽点,信息、智力的密集点,又是区域经济纵向贯通、横向联系的交汇点,因此,它应当成为国家强化宏观(中观)调控的依托地。

可见,不论从现代化建设出发,还是从深化体制改革出发,都不能以目前在乡村工业广泛而迅猛发展基础上出现的普及而平行发展的小

---

① 《列宁全集》第 19 卷,第 264 页。

城镇运动的现状为满足。

当然,江苏依靠农村乡村工业的超前发展,突破了"农村——农业、城市——工业"传统的分工格局,城乡经济从原来彼此封闭半封闭的状况转变为系统相互开放、要素双向流动,以此带动了全省社会化、专业化和商品化生产的发展,这无疑是一大历史进步。

但要看到,这几年江苏的小城镇是在蓬勃兴起的乡镇工业的支撑下加快发展的。这里,一方面反映了乡镇工业的功绩;另一方面也存在着工业乡村办、城镇乡村建的分散性局限性。以乡村工业发达的苏南农村来说,同村村冒烟、户户务工的情况相联系,县、乡、村都是各谋自己行政区划内的小城镇建设。按乡按村兴办工业的结果,带来了小城镇块块化建设的均衡铺开和平行发展,严重约束了在发挥地区网络化经济基础上聚集新兴城市的城市化机能,使农村城市化滞后于工业化。重复、分散的乡镇企业缺乏规模效益,平行、均衡建设的小城镇也不会有一定地区内聚集程度较高的良性效应。不仅乡村之间工业布局重复,而且城乡之间产业结构趋同①。这一方面说明了农村工业布局上的混乱,另一方面也反映了大中城市自身产业聚集、功能升格的滞后。近几年来,在片面强调发挥县区经济作用的情况下,县区向经济总量翻番"高歌猛进";在增长速度相互攀比的过热化的环境里,城市——市管县体制下的市区不甘落后,"策马紧进",也去搞同一模式的外延扩大再生产和"一体化"的低技术占比重大的产业结构。这样,放慢了城市产业结构高度化的努力,阻碍了市管县范围内城市的聚集程度的提高,造成了市区基础设施超负荷和中心城市功能的相对萎缩,当然也就谈不上区域内城镇体系整体功能的强化。至于因此而多占耕地,扩大污染,更是值得注意的事。

---

① 江苏乡镇工业构成:机电、化学、纺织、皮革、饲料、食品等工业占56.2%,城市工业这些行业的产值也占到49.5%,两者相差无几;同时具有现代工业特色的产业,城市所占的份额并不比农村大多少,各自所占比重都比较低。参见江苏省统计局《江苏省产业结构的历史演变及现状评价》。

　　情况表明,迫切需要在现有大中城市基础上,大力培植自身功能强、覆盖面大的中心城市;同时打破平行发展的小城镇格局,再造多层次组合的城镇体系。这两者应当是相互推动的。

　　关于前者,要以改革为动力,在提高城市本身产业结构优化程度的同时,发挥其把一定地区空间范围内生产要素和能量聚集组合为规模经济的功能;在此条件下,把城市建设成为能衔接宏观经济与微观经济,作为省区中观调控系统中的一个中观组织枢纽。强化中心城市功能,不在于同县区攀比增长速度,也不在于搞外延扩大的城市规模,要紧的是在科技开发上保持先导性,即大力采用先进科学技术,开发新兴的高技术产业,先于周围中小城市按照现代化的面貌改革产业结构;此外,就得发展与区域化服务相适应的现代城市的基础设施建设。不在这些方面作出成效,就不会有中心城市对周围地区应有的聚集功能、辐射功能和协调功能,就会失去对周围地区的吸引力,也就巩固和推进不了区域化经济联合的发展。

　　关于后者,同样要以改革为动力,关键是要打破把小城镇局限在各个行政块块内平行发展的格局,分层发展大小城镇,包括根据条件催化有相应聚集功能的新兴城市的脱颖而出。针对农村城市化滞后于工业化以及现有城镇布局的状况,必须从不同地区经济、自然、社会的不同条件出发,按照合理的劳动地域分工的要求,讲求比较优势下的比较利益,把在一定区域范围内生产力的空间布局同中等城市、县城、乡镇、集镇的分层建设结合起来。在这个过程中,要引导村村冒烟的乡镇企业分别向不同层次的城镇集中,促使不同层次的城镇集约人口、集约经济、集约科技的程度都有相应提高。

　　大中城市功能升格,小城镇分层梯度发展,两股城市化的趋势汇合起来,在全省有机组合成以大城市为龙头的城镇体系,这样的城镇体系作为网络化经济正常运行的载体,才能在全省区域经济最优化发展中发挥应有的系统功能。

　　要做到这一点是有难度的。难就难在客观上存在着深层的体制障碍。在苏南,乡镇工业发达,城镇密集,这是优势。但是,在行政性分权、政企难分的现行体制下,各方面的利益冲突也在深化。一批县改为市后,在一个市管县范围内。大市与小市之间的矛盾和摩擦增多;无锡、常州、苏州三个市区同工业化程度比较高的无锡、武进、吴县仍然实行市县分治,和形势的发展已明显不相适应;缺乏明确的功能分工的苏、锡、常城市群体化的组合,多年来进展迟缓;等等。这些既制约着中心城市功能的增强,又不利于新兴城市的成长和小城镇发展的合理布局,都会阻碍城市集中的内在运动,要摆脱困境,还有待于从打破体制障碍上作更深层的研究。

　　(原载《江苏经济十年纵论》综合篇第六章,顾松年执笔,南京出版社 1989 年 9 月版。)

苏锡常要靠大市场的充分发育强化呼应浦东开发的整体优势

——兼探"同域分治"的弊端及其出路

　　浦东开发为"龙头",腾起沿江"一条龙"。江苏呼应浦东,扩大开放,必然要以沿江经济带的开发建设为重点,而苏锡常地区,地处紧靠浦东的"龙脖子"区位,上连"龙头",下牵"龙身",因此,开发沿江又必须以苏锡常为重点。

　　这个地区目前已经出现了与浦东开发相呼应的蓬勃高涨的大开放势头。1991年,苏州市新批利用外资项目与"三资"企业数都在全省十一个市中遥遥领先。吴县、张家港、昆山、常熟等县(市)1991年利用外资项目817个,合同外资金额5.35亿美元,实际利用外资1.91亿美元,分别占到全省的57.9%、56.6%、56.5%。

　　苏、锡、常出现对外开放的好势头,其外在因素是紧靠上海——浦东,其内在因素是这里商品经济发达,人们市场意识强,经营头脑活。从改革的角度言,面向大市场的改革在这一地区起步早,因而早就开拓了以市场调节为主之路。

　　现在问题是:如何才能沿着这条已经开拓了的路子继续开拓前进,如何才能建立起适应市场调节为主的大区域的经济运行机制,形成苏、锡、常呼应浦东、扩大开放的整体优势,真正发挥其东连"龙头",西牵"龙身"的"龙脖子"功能,这是值得认真探索的。

以市场取向的深化改革
促进市场的充分发育

对外开放必须有相应发育的市场基础。苏锡常出现目前扩大开放的良好势头，正是与扩大运用市场调节的机制作用相联系的。但是，按照强化苏锡常呼应浦东、扩大开放整体优势的要求，现有的市场取向改革的进展还是远远不够的。

应当充分肯定，苏锡常实行市场调节为主的已有成效是十分明显的，开拓的这条路子是成功的。这表现在多方面：

一是大量兴办了与市场调节天生结合在一起的乡镇企业。在我国，"异军突起"的乡镇企业就是在苏、锡、常地区首先兴起的。在传统的指令性计划经济体制下，乡镇企业从其诞生之日起就是计划外生产，原料靠市场，销售靠市场，人才靠市场。因而具有面向市场、利用市场调节的灵活性强的经营机制。就企业个数而言，1991年底苏锡常乡村工业企业33742个，占到三市村以上工业企业总个数的90%以上。与市场经济紧密联系的乡镇企业的大量发展，决定了三市经济必然以市场调节为主。

二是纵深展开了跨地区、多领域的横向经济联合。同乡镇企业超前发展相联系，这里的横向经济联合也是起步早、发展快。横向联合的形式从跨地区的物资协作发展到在外地建立相对稳定的原材料开发基地；横向经济联合的层次由松散型的专业化协作"一条龙"走向以名优产品为龙头、以骨干企业为主体的紧密半紧密型的企业集团，由生产经营性联合走上资产、经济一体化的联合；横向联合的范围从生产领域延伸到流通、金融、科研、交通等多领域；横向联合的地域，同对外开放相一致，从国内扩展到国外，1991年底止，境内三资企业1200余家，还新办海外企业22家。横向经济联合的纵深发展，扩展了苏锡常市场调节的领域，增强了市场调节作用的力度。

三是较早培育了城乡商品市场和要素市场。作为市场调节的舞台,各类有形市场在苏锡常发展也较快。到 1990 年,这一地区已建设各类常设市场 1200 个左右。一些专业批发市场随着辐射范围的扩大及其功能的增强,由现货交易向期货交易发展,出现了苏州物资市场、吴江东方丝绸市场、常熟招商市场、吴县渭塘珍珠市场等知名度大的四大"明星"市场。各类有形市场的发展又为这里的市场调节为主扩大了活动的舞台。

在苏锡常地区,目前指令性计划部分在工业生产、物资流通领域里都已只占 5% 左右。但是,以市场调节为主,充分运用市场这个经济手段,其成效如何,不只是看经济活动的市场调节比重有多大,也不只是看是否放开了单个企业的供产销,而是看市场的发育程度以及市场调节赖以运作的市场机制对配置社会资源的作用力度和有效程度如何。"计划和市场都是经济手段",都是用以配置社会资源的方式。只有在完善市场机制基础上的市场调节才能与计划导向相协调,起作用于对社会资源的有效配置。

毋庸讳言,在目前体制条件下,苏锡常同其他地区一样,市场体系不全,特别是金融市场发育滞后;市场主体,从发挥城市国有大中型企业的主导作用的要求衡量,远未发育成熟;作为市场机制核心的价格形成机制的转换也尚未到位;定价权限放开不够是一个方面,缺乏反垄断、反暴利、反欺诈的规范管理是另一个方面,这就不能不带来价格信号的扭曲。一句话,苏锡常地区还远未形成超越条块、统一开放的大市场以及相应完善的市场机制。正由于如此,目前苏锡常对外开放的好势头,主要表现在市、县、乡在对外贸易的发展,特别是小型化的外资项目的引进上;还远未产生调节和优化社会资源配置的机制性效应,也就是说,强化面向大市场的相对完善的市场机制的作用力度,改善块块经济结构趋同化和乡镇企业"小而散"的生产布局和组织结构的现状,促进现代工业的规模发展和产业聚集,还远远不够。

从近期看,苏锡常扩大开放的近期势头的确很好,但绝不能以此为满足,而必须着眼于发展现代大区域经济的长远,着力于推进市场取向改革的深化,逐步完善面向大市场的市场机制,在苏锡常地区形成扩大开放的整体优势,使之成为长江三角洲地区的强大聚集辐射中心之一,实现与浦东开发开放的接轨以至与国际市场的机制性接轨。

与浦东接轨,包括毗邻地带接轨、基础设施接轨、产业接轨以及政策接轨等等,但根本性的接轨是大市场的市场机制接轨,是在市场机制接轨基础上经济运行的机制接轨。

因此,苏锡常必须以实现与浦东的机制性接轨为目标,以深化市场取向改革为途径,沿着以市场调节为主的路子继续开拓前进,才能在呼应浦东、扩大开放中既放开搞活市、县、乡的多层次经济,又强化外向型区域经济的整体优势。

把开拓大市场与增强中心城市的功能统一起来

在苏锡常地区,深化市场取向改革,强化其呼应浦东的整体优势,不能不同组合和发挥城市群体的功能作用进行统筹考虑,苏锡常的城市群体,包括现有大中城市和小城镇,也包括开发建设中的工业新城和港口城市。

大中小城市,作为不同地域范围内的经济中心,其功能有多方面,而与大市场相联结的流通中心功能是其基本功能。城市的流通中心功能,是通过城市为依托的各类市场网络化联系的纵深发展来实现的。市场的高度发育必然伴随着城市流通中心功能的高度发达。因此,无论是商品市场,还是包括资金市场、信息市场、技术市场、劳务市场和房地产市场等在内的要素市场,都只有依托于跨越行政条块的大中城市之间的横向联系的发展以及城镇体系整体功能的强化才能发育成长起来。

从这个意义上说,深化苏锡常地区市场取向改革的内容就应当包含着如何增强城市特别是中心城市这个大市场的活力的问题在内。

值得关注,同县区相比,苏锡常三个市区的经济活力相对弱化,经济社会事业的发展出现了相应放慢的趋势。

以无锡市为例,一市区三县(市)八十年代国民生产总值分别占全市总量的比例发生了如下变动：

	市　区	无锡县	江阴市	宜兴市
1980 年	48.27%	19.38%	17.50%	14.85%
1990 年	37.21%	24.76%	22.87%	15.16%

　　无锡市在八十年代国民生产总值年递增 16.3%，而市区是 13.3%，结果如上表所表明，在全市国民生产总值中所占的份额从 48.27% 下降到 37.21%，下降了 11.06 个百分点，而三县（市）则分别上升 5.38 个百分点，5.37 个百分点和 0.31 个百分点。

　　苏州、常州市区也有类似现象，出现这个状况主要是由于体制上的原因，但不管怎样，作为区域性经济中心的三个城市的活力相对弱化，却是现实，从社会化大生产的角度看，这一状况显然是极不正常的，它制约着区域性大市场的发育和现代化大经济的发展。

　　目前苏锡常的市场格局是分割性小市场和区域性大市场并存，但在中心城市流通功能不足的条件下，基本上还是市、县各办地方市场，制约着区域市场的发育，特别是制约着金融、技术等大区域要素市场的成长。

　　从苏锡常要在呼应浦东、扩大开放中强化整体优势以及对沿江开发开放的带动效应的这一目标来说，就得要求通过市场取向改革，强化中心城市的功能和大市场对社会资源的配置机制，促进产业结构包括要素的地域空间组合趋向合理化。因为只有这样，苏锡常才有可能在较高层次上实现与浦东开发开放的呼应和接轨，否则，在相互分割的地方市场的牵制下，就只能在低层次上小型、分散地接受浦东辐射，这反而会深化市县、城乡间低水平的重复引进、重复布点和产业同构的矛盾，削弱苏锡常的整体优势。其结果，苏锡常呼应浦东势必事倍功半；要与浦东以及国际市场接轨，要以苏锡常的先行突破长江、带动全省，都可能成为一句空话。

　　大家知道，苏锡常工业总体结构以及市县结构趋同是一个老问题，由此导致了资源的浪费和损失是严重的。老问题为什么难以解决？简单而言,体制关系不顺是根子;具体而言,就是由于城市特别是大中城市流通中心功能不强,市县分割的块块市场阻碍了在大区域范围内对社会资源优化配置机制的形成。

因此,必须探求促进大市场的发育和城市流通中心功能的增强。

首先,苏锡常要在总体规划下推进大中小城镇体系的建设。要确定三个中心城市合理展开布局的指导方针和目标;从实际出发,培植和支持有条件能与苏锡常区域大市场发育相适应、能与浦东的开发开放相呼应的名符其实的区域性中心城市和次中心城市的成长。要根据大市场发育成长和市场网络化联系的客观要求,发展三个市区城市基础设施建设和大区域交通运输网络,对城市布局作必要的拉开和延伸;同时,长远着眼,推进小城镇和新兴城市的规划建设,有种意见提出,把张家港、江阴、靖江组合成像武汉三镇那样组团式的次中心城市,从它们的区位优势和苏锡常以及沿江开发的需要和条件考虑,这个设想是合理的。

其次,苏锡常三个市区要着力于提升自身产业结构层次。在县区目前的开发开放的势头下,市区要增强经济中心的功能作用,必须把发展的视野转向高新技术产业,在科技开发上保持对周围县区的高位势差;并把科技开发与大力发展第三产业和培育包括科技市场在内的市场体系结合起来。加快城市产业结构的高度化和合理化,强化其对县区经济的辐射力和吸引力,启动要素的地域空间再组合,促进市县间趋同化的产业结构走向趋异化发展。

推进有利于大市场发育的
政府管理职能的转换

苏锡常在市场取向改革中呼应浦东、扩大开放不能没有政府协调和行政推动。换个角度说,苏锡常要强化呼应浦东开发开放的整体优势,就必须有深化市场取向改革与完善政府管理机制的相互配合。

如何才能有效推进苏锡常城镇体系的统筹建设?完善现行市管县

体制，协调市县关系，是必然选择。由于种种历史原因加上县级市的增设，原市管县体制确已有许多不适应处。其突出表现之一是三个市区和分别环抱市区的三个县之间的体制矛盾的深化，即无锡市区与无锡县、苏州市区与吴县、常州市区与武进县，既是市县政府领导机构同驻一城，又是市县划界分治，带来工作上的摩擦和利益上的冲突的深化。

我把这个矛盾概括为"同域分治"的矛盾。

"同域分治"是与按社会化大生产客观规律组织生产和流通的要求逆向而行的。它在客观上导致同域分治的市县间实际矛盾的加剧。既制约中心城市布局的合理扩展和延伸，又阻碍着县区城镇化的正常发展。

有人认为，"同域分治"的市县合并势在必行。我基本上同意这个看法。

不过，在现实体制下实施这一主张很难行得通，主要是市县间市场取向改革的力度不一致，发挥市场调节作用的程度不同步。说得透一点，城市掌握政策的灵活性比不上县里。因此，如果贸然实行市县合并，有可能反而约束了县区经济的活力。

解决这个问题，需要在改善市管县体制，建立与强化苏锡常呼应浦东的整体优势相适应的政府行政管理新机制的总体谋划下进行。一方面，要充分看到"同域分治"的体制弊端，坚持把解决这个矛盾作为改革条块分割的管理体制的突破口来抓；一方面，就是要在统筹谋划下抓好旨在正确发挥政府领导机构经济职能的配套改革措施。

一、以"小机关、大服务"为改革目标，转换政府机构经济管理职能。政府机构改革，除了转变机关作风、强化为基层服务外，主要要从转换观念入手，转换职能和管理方式。目前经济活动以市场调节为主，政府管理仍然是直接调控为主。因此，关键是管理上从直接的行政手段为主转换到间接的经济手段为主。苏锡常的有些县（市）在这方面已有动作，正在迈开使政府解开企业手脚、企业离开政府"怀抱"的关键性一步，真正把企业推向市场。在苏锡常利用市场调节，县里比市里活；政府经济管理职能的转换，也是县里比市里快。市级政府机构改革应当尽快跟上,不仅城市大中型企业要引进乡镇企业经营机制,城市经济管理部门也应引进县区能适应于市场调节为主的经济活动的政府管理机制,借以缩短市区与县区发挥市场调节作用上的差距。

二、在引导农村工业、县级经济规模发展的要求下,促进城镇体系建设的地域空间协调。在扩大开放中,苏锡常的城镇建设会有进一步发展。目前各县吸取昆山工业小区建设的经验是好的。但必须及早综合谋划,对苏锡常地域内包括大中城市在内的城镇体系的合理配置,加强规划引导和协调;要防止"乡自为战",各搞各的小区建设。否则,就会加剧地域内的块块分割、市县分割,这不利于以中心城市为依托的大市场的发育,也是和发挥市场机制作用,调节和优化社会资源配置的要求相悖的。据了解,苏州市在当前加快开放步伐的大潮中,县、乡竞上经济技术开发区或工业规划区,县(市)级办的 10 个,乡级办的有 100个以上,应该肯定,就一个乡范围来说,集中建设开发小区,同以前村村冒烟、工业布点分散化相比,是一大历史进步。但是,目前这种建设毕竟还没有突破"乡自为战"的老路,从宏观看,仍然会带来资源分散,极不经济的不良效应。苏州市领导已注意及此,除重点培养有条件的县级开发区外,对乡级开发区拟区别条件,因势利导,推进合理分布,引向相对集中,组织规模发展,这无疑是十分正确的。这设想宜在苏锡常地域内在省政府的行政协调下,全面推行,特别是"同域分治"的市县,更应从推进大开放出发,培育大市场,共建大都市。

三、从创造市县平等竞争的环境出发,疏理协调上下左右政策。市区、县区发挥市场调节作用的大小,主要表现在用足、用活、用好政策的不同上,相对而言,县区政策用得比较活,在政策允许的范围内灵活变通比较好。但从另一方面看,如果市县和县县之间从不同的偏好出发,各行不同的灵活变通,带来政策倾斜的过于悬殊,那就又会导致块块之间的非平等竞争和利益摩擦,影响宏观引导和区域协调,不利于苏锡常呼应浦东的整体优势的形成。因此,如何做到上下左右政策协调配套,是个值得重视的问题,无锡市对此已有考虑,强调加强政策研究和政策协调,要对原有政策进行梳理,对不适用的政策规定加以修改或取消,对于条块摩擦的政策进行必要的调整,促使上下左右政策实施的配套和对接。当然,做到这一条,苏锡常三市自身要努力,但更得有省里的支持和配合,有条块的合作和协调。

(原载《无锡论坛》1992 年第 4 期)

城市群体:苏南现代化的主导力量

苏南①提出了率先实现现代化的目标,令人振奋,但也由此引发人们的思索:苏南应当以什么样的思路来组织这一个目标的实现? 有种意见认为,苏南的实力和优势在农村,在乡镇企业,在小城镇。这似乎并不全面。我的想法,恐怕要尽快扭转城市化滞后于工业化的趋势,努力推进城市化的进一步发展,搞好城市群体建设,强化其在现代化进程中的主导作用。

苏南现代化的基础和优势

苏南位于紧靠上海的长江"金三角"的心脏部位,是我国市场经济的先导型地区。乡镇企业在全国独领风骚,当我国中西部地区乡镇企业尚属于萌生起步阶段时,这里的乡镇工业已创造了年递增 34% 左右的"苏南速度"(1978—1986 年);城乡工业企业并肩前进,形成相对完整的工业体系,使这里成长为我国工业化程度最高的地区之一;跨地区经济技术协作活跃,这里早就开通了市场调节为主之路,市场建设也相对发达;开发区滚动兴办,苏锡常"火炬带"开始燎原,一批高新技术产业群在这里初步形成;农村多行业多元化经济综合发展,县域经济综合实力快速增长,1992 年中国农村综合实力百强县评定中,这里 12 个县(市)个个进入百强的前列。

---

① 这里的苏南特指苏、锡、常地区。

　　这些,都是苏南实现现代化的坚实基础和现实优势。而更值得重视的还有在苏南出现了城镇密集化的良好趋势。

　　"城市是经济、政治和人民精神生活的中心,是前进的主要动力",是生产力先进水平的代表。在现代,城市成为地区经济的发展极和地区资源的配置中心,成为科技进步的扩散源和文化发展的支撑点。现代文明的产生、发展和传播,都离不开现代城市,离不开以现代城市为依托的富有效率的市场机制作用,以及各种生产要素、智力因素高效有序的交汇和组合。所以,城市是经济现代化的主导力量。特别是就苏南农村来说,人多田少,劳动密集;七十年代发展起来的乡镇企业又是以"乡乡点火,村村冒烟"的形态布局的,没有城市化的加速发展,上述这一地带的种种优势必然利用不好,甚至会走向反面。

　　人们高兴地看到,在市场取向改革的条件下,苏南近10多年来的城市化步子不是牛行,而是鹿跃。原来苏、锡、常三大城市如明星灿烂,而农村城镇建设更是如火如荼。

　　在苏南农村,过去"三里一街"、"五里一镇",作为商品集散的农村集镇格局已成为历史陈迹,而代之以工业小区、专业市场、商贸大街、住宅新区、基础设施、公益事业等配套齐全的新型小城镇群。很多小城镇起点很高,有些是按"10年20年不落后"的标准设计建设的。道路宽敞,高楼群起,俨然已是田野里的"都市",现代化都市的一角。以建制镇计,苏南1993年295个,比八十年代后期增加了两倍;其中无锡一郊三县(市)1987年25个,1990年45个,1993年就增至83个。到目前为止,苏南12个县(市),已有张家港、昆山、江阴、宜兴、吴江、溧阳、太仓、金坛等八个县撤县建市,连同早先设市的常熟在内,一共九个县级市。一批小城市相继兴起,标志着苏南城市化步子明显加快。同时,原有三大传统城市——苏、锡、常的三个市区,都有相应发展。不仅无锡在向着特大城市的规模迈进,而且,随着苏州工业园区的开发建设,苏州市区打破了"小苏州"的格局,也已拉开了构建特大城市的架势。如果放大到市管县的范围看,苏州、无锡按综合经济实力已经分别成为上海、天津、北京之后我国城市区域系列的老四和老五。

可以看出:在农业高产稳产的基础上,大办乡镇企业,带动小城镇建设,以工业化推进城市化,这是苏南走出的一条城乡经济协调发展的成功之路。由此,营造了苏南率先实现现代化最实在的发展优势。根据发展极理论,苏南已在成长着新的发展极和发展轴,应当采取正确的城市化战略,因势利导,推进大中小城市与小城镇的协调发展,发挥城市群的系统功能,使地区资源优化组合和各种优势最佳配置,加快新的发展极的培育与发展,进一步加强其经济发展中的优势地位和超前势头。这样,苏南现代化的提前来到应是毋庸置疑的。

城市化战略选择与现实差距

苏南居于"浦东开发为龙头,腾起沿江一条龙"的"龙脖子"部位,要实现苏南现代化,必须实行与利用这一区位优势相匹配的城市化战略,在城市化过程中组合"龙脖子"的整体优势。

从组合整体优势出发,苏南城市化的战略目标和建设思路是:

——城市化与国际化相结合。苏南城市化的发展,要认定浦东这个头,借助上海"三个中心"的优势,在推进城市化过程中建设国际化、复合式的城市(港口)群体,使苏南大中小城市在一定的功能分工下组合起来,成为以大上海为核心的国际化大都市圈的有机组成部分。上海人主张苏(南)沪一体化,苏锡常不少同志也有此见,看来,这是对苏南走向世界是有利的。

——城市化与市场化相结合。苏南城市化的发展,要面向大区域大流通,以大中小城市(港口)为依托,以基础设施联网建设为条件,着力于培育城乡通开、内外沟通的"无疆界"市场,依靠大流通、大市场功能,适应区内外能量流动、物质循环、资源配置的需要,在加快城市化进程中把分布在苏南的发展极联结成轴成网,整体组合为新的发展"飞地"。

——城市化与区域化相结合。苏南城市化的发展,要既立足于区内城乡发展一体化,又致力于强化承东启西、联南带北的枢纽性作用。在城市化过程中,不以一城一镇自成体系为满足,而求城镇之间、城乡之间产业结构、技术结构、产品结构、劳动力结构和空间结构相协调,合理地区生产力布局与扩展大区域的外向开拓相结合。

以上城市化战略的目标和思路,总的就是立足于对内对外开放,按市场经济的规律和方式,把城市化过程与市场化、区域化、国际化的过程统一起来。

与此相对照,不能不指出,苏南城市化的现实格局存在着差距与不足:

其一,小城镇较多局限于行政区内按乡按村分散布局,缺乏一定区域内按商品流向、有流通效率的合理空间配置,表现为小城镇层次不明,大小不分,小点密布,缺乏串联。各自齐头并进、平行发展,跨村跨乡中心集镇的重点培育和发展相对滞后;

其二,一些中小城市,工业结构趋同,低水平重复建设;宾馆、商厦、旅游城,攀比争建,高档化势头过猛;城镇建设重硬件、轻软件,重规模扩张,轻内涵发展。彼此自成体系有余,与大城市的功能性分工和联结不足;

其三,苏、锡、常三大市区及其外包三县(吴县、无锡、武进)"同域分治"①,市区逐步向无郊区的纯城区演变,缺乏发展余地;而三县急欲建制升级和改变市县同城的困境,被逼迁地造城,但迁来迁去,若离若接,总是离不开城市建成区的边缘,当然更越不出城市的经济"作用场"。放大一下眼界看,实际上还是城中造城、城外套城,是老城区的延伸,徒然带来造城的社会成本大增。

应当看到,苏南城市化过程中的矛盾正在深化,不仅严重阻碍大城市的合理发展,而且不利于新兴城市的发育成长。城市这一头,人口、产业集聚明显失调,基础设施严重超负荷,交通矛盾、用地矛盾、居住矛盾、公害矛盾等"城市病"加重,而以苏、锡、常三个市区为突出②;农村

---

① 详见《苏锡常要靠大市场的充分发育,强化呼应浦东开发的整体优势》一文。

② 苏、锡、常三市区 1993 年人均拥有道路面积分别为 4.9、6.6 和 5.2 平方米,而城市人口规模大体相近的烟台市区的却达到 17.9 平方米(1992 年),前者只及后者的 1/3 上下。

这一头,遍地开花的乡镇企业,千家百户的建房热,再加上星罗棋布的小城镇,都在无情地吞噬土地,破坏生态环境,某些短期的局部效益换来各种"农村病"的加速蔓延,对建设"三高"农业十分不利。城市病、农村病,总的都反映了在行政分割体制下对工农矛盾、城乡矛盾以至生产、生活、生态矛盾的总体协调不足,社会资源配置不良,其结果,必然阻碍苏南城市化整体水平的提高。苏南的工业化走在全国前列,从总量看,有可能踏上后工业化进程;但有个现象却与城市化趋势不相一致,即:三大市区经济增长普遍慢于所属各县(市),而且其滞后度逐步加大①。在市管县范围看,城市化整体水平不高,也明显滞后于工业化②。当然,苏南城市化中的缺陷以及不良效应,是在市场取向改革没有到位的情况下,伴随着其历史进步和历史贡献出现的,有些矛盾的产生在所难免。但今天已提出率先实现苏南现代化的目标,这就不能再泰然处之了。必须强调指出:如果工业化不能带来同步的城市化,城市化不能带来同步的市场化、区域化和国际化,就难以形成和增强区域经济的整体优势,势必会延缓实现苏南现代化的时日。

---

① 苏、锡、常三市区占全市国民生产总值的比例(%),见下表:

	1980 年(%)	1985 年(%)	1990 年(%)	1993 年(%)
苏州	29.6	25.9	23.3	17.5
无锡	48.3	38.6	37.2	30.0
常州	49.3	40.9	41.7	32.2

② 1993 年统计,苏、锡、常三市工业总产值占工农业总值比例分别为:95.36%,96.67%,93.94%;而全市非农人口占总人口比例分别为:27.29%,39.19%,34.95%。城镇人口集聚慢于工业增长,这就同农村里分散办厂,务工人员离土不离乡有关,当然也有户籍制度限制等因素在内。

推进城市群体的系统构造

实行适合苏南特点的城市化战略,是同强化苏南区域经济的整体优势紧密联系在一起的。具体而言,要按照市场经济的原则和方式,推进多层次城市(镇)群体系统功能的构造。

多层次,包括特大城市、大城市、中等城市、小城市、县城、乡镇。所谓城市(镇)群体的系统构造,就是要使这些多层次的城镇群,按照地区经济发展不平衡规律和生产力合理布局的要求,形成错落有致、配置有序、运行有机的组合状态。一方面,各个城镇有自己的结构特色和经济规模;另一方面,在一定的空间配置格局下,彼此之间基础设施接轨联网,辐射功能交错作用,协同支撑苏南经济的良性循环和高效运行。

城市(镇)群体的建设,涉及地区内大小城市(镇)系统功能和整体优势的最佳组合问题。显然不是一市一县、一城一镇孤立的自我建设解决得了的。苏南经济总的说比较发达,但各市县区位条件不同,产业集聚程度不一,经济发展不平衡是绝对的。城镇建设应当立足于各自的实际,同时使彼此之间有一个大体协调的匹配关系,在地区内形成相应的层次、规模结构,既有个别城镇在合理规模下的最大集聚效率和集聚效益,又有整个城市群在系统功能构造下的最佳整体效应。因此,既不能忽视对中小城镇的建设,孤立地发展大城市和特大城市;又不宜从小城镇、小城市的偏好出发,人为地限制大中城市的合理发展。

八十年代中期,一些有识之士早已就建设苏、锡、常城市(港口)群体有所构思,有过建议,可是现实生活的发展却是出现了分散化、分割化的趋势:小城镇县县乡乡齐头并进;大中城市特别是大城市的发展,在彼此自成体系中既自我束缚,又相互牵制;特大城市则步履蹒跚,更难崛起。

今天,随着浦东的开发开放,上海成为长江"一条龙"飞向海外的发送站。在新形势下,苏南要成为灵活强劲的"龙脖子",形成与浦东"龙头"的联动功能,城市群体的建设就更见紧要。发挥"龙脖子"功能,绝不是由一城一镇与上海浦东分散接轨所能成功的。苏南，特别是东部各个县(市)，接受上海强辐射、强扩散的地缘条件好；但是，如果只有分散接轨，很可能会丧失对上海经济辐射、产业扩散的可选择性和自组织力，这不利于苏南在与上海产业分工下合理发展自身的优势产业和特色产业，也不利于苏南和上海的联动开发，反而会阻碍"大龙头"与"龙脖子"之间梯度产业结构的必要调整和彼此优势互补机制的生成。所以，苏南要把依托龙头与支撑龙头统一起来，要在功能开发和机制建设上呼应浦东，那就更需要建设能带动苏南区域经济发展并与上海相匹配的大功能城市，在此条件下，加强城市群体的系统结构，使之成为推进整个苏南经济国际化、现代化的载体和通道。

　　加强城市群体系统功能的构造，就苏南情况言，主要是在进一步搞好小城镇建设的基础上，重点协调好建设特大城市、大城市与培植新兴中小城市的关系。大体说来：

　　——**小城镇建设**：走集中型与分散型相结合之路。应当肯定，大力发展小城镇是拓宽苏南城市化道路的必然选择和可靠基础；但必须解决好目前小城镇建设局限于行政区划内齐头并进、人为地平衡发展的问题。要立足大区域，把小城镇建设成为编织大流通网络的枢纽点，适应苏南从"供销两头"市场化走向商品要素全面市场化的需要。要从优化二、三产业的区域配置入手，加强小城镇与大中城市接轨，适时形成小城镇梯度配置的规模、空间结构。除建设城区镇外，重点建设跨越乡界的中心镇，强化其密切工农关系、联结城乡网络的纽带功能。

　　——**新兴城市(港口)建设**：江阴、张家港、常熟、太仓、昆山、宜兴等一批县级市，要完善市域内的小城镇空间布局与规模结构，在此进程中，重点加强城区镇的建设，集中力量解决整县设市的"小城区、大农村"格局下城市功能不强的问题；提高城区产业集聚程度，加强其覆盖本市城乡经济的服务功能。同时，促进乡镇企业走出粗仿式扩张、追求总量取胜的路子，促进第三产业的发展和中心集镇的发育，依靠市域内以城区为核心的城镇网的有序运作，加强与大中城市之间信息、物质、能量的双向传递和流动，使之成长为能有力带动农业产业化、现代化的新兴城市。

——**苏、锡、常三大市区建设**：根据各自条件，从"浦东为龙头、沿江一条龙"的开发开放的大格局下重新定位。苏锡常从过去满足于"三胞胎"城市格局，到今天各在雄心勃勃争当"领头羊"，这是一个好的突破，但要在总体协调下促其走上有序建设。一方面坚持以科技进步为先导，调整产业结构，基础设施跟上，在高新技术产业化上培植新增点和新优势；另一方面，从实际出发，合理解决"同域分治"的矛盾，为三城市必要的规模扩展与空间延伸提供场所，建设大无锡、大苏州、大常州，使之组合为在苏南能联结中小城市、小城镇，带动广大农村共同发展和共同富裕的区域经济核心轴。三城市要在发展生产专业化分工和协作基础上，以资产为纽带，以金融为中介，以支柱产业和骨干企业为龙头，发展区内区外多种形式的经济联合体，协同开发建设高新技术产业带，提高作用于"沿江一条龙"上"龙脖子"的整体素质。既增强其对上海辐射的吸收、消化的能力，又强化其在更大区域范围内要素集聚、扩散的发展极功能。从长远看，苏锡常终将走向一体化。

城市群的整合呼唤改革思路创新

苏南城市化进程中的不足以及城市（镇）格局的某种扭曲，是在体制改革远没有到位以及轨转阶段条块关系远没有理顺的情况下出现的，它反映了城乡一体化客观要求与传统体制弊端之间的矛盾和冲突。因此，推进城市群体建设，归根结底，要靠体制改革整体推进上的新突破。

改革深化要求观念更新。关键是要进一步按照市场经济改革取向，突破块块化经济的传统观念和行政手段配置资源的局限性，强化区域化经济的意识，打开资源配置市场化的新思路。应当说，近些年市场经济改革的推进，对苏南城市化进程中的不足起了一定的缓解作用；但是，进展有限。分析其原因，还是由于观念的转变滞后于改革形势的发展。如果沿袭资源配置行政化、块块化的传统思路，单从一县、一乡的小格局来看,苏南县级市的行政区划内可以说都在按照市场经济的要求推进城市化,例如:明确以"城乡一体、农工相辅"为指导方针,促进"乡乡点火,村村冒烟"的乡镇企业向小城镇集中,并使小城镇建设与兴办工业小区相结合,并已取得了相应效应;然而,如果跳出城乡分割的二元体制的局限性,转为整个苏南地区城乡一体化的视角,那就不难看清上面分析的那些由体制缺陷导致城镇化缺陷的矛盾深刻性。所以,更新观念是关键。更新了观念,就能拓宽视野,打开思路,把体制改革的整体推进与城市群系统功能的构建统一起来。

——培育统一开放、竞争有序的区域化大市场。要使培育大市场与强化大中城市作为流通中心的功能作用相互推动。苏、锡、常三城市要面向城乡,在发展各有特色的现代流通产业、培育建设大型骨干批发市场、推进要素市场化包括建立高层次金融体系上有新突破。要加强上与上海,下与县乡,并扩及与兄弟地区之间的各类市场的联网建设,让苏、锡、常靠大市场强化资源配置的市场机制作用,建立"龙脖子"的运行秩序和整体优势。

——倡导跨地区、跨部门、跨所有制"三跨"的多元化横向合作与联合。苏、锡、常地区与上海等地的横联一向活跃,而地区内市县间、城乡间的联合明显不足,这一情况要加以改变。应当是:以内联为基础,外联为导向,内联外联相互启动。要实施名牌战略,促使城乡工商企业在制度创新条件下的外向化和集团化,提高规模经济水平;发展城乡通开的连锁商业、综合商社和其他组织创新。推进各种跨越市县的联办实体:联办大型骨干市场,联办大型贸易产业集团,联办跨国公司,联设地方银行和外资银行,联搞基础设施,联建中心集镇,联建区域旅游城等等。以"三跨"联营突破市县分割和市场壁垒,促进大中小城市和小城镇之间在合理分层和分工基础上的城乡经济一体化和网络化的发展。

——建立市场经济中的区域性中观协调机制。关键是转变各级政府职能,实行政企分开,促使政府行为合理化。要在政府推动与市场导向相结合上,在正确发挥政府总揽城乡全局的经济职能上,有大的突破。政府着重抓战略、抓规划、抓政策、抓服务、抓监管。要搞好与全省统筹规划相衔接的区域城市化规划。城市化规划,不只是各个城市各搞各的单体规划,还必须有协调区域性城市群空间布局和规模结构的通盘规划。苏、锡、常三市区如何各得其所,协调发挥区域性经济中心作用的问题,只有科学的通盘规划才能解决。与此相联系,土地制度、户籍制度改革亟待跟上。如何调整和完善现有市管县行政管理体制,消灭城市化建设中块块分割的体制因素,也已到了刻不容缓的地步。

　　总之,苏南要在市场经济取向改革已有成果的基础上,大力推进整体改革。要以体制整体改革的"率先"来推动城市群体优化建设的"率先",以城市群体优化组合的"率先"来支撑经济社会现代化的"率先"。

　　(原载《江苏经济学通讯》1995 年第 8～9 期,收入《苏南现代化研究》一书,1995 年 11 月。)

发挥南京中心城市作用与江苏
区域化城市群体的组合战略

　　江苏城市化的实践表明:研究南京中心城市的作用问题,有必要打开区域化发展的视野,把它同江苏城市群体组合战略问题的研究结合起来。综观全省的城市化进程,可以看到江苏出现了若干区域性城市群的发展格局。如何从优化全省区域布局的客观要求出发,因势利导,促进城市群的优化组合和合理发展,以强化现代城市在江苏跨世纪经济社会事业发展中的支撑依托和组织协调的功能作用,这是一项值得十分关注的战略性大课题。如果说,我们过去对这一点的意识不强的话,那么,今天在深化南京中心城市问题的研究中,就会深深感到把这两者联系起来加以研究的重大战略意义。

南京是江苏最大的中心城市,
需要谋求其独特优势的充分发挥

　　南京是我国著名的古都,是江苏的省会城市,是长江下游的滨江城市,也是拥有衔接江海的最大港口并有纵横铁路干线贯串的交通枢纽。过去、现在和未来,南京都具有重要的战略地位。改革开放以来,南京在突破传统体制下条块分割的束缚,发挥其联系周边区域经济的城市多功能作用方面,是有长足进步的。随着浦东开发开放、上海确立为长江"一条龙"的龙头地位后,南京在加强城市建设、强化城市功能所作出艰苦扎实的努力更见成效,除了表现其作为省会城市的政治中心作用外,南京在江苏的现代化进程中,在一个较大的区域经济范围内,其战略地位与城市优势从多方面显现出来。

——在对内对外的开放中,南京显示了其作为黄金水道中承东启西的战略大支点所具有的独特港城地位及其功能作用。

南京有港城结合的突出优势。南京港是万里长江最大的河港。南京港不受长江大桥所阻,是大型海轮进入长江黄金水道的最远点,是长江三角洲向流域腹地中转运输的最近点,又是位于长江与运河、铁路、高等级公路的交叉点,能综合发挥具有江海衔接、水陆中转、腹地物资集散、沿江对外开放通道和枢纽的优势作用。自 1986 年南京港正式对外开放以来,新生圩港区的建成与投产,南京港发展为全国第 7 个货物吞吐量超 5000 万吨的港口,外贸货物通过量大幅度上升,使之凭借长江下游江海衔接、水陆中转的交通枢纽优势,发挥其作为长江流域与沿海地带的结合部功能和作为联结腹地、对外开放的重要门户作用,被称为江苏外贸进出口的“第一口岸”和长江经济带外贸发展的一大通道。同时,南京港也是南京对内扩大横联、对外扩大开放的重要通道,在城市经济社会发展中港以城旺、城以港兴、港城相互依托,使其大大增强对沿江、沿海地带开发开放的启动、支撑和联结作用。

——在发展市场经济中,南京显示了其作为带动周边地区联合开发的区域性中心城市所具有的枢纽地位及其功能作用。

南京,不但在宁镇扬地区诸城市中是“龙头大哥”,有较强的辐射力,而且其辐射范围扩及邻省一部分地区的城市和农村。1986 年经南京发起,由苏、皖、赣 3 省 18 个地市参加组成南京区域经济协调会。十年来,这个经济区内横向经济联合搞得活跃。通过建立区域性共同市场,促进商品交流、资金融通和科技成果交流;以大中型企业为骨干、名牌产品为龙头,在区域内形成 80 多个企业集团;还逐步启动区域旅游。充分反映了南京对周边地区经济的聚集扩散和组织协调的城市功能。同时,从 1995 年起,南京与重庆、武汉、上海共同发起,成立长江沿岸中心城市经济协调区;扩展了东起上海、西至攀枝花的 24 个城市之间经济、科技、信息的网络化联结,从而也强化了南京对周边地区、沿江城市的交流辐射与远程横联的功能,发挥着在"长江一条龙"上龙颈与龙身的联结点的作用。

——在实施江苏"三大战略"中,南京显示了其作为江苏全省大中小城市群中的"首脑"市所具有的"领头雁"地位及其功能作用。

江苏提出并积极实施"科教兴省"、"经济国际化"和"区域共同发展"的三大战略。南京在行政区划上是江苏省会城市,省级行政职能机构、宏观调控部门设在南京;而且,江苏的科技力量、教育事业又主要集中在南京。包括公路高速化在内的水、陆、空综合运输体系都以南京为中心拉开框架布局。此外,南京率先提出建设国际化都市的战略目标。目前,第三产业发展程度居于江苏各城市之先,所占比重在全省率先超过 40%,足见南京在江苏三大战略的配套实施中日益显现出具有不可缺少的率先启动和中心依托的重要地位。1995 年,南京与省的统一规划相衔接,按主城——都市圈——区域三圈层发展框架全面调整生产力布局规划,并明确了各个县区的功能定位,勾画出以强化南京作为全省政治、经济、文化中心功能为目标的城市总体建设的宏伟蓝图。近些年,交通设施、商业网点的发展都日新月异,特别是现代商厦群起,城区商业街从几年前的 10 多条一下子发展到 20 多条,发展了 6 万多家商业网点,呈现一派现代城市的繁华景象;周边郊县卫星城的建设也突飞猛进,表现了大南京建设的蓬勃气势。

依我的看法,南京已进入发挥中心城市作用历史上的最好时期。但也不能不同时指出:从历史到现实,南京在发挥中心城市作用上,客观上受某些局限性的影响,对此,需要进一步加以突破。

其一,历史上独特地位产生的局限性。

南京曾是"十朝都城",曾是中华民国的首都。作为民国的首都,还曾与全国最大工商城市上海形成了政治首府和经济都市的分工格局。南京人在继承发扬优秀传统的同时,也深受某些历史文化积淀的局限,难免阻碍对外来文化影响的接受。建国后,省市行政机关在计划经济传统体制运作下,受行政化意识支配,常常关门称"老大",习惯于等客上门,"人求我多,我求人少"。南京在同省内各个城市之间,也是以"老大哥"自居,倚"大"卖"大"。在改革开放的时代里,应变开放意识不强,轻商观念转换滞后,城乡与区域互通有无的市场文化氛围不足。在体制改革逐步展开的八十年代,还重计划"权力",轻市场原则,曾在一个时期里寄希望于争取城市"计划单列",创建符合社会主义市场经济要求的现代城市战略思路的确立相对滞后。这些传统的思想观念,近若干年来已有很大转换,但从一个历史阶段作考察,特别是同具有较强的市场经济开拓力的苏南地区相比较,不能不说是阻碍城市活力和功能增强的一大局限性。

其二,体制上条块分割带来的局限性。

南京,机关、部队多,大企业、大院校多,相应的,自成体制、自我服务的"大院经济"多。它们或是直属中央部管,或是由省级主管。这些都是同社会化大生产的要求逆向而行的。在传统体制下由此带来的矛盾还比较隐蔽;在经济体制向市场经济转轨阶段则表现得特别尖锐。南京既备受条块分割旧体制框架的严重制约,又深受体制外市场放开后市场竞争的压力。南京在开拓市场流通与组织生产专业化分工和联合方面,活动余地都没有苏锡常地区大。多年来,南京历届政府领导,都曾致力于突破部门分割。推进行业管理创建跨越条块的企业联合体,虽有某些成效,但实质性进展的步子不大。体制上的这种条块分割,直接导致南京对周边地区包括郊县的经济辐射力和吸引力的弱化。

其三,城乡间二元经济形成的局限性。

南京与其郊县之间,以现代技术为基础的工业产业和以传统技术为基础的农村产业二元并存。而且,相对于苏锡常地区,二元之间反差强度较大。实行市管县体制后,南京打破了以往城市农村间"城堡"与"山寨"式的各自封闭的城乡格局,倡导发展以城市为依托的城郊型农村经济,乡镇工业的发展步子逐步加快,但直到 1991 年,南京城市工业与乡镇工业产值之比还只是 7∶1。1995 年统计,南京这个江苏最大城市的市区工业总产值超过苏州市区的两倍,相当于无锡和常州两个市区之和;而五个郊县江宁、溧水、高淳、江浦、六合的农民人均纯收入,在全省 65 个县(市)中却分别排在第 22 位、第 28 位、第 32 位、第 38 位和第40位。这固然是五个郊县本身市场经济开发能力不足的反映,但另一方面却也表明了南京城市经济对周围农村的辐射带动功能不强。

南京除了城市外向辐射功能不强外,城市内在的结构性矛盾也在深化。尽管基础设施年年有发展,卡脖子道路年年在疏通,但布局结构欠优,环境污染加重,内外道路仍然有通有堵,特别是交通矛盾和用地矛盾、居住矛盾、公害矛盾相互交织,各种"城市病"显露。显然,城市内部功能问题协调不善,进一步弱化了城市对外功能的发挥。

从对南京与苏南、徐连城市群格局比较分析中,拓宽江苏实施城市化战略的思路

发挥南京中心城市作用的问题,不止是对南京具有战略意义,而且,由她的省会城市的独特地位所决定,势将直接影响到江苏经济和社会事业发展的全局。因而,不能不同推进整个江苏城市化进程的战略思路相联系。

与江苏农业基础较厚、商品经济发育较早相联系,江苏城市经济早就出现超前发展的势头。根据国家统计局的资料,1981年无锡、常州、南通和苏州等市的经济效益指标水平在全国名列前茅,都被称誉为中国的"明星"城市。80年代以前,江苏在组织推进全省城市化方面并没有明确的战略思路。1982年,中共江苏省委在召开的全省第二次城市工作会议上,提出了"以大中城市为依托,以小城镇为纽带,以广大农村为基础,组织城乡经济、科技、文化网络,实现城乡经济协调发展"的战略方针,突出了城市特别是大中城市的战略地位。1983年初,江苏改变地区和市分置的行政领导体制,在全省分设南京、无锡、徐州、常州、苏州、南通、连云港、淮阴、盐城、扬州、镇江11个省辖市,全面推行市领导周围县的管理体制。上述战略方针的提出和市管县这一体制的实施,对以后推进全省城市化进程和缓解市县分割的不协调状况,促进城乡一体化方面起了良好的积极作用。

改革开放以来,江苏城市化进入活跃期。到1996年初,全省设市

城市已由 80 年代的 13 个增加到 43 个,城市人口占全省总人口的比例接近 30%,居于全国前列。不过,由于地理环境、经济区位、历史因素、现实基础各不相同,当然,也由于城市化战略思路上存在差异,江苏地区城市化发育程度高低不一。其中除南京外,苏南地区、徐连地区先后出现城市群的组合趋势,而其发展格局与形态则各有特点。从城市化的规律性探索出发,对三个地区城市群格局作些比较分析,该是颇有意义的。

苏南——有着临近我国最大工商城市上海的地理优势,处于浦东"龙头"辐射的第一区位,历史上农业基础好,商品经济比较发达,集镇密集度高,苏、锡、常的三个市区都是明星城市,农村是我国乡镇企业的发源地,特别是 80 年代以来,乡镇企业高速发展势头久盛不衰。在工业领域里,乡镇企业从半壁江山发展为三分天下有其二,到今天已是四分天下有其三。由此,带动了小城镇建设,促进了县区经济的勃兴与腾飞。在农村,平均每 54 平方公里就有一座小城镇。1995 年三市建制镇 322 个,占三市全部乡镇数的 77.2%,比全省平均水平高 30 个百分点。而且,小城镇建设起点高,目前多数小城镇,工业小区、专业市场、商贸大街、住宅新区、公共设施配套齐全,成为一个个田野里的"小都市"。在此条件下,一批新兴城市兴起,苏南市属 12 个县,现已全部升格为县级市。苏南,在农村乡镇工业群基础上聚集起小城镇群,在小城镇群的基础上走出了分散型城市化之路。

按地区城市群体的组合要求衡量,苏南城市化的现实格局并不是十分合理的。对其不足至少可指出三点:一、城镇建设所反映的块块化行为过强。从商品、要素在城乡之间交叉流动的情况看,城乡界限似乎已走向模糊化;但从政企不分的现状看,则市县(市)界限分明,从产业结构到基础设施,都是彼此自成体系。原来是苏、锡、常 3 市区结构趋同,被称之为"三胞胎";现在是强化了包括 3 个市区与 12 个县级市在内的"多胞胎"城市格局。二、小城镇蓬勃发展,但分别局限在乡镇社区内,空间分布无序化,制约了跨社区中心城镇的发展。在城镇面积和建设标准上,相互攀比,占地过多,"造城"成本过大。三、原被誉为明星城市的苏、锡、常 3 市区被挤在"群雄割据"的"围墙"内难以动弹,缺乏应有的发展空间;加上市区市场经济活力弱于各县(市)区,苏、锡、常三市区国内生产总值在三市中所占比例,从 1980 年的 41% 降低到 1993 年的 25%,特别是吴县市、锡山市与武进市三座现代化新城,分别崛起在苏、锡、常三大市区的"城脚边",大城连小城,同域双城,难免不阻碍大市小市间要素的合理流动,不利于城市规模的合理形成,更不利于地区城市群的整体构造。

徐连——徐州市历史上称为"四省通衢",交通枢纽中心地位突出,其作为区域性中心城市的作用明显。连云港市在 1984 年就被国家定为沿海 14 个首批对外开放城市之一。新亚欧大陆桥的贯通和营运,使地处沿海经济带中段的连云港市确立了陆桥东桥头堡的"龙头"地位,加快了港口城市建设的步伐,近几年港口建设日新月异,海陆联运日趋红火。徐州这个紧靠东桥头堡的交通运输的第一个大枢纽,与连云港城优势互补、相得益彰,出现了联动发展的态势。与徐连两城市相联结的苏北地区,原来属于欠发达地区,近几年产业开发已迅速启动,农业基本上赶上苏中、苏南,成为江苏新的农副产品重要基地;乡镇企业迅速崛起,并建立了一批大型企业集团。徐连 1994—1995 年经济增长幅度超过全省平均水平,标志着工业化初始阶段已快速启动,进入了工业化与城市化相互推进的"黄金时期"。徐州,不仅在苏北徐、连、淮、宿、盐范围内,而且,在包括苏、鲁、豫、皖四省接让地区总计 20 余座大中城市、100 余座县城和几百个建制镇在内的淮海经济区内,已越来越呈现出综合性城市的多功能作用。1993 年,徐州市被列入全国 19 个"较大城市"之一。按这一年国内生产总值排队,徐州位于西安、郑州之先,居于陇海兰新线上诸市之首。连云港市在 1992 年也被评为全国投资硬环境 40 优城市之一。在两通先行、富农强工的基础上,依仗铁、公、水、陆运输网络的联结优势,一批具有地方特色、联结区外大流通的商贸物资市场在徐连一带快速兴起,带动了徐连两市间(铜山、邳州、新沂、灌云、东海、赣榆)一批中小城市的成长,这一带开始出现城市群建设的现代化气息。总的看来,徐连地区客观上已形成以陆桥大干线为依托,以中心城市为起点,以中小城镇为结点,不断扩展其"桥"上"桥"下要素的聚集与扩散运动,造就点——轴——面结合的带状经济区的态势。在这过程中,正在组合起连绵带状态的大中小城市群。

不过,徐连城市群还处于聚集、组合的初始阶段。目前还有许多薄弱点,城市化的水平还大大滞后于苏南,也低于全省平均水平。1994年数据:苏北每百万人、每万平方公里拥有的城市数分别比全省平均水平低 46.4% 和 119.7%。一方面反映了中小城市包括小城镇的发育不良;另一方面,也反映了在二元经济反差大的背景下,大中城市向周围农村辐射能力欠强,城市通过产品扩散、技术转移对农村的带动能力还相对薄弱。即使就大城市徐州而言,产业结构重点不明、分工体系不发达,主导产业的创新、组织能力不强,加上原材料生产部门比重大、加工业薄弱,商品市场虽有一定发展,但规模偏小,特别是要素市场发育滞后,这就难以与周围地区发展专业化协作的经济联系,当然也谈不上大中小城市间在产业合理分布和城市职能相应分工条件下的有机协调组合。

南京——大体情况已如本文前一部分所述。

与苏南、徐连城市群相比,南京城市群有她自己的组合优势和劣势。与苏南比,南京受县区的"围城"压力小于苏南,但其郊县小城镇发达程度不如苏南;南京拉开现代化大城市框架建设的空间条件优于苏南,但走上城乡市场通开、城乡经济联合的难度大于苏南;南京市管县范围内以至跨越行政区协调镇、扬,组合城市圈的形势好于苏南(苏、锡、常城市之间的联合),但与上海——浦东拓展横联的力度弱于苏南。与徐连比,南京沿江组合城市协作网,甚至拓展到沪、宁、汉、渝四城市间的区域性协作活动范围大于徐淮协作区,但对这些城市企业的市场引联作用并不大于徐连;南京立体交通运输网路体系功能总的看强于徐连,但西向通道运输的便捷程度并不高于徐连;南京中心城市功能强于徐连,城镇化水平明显高于徐连,但二元经济结构产生的负面效应并不小于徐连。

由上粗略的比较与分析可见:苏南、徐连和南京一样,地区城市化发展道路上有成功也有不足。这里面显然有其规律性可寻。这不是各个地区的局部性问题,而是江苏城市化的战略性问题。应当总结实践,在规律性探索的基础上,确立适应现代化建设新形势需要的总揽江苏全局的城市化发展战略,用以指导全省地区城市群的优化组合。只有在这样的条件下,南京城市群优化组合的问题,才能在全省整体战略中突出起来,从而摆正位子,迈开步子,走顺强化和发挥南京中心城市作用的路子;而全省城市化发展也势必会迅速走上新阶段。

进行江苏城市群优化组合的战略选择,确立南京在全省城市化战略中的应有位置

那么,江苏如何选择城市化战略?进行这一战略选择的讨论,要把工业化基础上城市化的目标同市场化、现代化、国际化的目标结合起来,把实行"两个根本转变"的要求结合起来,还要把国际国内环境和江苏省情结合起来,进行多维谋划和统筹考虑。江苏目前面临面条"龙"的大开放机遇:一是凭借长江黄金水道,实行以上海——浦东为"龙头"的沿江"一条龙"大开放的机遇;二是以欧亚大陆桥为依托,实行以连云港为"龙头"的沿桥"一条龙"大开发的机遇。还应提到,"八五"以来,交通建设进入构筑高等级、现代化交通主骨架、主通道、主枢纽的发展新阶段。宁沪铁路、长江、东陇海铁路、苏北大运河等纵横全省南北、东西的交通主通道功能的发挥,以及宁沪等高速公路的建成运营,沿海、沿江港口群吞吐能力的提高,南京禄口国际机场、徐州观音机场等的兴建和使用,加上分布在全省的100多条干线和1500多条县乡支线公路构成的支干相连、四通八达的公路网,这些,显然都将成为影响江苏城市化发展格局的重要因素。因此,必须加强总体运筹、综合谋划;在与全省生产力布局战略、区域共同发展战略以及以率先建立社会主义市场经济体制基本框架为目标的改革战略相互衔接的条件下,制定全省城镇布局和地区城市群的组合战略。必须指出:从更高的区域层次看城市化趋势,江苏沿江城市,包括宁、镇、扬、常、锡、苏等,终将组合为城市

连绵带,成长在以长江三角洲为范围的上海大都市圈内,成为对大上海的有力支撑和烘托,成为第六个世界级城市群的重要组成部分。江苏省区范围内进行城市群组合的战略选择同大上海都市圈的战略研究显然是既相区别又相联系的。

这里,从江苏城市化战略选择的视角提出如下一些主要看法:

（一）把握江苏城市群组合格局的基本走向。 江苏城市群组合并不限于以上列举的南京、苏南和徐连这三个地区,但从目前看这三个地区城市群的组合趋势已比较明晰,并且恰巧走出了三种不同类型和模式。南京以其中心城市明显的优势地位,形成单核型城市体系的模式;苏南新兴城市相继崛起,走了群体型城市体系的组合之路;徐连靠着陆桥大通道的东西贯串,呈现带状型城镇体系的格局。这三种组合方式,典型表明了江苏正在改变着过去城市发展的那种孤立化形态,向着地区城市群方向转变。这是在现代市场经济条件下我国发展模式、体制模式的转换过程中出现的大趋势。同国际城市化的趋势相一致。现代城市化不再表现为各别单体城市的孤立发展;而是在一些地区以一个或几个较大的城市为中心包括一批中小城市、一大批小城镇在内构成社会再生产大系统,也就是以区域化的城市网络体系为单元进行。应当自觉顺应这一大趋向,在以江苏城市化整体战略决策下,引导全省各地在城市化进程中打破各按行政区划各自建设封闭半封闭式的单体城市的局限性,走出地区城市群的优化组合之路。

（二）探索符合中国国情和江苏省情的城市化模式。 人类社会空间开发大体上走了散点式开发、集块式开发、单元网络化开发三个发展过程。我们要推进江苏城市化的进程,特别是要探索走一条符合江苏省情的地区城市群优化组合之路,显然不需要机械地按照这三个阶段顺序前进。从我国人口众多、幅员广阔的国情出发,从避免国际上发展过于庞大臃肿的特大城市的弊端出发,也从江苏发展大中城市基础较好的现实出发,应当重点发展小城镇;同时也不能在限制大城市发展上过于绝对化。采取集中型开发与分散型开发相结合的方针,既要着重抓小城镇建设,也必须给某些大城市必要的空间延伸与拓展留有余地,让大城市甚至特大城市也能合理发展。这样,结合上述江苏已经出现的区域城市群组合的基本趋势,可以对江苏城市化建设的目标模式作概括:通过城市化总体规划(而不只是个别城市建设规划),以深化改革、加大开放为动力,培植和发展若干有较强聚集和辐能力的区域中心城市,以其为依托,在发展社会化大生产和地区生产专业化分工协作以及全方位开拓内外大市场的基础上,根据地区经济发展的内在联系和商品合理流向的客观要求,打破行政区划,密切大中小城市(镇)同周围农村的经济联系,分区形成和发展若干区域化城市(镇)群体,以促进全省城市化进程的加快及其整体质态的优化,更好地启动和深化江苏城乡经济的市场化、现代化和国际化。

(三)坚持城市群组合以效益第一为原则。城市群优化组合的根本标志就是要在集约人口、集约科技基础上获取城市聚集效益的最优化。要在大中小城市协调发展,搞好城市对周围地区优质、高效服务的基础上,形成城市群的整体功能。不论大中城市还是中小城镇,都不能孤立地在城市空间规模上盲目求大,从外延扩大上追求脱离实际的城市升级,不能片面地在城市建设上盲目求"洋",追求过于超前的所谓"现代化"的豪华气派;而必须求得外延扩大和内涵深化的统一。大城市要以外向开放型设施建设与内向服务型设施建设相互协调为要求,力求城市建设与产业结构、消费结构相对接;不能以大造摩天楼、大商厦为满足。小城镇,要把重点放在发展跨越乡镇社区的中心集镇的建设上,求得与周边小城镇、附近大中城市在地域上的职能分工与功能对接;绝不能搞封闭半封闭建设,既浪费土地又阻滞商品、要素的跨地区流通。对某些县级市在大中城市"城边造城"的行为要加以规范和引导,要提倡发展其和大中城市特别是大市区的功能分工与合作,密切经济联系。有些按"撤县建市"模式发展起来的新兴城市,不要在建设中等城市上急于求成,当前的任务不是急于扩大城市规模,而是要在强化城市为农村提供实在而优质的服务功能上"补课",着力于提高现有规模下的城市素质和聚集效益。

(四)深化城乡一体化的市场经济改革。从为城市群的优化组合理顺体制关系着眼,要特别重视促进城乡通开的大市场、大流通体系的发育与完善,在大力发展生产专业化、社会化的基础上,把包括产业结构、产品结构、企业组织结构、所有制结构、空间结构的调整同地区城市群的组合协调起来,这样,才有可能解决城市"多胞胎"和"千镇一面"的倾向。要改革完善市管县的行政管理体制,理顺大中城市与县级城市的地域分工和合作关系,使目前行政型的市县联系向市场型的城乡一体过渡。以大中城市为依托,发展跨越市域县界、突破条块限制的多种形式的经济联合体,包括农工贸、科工贸等产业集团。从而,在宏观调控下强化市场在资源配置中的基础性作用,促使大中小城市要素跨越行政区划通畅流动和优化组合,促使城市群体社会再生产的各个环节相互衔接,走上社会经济顺畅运行的良性轨道。

(五)在加强全省城镇建设总体规划和规范管理的基础上重点抓好省会城市——南京及其周边地区的城市群体的优化组合。推进省级政府机构与市级政府机构的联动改革与机制对接。一些与城市功能直接有关的大市场、大集团建设,要改变省市分级分层举办的状况,根据不同情况,或下放给省会城市,或实行省市联办。有关城市化政策的出台,应在南京率先实施,使之在江苏区域化城市群组合中发挥"领头雁"作用。

与全省实施城市化整体战略相呼应,走顺南京城市群体优化组合的路子

可以认为,研究提出和实施江苏城市群优化组合战略思想及指导方针,是保证江苏城市化的总体发展的需要;同时,也必将为南京城市群的优化组合及其中心城市作用的充分发挥提供必要的政策环境。

当然,落实到南京市,还必须有适合南京市情特点的推进城市化的具体思路和补充举措。大体上说来:

——从江苏现代化建设和城市群组合的总体战略中找准南京的位置,进一步打开南京城市圈建设的思路。抓住交通运输立体化、干路交

通高速化的新机遇,利用南京与上海的缩短了的时空距离,利用禄口机场这个"空中门户",进一步开创全方位开放的新局面;既要拓宽依托南京协作区的西向横联的门路,又要开拓东向招商引资的通道,加强与上海、苏锡常地区合作;既要建立与上海浦东的接轨机制,又要牵住浦东这个龙头,加快经济机制的国际接轨,使南京在发挥充当沿江一条龙上"龙颈"与"龙身"的结合部作用中增强城市群的整体功能,从而在全省城市群组合中成为名符其实的"领头雁"。

——深化体制改革,突破条块分割,理顺中心城市与上下、周围的体制关系。从推进建立社会主义市场经济体制的改革出发,南京,首先,要协调行政上省会城市与经济上中心城市的关系,借助省会城市的独特地位,为强化中心城市的功能作用多创条件。我们知道,省会城市是行政概念,而中心城市在这里主要是就一定地区生产力发展最高水平的代表而言,属经济概念。当然,中心城市从完整的意义上说,它包含政治、经济、文化、科技中心;但,归根结底,经济是基础,政治、文化、科技都为经济服务。对南京来说,其作为省会城市的政治行政职能和其作为区域中心城市聚集要素、组织生产的作用,绝不是相割裂的,而是相统一的。因此,要搞好省会城市,争取省委、省政府支持,通过深化改革与制度创新,协调好与省内兄弟城市以及市内中央部属企业与地方企业的条块关系。同时,在与沿江城市、沿桥城市的协作联合中,放下"老大哥"架子,尊重对方的经济利益,在促进优势互补、互惠互利中力争主动。另外,在南京市管县的范围内,以"两通"开路,靠市场导向,在为郊县农业产业化、农村工业化提供高质有效的服务中,建立和深化专业化分工体系,扩展城乡交通、流通、科技、文化、信息网络,在加强农业基础的前提下,协调好城乡通开的二、三产业的发展。在这过程中,主动积极地处理好市区与郊区的关系,妥善解决好"中心城市要腹地,周围郊县要造城"的矛盾,主城与卫星城、中心镇合理配置,使它们有机组合在城镇群体之内各得其所又协调发展,避免重现苏南中心主城区那样城外造城、双城并立的不经济格局。这样,有利于缓解二元经济结构的矛盾,理顺市县城乡的利益关系,而南京也能从中塑造其作为地区城市群中核心城市的整体形象和强化其应有功能作用。

——以市场导向为主,恰当地运用行政推动,以市区为依托,推进城乡一体的产业结构的调整与改组。产业结构合理化必须以发达的专业化、社会化和商品化生产为基础,发挥市场导向作用;同时,行政推动也必不可少,但必须与发挥市场作用机制顺向而行。南京这几年按"电、机、汽、化、特"的产品方向实施全市产业结构调整,有利于发挥城市主导产业带动区域内关联产业的纽带作用。需要提及,这项工作不是孤立推动所能奏效的。必须以市区为依托,从改革与发展的结合上配套组织,整体推进。要在深化城乡生产专业化分工体系的条件下,组织城乡大中小企业的合理配置;在市区大力促进新兴第三产业的规模化发展,特别是要加强高科技产业化基地和金融中心的建设,在此条件下,加大对郊县的多方面服务功能。南京,一方面,城市规模和区域市场容量大;另一方面作为省会城市,在建设发达、便捷的交通通讯设施网络等方面,具有超前于省内其他城市的有利条件,因此,有必要也有可能成为在江苏建立区域金融中心的首选城市,应当争取机遇建立和健全金融机构网络,形成能提供多功能服务并向周边地区辐射的金融市场,逐步成长为全国一流的金融中心,使之为调整城乡产业结构服务,与城市群的建设相互依托。

——在现代化城市基础设施中,处理好强化城市的外向服务功能与内向服务功能的关系。在统筹规划下,促使城区道路的疏通与区外公路的开拓的对接和联网。规划为外向开放服务的公路建设,不要单从城市本身出发,要多考虑市县共享,多为周边郊县的交通提供方便。市内公共服务的设施建设,要注重生产、市场、交通、居住、娱乐等功能的相互配套,求得"绿化、阳光和空间"的环境优良,保证生产、生活、生态之间的平衡和协调。发展城市第三产业不能着眼于数量增长,要致力于层次更高的质态发展。南京这样的特大城市,要同国际接轨,固然必须有商业街、摩天大楼、大商厦、娱乐宫等的发展,但更需要及早谋划建立商务中心区,集中银行、保险等金融机构,大公司总部,律师、会计、广告等事务所,功能齐备,高效营运,能提供一流服务,成为中心城市的神经中枢,政府宏观调控的有效手段,从而,在协调地区城市群体的运作及其内向外向的网络化经济联系中,促使南京这个中心城市功能作用的逐步加强和充分发挥。

（原载《江苏经济学通讯》1997 年第 6 期,《南京经济》1997 年第 4 期,《城市研究》1998 年第 4 期。）

利用陆桥优势：东口西口　左右开弓
开发开放　相互推动

　　亚欧第二大陆桥的开通与营运,适应了东西贸易发展的需要,会给世界经济格局带来变化,同时也将对我国产生重大影响。

　　这条大陆桥,东起我国连云港,西至荷兰的鹿特丹,横跨亚欧两大洲,沟通太平、大西两大洋,途经中国、原苏联、波兰、德国、荷兰,辐射四十多个国家和地区。和贯穿西伯利亚的第一亚欧大陆桥相比,这条新大陆桥总距离缩短 2000 公里以上。它在我国境内的路长约占整个路长的三分之一,对陇海——兰新铁路沿线 10 个省区经济的开发开放将带来积极影响是不言而喻的。摆在我们面前的课题是:如何从我国沿桥东、中、西部地区的实际出发,充分利用大陆桥开通的有利条件,东进西出,双向放射,开发、开放相互推动,加快沿桥经济带的发展和建设。

东"桥头堡"与东陇海沿线

　　提到新大陆桥,人们不会忽视连云港这个桥头堡的重要战略位置。

　　从中西部地区看,连云港是东下太平洋取最短路线的出海口,是沿桥内陆地带东向开放的最佳门户;从东部地区看,它是西上亚欧大陆、发展国内和洲际运输的一个重要的国际性枢纽港,也是太平洋沿岸商品物资利用大陆桥通道西走欧洲以及西亚市场的最佳入口处。连云港在我国沿海中部,是一个不可多得的深水良港,经过多年建设,已交付使用的港口设计吞吐量能力 1545 万吨;最终将形成拥有四大港区、百余个万吨级以上深水泊位、实际吞吐能力达亿吨的国际性大港。现已与世界 70 多个国家和地区的 156 个港口通航,开辟了连云港至中国香港、日本、新加坡、马来西亚、韩国、泰国的集装箱定期航线和界泉北港、横滨、中国香港、韩国杂货班轮。随着港口建设的发展和新大陆桥的营运业务的全面展开,连云港这个大陆桥东端桥头堡的枢纽优势将越来越显示出来。天然良港加上陇海——兰新线,使我国东、中、西部地区走上东西双向开放新阶段具备了必要的客观基础,而连云港也势所必然地提高了在我国扩大对外开放中的地位和作用。

然而,目前连云港的吞吐能力和新大陆桥的营运规模毕竟还不大。相比于亚欧第一大陆桥已有多年营运经验和完备的服务设施以及拥有一批稳定的客户等情况来说,连云港及新大陆桥的近期优势还是有限的。

因此,加快港口建设、完备服务设施是必然选择。但需要强调的是,港口建设必须与沿桥地区经济的开发建设相互依托,以便在这一带形成区域性经济的整体优势。区域开发了,沿桥经济繁荣了,东西双向运输的货源充沛了,对外开放的实力雄厚了,港口建设的动力才会相应增强。如果孤立地进行港口建设,缺乏必要的区域推动和协作,那就会事倍功半,延缓进度。连云港的所在省——江苏省委、省政府有鉴于此,提出了"加快开发沿海、重点发展沿江、积极建设东陇海沿线、逐步形成对外开放的新格局"的战略方针,把建设从徐州到连云港沿桥经济带提到了议事日程上,这是重视发挥连云港独特优势、组合东陇海沿线地带整体优势的明智之举。

综析这一地带经济的发展,其独特优势有三。

一是有连云港作为亚欧大陆桥东端桥头堡的独特优势。这方面的情况已如上述。

二是有以徐州这个区域中心城市为枢纽和以铁路为骨架的交通运输网络和市场流通网络的独特优势。徐州位于我国东西通道和南北交往的联络点,是东桥头堡连云港后方的汇集、分疏、转运的第一个铁路网大枢纽,也是沿海地区向沿桥中西部地区进行经济技术辐射的第一个"接力站"。这里,还与大运河以及多条国道和省道相连,形成以"金银十字架"为主干的铁、公、水、陆运输网络。徐州以"四省通衢"的优势,在这里建立了连同江苏东陇海沿线地带一起包括苏、鲁、豫、皖四省接壤地区的 20 余座大中城市、100 余座县城和几百个建制镇在内的淮海经济区,由此,不仅明显放大了徐州这个中心城市的区域辐射功能,而且大大强化了徐州在发展跨地区、区域化市场网络体系中的引联、组合作用,在客观上有利于沿桥地带与长江流域以至黄河流域之间的商品流通和要素流动走向纵深扩展。

三是有腹地广阔和资源丰富的独特优势。东陇海沿线地属黄淮海平原东部,土地肥沃,物产富饶,地下矿藏品种多,开采价值高,其所能提供的资源之多和开发潜力之大,在江苏省内是独一无二的。改革十多年来,这一地区的生产力水平有很大提高,资源开发和加工能力大有加强。以开发利用农业、矿产资源为中心,依靠和发展本地区已初具规模的工业基础和加工能力,把优势资源转化为优势产业,并由此带动关联产业和服务业的发展,完全可能在东陇海沿线建立起具有自己特色的多门类产业综合发展的经济带。

可见,发挥连云港桥头堡的优势,不能离开区域经济其他优势的互补与配合。应当立足于整体优势的组合,把桥头堡建设与东陇海沿线经济带的建设结合起来,并与大陆桥段的开发开放相对接,从而使大陆桥的开通与营运在我国产生最佳效益。

沿桥地带的开发与开放

从全国看,沿桥的开放是沿海、沿江、沿桥和沿边全方位大开放战略的组成部分。因此有必要按照这一大开放战略的要求,对以新亚欧大陆桥为依托推进我国东西双向开放的问题,对沿桥开放与沿江、沿海、沿边开放相互呼应的问题,有个总体考虑。

新亚欧大陆桥,东起连云港、西至阿拉山口出境,与哈萨克的土西铁路接轨,其辐射面积达 210 万平方公里,占全国总面积的 21.9%;居住人口达 2.52 亿,占全国总人口的 21.8％。沿桥地带 10 个省区 1991 年国民生产总值、国民收入、社会总产值分别占到全国的 31.13％、32.28％、33.62％。矿产资源十分丰富,现已探明具有开采价值的包括有色金属、贵重金属、稀有金属在内的矿种近百种。煤炭、石油、天然气储量约占全国的 40％～50％。我国有色金属、煤炭、电力、石油、非金属的一批主要大型骨干企业分布在这里。沿桥大中小城市近 100 个,占全国城市总数的 20.9％。1992 年评出中国城市综合实力 50 强城市,有 13 个分布在沿桥地带。国务院批准的国家级高技术产业开发区位于沿桥地带的有 16 个,占全国国家级开发区总数的 30.8％[①]。具体材料表明:这一沿桥地带不仅腹地辽阔,资源潜力巨大,而且具备了一定的经济综合实力和开发能力。

　　当然,总体说来,沿桥地带经济发展的整体水平还低,开发开放还处于起始阶段。这里在中国是资源相对富饶的地带,但与沿大陆桥的独联体国家相比,这一优势就不很突出了,特别是资源优势还没有很好地转化为产品、产业的竞争优势。另外,这一地带东、中、西部之间经济发展的差异度也大,有些地区已进入工业化发展的中后期阶段,有些地区工业化刚刚起步;有些地区生产商品率不高,有些地区连生产自给率都较低;有些地区消费工业品需要外省调入,有些地区粮食也不能自给。西部的甘、青、宁、新与东部相比,其经济技术梯度差和二元结构的特征十分显著,严格而言,向外向型经济的历史性转变尚未形成。这些,难免会制约着沿桥经济带对外开放总体水平的提高。

　　看来,沿桥经济必须从不同地区的情况出发,边开发边开放,要靠开发建设来提高开放度,要以加快开放来增强开发力,使开发与开放相互推动。

　　就开发建设来说,多点开发与成片开发相结合,实行分区分层推进,是合理选择。发挥资源优势,单靠国家有限投资的开发是不够的,

---

　　[①]　引自《新亚欧大陆桥中国段沿桥发展战略》一文,《大陆桥经济》1993 年第 4 期。

需要国家、地方、集体、个人一齐上,在发展农牧业的同时,大力发展多种所有制工业企业,推进区域内的多点开发。同时,要提高其组织化程度,在发展专业化分工与协作的基础上,逐步形成大中小企业合理配置和多元化主体各展所长的企业组织结构,扎深成片开发的基础。要使多点开发与成片开发相结合,必须以大中城市为依托,促进城乡工业化和一、二、三次产业的协调发展,建设不同特色的各类经济区。徐州、郑州、洛阳、西安、宝鸡、兰州、天水、乌鲁木齐等大中城市都相对聚集了一批国有大中型骨干企业,有条件以这些城市为依托,建设诸如淮海经济区、中原经济区、关中经济区、陇中经济区、北疆经济区等,根据不同地区优势,建立主导产业,发展关联产业,形成各具特色的产业结构,提高城市产业的聚集效益,强化地区经济的综合实力。

就加快开放来说,东口西口左右开弓,实施双向开放,是必然趋势。这就要以科技资源相对密集、工业发展水平相对较高的大中城市作为带动地区双向开发的据点。首先集中力量办好沿桥现有 16 个国家级的经济技术开发区。中西部对外开放滞后于沿海,要加倍努力做到三资企业办一个成功一个,只有这样,才能在这里产生"磁场效应",吸引更多的外商前来投资,才能把各个经济技术开发区越办越红火,进而带动大中城市间既有分工又相对接的高产业走廊的形成。加大西部双向开放的步子,要东挤,更要西进,拓宽面向中亚、西亚、南亚和欧洲的外贸通道,以我国有一定竞争力的轻工、服装、食品、机械、电子产品进占陆桥西段毗邻国家的市场。同时,利用地区资源优势,引进外资与技术,包括吸引国内沿海、沿江地区的资金、技术,加快资源开发。"四面八方敞开大门,地上地下资源一齐开发",发展沿桥地带的资源型"增长极",使工业城市与资源基地相互支持,使开发与开放更好结合。

需要进一步提到,加快沿桥地带城镇化的问题要及早策划。开发与开放都离不开城市的依托。要加快陆桥地带的开发建设,形成东西沟通、双向开放的经济走廊,既要有横跨大陆、连接海洋的交通通道,又得有现代基础设施、现代信息手段的完善,建设经济、科技、文化等服务功能齐备的大中小城镇连绵带,作为经济运作的载体。因此,要以高技术产业发展为先导,以对中西部的能源、有色金属和原材料资源的开发为重点,合理规划陆桥地带综合性都市、工业基地、旅游城镇等的合理布局和分层发展,把改造、提高现有500多个县镇和重点建设大中城市以及发展新兴城市协调起来,把工业带、高新技术产业带、商业带、金融带的建设同城镇带的建设结合起来。要结合加快陇海——兰新路复线建设及其与南北众多干道的铁路联网建设,实现客货列车快速化以及通讯设施现代化,同时,加强城镇间以及向铁路两翼展开的公路网建设。要大力促进大中城市工业、商业、金融、科技、文化、教育的高度密集和规模发展,加速形成一批辐射功能强、能服务于东西双向开拓的成熟的经济增长极,以利于沿桥各个地区间以及沿桥与沿江、沿海、沿边之间的经济合作与技术交流的发展。

增强自身的市场开拓力

要使陆桥经济带的开发建设和双向开放相结合,从形成内在机制的视角看,关键在于推进市场取向改革,增强这一地带自身的市场经济开拓力。

陆桥地带特别是大西北的经济,封闭性强而开放度低,归根结底,是商品经济发育不足的反映。在农村,自然经济和半自然经济的格局没有彻底瓦解,是带有普遍性的现象,以个体劳动为基础的小生产也还占一定的优势,农业生产水平低,如在江苏省,中低产田大多集中在这个沿桥地区。在城市,同样是社会化、专业化生产水平不高,发展市场经济的大环境还没有完全形成。虽然相对集中着一批基础工业企业,但经营机制没有真正转换,生产经营面向市场不足,除本身设备闲置严重、经济效益很不理想外,对当地中小企业不能产生应有的关联效应和带动效应。这一状况直接制约着对大陆桥优势的利用。

"社会分工是商品经济的基础。"①无论是中西部还是东部,无论是

---

① 《列宁全集》第3卷,第17页。

农村还是城市,都要通过强化改革、突破封闭、深化专业分工和社会分工发展商品交换,催化市场发育,促进市场经济因素的迅速增长。这样,才能大大增强内在的市场经济的开拓力,以自力更生为主,逐步提高陆桥经济带开发建设的广度和深度,提高其东西双向的开放度和对国际分工、国际循环的参与度。对此,略述主要点如下:

——以市场为导向,积极发展农牧业生产,大力提高农牧产品商品率;同时,在农村从家庭经营或专业户、专业村经营起步,以各类专业市场为媒介,发展直接面向市场的农村工业。用现代工业和市场经济的方式打破小生产的思想意识和习惯势力,在加速发展专业化、商品化、社会化生产中打破条块经济的分割。根据各个地区的不同条件,借鉴发展乡镇企业的温州模式、苏南模式,用其长处,避其弯路,促进不同层次乡镇企业的加速发展,在培植和发展市场经济因素的条件下,拓宽靠市场开发资源、外销产品、积累资金、繁荣经济的途径,在多点开发中聚集成片开发的物质基础。

——推进城市企业跳出旧观念、旧体制的束缚,进一步面向市场,转换经营机制;在此基础上,以大型骨干企业为依托,发展跨地区、跨部门、跨所有制的企业集团。要以企业集团化突破条块分割,以市场为导向,推动产权流动和优化组合,发展规模经营,提高聚集效益。在增强企业市场竞争能力、构造微观经济动力机制的条件下,拓宽外向化发展的路子。大型骨干企业要在集团化过程中扩展协作关系,加强与高等院校、科研院所的合作,并通过延长加工链条,带动中小企业、乡镇企业的发展和提高。

——发展农村初级商品市场和各类专业市场,培育以城市为中心的区际市场,促进市场交易关系的扩展,由此启动,建立市场服务体系,促进生产要素市场化和市场国际化。要增强大中小城市的流通中心功能,发展跨越条块的流通网络,以陆桥为中轴,开通商路,建设商桥,带动第三产业和市场服务体系的发展。借助陆桥地带的资源优势,结合建设商品生产基地和各类经济区的需要,建立和发展粮食、能源、生产资料的大型区际批发市场和全国性骨干市场;要发展与沿海、沿江、沿边全方位的横向联系,形成引入本地各种稀缺要素、输出自身优势产品的多向流通格局;应及早筹划组建陆桥金融带,在有条件的大中城市发展股票交易所,建立陆桥发展银行,吸引国内外资金,支持沿桥经济带的开发建设。推进国内外市场接轨,创造适应于东西双向开放需要的市场大环境。

所有这些,都要求陆桥地带加大体制改革力度,推进建立社会主义市场经济体制的整体改革。同时,国家应该为陆桥带的开发开放创造相应的宏观环境。从"东工西农"、"东轻西重"的影响东西部比较利益关系扭曲的思路出发的价值体系必须扭转,倾斜于沿海地区的特殊政策也需要得到合理调整。要用统一的产业政策、开放政策鼓励外商以至沿海地区的企业家放胆涉足,去陆桥进行优势资源的成片开发,参与基础设施建设。国家有必要设立相应的组织协调机构或授权有关综合部门,对沿桥经济带的开发建设和对外开放作出总体战略性的通盘谋划,分步实施,分层推进。

（原载《中外合资企业》1994 年第 9 期,收入《迈向 21 世纪的徐连经济带》一书,1998 年 3 月。）

徐连经济带的整体构造要
牵住"龙头"做文章

　　以连云港为东端桥头堡的新亚欧大陆桥的贯通和运营,为我国提供了开发建设以陇海——兰新铁路大干线为纽带的中国陆桥经济带的历史性机遇。江苏应当抓住机遇,利用连云港东桥头堡的优势和徐州经济发展水平相对高于中西部地带的条件,在开发建设徐连经济带上率先启动。

　　建设徐连经济带,在江苏省内已引起多方面广泛关注。我认为,推进徐连经济带的开发建设必须从战略思想上研究明确:如何从徐连经济整体构造的目标出发,在促进东桥头堡"龙头"功能升格上重点突破,以有效地做好徐连经济带整体构造的文章。

着眼于徐连带的整体构造

　　对徐连经济带的开发建设,目前各方面的意愿和目标各有侧重。有的主张,强调在徐连建设形成重化工业为主导的现代工业体系;有的设想,要建设徐连商贸走廊。具体到东陇海沿线及其周围市县,则出现各从自己优势出发,侧重于争取立项布点。总的看来,专项设想有余,而整体筹划不足。

　　徐连经济带是我国境内陆桥经济带这一大系统工程中的子系统工程。重在综合规划,整体构造,而要搞好综合规划、推进整体构造,必须从弄清经济带的含义并使之有明确的目标定位入手。

徐连经济带应当是一个区域经济的概念。它是从我国陆桥优势整合战略和江苏区域共同发展战略的需要出发，以东陇海干线为主要依托，按照社会主义市场经济规律和经济发展的内在联系的客观要求，发挥综合优势，合理配置资源，加快沿桥开发、开放和建设，形成既有东西双向开拓、南北双向引联作用，又有较强的港口吞吐、市场辐射和产业聚集功能，从而成为大陆桥带率先"隆起"的一个带状经济区——这可以视为徐连经济带的目标定位。

按照这样目标定位，徐连经济带的整体构造，就主要而言，有两方面的含义：

其一，就经济运行的框架结构而言，徐连经济带不只是徐州、连云港两大市域经济的简单相加，更不是沿桥徐州、邳州、新沂、东海、赣榆等市县彼此自成体系、城乡相互分割下板块经济的拼凑，而必须是以深化改革为动力，以地区生产的专业化分工与联合为基础，以生产力布局合理化为条件，以大中小城市（镇）体系为载体，实现点、轴、面三者的有机结合。

其二，就产业结构的配置格局而言，徐连经济带绝不能脱离一、二、三产业历史性演进和合理配置的客观要求，重走总量取胜、工业偏好以及粗放经营的老路，而必须是从统筹发挥沿桥的三大独特优势——连云港在大陆桥（中国）上的"龙头"优势、徐州作为"四省通衢"的中心城市和交通枢纽优势、沿桥及其腹地的资源优势出发，以大交通、大流通开路，从启动工业、农业的内在活力入手，全面营造现代工业带、农副产品基地群、商贸金融走廊、旅游观光线以至信息公路等，实现一、二、三次产业的合理配置、高效运作和协调发展。

显然，这样的经济带才能产生整体构造的综合效应，其具体表现即具有较高的区域经济的整体素质：生产要素能合理流动和优化组合，经济运行富有效率和效益，走上良性循环，并形成经济、社会、环境的可持续发展。徐连经济带如能率先走上了这一步，就必然会在陇海——兰新陆桥地带上率先"隆起"，牵动整个沿桥地带的加快开发建设。

总体目标、分项目标与"龙头"目标

　　徐连经济带开发建设的总体目标，由其内在的相互依存、相互联结的若干分项目标所构成，在各分项目标的共同作用下，产生综合效应。根据地区经济点、轴、面之间的内在联系及其经济运行良性化的客观要求，其总体目标可以主要具体化为一组"三位一体"的分项目标：

　　——把连云港建成为具有名副其实的"龙头"港口城市——东桥头堡和国际枢纽港，增强港口吞吐能力，包括联合徐州交通枢纽中心，大力增强能保证港口高效作业所需要的集、疏、运能力，使之能与亚欧大陆桥正常运营的要求相适应，并从长远看与西桥头堡鹿特丹港相对接。

　　——建设大徐州，充分发挥其作为区域经济中心和交通枢纽中心的作用，使之与连云港龙头港口城市相互配合，同时，联结徐连带及周边大中城市以及小城镇，依靠大交通开路，培育大市场，发展大商贸，以大中小城市相结合的城市（镇）体系为载体，构筑包括专业化生产协作、商品流转、资金融通、信息传递、科技开发、文化交流所需要的城乡一体、内外接轨的经济、科技、文化网络。

　　——在连云港和徐州两市目标定位的基础上，在点——轴——面相结合的区域化组合机制的作用下，建立能担负起宏观控制、调节和指导职能的经济调控体系，发挥市场机制对资源配置的基础性作用，形成结构合理的产业密集带，进而实现一、二、三次产业的协调发展和物质、能量、信息的顺畅流动和良性循环。

　　三者缺一不可，但第一项强化东桥头堡"龙头"功能的目标直接牵引着徐连带以至整个陆桥经济带的整体腾飞。大陆桥东桥头堡的"龙头"功能，是组合陆桥优势的纽带，发展陆桥经济的基石。它包括：港口吞吐能力雄厚，海洋运输四通八达，各种专业化泊位齐备，后方集疏运配套功能及其网络体系的完善，以及港口经济的繁荣。如果没有这些设施的配套发展，形成不了供周边国家和我国沿桥地区有效利用所需要的港口运输的强有力功能，发展不了与中亚各国乃至欧洲国家的经济交往、交流和合作，出现不了我国依托陆桥向太平洋、大西洋东西双向开放的新格局，这样，从全国来说，就没有发展大陆桥经济带的实际意义，对江苏来说，也就失去了实施开发建设徐连经济带这项战略任务的前提条件。建设大徐州的目标会因失去陆桥优势而降格，而依托东西双向开发与沿桥省区横向联合形成结构合理的产业密集带的目标也就更难实现。

由此可见，开发建设徐连经济带，必须以带状经济区的整体构造为着眼点，而以加强连云港龙头港口城市建设为启动点，以加快大徐州建设为策应点，以形成结构合理的产业密集带为落脚点。明确一些说，在徐连经济带的整体构造的目标体系中，强化连云港这个东桥头堡的龙头功能乃是一项"龙头"目标，以"龙头"目标牵动分项目标，才能实现总体目标。

建设"龙头"港城，有机遇，也有挑战

人们看到，连云港桥头堡建设有长足进步。特别是 90 年代以来，抓住新亚欧大陆桥开通与营运的这一难得的机遇，抓紧以港口为中心各项基础设施的配套建设，呈现日新月异的变化。现建成码头生产岸线 4000 多米，万吨级以上泊位有 24 个，年设计吞吐能力超 2000 万吨，随着港口的三大骨架工程——连云港西大堤、深水外航道、铁路港口站的完成，连云港已进入港口掩护条件具备、通航条件良好、运输条件便利的良好建设发展的黄金时期。如全国最长的 6.7 公里拦海大堤的建成，形成了一个 30 平方公里的港湾，可供建成 100 多个万吨级以上的泊位，为最终建成亿吨大港提供可能。

目前连云港国际陆海联运正日趋红火，与世界 86 个国家和地区的 280 多个港口建立了通航关系，并先后开辟中国香港、日本、新加坡、马来西亚、韩国、泰国等 10 多条集装箱班轮航线，同时，客轮运输也在起步。特别引人瞩目的是：经连云港中转上桥或下桥的国际集装箱运输在近三年内大步发展，按国外客商与连云港运输经营者签订的运输协

议计算,1996 年经连云港中转过境的国际集装箱运量呈现一季好一季的大幅度增长态势,全年将有数以万计标箱的国际集装箱经由此港中转过境。

连云港市在以港兴市、港城一体上也在开拓新路子。在抓港口建设的同时,以农村经济、外引内联、市场流通和个体私营经济为重要突破口,大力启动地方经济加速发展的内在活力。在农村以国内外市场为导向,实施龙头企业带动的产业化战略;利用港口、口岸条件,兴办生产资料、农副产品市场;发挥作为沿海开放城市和内地开放窗口的双重优势,发展大经贸、大流通,农村发展形成九大农副产品生产加工系列,其中紫菜、蔬菜等已成为国内重要的加工出口基地;乡镇工业快速发展,三年翻三番;全市 1995 年实现外贸出口商品供货总额近 30 亿元,比 1990 年增长 3.8 倍,外贸自营出口突破 1 亿美元,比 1990 年增加 17倍;利用外资近三年累计 2.4 亿元,是 1993 年以前总和的 3.3 倍,经济技术开发区的发展步子明显加快。从 1993 年到 1995 年,全市国内生产总值年均递增 35.6%。综合经济实力的增强,使得连云港市正从多方面推进建设以形成与桥头堡地位相称的"龙头"港城的大框架。

情况表明:大陆桥的开通和运营是连云港"龙头"港城建设的最大机遇,而龙头港城的建设正是对这一机遇的应有回报。今后十年、十五年,以至更长的时间里,大陆桥势将跨入运营大发展的时代,带给龙头港城的机遇还会进一步增大。

然而,伴随着机遇的增大,挑战和压力同时呈现面前。

其一,按发展大陆桥过境运输和港口中转运输的客观要求衡量,桥头堡功能建设本身还大有弱项存在。由于受历史社会经济等客观条件的限制,也受东陇海铁路复线建设进展迟缓的制约,港口吞吐量相形不足。港口后方集疏运设施配套不完善,铁路车辆编组能力薄弱;特别是港口的后续建设亟待启动。在港口泊位接纳外轮的能力上,煤炭、粮食有富裕,杂货散装发展则相形滞后。尚未建立航空口岸、旅游码头,远没有形成发达的现代港口经济。港口远离市区,缺乏城市功能的有力依托。此外,拓展国内运输也亟待加快步伐,主要是沟通徐连经济带南北向周边广大腹地所需要的交通网络设施和现代运输手段的建设远没有跟上;加上这一地区第二产业规模偏小,地方运输量中货源不稳定。这些,都影响着连云港龙头带动功能的增强和发挥。以上仅是就近期运行的状况而论,如同远期发展目标对比,其差距之大,尤为明显。

其二,周边邻省的竞争态势正在加速演进,更是给连云港的桥头堡功能建设带来巨大压力。天津、青岛都在积极谋立国际集装箱枢纽港的地位;河北省提出构想:秦皇岛港年吞吐能力近 1 亿吨,与秦皇岛港仅 65 海里之距的京唐港已实现了与日本、中国香港的集装箱运输,再加上正在加紧建设、处于河北东部的黄骅港,已有构建亚欧大陆桥东方河北桥头堡群的设想;山东的日照港,原按散货港建设,现以其港阔水深的优势,以又一桥头堡的姿态出现,成为连云港国际集装箱运输的竞争对手。应当指出:在我国漫长的海岸线上,群港兴起,在发展海港运输上各展所长,是我国扩大对外开放、加速经济腾飞的客观需要,是一件大好事。但同时应当看到,连云港具有地处于我国沿海中段的区位优势,以及有利于与陇海——兰新线贯通和接轨、缩短铁路运程等的独特条件,邻省的这一竞争态势尽管不影响其作为大陆桥集装箱国际联运中转港的主体地位,但也确实从客观上向连云港提出了加紧强化东桥头堡实际龙头功能的严峻挑战。

共抬"龙头",打好"桥牌"

面临严峻挑战,出路何在?

对连云港东桥头堡的挑战,即对徐连经济带整体构造以至整个陆桥经济带开发建设的挑战,因此必须以打好"桥牌"的共同利益为纽带,组织上下左右,实施共抬"抬头"战略,把整体构造与重点突破统一起来。

连云港有鉴于此,早已确定以建设现代化的大型国际枢纽港和环境优美的港口城市为目标,从高起点推进以港兴市、港城一体化建设的一些战略设想。诸如:加快深水泊位、专用码头以及港口的配套设施建设,完善现代通讯网络与港口综合服务设施;加强铁、公、水、空集疏运系统建设,使港口实际吞吐量与港口泊位能力同步增长;大力发展包括船舶修造、港口机械、石油化工及盐化工、外贸出口加工与仓储、集装箱生产与运输等在内的临海工业,发展港口经济;加快发展以金融等新兴产业为主体的第三产业,改善车站、码头、机场等设施条件,为招商引资提供优越的软硬环境;办好现有的保税仓库,与陇海——兰新沿线各省市联手争取国家批准在连云港设立保税区,加强为海陆联运、过境转口贸易服务,等等。所有这些,都是增强港城龙头功能所必需,也反映了连云港市抓住机遇、迎接挑战的壮志雄心,体现了该市坚决按照东桥头堡的标准和要求,当好"龙头"的使命感和责任感。

但是,连云港与鹿特丹港相比,毕竟还很年轻。鹿特丹港去年吞吐量超过3亿吨,集装箱装卸量超过320万箱。连云港要立足现实、面向未来,在加快港城建设上加大力度,仅凭现有条件是不够的。基于此,推进实施"共抬龙头"的战略,乃是必然选择。

共抬龙头,徐连经济带各个市县义不容辞。如徐州在这方面早有考虑,准备在连云港建设自己的泊位、码头、船队以及一定容积的仓储区,支持连云港扩大发展空间。带上市县不妨再扩展思路,除参与增强港口后方的集、疏、运能力外,在发展沿桥现代化综合运输联网建设上,在培育以城市为依托的共同市场上,在发展临海工业、港口经济上,都可"联"字当头,大做文章。

共抬龙头,要紧的是要跨出建设组合港的步伐。连云港建立国际航运中心,需要有一个过程。最好的办法,就是把沿海一定距离内连云港南北两翼的港口群组合起来,可以先在港口以南,以连云港为主体,组合陈家港、堆沟港、燕尾港、海头港、中山港群港,改变沿海各地各自分散建港的无序化状态,形成主体港、辅助港分工协作、各专所长的苏北港口群体,提高综合吞吐能力。以后根据条件,争取与山东日照港等在职能分工基础上实行跨省区的协作联合,逐步形成与西桥头堡相对应的东桥头堡组合大港。

共抬龙头,打开眼界来看,还需要吸引更广泛的横向联合和区域合作。陆桥运输和陆桥经济辐射所及的广大腹地,包括徐连经济带南部的宿、淮、盐地区,徐连以北的鲁南地区,以徐州为中心的淮海经济区,整个陇海——兰新地带,都应当成为共抬龙头的支撑者和参与者。连云港及徐连经济带要广泛向这些地区招商引资,发展商贸联系,通过多种联手合作形式,建设专用码头、集疏运系统、沿海港口工业、第三产业,以至联办保税区等,共同增强连云港"龙头"功能;回过来,使这些地区,依托港城龙头功能,在进一步接受陆桥辐射、扩展陆桥效应中共同受益。

共抬龙头,是包括徐连经济带在内的整个陆桥地域打好陆桥这张"牌"的共同需要。而要打好这张"桥"牌——特别是就江苏建设徐连经济带来说,必须进一步加强省委、省政府的领导和组织协调。要统筹处理改革与发展的关系,妥善协调横向联合、区域合作中省际、市际矛盾,以及向国家争取徐州市的对外开放、争取联办保税区、争取必要的重大项目的布点和实施等等,都非得有省里强有力的组织领导不可。

徐连经济带的开发建设必须着眼于区域化的整体构造,在目标定位中突出龙头这个重点,紧紧围绕重点做文章,在共抬"龙头"的过程中坚持以改革为动力,促使"三位一体"分项目标和总体目标的全面实现,推进徐连经济带的区域化整体构造,并进而作用于整个陆桥经济的开发与繁荣——这就是我对江苏开发建设徐连经济带必须研究实施的一点战略思路的建议。

（原载《大陆桥经济》1997 年第 1 期,《江苏经济》1997 年第 7 期,收入《迈向 21 世纪的徐连经济带》一书,1998 年 3 月。）

长江经济的分区段优势组合及其
整体协调发展

——着重对江苏沿江经济的区域化发展作探析

在浦东开发的历史性机遇下,如何促进长江流域经济的整体腾飞?这是一个涉及多领域多学科的大课题。这里面需要研究解决的问题很多,有传统观念、习惯势力难以改变的问题,有体制性障碍亟待排除的问题,也有不容易找到切入点来突破操作上的难点的问题。本文着眼于长江流域经济的协调发展与整体腾飞,着重就江苏沿江优势的善自组合及其同上海经济的协调发展问题,发表些随想式的议论。

协调:结构对接,优势互补

"浦东开发为龙头,沿江腾飞一条龙",我很欣赏这个形象化的比喻,它明确了上海浦东作为起辐射扩散作用于周围地区以至整个长江流域的强大发展极的地位,同时也点出了沿江诸省之间以及与上海之间必须联动开发、协调发展的关系。

协调,这不是某方对他方的片面关系,而是在彼此联动发展中实现和谐配合的问题。

按照市场经济的要求,各个地区之间的经济协调发展,应当以结构是否对接、优势是否互补,以及在此基础上对外开放水平、区域经济整体素质的提高程度来验证。结构趋同、市场碰撞、自相残杀、过度竞争,那就是与协调发展的要求不相符合。

因此,对上海浦东而言,就要在聚集主导产业、聚集增长势头、聚集形成发展极功能的过程中,通过商贸、资金、信息、科技等渠道,增强向周围以及沿江地区的辐射扩散效应。

就浦东周围和沿江地区来说,就要在参与浦东开发、为浦东开发服务的过程中,发展和深化彼此的网络化经济联系,接受并利用好上海的辐射,加快发展自己。

江苏和上海相互接壤,一向有着千丝万缕的经济联系。无锡,历史上的“小上海”,当初这里大规模的交易都在上海进行,资金主要从上海调度。解放后江苏经济的发展,特别是江苏乡镇企业的崛起,在相当程度上依靠上海的辐射带动。当然,江苏也向来给上海以多方面支持和服务。更重要的是,改革开放以来,江苏与上海的经济交往和联系深化了,升格了。以“小骆驼”进入大上海为起点,江苏与上海之间,从农产品进“城”、工业品下“乡”的传统格局一变而为工业品和各类生产要素双向交叉的流动格局。浦东开发开放以来,苏沪经济联系上更出现了你中有我、我中有你、相互渗透的许多变化。除了合作项目越来越多外,合作层次也有明显提高。八十年代的合作主要以零部件配套、工艺协作为形式发展经济联系,与此相区别,现在不少苏沪合作项目已发展为以瞄准海外市场为目标的资金、技术、管理、品牌、人才的全方位联合。如锡山市乡镇企业近年在与上海企业新一轮的联合中,出现了合资合作型、配套加工型、上市公司控股型、依托名牌型、委托管理型等较高层次的合作形式。同时,沪苏商贸联手开发大流通,上海在江苏沿江大中城市布设商品销售中心,广建商业网点。另外,沪苏合力建设市场辐射载体——四通八达、高效便捷的大交通网络,特别是沪宁高速公路的建成,为整个江苏沿江地带与上海经济交往和联系大大缩短了时空距离,造就了上海对外辐射半径的延伸——苏沪经济合作渐入佳境。

除了促成要素的直接扩散转移外,上海浦东还有一种辐射带动作用,这就是招商引资渠道的西向延伸。浦东开发开放后,海外大小客商纷至沓来,江苏以其邻近浦东的区位优势及其自身营造多年的投资环境,引起了一部分在浦东洽谈项目的外商的投资兴趣。特别是苏南地区进一步成为外商的投资热土。开发区、工业小区应运涌现,形成了与浦东联动开放的好势头。

当然,对此绝不能估计过高。尽管来自上海浦东的辐射力是客观存在的,但是,如果没有人们的主观努力,它绝不会直接带来苏沪的结构对接和优势互补,不可能自然而然地产生彼此协调发展的预期效应。不能不看到:目前地区之间资源配置不良和浪费、产业结构趋同与劣化的矛盾,还远没有得到缓解。

这就要求我们在主观努力上再加一把劲,特别是对政府领导而言,更要面对现实,善抓时机,因势利导,开拓前进。

贵在善于引进和利用上海辐射

——江苏"东大门"的启示

昆山,是江苏对外开放的"东大门",也是被人们喻为"上海屋檐下"的接受上海辐射的最近点。市区东距上海市中心只有 55 公里。昆山在 1984 年自费兴办开发区。在此以前,昆山尽管交通便捷程度并不逊色于上海的郊县的优势,但并不曾在接受上海辐射发展上起到多大作用。那时昆山还只是一般农业县,工农业总产值不到 8 亿元,其中工业产值只有 4.6 亿元。改革开放的春风打开了昆山人的"东依上海、内引外联"的思路,并在同外商的交接中,触发了在老城区旁兴办开发区的动机,为外商提供既靠近城镇、交通便捷又有发展余地的投资环境。开发区一炮打响,十年兴办三资企业、内资企业 320 个,出口创汇 3.85 亿美元,名列全国开发区前茅。1992 年,被国务院批准列为国家开发区序列。开发区拓开了昆山工业化以至整个经济开发开放之路。1993年全市工农业总产值达到 214.4 亿元,其中工业产值 206.6 亿元,分别为十年前的 26 倍多和近 45 倍。

现在回头看这条开发之路,昆山的同志有很多体会,而其中主要之点就是:抢先接轨浦东,引进上海辐射。

进入九十年代,浦东开发开放进一步拓宽了昆山人的视野,他们把自己处于上海"屋檐下"的区位优势和身居江苏东大门的战略地位两者联系起来考虑,在江苏率先开始了与浦东开发开放接轨的大工程。1992年,昆山提出十大接轨的目标:① 交通通信接轨;② 项目开发接轨;③ 金融接轨;④ 商贸接轨;⑤ 信息接轨;⑥ 技术接轨;⑦ 人才接轨;⑧ 政策接轨;⑨ 产业接轨;⑩ 旅游接轨。这里,起决定性作用的是思路接轨。昆山有明确的接轨思路,这就是接轨浦东,主动吸收和利用浦东辐射,增强昆山经济综合实力和对外开放水平,进而借助浦东这座大开发、大开放中的"跨海大桥梁"接轨海外。

接轨浦东是个大工程,远非一蹴而成。但思路明确了,就可远近结合,逐步推进。几年来,昆山从接轨浦东中接受上海辐射,有了初步的但也是有明显成效的一系列突破性变化:其一,对外开放的水平明显提高。海外名牌产品的跨国公司相继进入昆山开发区,3000万美元以上规模的外资企业达到50多家,而且是外商独资项目增多。1996年的自营出口额13.8亿美元,按海关数据,占到苏州市总额的37%;其二,以开发区为"龙头"辐射带动全市发展的格局明显形成。昆山经济的支撑力量由国有企业转向外资合资企业,开发区的经济总量已占到全市总量的一半。70%的乡镇经济集中在由开发区辐射带动并与开发区配套联动发展的全市21个乡镇工业小区里;其三,经济结构朝着合理化和高度化方向明显升格。昆山经济继八十年代后,出现了由以农为主向以工为主的转变,由内向型向外向型的转变,由散点式布局向集聚型布局的转变,促进了工业小区建设与小城镇建设相结合,科技在工业中贡献率和第三产业比重都显著上升;其四,与以上变化紧相联系的,昆山同上海的经济技术协作与配套关系明显深化。长时期来,昆山从上海争到的协作配套任务源源不断,但过去多数属于配件式配套;在同浦东产业接轨的新思路下,昆山跨进了与浦东大工业配套的新阶段,近些年纷纷来昆山落户的外资企业很多就是与浦东外资企业配套的关联产业,随着这类配套项目的兴建,以往低档次的配件式配套升格为较高层次的技术型配套,这不但有利于昆山产业结构的良性演变,而且有利于昆山与上海之间产业链条的形成和发展,变彼此的项目争夺为真正的配套互补。从这里,我们看到了:昆山通过接轨浦东,正在形成接受和利用上海辐射、进而吸引上海再辐射和扩大辐射的良性机制。

　　研究昆山接轨浦东的经验,有利于打开促进沿江协调发展的思路。昆山从地理上看,既是江苏对外开放的东大门,又是江苏接轨浦东的第一站。现在,昆山通过与浦东的接轨工程,接受和利用上海的辐射功能,正在成功地建设为服务于浦东开发开放所需要的项目扩散地、配套加工区、金融商贸走廊的通道口、旅游度假最近便的后花园。昆山经验对江苏全省接轨浦东有着开拓性的示范作用。江苏,首先是沿江省市,都有必要从自己的情况出发,实施接轨工程,使昆山在接轨浦东中吸取的辐射带动效应能在江苏沿江以至更大区域范围得到传递、扩散和放大。

　　当然,昆山作为江苏东大门,"百尺竿头"仍须进一步,既要进一步作东向接轨浦东的努力,又要致力于同西向周边市县和各类开发区的联系和协作。这样,昆山定能在自己加快发展中真正发挥作为江苏接轨上海、接轨海外的"东大门"作用。

"龙脖子"工程

——江苏沿江地带相对优势的善自组合

　　长江,6300公里,其干流经过十一个省、市、自治区。就说长江三角洲这一地吧,也有包括沪、苏、浙的15个市及所辖74个县(市)之大。显然,要实现这样一条"长龙"的整体腾飞,在强化上海浦东的"龙头"作用的同时,还得靠分地区分段的各自相对优势的善自整合。这是因为沿江经济的整体腾飞,归根结底,取决于分地区分段的整合水平,需要建立在全面增强各个局部区段经济高效顺畅的运行机制基础上。从中国处于社会主义初级阶段的国情和市场经济改革目标出发,分区段整合既要以大中城市为中心,又要照顾分省管理的现实体制,包括:以重庆、成都为中心的上游地区,以武汉为中心的中游地区,以南昌、合肥为中心的中游偏下地区,以南京、苏锡常为中心的下游地区,以杭州为中心的长江三角洲偏南地区,各个区段,都从沿江"一条龙"整体腾飞的全局上找准自己的位置,各自分段整合,并与上海浦东的开发开放紧密呼应,相向接轨,从而产生联动发展的最佳效应,才能有长江经济的整体腾飞。

江苏沿江这一区段,包括江苏沿江的宁、镇、扬、泰、常、锡、苏、通 8 市及所辖的 37 个县(市),正处于左右"龙头"与"龙身"的"龙脖子"地区。这是上海浦东辐射功能西向传递、扩展、延伸的第一区段。促使这个区段经济的优化整合,把"龙脖子"搞活,就能增强江苏沿江经济东与"龙头"经济接轨、西向"龙身"功能传递的活力,在促进沿江优势互补的基础上支撑上海产业结构高度化,增强上海的聚集与辐射功能,进而推动整个长江三角洲、长江流域资源的合理流动和优化配置。可见,它对腾飞沿江"一条龙"特别重要。

可是,怎样才能搞活这个"龙脖子"?

正同整个长江经济带要协调区段优势组合与沿江整体腾飞的关系一样,江苏沿江这个地带本身也有一个如何解决好分块分层开发与形成综合优势的关系的问题。

我的基本思路是:一手促内外对接的大市场发育成熟;一手促沿江大中小城市有机结合的城市带的合理化建设。

抓住浦东开发开放的机遇,江苏应当立足于更大开放,首先推进沿江经济国际化。走向沿江经济国际化,首先就是要实现以内外市场机制接轨为基础的经济接轨。促进了内外对接的大市场的充分发育,市场机制完善了,沿江经济才有可能按照市场经济原则和国际通行的惯例在与国外经济对接的轨道上高效运作,不断拓展和提高国际化的水平。

现实情况与此还有较大差距。目前我们的市场建设是在条块各按系统、市县自成体系、部门多头管理下进行的,因而,在市场的培育、建设中还存在种种缺陷和不良效应,并集中表现为市场运作无序和竞争机制扭曲,以致不能不制约着统一开放、公平竞争的大市场的发育成熟。

　　大市场的发育成长，必须以大中城市为依托，协调好大中城市、新兴城市与小城镇的发展，形成有机组合、协调发展的沿江城市连绵带的协同功能。

　　从沿江"市管县"体制下城市的现实格局看，大中小城市（镇）之间独立化倾向强于协同性机制。江苏沿江带，特别是在东端，"市管县"初期的体制效应早已弱化和散化，苏南12个县全部升格为县级市后，城市间产业结构趋同加剧，苏锡常城市格局从"三胞胎"向"多胞胎"演变。这种城市格局，加剧了市场建设的过于分散重复，不利于城乡通开、统一开放的大市场的发育。

　　按照市场经济的客观要求，**必须把推进大市场发育与促成城市群、城市带协同机制结合起来，把八市分块开发与八市优势整合协调起来，以搞活江苏沿江这一"龙脖子"地带。**解决这个问题，不仅是促使江苏与上海相互接轨的要求，而且对整个沿江地带的协调发展都有普遍意义。

　　这是一个复杂的系统工程——我把它称之为"龙脖子工程"，值得花力气去探讨它，解答它。

城乡一体化和区域一体化

　　沿江"一条龙"，不是沿江各个自成体系的块块经济的简单相加，而是沿江经济的整体组合和优化发展，它必须是以地区生产专业化分工和联合为基础，以大中小城市（镇）体系为载体，求得沿江各个区段之间以及各区段与上海之间经济发展的相互协调，即实现城乡经济一体化与区域经济一体化相统一基础上的长江大流域经济发展的整体协调。

　　区域经济一体化和城乡经济一体化，有区别也有联系。"城乡一体化"是直接对城乡分工与联系状态的概括，而"区域一体化"则主要反映在发展区域分工与区域合作基础上的区域组合程度。但就其本质要求而言，两者都是以突破行政区划为条件，协调好城市与其周边县域（农村）经济发展中的矛盾，促使城乡之间、地区之间要素的合理流动和资源的优化配置,都是涉及地区生产力布局和经济结构合理化的问题。从这个意义上说,区域经济一体化是城乡经济一体化的拓展、延伸和放大,也可以说,区域经济一体化必须以城乡经济一体化为起点和基础。

对城乡一体化,过去看得比较简单,似乎农村工业发展起来了,城乡之间要素流动起来了,再加上市领导周围县的行政管理体制一建立,城乡矛盾就解决了。

事实不然,在体制新旧转轨阶段,城乡之间、城市与县域之间的矛盾远没有缓解,而且还在从多方面显现出来。这在江苏沿江地区有明显反映。江苏,区别于上海这样一个大城市,她拥有一大块农村,这方面的矛盾就更直接一些,也更尖锐一些。

目前江苏沿江各县已大多升格为县级市,这些县(市)近些年都已经注意到按照市场经济的要求积极推进城乡一体化,特别是苏南的一些县(市)早就确立了在县(市)域范围内城乡一体、工农相辅、外引内联、产业聚集的指导方针,把兴办工业小区与小城镇建设结合起来,促使原来乡乡点火、村村冒烟的乡镇企业向小城镇集中,并已产生了相应效应。这表明了这些县(市)域内已在致力于突破和改变二元结构状态下的城乡分割,应当肯定,这是一大历史进步。然而,从市管县的范围以至整个沿江地区看,由于一时间尚难改变传统体制下按垂直的行政系统办事包括按行政块块配置资源的政府行为方式,因而在推进城乡一体化方面还很不理想,城乡分割的某些矛盾还在深化。在资源配置块块化的体制制约下,城市之间、市县之间、乡乡之间,重复布点,重复建设,重复引进,特别是由于地区结构劣化与产业结构劣化相互拉动,以致工业结构趋同化加剧。与此相联系,面广量大的小城镇也较多地局限在行政区内按乡按村分散布局、分散发展,苏锡常三大市区及其外包的三个县域,走上了"城外造城、一域二市"与市场经济要求不相吻合的失常格局。这些矛盾的存在和发展,显然,会影响大中城市的产业集聚及其功能升级,也将延缓农村城市化、现代化的进程,其最终后果是直接阻碍沿江地带资源配置的整体优化。当前经济运行中结构性矛盾趋向尖锐、战略性结构调整进展滞缓,包括上面谈到的"龙脖子"地带的优化组合难度增大等问题，都是与此有关。

从区域发展的视角看，局限在以县域为单元的所谓"城乡一体化"，只不过是传统体制下块块经济向市场经济演变的一种过渡形态。**因此，必须按照市场经济原则，以改革为动力，在协调城乡、市县矛盾的条件下，深化大中城市与周围地域的经济联系和合作，推进县域内的城乡一体化向大区域的城乡一体化继续演变。**推进这一演变，既是强化中心城市对周围区域的聚集与扩散功能的客观要求，也是促使县域和农村接受和利用中心城市辐射以加快现代化进程的迫切需要。我认为，不解决这个问题，就谈不上有城乡一体化下的区域发展协调化。

江苏省内的情况如此，其实，**放大起来看**，江苏与上海的经济协调发展问题以至整个长江流域各个区段之间的经济协调发展问题，又何尝不可作如是看。

靠大市场突破行政壁垒

在同苏锡常同志接触中，在向上海同志请教中，都谈及一个问题，沿江经济协调发展难，难就难在经济区划与行政区划上的矛盾，说得更透一点，就是行政壁垒难破。

行政壁垒难破，是经济体制改革攻坚阶段日益显露出来的难题。改革的目标和改革的实践都表明：这只能在推进改革攻坚中，通过强化大市场、大流通功能，发挥市场对资源配置的基础性作用才能解决。

可喜的是：突破城乡、条块行政壁垒的市场经济因素已在逐步增长，并呈现出良好的趋势。人们不断地从体制摩擦中寻探按照市场规律、发展跨市县经济联系的新突破。在沿江的一些地方，出现诸如城里人下乡把工厂办到原料产地、乡下人进城承包经营亏损厂等一类的市场经济新气象。地处南京城南的江宁县经济技术开发区不受市县行政区划的限制，在建区一开始就注意依托南京与市区产业结构接轨。在南京对市区开发区和江宁开发区进行统筹规划的条件下，已陆续引来南京支柱产业中的南汽、熊猫集团的生产基地大项目前往落户，这对提

高该开发区的产业档次和形成市县经济互补联动都很有好处。另一个
紧靠无锡市区的锡山市,以往发展第三产业,以搞自我封闭的传统产业
为主,发展步子迟缓;现在打破市域界限发展第三产业,如其房地产业
中的 20％的项目参与了无锡市区旧城改造,这样,使地理上紧挨无锡
市区的劣势转化为优势,第三产业发展大为加快,其在国内生产总值中
的比重由 1990 年 15.3％提高到 1996 年的 28.8％。

　目前,随着沪宁高速公路建成通车和南京国际机场建成通航,沿江
立体大交通网络扩展延伸,沿江地带开发和增强大市场功能、发展跨地
区联合具备了更为有利的条件和机遇。沿江各地对重点培育大型骨干
市场、扩展商贸流通都已进一步引起关注,并逐步形成共识。1997 年 6
月份在扬州举行的长江三角洲地区十五个城市经济协调会上提出的一
大思路就是:积极探索发展商业连锁网络和区域大旅游,组建沿江商贸
大走廊,以大商贸、大市场的高效运营,来启动沿江带的物资、资金、技
术、信息、人才跨地区、跨部门、跨所有制的合理流动和组合。这一思路
无疑是正确的。由此前进,将有可能促进统一开放、竞争有序的市场体
系的发育完善,依靠市场的力量打破条条块块的行政壁垒,从而把现代
市场经济下的资源配置方式作用于产业结构的置换和调整,解决"大而
全、小而全"和不合理重复建设问题,促使城乡一体化和区域一体化的
相互推动,实现资产在以城市为中心的大区域内的优化配置。

　**以大市场突破行政壁垒,这是顺应市场经济潮流的一场改革攻坚
战,它必须在各级政府的提倡和领导下进行。**对于发展市场体系,通过
市场突破条块分割,实施市场配置资源,包括以资本营运、资产经营来
启动资产重组、结构调整,都必须在政府的统筹谋划下,实施产业政策,
给以合理的引导、扶持和鼓励。这就是说,强调大市场作用绝不意味着
排斥合理的行政干预,而是要把发挥市场对地区经济发展的导向作用
同必要的政府推动结合起来,要实行对区域经济整体发展的统一谋划
和综合运筹,切实解决发展大市场、启动城乡和地区间要素流动和重组
中的实际矛盾和问题,包括推进政企分开和机构改革,促使综合管理与
行业管理相互配合,实行经济手段与法律手段、行政手段的配套运用,

建立和完善符合市场经济要求的宏观（中观）调控系统，在宏观调控下有效发挥市场对资源配置的基础性机制作用。

　　总之，要按照建立社会主义市场经济体制的改革目标，大力促进大市场充分发育及其高效运作，在强化市场配置资源的基础性机制建设上取得改革新突破。这样，江苏的"东大门"就能进一步靠市场开启，沿江"龙脖子"工程就能靠市场运作，城乡一体化和区域一体化的资产重组和优化就能靠市场实现，行政壁垒下的块块经济就能为依托大市场运作的区域经济所代替，沿江经济的区域发展就能不断走向协调、更协调。

　　　　　　　　　　　　（原载《学海》1998 年第 1 期，题目有改动。）

论城市群体的区域整合及其战略导向

综观江苏经济近年来的发展走势,亮点四起,景气攀升,总体看好,当然深层矛盾也不少。要对此作基本判断的话,我同意这样的说法,即:呈现转机,但尚未形成由内生型机制启动的根本转折。目前经济发展中的薄弱环节尚多,资源配置还没有从行政方式向市场方式根本转变。从改善城乡二元结构、南北地区差距,率先建成以现代化为标志的经济强省着眼,加快全省城市化进程,特别是营造我省城市群的综合优势,以提升能顺应国内外发展大势的江苏经济整体运行水平和竞争能力,乃是必然选择。

基于这样的认识,我就此作些探索,略陈浅见。

一、把握好加快城市化的契机

目前我省正呈现出加快城市化进程的新一轮热潮。它成为各级领导与学术界共同关注的又一热点。但,新实践也提出一些需要深入思考和探索的新问题。

人们都知道,城市化发展有其自身的客观规律。城市化进程的曲折与平坦取决于人们对城市发展客观规律自觉把握下的战略选择和行为方式。我们的任务就在于尽力研究问题,从规律性认识的高度指导新实践。

随着国内外环境的变化,同全国和地区经济加速了市场化、国际化、现代化步子相联系,江苏城市化的发展,发生了区别于八十年代和九十年代前期的一些新特点。研究这些新特点,将有助于人们更好的看清当前加快城市进程的新契机,因势利导,促其健康前进。

什么新契机,概括说来,是:

——乡镇企业"小、散、乱"布局的弊端在区域发展中日益呈现,那种局限于在各自社区内散点建设与产业成长相脱节的小城镇的思维定式逐步被打破,转变为农村工业按市场经济规律连片集中、把小城镇建设与工业区开发相结合的新思路,这就为合理布点、加快中心镇和小城市发展提供了新契机;

——同加快现代化与国际化的步伐相适应,原本在总量偏好下向县(市)域经济倾斜的片面观点,为依托具有网络经济、信息技术优势的大城市的现代意识所代替,这就为从实际出发,合理发展一批大城市、特大城市提供了良好契机;

——在资源配置走向市场化的机制驱动下,不仅农村劳动力"离土不离乡"、"进厂不进城"的舆论制约转为跨地区人口流动和人口迁移的政策放宽,相应的,地区与地区、城市与城市之间的竞争方式正在发展深刻的变化,致使封闭在行政区划内布产业、办经济的行政性行为方式日益显得难以为继,这就为在一定区域空间内讲究城镇功能分工、建立城镇体系提供了良好契机。

可以说,我省已面临扭转城市化相对滞后而城镇布局无序化的局面,加快城市化进程、增强区域城市群整体功能的良好前景。

在新契机下形成热点面前不妨来一点冷思考。当前,各地经济发展中传统体制遗留下的"胎里病"还没有根本消除,特别是对我国相沿成习的地方之间相互攀比、跟风而上、一哄而起的行为方式的顽固性要有足够估计。热潮中往往伴同着盲目点和误区,搞得不好,就会重走弯路。最好的办法就是结合对过去城市化历程的必要回顾和反思,既肯定成绩、发扬经验,也无妨指出失误,总结教训。反思,就是"走一步回头看一下",绝不是否定成绩,而是从正反两方面经验中获得新的规律性认识,正确把握方向,便于既审时度势,把握契机,又从省情、民力的实际出发,采取合理加快全省城市化进程的战略思路,在新一轮的城市化热潮中迈出主客观相一致的稳健步子,求得应有成效。

二、用区域眼光看"造城"

论起江苏城市化,如果从造城(镇)规模和城镇面貌言,改革开放以来跨的步子并不算慢,特别是在苏南,更是有目共睹。先是由乡镇企业大发展所带动,接着由普遍撤县建市所启动,随后由国际化接轨的愿望所拉动,再是由创建卫生城市的压力所驱动,可以说,掀起一轮又一轮的造城热,现在无论是大中城市还是小城镇,同20多年前相比,无一不是面貌大变,蔚为壮观。

值得反思的,我们的城市化工作中为区域而造城的意识性不强。突出的表现为对小城镇的区域化的合理布局推进不力,同时对大中城市与新兴城市协调发展的区域安排不足。诸如,乡乡村村造"城",小城镇建设过于分散化;以苏锡常市区为中心,在半径只有几公里的"经济圈"内,市区与其环抱的吴县、锡山、武进间,分别从"同域分治"演变为"一城两市",城外套城、城边接城,既增大了造城成本,又不利于要素的区域流动和组合,阻碍中心城市的成长和升格。

提出这个问题,无意指责苏锡常地区的小城镇发展模式和郊县的设市方式,而是认为:通过对以往实践的反思,有利于确立有序推进城市化的区域概念,即:在推进城市化进程中,不论是建设小城镇,还是发展大中城市,都要放在区域经济协调发展的总目标下来考虑。由此着眼,城镇建设必须注意突出功能建设,兼顾增强为城市居民生产、生活需要的就业、居住、交换、交通、娱乐等服务功能和面向区域、网络城乡的服务功能,把扩大城市规模、聚集人口与产业、做大与做美城市同增强城市对周围地区经济的凝聚力、辐射力统一起来。这可以从两方面来看:

一方面,增强为区域"造城"的理念,才能进究城市规模的最佳效益问题。在造城高潮中,就不会去片面追求城圈的扩大,而把着力点放在增强城市对城乡一体的区域经济更具聚集、辐射功能上,从外延扩张与内涵发展的统一中提升城市功能,获取最大的聚集效应。

另一方面,增强为区域"造城"的理念,才能注重大中小城市发展的相互协调问题。不仅不再重走小城镇建设块块化、分散化的弯路,而且容易跳出"围墙造城"的局限性,看清"同域分治"、"一城两市"设市方式逆市场化改革的不良效应,这样,就会从发展区域经济的角度,按照市场经济的规律和方式去调节矛盾,探索大中小城市的协调配置的理性思路和有效路径。

所以,我们既要有城市概念,又要有区域概念,使创优城市形象同启动区域发展相互协调。今天,当省里提出合理发展大城市的时候,更应如此强调。

三、关于城镇兴与人气旺

这些年在推进城镇建设以扩大内需的热潮中,有一种观点被推崇,就是"以人气足求城镇兴"。我认为,这两者确有其规律性的联系,问题是怎样能使人气旺,改革户籍管理制度,赋予农民进城造房、自由迁居的权利是一条途径;但是,现代城市发展的规律告诉我们:人口聚集,归根结底,是由产业聚集而来的。如果没有产业的聚集和成长,没有足够的劳动岗位,这样的城镇又怎能吸引农民进城进镇和建房定居,又何来真正的人气之旺!

有人认为,只要建好定居创业环境,就能吸纳外地人口前来开店办厂,包括带动第三产业的发展和城镇繁荣。在加大城镇设施建设投资的条件下,也许可能靠商业饮食等服务业的支撑而"繁华"于一时。但是,小城镇的兴起,主要由当地农村离土离乡的非农化人口的增多所启动。要使小城镇的持续繁荣,必须以农业产业化、城镇工业化的发展为基础,走上一、二、三次产业的协调发展,实现生产、分配、交换、消费的良性循环,这样,才有良好的就业环境,营造旺盛的人气。所以,从根本上说,产业聚,才能人气旺。离开了产业的聚集和成长,扎不深人气旺的根基,搞再多的商贸街、大商厦,换不来城镇兴,而只会造就"空壳镇",有些城镇已有这方面的教训。

　　看来,不能孤立地鼓励发展小城镇。发展小城镇一定要立足农村,同推进农业结构调整、解决"三农"问题紧密结合。在苏北一些欠发达县域更要重视这一点。一般说来,工业化仍然是县域经济的主题。当然,不是简单化地重走苏南以前那样大搞重复布点的工业性加工行业之路,而要从比较优势出发,同推进农业产业化相结合,从较高起点上发展农副产品的深加工、精加工。以此带动农业剩余劳动力向城镇转移,促使出现真正的人气足、产业聚、城镇兴的连锁效应。

　　大中城市也要以此为鉴,切勿进入争向大城市、特大城市升级的误区。大城市建设必须同自身以及周围区域产业结构的调整、优化、升级相呼应。不然的话,大搞扩大城圈的基础设施建设,固然也许能造就一些"人气旺"的商品街,但如果没有城市自身产业结构的优化,如果不能引导一定区域内生产要素流动、转移和聚集,同样会带来设施的闲置与空房率的升高。至于那种脱离产业基础和大多数居民收水平的实际,一味在豪华设施建设档次上追求"超前"、"再超前",表面看,"轰动效应"不小,"政绩工程"巨大,细究起来,却是带来了"沉重债务",加重了企业负担,增大了造城成本,削弱了发展后劲,长远看,是得不偿失的事情。

四、探讨一下城市群的组合模式如何

　　随着市场化改革和对外开放的不断推进,江苏正在改变各按行政区划自我建设单体城市的格局,走向地区性城市群体的网络化发展。然而,在体制转轨过程中的这个变化十分缓慢,加上受改革和发展地区性决策的影响,我省的一些不同地区出现了城市群组合的不同趋势。

　　在苏南,乡镇企业的发展走在全省全国前面,带动县域小城镇和县级小城市的纷纷崛起。可在另一方面,政府职能转变滞迟,地方工业包括乡镇企业的发展仍然被封闭或半封闭在行政管理的传统体制框架下进行,"块"自为战、自成体系的结果,便是重复建设严重,结构雷同加剧。先是苏、锡、常三个大中城市走上被称做"三胞胎"的趋同之路；继而苏南 12 个县在县域经济蓬勃发展的基础上先后撤县建市，但由于城市功能分工不明，产业结构也都大同小异，呈现"多胞胎"式的中小城市格局，特别是在缺乏能对苏南地区城乡经济发展强有力的辐射带动作用的大城市、特大城市成长的条件下，正在向多核心城市群体的组合模式演进。

　　南京地区城市群则形成了另一种组合模式。南京作为长江下游的中心城市，早就在 1986 年就凭借其依托长江、承东启西的区位优势与交通枢纽优势以及城市产业、科技、文教优势，建立区域经济协调会，跨市出省，走出了与毗邻 18 个城市和地区在内的区域协作之路；另一方面，在南京市管县的地区内，乡镇企业的发展活力远逊于苏南，县区对市区的"围城"压力明显小于苏南，而市区拉开现代化大城市框架建设的空间条件则优于苏南。同时，南京市管县范围内各县依托南京、发展县域经济的观念相对较强。例如，与南京接址的郊县江宁县，早在1992 年建立江宁经济技术开发区之初，就合理定位，抓住了南京城市功能南向扩张的机遇，确立了用足依托南京区位优势的思路，8 年来，开发区得到了蓬勃发展和快速壮大，并带动了县区城市化步伐的加快，使江宁整个城区以作为南京中心城一个卫星城的新恣，实施与中心城的产业联结和功能对接。目前已在进一步朝着建设一个融入南京主城区的新江宁的目标而前进。又如，与南京隔江相望的江浦在城市化建设的决策思路上，明确确立把江浦作为南京大城市的一个功能区、卫星城来建设。其他南京管辖的县，包括与南京空间距离较远的高淳，也随着交通条件的改善，正在积极加强与南京的经济接轨。显然，南京城市群体组合模式与苏锡常不同，正在形成的是以强化中心城市功能为条件，营造与周围区域内中小城市发展经济、科技、文化网络的都市圈的组合模式。

　　对南京模式和苏锡常模式作些比较研究，不是消极地来一番孰优孰劣的空泛议论，而是为了从反思中把握不同地区城市群发展的规律性特征，有利于因地制宜、因势利导，实施科学的战略导向，当然，江苏其他地区都应寻找其适合自己区情特点的城市群组合模式,例如,徐州、连云港,我认为,和省里开发建设以大陆桥为依托的徐连经济带的战略举措相衔接,在促进徐州这个区域经济中心城市和连云港这个"龙头"港口城市优势互补的条件下,走出徐连城市带的组合模式,应是顺理成章的事。

五、城市群组合的整体谋划和战略导向

城市群的合理组合,需要有全省城市化整体战略的制定和实施来加以推进。

我在 1997 年曾从研究南京中心城市功能问题拓展开来,联系全省城市化实践,对江苏城市群的组合战略问题有过探索性的设想,当时提出的思路是:"通过全省城市化总体规划(而不是单个的城市建设规划),以深化改革、扩大开放为动力,培植和发展若干有较强聚集和辐射能力的区域中心城市,以其为依托,在发展社会化大生产和地区生产专业化分工协作以及全方位开拓内外大市场的基础上,根据地区经济发展的内在联系和商品要素合理流向的客观要求,超越行政区划,密切大中小城市同周围农村经济联系,分别形成和发展若干区域化城市群体,以促进全省城市化进程的加快及其整体质态的优化,更好地启动和深化江苏城乡经济的市场化、现代化和国际化。"①

根据近些年江苏城市化实践以及国内外省内外形势的发展变化,这里再就一些关键性问题强调补充说几句。

不管是城市圈、城市群体还是城市带,都是城市群的区域组合体,都有一个促使大中小城市在经济发展中有机联系的问题。这不是单靠行政安排、行政推动可以奏效的,而必须以市场为导向,通过产业结构

---

① 见拙文《发挥南京中心城市作用与江苏区域化城市群体的组合战略》,全文原载《江苏经济学通讯》1997 年第 6 期;《南京经济》1997 年第 4 期和《城市研究》1998 年第 4 期,分别突出不同重点先后刊载。

的战略性调整,使城市彼此发展各自特色产业、特色经济,突出了城市功能分工和克服了"结构雷同病",才能解决。因为只有这样,才能具备大中小城市之间要素流动、配套协作、经济联合的客观基础,才能促进彼此间经济、科技以至文化的网络化联结并走向纵深发展,从而构筑成功能互补、有机结合的城市群组合体。所以,实施城市群组合战略必须同推进省区生产力布局合理化的工作相联动,以城市与地区产业结构的优化和提升为基础。

区域中心城市是城市群组合体的主体。要实施城市群组合战略,就非得培植在一定区域内具有较强聚集力、辐射力的中心城市不可。因此,发展大城市、特大城市就不能单纯着眼于大搞城市自身的高档、豪华设施,除了拓宽城市对外交通通道外,必须着力于强化市场化配套改革,在市场的驱动和导向下,组织和发挥大城市的科技资源优势、信息网络枢纽优势,先于周围中小城市发展高新技术产业化,改造提升传统产业,构建区域内的经济、技术高地。只有培植发展这样的中心城市,才能使之在区域城市群组合中起到主体作用。目前,苏南一些县级市依托大城市、跳出县域拓市场的观念已大大增强,但一般来说,其注意力集中于上海,对近在身旁的苏、锡、常,似是置之不顾,其原因就在于这些大中城市在技术创新、结构升级中的先导作用和带动作用不强,不能使周围中小城市产生对她们应有的向心力和凝聚力。

就全省来说,区域城市群组合战略的推出,先要做好总揽全局的城市化总体规划的前期工作,特别要对不同地区城市群组合格局的动态演变及其基本走向进行预测研究和科学判断,以此作为战略选择的依据。这既要客观分析各个城市自身的内在因素,更要综合考虑城市外向联结的客观环境,诸如城乡市场的通开、信息网格的扩展、交通建设的变化等。这几年的大交通格局已发生巨变,公路高速化、长江多通道,大大缩短了地区之间的时空距离,延长了城市朝发夕返的活动半径。以苏中的泰州而言,已可不再局限于西向外联,因为现在完全有条件进入南向跨江、东向出海的外引内联的广阔天地。显然,今天城市群组合格局的走向早已突破了八十年代提出的按四快组合省内经济区的战略框架,而是需要跟踪实践,面向未来,把握城市——区域一体化发展的脉络,进行再审视、再思考、再决策。

六、一切为了城市化整体效益的最大化

城市群组合是从我省城镇比较密集的区情实际出发,从促进区域内大中小城市协调发展的视野下提出来的。它符合国际城市化的潮流,也顺应我国推进社会主义市场经济改革的方向。但在体制改革尚未到位的今天,有其难度,这毋庸多说。同时以上议论,主要局限在江苏省境内,也不言自明。

其实,城市群组合既没有明确的地域界限又是动态演变的。城市群可以分区组合,也可以交叉重叠。如果立足沿海、面向世界看,宁、镇、常、锡、苏是一条城市带,宁、扬、泰、通也可形成一条城市带,并呈相互跨江组合之势,又同是受大上海所辐射,与大上海相联结,成为以大上海为中心的这个世界级城市群(都市圈)的组成部分。而所以提出城市群组合战略问题,其实质性意义无非是在加快城市化进程的新一轮热潮中,强调按市场经济规律办事,既改变以往那样在城脚边造城、使某些中心城市在块块化经济的"围墙"下难以动弹的被动局面,迈出合理建设大城市的步子;又能防止才从小城镇"满天星"的误区中走出来,又走上一哄而起、不顾条件、硬做"大"的文章的弯路。实施这样的战略导向,不仅在城市化进程的推进上可以取得突破性进展,而且使城市规模结构、空间布局结构、区域产业结构都能进入最佳状态,从而以城市化的有效支撑,加速江苏经济的现代化、国际化,在经济全球化、知识化的世界性潮流中变挑战为机遇,提高江苏经济的整体素质和竞争力,在国内外激烈的市场竞争中抢占高地,赢得主动。

归结起来说,一切为了促进大中小城市群整体效益的最大化,一切为了求得经济增长质量与增长速度的统一,一切为了率先实现我省经济社会现代化的大目标。而要做到这一点,根本的一条就是要改变城市化战略的实施偏重行政推动,向运作市场机制倾斜,从上而下按照市场经济规律和城市——区域经济发展的客观要求办事。

　　(本文题目原为"营造江苏城市整体优势",原载《江苏经济》2001年第8期。)

苏南现代化与区域一体化

——兼探苏锡常怎样"圈"起来

在当今经济全球化的大背景下,推进我国包括国内不同地区的现代化建设,都必须考虑如何有效增强自己综合经济实力和综合竞争力的问题。对苏锡常来说,要在这个地区实现率先基本现代化的战略目标,就必须应对日益激烈的国际竞争新形势,坚持市场取向的深化改革,在城乡经济的协同转型中营造区域发展的领先新优势,促使区域现代化建设与提升区域综合竞争力相互推动。

率先实现现代化与营造区域发展领先优势

营造区域发展的领先新优势,这是苏锡常作为一个经济区域,要在今天新形势下实现率先基本现代化的战略目标所必须作出的合乎逻辑的选择。

改革开放以来,苏锡常乡镇工业的超前发展,大大加快了城乡工业化的整体步伐,并利用地处对外开放前沿的优势,较早形成了具有强劲活力的外向型经济格局,积累了向实现率先现代化目标冲刺的经济社会能量。2001 年与 2000 年相比,苏锡常三市人均国内生产总值的增长率分别为13.8%、13.00%和 11.7%,均超过上海市同期的增长率 8.21%[①]。其绝对

① 苏、锡、常三市 2000 年人均国内生产总值分别为 26692 元、27653、17635元,2001 年人均国内生产总值分别为 30384 元、31248 元、19704 元,上海市人均国民生产总值 2000 年为 34547 元,2001 年为 37382 元。数据引自《江苏统计年鉴2001》、《江苏统计年鉴 2002》和《上海统计年鉴 2001》、《上海统计年鉴 2002》。

值 2000 年分别相当于上海的 77.3％、80.0％和 51.0％,到 2001 年则分别提升为上海的 81.3％、83.6％和52.7％,呈现出苏锡常现代化进程加快推进的势头。但是,毋庸讳言,区域发展中还明显存在制约因素,其突出表现在三市之间攀比竞争有余、联动发展不足,城乡资源配置低效化,结构性矛盾比较尖锐,不仅削弱了曾在全国长期保持领先地位的乡镇企业发展优势,而且,延缓了以产业集聚为基础的城市化进程,阻碍了以大中城市为依托的区域经济综合竞争力和整体优势的增强。今天,苏锡常要顺应国际国内大势,在推进现代化进程上实现“率先”的战略目标,显然,单求再造乡镇企业发展的领先优势已经不够了,光靠县(市)域经济的发展壮大或各谋“做大”、“做强”现有大中城市同样不行,而是必须从更高的层面上探索营造什么样、又如何营造为实现“率先”目标抢占先机所必需的新的领先优势。依我看,就是要坚持以市场化改革为动力,使县域经济的基础作用与大中城市应有的主导作用相互配合,营造以增强城市——区域经济的综合竞争力为标志的城乡经济整合发展的领先优势。

回溯过去,不难看到:苏锡常地区经济社会的快速发展,每一步都同自身能否抢抓不同时期机遇、顺应我国改革开放不断推进的形势以及国际竞争格局的变动相联系。以乡镇企业为例,苏锡常农村抢在八十年代市场化改革起步之时,运用市场调节手段促成了以集体为主乡镇企业的蓬勃发展,创出了在全国领先的“苏南速度”;八十年代中后期到九十年代初,苏南乡镇企业又及时借助对外开放增添活力,保持了久盛不衰的发展势头,并进一步带动小城镇建设步伐的加快,支撑了县(市)域经济综合实力的不断增强,使当时的苏锡常三大市区相对失色。在另一种情况下,苏锡常也有遭受挫折的时候。九十年代中期,我国告别“短缺”,出现卖方市场向买方市场的转变,加上东亚国家普遍发生金融危机,国内企业面临国内外市场竞争空前激烈的严峻形势。在这个关键时刻,苏锡常乡镇企业却以制度改革滞后弱化了市场竞争机制,使持续快速发展的势头很快出现逆转,以致失去曾经长期保持的国内领先优势。这也从反面说明了顺应时势、善抓机遇、开拓创新的重要。

　　总体说来,在苏南这块热土上,没有停止从多方面顺应时势的演变。乡镇企业在九十年代后期很快改变了制度改革滞后的局面,突破了集体为主的局限性,出现了所有制结构和产业结构两个调整相互推动的大变革。特别是跳出乡镇企业看农村、跳出农村看城乡,苏南更是出现了许多孕育着新的领先优势的"新亮点",例如:遍布大中城市以引进外资和外技发展起来的各类园区经济,以华西、盛泽等为代表的名村名镇经济,由高新技术支撑、以资本为纽带的大公司、大集团经济,靠资本经营改造提升传统产业的"江阴板块"经济,近几年大量投资新办以及由乡镇集体企业改制转换而来的私营个体经济,中小企业为主的城乡企业集群经济,由"龙头"企业带动产业链接的农副产品产、加、销"一条龙"经济,以及在丰富旅游资源基础上开发创新、日益兴旺的旅游经济等等。这些新亮点的出现,是以突破乡镇企业集体为主的思维定式为契机,结束了传统苏南模式时期经济总量偏好、乡镇企业偏好、县域经济偏好的发展思路,放开私营个体经济的发展,走上多元化所有制结构,并大力推进了城市化战略,市县(市)一起、扩大开放、调整结构的结果。这些新亮点,既是支撑苏锡常经济持续稳定发展的增长点,又是促进再创苏南领先优势的启动点。依托、放大和整合这些新亮点,将大大超越传统的苏南发展势头,在更高层面上营造新的苏南领先优势。它将顺应我国市场化、城市化的改革发展的走向,顺应我国加入世贸组织、加紧与国际经济接轨的时势,大大提高区域整体竞争力,使营造新苏南经济城乡一体的领先优势与实现苏锡常率先现代化的目标相互对接。

<h1 style="text-align:center">区域一体化的领先优势与
城市群的空间整合</h1>

　　在苏锡常地区,如果说上世纪八十年代是以县(市)域经济的快速振兴影响和促进中小城市顺势发展的时期的话,那么,九十年代开始则进入了加快城市化、以大中城市为依托、推进城乡一体化的新时期。特

别是在当前,苏锡常已进入城市化发展的最佳时期。省委、省政府采取合理调整行政区划的决策措施,苏锡常先后解除了三大市区与"环抱"市区的三个县级市"一城两市"的"围城之困",为三大市区加强作为区域中心城市的功能建设提供了必要的空间余地。这些年来,苏锡常三市区在"外向带动"下,城市建设与园区建设相互推动,城市规模都大大扩展了;同时,在县(市)域内又快速崛起一批颇具发展潜力的新兴中小城市。大家知道,当今世界最活跃、最先进的生产力总是首先集中于城市,而后再由城市向农村辐射、扩散、转移。对一个区域来说,不管是国际竞争力的提升,还是现代化目标的加快或超前实现,都必须有城市的发展起"龙头"作用。所以,苏锡常地区出现城市群的新发展正是再创区域领先优势、率先走向现代化的优势所在和必要载体。苏锡常要在入世后的国际竞争环境中应对挑战、赢得机遇,就得充分发挥这些城市群的主导作用,促使上述苏锡常城乡经济发展中的新亮点得以依托城市的功能而得到成长和放大,使"亮点"转化为"亮片",而且,还得借此加快高新技术产业化的发展和推进产业结构的整体优化,从而营造以综合竞争力的大增强为标志、顺利走向率先现代化所要求的新的区域领先优势。从这个意义上说,省委、省政府提出并具体规划建设苏锡常都市圈,显然是顺应时势、超前决策之举。

提到都市圈,曾有人发出疑问:"该不该圈住苏锡常?"还有种意见提出,苏锡常主要是推进有机联系的城市群体的建设,而不是搞都市圈。我认为,需要探讨的不是"该不该圈"而是"怎么样圈"的问题,其中首先涉及的问题是用什么指导思想和从什么战略高度搞都市圈。

从全国看,我们还处于经济转型阶段,行政体制与市场机制的冲突仍然十分尖锐;而苏锡常地处长江三角洲,谁都不会否认她们应该"圈"在沪杭宁这个世界级的大都市圈范围之内,此时此地,怎样把苏锡常"圈"起来,确是个十分复杂、颇为艰难的事情。人们不会忘记,上世纪八十年代在这长江三角洲组建上海经济区曾经失败过;江苏在苏锡常拟建城市群体也以遇到阻力而告流产。实践清楚地表明,其深层原因在于这里彼此各谋发展自成体系的行政区经济的传统观念和习惯势力太强。以史为鉴,今天要在这里建设苏锡常城市圈,最关紧要的一点,就是:必须顺应我国推进经济转型以及对外国际接轨的时代潮流,突破块块为主、壁垒分明的传统观念和惯性行为,按照市场经济要求,推进城市群的空间整合,在形成彼此既有一定功能分工又有内在经济联系的城市群体以充分发挥其整体功能的进程中,促进城乡经济一体化,这样,也就不难运用市场方式,协调好与上海的经济联系和合作,把苏锡常"圈"成既依托上海、服务上海又相对独立的开放型、网络化区域经济综合体。如果能按照这样的指导思想创新观念、创新机制去做,那么,建设城市群体和建设都市圈,就没有什么实质上的区别。因为建设都市圈也必须从推进苏锡常地区内大中小城市的合理布局和有机整合入手。

壁垒分明的行政区经济在苏锡常有相当深厚的历史根基。前些时学术界对苏南模式又起争论。我从来认为,对苏南模式的历史功绩必须充分肯定,但也不能掩盖其客观存在的体制缺陷,其突出表现就是始终改变不了块块为主的资源配置格局,从这点看我曾说过苏南模式实质上是以乡镇社区为基础的块块经济模式。长时期以来,块块为主的乡镇企业的发展,加剧了苏锡常市县(市)之间、城乡之间在行政壁垒下形成的攀比竞争,正由于如此,在大量重复建设中造成了资源的低效配置,并深化了长期存在的结构性矛盾。追溯起来,像苏锡常三大市区"一城两市"格局之类的形成,与此就有一定的渊源关系。

目前,苏锡常各市县(市)推进城市化的力度都很大。三个中心城市建设规模不断扩大,现正抓住组建都市圈的机遇,向着建设特大城市的目标推进。有些县级强市也在竭力谋划城市行政级别的提升或者争取与相邻县(市)域合并。虽说原来传统的城市发展思路已有所调整,但总的看,那种偏重于依靠行政区划调整、行政手段协调、行政力量推动来壮大块块经济的思维定式和行为方式还没有从根本上破除。即使说,苏锡常行政区划确有需要合理调整之处,但是,都市圈不是城市群的行政协调"圈",而是城市群的优势集合"圈",苏锡常如果要"圈"成这样的都市圈,那就绝不只是按照行政区划、依靠行政手段,通过行政协调就行,恰恰需要突破行政区经济的传统思路和行为方式,主要运用市场机制、经济手段,促使原来彼此自成体系、缺乏内在联系的城市群实现有机整合,才能形成有一定区域范围而又对内对外开放的城市群的整体优势。

城市群优势的集合之"圈"
与经济转型的率先之路

　　把苏锡常"圈"起来,使之形成城市群的优势集合之"圈",这个过程只能是按照体制转轨、经济转型的要求加快市场化改革的区域推进和配套推进的过程。苏锡常既然要在现代化进程中实现率先目标,那就必须在市场化改革的区域推进和配套推进上领先一步,在全省以至沿海地区超前突破行政区经济的传统思路,走出城乡经济协同转型的率先之路。

　　就苏锡常各城市来说,就是要遵循都市圈域整合的规律性要求,在淡化行政区划观念的条件下,打破单纯从行政区考虑取舍或进退的思维定式,无论是推进城市建设还是现代化事业,都不是孤立地考虑城市自身的需要,而是把城市与"圈"域统一起来考虑。其实,城市与区域从来是不可分割的。目前各市都在急切谋求增强城市综合竞争力,按行政区角度考虑,似乎只是城市自身行政区划内的事;而从区域角度理解,所谓城市综合竞争力则应当体现在一座城市在一定的空间范围内聚集资源、聚集产业,实现经济持续发展并带动辐射周边地区发展的能力,概括说,它应当是城市—区域社会资源有效配置、有效利用和经济持续发展能力的综合体现。看来,目前苏锡常在统一供水、供电等基础设施的共建、共享方面,尚能通过从上而下的行政协调有所进展,而在产业结构上的调整布局、走出雷同,就不可能单靠行政协调所能奏效。苏锡常城市缺乏明显分工,彼此自成体系,造成结构雷同,是长期运作在传统体制下的结果,今天要打破这个历史造成的缺陷,就只能在转变按行政区划配置资源的传统观念的条件下,放手运用市场方式,借助市场机制的有效运作,才能促进城市之间必要分工、产业之间错位发展和产业结构整体优化。如果不在这个方面转变观念,创新体制,采取治本之策,城市之间仍然是彼此产业结构自成体系,仍然形不成互为市场、互补优势、互相协作的格局,那么,苏锡常就根本形不成既依托上海、接轨上海又相对独立的都市圈。实际上,这个问题解决不好,不只是苏锡常"圈"不起来,就说组建以上海为中心的长江三角洲大都市圈,也仍然会步履维艰。所以,这个难关越是难突破,就越要从区域整合的要求出发,认定方向,以深化改革为动力,及早去打破它。

促进苏锡常在城市分工基础上产业结构的必要对接和整体优化的有效整合,需要有个过程。但,长远着眼,当前入手。现在开始,就要淡化行政区观念,强化市场化思路,放开手脚,从开创区域合作和联合的新局面做起。要以企业为主体,以市场为手段,以资本为纽带,放开要素流动、放开资源重组,也包括放开用人渠道。近年来,有关方面在分别提议、酝酿和推进诸如环上海高新技术圈、锡苏嘉湖环太湖旅游区、沿江产业带等合作项目,苏锡常应当积极参与和促进,从建设苏锡常都市圈的角度看,苏锡常应当先行一步,先在跨越苏锡常行政区划的联合上取得突破,在构建跨地区市场化运作机制上打开路子,以利于向更大区域内的合作与联合扩展、延伸。

在经济转型阶段,建设苏锡常都市圈需要有强有力的指导、协调、监管中心。省委、省政府对此已采取了相应的组织措施。从长远看,苏锡常内部必须合理培植产业集聚度高、结构升级快、辐射功能强的中心城市的成长,或者,加快三大城市产业结构对接的步子,以促成有机组合的"共同体"来代替。当前来说,则有必要加强对苏锡常区域整合的省级行政协调,但必须按市场规律行事,特别是绝不能再在三个中心城市之间搞人为平衡。苏锡常目前在经济发展的层次和水平上实际上已出现差异,完全有条件按照整合城市群的客观要求加以因势利导,促使她们以加快城乡经济转型为条件,充分发挥各自比较优势,在产业集聚和产业演进中彼此走向错位发展、特色发展和梯度发展,这样,把苏锡常"圈"起来,就能有不断增强的内在动力,而率先实现区域现代化也就会有愈趋坚实的客观基础。

　　(此件系为 2002 年 8 月 23 日—25 日在无锡举行的"中国区域现代化理论与实践研讨会"提供的论文,先后为《苏南发展》2002 年第 7 期、《现代经济探讨》2003 年第 1 期刊用,《社会科学报》2003 年 3 月 6 日以"苏锡常率先'圈'起来"为题摘要登载。《解放日报》也对此文引起关注,记者桑晋泉抓住组建都市圈的话题,专门约请作者采访,于 2002 年 12 月 30 日该报"长江三角洲新闻"专版上,以"关键是突破行政壁垒"为题,刊登记者与作者对话式的文章。)

从苏锡常看长三角都市圈的
组建该怎样做好"圈"的文章

　　都市圈这个概念是日本首先提出来的。从人均国土面积看,中国也适宜于走构建都市圈之路。早几年前,学术界就议论都市圈,并有若干设想。目前议论较多并较为成熟的,就是长江三角洲都市圈、珠江三角洲都市圈、京津唐都市圈。另外,有些城市密集成带成片的省区,也在谋划省内的或者区域范围较小的都市圈建设,像江苏,提出并规划实施的即南京、徐州、苏锡常三个都市圈。在我国的一些城市密集地区,都在从富民强国和加快现代化建设的目标出发,纷纷谋划推进都市圈建设,这符合提升城市化水平的趋势。问题是搞都市圈建设,不是按主观愿望把若干城市"圈"起来就能行,要真正做好这个"圈"的文章,从理论到实践上要有一番研究。

　　有人说,在以上海为中心的长江三角洲大都市圈(以下简称长三角都市圈)里,很难再把苏锡常"圈"起来。我认为,越是难,越应当去研究它。通过对苏锡常的案例研究,探析在这里组建都市圈难在哪里,怎样才能化解其难,并把此和推进长三角都市圈的建设联系起来研究,也正是对我国条件下组建都市圈进行规律性探索的需要。

关键在于处理好行政区划与
"圈"域经济的关系

　　按我认识,在我们这样一个幅员广阔的大国,跨省区的大都市圈可以有一定的相对独立性,但"圈"域内城市之间就必须发展彼此的分工与协作关系,促进产业链接和结构优化,以形成圈域经济的综合整体优势。而像苏锡常这样在省内组建的城市圈则更应如此。这样,组建都市圈就必然会遇到也必须要解决的问题,即如何突破城市之间的行政壁垒,理顺行政区划与"圈"域经济关系。

苏锡常都市圈处在城市密集而又分属两省一市的长三角地区内,由江苏的三个市域所组建,要使之形成"圈"内城市群的综合优势,在长三角内需要处理好与沪、浙特别是与上海的关系,而在江苏省境内又必须协调好苏锡常这三个行政区划之间的关系。如何理顺这些关系,既有利于推进以上海为中心的大都市圈的有效形成,又能把苏锡常这一带的城市群"圈"起来,这就是需要我们深入研究的着力点。

建设都市圈,在美、日等现代市场经济发达国家那里已经有比较成熟的经验,问题是我们同他们的情况不一样,不可能简单搬用。我国目前尚处于经济转型阶段,行政区经济的传统力量还是很强;绝不是通过跨区域基础设施、大型骨干工程等建设项目的规划和实施,就能顺顺当当地把都市圈搞起来的。对此必须有足够估计。

江苏省政府批准实施的《苏锡常都市圈规划》中,从处理苏锡常与上海的关系出发,对地处长三角的苏锡常都市圈有明确定位,即"在以上海为中心的沪宁杭城市群中,依托上海,服务上海,相对独立"。情况也在表明,上海在长三角越来越显示出对其周边城市强劲的中心辐射作用,今天同上世纪八十年代组建以上海为中心的长江三角洲经济区时代相比,苏锡常三市已注意到要加强与上海的经济联系,更好地接受上海辐射,就必须在产品产业结构上与上海实行错位发展。从建设苏锡常都市圈的角度看,目前行政区划上首当其冲的矛盾倒还不是在苏锡常与上海之间,而恰恰是省域内苏锡常三市之间相互割据的矛盾更见尖锐。当然不是说长三角内行政区划与"圈"域经济的体制矛盾目前已经解决了,但如果连在省域内三个市级行政区划间的矛盾都解决不好,苏沪之间的行政壁垒恐怕也终难彻底突破;反过来说,如果苏锡常在"圈"域整合中率先突破了三市之间的行政壁垒,在实现机制创新上闯出路子,那就有可能以此为借鉴而产生"放大效应",促使长三角从根本上突破行政区划与"圈"域经济的矛盾。

在长期沿袭的传统体制下成长发展起来的苏锡常三个城市,各守行政区划,经济发展自成体系,产业结构趋同,历史上是有名的"三胞胎"。连苏锡常三城市和分别环抱这三大市区的吴县、锡山、武进三个县级市之间,也都是行政壁垒森严,现在虽然通过行政区划调整,实行市县(市)合并,解决了三大城市"市外设市"、"城边造城"的"围城之困",但从整个苏锡常地区看,城乡一体化的推进还存在体制障碍,行政力量和市场机制的顽强冲突,从今天都市圈的构建中仍然明显反映出来。试看:

——苏锡常之间交通等某些基础设施已开始在向区域化共建共享的方向发展,但三市间对产业结构的整体调整与相互之间的产业链接和经济联合,则未见实际行动,甚至在这个问题上还缺乏彼此间必要的对话与沟通;

——目前三市对各自市区内城镇结构、产业布局、企业团地建设等问题都已有一定的战略考虑和规划设想,有些并逐步付诸实施,但对有关发挥中心城市的辐射带动作用以协同"市管"内中小城市一起解决有关生产力合理布局的问题,仍是难有突破性进展,即使有过一些市县(市)联动发展的项目设想或提议,也是矛盾重重,无从决策实施;

——三市在依托上海、发展自己上,都已有一定的动作和新的进展,可是如何在接轨大上海的共同目标下,相互发挥比较优势,彼此注重功能差别、各自发展特色城市,以促使苏锡常城市群体内在组合机制的形成,这方面的统筹协调工作更未见提到议事日程上来。

建设都市圈,既要借鉴国际经验,又不能照套别国模式,而是必须从目前我国处于经济转型期的现实出发,切实解决都市圈建设中的实际矛盾。从苏锡常看来,行政区划与"圈"域经济之间的顽强冲突,乃是当前组建都市圈必须谋求解决的关键性矛盾。

跟踪构建苏锡常都市圈的实践
探析矛盾　解决矛盾

组建苏锡常城市圈的客观矛盾,尽管表现在多方面,但细加分析,可以发现基本上都通到行政区划与圈域经济关系不顺的问题上。应当从组建苏锡常都市圈的积极愿望出发,跟踪实践,深入研究,揭示矛盾,分析矛盾,寻求解决矛盾的途径。

其一,探析解决"三足鼎立"的矛盾。

都市圈离不开中心城市的强有力的辐射、带动和组合功能。国际上也有多核心都市圈,但多核心之间必然要形成以市场为纽带的和谐运作机制。在苏锡常,城市"三胞胎"格局已演变为今天"三足鼎立"下的群雄纷争局面。实践已经并将继续证明,在行政壁垒没有打破以前,多中心等于无中心,这个地区搞三大城市并列的多中心格局,无助于都市圈的真正形成。

问题的焦点在于能不能强有力地去突破按行政区划组合经济的体制束缚。苏锡常虽然已明确作为省内城市圈进行建设,但三市政府之间谁还没有主动推进彼此机制接轨、联动构建的谋划。无锡在1985年研讨经济社会发展战略时,曾从地处长三角的区位特点出发,提出过一项明确的开放型战略方针,叫做:"学习上海,协同苏常,服务全国,走向世界。"这十六个字特别是"协同苏常",对推进三市联动开放很有针对性,但在以后的实践中,却在传统体制的障碍下淡化了。不久前,苏州从促进产业链接考虑,强调与上海错位发展,但如何同锡、常错位发展、优势互补,则未见关注。最近苏锡常为争当"两个率先"排头兵,都在作出详尽规划设想,其中不乏创新思路,如有的县级市在产业发展、城镇布局上根据合理配置资源的要求作出的规划设想已突破了现有乡镇的行政区划。然而,这类思路还远不能在一个市的"市管县"范围内实施,更谈不上在苏锡常圈域范围内推开。

按照建设苏锡常都市圈的要求,显然必须谋求"圈"域中心城市功

能的增强,在此条件下,强化跨越行政区划的市场化运作,以"圈"域总
体规划下的一体化整合代替这种块块规划下的"块自为战"。这就要顺
应市场化改革和与国际机制接轨的要求,因势利导,促使"三足鼎立"的
矛盾转化。看来,不外乎两种选择:其一是按照整合城市群的客观要求
因势利导,引导和推进苏锡常三市通过各自差别化定位与功能分工,以
加快城乡经济协同转型为条件,在产业聚集和产业演进中走向错位发
展、特色发展和梯度发展,彼此充分发挥比较优势,既竞争又合作,在合
作中互补,在形成多核心联动机制下整合"圈"域城市群的综合优势;其
二是根据苏锡常在经济发展的层次和水平上已经出现的差异,因势利
导,引导和支持既能加快与上海实现产业链接和机制接轨又能增强对
苏锡常地区经济辐射和组合功能的强中心城市的成长。有种议论说:
"苏州与无锡在展开较量,都要争当苏南老大。"我看,只要是公平竞争,
不妨鼓励苏锡争一争,争当市场经济的最高权威,谁强就支持谁当"老
大"。实现这两者之一,强化了城市群中的核心功能,才能在这里"圈"
出一个既接轨上海又相对独立、具有在内在组合机制下形成的综合竞
争优势的二级城市圈。

　　其二,探析解决"圈"域内城乡统筹不足的矛盾。

　　这里的"城乡",按苏锡常的情况,得扩及市、县(市)或大中小城市
的"圈"域范围。这一地域在"外向带动"下,城市建设与园区建设相互
推动,除三大市区迅速长大外,在市管各县级市里又快速崛起一批颇具
发展潜力的新兴中小城市。就各个县级市来说,都已能在统一规划下
促进城乡经济社会统筹发展。而从苏锡常"圈"域内,甚至即使在三个
市各自分管的市域内,大市、小市之间也仍然是各守行政板块。有的县
级市对跨江出省去同兄弟县市共建园区、联动开发很有积极性,而同大
市之间联合开发的项目则往往难以达成协议。无论是建设接轨上海、
服务江苏的临沪经济区,或是构建辐射苏中、南北互动的沿江开发带,
都还是"块自为战"的格局未变。

　　举例说,长江港口建设、岸线开发,沿江县(市)各自为政,而大市又
统筹协调乏力,江苏境内已建、在建和待建的万吨以上的码头泊位已达

一百多个,货源相对不足,造成设施过剩,资源浪费。即使在同属苏州"市管县"的太仓、张家港、常熟的沿江岸线范围内,也是类似情况,特别是竞相开发工业和仓储岸线,造成布点分散,岸线多占少用,开发利用的集约程度很低。

在市管县(市)的体制下,市县(市)之间的开发建设就由于统筹协调不足,曾经产生了不小的负面效应;今天,在构建城市圈的新情况下,如果真是要求带来把苏锡常"圈"起来的应有良好效益的话,那就必须面对这个问题,力谋解决。

解决这个问题,需要在必要的政策导向下,市、县(市)通力协同、联动推进。当然,县级市要作出努力,但既然是要实行城乡统筹,作为中心城市的大市就应当起主导作用,主要是在推进体制创新上力争主动。改革开放以来,苏锡常各县级市的市场化改革一直走在前面,而且往往是基层率先创新突破,在当前推进城市化中仍然呈现这样趋势。例如,昆山近年抓城市化发展,已意识到不能孤立地在做大做美城市上做文章,而是从城乡统筹着眼,在谋划提升全市城镇化水平、增强城乡综合竞争力方面创新思路。有的乡镇发觉到小城镇按行政区划各自分散布局的弊端,提出对其过密的布局"重新洗牌"的设想。市里则从更宽广的城乡一体化的视野,设想把全市划分为几个功能片区,以片区规划促进市域资源整合和产业发展,构造城乡联动互补的发展新格局。值得注意的,七个片区之一是:以吴淞江为中轴,西至苏州新加坡工业园,东至上海国际汽车城,在大约160多平方公里的地带内,开发建设吴淞江工业园,构筑由制造业、商贸业和物流业互动发展的工业走廊和产业动脉。这表明昆山已开始跳出块块规划,提升到既坚持东向依托上海又主动西向联结苏州这样的开放型规划思路。显然,只要苏州和省里能够因势利导,帮助突破体制障碍,促其实施,并在苏州全市以至整个苏锡常统一规划导向,因地制宜加以推进,那就定能扩展其创新效应,实现"圈"域内城乡经济统筹协调下的一体化发展。

其三,探析解决产业结构调整滞后于基础设施建设的矛盾。

应当肯定,推进大中城市包括县(市)域之间基础设施在统一规划下共建共享,反映了区域经济发展在思路创新上的一大突破。但是,这毕竟只是为城市群的内在整合提供了必要的外部环境或者说先行条件。而城市之间通过战略性结构调整,促使城市之间在发展专业化生产和协作基础上彼此错位发展,集聚和发展各自优势产业,并实现产业链接和加强经济联合,则是增强城市群有机整合内在动力的根本途径。总的说,前者先行,后者加紧,彼此呼应,相互推进。

苏锡常地区正在推进统一供水、供电等基础设施的共建共享,特别是大交通的建设,已有良好进展,原来三大城市各自环城打造通道的格局正在被交通网络设施共享所代替,形成相互联结、相互贯通的高速公路网络已为期不远。出现这一趋势是好的。只要在机制转变上再加一把劲,苏锡常城市群之间可望按照建设都市圈的总体要求全面形成基础设施共建共享的局面。但从另一方面看,同上述两个问题相联系,由于缺乏能覆盖整个苏锡常地区的强中心城市的辐射带动,由于缺乏强有力的城乡统筹协调机制,在推进结构调整、产业链接,以增强城市群功能整合的内在动力上,明显滞后于基础设施建设的"圈"域整合。

目前市县(市)的结构调整,仍然是沿袭着各按行政区划各自在封闭半封闭式的格局下进行的,同组建都市圈的要求不合,同市场化改革的方向逆向而行。对策就是要在确立"圈"域一体化发展的共同目标下,尽快向市场化、"大一统"、全方位的战略性结构调整转变。战略性结构调整,涉及资源的跨地区流动和重组问题,涉及地方利益包括官员的政绩考核问题,作为口号喊喊容易,真正做起来就难。这个矛盾只能通过制度创新,靠从上而下倡导加上必要的行政推动和从下而上运用市场化手段相结合来解决。如果说存量资产的调整必须要有个过程的话,那么,对新的建设项目的规划布局,包括现代服务业的发展,无论如何不能迁就块块要求,再搞人为平衡,至少得从增量资产做起,坚决把新一轮重复布点的路子堵死。苏锡常三市固然要加强对所管县级市的结构调整、远近开发建设统筹规划,更重要的,省里必须在统一规划的导向下,通过必要的行政手段、经济杠杆包括政策倾斜,加紧推进三市联手启动"圈"域一体化的结构调整。

对在"圈"字上做好文章试作规律性探索

把苏锡常在省的行政区划内"圈"起来,尚且面临着行政区划与圈域经济之间难以协调的诸多复杂矛盾,在长三角内要构建跨越沪、苏、浙的省市区划,其"圈"的难度自是不言而喻。但通过对苏锡常这一块的探析,应该发现和认识到在我国现阶段改革和发展条件下的一些规律性问题,这里简单说说,也许对推进长三角都市圈的形成,有所参考。

问题之一:怎样理解在我国体制转轨现阶段都市圈的构建? 通俗些说,对这个"圈"字该赋予什么含义?

参照国际国内的研究成果,尽管对什么是都市圈的说法并不完全一致,但大体上可以这样概括:都市圈是在一个城市群比较密集的区域范围内,由一个或多个强功能的核心城市为主导,带动和联结该区域内大中小城市,形成的在空间上紧密联系,功能上有机分工、相互依存的城市复合体。功能上的有机分工和相互依存,是都市圈区别于没有有机组合在"圈"域内的城市或城市群的本质特征。显然,这样的都市圈只能在按市场经济要求有序运作的条件下才能形成。在我国首先是沿海发达地区,经过二十多年的改革开放和发展,虽然基本上具备构建都市圈的条件,但现阶段体制转轨尚未到位,构建都市圈还有着某些制度障碍和机制瓶颈。正是从这个现实出发,本文提出要探析解决行政区划与圈域整合的矛盾。现在看来,在沿袭按行政区划办经济的传统观念和惯性行为的情况下,人们还会把构建都市圈简单看做城市化建设的行政推动或行政协调的事情。由此就要讲到这个"圈"字,我认为,"圈"不是用行政手段、靠行政权势去圈出一个空间范围更大的地域来之"圈";而是按照进一步对外对内开放的要求遵循市场规律、运用市场机制,突破行政区划的限制,促进圈域内跨地区要素流动和重组,从而圈出一个在合理分工、相互依存下有机组合的城市群体出来之"圈"。这样的"圈",才能"圈"出都市圈的整体优势和综合竞争能力,促进圈域经济社会的快速健康发展,加快现代化的进程。从这个意义上说,这里的"圈"字可以理解为"整合"之意。

问题之二：什么叫做"整合"？怎样推进都市圈的整合？

从构建都市圈的角度理解，我认为，"整合"就是以市场化为手段，以"圈"域一体化为目标，按照一定的制度和法规，通过整治磨合，使参与都市圈的各方进行利益相共的紧密合作，促使资源优化配置和高效利用，形成能不断增强"圈"域经济综合竞争力和可持续发展的合力。

都市圈的整合，是一项涉及方方面面的系统工程，如果考虑到都市圈构成的交叉复合性，可以"圈"内有"圈"，可以"圈"外有"圈"，再加上经济社会的密不可分的因素，整合的内容，多样复杂。诸如：市场体系整合，基础设施整合，产业整合，资源配置整合，城镇空间布局整合，科技力量整合，生态环境整合，以至文化整合、政府职能整合等。但是，进行这些整合，不能不分主次，眉毛胡子一把抓。要从相互联系中，抓住关键，突出重点，配套推进。把各个方面联贯起来思索，对都市圈的整合按上述总体理解，应该是：以资源配置整合为对象，以交通等基础设施建设整合为条件，以市场体系整合为先导，以产业整合为贯穿，以城市群体功能整合为载体，在一体化的运作机制下，大幅度提升综合竞争力，实现"圈"域经济的全面协调和可持续发展。

简单一提，以上每一项整合都具有其实际内容，例如，城市群体功能的整合，视不同地区、不同层次的都市圈，有不同的侧重点，像苏锡常有个整合强化中心城市对周边中小城市联结、带动的"龙头"功能问题，而长三角都市圈则主要是如何有效发挥上海对周边城市的带动作用，把辐射功能与服务功能统一起来的问题。

问题之三：如何估计在构建都市圈中的市场体系整合的地位和作用？

简单说来，市场体系的整合，就是促使在都市圈域内形成作为全国统一市场组成部分的共同市场——率先在"圈"域内，能利用城乡通开、内外开放、公平竞争的市场机制作用，让要素自由流动和组合。有了这样的市场，冲破了行政区划壁垒下的市场屏障，企业作为市场主体，就会在利益最大化的动机下，在开放性市场中学会与对手既博弈又合作，学会提高自身的核心竞争力,扩大其生存、发展空间;不同产业就会以赢得市场为转移,在市场导向下,打破小而全、低而散的格局,走向专业化,不受行业、地区限制,通过资产重组发展生产技术的配套协作,实现产业链接、结构升级;而各个城市之间也就能以"互为市场"代替"自成体系",在这个过程中逐步形成彼此合理分工、相互依存的有机组合体。

可见,市场是激发企业竞争力的催化剂,是跨地区结构调整的大舞台,是城市群有机组合的有力纽带。构建都市圈,固然少不了行政协调,但发挥市场对资源配置的基础性作用,更为重要。都市圈的整合,必须以市场整合为先导,调动市场的力量,这既是为八十年代建设上海经济区半途而废的教训所表明的,更是当前构建锡常都市圈进程中仍然客观存在着的矛盾所昭示的。

长三角的市场体系整合,上海要起主导作用。城市之所以形成,归根结底,是市场起作用。大城市就是大市场。大城市就是靠大市场的作用发挥其作为要素集散中心、资源配置中心的功能作用的。市场作为体系,包括商品市场、物流市场、金融市场、资本市场、产权市场、土地市场、技术市场、人才市场、劳动力市场等。各个上海的周边城市,包括开放型经济发展最强劲的城市在内,要加快这样的市场体系的发育成长,都离不开在长三角大市场中起要素集散与资源配置中心作用的大上海的带动,都少不了上海对这些城市在辐射与服务统一下的带动整合功能。

问题之四:构建都市圈,各级政府如何加强行政推动? 如何由此理解政府职能的转变和整合?

构建都市圈本身就是政府战略思路创新下推出的一项战略性举措,当然离不开政府的行政推动。在体制转轨的现阶段,构建都市圈要解决客观存在的行政区划与"圈"域经济矛盾,更是少不了强有力的行政推动。行政推动,包括由政府组织规划的制定和实施、加强都市圈的地域管理和经济调控、进行必要的行政协调等。

这里一个重要问题就是如何使实施行政推动与发挥市场作用统一起来。从理论上讲,这是个不成问题的问题。但实践起来,政府官员又往往会在政经不分、政企不分的老路上摆脱不了各管一方的局限性。同在一个省的管辖下的苏锡常之间尚且矛盾重重,扩及两省一市的长三角都市圈的构建,如何按市场经济的要求实施卓有成效的行政推动,更显得重要。

这是体制转轨中的一大难点,只能坚持以市场化改革为动力,通过自上而下倡导与自下而上创新相结合,在加紧转轨中加以突破。

对参与都市圈的各个组成单元——城市的政府来说,主要是要统一对构建都市圈的战略思路,同时进一步认定社会主义市场经济体制改革的目标,顺应政府主导型经济向市场主导型经济转变的趋向,实行政府职能转变,在强化服务型政府职能上下工夫。与都市圈培育大市场、搞畅大流通的功能建设相对接,政府要着重在营造公平竞争的市场环境,依法保障外资企业、本土企业、公有企业、私营企业各类市场主体平等享受国民待遇方面,切实搞好服务。而要做到这一步,就必须在观念创新下,通过制度创新,促使政府部门服务职能的优化配置和协调配合,整合行政服务体系,从根本上改变部门之间各自为政、相互扯皮的多头、无序状况,从整体上提高服务效率和服务质量。如果每个城市政府都能在创新行政服务体系上取得成效,那就不难在整个都市圈范围内实现政府职能整合,以强化服务职能为纽带,促使行政推动与市场导向的有效结合。

构建都市圈,在目前体制条件下,停留在定期召开各地政府首脑会议协调协调是不会有多大成效的,这种形式过去搞上海经济区时也搞过,必须建立都市圈高一级的政府权威性机构。除负责组织和监管都市圈统一规划的制订、修改和实施外,要着重推动各级政府职能转变,促使围绕向服务型政府转型的要求,结合解决实际问题改革创新,从多方面促进服务职能的整合。要顺应构建都市圈的规律性要求,修订、充实政府官员政绩的考核指标;建立符合实际的市与市之间、市区与县(市)域之间的利益协调机制,让各市各县(市)都能在"圈"域整合中找到自身的发展空间;运用经济杠杆、法律法规和必要的行政手段,促进中心城市为周边城市实现市场网络化联结加强辐射服务,同时推动周边城市与中心城市在机制接轨下的技术协作、产业链接和经济联合等。

　　归结起来说,组建都市圈的过程,实质上是个坚持市场化改革的区域推进和配套推进,加速"圈"内城市群和城乡一体的经济协同转型的过程。这是在我国现阶段深化推进改革、开放和发展的规律性要求。只有顺应这个要求,才能改变都市圈的各个组成单元经济各自运作于壁垒分明的行政区划内的现存格局,推进大中小城市包括县(市)域在内的城乡一体的空间整合,从而促成一定的"圈"域范围内城市群体实行功能分工而又相互依存的有机整合机制。这样,就江苏来说,如果苏锡常的城市群体整合好了,对和苏锡常都市圈同时构建中的南京都市圈、徐州都市圈都有推动作用,对正在组合的沿江两岸8个城市的联动开发,也能通过机制创新,促其顺利进行;把视野扩及长三角,如果上海及其南北两翼的15个城市都从这里得到启示,都能着力于市场化改革的区域推进,从突破行政壁垒入手,加强政府之间的合作,联动实行区域城市群体的有机整合,那就定能在长三角这个更大的区域内把"圈"的文章越做越好。

　　(原载《现代经济探讨》2004年第5期,《环太湖经济》[香港《经济导报》特刊]2004年8月号以"从苏锡常看都市圈"为题转登。)

破"壁"合作

——长三角一体化一个无可回避的话题

关注长三角发展,明确一些说,是关注其走向一体化的进展。在目前国内外广泛关注和看好长三角发展的形势下,很有必要联系我国尚处于体制转轨、经济转型阶段的背景,进一步拓宽视野,创新思路,促进长三角发展的转型升级。本文着重围绕长三角亟待推动破"壁"合作的话题,略陈浅见。

一、长三角经济一体化呼唤突破行政壁垒

长三角城市化水平整体较高,是我国最大的城市连绵带,也是我国经济增长快、发展活力强的最大的经济核心区,在加快一体化的条件下,将建成为经济实力达到中等发达国家水平,并以市场导向为主、经济运行机制与国际市场接轨的经济共同体。这不只是从长远考虑有重大的战略意义,而且也是长三角地区坚持科学发展、克服经济社会发展中深层矛盾、共建和谐社会的迫切需要。正因如此,长三角发展引起国内外的广泛关注和看好。

对长三角的一体化的进展,媒体上说法很多,诸如"一体化呼声越来越高","一体化已经破题"等,还有具体一些的说法是:长三角一体化的问题正从学界进入政界、从务虚进入务实,从讨论进入行动。应当说,这些说法都有相应的事实根据。长三角区域规划的编制工作早在2004年就已经启动,据说现已完成送审稿。上海、江苏、浙江三地,已

把推进"长三角一体化"分别写入 2006 年开始实施的"十一五"规划之中;同时,也有强调指出长三角一体化遇到阻碍的说法。

我的看法,长三角一体化,有进展的一面,有关方面也确有实际行动,这是值得高兴的;但还要多关注其遇阻的一面。长三角走向一体化的步子并不快,某些领域甚至停滞不前。看来,一体化的行动还停留在浅层,并没有进入到超越体制矛盾的一体化深层。联系我国尚处于体制转轨、经济转型阶段的背景看,长三角一体化是一个十分复杂、难度很大的课题。20 多年前,沪、苏、浙经过酝酿、协商,就曾启动"以上海为中心的长江三角洲经济区"(简称上海经济区)的规划建设,国务院在上海专门设立派出机构——规划办公室,几年之中,拿出经过数易其稿的规划纲要草案,当时各方面对上海经济区也是热情越来越高,甚至一再扩大规划建设的地域范围,最后,屈服于阻力,半途而废。当然,随着市场化改革的逐步深化,包括跨地区大交通基础设施的大规模兴建和投入使用,今天推进长三角一体化的条件已基本成熟,这在规划建设上海经济区时是根本难以设想的。但是,对目前仍然客观存在的阻力不能低估。什么阻力? 大家都清楚,就是行政分割、壁垒对峙。这一体制性矛盾和筹建上海经济区时候相比,虽有程度上的区别,但其表现出来的对一体化的"壁垒性"阻力并无多大缓解。2003 年初《经济日报》有一版专题报道,标题很醒目,叫做:"区域经济博弈行政区划。"接着不久,又有一个专版,大标题为"区域经济如何突破行政区划",给人以很深的印象。我认为,对目前长三角的"大潮涌动"要多加冷思考,在行政壁垒尚未破除之前,不宜劲吹以行政区划为范围的"扩容"热。当务之急,长三角各方应该以科学发展观为指导,吸取当年筹建上海经济区的正反两方面经验,真正达成共识,以深化改革为动力,突破行政壁垒,化阻力为合力,加强互动合作,协同把握住主题,把推动长三角走向一体化这篇大文章做好。

二、区域一体化深层整合的必然选择

长三角经济一体化的本质要求就是借助市场机制导向作用,走向生产要素无障碍地合理流动和资源优化配置,在科学发展、和谐发展的进程中大幅度地降低地区间贸易交易成本,持续有效地增强区域综合竞争力。因此,推进长三角一体化,必然是通过区域整合,创新区域一体化运作机制的过程,也就是说,要以资源配置整合为对象,以交通等基础设施建设整合为契机,以市场体系整合为先导,以城市群体功能整合为抓手,以产业整合为贯穿,从而,从整体上创新组合以形成区域一体化运行的新机制。

　　区域一体化整合,是一个宏大的系统工程,需要在达成共识的基础上,通过统筹规划,既从重点突破又要整体推进。长三角要建成以大上海为龙头、大中小城市功能协调互补、产业结构高度化、运行机制与国际接轨的区域经济联合体,必须在区域整合的整体推进中,以城市群体整合和产业结构整合为重点,尽快取得突破性进展。城市群体的区域整合,主要指在一定区域内建设大中小城市既有功能分工又相互依存的有机体系,包括实现上海这个"龙头"城市与区域内腹地次中心城市间的机制接轨,把最佳发挥上海的聚集、辐射和带动作用与不断增强其对周围城市群的服务功能统一起来。而产业的区域整合,主要指推进结构调整与产业升级,形成跨地区产业的合理布局以及专业化协作生产体系,并顺应国际产业发展的大势以及与国际接轨的要求,提高自主创新能力,推进产业集群、产业融合,完善以产业链为特征的产业生态化的发展。这两者的共同效应就是直接导致城市之间市场化联系和运作机制的形成,彼此能成为分工协作、互为市场、错位发展、优势互补的合作伙伴,实现区域经济的良性运行和协调发展。用经济社会发展的动态观看,城市化水平的提升与产业结构的升级,形影相随,相辅相成,实际上是同一个过程。如果把这两方面的区域整合重点突破了,进而带动了区域整合的整体推进,那么,长三角一体化运行机制的创新转型问题,自能迎刃而解。从这个意义上说,城镇体系整合与产业结构整合,应是建设区域一体化运行机制的基础。

　　摆在我们面前的问题不在于长三角在现行体制机制下,这两方面的现状与区域一体化的要求存在着多大的距离,而是在于能否认定推进区域一体化的方向,坚定地从当前入手,采取推进整合的实际行动,来逐步缩短差距。从现实情况看,这两方面都是步履维艰。不谈沪、苏、浙省市之间,即使就同一省区内,各城市之间也缺乏合理的功能分工。一个突出表现就是产业结构趋同现象明显,有数据显示,长三角城市产业相似系数高达0.70,苏南地区有些城市产业结构的相似系数甚至高到0.95以上。特别是在未来的产业布局上仍然没有走出趋同化的老路,长三角联盟16个城市产业发展的主要方向,有11个城市选择汽车零配件制造,有8座城市选择石化,12座城市选择了通信。产业结构趋同化现象,排斥了区域一体化的合作与联动,城市相互之间规模竞赛、过度竞争等顽疾久治不愈,招致结构性供求失衡,加剧资源浪费,增大环境压力,对可持续发展产生极大的负面效应。

很明显,长三角一体化整合能否在城市群体与产业结构的整合上取得突破性进展,取决于从壁垒对峙向破壁合作的机制转型。长三角目前仍旧是一种以行政区经济为主体的发展模式。这种模式必然派生行政壁垒。应该承认,长三角地区在诸如大交通建设、区域旅游、科技合作等领域里,这些年已有不少项目启动,并取得明显成效。无论是从作为长三角一体化整合的先导性环节看,或者是从区域整合需要先易后难的对策性考虑看,这些都是必要的。但如果只是以此为满足,而在城市群体与产业结构整合上迟迟缺乏有力行动的话,到头来,即使是这些领域里看来比较易行的合作项目,进行起来也不会顺顺当当。因为,行政壁垒的存在,不仅会阻碍城市群体、产业结构的区域一体化整合,而且,区域化的市场体系会被行政区划所割裂,公共基础设施等领域的共建共享也会遇到重重阻力。前一阶段曾广为传播的长三角发生港口建设大战、机场建设大战,即是明证。相反,只有在城市群体与产业结构的关键环节的整合上取得突破性进展,才能对市场体系、交通网络、科技力量等其他领域的破"壁"合作提供体制条件,并促使相互协调,产生连锁互动的带动效应。

当然,这样提出问题并非意味着要取消行政区划,而只是强调要关注和探索如何顺应长三角一体化的规律性要求,处理好行政区划与经济区域的关系。

三、促进从壁垒对峙向破壁合作转变

应对之策就是:长三角的省市县要在一体化的旗帜下,以改革创新为动力,加快从固守壁垒、块自为战向破壁合作、互动发展转换。

1. 从理念、思路上创新,在科学发展的理念导向下,发展思路真正从快字当头向好中求快、又好又快转变,向区域一体化要政绩。长三角一体化问题的议论越来越热,但我感到,对照实际行动,似乎有不少是些口号战略、空头承诺。有人说,长三角上"圈圈多",南京都市圈、苏锡常都市圈、环太湖都市圈、萧绍宁经济带等,这些都与复杂的行政区划搅和在一起,似乎是在一体化的旗帜下,各有算计,各行其是。我认为,长三角一体化并不排斥区域内二级城市圈的构建,只要大家以科学发展观为导向,着眼于组团式城市群产业结构的整体协调和优化升级,统一发展思路和规划导向,着力于打破省界市界的局限性,共谋资源的合理流动和优化配置,"大圈"、"小圈"就可以相互衔接、优势互补,实现共赢。其实,着眼于并着力于推进长三角一体化,也可以说就是倒逼长三角每个成员城市(县域)加紧转变快字当头的粗放型经济增长方式,缓解资源、环境压力增大的深层矛盾的过程,这正是各地本身走上又好又快可持续发展新路的迫切需要。如果说要政绩的话,合乎科学发展观的最佳政绩也只能从这个进程中获取。

2. 从路径、手段上创新,从行政权势、行政手段办经济的传统路径的束缚中进一步解放出来,真正转向按市场经济规律办经济。推进长三角一体化,主要靠市场化的力量,不能满足于和停留在行政协调,这既为长三角现实所表明,更是 20 多年前组建上海经济区的探索性实践告诉我们的。上海经济区组建之所以没有成功,固然有多方面原因,不过,按我的看法,最主要的是由于当时市场化改革展开不久,传统体制的惯性力量太强,而市场的力量相对较弱。今天,长三角最明显的变化,就是市场化配置资源的基础性机制作用大大增强了。在长三角地区,以市场化改革为动力,伴随着企业制度改革的全方位展开,作为市场主体的城乡各类企业,以工业化、城市化、经济国际化互动并进的浪潮迭起为契机,冲破条块行政壁垒,向小城镇集中,向大中城市的开发区集中,促成了企业集群、产业集聚的迅猛发展。面对新形势,应当因势利导,尽快由政府的强势推动向实施行政协调与发挥市场作用的有机结合转换。可以相信,这将有利于处理某些体制摩擦和利益冲突,加快长三角一体化的步伐。

3. 从协调机制上创新,成立必要的权威性机构,负责长三角区域一体化规划建设的统筹协调和组织监管,促使"协商机制"转型为"落实机制"。 推进长三角一体化,仍然采取过去搞上海经济区时采取的定期召开各地政府首脑协调会议这类形式,容易为一厢情愿的政府思路所左右,或者就是商而不决,决而不行,所以,停留在这种形式上是远远不够的,必须建立高一级的政府权威机构。这一机构除负责组织和监管长三角统一规划的制订、修改和实施,包括促进各成员城市在统一规划指导下进行彼此之间的规划对接和规划协调以外,着重推动各级政府深化改革、转变职能。要围绕向服务型政府转型的要求,推动解决实际问题,创新机制,使职能转变到位。要探索建立符合实际的市与市之间、市区与县(市)域之间的利益协调机制,让各市各县(市)都能在长三角一体化整合中找到自身的发展空间;运用经济杠杆、法律法规和必要的行政手段,促进长三角经济中心城市与周边城市以及各成员城市相互之间的市场网络化体系建设,为区域一体化运作的机制接轨创造平台和条件。

参考文献:

[1]　长三角联合研究中心:《走向一体化的长三角》,《长三角年鉴(2006)》第三编之二十五。

[2]　陈雯等:《长江三角洲区域协调与发展的集中关注问题》,《长三角杂志》长三角城市经济协调会第七次会议特刊,2006年11月。

[3]　李善同等:《长三角地区协调发展战略的内涵与思路》,《长三角杂志》长

三角城市经济协调会第七次会议特刊，2006 年 11 月。

[4] 顾松年：《从苏锡常看长三角：都市圈的组建该怎样做好"圈"的文章》，《现代经济探讨》2004 年第 5 期。

[5] 顾松年等：《上海经济区（江苏部分）综合研究报告》并附件，《江苏经济探讨》1988 年 12 月增刊。

（原载《长三角》杂志 2007 年第 4 期）

第 六 编

统筹协调　转轨转型
又好又快　科学发展

宏观经济调控的区域化与地方
分层管理的合理化

一

地方经济是国民经济这个大系统中的子系统。各个子系统有其共性，也有各自的特性。国民经济大系统的和谐运行，只有使各个子系统各自按照大系统的要求，从实际情况出发组织和调节好了自身经济的运行，才有可能办到。

对于我国国民经济的决策和调节体系，有种观点主张只有中央与企业两个层次，宏观经济中央管，微观经济企业管，认为这样才有利于企业自主灵活地搞好生产经营。实际上，要真正实现宏观控制与微观搞活相统一，就得完善地方计划管理，发挥中观经济的调节功能。

首先，从执行国家的宏观经济决策看，地方这个层次起着不可缺少的承上启下的作用。它可以通过主动的、创造性的工作，把国家的宏观决策、计划目标、经济政策等同本地的实际情况结合起来，切实有效地加以落实。其次，从实现国民经济综合平衡的要求看，地方这个层次起着不可缺少的细节安排的作用。第三，从促进计划和市场的结合看，地方这个层次还起着不可缺少的传导反馈的作用。善于发挥地方这个层次的决策传导、信息反馈的作用，将大大减少宏观控制决策上的"时空差"和"马后炮"，有利于中央在计划管理上对市场机制的正确运用。

特别要看到，我国是一个有十亿人口的大国。全国各地自然、经济、社会条件差异很大,经济发展的不平衡性十分显著。给地方以一定范围的计划协调权,强化地方对区域经济运行调节和控制的功能,无论是从体制改革的目标模式看,还是从新旧体制的转换阶段看,都是十分必要的。实践表明:没有这一条,现实经济生活不是一管就死,就是一放就乱。在我国,为什么下面的经济活动往往会按一个模式套,很容易"一哄而起"、"一窝蜂"? 又为什么上面落实一项政策,往往是"一刀切"、"一律化"? 一个重要的原因,就是地方缺乏主动调节经济的明确职责和相应的功能。

二

从地方计划管理弱化的现状看,目前地方有搞活微观经济的动力,而无参与宏观管理的动机。有种观点认为,微观搞活是地方的事,宏观控制是中央的事。这是一种误解。把微观搞活同宏观管理分割开来,就等于把地方和中央割裂开来。实际上,地方不但能够反映企业行为的微观要求,而且容易掌握国家调节经济运行的宏观意向,从而找到微观搞活与宏观控制相结合的门路,起到这两者结合部的作用。所以,地方既有责任也有条件从完善计划管理入手,发挥对区域经济调节和控制的功能,具体落实宏观管理的要求。

地方对经济的调节和控制功能,绝不是指依靠行政权威或传统的指令性计划直接指挥和控制企业生产经营的功能;而必须是按照国家宏观控制的总目标,实现对企业以间接控制为主,促使区域经济优势组合、协调发展的功能。这几年江苏在发挥地方调控经济功能方面作了一些探索。利用国家给予的财力、物力上的权限,运用价值形态的各种经济手段,疏理各方面的经济利益关系,调节社会经济活动,有许多新的突破。比如,在社会资金的调节方面,1981年就开始抓综合财政计划,以便掌握和引导预算外资金的使用方向。同时,苏南一些市、县还开发民间资金的融通渠道,筹集社会资金,用于生产建设。在物资供需的调节方面,加强了对跨地区经济技术协作活动的组织和管理,开拓供销渠道,大力调进缺口物资,逐步搞活生产资料商品市场。在工商、工农关系的调节方面,在城市以商业让利的办法,支持工业开发有发展前途的市场适销的新产品;在农村坚持实行"以工补农"、"以工建农"的办法把乡镇工业利润的一部分用于增加集体分配,调节务工、务农人员的经济利益,并支持农田建设和种植业走向规模经营,稳定发展农业,促进农副工平衡发展。当然这些方面的工作做得还很不自觉,如综合财政计划的工作还没有提高到对投资方向的事先指导;"以工补农"的资金在乡镇企业继续发展的情况下,反而逐年有所减少等。1985年中央加强了宏观控制,这就更加促使地方必须以自主调节经济方面去找出路,如资金的横向融通,就是在宏观控制、资金紧缺的环境逼迫下的一种尝试。总之,以江苏的情况看,这方面的自觉性在逐步提高,实践在逐步前进。它表明了:发挥地方调节经济的功能,不仅是必要的,也是可行的。

国家宏观控制的总目标,就是对社会总供给和总需求平衡关系的有效调节,对国民收入生产和分配的平衡关系的有效调节,把这个总目标总要求落实到一个地区,就得要求地方的计划部门既能从宏观全局出发对微观经济活动进行正确的指导和有效的协调;又能通过对地区内社会经济活动的控制和调节,为搞活微观经济创造更适宜的经济环境与客观条件。为此,社会总供给总需求的总量控制(包括价值形态与实物形态),国民收入中积累与消费的合理分配,都应作为地方善自调节的具体目标。特别是投资控制、消费控制、信贷控制和外汇控制不能全靠国家,地方也要分挑担子。同时,总量控制还要与结构管理相配合。总量控制是结构调整的条件,结构调整是总量控制的落实和深化。这方面也得由地方去作出符合本地实际的安排。在总量控制的同时相应的调整结构,有利于实现地区社会劳动有计划按比例地合理分配,有利于把速度、效益和比例统一起来,有利于改善供给并使之与需求相适应。

加强地方计划管理,发挥地方调节经济的功能,从地区实际出发落实国家宏观控制目标,从计划工作的角度来说,就是把三个不同层次上的要求统一起来：一是国家宏观控制总目标的实现；二是地区优势的合理发挥和地区经济的协调发展；三是企业供产销的互相衔接并顺畅进行。全国各地区都能做到这一步，我国经济就可走上充满生机和活力，富有效率和效益的良性循环轨道。进一层说，实现这三个层次计划管理上的要求统一的过程是在完善国家宏观管理这个基本条件下，通过发挥和加强地方调节经济的功能，形成国家、地方、企业经济利益相互协调的基本格局的过程；对地方来说，也是使利益和责任、责任和权力相互对应起来的过程。应当看到，地方是会有探索和开拓这条路子的积极性和创造性的。

三

　　完善地方计划管理，强化地方调节功能，必须在分级管理的各个层次上加以落实。与我国地区之间经济发展的不平衡以及经济区、经济网络的多层次组合的状况相适应，我国的计划管理制度和经济调节体系，应坚持分层管理，上下衔接，条块结合，统筹平衡。但如何分层，各地情况很不一样，不宜套用一个模式。

　　在商品经济发达的省份，管理层次要相应多一些，可以有县区、以中心城市为依托的城区、省区和国家四个层次。商品经济发育不完全，城市功能不强的地方，有三个层次或两个层次，将随着商品化、专业化、社会化生产的发展而加以调整和改变。

　　江苏大中城市多，1983年已全面实行市领导县的体制。各市按照城乡经济发展一体化的要求，发挥自身工业基础、经济实力和科技力量较强的优势，通过横向经济联系的多种形式，推动着周围各县农村经济的发展。有些城市并且已经突破市领导县的行政区划，在更大的范围内显示其带动、组织和调节区域经济发展的功能。如江苏省会城市南京，是全国十一个大城市之一。工业基础比较雄厚，工业门类比较齐全，对于这类中心城市，有必要扩大其调节区域经济的权限和职能。

　　在一个省的范围内，作为中观经济调节的基本层次，应当放在省还是中心城市？这是有不同意见的。我认为，按照体制改革的长远方向，按照实施宏观管理的间接控制的目标模式，中观管理的基本层次要落实到以大中城市为依托的经济区这一层，省的计划部门可以主要强化规划、指导、协调、监督的功能，但目前还办不到。特别是在新旧模式的转换阶段，发挥地方调节功能的基本计划层次还是要放在省区一级。当然，也不宜"一刀切"。

随着新旧体制的逐步转换和生产的专业化、社会化、商品化水平的不断提高，以中心城市为依托的经济区才有可能代替行政省区，越来越充分的发挥其调控经济运行的功能。

四

中央和地方要合理分工分权，相互配合协调。地方的计划管理为国家宏观控制的总目标服务。中央对地方发挥调节功能要给权力、给政策。考虑中央与地方分工，必须从认定在公有制基础上有计划发展商品经济这个总模式出发，从逐步形成把计划与市场、微观搞活与宏观控制、集中与分散有机结合起来的机制出发，上下分工的立足点是相互提供服务。对地方来说，立足于为中央宏观管理和控制目标的落实服务。对中央来说，立足于为地方增强自主调节区域经济的功能服务。

在确立了这样指导思想的基础上，计划管理分工的基本原则就是：中央管直接关系国计民生的、全局性大事，发展战略和区域规划和布局，国民经济地区间的综合平衡；其他的尽量少管或不管。但地方也并不是尽管无关紧要的小事，地区发展战略的组织实现，地区国民经济的综合平衡和统筹协调，也要让地区有责该管，有权能管。按照对企业转向间接控制为主的要求，从调节和控制全社会经济运行的角度讲，应当是中央管目标，地方管过程。中央从控制总供给和总需求平衡的目标出发，一定要把国民收入的生产和使用的安排管住，把全国的财政收支和信贷收支的平衡管住，把固定资产投资和消费基金的增长管住。当然，中央在这方面也不能管得很死，不给地方以机动调节的余地。在总量的控制上,要有一定的弹性,一定的浮动幅度,特别要根据不同地区的不同情况,给以分层调节的不同的机动权。在掌握好全局性的战略决策和控制好总量目标的条件下,中央适当放开对于区域性经济活动过程的控制,以便于地方从实际出发对区域经济运行的过程进行自主安排和协调。

　　例如,控制固定资产投资规模是实现社会总供给与总需求平衡的关键。而要把投资规模控制好,也得有中央与地方的分工和配合。主要是决策权限的划分,一般说,中央掌握固定资产投资的总规模、总体结构和布局以及新的技术构成方面的战略决策;固定资产投资的项目决策应尽量交给地方掌握。除了跨地区的,不是一省一市可以举办的基础设施和战略性大型项目外,地方性的基础设施和中小型项目都应由地方去管。在划分权限的基础上,中央和地方就能在各自职责范围内,从不同层次上把握好规模控制、结构调整的资源供给之间的相互平衡,从而实现对全社会固定资产投资的有效控制。

　　总的说来,国民经济计划管理和宏观经济间接控制的分级负责,主要应落实从中央和地方分层分工抓好财政、信贷、现金和外汇收支等重大综合价值指标的平衡上。为此,应当解决地方如何有权运用价值形态以灵活调节社会经济活动的问题。适当扩大地方财政、银行价格等部门的权限,给地方在利率、税收、价格、工资、奖金、汇率等方面以相应的调整权,使地方在行使调节和控制区域经济运行的职责时,有权在一定范围内调节好社会货币资金的投向,调节好各个方面的利益分配。例如:合理划定中央和地方分享、共享的税种,有些重要税种应当列为共享,把部分税收减免权交给地方;扩大银行在上级核定总额范围内对信贷投向的调节权,建立地方银行,组织资金融通,应允许地方在一定幅度内浮动利率,进一步下放非国计民生产品的定价权,特别是财政补贴的产品,哪一级补贴的,就由哪一级定价,等等。这样,地方就可以在一定权限内,以物质利益为"支点",运用价值形态的各类杠杆,有效地调节各方面的经济关系,促进经济运行的良性循环。

　　当然,地方调节功能的增强,要在完善指导性计划体系的条件下,使经济手段、计划手段、行政手段、法律手段配起套来使用才能做到。在体制模式的转换阶段,对行政手段的使用,尤其不能忽视。对中央来说,特别需要通过制定和调整必要的政策、法令和制度,为地方享受有关权力,自主调节区域经济提供保障和条件。比如,在目前纵向管理还比较集中的条件下,上面(指中央各部)多头下项目、下面"跑部"争项目的情况就应当采取措施,加以改变,做到通过一个"漏斗"下到地方,便于地方统筹协调;再如,目前国家安排的大型建设项目,一般都同时安排能源、交通、基础设施等配套项目;而中型企业一般没有配套项目,这不利于地方综合平衡,应规定下达项目的部门会同地方共同解决。

五

国家对企业的管理由直接控制为主向间接控制为主转换过程的完成,必须以进一步发展社会主义商品市场、逐步完善市场体系为条件。这个过程也就是实现计划与市场有机结合的过程。调节社会经济活动的主体,将通过商品市场和各类生产要素市场,影响、诱发和引导被调节的客体沿着与国家计划和宏观控制要求相一致的方向运行。对地方来说,加强和完善计划管理,按照国家计划和宏观控制的要求,发挥地方调控经济运行的功能,同样离不开发展商品市场、完善市场体系这个条件。创造这个条件,一方面有待于于地方作出创造性的努力,进一步放开和发展各类市场;另一方面也得要求中央给予必要的权力,支持地方有效地管理和驾驭市场。

从江苏来看,商品市场搞得比较活,特别是生产资料市场发展比较快,已初步形成了以中心城市物资企业为主体,城乡通开,内外交流的多渠道、少环节、开放式的生产资料市场。但在宏观指导薄弱的条件下,市场供需矛盾仍很突出,双轨制差价扩大,出现了套购紧缺物资转手倒卖,牟取暴利等违法行为和不正之风。因此,必须改善宏观管理,搞活管好生产资料市场,才能适应增强地方调节功能的要求。

资金市场,在江苏特别是苏南一些地方开始萌生。宁、镇、通、苏、锡、常六个城市银行之间建立了资金融通关系,有的还和省外大城市进行横向融通。但开放的步子不大,适应不了地方自主调节经济的需要,而且同样缺乏强有力的宏观管理和指导。

其他生产要素市场,在缺乏有力的宏观指导下,也是放得不活,管得不好。

按照对企业实行间接控制的要求,地方要运用好市场机制调节经济的运行,就不只是分别地放开以上各类市场就能办到,而必须在全国形成统一的社会主义的市场体系。我国由于商品经济发展的不平衡性,各地商品市场的发达程度也呈现多层次性。但这种层次性并不排斥社会主义市场的统一性。离开社会主义市场统一性的制约,层次性就会转化为地区间的相互分割性。这样,即使在商品经济最发达的地区也形成不了完善的市场体系,经济杠杆的作用必然扭曲,计划机制与市场机制的结合就会受到阻碍,地区经济的运行就可能偏离国家计划和宏观控制的方向。因此,在发展社会主义商品市场、形成和完善市场体系的问题上,中央和地方也要在分工和分权基础上协调一致。对中央来说,要有发展社会主义商品市场、完善市场体系的战略决策和实施步骤,要有在全国建立有计划利用市场机制所必需的、相互配套的各种调节体系,包括综合利用经济杠杆体系、市场管理体系、信息反馈体系、经济监督体系等。对地方来说,要在中央明确其职责和权限的条件下,在学会管理与驾驭市场上下工夫,逐步建立与全国相衔接的地方的有计划利用市场机制的调节系统,使之既能和调节地区经济的要求相适应,又能为实现宏观管理的目标服务。我国实行宏观经济分层管理和解决各层次间的衔接问题,看来就得通过这样的纵向贯通,横向联系的统一的社会主义市场体系及其调节系统的形成和完善才能解决。

六

地方要用好中央给予的权力和条件,大力发展横向经济联系,进一步突破条块分割,推进纵向导航与横向联系相结合的条块协调的机制和手段的形成。

横向经济联系包括企业间的横向经济联合,在我国商品经济发达的沿海地区早已出现蓬勃发展的良好势头。在江苏,主要表现是两个方面。一是物资协作的兴起。"文革"期间,物资协作就已经合理"不合法"地存在。党的十一届三中全会以后,获得了迅猛发展。二是企业群众的涌现。这是在常州市早年的"一条龙"专业化协作联合体的经验基础发展起来的。据 1985 年底的统计,全省已组建各种形式的企业群体三千多个,其中组织比较严密、效益较明显、规模较大的有 350 多个。在有些市里,参加群体组织的企业数已占到各市企业总数的 20% 到30%。这些企业联合体的建立,对冲破条块分割体制的束缚,提高专业化协作的组织程度,扩大名优产品批量和竞争力,增强中心城市的功能,起了很好的作用。这两方面的横向经济联系,有区别、有交叉,相互推动,正在向纵深发展。

随着横向经济联系的深入发展,也给宏观管理包括地区经济管理提出了一系列新的研究课题。一方面,在财政、税收、信贷、物资供应等环节上显露了与之不相适应甚至阻碍其发展的一系列矛盾,迫切要求体制改革相应跟上;另一方面也出现了不少同宏观管理要求不相容的新的盲目性,增大了地区计划管理和综合平衡的难度。当前,对发展横向经济联系的宏观指导还比较薄弱,或者以行政干预代替自愿原则,在企业群体和联合体的组织中,混杂了一些带有明显行政性的组织:或者片面倡导"民间"多渠道,忽视了"官方"多引导。按照有计划商品经济的要求,组织经济的正常运行既要广泛发展横向经济联系,又要同时加强纵向联系、协调和监督,这就需要分层次制定上下衔接的地区发展规划,分行业制定左右协调的行业规划和各项投资政策,改进计划方法和统计方法,形成以指导性计划为主的多层管理的计划体系。有种设想,就是把企业群体、企业集团作为计划单元,改变按部门、按地区下达企业计划的方法,实行凡指令性计划以及相应的物资分配指标直接下达到联合体,指导性计划也可通过企业群体的主体厂向协作厂传导。这种探索值得重视。但从目前看,只能在少数有条件的企业群体中试行。

七

　　改善地方计划管理。增强调节区域经济的功能,必须落实到体制的配套改革上。首先要加强地方计划部门与其他综合部门的职能。目前计划部门的职能明显弱化。有种被看作理所当然的习惯做法,就是离开计划部门职能的加强,另立一套又一套"统筹协调"的新机构,这类机构越多,计划部门的综合职能越被削弱。过去说计委只是个"工业计委",现在连工业也管不全。为了统筹调节全社会经济的运行,必须大力加强计划部门,同时,要大力加强审计、工商行政管理、物价、统计、城市规划等综合性监督性的管理部门。

　　专业性经济管理部门首先是工业管理部门要从原来只管到直属企业转变为面向全行业,要从原来县管理企业的生产经营转向搞好全行业的发展规划,研究行业的重大经济技术政策,组织信息交流、技术开发和人才培训等工作方面来。改革管理部门的组织机构,包括改革工业管理体制,推行行业管理,同样需要中央与地方分工合作,上下协同。行政管理部门的职能转变必须从中央各个部开始。地方也应当在突破条块分割上进一步用力气。有种意见认为,推行行业管理,对地方上来说,目前还只能通过进一步发展横向经济联系,从发展企业群体入手,由此进一步打破条块分割,因势利导,逐步促进行政管理部门的职能分解,使某些职能转移,某些职能转换。但对中央各部来说,认定推行行业管理的方向,从上而下作出职能转变的实际努力,无疑是更为重要的。

　　(原载《江苏经济探讨》1986 年第 9 期,收入《论中国宏观经济管理》一书,中国经济出版社 1987 年版。)

统筹谋划　对策配套
走经济最优化发展新路

　　江苏学术界对省的经济社会发展战略问题的研究,已经进行了十年左右的时间。1982年,江苏省经济学会在经济学界普遍开展战略研究的基础上,曾专门举行了一次有260人参加的关于江苏经济发展战略问题的大型学术讨论会。以后,大小型研讨会一年有几次。到1987年8月份,省政府研究中心组织召开了江苏经济和社会发展战略研讨会,把江苏战略问题的讨论推向了高潮。这次会后,省里明确提出了"外向开拓、科技兴省、优化结构、集约经营"十六个字的基本战略方针。这几年来,这个方针指导了江苏经济和社会事业的发展,从总体上说,它符合江苏的省情。

　　值得深思的是:江苏经济为什么还未顺利走上持续、稳定、协调发展的轨道? 除了全国性的因素外,从江苏自身看,不能说同省区战略的研究和实施问题无关。

　　江苏经济发展势头一向很好,但近几年经济波动的幅度超过全国平均水平。

　　江苏乡镇企业的发展引起全国全世界为之瞩目,但近些年其相对优势正在削弱,有种估计,不要再几年,山东等一些省的乡镇企业会在数量和质量上超过江苏。

　　江苏商品经济比较发达,产品外销量一向很大,但随着内地地方工业的发展,江苏国内市场相对萎缩。江苏地处沿海对外开放的前沿阵地,但对这一优势的利用和发挥也很不够,在外贸方面,前面的标兵跑得更远,后面的追兵逼近上来了;"三资企业"的发展也不如有些邻省,特别是沿海开放城市开发区的建设还落后于其它多数沿海开放城市……

江苏面临严峻挑战,这是情况的一方面。

另一方面,随着经济滑坡现象的转换,当经济已有回升趋势的时候,有些市县又出现新的攀比的苗头:互比回升幅度,互比资金投入,互比兴办开发区。攀比风的出现,不利于地区经济从稳定中求发展,是"急于求成"的毛病仍未根除、整体战略意识不强的表现;对省里来说,也是战略对策整体安排不足的反应。

发展战略研究是个动态性研究。它本来就需要随着实践的发展和客观形势的变化而不断深化。现在,从消除战略方针实施的阻力,以促进战略转换来看,从统一对战略研究的认识,使战略方针能全面调动各方面的积极因素,组合全省新的经济优势来看,从研究近几年出现的经济波动,以提出克服各种深层矛盾的战略对策来看,归根结底,也就是从适应全国治理整顿、深化改革下的大环境,创造江苏经济持续、稳定、协调发展的小环境来看,都迫切需要拓宽研究视野,对江苏经济发展战略问题作一番再思考。

发展战略的总体思考

经济发展战略的基本特征在于它的全局性和长期性。江苏经济发展战略研究,除了要摆正江苏与全国的关系,使江苏战略同全国战略相衔接外,就得有一个立足于全省总体协调而又符合省情的发展战略的总体指导思想。这个战略的总体指导思想,不是局限于解决当前的紧迫问题,而是必须长远着眼、远近结合,能对江苏经济发展从全局上起指导作用。

一、从实现全省经济的最优化发展上思考

要使我们的发展战略在一定时期内起指导江苏经济发展全局的作用,就一定要打开视野,首先确立以实现江苏省区经济的最优化发展作为总体指导思想。

　　省区经济的发展最优化,简单说来,就是面向国民经济的宏观全局,遵循有计划商品经济的客观要求,从省情出发,组织好生产力要素的合理配置,以地区经济结构的合理化促进地区经济循环的顺畅化,求得地区经济发展的最佳效应。

　　从这个指导思想出发,江苏经济发展的战略思考,显然就不能单纯着眼于数量翻番。

　　我们江苏经济增长速度比较快。根据预计,到"七五"期末,江苏国民生产总值将达到1350亿元,按可比价格计算,大约为971亿元,比1980年的321.8亿元,增长2倍以上,平均每年增长11.3%。江苏工业总产值连续五年居全国首位。应当肯定,社会主义现代化建设需要有一定的经济增长速度。我国经济发展的战略总目标,就是按"三步走"的战略来部署的①。到本世纪末,实现第二步目标,要求国民生产总值比1980年翻两番。按照这个目标,江苏跑在全国前列。江苏以其多年来保持经济总量超前增长的势头,支撑了全国经济的总量增长,在这方面是作出了贡献的。

　　但是,江苏综合经济效益却很不理想,1989年全省独立核算工业企业资金利税率,由1985年的29.8%下降到16.1%,居全国第13位;销售利税率,从1985年的18.1%降到10.6%,居全国第29位;产值利税率,从1985年的16.4%降到9.1%,居全国第28位。1989年固定资产净值加定额流动资金的平均余额与1985年比,增长1.3倍,工业总产值增加了75%,而实现利税只增加28%。

　　在江苏,效益水平与速度状况多年来不相称,近些年问题更加突出,已日益成为江苏经济优势弱化、影响发展后劲的决定性因素。这个高投入、低产出问题目前已到了非解决不可的时候了。其出路就在于

————————

　　① 即:第一步,实现国民生产总值比1980年翻一番,解决人民的温饱问题。这个任务已经基本实现。第二步,到本世纪末,使国民生产总值再增长一倍,人民生活达到小康水平。第三步,到下世纪中叶,人均国民生产总值达到中等发达国家水平,人民生活比较富裕,基本实现现代化。

从省区经济最优化发展上确立江苏总体战略指导思想,从根本上克服片面追求经济增长的倾向。

经济增长与经济发展有联系有区别。经济增长是经济发展的基础和条件。但经济增长并不等于经济发展。经济发展的内涵比经济增长丰富得多。除了经济产出量的增长外,经济发展还要求:产业结构的优化,科学技术的进步,人口压力的减轻,流通渠道的畅通,市场秩序的正常,收入分配的合理,通货膨胀的控制,国际收支的平衡,人民生活的提高,环境质量的改善,以及与此相适应的体制安排等。就江苏作为全国的一个省来说,还有个如何增加对国家贡献的问题。可见,经济发展不是单靠经济增长所能办到的,它要求以保证社会再生产过程的顺畅进行为条件,以经济效益、社会效益、生态效益的全面提高为标志,综合协调好经济发展诸因素的关系,并使之有机组合起来,对一个省来说,还要在处理好中央与地方纵向关系、省内与省外国外横向关系的条件下,求得内在组合与外向开拓相协调、经济结构与经济循环相配合。

因此,必须从省区经济的最优化发展上确立我们的总体战略的指导思想。只有确立了这样的指导思想,才能强化整体决策意识,摆脱单纯追求数量翻番的局限性,从江苏经济发展的总体上自觉地处理好效益、结构、速度的关系;才能在这一思想指导下选择好符合省情的战略目标、战略重点和战略措施,使之真正起到指导江苏经济发展全局的作用。

二、从开拓适应于新形势的新路上思考

多年来,江苏经济发展保持了在全国的一定超前性,这不是偶然的。江苏在组织全省经济发展上积累了许多成功经验:有利用原有工业企业基础,发展城镇集体企业的经验;有以大中城市为依托,支持农村兴办"船小好掉头"、灵活多样的乡镇企业的经验;有城乡联合,发展"供销两头在外"的加工工业的经验;有扩大市县自主权,鼓励地方自力办经济的经验;等等。对这些经验,我们曾经概括为"四个为主":中小企业为主、集体企业为主、加工工业为主,块块为主。

这"四个为主",在改革、开放、搞活的条件下,比较适应于利用市场调节作用、发展商品经济的客观形势，在发挥各级政府一定的自我调节功能下，推动了省内和省外、城市和农村之间生产要素的相对合理的流动和组合，使江苏经济的优势得到较好利用，出现了江苏经济超前发展的好势头。改革十年间，全省国民收入平均每年增长 12.42％，大大超过前 26 年（1953 年到 1978 年）平均每年递增 5.6％的速度，也明显高于全国在此期间国民收入年平均递增 9.3％的幅度。

这里，有必要提出一个问题：

"四个为主"的经验，是不是要作为江苏发展的基本路子，长期沿袭下去，也就是说，这"四个为主"适应不适应新形势、新阶段下的新任务？

我认为，一定的发展阶段的经济任务的完成，需要有和它相适应的经济格局和路子，经过四十年特别是改革十年来的发展，江苏经济起了质的变化：渡过了以农业为主体的发展阶段，并且在农业、轻纺工业比较发达的基础上，大大加快了重工业的发展，从而建立了比较完整的工业体系和国民经济体系，标志着江苏正从工业化初期步入了工业化中期的初始阶段。如果说，"四个为主"基本上是属于与工业化初期、主要依靠外延扩大再生产的粗放经营相适应的经济格局的话，那么，到了江苏经济已在向着工业化中期阶段过渡的今天，它就同日益需要推进集约经营、发展内涵生产的客观形势不相适应了。特别是当我们面向全国、放眼世界，环顾省外国外环境的时候，就更显现出这"四个为主"的局限性。试看：

——我国中、西部的一些资源地区，近几年纷纷兴办地方加工工业，原来要靠包括江苏在内的东部沿海一些地区输入的工业品已能自行生产，江苏商品市场相对缩小。在这样的情况下，江苏如果仍然陶醉于"四个为主"，继续铺摊子、布厂点，发展小而散、小而全、小而低的小企业，那就会使江苏的产品优势更形弱化，商品市场继续缩小，而影响经济发展。

——沿海兄弟省区集中一定财力改善投资环境，沿海多数对外开放城市的步子走在我们南通市、连云港市的前面；上海又加快浦东新区的开发开放。在这样的情况下，江苏如果仍然沿袭"四个为主"的老路，不管城市还是县区,继续把有限的财力分散投入于发展彼此结构趋同的加工工业,既提高不了加工工业自身的素质,更缓解不了加工工业与基础产业、基础设施的失衡,那就难以迅速改善江苏投资环境,很可能会贻误扩大吸引外资、加快外向开拓的时机。

——当今世界经济的区域化、集团化的趋势日益明显,这既给我们带来投资和贸易机会的增多,但也使我们面临区域集团多元化发展的激烈竞争。在这样的情况下,如果我们仍然停留在“四个为主”的水平上,满足于依靠众多小型企业和乡镇企业小而散的个体优势,改变不了省内分块各自组合生产要素的封闭、半封闭状况,那在对外开放上就形成不了拳头,相反,还会相互碰车、相互拆台,势必经不起国际市场竞争浪潮的袭击。

适应新形势,需要开拓有利于全省生产力要素优化组合的新路。

有的同志说,江苏的“四个为主”特别是前“三个为主”是客观存在,意思是这些“为主”不能改变。我认为,“四个为主”作为江苏经济格局的区域特征确是不能全盘否定,而且对它们所起的优势作用今后还要继续加以利用。但是,这里并不是从经济格局的区域特征角度提出问题的,而是从适应新形势必须走出新路子的角度来分析这“四个为主”的局限性的。从增强全省经济整体素质的全局出发,不难看到,这里面有哪些弊端,需要加以改造提高。

比如说,原来满足于走发展小而全、小而散的中小企业的路子,现在要不要在发展社会化、专业化、现代化生产的条件下,更多地重视发挥现代化大型骨干企业的作用,走上大中小型企业有机组合和跨地区企业集团化的新路子;

比如说,原来满足于走发展低水平上重复布点的加工工业的路子,现在要不要在开发国内国外两个市场的条件下,对基础产业、基础设施建设引起足够的重视,走上产业结构合理化、高度化的新路子;

比如说,原来满足于乡乡村村大办集体为主的乡镇企业的路子,现在要不要在推进国营企业制度深化改革、增强其企业活力的条件下,走上全民、集体以及其他多种所有制形式企业合理配置、协调发展的新路子；

再比如，原来满足于市、县、乡、村层层兴办自成体系的块块经济的路子，现在要不要在加强中心城市功能的条件下，建设合理布局的城镇体系，走流通渠道网络化、城乡经济一体化的新路子。

特别要对这后一个"为主"的负效应引起严重注意。"块块为主"办经济在实际上包容了前面"三个为主"的许多负效应。在块块化的条件下，低水平上的分散布点和重复建设，带来了专业化协作程度低下的组织结构以及过于分散的小城镇建设的均衡化格局；城市工业结构的趋同化，增强了城市之间的"同性相斥"力，阻碍了城市群体化；同城设置的市、县自谋发展经济，削弱了城市的聚集功能，严重牵制中心城市的发展；在缺乏配套改革的情况下，一批县级市过快升格，则又助长块块化，大市、小市"并列"化，反而抑制了新兴城市的合理成长。应当指出：在现行体制下，这种块块分割实际上是在同条条分割相互作用的条件下形成的。对此，应当在经济体制包括行政管理体制改革的配合下，通过在统一规划下的以中心城市为依托的大中小城镇体系化的建设来加以突破。

三、从发展与改革模式的双重转换上思考

江苏必须走出单纯追求经济增长速度的路子，这个问题早在开始讨论江苏经济发展战略问题时就提了出来，但直到现在，路子还没有开通。有种意见认为，这是同我们国家一直沿用产值作为考核党政领导干部政绩的指标分不开的，即所谓"产值增，官位升"，由此形成各级领导干部对产值、速度的偏爱。我认为，仅仅以此为根据，指责各级干部并不客观，也并不能解决问题。除了指导思想上"急于求成"这个因素外，原因还得要从我国传统的经济发展模式以及与之相联系的体制模式上去找。

什么是我国经济发展的传统模式？简单地说，就是以工农业生产为主体的数量型发展模式。具体一点说，大体包含：忽视三次产业协调发展的客观要求，过于向工农业的发展倾斜，特别是向工业的发展倾斜；忽视量态扩展与质态提高的相互联系，片面追求产值的数量增长；

忽视科技进步对发展生产力的先导作用,走一条高投入、高消耗、低效率、低效益的粗放经营之路。

奉行这种发展模式有可能取得高速度于一时,但由于这种模式本身就内含着结构失衡的必然,因而它总是同经济发展的不稳定性和起落波动的周期性联系在一起的。

问题还不仅在于发展模式本身的缺陷,在体制模式新旧转换的新情况下,还由于体制上深层矛盾又加剧了传统发展模式求快不求稳、求量不求质的惯性效应。例如:在体制转换过程中价格体系不顺,扭曲了工农利益关系,更刺激了投资主体的"工业偏好";分配机制以及财政包干体制不完善性,强化了经济主体的利益冲动,更加助长了企业、地方追求数量增长的短期行为;块块化的管理体制阻碍统一市场的发展,更加削弱了对传统发展模式下出现的结构失衡的调控功能。前两年所以会出现经济过热,在总量失衡下加剧了结构失衡,甚至出现了经济秩序的严重混乱,除了有通货膨胀的环境因素外,正是处在新旧模式转换过程中的体制矛盾同旧的发展模式相互牵制和相互拉动的必然结果。旧的发展模式同旧的体制模式相对应,奉行旧的发展模式必然牵制体制模式的转换;而改革迟缓,体制不顺,也必然会阻碍旧的发展模式的转换。

在江苏,在商品经济比较发达的基础上,围绕发挥市场调节作用的改革起步早、发展快,带来了经济发展的好势头。但是,到八十年代后期,配套改革的步子跟不上有计划的商品经济正常运行的要求,对市场机制作用的引导、协调、约束机制的建设相对滞后,这就加剧了体制矛盾,不可避免地带来了对战略转移和经济稳定发展的负效应:

——在经济过热的环境下,江苏市县分散决策、各自为战的体制格局支撑了加工工业和乡镇企业的竞相发展,投资膨胀、消费膨胀的程度超过多数省市,物价涨势也明显高出全国平均水平。1985 年以来,江苏每年社会商品零售价格总水平比上年上升的幅度高出全国上升的平均幅度,从不足 1 个百分点增加到了 3 个百分点以上。1988 年全国指数比上年上升 18.5%,其中 12 月份比上年同月上升 26.7%;江苏

1988 年指数上升 21.9％,其中 12 月份上升 31％。

　　——在实施双紧政策的条件下,江苏综合调控机制弱化,适应不了恰当掌握调控时机和力度的要求,资金极度紧张。同样处在全国的缩紧环境下,江苏经济增幅下滑程度却超过全国平均水平,并曾连续五个月出现负增长。1989 年江苏国民收入只比上年增长 1.6％,明显低于全国 3.7％的幅度。把 1989 年国民收入的增幅同前十年的平均增幅相比,江苏的波幅差距为 10.8 个百分比,全国增幅 5.6 个百分点,即江苏差不多高出一倍。

　　——在市场销售疲软的情况下,江苏体制性矛盾同结构性矛盾显化和突出起来,“分灶吃饭”的财政体制,强化了地方的财政增收意识,行业不管长线短线,商品不问滞销畅销,先保临危工厂冒烟开工,客观上形成了对产业结构调整的抗阻效应。尽管市场疲软提供了结构调整的机遇,但结构调整仍然步履维艰。

　　由此可见,经济的稳定发展必须与体制转换和机制建设相协调。经过十年改革,沿用传统体制已不可能有效调控经济运行,在此情况下,必须把推进改革深化的要求纳入战略思考中去,使发展战略与改革战略融为一体,实现传统发展模式与传统体制模式的双重转换相互推动。

战略对策的系统设计

　　在确立全省经济最优化发展的总体战略思想指导下,在回顾总结十年经济发展经验教训的条件下,在强化发展战略与改革战略必须融为一体的整体决策意识下,需要围绕江苏经济长期持续、稳定、协调发展的总目标,结合“八五”计划、十年规划的制定,经过周密研究,把总体战略的研究与专项战略研究结合起来,并使各个专项战略相互配套,形成能产生整体效应的战略对策体系。至少有以下方面必须考虑:

第一,以加强农业为基础的经济结构合理化对策

　　积极而有步骤地进行经济结构的调整,已成为江苏经济持续、稳定、协调发展的关键。但是,绝不能忽视农业的基础作用,特别是在乡镇工业发达的苏南农村,工业过热,农业过冷,很多乡村的农业处于一种兼业状态,不仅目前出现停滞、徘徊状态,而且明显表现出后劲不足。因此,一定要协调好农工关系,切不能再走以农业的萎缩换取农村工业以及其他非农产业的突飞猛进的道路。要在稳住粮棉油生产的同时,合理发展多种经营;要严格控制耕地的减少,增加对农业的投入;要以良种的培育、推广为重点,全面实施科技兴农;要发展和完善农业生产的社会化服务体系,推进适度规模经营等。总之,要大力提高农业的劳动生产率、土地产出率、产品商品率,逐步改变农业不合理的比较利益格局,把农业建成为具有自我发展能力的独立产业。在此基础上,强化能源、交通等基础产业和基础设施,有重点有选择地发展原料工业;加工工业,要立足于强化现代化技术基础,同时促进生产社会化的发展,走集约经营之路,收产业升级之效。在稳定发展第一产业、大力提高第二产业的同时,积极发展第三产业,促进各项社会事业的发展,在产业结构合理化、高度化的基础上,从国民经济协调发展中获取更高的综合经济效益。

第二,以搞活企业为中心的城乡工业一体化对策

江苏以乡镇企业的迅猛发展,较早地突破了城市——工业、农村——农业的传统格局,出现了以城乡企业横向联合为特征的城乡工业发展一体化趋势。但是,由于城乡企业各自固有的管理制度、经营机制上的差异,阻碍着生产要素在城乡之间的合理流动,在城乡经济联合上矛盾不少。现在的关键是统筹推进城乡企业的发展和改革,同时发挥乡镇企业和城市现代大中型企业的优势,并使之有效组合起来。在协调城乡利益关系上,要逐步解决"城市偏好"的倾向,全面考虑农民的合理负担;在处理城乡大中小型企业关系上,也要防止"乡镇企业偏好"的另一种倾向,注重强化城市大中型企业在现代化建设中的主体地位和骨干作用。解决这方面的问题,还是要用改革的方法,首先是,城市国营大中型企业要按照健全适合于有计划商品经济要求的企业经营机制的改革方向,完善搞活企业的改革措施,并进行新的改革探索。要完善承包经营制,并进一步试行和总结租赁制、股份制的改革经验,在此基础上,因势利导,深化改革,从根本上解决国营企业产权不清、无人负责的弊端,进一步实现资金独立,真正做到自主经营、自负盈亏,真正释放国营大中型企业活力。另外,乡镇企业也要针对乡村政企不分的状况,对企业资产关系进行清理、调整,深化企业制度建设,严格规范管理。同时,现行以县、乡为单位实施的乡镇企业块块化管理,既不利于强化农业产业的独立地位,也不利于农村发展专业化、社会化生产。因此,要创造条件,开拓城乡工业一体管理的新路,以便促成以大型企业为主体、大中小型企业合理配置的城乡工业一体化发展的新格局。

第三,以科技进步为先导的产业政策区域化对策。

优化工业产业结构,不仅要从资产增量和存量调整上全面推进,而且从根本上说来必须靠技术进步促进质态优化。要做到这一点,行政手段固然要恰当运用,但主要通过政策诱导、政策激励和政策约束来推进。因此,要把国家产业政策的实施同江苏省情结合起来,使之在江苏因地制宜,分层次、分行业加以具体化。因为没有区域化的产业政策,各地统统按照全国性的产业政策执行,不仅不利于发挥地区优势,而且容易导致长线、短线产业的错位。产业结构包括产品结构、行业结构、组织结构、技术结构和地区结构,其中技术结构带有基础性。根据江苏的情况,工业结构优化的主导一面是要体现质态的优化,走向结构高度化,所以,科技进步是关键。同时,江苏要下大力气加强基础产业,提高传统产业,开发新兴产业;特别要重视组织结构、地区结构的调整,解决企业小型化、分散化以及地区之间结构趋同化的问题,并大力促进苏南苏北经济的协调发展。产业政策的倾斜要统筹考虑这些要求,区别不同行业、不同地区的情况,全面制定发展和限制产业的调整目标,并通过一整套产业政策和相应的保障政策的综合运用,引导和组织生产要素围绕调整目标包括科技进步的要求,进行合理流动和新的组合,逐步实现区域产业结构的合理化和高度化。

第四,以中心城市为依托的要素市场体系化对策。

江苏经济的稳定发展离不开按照改革的方向继续推进市场和市场

体系的完善。根据江苏的情况,要促使市场的发育完善,必须突破市县分割的块块化格局,建设以大中城市为依托的开放型的市场体系和流通网格。江苏在八十年代初提的以大中城市为中心、以小城镇为纽带、以广大农村为基础形成经济网络的战略方针是正确的,问题是经济网络的发展必须以流通网络的建设为先驱,以有序、高效、通畅的流通网络带动经济网络的全面扩展。因此,要结合全省范围内大中小城镇体系化建设的总体规划的制定和实施,统筹推进全省大型专业市场和市场体系的建设;在进一步整顿流通秩序的基础上,建立、健全市场规则,加强市场管理,保护公平竞争和合法交易;要重视和促进货币流通与商品流通的发展与交融,在促进商品市场纵深发展的同时,加快金融市场的发展;要以促进科技、劳动、资产等市场的建设,催化各种要素市场发育成长。

第五,以综合效益为评价的资源配置最佳化对策。

发挥江苏地区优势,实现全省经济的最优化发展,必须建立在组织省内社会总资源合理配置的基础上。而资源配置合理与否的标志,不只是看单个企业的效益高低,也不限于看一时一地的经济效益的好坏,而必须看包括经济效益、社会效益、生态效益在内的结构性效益的综合评价如何。江苏面临着经济效益滑坡的现实矛盾,劳动就业、人民生活安排方面的压力也很大,环境污染和恶化又带来资源破坏的极大威胁和隐患。这就特别需要通过国土总体规划,在国土的统筹开发、整治和保护中推进社会总资源的最佳配置。要从经济、社会、生态三大效益的有机结合出发,统一考虑和落实全省区域规划和生产力布局。江苏区域发展的情况复杂,一定要根据区位优势和比较利益的原则,根据财力的可能,选择省内区域开发、对外开放中的重点地区,把重点地区的综合开发同地区之间的协调发展统一起来。绝不能搞"摆平"政策,使各个块块经济的发展形成僵死的"均衡化"格局。不管是经济发达地区的苏、锡、常之间,还是经济发展很不平衡的苏南、苏北之间,在处理地区关系和城乡关系上,都不能要求拉平彼此的发展速度,也不能满足于对资源大战的消极限制,而是要推进在区域分工基础上的区域合作,在生产力合理布局下发展横向联合,实现彼此优势互补和有机组合。对统筹兼顾城乡劳动力的安排使用,对加强环境保护这个薄弱环节,都要有相应对策。总之,要在全省经济的合理布局和区域发展中,处理好经济发展与人口、资源、环境的关系,求得经济效益、社会效益、生态效益的统一,求得自然资源、劳动资源和科技资源等各种资源的合理开发和充分利用,获取最佳的配置效应。

第六,以外向开拓为条件的经济循环良性化对策。

在"两头在外"的供销格局下,外向开拓国内国外两个市场,在内向循环与外向循环相互衔接、相互作用下,形成开放型的良性循环,是江苏经济的最优化发展的必然选择。但是,市场特别是国际市场的外向开拓必须以省内资源的合理开发利用和最佳组合为出发点,以省内产业结构合理化、高度化为落脚点。要在促进省内资源合理组合的条件下,增强外向开拓的实力和竞争力,又要以扩大对外开放,扩展参加国际分工和国际交换的渠道为条件,引进和利用国际先进技术,优化省内产业结构。对此,要有综合决策下的一系列具体对策来处理,包括:防止离开省内经济整体发展的需要,片面追求开放度,竞相创办经济开发区;加强全省开发开放的整体规划,统筹协调外贸、外资、外经工作,形成外向开拓的整体优势,在发挥乡镇企业外向开拓作用的同时,发展以大型企业为骨干的外向型、综合化的现代大型企业集团公司;还有,注意国内市场与国外市场、引进外资外技与发展民族工业在统一安排下的相互协调等。

第七,以市场机制为基础的宏观调控有序化对策。

新的发展战略要求推进与有计划商品经济的客观要求相适应的新的运行机制建设,其中心的一环就是加强宏观(中观)调控机制的创新。否则,优化结构,外向开拓以及江苏经济的最优化发展都是空话。有计划商品经济条件下的科学的宏观(中观)调控的加强必须建立在运用市场机制和价值规律的基础上。因此,要把市场机制建设同调控机制建设统一起来,把增强流通功能与改善调控功能统一起来。这就需要摆正省区调控在国民经济宏观调控系统中的地位,发挥省区综合调控作用;在强化计划部门应有职能和提高其素质的条件下,加强地区综合平衡和改进省区计划管理,加强对生产、流通、分配、消费各个环节之间的统筹协调,以计划部门为"龙头",加强各个综合经济部门的综合管理职能,组织专业性经济部门的职能转换,面向全社会,对以公有制经济为主导的多种所有制企业经济活动,实施规划、协调、指导、监督和服务的全行业管理,从协调条块关系入手,组织多部门的协同和联动,实行经济、行政、法律等手段的"多管齐下"和综合运用,健全信息的搜集、传递、反馈系统和宏观经济预警系统,强化其功能等。

第八,以公平,效率为原则的利益关系协调化对策。

以公有制为主体的多种所有制结构以及与此相适应的以按劳分配为主体的多种分配形式的存在,加上企业、地方自主权的扩大,使我们面临着利益主体多元化、利益关系复杂化的现实。当前宏观经济运行过程中出现的种种难题,很大程度上就是由于各方面利益关系没有理顺,发生摩擦和冲突的反映。因此,加强宏观协调,促进经济的持续,稳定、协调发展,对调节主体来说,就是要从保证社会再生产过程顺畅运行的宏观效应出发,自觉协调好多元化利益主体的利益关系。协调多元化利益关系,不是采取简单的消极的平衡化的办法所能奏效的,而必须兼顾公平与效率的原则,通过抓好分配这个环节,促进各个利益主体行为的合理化,借以实现以劳动者为主体的诸生产要素的最优配置。这就要求统筹兼顾各个方面,做好"全面安排"的各项工作。譬如:既要处理好省和中央的关系,保证"全国一盘棋",又要理顺省区内的条块关系,保证各方面合理负担;既要促进多种经济形式包括个体私营企业以至"三资"企业的合理发展,又要加强国营企业的主体地位,发挥国营商业的主渠道作用;既要在付出不同劳动的量和质的劳动者之间适当拉大收入差距,又要控制有关人员不规范的畸形的工资外收入和畸形消费;既要为生产经营者创造公平竞争的环境,发挥市场机制在调节分配收入上的作用,又要限止各种"化公为私"的"创收"活动,防止国家财源的流失;既要加强税收征管,堵塞偷逃漏洞,又要制止乱收费,乱罚款,乱摊派,保障企业正常经营等等。这些,需要调动各个职能部门的力量,协同配合,才能做好。对各级领导干部来说,重要的是不能只抓国民收入的生产及其最终使用的实权,而不重视运用国民收入分配、再分配的形式去促进国民收入再生产,要从这个局限性中跳出来,善于运用价值形式的经济杠杆和其他手段,把协调多元化利益关系的要求同调控宏观经济运行的目标统一起来。

　　以上列举八个方面,并不是完整的。同时,做到这些方面,需要有个过程。在这里提出这些方面的对策,主要不是为了详细说明每一条的个体,而是着重说明:从整体战略考虑出发,从改革与发展相协调出发,需要有相互配套的专项战略,并形成各个方面的对策体系,使之相互作用,产生促进经济持续、稳定、协调发展的整体效应。

　　(原载《无锡论坛》1990 年第 6 期,本文题目原为"江苏经济发展战略问题再思考"。)

从传统工业的快速增长到现代工业的科学发展

——苏南在工业化进程中走出创新转型之路

改革开放二十余年来,苏南,这个我国民族工业的发祥地和我国乡镇企业异军突起的先行区,始终坚持实践邓小平理论,敢于从本身实际出发,不断开拓创新,通过市场化改革的推进和开放型经济的带动,与农村城镇化和城市现代化的步子相适应,加速从传统工业化向着新型工业化的演进。

目前,在这个地区,工业生产领域里多元化所有制的各类企业,那些包括大企业、大集团在内的大中型企业,那些面广量大的中小企业,那些迅速成长起来的大量民营工业企业,还加上那些多年来大力引进的拥有现代先进技术的外资企业,彼此在市场导向和政府协调下,以大中城市为依托,以工业园区为载体,以信息化和高新技术为支撑,不断推进产业集群发展和结构优化升级:开拓新型工业化的道路,实施现代工业的科学发展。

据有关评析,目前苏南工业化发展阶段已从改革开放前的工业化初期进入到工业化中后期。以无锡市为例,随着基础工业的迅速发展,衡量消费资料工业净产值和生产资料净产值比例的霍夫曼值,从1978年的1.2以上,降低到1992年的0.9,2002年的0.6,工业内部结构发生重大变化,重工业比重达到67.15。苏南其他各市工业结构也都相继趋于重型化。南京市2003年工业在GDP中的贡献额及其郊县工业在全市工业增量中所占的份额,都在50%以上。苏州市这一年的工业总产值超过 7000 亿元,成为仅次于上海的我国第二大工业城市。苏南高新技术产业 2003 年产值达 3331 亿元,已占到全省 87％的比例。强大的制造业、充满活力的高新技术产业提升了产业结构层次,成为苏南经济的快速增长的强劲驱动力量。2003 年数据,苏南 5 市以占全省 27.4％的土地面积和 29.7％的人口,创造了占全省 62.8％的国内生产总值、62％的财政收入以及 88.6％的外贸出口总额。

　　工业化是苏南经济发展的核心内容,也是苏南的最大特色。没有工业化,就没有苏南的历史和今天;没有工业化的加快推进,就没有苏南城市化和国际化步子的不断加大。苏南正是由于工业化进程的显著加快,为率先全面建设小康社会奠定了雄厚的物质基础。

　　在加快工业化进程特别是向新型工业化的演进中,苏南走出了具有自己特色的创新之路。

乡镇企业率先崛起　打破我国城乡传统分工格局开创了城乡联手推进地区工业化的新纪元

　　苏南特别是苏锡常三市,以沿江滨海、邻近上海的区位优势,商品经济相对发达,是我国近代民族工业的发祥地。建国后,这一带城市利用原有工业基础,采取“母鸡孵小鸡”的方式,发展了大批中小企业,工业有了长足发展。而在农村,则同我国其他地区一样,受二元经济结构所制约,除了一些进城做工、经商或专业从事手工业者外,绝大部分劳动力被束缚在单一种植业而人均田亩很少的农田上,人多地少的矛盾十分尖锐。在上世纪六十年代前后,这里农村一批又一批急于寻求非农化出路的多余劳动力,利用靠近大中城市的条件和当时市场商品短缺的机会,因陋就简地办起工厂——这就是工业为主的乡镇企业(早期称为社队企业)的萌生。

　　苏南乡镇企业,凭借的是灵活的经营机制,实行的是市场调节,从原材料的取得,资金的筹措,到产品的销售,都靠的市场。在传统计划经济体制下,办这样的工厂,无一不是经历着"千方百计找门路,千言万语求原料,千山万水跑供销,千辛万苦创基业"的艰难过程。党的十一届三中全会以后,正是在邓小平同志关于"解放思想,实事求是,一切从实际出发"的思想路线的引导下,各级干部克服"左"的影响,变阻力为助力,同农民一起,破除束缚生产力发展的条条框框,使乡镇企业的发展很快形成"星火燎原"之势。就这样,苏南以"农民办工业"的这一伟大创举,在我国率先打破了"城市工业、农村农业"的传统分工格局,被小平同志视察苏南时当面一再肯定和称颂后,出现了乡镇企业从苏南到全国的"异军突起"。

乡镇企业在苏南创造了领先全国而又久盛不衰的"苏南速度"。到1991年这一年,苏南以工业为主的乡镇企业产值达 985.47 亿元,比1978年增长 25.2 倍,年均增长 28.56%。邓小平同志 1992 年南方谈话精神传来后,苏南乡镇企业更是进入了"跳跃式"、"超常规"的高发展阶段。当年苏锡常乡镇企业的产值高达 2000 多亿元,有 7 个县(市)的乡镇企业产值超百亿元,其中无锡县达到 300 亿元。苏南农村工业发展始终不停步。上世纪 1988 年开始的三年间,江苏经济在全国治理整顿时期一度出现负增长,而苏锡常的农村工业却在这段时期里仍然保持着一定的增长速度。

农村工业的超前崛起和高速增长,使苏南领先一步结束了城市沿袭传统老路按部就班搞工业的历史。一方面,在乡镇企业灵活的经营机制的冲击下,城市工业企业突破单纯"靠计划吃饭"的框框,迅速闯入大市场;另一方面,乡镇企业从总量上大大增强了苏南的工业实力。在按工业产值计算的城乡工业总量中,苏南农村工业从占有"半壁江山"迅速扩展到三分天下有其二,以至一度时期里的十分天下占其七。苏南地区人口仅占全国总人口的 1.1%,而乡镇工业产值却占全国乡镇工业总产值的 16.8%。实践表明:苏南乡镇企业对江苏和全国作出了巨大历史贡献:从我国实施市场经济取向改革的角度看,它作为闯进市场、运用市场、开拓市场的先行者,率先开启了中国市场经济的"闸门";从加快我国工业化进程的角度看,它作为工业生产领域里成长起来的一支生力军,同城市工业一起,在我国率先开创了城乡协同加速地区工业化的新纪元。

抓住对外开放机遇　再闯利用国际
工业资本新路迅速进入现代工业
发展的新时期

　　苏南人的商品经济意识原就比较强,一旦思想得到解放,头脑就变得更灵。上世纪八十年初期对外开放一开始,苏南就抢抓机遇,实施"外向带动"战略,在大力扩大对外贸易同时,又在利用国际工业资本、助推城乡工业快速发展上闯出新路。

　　治理整顿期间,在国内销售市场遭遇困境的乡镇企业所以仍能保持一定增长速度,就由于它们及时抓住对外开放的机遇,依托对外贸易,依靠"外向带动",把产品打进国际市场的结果。1984年,国务院批准沿海建立14个经济技术开发区。靠近上海的昆山,当时只是一个小小农业县,够不上条件被列入这趟开放"列车",而昆山人则按照小平同志所讲的"在马克思主义指导下打破习惯势力和主观偏见的束缚",顺应大势,抓住发展开放型经济的这个"牛鼻子",大胆创新思路,在全国第一个"自费"兴建工业园区,在短期内就引进、集聚一批又一批的外资工业项目,取得喜人业绩。"昆山之路"创新成功,很快获得省里的肯定,并在8年之后,经国务院批文,自费开发区被正式升格列入国家级开发区序列,"私生子"成为众人钟爱的"宝宝子"。由此,昆山经验很快在苏州以至苏南地区"放大"。1992年,中新合作的苏州工业园区启动建设。不几年,其影响所及,苏州高新区、无锡高新区、南京高新区以至江宁开发区等一批有一定影响和知名度的开发区相继建成启动后,很快进入收获期,吸引了外资项目的纷至沓来。苏州高新区接受了一批世界一流大企业投资项目,用外商自己的话来说,苏州给了他们"英雄"以"用武之地",例如,瑞士罗技集团等生产科术含量较高产品的七家大企业,在苏州高新区扩充了生产规模,使他们电脑鼠标器等八种产品的市场销售份额获得了八个"世界第一"。苏南至今创有国家级开发区10家,省级开发区38家,利用外资及其经济产出都持续快速增长,2003年,苏南这些开发区合同利用外资和实际利用外资分别占全省开发区的84.07%和87.15%,实现业务总收入和完成财政收入分别占全省开发区的84.08%和83.04%。

在对外开放大潮中涌现的开发区,坚持以工业为主,以出口为主,以外贸为主,致力于高新技术产业发展,不仅是对外开放的窗口,也是产业集聚的载体,成为直接引进国际工业资本、提升工业化水平的基地,同时,又是融入当地城镇体系中的现代"新城区",担当着加快城市现代化功能建设的催化作用。特别是在小平同志南方谈话后,苏南干部再一次受到了"抓住时机"、"扩大开放"精神所鼓舞,立即加强对外开放的力度,园区经济进一步兴起,大批高新技术企业进入园区,在带动现代工业发展和产业集聚的同时,大大促成了城市的内涵深化和外延扩展。于是,随着几个大市开发区的迅速发展,也随着各县(市)按开发区面貌建设和管理的各类工业小区的发育成长,在苏南出现了工业化与城市化互动并进的新局面。工业化进程迅速加快,支撑了县(市)域经济的迅猛发展,兴起了一批生机蓬勃的中小城市,今天,连续几年位居全国百强县前列、被称为苏南"四小虎"的江阴、张家港、常熟、昆山四个县级市,正是在那个时期里扎下的基础。与此同时,苏锡常三个区域性中心城市也进入了历史上的最佳发展时期,得到了迅速发展。

且看历史上曾被人譬喻为"烟囱没有宝塔多"的苏州城!改革开放前,苏州的城市工业只是局限在"古城区"的14.3平方公里范围内,那时郊区的面积也不大。可现在苏州的工业基础及城市发展水平发生了翻天覆地的大变化。苏州市区不仅发展了以丝绸、轻工、纺织为龙头、具有地方特色的传统工业体系,而且开始了传统工业向高新技术的转移。在小平同志南方谈话后,随着园区经济在苏州勃兴,一大批高新技术企业进入园区和新区,使之成为工业发展及其产业升级的新增长点,相应的,也促成了城市的内涵深化和外延扩展。九十年代初,市区向新区和工业园区扩展,面积达392.3平方公里。2000年,吴县并入市区,市区面积又扩展到 1619.72 平方公里,这就为现代工业新的布局和发展提供了十分有利的地域空间条件。苏州开始了以中心城市为依托、加快发展现代工业的新的发展时期。市区工业总产值占全市工业总产值的比例,从 1996 年的 15.5% 提升到 2000 年的 24.8%,市区工业增长速度由一度滞后于县域转为领先于县域。

同苏州一样,苏南其他城市相继进入以开发区带动城市扩容增量、同时加快现代工业发展进程的新的历史阶段,工业化、城市化水平同步提升。按 2003 年统计,苏南 5 市城市工业增加值与农村工业增加值达到 57.58 与 42.42 之比。南京这一年的城市化水平达到 74.2%,比全省高了 27.4 个百分点。2003 年,在省里构建南京都市圈、苏锡常都市圈的规划导向下,苏南开始按"组团式"建设城市群,推进城市现代化水平的提升,这将更有利于苏南在发挥现代城市群的功能作用下,促进城乡工业互动互联,促进产业结构优化升级,加快走上新型工业化道路。

全方位推进企业改革　所有制结构与
产业结构调整相互推动
城乡工业从互动走向互联

在园区经济蓬勃兴起、由开放带动提升地区工业化水平的同时,作为市场主体的城乡工业企业都加快了产权制度的改革,特别是促进了乡镇企业突破"集体为主"的束缚向混合所有制加快转型,并由此推进城乡工业由互动逐步走向互联。

苏南的乡镇企业是在我国改革初期放开了一块"市场调节"的宏观环境下,同时又是在我国短缺经济时代商品供不应求的市场条件下,迅速发展起来的。它们的高速发展,在当时新旧体制双轨并存和相互摩擦的情况下,除了得力于自身相对灵活的经营机制外,还借助于传统计划体制框架下强势政府的支撑和扶持。在当时历史背景下,苏南乡镇企业在与所有制结构相联系的产权制度及其运行机制上,客观存在着先天性的缺陷和弊端。其突出表现,即长时期来凝固在"集体为主"的框框内,所有制结构过于单一;而且,受此制约,它们在初始阶段形成的"乡乡冒烟"、"村村点火"以及"小、散、乱"的工业布局和企业组织结构,也长期得不到改变。

从苏南乡镇企业自身而言,同它们不停步地快速发展相联系,在探索和推进企业制度改革上也始终在作着不懈努力。例如,1984年无锡堰桥乡镇企业创新"一包三改"(实行承包经营责任制,改干部任命制为选聘制、改职工录用制为合同制、改固定工资制为浮动工资制)取得成效,并迅即在苏南全面推广;1991年,又总结推广了吴江铜锣实行生产要素承包、资产滚动增殖、深化经营责任制的改革经验等。问题是:在卖方市场环境下,乡镇企业过惯了长期来顺势而上的日子,当企业经营机制未能根本完善的要害性弊端还没有充分显现时,以上的改革包括以后又相继推出的厂长承包责任制、企业内部审计制等在内,都只是在设有触及产权制度的有限范围进行的改革,因而,虽在一定时期里取得成效,但不能持久,更难深入。九十年代中期,我国告别"短缺经济",出现了从卖方市场向买方市场的转变,从1994年前后,苏南乡镇企业"高投入、高借贷、低产出、低效益"的致命弱点在经营困境下充分暴露出来,工业生产增幅明显回落,这才促使乡镇企业从反思中重温邓小平理论,进一步解放思想,冲破"集体为主"的所有制框架的束缚,放手实施产权制度的大面积改革改制:大中型企业大多转制为股份合作制或有限责任公司;中小企业除转制为股份合作制、有限责任公司外,多数通过拍卖或转让,改制为私营企业。乡镇企业的"老板"就由原来实际上由乡镇政府担当转换为由产权所有者的代表或私营企业主自主负责。随着各级政府"四放"(放手、放开、放宽、放活)对私政策的实施,极大地推动了私营个体经济在苏南各地的迅猛发展,启动了大量民资涌进城市,投向园区。目前,江苏崛起的5户营业收入过百亿元的私营企业,全都在苏南。

在此期间,城市工业的企业改革也在制度创新中与时俱进。由放开中小型国有企业开始,进而,与国有经济"有进有退"布局调整相结合,大中型企业加快改革进程。一些大企业、大集团,诸如:熊猫集团、南钢集团、小天鹅集团、苏州精细化工集团等,分别采取租赁、拍卖、收购、兼并、投资参股等多种形式,相继实行企业的改制转型。一些经营机制活、发展前景好的乡镇企业还参与了国有企业的转制重组。

城乡工业企业的大面积改革改制,大大激发了作为市场主体的各类企业的活力和竞争力,迅速带动了所有制结构的新的历史性变革,使之与产业结构调整相互推动,促进了所有制形态和生产力的发展的较好结合。苏、锡、常等市"见苗促进",相继提出类似"靠两资(民资、外资)起飞"或利用国资、民资、外资"三足鼎立"优势的思路,支持和促进各类资本相互融合的混合所有制的发展,引导和鼓励各路投资项目和多元化主场向包括乡镇工业小区在内的各类园区集中。其最大的积极效应就是:不论是城市大中型企业还是农村中小型企业,不论是混合所有制企业还是私营企业,它们在向一地汇聚时,或者以专业市场为纽带,实行供、销、产良性循环;或者以大企业为龙头,吸引上下游企业,形成产业链条;或者以园区为依托,组合一部分相同、相近、相关企业,实行专业化协作,包括为外资企业协作配套:

在这过程中,苏南工业迈开产业集聚化的步子。一些县(市)结束了乡乡、村村彼此自成体系、工业"小、散、乱"布局的历史,涌现了分别立足于地方特色或传统优势、被称之为"产业板块"的产业集群。例如:像吴江在九十年代就出现了纺织、丝绸、电缆、光缆、电子资讯等有自己地方特色的产业群体;同时,还以"一镇一业"的形式,在不同集镇分别打造出新型建材、羊毛衫、缝纫机、聚酯切片等特色产业。特别是,以现代化园区为依托而发展的产业集群,还促进了那些原来属于劳动密集型和土地、资源耗费多的传统产业借助于园区引进移植的国外先进技术和管理经验,加快创新改造和向集约化经营转移的进程。

这里有必要专门提到在资本市场上创出良好经营业绩的"江阴板块"现象。在乡镇企业股份制改造过程中,江阴乘势启动资本经营战略,推进企业规模经营。由8家股份有限公司(全部集中在第二产业)在上海、深圳两地上市不久,就以其平均净资产收益率明显高于沪深两地上市公司平均水平的业绩引人瞩目。不过短短几年,就发展到法尔胜、华西村、东泰控股、四环生物、塑料科技、江苏阳光、澄星科技、南京申达、凯诺科技、中国化建等 14 家上市公司,占到全国上市公司总数的百分之一,被称为"华夏 A 股第一县"。所募集资金由开始的 20 亿元增加到现在的 73 亿元。他们跨越城乡界限和行政区划,在较大的区域内优化资源配置,提升了产业结构的档次,造就出精纺呢绒的阳光牌、溴化锂制冷机的双良牌、磷酸盐的澄星牌、塑料包装膜的申达牌等十个省级品牌;特别是其中新材料的产业优势在区域竞争中凸现了出来,使该市成为国家确立的全国县级市中唯一的"国家攻关计划新材料成果转化及产业化基地"。他们借助资本市场的"输血功能"培植企业的"造血功能",通过投资、兼并、控股等方式,做大做强主业,实现了由传统产业向高新技术产业的转变,使产品的技术含量和附加值大大提高。这一情况表明:苏南又成功地走出一条"产品经营十资本经营"的创新之路。走出这条路子,以资本经营支撑产品经营,既利于扩充增量资产,又利于盘活存量资产,使企业在短时期内扩大规模、集约经营,从根本上转变原来分"块"办工业、结构"小、散、乱"、产品技术含量低、经营方式粗放、融资渠道狭窄条件下的传统经营方式,实施低成本扩张,造就"大而优"、"大而强"的现代企业,并通过资本与技术相对接,使一些行业加快高新技术产业化,实现产业结构的优化升级,大大增强了工业经济的综合竞争力。2003 年底,在第三届全国县域经济基本竞争力评比中,江阴在全国 2000 多个县(市)域中脱颖而出,名列"全国百强县"第一。

近些年,更多的企业特别是大企业、大集团重视运用资本经营,目前,在全省 81 家上市公司中,苏南 5 市占有了 80％以上。

统筹城乡工业布局　　以园区作为产业集聚的载体打造以高新技术产业为先导的现代制造业基地

顺应工业化与城市化水平同步提升的要求,苏南各市在上世纪九十年代中后期开始,在强化中心城市功能建设的同时,先后实施城乡工业统筹布局的新思路。结合交通网络和城镇体系的建设,对合理布局全市城乡工业、促进产业集聚与实行城市功能分区、优化城市空间结构进行统筹推进。例如,苏州市与上海拟建国际金融贸易中心和国际大都市的战略目标相呼应,提出了把苏州建成为现代国际名城的战略设想,在分层次办好各类开发区以及乡镇工业小区的同时,与保护古城、开发新城和城市功能分区建设相结合,按照沿沪宁交通大轴线、沿长江岸线、沿上海周边地区、沿大湖一带,实行"四沿"产业布局,重点培育支柱产业,提高工业现代化水平。无锡市结合市域内将形成"两横一纵"(沿长江带、沿沪宁交通走廊为两横,新宜交通走廊为一纵)的"干"字形城镇发展轴的形态,统筹规划全市工业包括园区结构布局。常州市也推出了"改造老城区、建设新港区、发展新域区"的城市空间发展布局的规划设想。一些县级市同样及时动作,像昆山在两年前采取了"1+3"组团式推进城镇化建设的决策,把城区所在地的玉山镇加上其周边的陆家、张浦、周山三镇,纳入市城区总体规划统筹开发。目前这"1+3"地区已连成一片,商贸活动也融为一体,对促进产业聚集、增强城市功能已产生初步效应。由此打开思路后,2003年市里针对城镇建设中布局统筹不足、不利于资源的有效利用和产业的合理集聚的矛盾,从城乡一体、区域发展的视野,提出推进全市片区发展的新理念,考虑以中心城区为核心,与分片培育城市副中心相结合,把全市划分为七个功能片区,实施以片区规划促进市域资源整合和产业发展的新对策,构造城乡协同、联动发展的新格局。

小平同志"科学技术是第一生产力"的科学论断,早已在苏南人思想上扎根。在工业布局和城镇体系的构架下,在推进产业结构的战略性调整中,苏南一些市县(市)更加致力于以"外向"带动"高科技"领域的突破。他们进一步以园区建设为抓手,引导多元化投资主体的项目投向,推进以高新技术产业为主体的产业集聚和结构升级。经过改制的大量中小企业,纷纷向园区和包括民营工业园在内的工业小区集中,一再出现类似苏州东城"百亿民资进园区"、绸都盛泽"千家私企扩规模"的热潮;同时,这一过程更促进了开发区产业集聚度的提高以及区内产业园的发展,使得园区本身的集约开发水平相应提升。无锡新区、苏州新区,随着进区高新技术企业的增多,相继崛起高新技术产业群,步入了靠高科技提速的新时期。常熟市东南开发区根据苏州全市开发区发展的整体格局和自身条件确定的产业发展战略,以电子信息、精密机械、生物医药、新型材料、高档轻纺、外向农业为重点发展产业,摒弃了原来"拣到篮里就是菜"的招商方式,坚持标准选择入区项目,使得特色产业集聚园区的整合效应逐步凸现。张家港市通过结构调整,带动优势企业向保税区、省级开发区、沿江开发区等"三区"和钢铁、重化工、食品、汽车、纺织等"五园"集聚,促使全市新增合同外资的八成集中投放在这里,"三区五园"成为该市经济发展的"高地"。由此,还带动这些产业出现了规模企业集群现象,全市年销售额超过 10 亿元、50 亿元以至上百亿元的沙钢集团、国泰集团等十大规模企业集群的经济总量(按2002 年计)接近全市的"半壁江山"。

我国加入世贸组织后,海外制造业在向我国转移过程中,出现了不仅生产设备转移而且包括采购、研发等在内一体化转移的新变化。苏南为加快高新技术产业发展、促进产业结构优化升级的一系列机制创新,既与江苏实行从经济外向化到经济国际化的战略升级相适应,又正好抓住国际资产转移这一变化的新机遇。在世界著名跨国公司资本转移的带动下,苏南以苏州高新区等七个基地和南京等五个软件园为载体,迅速崛起信息产业高地,在软件、微电子通信产品、数字音视频产品、计算机和外部设备等领域,初步形成了上下游产品比较齐全、具有一定技术含量的五个重点产品群。与此同时,苏南各市借助跨国公司产业转移的势头,以及利用与上海工业配套协作的条件,改造提升自身各有优势的制造业基础,相继向现代制造业基地迈进。例如:具有较强比较优势的无锡制造业,2002 年增加值占全市 GDP 的 48%,特别是其结构呈现由原材料工业为重心向加工制造工业为重心发展的"高加工度化"。近些年来,外商直接投资于制造业的比例,在全国为 60%,而在无锡达到 95%,其投资结构也由一般制造业向电子信息业、生物技术等技术密集型以及精细化工、机电一体化等资本密集型的制造业跃升。无锡正在不失时机地加快整合资源、集聚优势,向建设具有竞争优势的国内现代制造业基地进军。

近年来,各市面对沿江新一轮开发的机遇,更注重于引导资本向临江优势产业集聚。以高新技术为主导、现代制造业为主体、大企业为主柱、现代物流为配套的苏南沿江"工业走廊"和实现苏南成为我国现代国际制造业基地的构架已开始形成。

按科学发展观实施区域合作推进新型
工业化的优势整合为全面建设小康社会
拓展苏南"率先"之路

苏南工业化进程的不断推进,是坚持实践邓小平理论,不断解放思想,按照市场化改革的方向,不断开拓创新、与时俱进的结果。这中间,经历了一次又一次的大跨越,出现了从传统工业快速增长向现代工业科学发展的一系列演进:乡镇企业从"集体为主"的单一化主体到混合经济的多元化主体,企业分布从小、散、乱状态到向城镇集中、向园区集中,工业布局从块块化、无序化到按城市功能分区集聚,企业生存发展方式从粗放经营到规模经营、集约经营等。同时,经济增长方式也在从主要靠增加投入、铺大摊子、追求量的扩张逐步向注重以提高经济效益为中心、合理布局、集约开发和质量的提高转变。

在苏南,五市各有自己的优势,但从东而西看,客观存在着的梯度发展的层次性差别也还比较明显。这方面也在向着好的方向演变。改革开放以来,苏南五市除了共同注重发展与上海的东向横联、主动接受上海的辐射带动外,在加快工业化进程上,一直是既彼此竞争也彼此学习,分别进行相互之间某些取长补短的交流和联系,关注接受先发展地区信息的西向传导,包括吸取先行地区正反两面的经验,形成自己"后发优势",或者从自己比较优势出发,另辟蹊径。例如:依托优势凸现的园区经济,实行内资企业与外资企业配套协作,带动产业集聚,苏州市的昆山"一马当先";组建上市公司,走产品经营和资本经营结合之路,促使资本与科技成功对接,无锡市的江阴闯在前面。苏、锡、常的农村工业率先成长和蓬勃发展,促使县(市)域经济普遍繁荣,同时催化了一批新兴中小城市的崛起;南京则较早就注意到统筹推进包括郊县在内的开发区的发展,发挥中心城市的辐射带动作用,促进郊县工业化水平的提升。就郊县来说,依托中心城市的观念也较强,起步晚、起点高的江宁开发区,一开始就注重正确定位:依托南京,把开发区建成南京"附城"式园区,从而做到:借助南京产业经济优势和知识经济优势开拓创新,形成和发挥后发优势,使这个创办于 1992 年的县级开发区至今已升档为南京地区建设规模最大、配套设施最完善、发展速度最快的国家级高新技术产业开发区。现在,江宁开发区已在强化发挥园区的辐射带动力,推进周边地区建设具有现代化气息的新型集镇,实现城乡协调发展。镇江通过创新招商方式,重点突出产业招商、专题招商,有效提高了园区产业集聚度。以前借助国际工业资本加快工业化进程的势头一向是"东强西弱",近几年西面的南京、镇江开始出现由弱趋强的变化,如 2003 年南京协议外资增长 84.7%,增幅跃居苏南各市之首。

按照今天科学发展观加以审视,苏南各市在推进工业化进程中也存在着这样那样的不足和问题。主要是,"总量偏好"的传统思路和惯性行为还远没有彻底转换,对高投资、高消耗、高污染和低效益、低质量的粗放式增长的遏制力度还不够有力,"经济增长不经济"的问题和资源环境制约的矛盾都比较尖锐。除此之外,与体制转轨尚未到位和经济增长方式转变不快相联系,苏南工业的区域化整合的进展还显得相当迟缓。其突出表现是:一、城乡工业只是开始从互动走到互联,互联局限于县(市)域范围内,在行政区划的藩篱未有效打破的制度约束下,还没有真正走上一定区域内的城乡工业一体化,更远没有到达苏南五市工业"互融"的程度;二、工业分布"小、散、乱"的格局被打破了,城乡企业向城镇、园区集中,产业集群已突破了村镇界限,但一般还未能冲破县域和市界,仍然"封闭"在市县(市)的行政区划内;三、各类工业园区之间引资竞争包括主导产业的发展竞争相当激烈,而对培育和发展各具特色的专业园的关注还很不够,更没有形成相互推进产业分工与产业链接的运作机制,与外资企业配套协作的本土企业多数停留在只当别人"生产链"的阶段,在推进园区间产业链接和协同发展上,在自主知识产权创新上,都亟待有进一步的突破性进展;四、同以上情况相联系,市、县(市)之间结构趋同的矛盾依然存在,包括 IT 产业的安排也在一些城市之间出现重合,这不仅与苏南当前以建设都市圈为特征的城市现代化的发展有矛盾,而且与全省加快沿江开发、把苏南建成国际性现代制造业的形势也不相适应。这些,必须在全面落实科学发展观,加强统筹协调下,加以改变,否则,就难免影响苏南走上"科技含量高、经济效益好、资源消耗低、环境污染少、人力资源优势得到充分发挥"的新型工业化道路的进程,也难免制约苏南工业化整体水平及其综合竞争力的进一步提升。

情况表明:苏南要在新形势下更上一层楼,进一步迈向新型工业化道路,就得在已有成功实践的基础上,在更好地实践邓小平理论、全面落实科学发展观的新的征程中,坚持以市场化改革开路,继续开拓创新。苏南各市,要从立足各自市域提升到立足于南京、苏锡常都市圈以至整个长三角,把发挥各自比较优势和增强区域整体优势结合起来,统筹实施优化区域工业布局战略,打破行政壁垒的制约,在市县(市)联动实行战略性的结构调整中,推进产业集聚和整合,扩展集约化经营,实现经济增长方式的根本转变,大幅度降低生产成本、经营成本和社会成本;要继续大力提高对外开放水平,把引进外资外技同推动本土创业、加强技术开发、发展自主品牌有效地结合起来,扩大培育企业核心竞争力,进一步促进产业结构优化升级。这样,苏南五市不仅扩大对外开放,而且城市之间也相互开放,不仅外资密集,而且内外结合,从而不断增强现代国际制造业基地和整个苏南地区面向国际市场的综合竞争力。而要走上这一步,关键就在于用科学发展观推进改革和发展,在开拓创新上再下深工夫。

其实,坚持以邓小平理论指导实践的苏南各市特别是一些县级市,一贯有着很强的开拓创新精神。乡镇企业异军突起,是从县域开始的;城乡一体、统筹推进工业化,这也已在各个县域范围内做到。除此之外,在突破行政区划壁垒进行产业链接和区域合作上,也已有了开拓创新的实践:江阴市在 2003 年跨越行政区划实施"北上战略",同与之一江之隔的靖江市携手合作,双方签署了总投资达 6 亿美元的合约,共建"江阴经济开发区靖江园区"。跨出这一步,是冲破了重重关卡的结果,今后,园区的运行还会继续遇到各种难题,其阻力主要来自与"块块经济"相联系的现行体制。江阴的实践告诉我们:以改革为动力,敢于改革创新,再争取省里的开明支持,难题可以破解。县域可以这样去闯关,苏南五城市又何尝不可以如此。

苏南正在继续开拓创新、乘势前进,苏南也定能在开拓创新中破解难题,实现新的跨越。破解难题,是开拓创新的"题中应有之义"。小平同志在 1985 年《中国共产党全国代表会议上的讲话》中强调指出:"凡是符合最大多数人的根本利益,受到广大人民拥护的事情,不论前进的道路上还有多少困难,一定会得到成功。"苏南各市只要坚持以人为本,牢固树立和认真落实科学发展观,按"五个统筹"的要求,进一步以改革开放为动力,继续开拓创新,同时,加强相互间的沟通和对话,在省里关于沿江开发以及构建南京都市圈、苏锡常都市圈规划的统一导向下,完善各自规划,使之相互对接,这样,五市就一定能在加强区域统筹和城乡统筹下,协同破解发展与改革中的难题,在结构调整、体制转轨、增长方式转变上实现更大跨越,在优势互补的基础上提升区域整体优势,加快新型工业化进程,把苏南建成为我国现代国际制造业基地,大大提升苏南工业的国际竞争力,以更好地为全面建设小康社会拓宽苏南的"率先"之路。

(此件为江苏省邓小平理论研究会课题组调研专题报告之一,编入《苏南小康之路调查》一书,2004 年 12 月出版发行,原载《南京财经大学学报》2004 年第 5 期,《新华日报》2004 年 8 月 15 日 B3 版"思想界"有删节。)

顺应市场经济规律　强化三个 "综合"　增强三项"效能"

——对提高驾驭社会主义市场 经济能力的一点看法

　　《中共中央关于加强党的执政能力建设的决定》在提出需要不断提高的"五项执政能力"中，把提高驾驭社会主义市场经济能力列为首要一环，从发展作为党执政兴国的第一要务的高度加以强调，可见这个问题的重要。《决定》对此有全面阐述。我领会，提高驾驭社会主义市场经济的能力，从实践中看，这也是必须解决好的最大难题，确有必要认真探讨。这里，仅就江苏作为我国一个省区的层面上，把江苏放在全国的宏观背景下，应对经济全球化的大趋势，对提高驾驭社会主义市场经济能力，该从何着手推进的问题，谈点个人想法。

　　改革开放以来，江苏一直保持经济快速增长，江苏在"牢固树立抓住机遇、加快发展的战略思想，扭住经济建设这个中心不动摇"这一点上做得很好，从上到下一心一意谋发展，成效卓越，有口皆碑。今后还要坚持，同时，需要透过成功看不足，克服发展中的薄弱环节，解决深层矛盾和难点，这就要求从提高"驾驭能力"上坚持高标准，增强自觉性，再下深功夫。

　　我的一点看法，就是：要研究顺应市场经济的运行规律，在全面落实以人为本、全面协调可持续发展的科学发展观的进程中，在继续坚持扭住经济建设这个中心不动摇的同时，强化三个"综合"，增强三项"效能"。

一是强化综合谋划,增强统筹兼顾、战略谋划下的决策效能。我国正处于改革发展的关键时期,社会利益关系更趋复杂化,统筹兼顾各方面利益的难点加大。就江苏来说,要抓住经济全球化带来的发展机遇,又要协调好长三角内省市间的合作竞争,既要上下衔接,又要内外兼顾,既要瞻前顾后,又要左顾右盼,因此非开阔战略视野,统筹兼顾,强化对发展的综合谋划不可。譬如说,宏观调控与加快发展怎么统一,投资结构与消费结构怎么对接,承接国际产业转移与优化提升地区产业结构怎么互动,走新型工业化道路与转变经济增长方式怎么呼应,还有,"两个率先"又怎么取得改革攻坚超前推进的配合和支撑,等等,这里面涉及方方面面的利益关系和体制机制矛盾,都需要顺应社会主义市场经济的内在要求和运行特点,系统把握科学发展观,通盘考虑,综合谋划,包括统筹实施各项战略决策,制定、实施总体发展规划。如江苏已作出三大都市圈和沿江开发建设等总体规划,而规划的全面落实,还得使省与市、县(市)的规划相互对接,使上下左右的规划导向得以统一,这又是要在进一步的综合谋划下才能解决。

二是强化综合协调,增强政府与市场"两只手"相结合的机制效能。要实现经济运行良性化,特别是要使经济在与社会的、文化的、科技的发展以及生态环境的改善相协调的条件下实现可持续发展,必须强化综合协调。协调,不能单靠行政推动,要在研究市场经济规律的基础上,建立由政府机制、市场机制相互配合、协同作用的综合协调机制。这涉及通过改革攻坚,发展和完善突破行政区划的大市场网络化体系,激活各类多元化市场主体,开放跨地区要素流动和产业集群,促进大中小城市(镇)经济的横向联系和相互渗透;同时,政府切实转变职能,实行依法行政,抓好经济调节、市场监管、社会管理、公共服务,在构建和完善公平竞争的市场环境、充分发挥市场配置资源的机制作用基础上,综合运用经济手段、法律手段、行政手段,调控经济活动。这样,使政府这只有形的手和市场这只无形的手有机结合,形成综合协调的合力。

三是强化综合评价,增强合乎科学发展观要求的导向效能。《决定》明确提出,要"建立体现科学发展观要求的经济社会发展的综合评价体系"。我的认识,就是要改变以往"GDP至上"、偏重就经济增长论绩效的评价方式,把以人为本和经济社会全面、协调、可持续发展统一起来,注重于考核在统筹兼顾下取得"全面、协调、可持续发展"的"综合效应"。具体一点说,一是投入产出顺畅循环,社会经济运行呈现出朝着速度、结构、质量、效益相统一的方向发展的良性化效应;二是城乡一体、内外互动,由此产生城乡、区域统筹发展水平的总体提升效应;三是经济发展与政治、文化、教育以及其他社会事业全面推进,促使生产力和生产关系、经济基础和上层建筑相互协调,所带来的全面发展效应;四是当前与长远相统一、人与自然相和谐的可持续发展效应;五是贯穿以人为本的要求,造福人民、惠及后代,取得了应有的发展目标效应。对以上每一类还要设定若干量化指标,构成衡量科学发展综合效应的指标体系。这种对一个地区发展效应的综合评价,也是对地方领导干部提高驾驭社会主义市场经济能力、贯彻落实科学发展观取得绩效的客观衡量。据此选择政绩考核重点,当是科学考核干部政绩、增强考核机制的导向效能所必需。

（原载《江苏经济学通讯》2004年第11～12期）

科学发展观的系统把握及
其实践效应的综合评价

《中共中央关于加强党的执政能力建设的决定》明确提出：要"建立体现科学发展观要求的经济社会发展综合评价体系"。这是为坚持把发展作为党执政兴国的第一要务，不断提高驾驭社会主义市场经济的能力而必须认真解决的一项重要课题。

据了解，最近在落实科学发展观、推进经济社会全面协调可持续发展的进程中，有些地区已在酝酿制定实践科学发展观绩效的评价体系，这显然是顺应形势的适时之举。问题是怎么样的指标体系才能体现科学发展观的要求？目前，人们对科学发展观理解还不尽一致，有种说法认为他们那里"早就按科学发展观在实践了"，另有认为，"落实科学发展观主要是抓抓薄弱环节、补补缺门"。这里，正是反映了建立能体现科学发展观要求的经济社会发展综合评价体系的必要性，同时，这些认识也告诉我们：只有在深刻理解科学发展观内涵的基础上，真正系统把握"以人为本"和"全面、协调、可持续"的要求，才能建立起科学评价实践科学发展观绩效的指标体系。

客观承认实践与科学发展观的差距

党的十六届三中全会提出的科学发展观是我们党对社会主义现代化建设规律性认识的升华，是当前全面建设小康社会、加快推进现代化建设的总的指导方针，也是邓小平同志"发展才是硬道理"等一系列关于发展问题的理论观点的继承和拓展。改革开放以来,我们在发展中讲求速度、总量,并承认不平衡,和我国基本国情和历史条件相适应,是必要和可行的。而今天提出的科学发展观则正是总结了我国 20 多年改革开放和现代化建设包括坚持"发展是硬道理"的丰富实践经验基础上的又一次理论创新和思路创新。很清楚,科学发展观是和邓小平发展理论一脉相承的,同时,在发展的内涵上更加深化、更加丰富,不仅注重发展的全面性、协调性和可持续性,而且更明确了"以人为本"的发展目的性。这一新的科学发展观的提出,有着深刻的战略意义和鲜明的现实针对性。

党的十一届三中全会以来,我国特别是沿海发达地区面对改革和发展中新情况、新矛盾的不断出现,人们也开始萌发了全面、协调和可持续的发展思路,并进行了一定的开拓性实践。例如,大力发展乡镇企业,城乡工业企业联手加快工业化进程方面,积极引进外资外技,带动产业结构调优升级方面,跳出农业抓农业,把解决"三农"问题与加快城市化结合起来方面,在逐步转变传统经济增长方式,促使企业从粗放经营向规模经营、集约经营转变方面,在发展各项社会事业,注意污染治理、生态保护方面,都取得了符合科学发展观要求的可喜进步。但是,毋庸讳言,已有的进步仅仅是初步的,很多方面还远离全面、协调、可持续发展的要求,换句话来说,已有进步只是局部的和"半自觉的",还说不上是一种系统的、自觉的科学发展观的表现。

只有客观承认已有"发展"的实践与科学发展观的差距,才能深刻理解今天强调提出科学发展观的必要性和针对性,才能从社会主义现代化建设规律性认识的高度系统把握科学发展观的内涵和要求,也才能使我们对发展的认识提升为自觉的、系统的科学发展观。这一点,正是对实践科学发展观的进步成效作出科学评价的必要思想基础。

注重于对发展综合效应的评价

科学发展观把坚持以人为本和经济社会全面、协调、可持续发展统一起来，并按"五个统筹"要求推进改革和发展，实现人和自然的和谐。可以认为，这里强调的就是在统筹兼顾下取得"全面、协调、可持续发展"的"综合效应"。在以往实践中，我们曾把"发展"简单等同于"增长"。其实，发展，本身就是个全面的、综合的概念。发展不只是经济发展，还有社会的、文化的、科技的发展和更重要的人的全面发展。即使讲经济发展，也不只是经济增长，还包含结构、质量、效益以及制度等方面的发展。对实践这样的发展观作评价，同对建设全面小康社会、实现基本现代化作评价，虽有联系，更有区别，如果说后者侧重于对经济社会发展已有的具体成果和实际水平作评价，而前者则需要从经济社会发展和社会形态、自然形态相联系的更宽视角和更高层面去把握其系统性、综合性的要求，从实现"全面、协调、可持续"诸因素之间的相互关联性上去综合评价发展效应。

注重对发展效应的综合评价，这也确是现实生活中亟待解决的问题。按科学发展观审视和反思经济社会发展的现实，有种种不科学的现象，大体说一说：一是，总量取胜，GDP 至上。即孤立地抓经济总量的快速增长，不讲经济指标与社会、人文、资源、环境指标的联系；二是，"三高两低"，积重难返。即高投资、高消耗、高污染和低效益、低质量的粗放式增长难以遏制，低水平重复建设造成能力过剩、设施闲置，投资效益流失严重。一些地方肆意圈用耕地、肆意耗用资源、肆意排放污染。据推算，我国每制造一美元产值所消耗的能源，是美国的 4.3 倍，德国和法国的 7.7 倍，日本的 11.5 倍。三是，相互分割，"单兵突进"。地区、部门分割，特别是很多地方还沿袭着传统体制下牺牲农民利益的城市化老路，近些年有些地方举债搞城建，进行超越财力、超越急需的大拆大建，银行增加了不良贷款，还造就了大批失地农民、失所市民。也有些地方招商引资很有成效，而带动本土创业停步不前。四是，"块"自为战，过度竞争。在某些市县（市）之间，分工合作不足，结构趋同有余，导致结构性过度投资、结构性供需失衡加剧。当然，这些方面，在不同地区程度不同、表现不一。由此带来的矛盾，有些地方不太突出，有些地方则相当尖锐。但总体而言，都是表现为：统筹不足，容易顾此失彼;相互割裂,缺乏互动并进。透过这些不科学发展的现象,揭示其矛盾,分析其不良效应,不仅使我们更好地理解今天落实科学发展观的紧迫性和针对性,具体意识到本地走上科学发展所存在的差距和工作上的薄弱环节,而且让我们看到:只有突出发展效应的综合评价,才是把握了科学发展观"以人为本,实现全面、协调、可持续发展"的规律性要求。

归结起来说,科学发展观的实践,贵在实施对发展的统筹协调;科学发展观实践成效的评价,重在抓住发展的综合效应。要对科学发展观的实践成效进行科学评价,必须由此着眼,并从发展效应的综合评价上求突破。

对发展综合效应分类评价定性探讨

对实践科学发展观综合效应进行科学评价,需要用系统的而不是孤立的观点,用联系的而不是割裂的观点,针对实现科学发展观必须克服的薄弱环节,进行分析、疏理,提出对实践科学发展观综合效应进行分类评价的定性标准。如何分类? 这里提一些探讨性的看法:

一是投入产出顺利循环,经济良性发展的效应评价。这实际上也就是实现经济增长方式的根本转变问题。主要衡量:以新型工业化为基础产业结构的整合,投资与消费关系的合理调整,结构性供求失衡状况的缓解,能源消耗率下降,大手大脚耗用土地资源的现象得到明显改变,集约化经营,规模化发展,产品质量、工程质量不断提高,生产成本、社会成本逐步降低,社会经济运行呈现出朝着速度、结构、质量、效益相统一的方向发展的良性化效应。

二是城乡一体、内外互动,实行统筹发展的效应评价。这包含:不只是各个县域内的城乡经济一体化,而且是中心城市与其周围县(市)域以至更大区域范围内的城乡经济一体化;城乡商品、要素市场通开,区域市场发育完善,融入全国统一市场并接轨国际市场;有效运用内外两个市场、两套资源,引进外资项目与推进本土创业相结合,技术的引进与消化、吸收、创新相结合,改造传统产业与发展以高新技术为主导的现代产业相结合;城市化建设,在造就现代城市文明的同时,保护失地农民和拆迁户利益,特别是善待农民,使农民也能享受改革开放带来的丰硕成果等,由此产生城乡、区域统筹发展水平明显提升的最佳效应。

三是经济、政治、文化、教育和其他社会事业全面发展的效应评价。这里的关键是能加强综合协调,正确处理以人为本与经济建设为中心的关系,围绕经济建设这个中心,政治、文化建设等的各个环节、各个方面互动并进,生产力和生产关系、经济基础和上层建筑相互协调,带来全面发展的综合效应。

四是当前与长远相统一、人与自然相和谐的可持续发展的效应评价。从实现经济发展和人口、资源、环境"四位一体"总体协调的薄弱环节上加强工作力度,在保护土地、保护资源、保护生态、保护环境上做出成效,同时,开发循环经济、推进产业生态化建设,注重促进物质循环、能量转化,在走生产发展、生活富裕、生态良好的永续发展的文明道路上开拓前进取得明显效应。

五是贯穿以人为本的要求,造福人民、惠及后代的发展目标的效应评价。一切以人民的利益为出发点和归宿,并依靠人民群众的积极性和创造力,是取得以上发展效应基础上的综合效应、最终效应、根本效应。

从评价标准研究到指标体系设计

对发展综合效应评价标准的分类定性研究,是为设定评价指标体系完成了必经的先导性的一步,而要按照综合效应分类定性评价标准,每类设定若干量化指标,分别给以权重,构成衡量科学发展综合效应的指标体系,仍然是一项复杂细致的工作。这里特别需要探讨的是:怎样使这种指标体系,既能覆盖农业现代化、城市现代化、全面建设小康社会等指标体系,又同时能和它们有所分工、有所区别? 不处理好这个问题,或者会使指标设计面面俱到、过于繁琐,造成同现有的建设小康社会等指标在很大程度上交叉、重复;或者会使设计出来的指标考核单个化、孤立化,失去对科学发展效应综合评价的应有作用。

处理好这个问题,一是从注重综合效应着眼,主要采取系数指标;二是要抓住重点,切忌求全;三是不求一步到位,有些争议多、难度大的指标,包括国际上尚在探索研究的像"国民幸福总值"一类的综合评价指标,不妨放一放,以后再作动态调整,逐步完善。目前来说,经济良性发展的效应评价,当重点考核:投资与消费比例,万元工业产值能源消耗率等资源消耗强度,全社会劳动生产率,不良贷款率,有问题库存资金占用率,等;统筹发展的效应评价,应重点考核城市之间、市县之间跨越行政区划的产业集群或大型企业集团的组建成功率,以城乡通开的劳动力市场为代表的市场体系辐射面,引进外资与本土创业投资的增长比,城市居民与农民收入增长比,等;全面发展的效应评价,可以考核增加于文化、教育、社会、环境建设等方面的投入在 GDP 或财政开支增长额中的占比;永续发展的效应评价,宜以生态环境保护和社会资源节约考核为重点,并逐步探索提出绿色 GDP 和循环经济的考核指标;发展目标的效应评价,有些指标已列入以上有关考核内容,这里着重考核关于惠及百姓、致富人民以及人的全面发展的一些指标,如,劳动就业率,城乡人民收入增长率,受教育程度,贫困线以下弱势人群占比,农村社会保障覆盖率等。

本文对科学发展观实践效应的评价问题,以思路性探讨为主,指标设计不可能完整。其实,如上所述,科学发展的评价关键是看"全面、协调和可持续"发展的综合效应,指标只能抓重点,也的确不宜过繁,并要和全面小康、走向现代化的指标体系有所区别。顺便提到,科学发展观的坚持和落实,主要由各级政府来推动,尤其是靠各级领导的带头实践。这样看来,设计和提出一套评价各地走向科学发展综合效应的指标体系,倒是和完善干部政绩考核指标相一致的,至少,这两者的探讨研究大可结合进行。

(原载《现代经济探讨》2004 年第 12 期)

城乡区域发展从"块自为战"
向协调互动跨越

——以江苏的成功实践看我国 30 年
改革开放取得的巨大进步

我国 30 年波澜壮阔的伟大改革的实践及其成效表明：这场改革，是在思想不断解放下，从我国基本国情出发，勇于实践、不断创新，开拓了中国特色社会主义的广阔发展前景；对各省区市说，也是从不同地区的实际出发，坚持实践发展这个硬道理，不断创新发展模式，探索走上城乡一体、区域协同的科学发展道路的改革。本文不就全国展开全面论述，而只是以江苏一个省区的实践为案例，从某一侧面来反映这场改革使我们在开拓中国特色社会主义广阔发展前景中获取的巨大进步。我国原是地区经济发展很不平衡的一个农业大国，新中国成立以来，特别是 30 年来，正是以改革为动力，走向工业化转型，加快城市化进程，迈开了对外开放的大步，在大大增强我国经济综合实力的同时，推动了全国各地开拓着城乡、区域经济协调发展的新路。江苏省这方面的实践展现了我国正在整体推进的城乡、区域协调互动发展的成功之路及其前进趋向。

江苏省是我国沿海地区经济社会持续较快发展的省区之一。改革开放以来，从 1978 年到 2007 年，江苏经济年均增长 12.6%，并连续 15 年保持两位数增长，以占全国 1.06% 的国土面积创造了全国 10.3% 的 GDP。全省 2007 年人均 GDP 达到 33689 元，相当于 4430 美元。按全面建设小康社会的省定指标体系衡量，昆山市在 2005 年提前全面达标，成为全省全面建设小康社会的"领头羊"，此后，苏州、无锡两个省辖市及其所属县级市相继跟上,到 2007 年,苏南已总体上达到省定指标体系要求。更为可喜的是,经济发展长期滞后的苏中、苏北地区近几年经济增幅超过全省平均水平,明显加快了从温饱向小康的历史性跨越的步伐。这些具体反映了 30 年改革开放在江苏的辉煌成果。其中,以改革开放为动力,坚持探索和实施推进区域化协调发展的战略举措,正是值得关注的成功实践之一。江苏从谋求全省经济整体协调发展着眼,注重促进县域经济的崛起,并在加快城市化、统筹城乡发展基础上,进行苏锡常、南京、徐州三大省内都市圈的规划建设,提升现代城市化水平;同时,积极实施区域共同发展战略,创新苏南、苏中、苏北之间的区域合作模式。这两着都走在全国一些省区的前面。在回顾总结江苏这方面成功实践的基础上,如何顺应社会主义市场经济的规律性要求,把握我国体制转轨、经济转型的基本趋向,探索解决前进中的深层矛盾,促使区域合作与城市——区域协调发展有机结合起来,这不只是江苏整体上又好又快实现"两个率先"战略目标的要求,而且又是为推进长江三角洲一体化以至为全国范围内统筹城乡、区域协调发展拓宽这条具有普遍意义的创新之路所需要。

一、从探求城市-区域协调发展开始

江苏走出区域化整体发展之路,是顺应社会主义市场经济体制改革方向,立足省情,从探求以大中城市为依托的区域经济协调发展开始的。

江苏滨江沿海,又临近我国最大工商城市上海,历史上就具有商品经济相对发达、城镇相对密集的区域特征。改革开放后,特别是在中等城市比较集中的苏锡常地区,这一比较优势更加明显。那里的中等城市以其技术设备和智力的扩散,促进和支持了周边农村在市场导向下突破传统体制的束缚的乡镇工业超前兴起,而乡镇企业的兴起,又带动了县域经济以及小城镇的蓬勃发展。省委、省政府因势利导,早在 1982 年就提出了"以城市为中心,以小城镇为纽带,以广大农村为基础,发展城乡经济、科技、文教网络"的战略方针。不久,经国务院批准,在全省实行市领导周围县的行政管理体制,在发挥大中小城市辐射带动作用、加速乡镇企业发展、激活农村市场经济的条件下,促进了省内区域性经济的发展,在苏南催化了一批列入全国"百强县"前10位的强县域经济的成长和壮大。

在改革开放后的一段时期里,"市管县"范围内市区的创新活力不如县区,致使市区工业化的步子一度相对滞缓,这在苏南特别明显:上世纪80年代后期到90年代前期,苏南县域经济大发展,使得当时曾被誉为"明星城市"而闻名全国的苏锡常3个城市的发展相形失色。经过跟踪实践探索研究,一个顺应时势,协调推进以中心城市为依托的区域经济发展的新的课题被提到省委、省政府的议事日程上来了。在2000年7月召开的全省城市工作会议后,省委、省政府作出加强中心城市功能建设的战略决策和部署。省里统筹编制《江苏省城镇体系规划》和建设南京、苏锡常、徐州三大都市圈以及沿江城市带等区域城镇体系规划,在经国务院同意由建设部批准先后实施的过程中,对各市行政区划作了调整,根据条件,先后撤除围绕市区周边所设的县级市的建制,分别并入市区。在新形势下,苏锡常等对外开放步子快的一些城市抓住时机,把扩展建设城区与开发园区的建设结合起来,积极推进中心城区的功能建设。跨世纪前后,苏中、苏北也相率加快了城市化进程。不久,伴随着都市圈规划建设的实施,伴随着区域化交通设施建设的大发展,一些产业基础强的城市,从统筹市域内城乡产业空间布局、调整产业结构入手,整合城市(镇)体系,进入了构建以都市圈为特征的组团式城市群的新时期。在城乡一体统筹发展的思路下,从苏南开始,大中城市实行"以工哺农、以城带乡",支持农村提升农业产业化水平,大力发展高效规模化农业,推进社会主义新农村建设。

二、区域共同发展的步子逐步加大

推进苏中、苏北与苏南三大区域的共同发展,这是江苏推进区域化整体发展的另一重要战略举措。

正像全国经济发展层次高低不一的东、中、西三大区域一样,江苏有发展差距呈现明显梯度状态的南、中、北三个地区。长时期来,苏南是江苏的发达地区,而苏中、苏北则是相对欠发达、不发达地区。改革开放以来,随着苏南发展步子的不断加快,南北差距日益扩大。2000年,全国百强县(市)名单中,江苏占有 14 个,其中进入前 10 位的都在苏南,一些财政困难县长期来几乎都集中在苏中、苏北。苏北苏中人口占全省 1/2,而 GDP 只占 1/4,财政收入只占 1/5,利用外资只占 1/15。因此,怎样缩短南北发展差距、提高江苏整体发展水平,是省委、省政府长期来时刻牵挂着的心事。

早在 1984 年前后,省里统筹江苏发展全局,一方面酝酿加紧改变苏北落后面貌,一方面又研究快速发展的苏南经济如何进一步提高发展水平的问题,于是,"积极提高苏南,加快发展苏北",就作为当时协调全省区域经济的一个完整的战略方针组织实施。省里除了推动苏北从自身实际出发,充分利用自然资源尤其是农副产品资源丰富的优势,进行多行业经济的综合开发外,大力倡导多层次、多方面的南北合作。曾在开始一段的较长时间里,由于苏北市场经济发育不足,对苏南经济辐射的接纳力较弱,南北合作的成效不大;但随着市场化改革的走向深化和对外开放在全省范围内的全方位推开,随着以高速公路为标志的现代交通建设热潮的掀起以及江阴、润扬等过江通道的陆续兴建,推进南北合作就从沿用传统体制框架内的行政手段转向行政推动与运用市场机制相结合。省委、省政府因势利导,一再加强"分类指导、推进区域共同发展"战略决策的实施力度。特别是在上世纪 90 年代后期,省委、省政府在部署"富民强省、实现'两个率先'"的跨世纪战略时,以"没有苏北的现代化,就没有江苏全省的现代化"的忧患意识和战略眼光,以实施新一轮的沿江开发为契机,为推进新一轮的南北合作,实行政策创新、措施加码。很快,隔江相望的江阴和靖江跨出了两岸联动开发的第一步,由靖江在沿岸辟出 10 平方(公)里土地,江阴跨江与靖江共建工业园区。由此开始,南北合作获得了突破性、实质性的大进展。这些年来,大江南北,诸如苏州与宿迁之间,常州与盐城之间,无锡与徐州之间,南京与淮阴之间,政府部门交往频繁,而且以市场为导向,南北合作活动从县区向镇村延伸,从企业对接、村企牵手到村村结对,特别是开展了南北共建开发园区的活动,出现了多层次的南北挂钩合作形式,南北区域合作全面深入推开。

三、统筹区域化发展显现积极效应

实施推进城市——区域协调发展的战略举措,推进不同区域之间的挂钩合作,这两着合乎从整体上增强城乡、区域发展协调性的客观要求,其积极效应已在江苏逐步显现。

就省内城市——区域协调发展而言,其成效不只是各个城市建设规模的扩大和城市运转的现代化,也不只是一批强县域经济的崛起,而且表现为那里的大中城市作为区域性经济中心,"以工哺农、以城带乡"功能作用得以较好发挥,现代高效农业规模化建设进程在全省范围内推开,有力地推进了社会主义新农村建设。特别是在苏南,城乡二元经济结构特征已大为弱化,出现了从城乡分割到城乡协调的历史性变革,加快了区域内城乡一体化的进程。江苏城市化率现已超过53%,城乡面貌巨变,城乡居民收入持续稳步增长,而城乡收入差距已多年保持全国最小。

还有更主要的,随着城市之间交通等基础设施向区域化共建共享的方向发展,交通瓶颈逐步消除,从苏锡常各市开始,为1小时到3小时的城市圈的形成提供了硬件因素;同时,各市对市域内城镇结构、产业布局、企业用地建设等问题分别作出战略考虑和规划设想,并逐步付诸实施。统筹推进区域内城市群建设,还促进了大中小城市之间有机联系理念的萌生,使从"同构冲突"走向功能分工、从"块自为战"走向协调互动,具备了先导性的思想前提。近几年,大中城市与县(市)域经济协同发展,对内对外开放相互推动,从苏南到全省,已呈现了工业化、城市化、信息化和经济国际化良性互动的良好态势,城市——区域综合竞争力获得明显提升。

南北合作战略的实施也产生积极效应：不仅为发展迟缓的苏中打开了崛起之门，而且长期落后的苏北也走向振兴之路，经济社会发展步伐不断加快。到2001年，苏北5市人均国内生产总值等主要经济指标的增长幅度开始高于全省平均水平。值得一提的是，于1996年在"淮（安）宿（迁）分设"的行政区划调整中新建的地级宿迁市，是由原来处于苏北发展"洼地"的4个穷县组合起来的，要衡量其工业化、城市化的进程与水平，可以说是"零基础"、"零起步"。通过借助南北区域合作以及省里一定的财政支撑，激发了内在活力，只经过八九年时间，从"工业突破"到新城崛起，宿迁经济从以农业为主体转向以工业为主体，到2004年时，全部工业增加值占GDP的比重首次超过一产。2007年，全市实现的GDP达542亿元，是建市之初的3.3倍；财政总收入和一般预算收入分别是建市之初的7倍和8.6倍。苏北5市经济发展步子都明显加大，整个苏北到2006年地方财政一般预算收入增长等4项主要经济指标开始超过苏中以至苏南。在2007年，地处江北的海门跟上苏南最后几个奔小康县（市）溧阳、金坛、丹阳、江宁的步伐，同它们一起，提前总体达到省定全面建设小康社会的指标要求，百姓对小康满意率高达91.3%。标志着江苏的全面小康达标县跨过长江开始向北延伸。

四、贵在城乡、区域战略的互动推进

实践告诉我们，推进城市——区域协调发展和实施南北区域挂钩合作，江苏这两着协调区域化发展的战略举措，不是相互割裂的，而是互动推进的。不管主观上的自觉意识如何，这两着区域协调的战略举措在客观上已经产生了互动效应。

苏中、苏北所以能在南北区域合作中走出快速发展的振兴之路，不只是简单接纳苏南辐射，外向引进开发项目的缘故，更重要的是，后发地区在南北挂钩合作中，移植了先发地区的成功经验，使之与本身资源禀赋相结合，变后发劣势为后发优势的结果；同时，也是苏南在大中城市超前发育基础上又有建设城市群战略的先一步实施,才能给苏中、苏北带去在工业突破、产业集聚基础上加快城市化进程的成功经验。今天,从苏中到苏北,跨地区产业集聚板块像苏南一样不断出现,促进了城镇建设面貌日新月异,这也是和苏南在城镇群体建设上的领先实践给予了有益借鉴分不开的。

从另一方面看,南北合作推动了苏南的产业转移,同样也让苏南获得了转变发展方式、倒逼自主创新、加快从制造转向创造、向新型工业化转型升级的机遇,在"腾笼换鸟"、结构调整中赢得新的发展空间。这样,就直接和间接地带动了区域经济发展的互动效应,促使江苏经济的整体发展水平得到提升,综合实力和人均水平都跃上新台阶,江苏"两个率先"的征程不断取得新进展。

由此可见,统筹实施这两着协调区域性发展的战略举措,使之产生相互推动的深层效应,乃是其最大的成功之处。

五、用科学发展的统筹观看不足

在区域化整体发展的战略视野下,探索开拓城乡、区域的协调互动发展之路,是个创新课题,也是个系统工程。用科学发展观的理念思考,不论是推进城市——区域协调发展,还是实施区域共同发展,其成效不能仅以城乡之间、区域之间经济发展的速度或差距来衡量,而必须着眼于避免和克服人口、经济、资源、环境之间的空间失衡,促使形成最佳效益和可持续的开发格局。按以上要求衡量,江苏在这两方面都还继续大有文章要做。

区域共同发展在江苏成效明显,但苏中、苏北要从根本上改变产业基础薄弱面貌、跟上苏南振兴经济的步伐,任务依然艰巨。如前所述,被称为江苏经济发展"洼地"的宿迁,从纵向比,进步很大;而从横向比,以 2007 年的 GDP 计,宿迁只有苏州的十分之一。全市经济薄弱村还有 254 个,占整个苏北 1011 个经济薄弱村的四分之一左右,生产生活条件落后,农民收入增长较慢,人均每天生活费支出不足 1 美元的尚有

127万人。

再看城乡协调发展方面：无论是苏南还是苏中、苏北，近些年都进步很大。但要走上城乡一体交融、区域良性互动的协调发展，同样还有很大差距。在苏南，大中城市从历史上的结构趋同形成的"三胞胎"、"多胞胎"的格局向差别化发展转向的强度不足，目前城乡工业布局仍然较为分散，这和城镇与城镇之间交通等基础设施的共建共享水平不高的问题固然有关，而更主要的还有行政区划壁垒的存在，相邻城市摩擦多、合作少，制约着城乡之间、地区之间在市场导向下的资源合理配置，障碍了较大区域范围内城镇功能分工与空间布局的完善，影响到大中城市作为吸纳城乡产业集聚和链接的载体作用的充分发挥，连正在付诸实施中的都市圈的规划建设也还步履维艰，以致弱化了各地统一市县（市）发展规划、统筹城乡产业布局、提升区域综合竞争力的战略态势。至于苏中、苏北，特别是苏北的有些地方，主要问题是在产业优势尚未形成而空间功能分区定位尚不明确的情况下，追赶型的城市化急于求成，不同程度上还在重复走着使农业遭受某种程度掠夺性损害，甚至牺牲环境求扩张的过度城市化与开发无序化的老路。

用科学发展的统筹观看不足，我们看到了：相对于实施区域共同发展，推进城市——区域协调发展是带有基础性的战略举措。不各自着力于构建城市——区域协调发展机制，增强不了苏南的外向辐射、带动的作用，而后发的苏中、苏北地区也无从强化其吸纳组合外来资源的内生能量。

六、关键在于强化转型升级的再开拓

在我国体制转轨、经济转型的大背景下，江苏要沿着推进区域化总体协调发展的这条道路继续开拓前进，关键在于：以科学发展观为指导，在总结成功实践并探析不足的基础上，围绕加强城乡、区域经济的良性互动和协调发展的规律性要求，以统筹理念的再跃升引领转型升级的再开拓。

首先,深化对整体协调的区域化发展的规律性认识,进一步提升科学发展理念,拓宽统筹推进城乡、区域发展走向协调互动的战略视野。不论是推进城市——区域协调发展,或是倡导区域之间的挂钩合作,从区域经济的本质意义上说,都是寻求生产力空间布局的合理配置和经济活动空间安排的最佳效率,以及经济与人口、资源、环境的和谐永续发展;也都是通过外在的战略举措的推动,促进城乡之间、区域之间产业链接与经济联系的内生机制的形成问题。正是基于此,这两着战略举措只有统筹推进,才能协调互动。需要一提的是,在传统的总量取胜、速度第一的发展理念和粗放型增长的路径依赖尚未彻底打破的条件下,开展区域合作特别是实施南北共建开发区这类的举措,比之于推进城市——区域协调发展来说,往往是近期效应来得快些。在这种情况下,很容易出现区域合作迅速趋热、而城市——区域协调发展的推进力度就相形弱化的现象。解决这问题的思想前提就是:提升科学发展的统筹理念,把握好统筹城乡、区域总体协调发展的规律性要求,坚决摒弃只求短期政绩的急功近利思想,避免进入单从经济的增长总量上和发展速度上来追求缩小发展差距的误区。这就需要,通过全面总结经验,进一步解放思想,促使科学发展的统筹理念再提升,拓宽统筹推进城乡、区域发展走向协调互动的战略视野,总揽全局,瞻前顾后,既谋近期绩效,更谋后续效应,这样,才能跳开误区、不走弯路。江苏的实践已从正面和反面印证了这一点。

其次,加强统筹工作力度,促使城市——区域协调发展与区域合作这两大举措的实施相互呼应和推动。在现行体制下,特别要改变"单打一"的工作方法,避免抓一头、放一头,招致两者的相互脱节。我国正在实施推进形成主体功能区的战略举措,江苏泰州作为全国的一个试点市,统筹城乡、区域发展,以空间功能分区为着力点,与转变经济发展方式相结合,实施差别化发展战略,推动了区域产业布局由"散"到"聚"的转变,突出地表现为土地利用效率显著提高,实施空间功能分区已有良好开端。各地要以此为契机,创造条件,以分层推进形成的主体功能区规划为基本依据,完善区域发展总体战略和有关专项规划,在此基础上构建形成统一、规范、细化的区域发展规划体系,调整完善城乡建设规划、城镇体系和都市圈建设规划、"四沿"生产力布局规划以至以南北共建开发区为重点的区域合作规划等,促使彼此衔接和相互协调;同时,区域规划体系建设要与相应的区域政策体系、法律法规体系的建设相结合,增强各个专项规划的针对性、有效性和严肃性,并保障总体规划的综合效应。这样,以统筹规划为导向,引导不同地区统筹推进城市——区域协调发展与区域合作这两大举措的科学实施,根据资源环境承载能力、发展基础和潜力,发挥比较优势,科学开发发展空间,在实现人口、经济、资源环境的协调发展的条件下,获取既推进城乡一体交融又实现南、中、北良性互动,并使之相互推动、持续进步的成效。

第三,统筹理念的升级与统筹方法的创新,必须落脚到深化改革上,以突破对统筹城乡、区域协调互动发展的体制机制束缚。不能不看到,江苏即使在相对发达的苏南,也还客观存在着障碍城乡、区域协调发展的体制束缚的深层矛盾。如上所述,城市群体的区域整合艰难,直接受制于行政区划壁垒,同时,也和以商品为基础、以金融为龙头、以信息为纽带的城乡通开的市场网络化体系不完备、不健全,不利于发挥市场配置资源的基础性作用有关。因而,市场经济改革要继续推向深入。而推动改革深化,政府要起主导作用。目前政府职能既越位又缺位情况的改进还不理想。苏北有些地方招商引资仍然采取层层分解指标的办法,甚至还提出招商引资是"第一政绩"的口号。同时,政府多部门管理扯皮低效的情况也尚未根治。这表明:利用政府力量直接配置生产要素或人为障碍市场机制运作的行为方式需要进一步加以转变。这就要求着力于深化行政管理体制改革,加快政府职能转变。要推进各级政府行为创新,规范其依法行使政府经济职能,充实、加强其公共服务和社会管理职能,同时改革完善符合科学发展要求又实行因区而异的政绩考核机制,以打破急功近利式的行政区经济及其条块分立部门那些障碍市场配置资源的行为方式,在科学处理好行政区与经济区关系下,加强和改善区域调控,建立起市场导向、企业主体、政府服务的互动协同机制。

七、结　语

江苏案例,全国视野。江苏从自己的省情出发,在注重城市——区域协调发展的同时又着力倡导区域共同发展的实践中,探求在两者互动下整体协调推进的区域化发展新路,这在全国有一定的超前性。近些年来,与改革开放纵深推进的形势相适应,我国东部地区快速发展"一马当先",西部大开发逐步深入,中部呈现加快崛起,东北老工业基地跨出全面振兴的大步。在此同时,全国一大批省区市遵循市场经济规律,突破行政区划界限,分别组建城乡一体、辐射带动范围大小不一的城市圈或经济区和经济带。区域发展形势越好,越需要统筹兼顾,加强城乡、区域经济发展的协调性。看来,总结、完善江苏统筹推进城市——区域协调发展与区域共同发展的实践经验,不只是江苏本身的事,而且,在全国具有普遍意义。如能在全国范围内因势利导,放大其强化整体协调区域化发展的积极效应,将有益于促进各区域深化推进改革,优化经济布局,规范开发秩序,加速走向城乡、区域协调互动发展,大幅度提高资源环境利用效率和效益,有效增强城乡区域的综合竞争力和经济社会的可持续发展能力。

（原载《现代经济探讨》2008 年第 9 期）

苏南模式创新发展和苏南
经济转型升级

——30 年改革开放带来苏锡常
发展的历史性跨越①

　　苏南模式孕育诞生在我国农民办工业的先行区和乡镇企业异军突起的发祥地——苏锡常,始终坚持市场化改革的方向,始终抓住发展这个主题,充分发挥地区比较优势,以持续保持快速发展的生机和活力而久享盛誉。30 年来,随着改革开放的展开和深化,苏南模式不断创新发展,促使乡镇企业以产权制度改革打破了"块块经济"的壁垒束缚,走向大中小城市和开发园区集聚。在这个过程中,各级政府对苏南模式的创新发展始终热情关注和积极引导,使其跨出的改革创新的步子,既

---

　　① 我对苏南模式的创新及其走向作过多年研究,曾提出苏南农村经济发展模式向苏南城乡一体的区域经济发展模式创新演进的客观必然性问题。但是,这种演进绝不是一个自发过程,而是需要苏南各市在创新苏南模式问题上取得共识,并能在统一战略决策下有着共同探研的积极性。对这方面的看法,我曾在《新苏南模式的研究宗旨、内涵界定及其他》(《江苏经济学通讯》2006 年第 12 期)和《创新苏南模式与苏南模式创新》(《苏南发展》2007 年第 3 期)等文章中谈过。在目前,上下各方对"新苏南模式"的研究,宗旨不同,视角不一,说法纷纭,认识差异很大。如此情况下进行研究,难结理论创新之果,也无指导实践的实用价值。据此,本文所论"苏南经济转型",尽管从基本观点看,和"苏南城乡一体的区域经济发展模式"的研究是一脉相承的,但基于上述情况,还是不用"新苏南模式"提法为好。

顺应国内外大势,又和地方政府从坚持"发展是硬道理"到贯彻落实科学发展观的理念创新相一致,使其创新发展的积极效应从立足农村到突破城乡分割,向大中城市扩散放大。与苏南农村这一创新发展过程相对应,苏锡常各大中城市坚持以改革开放为动力,在提高工业化水平的基础上,加快推进城市化,强化现代城市功能建设,不断增强其对周边腹地辐射带动的功能作用。在各级政府发展思路和战略决策的持续创新下,苏南超前开拓以大中城市为依托的城乡统筹发展之路,并借助市场化、工业化、城市化、信息化和经济国际化互动并进的良好势头,乘势而为,迈开苏南经济转型升级的坚实步伐。

一、从乡镇企业的兴起到农村经济的综合发展

苏南模式是对以苏州、无锡、常州三市为范围的苏南农村,在改革开放条件下,以工业为主的乡镇企业蓬勃兴起而促成农村经济综合发展的运行过程的特征和全貌的概括。

乡镇企业初始阶段称作"社队企业",在上世纪 60 年代就在苏锡常一带悄悄地发展起来,到改革开放后,在我国传统的计划经济体制下放开计划外"市场调节"一块的机遇下,与当时我国走向改革开放的大环境和经济发展形势相适应,立即显示出与众不同的强劲生命力,出现了以总量统计的农村工业赶超城市工业的奇迹。到上个世纪 80 年代中期,成为苏南工业的"半壁江山",其后又迅速扩展为"三分天下有其二"。其发展之快,被赞称为惊人的"苏南速度",由此引发了人们关注和探研,促成了苏南模式的诞生。

但是,苏南模式并不简单等同于"乡镇企业发展模式",它是在当时苏锡常的区位优势、区域发展环境以及体制安排等条件下,以发展为主题,以市场化改革为动力,采取既依托农村集体经济又依托大中城市的发展路径,放手大办以工业为主的乡镇企业,并充分发挥其机制优势振兴农村经济的发展模式。用理性化的语言表述,苏南模式就是:"以农业为基础,以大中城市为依托,利用市场和市场机制,与农业上的所有

制结构和经营方式相适应,兴办以集体为主体的乡镇企业,以农村工业化推动农村分工分业的发展和产业结构改革,多行业的内向组合与多渠道的外向开发相结合,促进农村全面繁荣和农民共同富裕。"①

　　具有这样内涵的苏南模式,看重的不单是乡镇企业经济的长期高增长,而应是乡镇企业市场化运作的机制优势及其带动效能。乡镇企业从诞生、成长到壮大,一直和市场直接打交道,因而在我国市场取向改革初始阶段,客观上起到了当时城市大工业不可能起到的突破传统计划经济体制框架的急先锋作用。从全国视野看,正是当时强劲兴起的乡镇企业,以市场调节的供销活动打开中国市场经济的"闸门",充当了在社会主义条件下发展市场经济的开拓者和先行者的角色;同时,在我们这样一个人口众多特别是 80%以上被束缚在有限耕地上的农业大国里,也正是乡镇企业作为提供实现农民办工业伟大创举的载体和舞台,让农民不走世界发达国家走过的被剥夺而致盲目集结城市的老路,开辟了一条就地消化和大量转移农村剩余劳动力,在农村迅速成长起一支从事工业的产业大军,同城市工人队伍并肩联手,加快工业化、城镇化和建设现代化的新路。正由于如此,乡镇企业的发展,从苏南开始,迅速演绎为全省的、全国的"异军突起"。

　　苏南模式的核心意义及其功绩就在于:有效引导和充分发挥乡镇企业的这种充沛的市场开拓力和灵活经营机制,使之起着促进传统农业分解和转型的效能,为苏南农村带来一系列实实在在的超前变革,由自给半自给经济迅速向着较大规模的商品经济转型,并使原来以粮棉为主、单一种植业的产业结构转变为以农业为基础、多行业综合发展的产业结构。对这个时期的变化略作描述:一是以农村工业企业在市场化机制下供产销活动的展开,突破"农村—农业、城市—工业"传统的城乡分工格局,城乡经济从原来彼此封闭半封闭转变为系统相互开放、要素双向流动,促进了城乡市场通开。二是把农业剩余劳动力从小块耕地上大量解放出来,打开办工业为主的创业门路,启动了农村专业化、

---

　　①　顾松年等著:《苏南模式研究》,南京出版社 1990 年版,第 11 页。

社会化、商品化的大发展,农林牧渔业多种经营活跃,商建运服旅全面兴起,带来了农村多行业全面综合发展的产业结构变革。三是以农村工业为后盾,适应与大中城市横向经济联系和各业兴旺的需要,小城镇建设形成热潮,使传统计划经济体制下萎缩、衰落下去的许多小城镇获得新生,并带动原来属于农副产品集散地的农村集镇的功能升格。四是在集体经济组织的管理框架内,包括通过乡村行政系统,利用乡镇企业上缴利润和提取的专项资金,采取"以工补农"、"以工建农"的形式和制度,协调务农与务工的利益矛盾,稳定务农人心,曾在较长一段时间里保持了种植业的持续稳定高产。

可见,苏南模式和乡镇企业既有联系又有区别。苏南模式以乡镇企业的创新发展带动了整个农村经济的转型与演变,推进这个进程,不只需要安排好乡镇企业自身投入与产出以及外向开拓供销渠道等关系,而且涉及工业为主导与农业为基础的关系,工业一马当先与各业兴旺的关系,更要协调好工农利益矛盾以调动务工队伍创业积极性并稳定务农人心,处理好先富、后富、共同富的问题。实践还表明:苏南模式的成功,突出地表现为苏南农村在长期保持综合发展好势头基础上县域经济的蓬勃发展。1992 年江苏涌现 9 个乡镇工业产值超百亿元县(市),即无锡县、江阴市、武进县、常熟市、张家港市、太仓县、昆山市、吴江市和吴县,全部集中在苏锡常地区。根据 1992 年资料评出的1993 年度全国农村综合实力百强县的排名榜中,这些县(市)大部位列前十名;以后几届全国百强县排名前十位内,苏南始终能保持五、六个县(市)之多。苏南就是以加速农村工业化带动了县域经济综合发展,并通过正确处理先富、后富、共同富的问题,在长期保持快速发展和强劲实力基础上,有效保障了农民收入的逐年提高,以 1992 年与 1980 年相比,苏锡常三市城乡居民收入差距由 2.5∶1 缩小到1.35∶1[①]。

---

① 《江苏省志·综合经济志》(上),江苏古籍出版社 1999 年版,第 341 和 348 页。

二、苏南模式积极效应的放大:突破城乡二元

苏南模式孕育形成于我国新旧体制双轨并存并相互摩擦时期,本来就有着明显"过渡性"模式的色彩。需要看到的是:苏南模式并没有凝固不变,而是顺应市场经济改革的深化和国家宏观调控等大环境的发展而创新改革,在自我突破内在矛盾中继续扩展其积极效应。

用发展与改革相协调的视角看,苏南模式突出的缺陷和弊端至少有三:其一,过于强调乡镇企业"集体为主",特别是这个"为主"曾被过于推崇到"唯一"的地步,在实践工作中长期排斥个体私营企业的发展,对已有的个私企业也得戴上集体的"红帽子"。其二,从原人民公社框架脱胎而来的乡办乡有、村办村有的集体企业,财产关系模糊、产权界定不清,乡镇政府直接参与企业经营决策,使乡镇企业的政企不分甚于国有企业,虽然有利于当时社区范围内协调工农利益矛盾,支撑农业的稳定发展,但却制约了企业活力,加重了企业的社会负担,特别是强化了以乡村社区为范围的"块块经济",无法在较大区域内实施统一的产业政策,使企业布局"小、散、乱"和产品产业结构低水平重复的弊端变本加厉。其三,社区办企业的必然逻辑,依靠乡镇企业的"贡献"搞起来的小城镇建设也只能局限在本社区内进行,分散化、无序化的布局阻碍了中心镇、小城市的发育成长;而"块自为战"的结果,使苏南中心城市增添了无形的"围墙"压力,进而影响到城乡经济的优势互补和协调发展①。

以发展为主题、以改革为动力而诞生的苏南模式,在其自我突破内在矛盾和坚持创新发展的过程中,同样是围绕着发展这个主题,顺应市场化改革的方向,不断用改革的办法,来破解对发展的各种制约和障碍。特别是在"集体为主"的乡镇企业产权制度改革上的自我突破,起

————————

① 顾松年:《苏南模式,是已经历史终结,还是在创新演进?》,《江南论坛》2000年第12期。

着关键性的作用。苏南乡镇企业坚持"集体为主"的所有制结构框架，无论从其初始兴起时期看，还是从其蓬勃发展时期看，都是和那个阶段双轨并存的体制条件和市场供求状态基本相适应的。但随着市场化改革的逐步推进，乡镇企业与所有制结构相联系的产权制度的缺陷，以及由此形成"乡乡冒烟"、"村村点火"以及"小、散、乱"的工业布局和企业组织结构的弊端逐步显现，乡镇企业经营机制上以及苏南模式运行机制上的矛盾不断深化，诸如投资失误、结构劣化、资不抵债以至"穷庙富方丈"等，愈演愈烈。在这一过程中，苏南曾不断推进过"一包三改"（实行承包经营责任制，改干部任命制为聘任制、改职工录用制为合同制、改固定工资制为浮动工资制）以及厂长承包责任制、企业内部审计制等多项制度创新，但都只是在设有触及产权制度的有限范围内进行的，未能从根本上克服矛盾。上世纪90年代中期，我国告别"短缺经济"，出现了从卖方市场向买方市场的转变，苏南模式的致命弱点在经营困境下进一步显露，招致工业生产增幅明显回落。在严重困境的压力下，素有改革创新传统的苏南模式以思想的进一步解放，认定市场经济改革方向，跨开改革重构微观基础的大步：突破"集体为主"所有制框框的束缚，放手实施乡镇企业产权制度的大面积改革改制，大中型企业大多转制为股份合作制或有限责任公司，中小企业除转制为股份合作制、有限责任公司外，多数通过拍卖或转让，改制为私营企业。乡镇企业的"老板"就由原来实际上由乡镇政府担当转换为由产权所有者的代表或私营企业主自主负责。

苏南模式以重构市场经济的微观基础而显现其新的机制活力，这不只带来多元化混合所有制经济的长足发展，多种所有制企业百舸争流，而且，在促进城乡工业经济互动发展上显现其扩散放大的积极效应。苏南模式由乡办乡有、村办村有的所有制格局所决定，以工业为主的乡村企业都是在乡村社区内实现投资，并为本社区创造劳动就业、增加农民收入而举办的，与此相应，也就必然实行以乡村社区为范围封闭半封闭的行政管理体制。形成于这一体制框架下的苏南模式，实际上是由一块块在乡镇政府主导下的社区经济组合模式。它的最大的深层弊端就是带来块块分割、重复建设,阻碍城乡资源配置市场化,特别是拉住城乡经济突破二元、走向一体的转型。由乡镇企业产权制度的自我突破所带动,不仅原来乡办乡有、村办村有的"社区经济"随同突破,苏南农村各业首先是工业布局和产业结构调整跨出了大步;而且,随同乡镇企业的全面改制、产权关系得以明晰的变化,解脱了乡镇政府对企业的无限责任,逼使政府不得不改变以往直接干预企业包括向企业无度索取等行为,跨出了政企分开的步子。这样,从管理制度上突破了乡镇企业在行政区划内自我封闭的"块块化"发展的格局,企业得以市场为导向,进城跨地区,向城镇以至大中城市园区集聚,不仅实现了苏南工业从城乡分块发展向城乡联动发展的转变,而且也在某种程度上催化了苏南大中城市建设从"关门造城"逐步转向为城乡互动发展"造城"。

三、城乡经济统筹发展　城乡发展良性互动

苏南模式以乡镇企业从集体为主的单一所有制结构向多元化混合所有制结构的转变为突破口,以放活重构微观基础为契机,突破城乡二元分割,由乡而城,放大扩展其积极效应,这一过程正好与当时苏锡常三市以改革开放为动力,提高工业化水平,推进现代城市功能建设,不断增强其对周边腹地辐射带动功能作用的过程逐步对接。由此,苏南开始了以大中城市为依托,加快从城乡二元到城乡统筹的历史性变革。

上世纪 90 年代,在苏南模式激活农村经济综合发展基础上一批强县(市)域经济脱颖而出,其工业发展势头大大超越了 80 年代被称誉为明星城市的苏锡常三市,在城乡二元结构、行政壁垒森严的体制条件下,加剧了市县间早已出现的低水平重复布点、重复引进和产业同构化竞争的矛盾,加上当时苏锡常三个市区又存在着地域空间上与分别外包在其周边的吴县市、无锡市、武进市实行"同域分治"、"一城二市"的设市体制所造成的尴尬,城市化进程受制,市县(市)协同受阻,这不能不障碍了苏锡常整体优势的形成。随着城市改革和对外开放的深化,

开发区、高新园区兴起,苏南各市创造性地走上城市化与园区建设相互推动的新路径,扎深现代产业基础,分别促进了三大市区迅速壮大;同时,各市县(市)一面重点加强主城区功能建设,一面着手对乡镇企业大发展时代乡乡村村大量发展起来的小而分散、"千镇一面"小城镇的布局进行调整治理,撤并过于分散、密集的集镇,集中发展中心镇,这既有利于增强小城镇密切市场经济联系的纽带作用,又促进了一批颇具发展潜力的新兴中小城市的快速崛起。为适应形势的发展变化,2000年7月举行的省的城市工作会议上作出加强中心城市功能建设的决策。2002年4月,经国务院批准、省政府决定,调整包括苏、锡、常在内的苏南各市行政区划,其市区周边的吴县、锡山、武进三个县级市先后撤市设区,分别并入市区,阻碍三市城市化进程的"围城之困"得到解除。不久,按省委、省政府作出的统筹规划建设南京、徐州、苏锡常三大都市圈的部署,苏锡常都市圈的规划建设通过专家论证、正式批准后首先启动实施。以此为开端,大中城市伴随着大交通、大市场的发展,伴随着对外开放走向深化,以构建组团式城市(镇)群体为特征的现代城市化发展格局在苏南逐步形成。特别是中共十六届三中全会提出实施科学发展观以后,苏南在工业化、城市化、信息化、国际化"四化"的互动并进、交叉作用下,不断增强了大中城市和城市群的集聚、辐射、带动功能,深化了城乡系统从相互分割向相互开放转型,带来了城乡发展的良性互动。

苏南走向城乡发展良性互动的成效,表现为商品、要素流通从城乡分割办市场向城乡通开的大流通转型,也表现为产业布局从城乡分割、分散无序向城乡联动、产业集聚转型;更值得提及的是在较早实施城乡统筹下,城市化路径从城乡分治体制下偏重于"圈"大"城墙"、"关门造城"的老路向加快城市化与缓解"三农"问题统筹推进的新路转型。上世纪90年代中后期开始,苏南各市在加快工业化、城镇化进程中拓宽了城乡一体化的视野,就已确立了"跳出农村促农业"的思路,从推进传统农业改造和现代农业建设着眼,对苏南模式时代乡乡村村采取"以工补农"、"以工建农"形式有效协调工农利益矛盾的传统经验在继承基础上加以创新,即突破就农村内部协调农工矛盾的局限性,转向以城市为依托,协调市域范围内的农工矛盾。这些年来,苏南从昆山等市开始,对城市化进程中发生的非农建设征用的土地严格实行经济补偿制度,保护失地农民利益。更积极的举措是:各市发挥现代城市的优势和现代工业的长处,实行"以工哺农"、"以城带乡"多路并进,如采取村企结合的形式,帮助培育龙头企业;开展"一村一品、一村一企"活动,发展高效规模农业;鼓励和引导工商资本、民间资本直接投向农村,助推农业产业化经营,支持兴办现代农业基地;以外向引进项目开路,启动现代高效农业园区的开发建设,使高效水稻种植规模化也迈开了大步。高效农业规模化在苏南打破了行政区划界限,在不同地区形成各具特色的高效农业经济板块。

这样,城乡分治的传统制度和习惯行为在苏南受到有力冲击,不仅在县域范围内而且开始在各市域范围内走上城乡统筹发展、良性互动的新路。到 2005 年、2006 年底,苏锡居先、常州在后,经按省定的指标体系全面考核,都提前达到全面建设小康社会的要求。2007 年,三市人均 GDP 分别达到 67387 元、65212 元和 43704 元。

四、经济转型在思路创新下开拓上路

在改革开放不断深入的条件下,苏南正以科学发展观为导向,继续创新区域发展理念,在经济转型之路上开拓前进。

经济转型,与体制转轨相联系,其涵义具有多重性,一般而言,随不同体制安排和不同发展阶段、发展领域而异。在现阶段,我国正走向包括发展方式、产业结构和发展动力格局等的协同转型与优化升级。在苏南,经济发展超前,又较早跨出实施城乡统筹发展的步子,经济转型的启动亦相应有所超前。苏锡常立足本土与面向全国全球相统一,在增强结构合理性和发展协调性、实现发展可持续的科学目标导向下,从深化城乡统筹发展、实现城市与区域经济良性运行着眼,经济转型现已进入到环绕破解发展中的矛盾而统筹推进的时期。

苏南在长期发展中,由于沿袭传统发展思路,偏重总量和速度,摆脱不了粗放型经济增长的路径依赖,产业结构调整效应不明显,招致要素投入数量越多而要素利用效果越差;相对于迅速扩大的产业规模,技术层次升级太慢;对外技术依存度过大,自主创新能力不强,尤其是具有自主知识产权的核心技术较少;某些重化工业的过度投资,促使能源、资源的瓶颈制约被人为加剧;包括某些过度开发,造成土地紧张,有些农村里也到处环境污染,生态环境制约加大。这些矛盾的积累已影响着苏南的可持续发展,并直接羁绊着苏南在率先实现全面建设小康社会基础上,向实现"两个率先"的更高目标——基本实现现代化而继续前进的步子。

从另一方面看,苏南坚持率先发展,经济发展的步子一直走在全省全国前面,经济发展中的矛盾也相应超前显现。而可贵的是苏南地方政府从坚持"发展是硬道理"到贯彻落实科学发展观的长期实践中,越来越意识到沿袭传统发展思路与坚持发展这个硬道理不是一回事,随之,以思路创新、改革创新探索解决快速发展中积累的深层矛盾的觉醒也相应的走在前面。早在新世纪到来之前,特别是在贯彻落实科学发展观,中央和省里把发展导向方针从"又快又好"置换为"又好又快"以后,这种"觉醒"更是逐步走向自觉。其具体表现就是实行好字优先、优中求进的思路转换,从推进增长方式转变、产业结构调整入手,力求从经济转型中突破发展瓶颈,提升区域经济运行良性化水平。近些年,与国家宏观经济发展的大背景相联系,受国际经济某些不确定因素影响,苏南发展触及的深层矛盾还在增多,某些原有的比较优势相形弱化,这更加促使三市打开思路,把面临的倒逼加紧的压力看做机遇,以经济转型增创新的优势。

1. 以"轻化"纠正"偏重",让二三产业向协调互动转变。 产业结构调整在苏南已有明确的针对性取向。如苏州市针对 GDP 构成中第二产业增加值占比 65.7%、第二产业中重工业占比 66.7% 的情况,市里在 2005 年开始时就决定以产业"轻化"纠正产业"偏重",实行有效增长与存量调整相结合,加快发展高新技术产业、战略产业、新兴产业与改造优化传统产业相结合,推进制造业的战略升级;同时,把握契机,加快发展服务业,尤其是物流、研发、中介等生产性服务业,以改变以前主要由第二产业为主带动经济增长的状况,形成由二三产业良性互动、共同带动经济发展的产业格局。这几年,苏南还致力于加快发展低能耗、高附加值的高新技术产业和新兴产业,已在电子信息、新能源、新材料、生物医药等优势领域的发展上,获得一定的战略性突破;一些集研究开发、生产制造、创新服务于一体的高新技术特色产业基地也在各市相继兴起。在这样的产业格局下,将更有利于苏南打造以高新技术产业为主导、先进制造业为主体、现代服务业为支撑的产业发展高地。

2. 靠自主创新能力,让制造业向高端延伸。 为突破自主创新能力这个薄弱环节,一些市县前几年就已倡导招商从引资向选资、招研、引智相结合转变;同时,着力推动和支持有自主创新能力的本土高科技企业的成长。苏南的一批园区群走在前面,优先构建高科技企业的高密度集群,使园区从作为企业集群、产业聚集的载体向作为自主创新、集约发展的载体提升,由"园区制造"向"园区创造"转型。不仅受到国际资本青睐的例如尚德太阳能电力有限公司等大型企业自主创新能力大为增强,而且在包括由乡镇企业产权制度改革发展起来的中小型民营企业中也涌现出一批创新先锋型的科技企业。常州市认定创新路标,针对人才短缺的弱项,实施"千名海外人才集聚工程",多方吸引北大、清华、南大、东大等高校先后在常州建立了39家研发机构,建设为中小企业服务的研发、孵化、转化的创新平台,进而又争取国际联手,打造国际研发机构集聚区。全力推进构建以企业为主体、以市场为导向、产学研结合的区域创新体系,目前全市有96%的研发机构设在企业,90%的研发投入源于企业,75%的专业技术人才进入企业,61%发明专利申请出自企业。2007年,高新技术产业比重在全市达到42%。

3. 上现代服务业,让发展向低耗高效提升。 针对产业结构偏重和现代服务业发展滞后的问题,苏南各市相继加快具有能耗低、绿色环保和高附加值等特点以及能为制造业技术升级和降低成本提供支撑等功能作用的现代服务业的发展。行动较快的无锡市近年全速挺进服务外包业,现服务外包的主体构架粗具雏形,无锡市区以及江阴已被省政府认定为"江苏省国际服务外包市"。同时,无锡从 2003 年就启动发展的物流业也在走向转型升级。该市针对物流业发展中存在的传统物流的弊病,导入现代物流产业意识,在初步形成以高速公路为主骨架的公路、水路、铁路、航空四维一体的交通运输网络基础上,抓好重点物流企业的发展,并重点建设江南商贸物流城和江阴长江港口、新区口岸物流、空港物流等 5 大物流集聚区,打造现代商贸物流高地。在无锡建成的全国首个城市物流公用信息平台,自 2005 年 6 月即已正式上线。现代服务业的发展,将在优化产业结构全局中逐步发挥其战略支点作用。

4. 还环保生态"欠账",让 GDP 向绿化演进。作为补"环保之课"、还"生态修复"旧账,苏南各市在建设资源节约型、环境友好型社会方面也已积极动作。特别是 2007 年太湖蓝藻导致"供水危机的爆发",更给其敲响了警钟,下决心"冲破 GDP 束缚",让"GDP"绿化!清污、减排、节能同时推进,淘汰落后,义无反顾。受蓝藻事件影响最大的无锡市当年就有至少 500 家小化工、小电镀、小五金等"五小企业"被迅速关闭。由此一着,促成了"腾笼换凤",带来了现代服务业跨开大步的正面效应,促使以近期的数量增长,换取发展方式转变和产业结构转型的长远效应,呼唤着产业优化与生态建设良性循环的明天。

略举如上数端,反映了苏南以好字优先、又好又快的科学发展理念为导向,以转变发展方式为着力点,以产业结构调优、调高、调轻、调绿为基本取向,在经济转型之路上已超前起步,并逐步开拓前进。当然,转型升级是篇大文章,破解苏南在长期快速发展中积累的深层矛盾,还有许多事亟待去做。客观形势呼唤着各级政府进一步实践科学发展观,以创新发展思路为先导,以深化改革为动力,使经济转型与体制转轨相结合,更好地缓解深层矛盾,为苏南发展更有效地积聚起新的能量和优势。从苏锡常的历史和现状看,政府职能如何在深化改革中进一步接轨市场经济,是个值得重视的课题。苏锡常要开阔全国全球视野,拓宽统筹区域发展的思路,继续增强和发挥市场化、工业化、城市化、经济国际化互动并进的发展势头,进一步打破行政区经济的局限性,从政府的强势推动向政府推动与市场导向相结合的服务型政府转型。要走到这一步,必须在省委、省政府的领导和支持下,三市达成共识,实行政府职能协同转型,才能顺应国家宏观调控又接轨市场经济,合乎科学发展观要求又切合苏锡常实际,三市共建能保障市场经济公平有序运行的服务型政府的运作机制,一起把转型升级这篇大文章做好。瞻望未来,苏锡常在西联宁镇、跨江北上、区域合作中,在江苏新一轮沿江、沿海开发中,以至在突破行政壁垒、融入长三角一体化中,都将会在系统而有序推进区域经济转型升级的基础上发挥新的更大作用。

参考文献:

[1]　《社会主义经济模式问题论著选辑》,人民出版社 1983 年版。

[2]　朱通华著:《论"苏南模式"》,江苏人民出版社 1987 年版。

[3]　厉以宁:《加快经济转型与财政政策创新》,《人民日报》2005 年 9 月 28 日。

[4]　《江苏省志·综合经济志》,江苏古籍出版社 1999 年版。

　　(原载《现代经济探讨》2009 年第 1 期,收入《江苏经济发展的道路与特色研究》一书,南京大学出版社 2009 年 2 月版。)

论化危为机的科学之道

江苏地处对外开放前沿,外向度较高,受金融危机的冲击和压力相对较大。所好的,江苏经济多年来已形成超前发展的坚实基础,近年开始向投资、出口、消费协调推动的增长格局转变。在中央应对国际金融危机的决策部署下,全省上下积极行动,执行保增长、保民生、保稳定各项任务,2008 年 12 月份数据即开始显露积极变化,2009 年一些主要指标逐月提高,一季度生产总值同比增长 10.2%。这大大增强了各级政府应对金融危机的底气,现正决心巩固和扩大回暖势头,并力求江苏在应对金融危机中"化危为机"。

"化危为机",是我们应对世界金融危机的理想前景,江苏要坚持"两个率先",理应在"化危为机"中走在前面。这不仅是以江苏的经济增幅回升、实现"率先复苏",为全国 2009 年"保 8"作出贡献;而且是以江苏的科学发展上水平,为金融危机后可持续地又好又快经济发展打基础、蓄后劲。这一步走好了,那就意味着:江苏接受金融危机冲击的警示,发扬敢为人先的传统,以谋建能经得起外部冲击力的"江苏模式"的创新之举,为我国开拓有中国特色的"以内需增长为主的大国模式"作贡献走在前面。

当然,"化危为机"是一篇需要在运用科学统筹的思维和方法上下深工夫才能做好的大文章。我总的认为,面对国际金融危机的冲击和挑战,要打开全球视野,坚持科学发展观的思想境界,既立足于应急,更着眼于长远,审时度势,厘清其"危",找准其"机",化解其"危",赢得其"机"。个中自有科学之道,对此略陈浅见。

危机冲击，危在哪儿？

化"危"为"机"，必须加深对金融危机下我国面临困境的认识，先弄清"危"在哪儿。

由美国引发的金融危机席卷全球，国际经济环境急剧变化，使我国经济增大了运行困难，招致经济增速下滑。尽管目前已呈现回暖迹象，但国际金融危机尚在蔓延和深化，世界经济将经历一段低迷和调整时期，我国经济下行压力依然很大。面临严峻困境，中央早就坚决做出应对国际金融危机的决策部署，把保持经济平稳较快发展列为当前经济工作的首要任务。国际金融危机对我国带来凶猛冲击，这一点不言而喻。

我国面临的困境还表现在另一方面，这就是我国自身经济发展的内在矛盾。在 30 年来改革开放不断深入的条件下，我国从沿海发达地区到中西部地区近些年来都在践行科学发展观，转换传统的"快"字当头、总量取胜的发展思路和粗放型的经济增长方式，化解以往经济长期快速发展过程中积累的深层矛盾，以创新全面协调可持续发展模式为方向，走上调整和转型的历史阶段。正是这个当口，在我国自身经济的内在矛盾还远没有化解之时，遭遇国际金融海啸的冲击和挑战，使我国备受内外矛盾交叉的压力。

为什么我国外部需求减缓，内部部分生产能力过剩和库存挤压的矛盾显现，以至导致 2008 年第 4 季度中国经济增幅调整"比较猛烈"？为什么地处对外开放前沿，外向度较高的沿海地区，包括江苏在内，受金融危机的冲击和压力相对较大？这是因为在国际金融的冲击下，我国长期积累的内在矛盾进一步显现，加深了当前困境的严峻性和复杂性。

面向全球，心系本土，立足"应急"，着眼"长远"，不难认清：今天中国经济面临的困境不是单纯缘自金融危机的冲击，同时也与国内经济发展内在矛盾相关，是这两者共同起着作用的结果。不从内外矛盾交叉中厘清当前困境的严峻性和复杂性,不能科学应对国际金融危机的外来冲击,就会被搞乱我们转型调整的方向,干扰我们走向科学发展新路的步子,这乃是更大危险所在。从这样的认识出发,才会既坚决执行保增长的首要任务,更讲究实现保增长的科学之道;才会既力求在危机中下滑的经济增幅的回升,更谋划在危机后可持续发展能力的提升,把保增长和推进发展的转型升级结合起来。

"机"有种种,何者为本?

"福兮祸中伏"。金融危机的这场冲击中,客观蕴藏着机遇,问题在于善于从"危"中寻"机"。如果说,认清金融危机困境之"危"在哪里,是化"危"为"机"的先决条件;那么,"危"中寻"机"就是开阔化"危"为"机"科学思路的关键性一步。

"危"中寻"机",要有胸怀全局、合乎科学的"得失观"。单纯以经济总量增幅高低论成败者,在一听到中央出台的 4 万亿元经济刺激计划,必然会把争得大额投资、大型项目视为最佳机遇,对照科学发展观,此乃不足为法。我们要寻找合乎中央提出保增长战略决策要求的发展机遇。例如:国内来说,国家出台许多新政策、新措施,这是地方用好用足这些政策、措施,开拓、培植新的经济增长点的机遇;对外而言,深陷金融危机的西方发达国家,急于摆脱实体经济的发展困境,已有向我国出售高端技术、先进设备的意向,这是我国借助国外先进技术装备调优产业产品结构的机遇。但是,这些都还没有抓住"化危为机"涵义的根本。金融危机的冲击给我们发展带来困难,这个过程也正是使我们从自身经济内在矛盾的进一步显现中更加看清传统发展模式弊端的过程。它从反面警示我们:按传统发展思路、传统发展模式行事发展起来的企业和产业在金融海啸中最缺乏"抗震力",在国内外市场竞争中已越来越显得难以为继,这不能不促使我们把立足当前和着眼长远统一起来,增强对经济调整转型的迫切感和责任感。从这个意义上说,金融危机正好带来一种倒逼机制,逼迫我们按照科学发展观的理念加紧开拓发展新思路、转换发展新模式,在经济转型发展中大大提升我国的国际竞争力——这正是借金融危机带来的倒逼机制,让我国经济来一个"华丽转身"的好机遇。

很明显,抓住这样机遇的化"危"为"机",将赢得解近忧与谋长远统一起来的最佳效应,其意义就不是局限于一个方面、一个领域或一时发展的机遇所能比拟。从这样的思想境界看问题,才能从中国经济和国际经济两个大局的联系上,提升我们内外统筹、远近兼顾的科学发展理念,增强我们从危机之下赢得经济转机的信心,从而做到:在推进经济转型升级中既保得当前增长又增强发展后劲。地处对外开放前沿、外向度较高的苏锡常地区,在金融风险中首当其冲,在转型调整上经受着倒逼加紧的更大压力,因而感受也特深。这些地区,变压力为动力,借倒逼为助力,在破除自身缺陷的过程中乘势向优化发展转型升级,领先行动,已初见效应,给人以启迪。

促进转化,贵在统筹!

化"危"为"机",既然是一个向经济优化发展转型升级的过程,就得在促进这个"华丽转身"上做切实艰苦的转化工作。

经济转型,在不同发展阶段有不同涵义。个人理解,现阶段经济转型应是指在科学发展观导向下,在一定的体制安排下,紧密环绕破解发展中的内在矛盾,调整和转换经济发展模式,大幅度提升科学发展水平的过程。大体说来,就是要以坚持转变经济发展方式为关键,调整产业结构,提高自主创新能力,从城乡区域发展协调互动、扩大内需与对外开放相互协调、经济社会统筹发展、人与自然和谐共生等等方面,大大提升全面、协调和可持续的科学发展水平。这是一个巨大复杂的系统工程。例如说,扩大内需,必须抓住最终消费需求,就得结合促就业、惠民生,特别要兴三农、强基础,着重在农村启动改善型的大众消费;又例如,调整结构,就包含对产业结构的调高、调优,以"轻化"纠正"偏重",提高现代服务业在优化产业结构中的支撑作用,淘汰污染落后企业,让产业结构向绿化演进,如此等等。这中间,任何一步,任何一着,彼此关联,环环相扣,都不是头痛医头,脚痛医脚,孤立进行所能奏效的。所以,就得靠地方政府善于在化"危"为"机"的科学思路下,精心布局,统筹推进,方克有成。至于构建以企业为主体、以市场为导向、产学研结合的区域创新体系,更得依托跨越行政区划、城乡一体下的区域统筹。

不仅要在发展路径上、工作部署上统筹布局,而且还要把各个方面、各个领域的力量组织协调起来,切实做到操作层面上各项实际举措的互动协调实施,形成推进化"危"为"机"的"组合拳"。因此,还得着力推进深化改革,克服各种体制机制阻障,包括加快行政管理体制创新,转变行政手段为主的资源配置方式,解决好政府行政推动与发挥市场机制作用的关系,这又涉及必须在化"危"为"机"中加强转型发展与深化改革的统筹协调。

理念创新,科学应对!

由上可见:在当前内外交困的复杂环境下,要争取化"危"为"机",倒逼经济转型发展,赢得解近忧与谋长远统一起来的最佳效应,对各级干部来说,乃是在发展理念的再创新和应对内外矛盾、驾驭复杂局面能力的再提升上所面临的一场新的考验。

客观而论,苏锡常等的一些先发地区经济发展走在前面,粗放增长负面效应积累起来的矛盾暴露在先,在科学发展观的导向下,发展理念相对超前转换,已经看清传统发展方式到今天确已难以为继,在当前金融危机压力下,已在借势推进转型发展。即便如此,在谋求实现化"危"为"机"的过程中,发展理念也还有待于再创新。而在经济后发的有些地区,本来对转变发展方式还没有从全局意义上很好理解和接受,有些干部用后发地区急于发展为理由自我原谅,以"因地制宜"为借口,希望对那里降低转变发展方式的衡量标准,在当前"保增长"的浓厚氛围下,如果改变不了这种"特殊论"的心态,那就很难摆正首要任务与科学之道的位置,也就势难做到在统筹应对内外矛盾下去化"危"为"机"。

　　举例而言,面对国际金融危机的冲击和压力,如果思想上存在着科学发展观"管远不管近"的误区,把解近忧与谋长远对立起来,为了保增长就必然顾不上坚持转变发展方式的方向,而只会满足于恢复"两位数以上"的 GDP 数字增长;如果不和 GDP 至上的传统理念和粗放经济增长的惯性思维彻底决裂,就不会对保增长与调结构、转模式统筹考虑,很可能会不知不觉重走投资驱动型的老路,使保增长偏向于"保基建";如果不从内外统筹的科学观念上摆正扩内需与拓外需的互动关系,就不会从思想深处真正看重扩大内需的方针,仍然会单纯以稳住外需、稳住外资看作"复苏"的最大亮点,而放松用国内需求特别是消费需求来拉动经济增长的努力。反过来讲,只有坚持创新发展理念,才能促使我们开阔统筹推进化"危"为"机"的思路,提高科学应对复杂局面的能力,巧借机遇,加快经济转型调整,提升科学发展水平,在扩大内需与对外开放的协调互动中大幅度提升国际竞争力。

　　发展理念的再创新,呼唤着学习实践科学发展观的再深化。需要结合经济发展中的正反两方面的经验,特别是要联系当前应对金融危机、寻求化"危"为"机"的典型实例,从外来挑战的严峻事实中深化、再深化对破解自身经济内在矛盾的认识,让发展理念创新,再创新!

　　(原载《新华日报》2009 年 5 月 19 日"思想"版,《现代经济探讨》2009 年第 6 期。)

奋进 60 年:从苏南之路看中国模式

新中国奋进 60 年,在我们原本经济文化发展落后、城乡二元经济结构特征明显、地区经济发展很不平衡的大农业国的土地上,出现翻天覆地的巨大变化,经济实力和综合国力极大增强:中国以其举世罕见的伟大成就及其对世界经济越来越大的贡献,昭示了中国特色社会主义发展道路的成功开拓,"中国模式"为国外称道。在这进程中,作为我国沿海经济发展先行区之一的江苏省以苏锡常为核心的苏南地区,则开拓着一条既立足基本国情又具有区域特征、在全国具有领先优势的区域经济长期持续发展的"苏南之路"。可以认为,苏南之路正是中国模式的一个缩影。从苏南之路看中国模式,从两者的联系上回顾成就、前瞻未来,苏南之路将深化开拓前进,中国模式将走向成熟。

苏南之路的领先开拓及其对
中国模式崛起的贡献

中国模式这个词,先由国外学者提出,而后国内议论趋热,按作者认识,其完整提法应是"中国特色的大国模式"。60 年奋进中崛起的中国特色的大国模式,区别于传统计划经济的老路,也区别于西方的旧路,是在中国特色社会主义的理论体系指导下,包括遵循毛泽东思想、邓小平理论、"三个代表"重要思想以及科学发展观等重大战略思想,立足于社会主义初级阶段的基本国情,在实践中持续探索和不断奋进而形成的走向现代化建设的新路;也是在中国共产党的领导下,依靠中央和地方两个积极性,上下一条心,从中国这个贫困落后的大农业国实际出发,实施改革开放,与时代发展同进步,与人民群众共命运,焕发出强大生命力和创造力的发展模式。

中国特色模式在我们这个生产力水平低下的大农业国土地上孕育形成,其起点很低,而苏南地区则有其相对优势,这一带地处长三角核心部位,沿江滨海,邻近上海,商品经济相对发达,是我国近代民族工业的发祥地。建国初期,苏南不是国家重点建设地区,但苏南人没有等待、观望,而是认真执行党的方针政策,依托自身比较优势,积极发展多门类、多品种的中小型为主的加工工业企业,在自力开发推进工业化上主动闯路子。改革开放后,思想大解放的苏南人坚定地以经济建设为中心,从区情特点出发,改革创新闯在前,经济长期持续快速发展。截至 2008 年的统计,苏南地区生产总值年均增长 20％以上,30 年里有 28 年两位数增长。由苏州、无锡领头,苏南到 2007 年总体上达到省定全面建设小康社会指标体系要求。事实表明:以苏锡常为核心的苏南地区在我们这个大农业国的土地上走出了领跑全国的"苏南之路"。

苏南人所迈出的每一步,都是借改革开放的东风,立足于突破传统计划经济体制的束缚,立足于破解在我国基本国情下遇到的诸如人多地少、长期停滞在小农经济的农业社会、城市传统工业迟迟起步、城乡二元结构凸显以及行政体制关系不顺等各种难题,在超前创新、不断开拓下进行的。因之,这样的苏南之路就必然和我国的基本国情相符,必然和中国特色大国模式的形成有着本质上的联系;其多方面的率先开拓也势必在中国模式创立进程中起着多方面的领跑作用。其主要表现如下:

一是从推动农业社会向工业社会加速转型上领先闯路。长期停滞在自给半自给经济状态下的广大农村,这是造成旧中国生产力水平低下、民穷国弱的最大经济根源之一。苏南农村基本上也处于传统的农业社会,直到改革开放前,仍然是农业结构单一,农民靠体力劳动和简单劳动工具分散种田。改革开放以后,苏南顺应农民亟待摆脱人多地少、自给半自给经济的贫困窘境的要求,在农村全面推行家庭联产承包责任制的基础上,抓住我国传统体制下放开计划外"市场调节"一块的机遇,大办工业为主的乡镇企业,由此促成了农、工、商、建、运、服多行业的综合发展,促成了苏锡常原有一批农业县向工业为主的县级市迅速转型,并全部列入全国百强县,其中6个县级市多年来始终位居前十强。这样,苏南以农民办工业的伟大创举,带动了全国乡镇企业的"异军突起",而且在我国这个大农业国家里催化了传统农业的分解,在加速农村社会化分工分业的基础上,农村由自给半自给经济向着大规模的商品经济加速变革、由农业社会向着工业社会加速转型,使我国找到一条从小农经济跨向社会化大生产的捷径。

二是从在市场导向下放开搞活多元化市场主体上领先闯路。建国后,我国经济管理采用原苏联的产品计划经济模式,物资按计划调拨,商品由国营商业统一经营。改革开放后,由乡镇企业依托市场化改革而强劲发展所推动,苏南率先突破"农村——农业、城市——工业"传统分工格局,城乡经济从原来彼此封闭半封闭转变为商品、要素城乡双向流动;乡镇企业用市场化手段大搞"物资串换"的供销活动,从物资领域里为产品转化为商品打开"通道"闯在前面,引发了从商品到要素的各类职能市场及其多渠道流通格局在苏南超前萌发,又大大激发了中小企业自主经营的活力。农村企业运用市场化手段的成功实践,呼唤起苏南大中城市企业搞商品经济和市场调节的意识,使之从诸如"生产资料不能进入市场"、"工不经商"等种种排斥市场的旧框框束缚中解放出来,和乡镇企业一起走向市场,并逐步展开市场化取向的产权制度改革。上世纪九十年代中期,乡镇企业通过产权制度的大面积改革,突破原来由乡办乡有、村办村有的历史条件决定而形成的"集体为主"所有制框架的束缚,转制为包括股份合作制或有限责任公司以及私营企业的多元化所有制结构,使乡镇工业独立于城市工业之外的"第二工业体系"的局面随同解体,农村企业得以市场主体的身份,在城乡通开的产业结构调整中,跨出乡镇行政区划,同城里改制企业以及外资企业一起,向大中小城市各类开发园区集聚,促成了以国资、民资、外资"三足鼎立"为主的多元化市场主体以市场为导向协同发展的格局在苏南较早形成。从苏南看全国:凡是城乡多元化各类市场主体在放开搞活下成长好、发展快的地区，一般都是和苏南一样，抓住市场化改革先机，善于运用市场手段，在市场体系的发育与各类市场主体的成长互为条件、相互推动下出现的。

三是从借助对外开放、加速传统工业向现代工业转型上领先闯路。苏锡常和全国大多数省区一样，工业化靠"中小为主"的传统企业起家。我国对外一开放，苏南立即实施"外向带动"战略，以扩大出口带动本土工业快速增长；接着，以昆山自费兴建开发区和中新合作创办苏州工业园区为起点，各地借助国际工业资本，发展按照现代工业面貌建设和管理的各类开发园区，吸引、接纳城乡、内外以工业为主的企业，使园区经济成为企业集聚、产业链接的载体，成为直接引进外资包括外技、外智提升工业化水平的基地。新世纪以来，依靠这些现代园区先行，苏南大中城市有自主创新能力的本土高科技企业迅速成长，并且走向高密度集群。以提高自主创新能力为支撑，大批企业在提高工业规模效益的基础上变大变强变优，以 IT 产业为代表包括生物医疗和重化工在内的高新技术产业长足发展，集约化、节约型、低消耗水平得到提升，加快了传统工业向新型工业化转型的进程，以高新技术为主导、现代制造业为主体、大企业为支柱、现代物流为配套的现代国际制造业基地的构架在苏南逐步形成。多少年来，苏南领先开拓的这一条新路，对全国相对后发地区起了一定的借鉴作用。

四是从统筹推进城市—区域经济协调发展上领先闯路。建国后我国强调提出"农业为基础、工业为主导"的指导方针，苏南各市当时开始就注重抓工业支援农业、城市支援农村的工作，乡镇企业的快速兴起，正是和苏锡常城市以其技术设备和智力向周围农村的扩散分不开的。为破除城乡互动的传统体制阻力，江苏省委、省政府在 1982 年提出"以城市为中心，以小城镇为纽带，以广大农村为基础，发展城乡经济、科技网络"的战略方针，苏南在实施这一方针以及不久又实行市领导周围县新体制的改革中都走在前面。随着城乡工业的纵深发展以及全方位对外开放程度的提高，这一地区在县（市）域经济崛起的同时，区域中心城市逐步成长，以大中城市为核心的城镇体系的功能建设逐步推进。2002 年 4 月，经国务院批准、省政府决定，通过调整各市行政区划，理顺了市区与周边县级市的体制关系,苏锡常在江苏第一个启动实施区域都市圈的规划建设,在增强对城乡"二元对峙"的制度冲击力的同时,大大扩展了大中城市辐射带动周围农村的功能作用。由此,苏南各市跳出城乡分治的局限性,在更大的空间范围内统筹城乡发展,实施以工哺农、以城带乡,依托现代城市的产业优势和科技力量,推进现代农业建设,促成农村增产增收。苏南实践表明,突破城乡二元、走上区域协调,在我们这个大农业国有其艰巨曲折的必然性,先走一步的苏南一路攻坚克难,闯出了全国必然跟进的协调城乡的区域推进之路。

五是从兴工稳农、致富农民起步到以人为本、注重经济社会全面发展上领先闯路。支农扶农,是苏南从建国开始长期坚持的传统。发展社队工业,苏南又明确以"兴工稳农"为指导方针,目的在于"致富农民"。由此出发,除了早从上世纪八十年代开始就注重协调务农与务工人员之间收益矛盾外,还积极推进农村经济与社会的协调发展,不断满足人们多方面需求,出现了一批像张家港那样"以经济建设为中心、两个文明一起抓"的典型。新世纪以来,在科学发展观的导向下,扎深以人为本的理念,由昆山开始,苏南各市全面实施城乡对接的"富民工程",支持农民开辟多元化增收渠道,帮助农民提高收入水平,包括规划实施让农民享受与城里人一样的公共服务和社会保障,其积极效应突出表现为城乡差距相对缩小。2007年全国城乡居民收入比为3.3∶1,而苏南仅为2.1∶1。如今,随着偏重经济增长的传统思路的转变,苏南坚持经济与社会发展协调互动,坚持提高效率同促进社会公平相结合,这方面的一系列探索和创新都为全国同类型地区所借鉴。

由上可见,苏南之路的每一步前进,都能和我国探索走自己特色发展模式的步子相合拍。唯其如此,领先开拓的苏南之路对中国模式的创立作出重要的历史贡献。

苏南之路的纵深开拓与中国模式的健康成长

纵观苏南之路不同发展阶段的领先开拓创新,其实质是在一定的体制安排下推动经济循序转型上赢得先机，这一点自改革开放以来更见明显。当前，我国正处于深化体制转轨、经济转型的关键时期。从领跑全国的苏南之路与中国模式相互联系上进行探研，其意义不只是总结苏南之路的成功与不足，更是有益于获取以体制转轨推进经济转型的某些规律性启示，更好地把握中国特色模式健康成熟的基本趋向。

（一）统筹城乡发展，协调好提高城市化水平与建设新农村的关系，推进城乡二元结构一元化。

苏南的实践告诉我们：突破城乡二元结构必须从转变传统的发展思路和克服重城轻农观念入手。苏锡常各市在经济发展思路上曾长期奉行"总量偏好"、"速度优先"的价值取向，与"重城轻乡"、"重工轻农"的惯性思想行为相结合，加快城市化进程不可避免地走着传统体制下剥夺农民、牺牲农业并不惜破坏生态环境的城市化老路。各市正是在转变这种传统发展思路的条件下，才越来越着眼于城乡互动、工农互利，着力于突破城乡二元、协调城乡关系。新世纪前后，各市先后出台具体办法，解决了对非农建设征（使）用的土地实行经济补偿问题；近些年，又发挥城市的产业优势和科技力量，并动员民间资金下乡，助推农业产业化和高效农业规模化，帮扶农业改变低收益的弱势地位，使推进城市化进程与社会主义新农村的建设走向结合。这方面，苏南走在前面，但真正走到工农良性互动、城乡优势互补下的和谐发展，也还有距离。多年来城市里大拆大建、低价"圈地"造就城郊大量失地农民的历史旧债没有还清，而新的城乡关系不和谐的呼声仍然时有听闻。至于在对农村实施产业带动上，有些市县急功近利，热衷于搞观光旅游，过多挤占粮食种植业等高效规模农业的开发空间，出现过度的农田非农化、农业非粮化倾向，这些都需要多加引导，促其在思路创新下转变。

跳出苏南看全国，包括省内有些后发展地区在内，则应全面接受苏南经验，特别是要注意接受苏南曾走过弯路的教训，千万不能把推进城市化错当为变农田耕地为城市开发建设用地的"好"机会，继续大手大脚向周边农村圈地扩城，一味从缩小郊县农区、"吃掉"农业农田上打主意。加快城市化进程一定要从破解"三农"难题出发，公平善待农民，一定要安排好非农化农民的出路,帮助其就业、创业。从城市化的本质要求着眼,加快城市化进程更应同增强城市对农村辐射功能、实施产业化带动统筹考虑,着力于推动以传统农业向现代农业转型发展为主攻方向的新农村建设,促进城乡二元结构的一元化演变。让全国农村走上这一步,这是从落后的大农业国起步的中国特色大国模式走向完善的首要战略选择。

（二）突破行政壁垒,统筹推进县（市）域经济的发展与区域中心城市的成长,促进城市—区域经济协调发展。

我国从传统体制下沿袭而来的"块块经济",以其行政壁垒的顽强性,加剧了城乡二元经济结构的复杂性,严重制约着城乡一体的区域经济顺利发展。这是苏南之路前进中遇到的又一难题。例如:依靠乡镇企业"贡献"搞的小城镇建设只能局限在本社区内进行,其分散化、无序化的布局阻碍中心镇、小城市的成长,特别是给苏锡常中心城市的成长增添无形的"围墙"压力。上世纪八十年代初前后,苏南一批强县域经济脱颖而出,而原有苏锡常三个"明星城市"发展一度相形迟缓。这固然是"市管县"范围内市区创新活力不如县域、城市化滞后于工业化的反映,但也是沿袭传统体制下块块分割、各谋发展的制度缺陷所诱发,城市功能的严重退化最终也会制约县域经济的进一步发展。经过多年持续探索,到上世纪九十年代前后,苏南在省里统筹决策和安排下,按照市场取向改革的要求,从区域行政管理体制上,先后采取如撤并无序化布局的村镇、重点加强中心镇和县（市）级的主城区建设、撤销苏锡常城外县级市建制等一系列的调整创新,由此,既保持县（市）域经济的持续发展,又加快大中城市的发育成长,使苏南跨越传统体制下城乡分治、"块自为战"的社区性城镇化的老路,开创了由中心城市为主导、与新兴城市相协调的区域性城镇群体整合建设的新局面,苏锡常才得以在较大区域范围内迈开城乡统筹发展的大步。

建立和发展城市——区域经济,这是在我们这样一个地区经济发展不平衡的大农业国建设中国特色社会主义的必经一步。苏南在这方面起步早、进展快,但也仍有不足,表现在苏锡常相邻城市之间仍然在行政壁垒下摩擦多、合作少,制约着城乡之间、市县之间在市场导向下的产业结构调整和资源合理配置。实践表明:发展城市——区域经济,关键在于发挥中心城市对周边区域的辐射、聚集、带动作用,以求区域整体功能的增强。因之,建设中心城市,不是只求做大、做强、做优、做美中心城市本身,更要注重联合县(市)域经济,整合区域化城镇体系,统筹推进城乡产业布局,优化区域资源配置。而要走上这一步,又必须通过管理体制上的深化改革,在突破城乡二元分治和块块分割的行政壁垒上下深工夫,在进一步推进大市场发育成长的条件下促使破"壁"合作的突破性进展。

随着改革开放的纵深展开,竞建以中心城市为依托的不同层次区域经济综合体的态势早在全国范围内逐步形成。除了长三角、珠三角、环渤海等大都市圈外,武汉城市圈、长株潭城市群、太原经济圈、皖江城市带以及昌九工业走廊等都在相率积极打造中。苏南在组建城镇体系、发展城市——区域经济上领先一步,不论其正面或反面的经验,都可资推进全国以中心城市为依托的不同层次区域经济的发育成熟所研究和借鉴。

(三)统筹利用内外两个市场,坚持以扩大内需为基础,促使成功释放经济发展的内在活力又融入全球化发展进程的大国模式的完善成型。

对外开放前,苏南依靠"供销两头"在"外",加快以发展制造业为主的工业化步子,那主要是走向省外。对外开放后,苏南从"五湖四海"的国内市场跨向"五洲四洋"的国际市场,而且持续跨大步,从以扩大出口为导向的外向型经济,到以引进外资为导向的开放型经济,再到以接受产业转移为导向的经济国际化,苏南在发展的每一阶段都及时把握机遇,做足"外"字文章,在不断扩大运用外资的同时,也越来越成功地开拓利用国际市场,有效推动了地区经济的持续快速发展。

苏南实践在这里提示一个问题:在我国外贸依赖程度较高的背景下,像苏锡常这样具有开放型经济明显优势的地区,该如何既能最佳利用国际市场,又能成功贯彻实施扩大内需的方针?中国的外贸依存度为 60％～70％,江苏外贸依存度已是 104％,苏南更高达 153％。国际经验包括我国实践表明,过多依赖外需,国际经济形势发生变化时,就会严重拖累我国经济增长。10 年前东南亚金融危机时,我国就把扩大内需作为一项战略方针提出来了。应对近年国际金融海啸,中央更是明确强调:扩内需,保增长。毫无疑问,如果我国对外需的依存度适当,城乡居民消费投入相应增多,内需的支撑力量加大,那么,我国受到外部的冲击就会小得多。但扩大内需,不是靠一句口号、一声号召可以解决的,对其成效也不是全国统一用一个对外依存度的百分比来衡量的,这因为我国区域发展不平衡既决定了不平衡经济增长空间的客观存在,又导致不同地区境外市场开拓力高低悬殊的必然性。像苏锡常这样超前融入全球化发展进程的地区,外贸依存度应该明显高于中西部。问题的症结不在于外需百分比的高低,而在于能不能以扩大内需的战略导向,使内需支撑与外需拓展相协调,推动地区经济结构调整优化,也推动开放型经济本身的转型升级,从而实现经济的增长从投资、出口驱动为主向消费、投资、出口协调驱动转变。

这给我们以启示:扩大内需,不能看作只是对冲出口萎缩压力的临时应急措施,它是从完善大国模式的运行机制出发,让过度依赖外需向扩大内需为主转变的战略抉择。以此为导向,全国各地都要区别不同情况,立足自力开发,致力于搞活用好国内市场,同时,坚持扩大开放,特别是要提高对外开放水平,把运用国内市场与开拓国际市场协调起来,实现以扩大内需为基础,融入全球化发展进程,持续增强我国经济国际竞争力。

从统筹推进经济转型中完善中国特色模式

从苏南之路看从中国模式,我们感悟到,中国模式要继续成长,走向完善,苏南之路要与时俱进,纵深开拓,都面临着进一步落实科学发展观,统筹处理自身内在矛盾,以体制转轨的深层突破支撑经济转型的系统推进的这个重大课题。

　　苏南之路的开拓，是从我国国情和苏南实际出发，经过"摸着石子过河"，一步步"攻关突围"的过程，是从"发展是硬道理"的持续实践到落实科学发展观，逐步实现经济社会又好又快发展，向现代化推进的过程。苏南人从不自觉、半自觉到逐步自觉，在这过程中积累了一系列成功经验，也包括曾经走过若干弯路、付出沉重代价的教训。区别于过去，苏南之路今后要在纵深开拓中继续保持领先优势，已不能再是"摸着石子过河"，停留在暴露什么问题再解决什么问题的阶段了，而应当在总结实践经验基础上，自觉把握客观规律性，按照胡锦涛总书记在党的"十七大"报告中关于"正确认识和妥善处理中国特色社会主义事业的重大关系"的论述，真正从增强发展的协调性和可持续性出发，自觉运用"统筹兼顾"这个根本方法，掌握深层推进体制转轨、经济转型的主动权。

　　苏南之路只是中国特色大国模式的一个局部。全国则更应以宽广的视野，加强探求中国特色的大国模式走向完善的战略思维，统筹推进经济社会的转轨转型。

　　建国以来特别是改革开放 30 年，中国经济建设成就之大，是值得骄傲的。但是，我国为这种经济成果所付出的惨重代价，诸如用世界最低价的劳动、廉价输出不可再生的资源、以普遍污染的生态环境换取经济高速增长，其教训值得长远记取。在改革开放不断深入的条件下，我国从沿海发达地区到中西部地区近些年来都在努力践行科学发展观，转换传统的"快"字当头、总量取胜的发展思路和粗放型的经济增长方式，化解以往经济长期快速发展过程中积累的深层矛盾，以转变发展模式为方向，走上调整和转型的历史阶段。正在这个当口，我国自身经济的内在矛盾还远没有化解之时，遭遇国际金融海啸的冲击和挑战，使我们备受内外矛盾交叉的压力。高兴的是，在党中央、国务院正确的决策部署下，我国应对国际金融危机已见成效，经济呈现回暖向上态势。更重要的，各地一般都坚持以科学发展观的思想境界，立足"应急"，着眼"长远"，力求把保增长和推进发展的转型升级结合起来。

　　毋庸讳言，全国各地接受历史教训、创新发展思路的努力参差不一,科学应对金融危机的认识并不平衡。有些地区本来对转变发展方式还没有从全局意义上很好理解和接受,在全国保增长的强烈氛围下,错认为转变增长方式"不合时宜",把应对金融危机看做可以重走依仗高投入、大项目加快总量增速老路的机遇,在争项目、赶数据、赛增速上下工夫,出现新的重复建设、产能过剩,甚至放低节能减排门槛,实行例如优惠电价一类的办法,使一些停产和歇业的落后产能,或公然恢复生产,或换地再生,导致污染反弹。更多的是对应对危机的成效满足于增长数字的回升上,也就难免使"扩内需"的口号停留在口头上而落实不到行动上。

必须进一步以科学发展观为导向,深刻反思在传统发展方式下长期积累起来的深层矛盾的严峻性,弄清我国在金融危机下面临困境的性质和由来。这样,才能让大家客观全面看待国际金融危机在给予我们冲击和挑战的同时,也为我们带来"化危为机"的好机遇——它倒逼我们按照科学发展观的理念加紧开拓发展新思路、转换发展新模式,在经济转型发展中大大提升我们的国际竞争力。这样,才不至于让国际金融危机的冲击干扰走向科学发展的新路,促使我们从外来挑战中看清我们这个大国经济运行中客观存在的缺陷和不足,有利于明确和把握在经济转型中完善中国特色大国模式的方向。

经济转型作为一个动态演进的过程,具有阶段性、多重性,并随不同发展阶段、发展领域而异。就我国而论,经济转型与体制转轨紧相联系,因此也包括从计划经济体制向市场经济体制的转型。如今,我们立足于完善中国特色的大国模式来论转型,那就必须提高看待经济转型的着眼点,全面把握我国现阶段符合时代要求的经济转型的内涵。我国当前的经济转型就是以科学发展观为导向,在由传统的计划经济管理体制向社会主义市场经济体制转轨的背景下,彻底打破以总量取胜的传统发展思路,创新发展理念,紧密环绕破解在传统发展思路下长期发展中积累的内在矛盾,转换经济发展方式,提高自主创新能力,加快产业结构调整升级,促进城乡、区域发展协调互动,扩大内需与对外开放相互协调,经济社会统筹发展,人与自然和谐共生,大大提升全面、协调和可持续的科学发展水平。

这样的经济转型是一个宏大而复杂的系统工程，必须统筹谋划，协调推进。改革 30 年来，我们实际上已在体制转轨的同时，不继探索并逐步走上这样的经济转型，问题是还没有进入经济转型的系统推进。国际金融危机的冲击，暴露了我们大国模式运行中客观存在的缺陷和不足，这正好从反面帮助我们提高对经济转型的着眼点，得以自觉地而又有针对性地推进经济的系统转型。要深入研讨的问题很多，这里着重强调者有二：

其一，经济转型的系统性决定了：推进自主创新、产结构调整和转变经济发展方式不能在相互割裂下各自孤立进行，那样做不会有合乎科学发展观的成效，因而必须以突破粗放型经济的传统发展方式为关键，以推进自主创新为着力点，以科技创新带动结构调整和产业升级，而推进了自主创新和产业升级，回过来更有效支撑经济发展方式的转变。在这里，转变经济发展方式起着方向引领性的作用，中国发展理念、发展模式和发展阶段的变革都要由此开始，带动和促使系统转型。与此同理，应对当前金融危机，就不能孤立地就保增长而保增长，而必须与调结构、扩内需相协调；而调结构，又必须从转变发展方式着手，与提高自主创新能力结合，这样统筹协调，系统促进经济转型。

其二，中国特色大国模式下独立自主的市场经济的这种属性决定了：我们必须以扩大内需为基础，实现繁荣国内市场与开拓国际市场的协调推进。繁荣国内市场首先靠增加居民消费，而不是主要靠扩大投资；而外需的扩展一定要以有利于我国经济的自主性增长和可持续性发展为度，以便为我们这个大国造就拉动经济增长的持久动力。这就要求我们统筹国内发展与对外开放，在做好国内工作的同时，进一步提高对外开放水平，善于以开放促进国内产业结构升级和竞争力提高，又能更好地融入经济全球化，更加主动地吸纳运用全球资源，参与国际合作和竞争，并争得主动参与游戏规则的制定。

推进经济转型必须创新完善中国特色的大国模式自身的运行机制，使宏观调控政策的出台与理顺行政管理上横向、纵向关系的改革措施相配合。大体而言,在横向关系上,分区域引导突破城乡二元结构,推进以大中城市为主导、县(市)域经济为基础、小城镇为纽带的城乡一体的经济区(带)、都市圈或大城市连绵区的建设;加快主体功能区规划战略的实施,采取区域布局差别化方略,分别情况支持东中西部包括东北老工业地区的开发建设和产业转型升级;分层扶持有较强集聚、辐射、带动功能的区域性中心城市成长,推进城乡一体、工农良性互动的区域经济的协调发展,在此基础上,倡导以市场为导向、跨越行政壁垒的区域合作,相应形成共建共赢的"破壁"合作机制,推进城乡、区域发展的协调互动。在纵向关系上,合理划分中央与地方之间的职责权限,坚决攻克财税改革难点,调整以总量为基础的财税分配格局,使地方的事权与财力相匹配,同时,必须建立有力有效实行依法监管的机制;国民收入分配格局亟待改革,要调整政府、企业和居民三者的收入分配关系,合理提高近些年还处于继续降低趋势的居民收入在国民收入中的占比。另外,推动地方政府彻底摆脱传统发展思路下"赶超型经济增长"的政绩追求,树立正确政绩观,正确发挥政府服务型职能,处理好发挥市场配置资源的基础性作用与政府科学调控经济两者的关系。最后需要提及,通过应对这次金融危机的挑战,我们还要接受美国从次贷危机引发国际金融危机给予我们的某些有益警示。正如温家宝总理2009年2月4日在剑桥大学讲的:"不受管理的市场经济是注定行不通的,必须处理好金融创新与金融监管的关系、虚拟经济与实体经济的关系、储蓄与消费的关系。"

　　中国特色的大国模式以自己的影响力在国际上已引起热议,我们相信,中国特色的大国模式一定会在经济转型的系统推进中增强大国经济发展的内在动力而呈现更加鲜明的中华民族自立自强的中国特色,同时,也一定会随着中国与世界的交往互动而加快成长和提升。中国从影响世界到引领世界必将成为历史的潮流。

参考文献:
　　[1]　胡锦涛:《高举中国特色社会主义伟大旗帜　为夺取全面建设小康社会

新胜利而奋斗——在中国共产党十七次全国代表大会上的报告》,2007 年 10 月 15
日。

　　[2]　马龙闪:《中国特色社会主义就是"中国模式"》,《北京日报》2008 年 6 月
2 日。

　　[3]　张建君:《论中国经济转型模式》,中央党校出版社,2008 年版。

　　[4]　陈群:《中国创造世界第三大发展模式》,香港《大公报》,2009 年 1 月
5 日。

　　[5]　乔榛:《我国经济体制改革过程中的"中国模式"创造》,成都《经济学家》
2009 年 2 期。

　　(原载《现代经济探讨》2009 年第 12 期,人大复印报刊资料 F13
《社会主义经济理论与实践》2010 年 04 期全文复印登载,国务院发展
研究中心信息"国研网"2010 年 1 月 7 日分上下两篇全文转登。)

顾松年著作要目

1.《明星城市南通之路》(与钟永一等合作),江苏人民出版社 1984年版。

2.《开放型区域经济中心——无锡》(与钟永一、杨孝楚等共同编著),上海社科院出版社 1988 年版。

3.《江苏经济十年纵论》(与沈立人合作),南京出版社 1989 年版。

4.《苏南模式研究》(与严英龙、徐元明等合作),南京出版社 1990年版。

5.《宏观经济分层调控研究》(与沈立人合作),江苏人民出版社 1992 年版。